Kālāmapāṭha

깔라마 빠타

깔라마의 경송

2. yadā tumhe kālāmā	야다 뚬헤 깔라마
attanā'va jāneyyātha	앗따나 봐 자네이야타
ime dhammā akusalā	이메 담마 아꾸쌀라
ime dhammā sāvajjā	이메 담마 싸밧자
ime dhammā viññū-garahitā	이메 담마 빈뉴 가라히따
ime dhammā	이메 담마
samattā samādinnā	싸맛따 싸마딘나
ahitāya dukkhāya saṁvattantī'ti	아히따야 둑카야 쌍봣따나 띠
atha tumhe kālāmā	아타 뚬헤 깔라마
pajaheyyāthā'ti	빠자헤이야타 띠

깔라마들이여,
이러한 것들이 악하고 불건전한 것이고,
이러한 것들이 잘못된 것이고,
이러한 것들은 식자에게 비난받을 만하고,
이러한 것들은
실천하여 받아들이면,
유익하지 못하고 괴로움을 야기하는 것이라고
스스로 알게 되면,
깔라마들이여, 그것들을 버려야하느니라.

부처님 원음

禮敬持誦

बुद्धवन्दना

ॐ सत्यमेव जयते ॐ

譯註 · 退玄 全在星

철학박사. 서울대학교를 졸업했고,
한국대학생불교연합회 13년차 회장을 역임했다.
동국대학교 인도철학과 석·박사과정을 수료하고,
독일 본대학에서 인도학 및 티베트학을 연구했으며,
독일 본대학과 쾰른 동아시아 박물관 강사, 동국대 강사,
중앙승가대학 교수, 경전연구소 상임연구원,
한국불교대학(스리랑카 빠알리불교대학 분교)교수,
충남대 강사, 가산불교문화원 객원교수를 역임했고,
현재 한국빠알리성전협회 회장을 역임하고 있다.
역서로는 ‹인도사회와 신불교›(일역, 한길사),
저서에는 ‹거지성자›(선재, 안그라픽스),
그리고 저서 및 역서로 ‹빠알리어사전› ‹티베트어사전›
‹금강경－번개처럼 자르는 지혜의 완성›
‹붓다의 가르침과 팔정도› ‹범어문법학›
‹쌍윳따니까야 전집› ‹오늘 부처님께 묻는다면›
‹맛지마니까야 전집› ‹명상수행의 바다›
‹디가니까야 전집› ‹신들과 인간의 스승›
‹앙굿따라니까야 전집› ‹생활 속의 명상수행›
‹법구경－담마파다› ‹법구경－진리의 말씀›
‹숫타니파타› ‹숫타니파타－붓다의 말씀› ‹우다나－감흥어린 싯구›
‹이띠붓따까－여시어경› ‹‹비나야삐따까›
‹빅쿠－빠띠목카› ‹빅쿠니빠띠목카› ‹자타카 전서›(이상, 한국빠알리 성전협회)
그리고 역서로 ‹인도사회와 신불교›(일역, 한길사)가 있다.
주요논문으로 ‹初期佛敎의 緣起性 硏究› ‹中論歸敬偈無畏疏硏究›
‹學問梵語의 硏究› ‹梵巴藏音聲論› 등 다수 있다.

बुद्धवन्दना

translated by **Jae-Seong Cheon**
Published and Distributed by
Korea Pali Text Society ⓒ 2016

우리말 빠알리대장경 예경집

부처님 원음 예경지송 — 우리말 예불문 / 지송경전

예경지송

बुद्धवन्दना

퇴현 전재성 역주

한국빠알리성전협회
Korea Pali Text Society

예경지송 Buddhavandanā

값 60,000 원

발행일 2016년 2월 25일 초판
2024년 8월 15일 재판
발행인 도 법
역주자 전재성
편집인 혜능, 지성남, 김광하, 최민철
발행처 한국빠알리성전협회
1999년5월31일(신고번호:제318-1999-000052호)
서울 서대문구 모래내로430 #102-102(홍제성원)
전화 02-2631-1381, 070-7767-8437
전자우편 kptsoc@kptsoc.org
홈페이지 www.kptsoc.org
Korea Pali Text Society
Hongjae-2-dong 456 #Seongwon102-102
Seoul 03728 Korea
TEL 82-2-2631-1381 FAX 82-2-735-8832
전자우편 kptsoc@kptsoc.org
홈페이지 www.kptsoc.org

ISBN 978-89-8996-694-4 04220

부처님 원음

예경지송

『쿳다까빠타』(Khuddakapāṭha)는
다섯 번째 경장인 ≪쿳다까니까야≫의
첫 번째 경전으로 주로 『숫타니파타』에서 발췌된 것을
중심으로 확장한 것인데 한역으로는 『소송경』(小誦經)이라고 한다.
이 『소송경』이 최초의 『예경지송』인데,
「삼귀의」, 「십계」, 「서른두 가지 구성의 경송」
「학인의 질문」, 「축복의 경」, 「보배의 경」 「담장 밖의 경」
「숨겨진 보물의 경」, 「자애의 경」으로 이루어져있다.
이것을 모태로 후대에 많은 예경문과 지송경이 만들어졌다.
이 『예경지송』에는 「학인의 질문」을 제외한
『소송경』의 9개의 모든 경송이 포함된 것은 물론
그것을 삼장전체와 테라바다 문헌으로 외연을 확장하여
세밀한 음성표기와 한글번역을 통해
138 개의 경송으로
확대하여 엮은 것이다.

ॐ सत्यमेव जयते ॐ

발 간 사

『부처님 원음 예경지송』은 부처님께서 직접 설하신 언어로 표현된 빠알리대장경의 감로의 법우(法雨) 가운데 일상생활에 필요한 소중한 가르침을 모아서 만든 진리의 말씀입니다.

올바른 신행생활을 위해서는 매일같이 닦고 익히도록 부처님의 가르침을 상기시키는 의례의식의 중요성을 결코 소홀히 할 수 없습니다. 그런데 지금까지 우리는 한문투의 난해한 예불문을 사용하거나, 내용적으로도 이해하기 어려운 구절을 독송하기 때문에 신행생활 중에 자연스럽게 부처님 말씀을 이해하고 파악하고 되새기기 어려운 면이 있었습니다.

그러나 최근에는 다행히도 ≪니까야≫가 우리말로 완역이 되어 누구나 쉽게 부처님의 원음을 접할 수 있게 되었습니다. 게다가 초기불교에서 바탕을 둔 수행도 널리 알려지고 있습니다. 그래서 일반불자들이 가장 기본적인 귀의 · 예경 · 찬탄과 일상적인 일이나 의례의식에서 부처님의 원음에 근거하여 자연스럽게 부처님 가르침을 이해하고 파악하고 되새기면서 삶으로 구체화될 수 있도록 하는 일이 긴요해졌습니다. 뿐만 아니라 불교의 모든 수행은 위빠사나이건, 대승의 수행이건, 금강승의 수행이건, 선불교이건 모두가 기본적으로는 그 근거를 원음의 부처님 말씀에 바탕을 두고 있으므로, 초기불교의 의식문은 단순히 의례적 의식문이 아니라 포괄적인 수행의 지침서이기도 합니다.

불자들이 이 ≪예경지송≫을 독송하는 것은 내세를 위하여 공덕을 쌓거나 자신의 정신을 고양시키며 수행하기 위한 것만이 아니라 현세이익을 위한 것입니다. 그래서 일반적으로 행해지는 통과의례 즉, 갓난아이의 명명식, 생일, 결혼식, 장례식, 이사, 집이나 가게의 개업이나 건물의 신축이나 개축의 의례뿐만 아니라 액난의 소멸, 악령의 퇴치, 전승의 기원, 전쟁에서의 무사, 국가나 단체의 안녕, 국태민안 등의 목적으로 광범위하게 사용되고 있습니다. 물론 그 가장 큰 의의는 불자들이 평소에 부처님 가르침의 핵심을 간단하게 기억하고 되새기며, 일상생활 속에서도 행복한 삶을 영위하도록 돕는데 있습니다.

이들 ≪예경지송≫은 부처님 당시의 언어인 빠알리어로 전해지고 송출되었기 때문에 그 의미를 특별히 심혈을 기울여 공부하지 않으면 그 의미를 알기 어려웠습니다. 다행히 ≪니까야≫를 대부분 완역하신 퇴현 전재성 박사님께서 빠알리어 원음 표기와 쉬운 우리말로 번역하고 상세한 인연담과 해제를 써주신 것에 대해 깊은 감사드립니다. 이 『부처님의 원음 – 예경지송』을 통해 법연(法緣) 깊은 모든 보리심 행자들이 예경지송하며 수행하는 선업공덕으로 모든 번뇌에서 벗어나 지복의 열반을 성취하기를 기원합니다.

불기 2560(2016)년 2월 25일

영축총림 통도사 정족산 보리원 람림학당

원장 고천 혜능 합장

추 천 사

삼보에 귀의하옵고, 동남아의 빠알리어를 고전어로 사용하는 테라바다 불교와 한문을 사용하는 대만의 대승불교를 비롯한 티베트의 금강승불교까지 수많은 불교문화와 교류하면서, 저는 '어떻게 불교의 정체성을 확립하고, 어떻게 이 시대에 불교를 부흥할 수 있을까?'라고 지난 40년 간 노심초사해 왔습니다. 그러나, 비단 불교의 문제만은 아니지만, 최근 종교인구의 급속한 감소가 주는 문화적 충격은, 우리로 하여금, 수행의 길 위에서 수행의 토대조차 잃지 않을까 염려를 낳게 하고 있습니다.

최전방 교화의 전선에서 살펴볼 때, 오늘날 불교는 수행자도 헤매고, 교화대상이 되는 중생들도 헤매는 도대체 종잡을 수 없는 상황에 처해 있습니다. 저는 이러한 위기를 직시하면서 좋은 인연을 찾던 중, 대승경전에 머물지 않고 석가세존의 원음을 천착하게 되면서 해결의 실마리를 발견할 수 있었습니다.

그 가운데 하나로서 최근에 한국불교를 중흥을 염원하는 저의 간절한 기도에 삼보께서 감응하여 나툰 것이 바로 2600년을 변함없이 이어 내려온 빠알리어 전통의 예경문과 기도문이 포함된 예경지송이었습니다. 이 예경지송의 독송이야말로 오랜 방황을 끝내고 불교중흥의 기틀을 마련할 수 있는 최상의 길을 우리에게 제공할 것입니다.

그 동안 태국, 스리랑카를 비롯한 빠알리전통 불교국가의 스님들과 교류하면서, 저는 근본불교의 비옥한 토대 위에 화려한 대승불교를 꽃피운다면, 그것이 회통불교인 한국불교의 금상첨화가 될 것이 틀림없다고 생각했습니다. 이러한 새로운 불교운동을 통해 산스크리트 대승불교 전통과 빠알리불교 전통을 조화롭게 신해행증할 수 있다면, 우리는 더할 나위 없는 불교중흥을 맞이할 수 있을 것입니다.

그런데 오래전부터 그러한 작업을 해 오신 퇴현 전재성 박사님이 계시니, 이 시대 문수보살의 화현이라고 해도 과언이 아닐 것입니다. 척박한 환경 속에서도 이런 훌륭한 불교자료를 번역 출간하였으니, 말법시대에 불자들에게 이보다 좋은 선물이 어디 있겠습니까? 예경지송의 독송은 일요법회와 수요재수불공, 토요철야기도법회의 기본교재로서 신앙심을 고취시키고 성불제중을 실현시킬 것입니다. 오늘 아침 삼보전에 새로운 서원을 세워봅니다. 대한민국 모든 국민이 이 예경지송을 한권씩 보유하여 매일 읽고 새기고 사유하여 깨달음을 얻는 것과 더불어, 이 땅에 불국토가 건설되길 기원합니다.

불기 2568(2024)년 여름

전 대한불교태고종 교육원장 안심정사 회주

철학박사 석법안 합장

머 리 말

이『예경지송』의 빠알리어로 된 원문은 빠알리어 특유의 운율적 아름다움을 지니고 있습니다. 이 부처님 원음을 번역하면서 지송문의 미적인 아름다움을 우리말로 표현하기가 쉽지 않았습니다. 그러나 좀 더 아름답고 운율적인 번역이 되도록 최대한 노력을 기울였습니다. 방대한 대장경에서 어떤 경, 경송, 게송을 선택할 것인가 뿐만 아니라 선택한 경송들은 어떻게 분류할 것인가도 매우 어려운 문제였습니다.

우선 테라바다 불교권에서 오랜 전통을 가지고 송출해온 경송을 중심으로 골격을 짜고, 그 다음에 조금이라도 신행에 편리하게 활용할 수 있도록, 몇 가지 품으로 나누었습니다. 예불을 위한『일반예불품』, 기도와 기원의 토대가 되는『수호경전품』, 지혜로운 삶을 위한『지송경전품』, 일상생활에서의 성찰을 강조하는『성찰수행품』, 수행에 토대가 되는『명상수행품』, 논리적 관계를 고찰하는『아비달마』그리고 예경의 공덕을 회향하는『공덕회향품』, 삶과 죽음의 의미를 되새기고 의식에서 활용할 수 있는『통과의례품』과『추모경송품』입니다.

『일반예불품』에는 부처님과 가르침과 참모임 즉, 불법승 삼보에 대한 찬탄과 꽃공양 등의 훌륭한 의식에 대한 내용이 들어 있습니다. 특히「승리의 축복의 게송」은 부처님께서 어려움에 처했을 때에 인내와 자애로 이겨낸 사건을 중심으로 구성된 노래로 집안에 아기가 탄생하여 명명식을 하거나 결혼식을 올릴 때, 이사를 했을 때, 사업을 시작할 때, 장례식을 치룰 때, 영가를 천도할 때 독송합니다.

『수호경전품』은 세계 여러 나라에서 가장 많이 독송되는 수호경들 가운데 중요한 것을 추린 것입니다.「천신초대」는 수호경을 여는 경송이고,「보배의 경」은 베쌀리 지방에서 크게 가뭄이 들고 각종 질병이 만연하여 수 많은 사람이 죽어갈 때, 왕실의 초청을 받고 설한 경입니다. 이 경에서는 초기불교의 교리와 수행자의 고귀한 정신이 압축적으로 녹아있습니다. 온가족이 아침저녁으로 지송하고 실천하면 집안의 우환이 소멸되고 모든 국민이 지송하면 나라의 재난이 사라집니다.「축복의 경」은 부처님께서 하늘사람들에게 설한 경전으로 세상을 살아가는 지혜를 설한 것입니다. 이 경을 가족과 함께 지송하면 원만하고 화목한 가정이 되어 집안이 융성합니다.「자애의 경」을 지송하고 실천하면 모든 원한과 미움이 소멸하고, 자애가 충만하게 되어, 적대적인 관계가 사랑의 관계로 바뀌고 원하는 바가 모두 이루어집니다.「자애공덕의 경」은 자애의 마음이 가지고 오는 열한 가지 공덕을 찬탄하고 기리는 경입니다.「우정공덕의 경」은 훌륭한 친구가 삶의 전부라는 부처님의 가르침이 담겨져 있습니다. 청소년들이 이 경을 지송하고 실천하면 원만한 인격형성에 도움이 되고 일반인들이 이 경을 지송하고 실천하면 모든 일이 성취됩니다.「뭇삶의 무리로부터의 수호경」은 뱀과 같은 위험한 존재를 만나더라도 자애의 마음을 펼치면, 그 마음이 전달되었다가 되돌아와서 자기 자신을 수호할 수 있다는 내용의 경입니다. 「공작새의 수호경」은 부처님께서 전생에 보살이었을 때, 사냥꾼들이 공작새로 태어난 보살을 잡으려 했으나 이 수호경의 보호로 잡지 못했다는 이야기의 진실에 바탕을 둔 경으로, 목숨이 위태로울 때, 이러한 진실을 파지하여 자신의 목숨을 보존할 수 있다는 내용을 담고 있습니다. 「메추라기의 수호경」은 부처님께서 전생에 보살이었을 때의 이야기를 다루고 있습니다. 보살은 숲속에서 초월의 길(波羅蜜)을 닦고 있었는데, 산불이 발생해서 무섭게 퍼져나갔으나, 산불이 보살을 피해갔다는 이야기를 담은 경으로, 긴급한 재난으로부터의 자신을 수호하는 경입니다. 「깃발의 수호경」은 두려움으로부터 뭇삶을 수호하게 하는 수호경입니다. 천신들이나 하느님들의 깃발에 의존하면, 그들이 탐진치를 완전히 여의지 못했기 때문에 두려움을 가시게 할 수도 있고 그렇지 않을 수도 있습니다. 그러나 삼보의 깃발에 의존하면, 탐진치를 완전히 벗어난 부처님에 의존하는 것이므로 두려움에서 벗어날 수 있습니다. 「과거칠불의 수호경」은 역대의 부처님인 과거칠불 — 비빳씬, 씨킨, 벳싸부, 까꾸싼다, 꼬나가마나, 깟싸빠, 고따마 —에 대한 찬탄을 통해서 그 공덕으로 모든 재앙을 물리치기 위한 경입니다. 「일곱 가지 깨달음 고리의 경」은 깨달음의 요인을 새기는 경이기도 하지만, 질병으로부터 뭇삶을 수호하기 위한 경입니다. 부처님과 부처님의 수제자들이 중병에 들었을 때, 이 일곱 가지 깨달음의 요인을 새겨서 질병이 나았다는 기록에 근거하고 있습니다. 「아침의 경」은 '모든 나쁜 징조, 불행한 상황, 기분 나쁜 새들의 울음소리, 불길한 별자리의 운세, 끔찍한 악몽이 부처님의 위신력으로 모두 사라지게 하소서.'라는 구절처럼 모든 불행한 상황을 여의고 천신들과 삼보에 귀의하여 안녕과 행복을 기원하는 내용을 담고 있습니다. 「위대한 승리의 축복의 게송」은 삼보를 찬양하는 공덕으로 인해서 승리의 축복이 있기를 기원하는 경입니다. 「앙굴리말라의 수호경」은 앙굴리말라가 이상임신과 난산으로 고통받는 여인에게 '자매여, 내가 고귀한 태어남으로 거듭난 이래 나는 의도적으로 뭇삶의 생명을 빼앗은 적이 없으니, 이러한 진실로 인하여 당신이 잘 되고 당신의 아이가 잘 되길 바랍니다.'라고 말한 데서 기원한 것으로 안전한 출산과 육아를 위한 수호경으로 유명합니다.

그리고 『지송경전품』은 혜능 스님의 요청에 따라 중요한 불교교리가 담겨진 경전들을 선택하여 모은 것입니다. 「가르침의 수레바퀴의 경」은 네 가지 거룩한 진리인 사성제(四聖諦)에 대한 상세한 설명이 들어 있습니다. 그리고 「무아의 특징의 경」은 어떠한 것도 자아와 동일시 될 수 없음을 천명한 것이고, 「연소의 법문의 경」은 세계가 모두 탐 · 진 · 치와 태어남 · 늙음 · 죽음 · 슬픔 · 비탄 · 고통 · 근심 · 절망으로 불타고 있는 것을 설한 경입니다. 「팔정도에 대한 분석의 경」은 여덟 가지 고귀한 길에 대한 상세한 내용을 설명한 것이고, 「연기법에 대한 분석의 경」은 조건적 발생의 법칙인 연기법의 일반적 원리와 십이연기에 대한 상세한 내용을 설하고 있습니다. 또한 운강 선생의 제안으로 싣게 된 「열반의 경」은 우다나에 등장하는 열반에 대한 감흥어린 게송을 읊은 것인데, 열반에 대한 직관적인 통찰을 배울 수 있습니다.

『성찰수행품』에는 경전 가운데 산문으로 구성된 부처님의 가르침을 송출용으로 발췌하여 실었는데, 그것을 경송(經誦)이라고 합니다. 「자주 성찰해야 할 경송」을 비롯해서 현묵 선생의 제안으로 실은 「눈물의 경」을 비롯한 일련의 경들과 그리고 운강 선생의 제안으로 「거센 흐름을 건넘의 경」을 싣고 「삼법인에 대한 경송」, 「하느님의 삶의 경송」, 「최초의 부처님 말씀」이나 「최후의 부처님 말씀」 등 꼭 기억하여 새겨야 할 말씀의 경구들을 실었습니다. 그리고 인간의 파멸에 대한 경고, 천한 행위, 죄 없는 자를 위해하는 위험 등과 오계를 확대한 팔계나 십계를 실었습니다. 그리고 보시 등의 「서른 가지 초월의 길」에 대해 실었습니다.

『명상수행품』은 여운 선생의 제안으로 싣게 된 것으로 초기불교에서 제자들이 자주 수행하던 부정관, 자애관, 호흡관, 무상관에 대한 수행내용을 『우다나-감흥어린 싯구』에서 발췌해서 「부정관의 경송」, 「자애관의 경송」, 「호흡관의 경송」, 「무상관의 경송」으로 나누어 실은 것입니다. 그리고 끝에 초기불교의 수행이 집대성된 「새김의 토대에 대한 큰 경」을 그대로 실어서 즉, 누구나 몸과 마음과 느낌과 사실에 대한 명상을 할 수 있도록 엮었습니다.

『아비달마품』은 어려운 아비달마의 칠논서인 『담마요약론』(法集論), 『분별론』(分別論), 『세계요소론』(界論), 『인시설론』(人施設論), 『논쟁요점론』(論事), 『쌍대론』(雙論), 『조건관계론』(發趣論)의 어려운 주제들을 개괄적으로 알아 볼 수 있도록 주제만을 실어 간편하게 외울 수 있도록 한 것입니다. 그리고 마지막으로 「통찰지평의 경송」을 실었는데, 이것은 『청정도론』에 실려 있는 것으로 초기경전의 인식체계에 대한 대략적인 개괄로 초기불교의 인식의 지평을 확립하는데 도움을 주는 것입니다. 이러한 것들은 물론 현행 테라바다 불교권의 법요집에 편입되어 있는 것을 기준으로 한 것입니다.

『공덕회향품』은 '일체의 세계'가 행복하길 기원한다는 측면에서 수호경전들과 맥락을 같이 하고 있습니다. 그러나 자신이 쌓은 공덕을 일체의 뭇삶에게 회향한다는 측면에서 자비정신의 극치를 보여줍니다. 그 내용은 공덕회향과 봉헌확립, 수희공덕, 발원의 형식으로 되어 있습니다.

『통과의례품』과 『추모경송품』은 통과의례와 관계된 것으로 테라바다불교권에서는 각 나라마다 전통이나 풍속의 차이로 인해 다소간 다른 형식을 취하지만, 통과의례로서의 결혼식/출생명명식/집들이/개업식 등과 관계된 예경지송의 대략적인 형태만을 소개한 것입니다. 결혼식을 기본으로 했지만, 「결혼서약」 대신에 다른 경송을 집어넣어 자유롭게 일상적인 의례에 응용할 수 있습니다. 「결혼서약」은 「씽갈라까에 대한 훈계의 경」에서 발췌한 「육방예경송」 가운데 일부입니다. 「육방예경송」은 이 책의 『성찰수행품』에 들어 있습니다. 여기에는 자식 - 부모사이의 올바른 관계, 제자 - 스승 사이의 올바른 관계, 남편 - 아내 사이의 올바른 관계, 친구 - 친구 사이의 올바른 관계, 고용주 - 고용인 사이의 올바른 관계, 일반신도 - 수행자나 성직자 사이의 올바른 관계에 대한 법문이 담겨져 있습니다. 우리는 상황에 따라 다른 경송을 인용하여 통과의례에 사용 할 수 있습니다.

역자는 일찍이 ≪니까야≫에 근거한 아주 간단한 『예불문』을 1997년 빛고을 광륵사에서 능인 법사와 지성남 보살의 후원으로 발간하였습니다. 그 후 1998년 보명사의 방상원 스님의 후원으로 재간된 적이 있으나 당시에는 보급이 되지 않아 절판되었습니다. 이제 초기경전의 대부분을 역자가 완역했고, 점차 대중에 보급되기 시작한 요즈음, 예경문이나 지송문에 대한 필요성이 높아졌습니다. 다행히 람림학당의 혜능 스님의 후원을 통해 육 개월간 작업을 거쳐 완성도가 높은 『예경지송』으로 거듭나게 되었습니다. 이 책은 현행 테라바다 불교권에서 사용하는 각종 예불문과 지송경을 참고하여, 출재가자가 모두 사용할 수 있는 내용을 초기경전에서 발췌해서 번역하고 음사하고 새롭게 윤문한 것입니다. 그런데 현행 테라바다 불교권 뿐만 아니라 세계적으로 유통되는 국내외 예경지송문들의 로마자 빠알리어 표기는 간행하는 과정에서 철자법의 오류나 띄어쓰기의 오류 등이 심각한 수준이라 해석이 불가능한 경우가 많았습니다. 이를 모두 교정하고 철저법과 음운학에 맞는 빠알리어 한글음사를 하는데, 많은 노력을 기울였습니다. 만약에 기출간물에서 역자의 로마자표기나 번역과 차이나는 것은 있다면, 이 책을 토대로 개선해 주기를 부탁드립니다.

이 『예경지송』은 매일 읽고 독송하고 외우어야 하는 중요성 때문에 오차가 없는 엄밀한 발음과 번역이 중요합니다. 그런데 역자의 실수로 일차 인쇄와 제본까지 마친 상태에서 빠알리문의 음사에서 다수의 오타가 발견되어, 스티커 교정작업을 시도하면서 와신상담하다가 전량 폐기처분을 결정한 뒤, 정교한 교정을 거쳐서 「빛나는 마음의 경」과 「진리수호의 경송」과 몇몇 해제를 추가하고 개선하여 재인쇄하였음을 밝힙니다. 이 과정에서 부득이 많은 비용이 발생하여 책의 정가에 반영되었음을 밝힙니다.

지금부터 8년 전 2016년에 출간된 초간본 『예경지송』의 인쇄비를 후원하시고 추천사를 써주신 이근우 변호사님, 그리고 물심양면으로 교정에 이르기까지 힘써주신 혜능 스님과 최훈동 원장님, 교정을 도와주신 김광하 대표님과 최민철 선생님께도 깊은 감사를 드립니다.

이번 2024년 재간본은 초간본과 동일하지만 몇몇 단어와 구절의 오역을 바로 잡고 개역했습니다. 종래에 부처님을 '승리자'로 번역했는데, 기독교적 용어와 상충을 피해 '최승자'라고 바꾸어 번역했습니다. 대표적인 것이 운허 스님의 불교사전에서 유래한 것으로 원불교사전, 민족문화백과사전 등에서도 오역된 것으로 부처님의 삼십이상 가운데 하나를 '손발가락 사이에 물갈퀴가 있는 손발'이라든가 '손발가락 사이에 그물막이 있는 손발.' 등으로 해설한 것인데, 역자도 니까야나 초간본에서 무심코 참조하여 그렇게 번역했었는데, 이번에 '격자문양처럼 가지런한 손발'로 바로 잡게 되어 다행이라고 생각합니다.

이번에 재간본을 출간에서 도움을 주시고 추천사를 써주신 석법안 스님을 비롯하여 지속적으로 후원하신 도현 스님, 김현수 부사장님, 이준용 선생님, 이진홍 선생님, 유필화 교수님과 독자 여러분께 깊은 감사를 드립니다.

불기 2568(2024)년 여름

退玄 **전재성** 합장

해 제 I

<예경지송에 대하여>

북방의 대승불교는 타종(打鐘)과 종성(鍾頌)이 있은 이후 목탁을 치면서 오분향례(五分香禮)를 중심으로 절을 하면서 예불이 이루어지고, 독경에는 천수경이나 반야심경을 외우고, 축원과 회향을 하면서 끝난다. 테라바다 불교권에서는 예불 중에 타종이나 목탁을 쓰지 않지만, 예불의 형식은 전체적으로 유사하다고 볼 수 있다.

미얀마의 세우민 센터나 파욱 센터 등의 대규모 수행센터는 타종은 기상시간이나 식사시간을 알릴 때에만 사용한다. 평소에 기상은 3시나 4시경에 하지만 새벽예불을 하지 않고 바로 좌선이나 경행의 수행으로 일과를 시작하는데, 예불은 특별한 의식을 치룰 때만 행하는 경우가 많다. 수행처에서의 법문은 일주일에 한번 정도가 하지만, 정식법회가 아닌 경우에는 예불도 생략하는 경우가 대부분이다.

그러나 소규모 사원이나 수행센터의 경우에는 도량의 대중이 모여 매일 예경지송을 한다. 삼귀의, 오계를 기본으로 등불공양이나 꽃공양이나 물공양이나 음식공양에 대한 경문을 송출하고, 이어서 수호경전이나 지송경전을 송출하고 끝으로 예경공덕을 회향을 하는 내용으로 이루어진다. 이 가운데 부처님이나 삼보에 대한 예찬은 모두 초기경전 ≪니까야≫에서 정형구로서 반복되는 것들이고 꽃공양이나 등불공양이나 물공양은 모두 ≪비유경≫ 등에서 찬탄되었던 것들이다.

이 책에서 『일반예불품』은 주로 부처님과 삼보의 공덕에 대한 찬탄과, 등불공양이나 향공양 또는 꽃공양 그리고 보리수와 탑묘예배 등의 의미에 대한 성찰로 이루어져있다. 『수호경전품』은 부처님의 가르침 가운데 우리자신을 내적·외적 환경의 악영향에서 수호할 수 있는 경전을 모아놓은 것이다. 『지송경전품』은 부처님의 가르침 가운데 핵심적인 원리를 새기기 위해 주요한 법문을 담은 경전으로 이루어졌다. 『성찰수행품』은 지송경전 이외에 초기경전에서 성찰해야 할 내용을 발췌한 것이다. 『명상수행품』은 『우다나』에서 부처님께서 직접 추천한 네 가지 관법수행과 『새김의 토대의 큰 경』의 명상수행법을 밝혀놓은 것이다. 『공덕회향품』은 초기경전에서 찾을 수 있는 공덕에 대한 수희 즉, '함께 기뻐함 또는 감사와 그 기쁨을 노래한 것'과 공덕의 회향 즉, '타자에게 회향하는 것'으로 심지어 모르는 자에게도 공덕을 회향하여 일체 뭇삶에게도 행복이 깃들길 기원하는 것'으로 초기경전의 자애의 정신에 맞도록 구성된 것이다. 「통과의례」는 결혼식을 비롯하여 출생명명식/단기출가/집들이/개업식 등을 말한다. 결혼식을 예로 들자면, 일반예불의 형식에 중간에 「결혼서약」을 끼워 넣어서 결혼축하를 거행하는 것이다. 출생명명식이나 이사를 갔을 때의 집들이에도 이러한 형식이 쓰인다. 『추모경송품』은 장례식이나 추모식에서 가신 님을 추모하는 것으로 일반예불형식에 추가되는 것만을 모은 것인데, 죽음의 불가피성과 무상함을 일깨우고 윤회의 고통에서 벗어나길 기원하는 가르침으로 구성되어 있다.

1. 일반예불품一般禮佛品

테다라바다 불교전통을 이어받은 태국계의 영국 아마라바티 사원의 경우, 새벽 4시부터 각방에서 울리는 다양한 자명종 소리로 아침을 연 후에 5시 아침예불이 시작한다. 주지스님이 향을 올림으로 시작하여 삼보를 찬탄하는 예경을 하고, 타종으로 명상수행을 시작하고, 타종으로 명상수행이 끝남을 알리고, 지송으로 아침예불을 마친다. 아침예불과 저녁예불을 모두 하는 사원은 드물다, 그러나 모두 할 때에는, 아침예불과 저녁예불의 절차는 동일하되, 송출경전을 조금 달리한다. 사원에 따라서는 아참예불은 생략하고 저녁예불만 하는 경우도 있다. 또한 사원마다 예불시간이나 예불형태는 다소간 차이가 난다. 그리고 일반예불은 오계를 중심으로 한 것이라 재가신도를 위한 것이다. 재가신자가 참여하는 포살법회일 경우에는 팔계를, 출가자들의 법회일 경우에는 십계로 바꾸어서 예불한다.

1. 「예경서禮敬序」

예경서는 모든 ≪니까야≫의 서두에도 놓여 있는데, 부처님에게 표하는 최상의 경의를 뜻한다. '그 분, 세상의 존귀한 님, 거룩한 님, 올바로 원만히 깨달은 님께 예경하나이다.'라는 구절을 세 번 반복하는 것이다. 여기서 존귀한 님은 세존(世尊), 거룩한 님은 아라한(阿羅漢), 올바로 원만히 깨달은 님은 정등각자(正等覺者)를 우리말로 번역한 것이다. 세존(世尊)은 어원적으로는 '행운을 지닌 님'이라는 뜻인데, 어원에 대해서는 — 유사언어학적인 분석도 포함되어 있지만 — 더불어 다양한 해석을 제기하고 있다. 『도론(導論)』에서는 행운을 지닌 자(bhagī), 나누는 자(bhajī), 함께하는 자(bhāgī), 분류된 것의 소유자(vibhattavā), 스승(guru), 악을 파괴한 자(akāsi bhaggan ti), 행운을 지닌 자(bhāgyavā), 많은 방편으로 성장한 자(bahūhi ñāyehi subhāvitattano), 존재의 끝에 도달한 자(bhavantago)를 뜻한다. 『청정도론』에 따르면, 부분들을 지닌 자(bhāgavā : 부분이란 계행 등과 같은 덕성으로 구성된 법수[DN. III. 212-271]), 지지된 것을 지닌 자(bhatavā : 부처님이 되게 하는 것들 예를 들어 열 가지 초월의 길[十波羅蜜] 등), 목표한 부분들을 성취한 자(bhāge vani : 여기서 부분이란 오랜 겁의 세월 동안 목표한 성취를 구성하는 부분들 : 시각은 완전히 알려져야 한다는 등[Pṭs. I. 23]), 목표한 행운을 성취한 자(bhage vani : 여기서 행운이란 공덕을 통해 부여된 능력과 일치하는 행운 : 세속적인 것으로는 왕, 지도자, 전륜왕 등이고 초인간적인 것으로는 선정, 해탈, 삼매 등), 헌신자들이 있는 자(bhattavā : 여래는 십력이나 삼십이상 등의 무수한 정신적 신체적 덕성을 가진 님으로 많은 헌신자를 갖고 있음), 행운을 토해 버린 자(bhage vami : 전생의 삶에서 바라밀을 실천하며 행운이라고 여겨지는 영광, 권위, 명예를 토해 버림), 토한 부분들 안에 있는 자(bhāge vami : 부처님은 불사의 세계를 성취하여 모든 법수를 토하여 버림)이다. 거룩한 님은 아라한(Arahant : 阿羅漢)을 번역한 것이다. 이것에 대한 어원적 분석 — 유사언어학적인 분석이 포함되어 있지만 — 에 따르면, '오염을 멀리하기 때문에(ārakattā), 번뇌를 남김없이 적을 죽였기 때문에(ārīnaṃ hatattā), 윤회의 바퀴가 파괴되었기 때문에(arāṇaṃ hattatā), 필수품 등을 받을 가치가 있기 때문에(arahattā), 악하고 불건전한 행위를 감추는 비밀이 없기 때문에(rahābhāvā)' 거룩한 님이라고 불린다. '올바로 원만히 깨달은 님(sammāsambuddha : 三藐三佛陀)'을 어원적으로 분석하면, 완전히(sammā) 스스로(sāmaṃ) 일체의 사실(sabbadhamma)에 대해서 깨달은 님이므로 올바로 원만히 깨달은 님(正等覺者)이다. 주의를 기울여 알 수 있는 어떠한 것이든 그 일체를 일체의 형태로부터 분명하게 스스로 올바로 깨달아 아는 사실 때문에 그렇게 불린 것이다. 그 모든 것을 아는 지혜(sabbaññūtañāṇa : 一切智)의 성취는 장애를 여읜 지혜(anāvaraṇañāṇa : 無碍智)의 성취로 여겨진다. 올바로 원만히 깨달은 님은 이러한 지혜를 성취한 님이다. 출처는 다음과 같다 : SN. I. 1; MN. I. 1; DN. I. 1; AN. I. 1; ItA. I. 5; ItA. I. 6-12, Nidd. 142-143; 211-212; Vism. 198-213; ItA. I. 139; ItA. I. 140-142.

2. 「삼귀의三歸依」

불법승(佛法僧)의 삼보에의 귀의이다. 테라바다를 비롯한 모든 불교권에 공통되는 것인데, 이것을 세 번 반복한다. 각각의 반복에 '두 번째에도, 세 번째에도'라고 앞에 반복표시가 있다. 역자가 이것을 번역할 때에는 반복 형식 대신에 세 번의 반복을 '고귀한, 원만한, 거룩한'으로 바꾸어 세 번 송출할 수 있도록 번역했다. 삼귀의의 구체적인 내용에 대해서는 각각 이 책의 부처님에 대한 찬탄, 가르침에 대한 찬탄, 참모임에 대한 찬탄 등에서 살펴볼 수 있다. 주석서에 따르면, 삼귀의는 세존에 의해서 바라나씨 시의 이싸빠타나 지역의 미가다야에서 선언된 것으로, 존자 야싸가 동료들과 함께 출가하여 거룩한 경지에 도달한 뒤에 61명의 거룩한 님들이 생겨나자, 부처님께서는 일일이 많은 출가자에게 구족계를 줄 수 없게 되었다. 그래서 율장의 『마하박가』에서 '이 삼귀의로써 출가시켜 구족계를 주는 것을 허용한다.'라고 말씀하신 것처럼, 많은 사람에게 출가의 이익을 주기 위하여 삼귀의를 선언을 하게 된 것이다. 이 삼귀의는 진리의 흐름에 듦의 네 가지 고리의 중요한 세 가지 요소이다. 네 가지 흐름에 듦의 고리는 주석서에 따르면, 흐름에 든 님(豫流者)의 흔들리지 않는 삼보에 대한 믿음과 계행에 대한 청정한 믿음(aveccappasāda)을 의미하거나 출처는 다음과 같다 : Khp. 1; Prj. I. 13; Srp. II. 73; Vin. I. 22.

3. 「오계五戒」

부처님께서 싸밧티 시의 제따바나 숲에 있는 아나타삔디까 승원에 계실 때 재가신자를 위해서 수행승들에게 설한 일련의 경전 속에 등장한다. ≪앙굿따라니까야≫에 '살아있는 생명을 죽이지 않고, 주지 않은 것을 빼앗지 않고, 거짓말을 하지 않고, 사랑을 나눔에 잘못을 범하지 않고, 곡주나 과즙주 등의 취기 있는 것에 취하지 않는 사람은 다섯 가지 원한을 끊어 계행이 원만한 자이니 그 지혜로운 자는 몸이 파괴되어 좋은 곳에 태어난다.'는 구절이 있으며, ≪빠라마조띠까≫에서는 다음과 같이 분석하고 있다. 살아있는 생명을 죽이는 것 즉, 살생(殺生), 거짓말을 하는 것 즉, 망언(妄言), 주지 않은 것을 빼앗는 것 즉, 투도(偸盜)는 세 가지 동기 신체·정신적 동기, 언어·정신적 동기, 신체·언어·정신적 동기의 세 가지 동기를 갖고 있고, 사랑을 나눔에 잘못을 범하는 것 즉, 사음(邪淫)은 신체·정신적 동기 하나의 동기만을 갖고 있다. 곡주나 과즙주 등의 취기 있는 것에 취하는 것 즉, 음주(飮酒)는 신체적 동기와 신체·정신적 동기의 두 가지 동기를 갖고 있다. 느낌으로 보면, 살생은 괴로운 느낌과만 관계되고, 투도와 망언은 세 가지 느낌의 어떤 하나와 관계되고, 사음과 음주는 즐거운 느낌이나 중립적인 느낌의 두 가지 느낌과 관계된다. 뿌리로 보면, 살생은 미혹과 증오를 뿌리로 하고, 투도와 망언은 탐욕과 미혹을 뿌리로 하거나 분노와 미혹을 뿌리로 하고, 사음과 음주는 탐욕과 미혹을 뿌리로 한다. 행위로 보면, 살생과 투도와 사음은 신체적 행위이고 신체적 행위로 완성된다. 망언은 언어적 행위이고 음주는 그 기회가 신체적 행위이다. 그리고 과보로 본다면, 이 살생을 비롯한 다섯 가지 행위는 모두 악처의 과보를 받고 선처에서도 원하지 않고 바라지 않은 방향으로 간다. 미래가 그렇지만 현재에도 용맹이 결여된다. 그러나 오계 자체는 그 동기로 보면, 신체적 동기, 신체·정신적 동기, 언어·정신적 동기, 신체·언어·정신적 동기의 네 가지 동기를 갖고 있다. 그리고 느낌으로 보면, 즐거운 느낌이나 중립적인 느낌과 결합되어 있다. 뿌리로 보면, 탐욕의 여읨과 분노의 여읨 또는 탐욕의 여읨, 분노의 여읨, 어리석음의 여읨을 토대로 한다. 행위로 보면, 네 가지는 신체적 행위와 한 가지는 언어적 행위와 관련되지만, 발현의 순간은 정신에서 일어나므로 모두가 정신적 행위와 관계된다. ≪앙굿따라니까야≫에서는 다음과 같이 분석한다. '살아있는 생명을 죽이는 것을 추구하고 실천하고 자주 실천하는 자는 지옥에 태어나고 축생에 태어나고 아귀에 태어난다. 그리고 살아있는 생명을 죽이는 것이 아주 경미한 자는 인간으로 태어나게 되지만 단명하게 태어난다. 수행승들이여, 주지 않은 것을 빼앗는 것을 추구하고 실천하고 자주 실천하는 자는 지옥에 태어나고 축생에 태어나고 아귀에 태어난다. 그리고 주지 않은 것을 빼앗는 것이 아주 경미한 자는 인간으로 태어나게 되지만 재산을 상실한다. 수행승들이여, 사랑을 나눔에 잘못을 범하는 것을 추구하고 실천하고 자주 실천하는 자는 지옥에 태어나고 축생에 태어나고 아귀에 태어난다. 그리고 사랑을 나눔에 잘못을 범하는 것이 아주 경미한 자는 인간으로 태어나게 되지만 상대의 원한을 산다. 수행승들이여, 어리석은 거짓말을 하는 것을 추구하고 실천하고 자주 실천하는 자는 지옥에 태어나고 축생에 태어나고 아귀에 태어난다. 그리고 어리석은 거짓말을 하는 것이 아주 경미한 자는 인간으로 태어나게 되지만 사실이 아닌 것으로 모함을 받는다. 곡주나 과즙주 등의 취기에 취하는 것을 추구하고 실천하고 자주 실천하는 자는 지옥에 태어나고 축생에 태어나고 아귀에 태어난다. 그리고 곡주나 과즙주 등의 취기에 취하는 것이 아주 경미한 자는 인간으로 태어나게 되지만 정신적 장애를 얻게 된다.' 출처는 다음과 같다 : AN. III. 203～206, 275; DN. III. 235; Vibh. 285; Prj. I. 31～33; AN. IV. 247.

4.「부처님의 찬탄」

초기경전의 전반에 걸쳐 등장한다. 부처님의 덕성을 열 가지로 표현한 여래십호(如來十號)를 나타낸 것이다. 거룩한 님은 아라한(阿羅漢), 올바로 원만히 깨달은 님은 정등각자(正等覺者), 명지와 덕행을 갖춘 님은 명행족(明行足), 올바른 길로 잘 가신 님은 선서(善逝), 세상을 이해하는 님은 세간해(世間解), 위없는 님은 무상사(無上師), 사람을 길들이는 님은 조어장부(調御丈

夫), 신들과 인간의 스승은 천인사(天人師), 깨달은 님은 불(佛), 세상의 존귀한 님은 세존(世尊)을 한글화한 것이다. 출처는 다음과 같다 : SN. I. 219; MN. I. 37; DN. I. 49; AN. I. 180 등.

5. 「가르침의 찬탄」

부처님의 가르침만이 갖는 독특한 특징을 나타내는 것으로, 초기경전 전체에 걸쳐서 관용구로서 나타난다. '현세에 유익한 가르침'이라는 것은 지금 여기에서 당장 효과를 갖는 가르침이라는 뜻이고, '시간을 뛰어넘는 가르침'이라는 것은 시간에 매이지 않는 가르침이라는 뜻이다. 초기불교에서는 시간을 단지 무상이라고 하는 연기적 변화의 파생적인 개념으로 이해하기 때문에 인과원리의 공간접 근접성이나 시간적 지연성 뿐만 아니라 인과의 공간적 원격성이나 시간적 동시성을 포함한다. '와서 보라는 가르침'이라는 것은 측량할 수 없는 불가사의한 초자연적 근원에서 나오는 것이 아니라 실제의 세계를 반영하는 존재에 대한 경험적 체험에 의해 얻어진 가르침이라는 것을 뜻한다. 특히 그것은 마음과 세계에 대한 정신적 수행의 산물로서 인과적 과정의 작용 속에서 드러나는 것이다. '궁극으로 이끄는 가르침'이라는 것은 궁극적 목표인 열반으로 이끄는 가르침이라는 뜻이고, '슬기로운 님이라면 누구나 알 수 있는 가르침'이라는 것은 있는 그대로 볼 수 있는 지혜로운 자, 각자에게 알려지는 가르침을 뜻한다. 출처는 다음과 같다 : SN. I. 220; MN. I. 37; DN. I. 93; AN. I. 149 등.

6. 「참모임의 찬탄」

초기경전 전체에 걸쳐 나타난다. 참모임은 승가를 역지가 번역한 말이다. 초기불교에서 교단을 의미하는 승가(僧伽: Saṅgha)에 관하여 비구승가(比丘僧伽 : Bhikkhu Saṅgha), 비구니승가(比丘尼僧伽 : Bhikkhunī Saṅgha), 사방승가(四方僧伽 : Cattudisa Saṅgha), 현전승가(現前僧伽 : Sammukhī Saṅgha), 승보(僧寶 : Saṅgharatana), 성문승가(聲聞僧伽 : Sāvaka-Saṅ-gha)등의 용어를 찾아볼 수 있다. 여기서 구체적으로 재가신자인 우바새(優婆塞 : Upāsi-ka), 우바이(優婆夷 : Upāsikā)의 승가란 말은 나타나지 않는다. 더구나 승가 안에 재가신도가 포함되는 것이 옳은지 포함되지 않는 것이 옳은 지 구체적으로 명시되어 있지도 않다. 사방승가는 시간적으로 삼세에 걸쳐 확대되고 공간적으로는 우주적으로 확대되는 보편적 승가를 지칭한다. 그렇다면 이 사방승가 안에는 재가신도가 당연히 포함되어야 할 것이다. 그러나 이 사방승가도 재가신도에 관한 언급이 없이 비구, 비구니 승가의 확장으로 규정되고 있다. 그리고 현전승가는 시간, 공간적으로 제한된 사방승가의 지역승가로서의 생활공동체이다. 이 현전승가 역시 비구 또는 비구니 승가이다. 그러나 경전에서는 재가신자인 우바새나 우바이가 없이는 사방승가와 현전승가의 이념이 성립할 수 없음을 경전은 분명히 하고 있다. 왜냐하면 출가자는 생활의 물자를 얻기 위해 노동할 수 없음으로, 우바새와 우바이로부터 생활필수품인 의식주를 위한 생필품와 의약품(四資具)을 공급받아야 생활공동체로서의 현전승가가 유지되며, 우바새와 우바이로부터 승가람(僧伽藍), 승가람물(僧伽藍物), 방(房), 방물(房物)등을 기증받아서 부처님의 가르침을 유지시켜야 '부처님을 상수로하는 승가' 즉 사방승가가 성립할 수 있다. 한편 승보라고 하는 것은 불교도의 귀의처로 삼귀의 라고 하는 종교적 신앙의 대상가운데 하나가

된다. 초기불교의 경전에서는 그 구체적인 범주가 언급되어 있지가 않다. 그러나 『구사론』(俱舍論)이나 『대지도론』(大智道論)에서는 그 범주를 구체적으로 정하고 있다. 승보에는 비구비구니 승가가 모두 포함되는 것이 아니라 진리의 흐름에 들기 시작한 예류향(預流向)에서부터 열반에 도달한 아라한에 이르기까지의 네 쌍으로 여덟이 되는 참사람 즉, 사쌍팔배(四雙八輩 : 豫流向, 豫流果, 一來向, 一來果, 不還向, 不還果, 阿羅漢向, 阿羅漢果)의 성자승을 의미한다고 규정하고 있다. 이 승보의 개념은 초기경전인 ≪쌍윳따니까야≫에서 규정하는 성문승가의 이념과 일치한다 : "세존의 성문승가는 훌륭한 실행자이며, 진실의 실행자이며, 화합의 실행자이니 곧 사상팔배를 지칭한다.(SN. II. 66)" 그러나 용수가 규정하는 승보의 개념과 쌍윳다니까야에서 부처님이 규정하는 것과는 차이가 있다. 붓다는 결코 성문승가가 비구비구니 승가로 한정한다고 규정하지 않았으며, 글자 그대로 성문승가 즉 제자승가로서 정의했다는 사실이다. 제자승가라고 한다면 우바새와 우바이도 포함한다는 사실을 강력하게 시사하고 있다. 이러한 논의가 시사하는 것은 진리의 흐름에 들지 못한 비구, 비구니, 우바새, 우바이는 성문승가나 승보에서 제외된다는 사실이다. 그러나 현실적으로 누가 성자승인가를 가려내고 인정할 것인가는 난해한 문제에 속한다. 그래서 『살다다비니비바사』(薩婆多毘尼毘婆娑 : 大正23. 506)에서는 귀의의 대상인 승보에 관하여 진속이제(眞俗二諦)의 구분을 하고 있다. 즉 제일의제승(第一義諦勝)은 사쌍팔배를 의미하고 속제승(俗諦僧)은 싸쌍팔배만이 아니라 범부승을 포함한다. 제일의제승이 의존하는 바는 속제승이므로 범부승에게도 존경을 표하고 귀의의 대상이 될수 있다고 논하고 있다. 이러한 논의의 밑바탕에는 재가신도도 포함되어 있는 것을 엿볼수 있다. 승가라는 이념이 불교공동체라는 가장 포괄적인 측면으로 분명히 등장하는 것은 아쇼카왕의 사르나트 칙령(Sarnat 勅令)에서 이다. 이 칙령에는 타종교와 구분되는 불교승가로서의 승가 즉 모든 불교도의 공동체라는 말이 분명히 등장한다. 여하튼 참모임의 본래적인 의미는 '참사람의 모임'을 말한다. 상가는 구체적으로는 빅쿠와 빅쿠니의 상가를 뜻하지만, 내용적으로는 이러한 참모임을 상징적으로 표현하는 것이다. '참사람의 모임'이란 네 쌍으로 여덟이 되는 참사람 즉, 흐름에 든 길을 가는 님, 흐름에 든 님, 한번 돌아오는 길을 가는 님, 한번 돌아오는 님, 돌아오지 않는 길을 가는 님, 돌아오지 않는 님, 거룩한 길을 가는 님, 거룩한 님을 말한다. 그들은 진리의 흐름에 들기 시작했기 때문에 훌륭하게, 정직하게, 현명하게, 조화롭게, 실천수행을 하는 자들이다. 이러한 참사람들의 모임은 공양받을 만하고, 섬김받을 만하고, 선물받을 만하고, 존경받을 만하니, 세상에서 위없는 공덕의 밭이 된다. 좋은 종자를 좋은 밭에 심으면 좋은 곡식을 얻을 수 있는 것처럼 참모임에 공양하면, 공덕을 쌓게 되어 좋은 결과를 낳게 된다. 출처는 다음과 같다 : SN. I. 220; SN. II. 66; MN. I. 37; DN. I. 93; AN. I. 208 등.

7. 「삼보예경의 게송」

앞에 등장하는 삼보의 덕성에 대한 각각의 찬탄을 후대에 누군가가 종합한 것이다. 출처는 다음과 같다 : SN. I. 219; MN. I. 37; DN. I. 49; AN. I. 180 등.

8. 「등불공양」

어둠을 몰아내는 불을 공양하면서 삼계의 광명이신 부처님을 새기는 것이다. 이 등불공양은 여덟 가지 이익이 있다. ① 안전하게 번영한다. ② 귀한 가문이 된다. ③ 준수하고 재능있는 슬기로운 이가 된다. ④ 신체의 부자유가 없어진다. ⑤ 자세가 아름다워진다. ⑥ 위신력이 생긴다. ⑦ 두려움이 없어진다. ⑧ 무사하게 지낸다. 빠두뭇따라(Padumuttara) 부처님 시대에 한 남자가 보리수 주변에 다섯 개의 등불을 바쳤다. 그 공덕으로 사후에 천상세계에 태어나 800마일 가량의 거리에 떨어진 것도 볼 수 있는 눈을 얻었고, 고따마 부처님 시대에는 장로 빤짜디삐까(Pañcadīpika)가 되어 거룩한 님이 되었다. 동일한 부처님 시대에 또 다른 남자가 보리수에 등불을 바쳐서 사후에 천상세계와 인간세계의 양쪽의 행복을 누리다가 고따마 부처님의 시대에는 장로 에까디삐야(Ekadīpiya)가 되어 거룩한 님이 되었다. 빠두뭇따라(Padumuttara) 부처님은 과거24불 가운데 10번째 부처님으로 항싸바띠(Haṃsavatī)에서 왕족 아난다(Ānanda)와 부인 쑤자따(Sujatā)사이에 태어났다. 그가 태어 났을 때와 해탈했을 때, 일만 세계에 연꽃비가 내렸다. 그는 가장으로서 나라바하나(Naravāhana), 야싸(Yasa), 빠싸밧띠(Vasavatti)의 세 궁전에서 살면서 아내 빠쑤닷따(Vasudattā) 사이에 웃따라(Uttara)라는 아들을 하나 두었다. 그는 왕궁을 떠나 7일간 고행을 닦고 웃제니 시의 루찌난다(Rucinandā)라는 처녀가 주는 유미죽을 먹고 보리수좌 싸랄라(Salaḷā)에서 일주일간 삼매에 들어 해탈했다. 초전법륜은 미틸루이야나(Mithiluyyāna)에서 조카 데발라(Devala)와 쑤자따(Sujāta)에게 했는데, 나중에 그들이 주요한 제자가 되었다. 여제자로는 아미따(Amitā)와 아싸마(Asamā)가 있었다. 후원자로는 재가의 남자신도 비띤나(Vitiṇṇa)와 띳싸(Tissa), 여자신도 핫타(Hatthā)와 비찟따(Vicittā)가 있었다. 그는 십만 세에 난다라마에서 열반했다. 출처는 다음과 같다 : Ap. 108, 189; Bv. 35.

9. 「향공양」

과거불인 앗타다씬(Atthadassin) 부처님 시대에 꽃을 먹고 사는 요정 긴나라(緊那羅)가 있었는데, 어느 날 앗타다씬 부처님을 만나 전단향을 바친 공덕으로 '로히니(Rohini)'라는 이름으로 세 번이나 전륜왕으로 태어났으며, 고따마 부처님 시대에는 '짠다나뿌자까(Candanapūjaka)'라는 이름으로 거룩한 님이 되었다. 앗타다씬(Atthadassin) 부처님은 과거24불 가운데 14번째 부처님으로 쑤찌다누(Sucidhanu) 유원의 쏘바나(Sobhana)에서 아버지 싸가라(Sāgara)와 부인 쑤닷싸나(Sudassanā) 사이에 태어났다. 그가 태어났을 때 매장된 보물이 발견되었기 때문에 그렇게 불렸다. 그는 가장으로서 일만 년 동안 아마라기리(Amaragiri), 쑤라기리(Suragiri), 기리바하나(Girivāhana)의 세 궁전에서 살면서 아내 비싸카(Visākhā) 사이에 아들 쎄나(Sena)라는 아들을 하나 두었다. 그는 궁전을 떠나 8개월간 고행을 닦고 쑤찐다라(Sucindharā)라는 용녀가 주는 유미죽을 먹고 용왕 담마루찌(Dhammaruci)가 길상초를 깔아주어 보리수 짬빠까(Campaka) 아래서 정각을 이루었다. 초전법륜은 아노마 시의 아노마(Anomā) 유원에서 이루어졌다. 그의 수제자로는 왕자출신의 싼따(Santa)와 사제의 아들이었던 우빠싼따(Upasanta)가 있었다. 여제자로는 담마(Dhammā)와 쑤담마(Sudhammā)가 있었다. 후원자로는 재가의 남자신도 나꿀라(Nakula)와 니싸바(Nisabha), 여자신도 마낄라(Makilā)와 쑤난다(Sunandā)가 있었다. 그는 십만 세에 아노마라마(Anomārāma)에서 열반했다. 출처는 다음과 같다 : Ap. 165; Bv. 43.

10. 「꽃공양」

아름다운 꽃송이를 바친다는 것은 해탈하신 부처님의 두 발 아래에 바치는 해탈의 의미와 이 꽃들이 마침내 시들 듯, 이 몸도 사라지고 마는 것을 새김으로써 꽃공양을 바치는 자가 스스로 해탈되길 염원하는 해탈의 의미의 두 가지 해탈의 의미를 지닌다. 고따마 부처님 시대에 천상세계를 순회하면서 설법하던 목갈라나가 천상세계에서 한 천녀를 만났다. 그녀의 전생을 물으니, 라자가하(Rājagaha) 시 동쪽의 나라까 마을에서 쎄싸밧티(Sesavatī)라는 여인으로 살았다. 그녀가 싸리뿟따 장로를 만나서 기쁜 나머지 많은 꽃을 바쳤는데, 그 때문에 사후에 지금의 천상세계에 태어난 것이라고 말했다. 또한 한 남자가 열반에 드신 비빳씬(Vipassin) 부처님의 유체를 화장하는 다비장의 향나무위에 연꽃을 바쳤는데, 그 공덕으로 천상세계에 태어났다가 인간세계를 왕복하면서 지내다가 고따마 부처님의 시대에 장로 빠두맛차다니야(Padumacchadaniya)란 이름으로 거룩한 님이 되었다. 비빠씬 부처님은 고따마 부처님 이전의 과거24불 가운데 19번째 부처님이자 과거칠불의 한분이다. 이 책의 「과거칠불의 수호경」의 해제를 보라. 출처는 다음과 같다 : Vmv. 51; Ap. 98; Bv. 52.

11. 「물공양」

살아있는 생명은 물을 마시지 않으면 안 된다. 물을 마시지 못하면 생명을 연장할 수가 없고 신체도 기력을 잃는다. 또한 목욕을 하지 않으면 신체가 더러워진다. 따라서 물을 공양하면, 자신도 인과의 법칙에 따라 동일한 이익을 얻을 수 있다. 물공양의 이익은 다음과 같다. ① 수명이 늘어난다. ② 안색이 아름다워진다. ③ 안락하게 산다. ④ 신체가 강건해진다. ⑤ 사리판단의 능력이 생긴다. ⑥ 신체가 청결해진다. ⑦ 명예를 얻는다. ⑧ 따르는 무리가 많아진다. ⑨ 목에 갈증이 없어진다. ⑩ 동작이 민첩해진다. 과거불인 빠두뭇따라(Padumuttara) 부처님이 열반에 든 이후에, 불자들은 보리수에 맑은 물을 뿌렸다. 어떤 양가의 아들이 물병에 든 향수를 보리수에 뿌렸다. 그 공덕으로 사후에 천상세계에 태어났고, 그 후에 인간세계와 천상세계를 오가며 악취에 떨어지지 않고 윤회하다가 고따마 부처님 시대에 장로 간도다끼야(Gandhodakiya)란 이름으로 거룩한 님이 되었다. 빠두뭇따라(Padumuttara) 부처님에 대해서는 「등불공양」의 해제를 보라. 출처는 다음과 같다 : Ap. 106; Bv. 35.

12. 「음식공양」

살아있는 생명은 음식을 먹지 않으면 안 된다. 음식을 공양하는 것은 수명, 용모, 안락, 기력, 총명을 베푸는 것이므로, 베푸는 자도 그 공덕을 받아 ① 수명을 연장할 수가 있고 ② 용모가 아름다워지고, ③ 안락하게 살게 되고, ④ 기력을 회복하고, ⑤ 총명해진다.(AN. III. 42) 과거불인 씻닷타 부처님 당시에 한 남자가 부처님께서 탁발하실 때에 초대하여 음식공양을 올렸다. 그 공덕으로 사후에 그는 천상세계에 태어나 인간세계와 천상세계를 오가며 윤회하다가 고따마 부처님의 시대에 장로 안냐쌍싸봐까란 이름으로 거룩한 님이 되었다. 씻닷타(Siddhattha)

부처님은 과거24불 가운데 16번째의 부처님으로 베바라(Vebhāra) 시의 비리야(Viriya) 유원에서 아버지 우데나(Udena)와 어머니 쑤파싸(Suphasā)의 사이에서 태어났다. 그는 일만 년 동안 가장으로서 꼬까(Koka), 쑷빨라(Suppala), 꼬까누다(Kokanuda)의 세 궁전에서 살았으며 아내 쑤마나(Sumanā)와 사이에 아들 아누빠마(Anupama)를 두었다. 그는 황금마차를 타고 출가해서 10개월 동안 고행을 닦고 쑤네따(Sunettā)라는 바라문처녀에게 유미죽을 공양받고 보리밭지기 바루나(Varuṇa)가 길상초를 깔아주어 보리수 까니까라(Kaṇikāra : 黃花樹) 아래서 해탈했다. 가야(Gayā)에서 초전법륜을 하고, 주요제자로 망갈라(Maṅgala), 쑤라쎄나(Surasena), 쌈팔라(Samphala)가 있었다. 여제자로는 씨발라(Sivalā)와 쑤라마(Surāmā)가 있었고, 시자는 레바따(Revata)였다. 후원자로서 남자재가신도로 쑵삐야(Suppiya)와 싸뭇다(Samudda)가 여자 재가신도로 람마(Rammā)와 쑤람마(Surammā)가 있었다. 그는 십만 세에 아노마라마(Anomārāma)에서 열반에 들었다. 출처는 다음과 같다 : Ap. 261; Bud. 47

13. 「의약공양」

출가자는 의약 가운데 진기약(陳棄藥)을 기초생활수단(Vin. I. 58)으로 삼는다. 진기약은 부란약(腐爛藥), 황용탕(黃龍湯)이라고도 하는데, 소의 오줌에 미로발란 나무의 쓰디쓴 열매를 재어서 발효시킨 것으로 치료제이다. 별도로 얻을 수 있는 필수의약으로는 민간에서 약으로 간주되는 음식 즉, 버터기름, 신선한 버터, 기름, 꿀, 당밀이다. 과거불인 씻닷타(Siddhattha) 부처님 당시에 한 사냥꾼이 숲속에서 삼매에 드신 씻닷타 부처님을 만났는데, 부처님께서 삼매에서 일어나자 밀괴(蜜塊)를 공양했다. 그 사냥꾼은 그 공덕으로 사후에 '쑤닷싸나(Sudassana)'란 이름으로 네 번이나 왕으로 태어났으며, 그가 태어날 때마다 달콤한 비가 내렸다. 그는 인간세계와 천상세계를 오가며 악취로 떨어지지 않고 윤회하다가 고따마 부처님의 시대에 장로 마두라삔디까(Madhupiṇḍika)란 이름으로 거룩한 님이 되었다. 씻닷타(Siddhattha) 부처님에 대해서는 「음식공양」의 해제를 보라. 출처는 다음과 같다 : Ap. 137; Bv. 47.

14. 「탑묘예경」

세상 모든 곳 어디에 있든 탑묘와 사리와 보리수와 모든 깨달은 님의 형상에 언제나 경의를 표하는 경송이다. 씨킨(Sikhin) 부처님 시대에 한 남자가 길을 잃고 숲속을 방황하다가 씨킨 부처님의 탑묘를 지나게 되었다. 그는 부처님의 덕성을 새기면서 탑묘에 예경을 했는데, 그 공덕으로 '아뚤리야(Atulya)'란 이름의 전륜왕으로 일곱 번이나 태어났다가 고따마 부처님 시대에 장로 아싸낫타비까(Āsanatthavika)란 이름으로 거룩한 님이 되었다. 씨킨(Sikhin) 부처님은 역사적인 고따마 부처님 이전의 과거24불 가운데 20번째 부처님이자 과거칠불의 한분이다. 이 책의 「과거칠불의 수호경」의 해제를 보라. 출처는 다음과 같다 : Ap. 255; Bv. 54.

15. 「보리수예경」

부처님이 명상에 들어 일체의 번뇌를 정복하고 궁극의 앎에 이른 보리수에 예경하는 것은 크나큰 공덕이 있다. 띳싸(Tissa) 부처님 시대에 한 남자가 아싸나(Asana) 보리수를 심고 오년 동안이나 보살핀 공덕으로 오랜 세월 천상세계에서 지내다가 한번은 '단다쎄나(Daṇḍasena)'라는 전륜왕으로 태어났고, 일곱 번은 '싸만따네미(Samantanemi)'라는 이름의 왕으로 태어났고, 한 번은 '뿐나까(Puṇṇaka)'라는 왕족으로 태어났고, 고따마 부처님 시대에는 장로 아싸나보디야(Asanabodhiya)란 이름으로 거룩한 님이 되었다. 그리고 삐야닷씬(Piyadassin) 부처님 시대에는 한 남자가 죄를 짓고 숲속으로 도망가다가 삐야닷씬 부처님의 보리수를 보고 그 마당을 청소하고 꽃을 뿌렸다. 그 공덕으로 그는 '쌈푸씨따(Samphusita)'라는 왕으로 태어났다가 고따마 부처님 시대에 장로 '땀비뿝피야(Tambapupphiya)'라는 이름으로 거룩한 님이 되었다. 1) 띳싸(Tissa) 부처님은 과거24불 가운데 17번째의 부처님으로 케마까(Khemaka)의 아노마(Anomā) 유원에서 태어났다. 아버지 자나싼다(Janasandha)와 어머니 빠두마(Padumā)의 사이에서 태어났다. 그는 칠천 년 동안 가정생활을 하면서 구하쌀라(Guhāsala), 나리(Nārī), 니싸바(Nisabha)의 세 궁전에서 살았으며 쏘눗따라(Soṇuttara)라는 말을 타고 출가했다. 팔 개월 동안 고행을 닦고 비라가마 마을의 비라쎗티(Vīrasetthi)에게 유미죽을 공양받고 보리밭지기 비지따쌍가마(Visitasaṅgāma)가 길상초를 깔아주어 보리수 아싸나(Asana) 아래서 해탈했다. 야싸바띠(Yasavatī)에서 브라흐마데바(Brahmadeva)와 우다야(Udaya)에게 초전법륜을 했는데, 후에 그들이 주요 남자제자가 되었고, 여자제자로는 풋싸(Phussā)와 쑤닷따(Sudattā), 시자로는 싸망가(Samaṅga)가 있었다. 후원자로서 남자재가신도로 쌈발라(Sambala)와 씨리(Siri)가 여자 재가신도로 끼싸고따미(Kisāgotamī)와 우빠쎄나(Upasenā)가 있었다. 그는 십만 세에 난다라마(Nandārāma)에서 열반에 들었다. 2) 삐야닷씬(Piyadassin) 부처님은 과거24불 가운데 13번째의 부처님으로 쑤단냐(Sudañña)에서 태어났다. 어머니는 쑤짠다(Sucandā)였다. 그는 많은 사랑스러운 신통을 보여주었기 때문에 삐야닷씬이라고 불렸다. 그는 천 년 동안 재가자로서 쑤니말라(Sunimala), 비말라(Vimala), 기리구하(Giriguha)의 세 궁전에서 살았으며 그의 아내 비말라(Vimalā)와 아들 깐짜나벨라(Kancanavela)를 두었다. 그는 수레를 타고 출가하여 육개월 동안 고행을 닦고 바싸바(Vasabha)의 딸이 유미죽을 주고 사명외도 쑤자따(Sujāta)가 길상초를 깔아주어 보리수 까꾸다(Kakudha) 아래서 해탈했다. 그는 천왕 쑤닷싸나(Sudassana)와 코끼리 도나무카(Doṇamukha)를 교화했다. 그런데, 수행승 쏘나(Soṇa)가 왕자 마하빠두마(Mahāpaduma)와 음모하여 코끼리 도나무카(Doṇamukha)를 이용해서 부처님을 죽이려고 했으나 실패했다. 삐야닷씬 부처님의 주요제자는 빠리따(Pālita)와 쌉빠닷씬(Sabbadassin)이 있고, 여제자로는 쑤자따(Sujatā)와 담마딘나(Dhammadinnā)가 있었고, 시자로는 쏘비따(Sobita)가 있었다. 후원자로서 남자재가신도로 싼나까(Sannaka)와 담미까(Dhammika)가, 여자 재가신도로 비싸카(Visākhā)와 담마딘나(Dhammadinnā)가 있었다. 그는 구만 세에 앗쌋타라마(Assatthārāma)에서 열반에 들었다. 출처는 다음과 같다 : Ap. 111, 176; Bv. 48; Bv. 41.

16. 「예찬불타」

이 작품은 위대한 예경 즉, 대예경(大禮敬)이라고도 한역한다. 그러나 경전이 아니고 후세에 경전과 주석서를 근거로 해서 미얀마의 장로 싸싸나쏘다까(Ven. Sāsanasodhaka)가 중세의 빠알리어로 창작한 것으로, 오늘날 훌륭한 예경문으로 널리 알려져 있다. 스물여덟 수의 장편 연시로 부처님께서 어떠한 능력을 갖게 되어 올바로 원만히 깨달은 님이 되었는지 뿐만 아니라, 특히 부처님의 외모에 대하여 그 덕성과 관련하여 부처님의 삼십이상(三十二相)과 팔십종호(八十種好)로서 찬탄하고 있다. 이 연시들은 시형론적으로도 매우 뛰어나고 복잡한 구조를 갖고 있다. 팔음절의 밧따(Vatta) 운율에서 시작해서 이십일 음절의 쌋다라(Saddharā) 운율에 이르기까지 점진적으로 상승한다. 그리고 정교한 장식(alaṅkāra)과 반복적 음절(silesa) 그리고 은유와 비유의 적절한 사용으로 완성도 높은 시의 형식을 보여주고 있다. 혜능 스님의 특별한 요청으로 실은 것인데, 운율게송으로서 부처님을 찬탄한 시 가운데는 압권이라고 볼 수 있다. 이 시의 여래에 대한 찬탄을 네 가지로 압축하면, I. 여래십력, II. 쌍신변, III. 삼십이상, IV. 팔십종호이다. 이 게송의 후반부에는 예경하는 자의 마음가짐과 공덕이 부가되어 있으나 주석적인 성격이 짙어 이 책에서는 생략한다. 출처는 각각 다르다.

I. 여래십력(如來十力) : 이 시에 나타나는 '열 가지 힘'이라는 것은 십력(十力) 또는 여래십력(如來十力)을 뜻한다. ≪앙굿따라니까야≫에 따르면, 다음과 같다 : "수행승들이여, 이와 같이 여래에게는 열 가지 여래의 힘이 있는데, 그 힘을 갖추고 있는 여래는 모우왕의 지위를 선언하고 무리 가운데 사자후를 하며 하느님의 수레바퀴[梵輪]를 굴린다. 열 가지란 무엇인가? 1) 여래는 경우를 경우로, 경우가 아닌 것을 경우가 아닌 것으로 있는 그대로 분명히 안다. 2) 여래는 과거 · 미래 · 현재에 행한 행위의 결과에 대하여 조건이나 원인에 따라 있는 그대로 분명히 안다. 3) 여래는 모든 곳으로 인도하는 길에 대하여 있는 그대로 분명히 안다. 4) 여래는 많은 요소, 다양한 요소로 구성된 세계에 대하여 있는 그대로 분명히 안다. 5) 여래는 뭇삶들의 다양한 성향에 대하여 있는 그대로 분명히 안다. 6) 여래는 다른 뭇삶들이나 사람들의 능력의 높고 낮음에 대하여 있는 그대로 분명히 안다. 7) 여래는 선정 · 해탈 · 삼매 · 성취에서의 오염과 정화, 그리고 그것에서 일어남에 대하여 있는 그대로 분명히 안다. 8) 여래는 전생의 여러 가지 삶의 형태를 기억하되, 예를 들어 '한 번 태어나고 두 번 태어나고 세 번 태어나고 네 번 태어나고 다섯 번 태어나고 열 번 태어나고 스무 번 태어나고 서른 번 태어나고 마흔 번 태어나고 쉰 번 태어나고 백 번 태어나고 천 번 태어나고 십만 번 태어나고 수많은 세계 파괴의 겁을 지나고 수많은 세계 발생의 겁을 지나고 수많은 세계 파괴와 세계 발생의 겁을 지나면서, 당시에 나는 이러한 이름과 이러한 성을 지니고 이러한 용모를 지니고 이러한 음식을 먹고 이러한 괴로움과 즐거움을 맛보고 이러한 목숨을 지녔고, 나는 그곳에서 죽은 뒤에 다른 곳에 태어났는데, 거기서 나는 이러한 이름과 이러한 성을 지니고 이러한 용모를 지니고 이러한 음식을 먹고 이러한 괴로움과 즐거움을 맛보고 이러한 목숨을 지녔었다. 그곳에서 죽은 뒤에 여기에 태어났다.'라고 이와 같이 자신의 전생의 여러 가지 삶의 형태를 구체적으로 상세히 기억한다. 9) 여래는 청정하여 인간을 뛰어넘는 하늘눈으로 뭇삶들을 관찰하여 죽거나 다시 태어나거나 천하거나 귀하거나 아름답거나 추하거나 행복하거나 불행하거나 업보에 따른 뭇삶들에 관하여 분명히 알되, 예를 들어 '이 뭇삶들은 신체적으로 악행을 갖추고 언어적으로 악행을 갖추고 정신적으로 악행을 갖추었다. 그들은 고귀한 님들을 비난하고 잘못된 견해를 갖추고 잘못된 견해에 따른 행동을 갖추었다. 그래서 이들은 육체가 파괴된 뒤 죽어서 괴로운 곳, 나쁜 곳, 비참한

곳, 지옥에 태어났다. 그러나 이 뭇삶들은 신체적으로 선행을 갖추고 언어적으로 선행을 갖추고 정신적으로 선행을 갖추었다. 그들은 고귀한 님들을 비난하지 않고 올바른 견해를 지니고 올바른 견해에 따른 행동을 갖추었다. 그래서 이들은 육체가 파괴된 뒤 죽어서 좋은 곳, 하늘나라에 태어났다.'라고 이와 같이 나는 청정하여 인간을 뛰어넘는 하늘눈으로 뭇삶들을 관찰하여 죽거나 다시 태어나거나 천하거나 귀하거나 아름답거나 추하거나 행복하거나 불행하거나 업보에 따른 뭇삶들에 관하여 분명히 안다. 10) 여래는 번뇌가 부서져서 번뇌 없이 마음에 의한 해탈과 지혜에 의한 해탈을 현세에서 스스로 곧바로 알고 깨달아 성취한다. 수행승들이여, 여래가 번뇌가 부서져서 번뇌 없이 마음에 의한 해탈과 지혜에 의한 해탈을 현세에서 스스로 곧바로 알고 깨달아 성취하는 것, 수행승들이여, 바로 그것이 여래가 지닌 여래의 힘이다. 그 힘과 관련하여 여래는 모우왕의 지위를 선언하고 무리 가운데 사자후를 하며 하느님의 수레바퀴를 굴린다. 출처는 다음과 같다 : AN. V. 32

II. 쌍신변(雙神變) : 이 시의 '물과 불이 어우러진 쾌속희유(快速希有)를 나투신 님'이라는 구절은 쌍신변(雙神變 : yamakapāṭihāriya)을 나투신 부처님의 모습을 형용한 것이다. 쌍신변이란 부처님이 삔돌라 바라드와자(Piṇḍola Bhāradvāja)가 행한 신통을 수행승들에게는 금지한 뒤에, 이교도들은 수행승들이 부처님과 더불어 신통을 겨룰 수 없다고 말하며 돌아다녔다. 빔비싸라(Bimbisāra) 왕이 이 소식을 부처님에게 전하자, 부처님은 그 계율은 제자들을 위한 것이고 자신에게는 적용되지 않는다고 말했다. 그리고 부처님은 모든 부처님들이 신통을 행한 싸밧티 시로 갔다. 싸밧티 시에서 빠쎄나디(Pasenadi) 왕에게 아쌀하 월[āsāḷha : 양력 6월 16 ~ 7월 15일; 남방음력 3월 16일 ~ 4월 15일]의 보름날 깐담바(Kaṇḍamba 또는 Gaṇḍamba) 나무 아래서 신통을 행할 것이라고 말씀하셨다. 이때가 부처님이 정각을 이룬 뒤 7년이 되던 해였다. 그러자 이교도들이 일 요자나(由旬 : 14㎞) 거리에 있는 모든 망고 나무를 뽑아버렸다. 그러나 약속한 날 부처님은 왕의 유원에 들러 간다(Gaṇḍa)가 제공하는 망고를 제공받았는데, 그 씨앗에서 기적적으로 망고나무가 생겨났다. 사람들은 이교도들이 한 짓을 알고 그들을 공격하자 그들은 도망갔다. 대중들은 모여서 36 요자나에 걸쳐서 펼쳐진 신통의 기적을 목격했다. 부처님은 깐담바 나무 옆에 공중에 보석이 박힌 보도를 만들어내었고 부처님의 마음을 알아채고 부처님의 제자들 가운데 신통력이 출중했던 가라니(Gharaṇī), 쭐라 아나타삔디까(Culla Anāthapiṇḍika), 찌라(Cīrā), 쭌다(Cunda). 우빨라반나(Upalavaṇṇā), 목갈라나(Moggallāna) 등이 신통의 힘을 보태려 했으나 부처님은 거절했다. 부처님께서는 보석이 박힌 길 위에서 쌍신변을 행했다. 몸의 상반신에서 불의 흐름을 뿜어내고 하반신에서 물의 흐름을 뿜어내었고 또 그 반대로 행했다. 그리고 몸의 우반신에서 불의 흐름을 뿜어내고 좌반신에서 물의 흐름을 뿜어내었고 또 그 반대로 행했다. 몸의 각 털구멍으로부터 여섯 가지 색깔의 빛을 뿜어내어 위로는 하느님의 세계에까지 이르렀고 아래로는 전 우주의 끝에 이르렀다. 이러한 기적을 오랜 시간 보이신 후, 보석이 박힌 길을 걸어서 내려와 대중들에게 가르침을 설했다. 이러한 기적은 십육일 간이나 계속되었다. 이러한 기적을 행한 뒤에 서른셋하늘나라 즉, 도리천에서 천신으로 태어난, 전생의 부처님의 어머니에게 아비달마를 설했다. 출처는 다음과 같다 :

Smv. I. 57; DhpA. III. 199-226; Vism. 390.

III. 삼십이상(三十二相) : *1)* 땅에 적응해서 안착되는 발 *2)* 발바닥에 천 개의 바퀴살과 테와 축이 달린 모든 형태가 완벽한 수레바퀴 *3)* 넓고 원만한 발뒤꿈치 *4)* 긴 손발가락 *5)* 부드럽고 유연한 손발 *6)* 네 손가락 다섯 발가락이 격자문양처럼 가지런한 손발 *7)* 복사뼈가 높은 위치에 있는 발 *8)* 사슴과 같은 장딴지 *9)* 똑바로 서서 구부리지 않아도 무릎에 와 닿는 두 손 *10)* 몸속에 감추어진 성기 *11)* 황금빛을 띤 황금과 같은 피부 *12)* 섬세한 피부를 갖고 있는데, 피부가 섬세하므로 먼지나 때가 몸에 끼지 않음 *13)* 몸의 털이 뭉치지 않고 제각기 자라는데, 그 각각의 털은 털구멍에 하나씩 자람 *14)* 끝이 위로 향하는 몸의 털을 갖고 있는데, 위로 향하는 털은 감청색이고 검은 색깔이고 오른쪽으로 감겨 올라감 *15)* 하느님처럼 단정한 몸매 *16)* 일곱 군데가 융기된 몸 *17)* 사자의 상반신과 같은 몸 *18)* 양 어깨 사이에 패인 곳이 없는 어깨 *19)* 니그로다 나무와 같은 균형잡힌 몸을 갖고 있는데, 양손을 활짝 뻗은 크기가 몸의 키와 같고, 몸의 키는 양손을 활짝 뻗은 크기와 같음. *20)* 골고루 원만한 상반신 *21)* 최상의 탁월한 맛을 느끼는 감각 *22)* 사자와 같은 턱 *23)* 마흔 개의 치아 *24)* 평평하고 가지런한 치아 *25)* 간격 없이 고른 치아 *26)* 희고 빛나는 치아 *27)* 넓고 긴 혀 넓고 긴 혀 *28)* 까라비까 새의 소리처럼 청정한 음성 *29)* 깊고 푸른 눈 *30)* 황소의 것과 같은 속눈썹 *31)* 미간에 희고 부드러운 솜같은 털 *32)* 머리 위에 육계. 출처는 다음과 같다 : DN. II. 16; DhpA. II. 40-47 참조.

IV. 팔십종호(八十種好)는 다음과 같다 : 서른두 가지 외형적 특징 즉 삼십이상(三十二相) 보다 미세하게 부처님을 묘사한 것으로 그것과 겹치는 부분도 있다) 1) 손톱이 좁고 길고 엷고 구리빛으로 윤택한 것 2) 손가락과 발가락이 둥글고 길어서 다른 사람보다 고운 것 3) 손과 발이 제각기 같아서 다름이 없는 것 4) 손발이 원만하고 부드러워 다른 사람보다 훌륭한 것 5) 힘줄과 핏대가 잘 서리어 부드러운 것 6) 복사뼈가 원만하게 높은 위치에 있는 것 7) 걸음걸이가 곧고 반듯한 것이 코끼리와 같은 것 8) 걸음 걷는 풍모가 사자와 같은 것 9) 걸음걸이가 평안하여 받침대와 같은 것 10.걸음걸이가 위엄이 있어 주위에 감동을 주는 것 11) 몸을 돌려 돌아보는 것이 코끼리와 같은 것 12) 팔다리의 마디가 수승하고 원만하고 긴 것 13) 뼈마디가 서로 얽혀 조밀한 것이 용의 골반과 같은 것 14) 무릎이 원만하고 곧고 아름다운 것) 15) 남근이 살 속에 숨어있는 것이 말과 같은 것 16) 몸과 팔다리가 윤택하고 미끄럽고 깨끗하고 부드러운 것 17) 몸매가 바르고 곧아서 두려움이 없는 것 18) 몸과 팔다리가 견고하고 조밀한 것 19) 몸매가 반듯하고 동요가 없고 부수어지지 않는 것 20) 몸매가 단정하고 신선과 같고 때가 없는 것 21) 몸에 둥근 광명이 있어 한 길씩 뻗치는 것 22) 배가 반듯하여 결점이 없고 유연하고 원만한 것 23) 배꼽이 깊숙이 오른 쪽으로 감겨 오묘한 것 24) 배꼽이 두텁고 두드러지거나 오목하지 않은 것 25) 살갗이 깨끗하고 청정하여 허물이 없는 것 26) 손바닥이 충만하고 유연하고 단정한 것 27) 손금이 깊고 끊어지지 않고 분명하고 바른 것 28) 입술이 붉고 윤택하여 빔바 열매 같은 것 29) 얼굴이 원만하여 크지도 작지도 않고 단엄한 것 30) 혀가 넓고 길고 붉고 신축성이 있어 이마까지 닿는 것 31) 말소리가 위엄 있게 떨치는 것이 코끼리의 포효와 같은 것 32) 목소리가 훌륭하고 계곡의 메아리 같은 것 33) 코가 높고 곧아 콧구멍이 드러나지 않는 것 34) 치아가 반듯하고 흰 것 35) 송곳니가 깨끗하고 맑고 둥글고 끝이 날카로운 것 36) 눈이 넓고 깨끗하여 눈동자에 검은 광명이 있는 것 37) 눈이 커서 청련화처럼 사랑스러운 것 38) 속눈썹이 가지런하여 소의 눈썹과 같은 것 39) 두 눈썹이 길고 검고 빛나고 부드러운 것 40) 두 눈썹이 아름답고 가지런하여 검붉은 에메랄드 같은 것 41) 두 눈썹이 높고 빛나 초승달과 같은 것 42) 귀가 두텁고 길고 귓불이 늘어진 것 43) 두 귀의 모양이 아름답고 가지런한 것 44) 입이 단정하고 아름다워 보기 싫지 않은 것 45) 이마가 넓고 원만하여 번듯하고 수승한 것 46) 사자 왕의 상반신과 같은 몸을 지닌 것 47) 머리카락이 검고 길고 빽빽한 것 48) 머리카락이 향기나고 깨끗하고 부드럽고 윤택한 것 49) 머리카락이 고르고 가지런한 것 50) 머리카락이 단단하여 떨어지지 않는 것 51) 머리카락이 빛나고 매끄럽고 때가 끼지 않는 것 52) 몸매가 견고하고 충실한 것이 나라연천(那羅延天)과 같은 것 53) 몸집이 장대하고 단정하여 곧은 것 54) 몸의 일곱 구멍이 맑고 깨끗하여 때가 끼지 않는 것 55) 근력이 충실하여 견줄 사람이 없는 것 56) 몸매가 엄숙하고 좋아 보는 사람마다 즐거워하는 것 57) 얼굴이 둥글고 넓고 깨끗한 것이 보름달 같은 것 58) 얼굴빛이 화평하여 미소를 띄운 것 59) 얼굴이 빛나고 주름이나 푸르고 붉은 빛이 없는 것 60) 몸과 팔다리가 청정하고 악취나 더러움이 없는 것 61) 털구멍에서 좋은 향기가 풍기는 것 62) 입에서 아름다운 향기가 나는 것 63) 목이 아름답고 둥글고 평평한 것 64) 몸의 털이 부드럽고 검푸른 빛으로 공작새의 깃털과 같은 것 65) 법문이 원만하여 듣는 사람의 많고 적음에 따라 널리 전달되는 것 66) 정수리가 높고 묘하여 볼 수가 없는 것 67) 네 손가락과 발가락이 격자문양처럼 가지런한 것 68) 걸어다닐 때에 발이 땅에 닿지 않고 네 치쯤 땅에 떠서 발자국을 남기지 않는 것 69) 신통으로 자신을 수호하여 다른 사람의 호위를 받지 않는 것 70) 위덕이 널리 미쳐 선한 이들이 듣기 좋아하고 악마와 외도들이 두려워 굴복하는 것 71) 목소리가 화평하고 맑아 여러 사람의 마음을 즐겁게 하는 것 72) 뭇삶의 근기에 따라 거기에 맞추어 법문을 설하는 것 73) 한 음성으로 법을 말하되 여러 부류가 알게 하는 것 74) 설법은 차례로 하되 반드시 인연을 살펴 잘못되지 않게 설하는 것 75) 뭇삶을 관찰하여 선을 칭찬하고 악을 비난하는 법을 설하되 애증에 사로잡히지 않는 것 76) 일을 하되 먼저 관찰하고 뒤에 실행하여 제각기 마땅함을 얻는 것 77) 온갖 상호를 구족하여 아무리 보아도 다함이 없는 것 78) 머리의 뼈가 단단하여 여러 겁을 지내더라도 부서지지 않는 것 79) 용모가 준수하고 항상 젊은이와 같은 것 80) 손과 발과 가슴에 상서로운 공덕의 상과 모양을 구족한 것. 출처는 다음과 같다 : DhpA. II. 40-47 참조.

17.「학인 찻따의 게송」

'찻따(Chatta)'라는 이름의 쎄따비야(Setavyā) 시에 사는 바라문 학인이 삼보에 대한 예찬을 노래한 것이다. 찻따는 한때 욱깟타(Ukkaṭṭhā) 시의 뽁카라싸띠(Pokkharasāti) 밑에서 공부했다. 그는 스승에게 바칠 돈을 마련하기 위해 집으로 돌아왔다가 쎄따비야 시로 돌아가는 길에 부처님을 만났다. 부처님은 그에게 가르침을 주고 삼귀의와 오계를 수지하도록 했다. 그러나 그는 길을 가다가 강도의 습격으로 죽어서 도리천에 태어났다. 그의 친척과 선생 등이 그의 장례식을 치루기 위해 모였을 때, 30 요자나 크기의 천궁에서 내려와 부처님에게 경의를 표하고 자비로운 은혜를 입은데 대하여 감사를 표했다. 부처님께서 모인 모든 사람들에게 설법을 하자, 찻따와 그의 부모들은 흐름에 든 님이 되었다. 찻타의 게송은 천궁사(天宮事 : Vimv.)에 등장한다. 출처는 다음과 같다 : Vmv. 886-888; Smv. I. 230; Pps. I. 107; Mrp. I. 303.

18.「인간의 사자의 게송」

부처님이 바르고 원만한 깨달음을 얻은 이후에 처음으로 까삘라밧투(Kapilavatthu) 시를 방문하고 그 다음 날 거리에서 탁발을 했는데, 그 소문이 퍼지자 라훌라(Rāhula)의 어머니인 야쏘다라(Yasodharā) 비가 그 소문을 듣고 창문을 열고 그 광경을 보았는데, 부처님의 인격으로부터 나오는 광명을 보고, 어린 라훌라의 아버지였던 부처님을 사자에 비유해서 찬탄하는 아름다운 노래를 지었다. 출처는 다음과 같다 : ApA. I. 79

19.「승리의 축복의 게송」

이 게송은「부처님의 승리의 축복의 게송」이라고도 불린다. 결혼식이나 개업식이나 여행을 떠날 때 성공을 기원하기 위하여 지송되는 대중적인 게송이다. 그 내용은 경전이나 주석서를 토대로 하지만, 그 출처는 알려져 있지 않다. 단지 스리랑카의 한 헌신적인 불교시인이 지었다는 사실만이 확실시되고 있다. 캔디(Kandy) 시대에 스님들이 학습용으로 사용한 것으로 보아 AD. 16~17세기의 작품으로 추정된다. 부처님이 강력했던 적을 물리친 8가지 이야기에 기초를 두고 있다. 부처님과 관련된 사건의 드라마틱한 이야기를 통해 가르침을 상기하여 부처님의 위대성을 기리는 노래이다. 출처는 이야기마다 다르다.

1) 기리메칼라(Girimekhala) 이야기 : 기리메칼라는 전설적인 악마 코끼리로 키가 150 요자나쯤 되었다고 한다. 악마가 코끼리 기리메칼라에게 보리수좌에서 명상하고 있는 부처님을 공격하라고 명령했으나 코끼리 기리메칼라는 부처님에게 다가가서 무릎을 꿇었다.「지나짜리따」(Jinacaita)에 의하면 제석천에서 신들의 무리가 큰 축제가 벌리는 날, 악마가 생각했다. '싯다르타 왕자가 나의 영역을 벗어나려고 함으로 내가 그를 실패하게 말들 것이다.' 악마가 많은 손에 수천의 무기를 들고 군대를 동원하여 사나운 코끼리「기리메칼라」위에 타고 많은 손에 수천의 무기를 들고 군대를 동원했다. 악마는 험악한 얼굴을 하고, 불꽃과 같은 머리가 둥글게 붉어져 나오고, 입술을 깨무는 위협적 얼굴을 하고, 뱀과 같은 팔을 한 각종 무기를 든 마군을 데리고 그 장소에 와서 무서운 고함을 지르면서 '싯다르타를 포박하라'고 외쳤다. 그러자 신들의 무리가 바람에 휘날리는 천조각이 물러가듯, 사라져버렸다. 악마는 고약한 소음바람과 폭풍구름을 만들어내었으나 상서로운 고귀한 싯다르타의 옷귀퉁이도 날려 보내지 못했다. 무서운 폭우를 보내서 세계를 파멸시키는 듯했으나 한 방울의 비도 불패의 님인 싯다르타를 근처에 떨어뜨릴 수가 없었다. 그 기적을 보고 그는 슬퍼하면서 용암이 흘어내리는 무서운 불을. 재, 진흙, 칼과 같은 비, 숯불같은 비, 모래같은 비의 이 모든 것을 한꺼번에 쏟아 부었다. 악마의 힘과 권능이 하늘을 뒤덮었지만, 덕성의 극치에 이른 싯다르타의 근처에는 그 떨어지는 것들이 모두 꽃송이로 변해버렸다. 그러자 악마는 무간지옥의 칠흑 같은 어둠을 만들었는데, 오히려 무지의 어둠을 부순 보살의 신체만이 천개의 떠오르는 태양처럼 빛났다. 악마는 그것을 보고

슬퍼하여 영웅의 곁에 다가와 보리수좌를 보고 '불패의 자리를 내가 차지했다.'고 우겼다. 악마는 싯다르타에게 '그 자리에서 일어나라.'라고 말했다. 그 선하고 덕성 있는 현명한 싯다르타는 "악마여, 그대는 그대가 이 자리를 차지했다'라고 말했는데, '누가 목격자인가'"라고 말했다. 악마는 마군들에게 손을 뻗어 '이들이 나의 목격자들이다.'라고 말했다. 그러자 마군들은 일제히 '내가 목격자'라는 큰 함성을 터뜨렸다. 그리고 악마는 싯다르타에게 물었다. "씻닷타여, 그대의 목격자는 누구인가? 그러자 불패자는 '악마여 나는 의도를 가진 목격자가 없다.' 그가 아름다운 가사에서 빛나는 오른 손을 떼자 초월의 길(波羅蜜)의 땅을 가리키며 '그대는 왜 침묵을 지키는가?'라고 말했다. 그 소리가 땅을 진동했다. 그러자 악마가 타고 있던 코끼리 기리메칼라는 폭풍구름처럼 수백 번 표호하더니 땅에 무릎을 꿇었다. 그것을 보고 악마의 교만은 이빨이 빠진 뱀처럼 부수어졌고 수많은 무기와 옷과 장식을 버리고 마군을 데리고 우주의 변방으로 도망갔다. 신들의 무리는 악마가 슬퍼하며 도망가는 것을 보고 "이것은 악마의 패배이고 왕자 씻닷타의 승리이다,'라고 말했다. 출처는 다음과 같다 : Jāt. I. 72, 73, 74; Jinacaita: 242-266

2) 알라바까(Āḷavaka) 이야기 : 야차 알라바까에 대한 전설은 다음과 같다. 알라비 국의 왕은 7일마다 군대를 훈련하기 위해 사냥을 나갔다. 어느 날 사냥을 나갔을 때, 왕이 대기하던 곳에 한 짐승이 쏜살같이 나타났다가 달아났다. 왕은 그 동물을 10 요자나 거리를 쫓아가서 사냥했다. 돌아오는 길에 '알라바까'라는 야차가 사는 나무 아래를 지났다. 그런데 그 야차는 그 나무 아래를 지나는 사람을 잡아먹을 수 있는 권한을 야차 왕으로부터 부여받고 있었다. 그는 왕을 잡아먹으려고 하다가 대신 그 알라비 국의 왕에게 정기적으로 한 사람의 제물을 바칠 것을 요구했다. 그래서 알라비 국의 왕은 처음에는 죄인들을 야차에게 제물로 바쳤다. 야차는 제물을 신통력으로 버터처럼 부드럽게 만들어 잡아먹었다. 그러나 곧 온 나라의 죄인이 고갈되자 집집마다 어린아이 하나를 제물로 바쳐야 했다. 이렇게 해서 12년의 세월이 흘러 도시에 남은 유일한 어린아이는 알라바 까꾸마라(Āḷavaka Kumāra)라는 왕자였다. 왕은 이 왕자에게 화려한 옷을 입히고 야차에게 데리고 갔다. 마침 부처님은 대자비삼매에 들었다가 무슨 일이 일어나고 있는가를 알아채고 야차의 궁전을 찾아갔다. 마침 야차 알라바까는 히말라야의 야차모임에 참석하고 있었다. 수문장 가드라바가 야차의 거친 행동을 조심할 것을 당부하고 부처님의 입궐을 허락했다. 가드라바(Gadrava)가 야차에게 부처님의 입궐을 알리는 사이에 부처님은 알라바까의 궁전의 보좌에 앉아서 알라바까의 여인들에게 설법을 했다. 싸따기라(Sātāgira)와 헤마바따(Hemavata)라는 야차들도 히말라야의 모임 참석차 하늘을 날다가 부처님이 알라바까의 궁전에 와있는 것을 보고 내려와 부처님께 예배를 드렸다. 야차 알라바까는 부처님이 자신의 보좌에 앉아 있다는 소식을 듣고 대노하여 자신의 궁전으로 돌아와 부처님을 보좌에서 끌어내려고 했으나 불가능했다. 그가 가진 한 무기인 둣싸부다(Dussāvudha)로도 어쩔 수가 없었다. 둣싸부다는 천으로 되어 있어 윗옷의 일부로서 착용하고 있던 무기였는데, 하늘에 던지면 12년 동안 비를 멈추게 하고 땅에 던지면 초목이 12년 동안 고사하고 바다에 던지면 모든 물이 말라 없어지고 산에 던지면 산이 가루가 되는 엄청난 무기였다. 그 엄청난 무기로도 속수무책이자 알라바까는 부처님에게 정중하게 보좌를 떠나 줄 것을 요청했다. 그래서 부처님께서 떠나자 그

는 다시 부처님을 불러 세웠다. 세 번이나 반복적으로 떠나게 하고 불러 세웠다. 그러나 네 번째에 부처님은 돌아오길 거절했다. 그러자 알라바까는 부처님을 더욱 괴롭히려고 여쭐 것이 있다고 질문에 대답해 주길 요청했다. 부처님은 모든 질문에 만족스럽게 대답하자 그 가르침을 듣고 야차는 흐름에 든 님이 되었다. 날이 밝자 알라바까의 부하들은 알라비 국의 왕이 데리고 온 왕자를 야차 알라바까에게 제물로 바쳤다. 야차 알라바까는 양심의 가책을 느끼고 왕자를 잡아먹지 않고 부처님에게 넘겨주었다. 왕자는 야차의 손에서 풀려나와 부처님의 손을 거쳐서 부왕의 품에 다시 돌아갔다. 그래서 그 왕자는 핫타까 알라바까라고 불렸다. 왕과 시민들은 야차가 부처님의 제자가 되었다는 소식을 듣고 꽃과 향 등의 보시를 행했다. 출처는 다음과 같다 : Prj. I. 217-228.

3) 코끼리 날라기리(Nālāgiri) 이야기 : 데바닷따(Devadatta)가 부처님 죽이려고 한 이야기와 관계된 것이다. 날라기리는 라자가하(Rājagaha) 시의 왕립 동물원의 코끼리였다. 데바닷따가 부처님을 살해하려고 몇 차례 시도를 한 후에 실패하자 아자따쌋뚜(Ajātasattu) 왕의 허락을 얻어 사나운 날라기리를 이용하여 부처님을 살해하려고 했다. 데바닷따는 코끼리는 부처님의 덕성을 모르기 때문에 주저 없이 부처님을 공격하리라고 생각했다. 데바닷따는 그 코끼리의 잔혹성을 더 키우기 위해 사육사에게 사전에 두 번이나 독주를 마시게 했다. 그리고 시민들에게는 거리에 날라기리를 풀어놓는다고 알려서 거리에 나오면 위험함을 경고했다. 부처님은 이러한 경고도 무시하고 많은 수행승을 데리고 함께 탁발하러 도시로 들어갔다. 날라기리를 보자 많은 사람들이 혼비백산하여 도망쳤다. 존자 아난다는 코끼리가 부처님에게 다가가자 앞서 가서 가로막았는데, 부처님은 그를 신통력으로 비켜서게 만들었다. 그때 한 여자가 아이를 데리고 오다가 코끼리가 오는 것을 보고 두려운 나머지 아이를 부처님의 발아래 떨어뜨리고 도망갔다. 코끼리가 그 어린아이부터 짓밟으려 하자 부처님께서 어린아이를 안심시키고 오른손을 내밀어 코끼리를 쓰다듬었다. 그러자 코끼리는 환희하여 무릎을 꿇었다. 부처님은 그 코끼리에게 가르침을 설했다. 날라기리가 사나운 짐승이 아니었다면, 흐름에 든 님이 되었을 것이다. 이 놀라운 광경을 목격한 사람들은 장식물들을 코끼리의 몸에 던졌다. 코끼리는 그 장식물들 속에 묻힐 지경이 되었다. 그때부터 그 코끼리는 재물의 수호신으로 '다나빨라'라고 불렸다. 출처는 다음과 같다 : Vin II. 194; Jāt. V. 333.

4) 앙굴리말라(Aṅgulimāla) 이야기 : 부처님 당시에 잔인하기로 유명했던 살인자 앙굴리말라에 대한 이야기이다. 앙굴리말라는 부처님께서 전법한지 20년 되던 해에 교화한 살인강도였다. 그는 꼬쌀라(Kosala) 국의 바라문 박가바(Bhaggava)와 어머니 만따니(Mantānī)의 아들이었다. 아버지는 그에게 아힝싸까(Ahiṃsaka)란 이름을 주었다. 그는 딱까씰라(Takkasilā) 시의 대학에서 지적인 교육을 받은 엘리트였고 스승이 가장 총애하는 제자였다. 그러나 동료학생들이 시기한 나머지 아힝싸까가 스승의 아내와 관계를 맺었다고 무고하는 바람에 운명이 바뀌었다. 스승은 그를 파멸시키기 위해 천 명의 사람의 오른쪽 손가락을 잘라 가져오라고 명했다. 아힝싸까는 잘리니 숲에서 살면서 여행자를 공격하여 죽여서 손가락뼈로 목걸이를 만들었기 때문에 앙굴리말라라고 불렸다. 드디어 그는 하나가 모자라는 천개의 손가락을 확보했다. 그는

그 다음 사람을 죽이려고 기다리고 있었다. 부처님은 앙굴리말라의 어머니 만따니가 그를 방문하는 도중이라는 것을 알았다. 그리고 부처님은 앙굴리말라가 진리를 들으면 거룩한 님이 될 수 있다는 것도 알았다. 그래서 부처님은 그의 어머니가 도착하기 전에 그에게 다가갔다. 부처님은 살인무기를 들고 쫓아오는 그를 피해 물러나면서 '나는 멈추었으니 그대도 멈추어라'라고 말해서 그를 놀라게 했다. 그 말에 대한 의문으로 가득 찬 앙굴리말라가 무슨 뜻인가를 묻자 부처님은 '나는 폭력을 멈추었으니 그대도 폭력을 멈추어라.'라고 말해서 그를 감복시켰다. 마침내 그는 출가하여 부처님의 제자가 되었다. 빠쎄나디 왕은 살인마가 교화되어 수행자가 된 것을 경이롭게 여겨 그를 수행승으로 대접하고 보시도 행했으나 그는 그것을 거절하고 탁발하러 나갔다 폭도의 공격을 받고도, 분노하지 않고 참회하고 고통을 참아내었고 마침내 사망했다. 출처는 다음과 같다 : MN. II. 97.

5) 찐짜(Ciñcā)의 이야기 : 찐짜는 부처님을 모함한 간교한 여인이었다. 그녀는 바라문학생이었다가 고행주의자의 교단에 출가한 유행녀였다. 그녀가 속한 교단은 부처님의 명망이 커짐에 따라 자신의 교단의 이익을 챙길 수 없게 되었다. 이교도들은 여인 찐짜를 이용해서 부처님을 헐뜯어 반사이익을 얻고자 했다. 그녀는 매우 미인이었기 때문에, 이교도들은 어느 날 그녀를 설득해서 제따바나 숲에 계신 부처님을 방문하는 척 하도록 했다. 그녀는 저녁 무렵 제따바나 숲으로 향해 가서 그날 밤을 그 근처의 이교도의 야영지에서 보냈다. 그리고 아침에 그녀는 부처님이 계신 제따바나 숲에서 나오는 것처럼 꾸미고 사람들이 그것을 보게 했다. 그리고 사람들이 질문하면 부처님과 함께 동침했다고 말했다. 그 후 몇 달이 지난 뒤에 그녀는 몸 주위에 통나무 조각을 묶고는 임신한 척 위장했다. 그리고 많은 대중 앞에서 설법하는 부처님 앞에 나타나 자신의 임신에 대하여 무책임하고 냉담하다고 부처님을 무고하였을 뿐만 아니라 모욕했다. 부처님은 침묵을 지켰다. 그러나 제석천은 자신의 보좌가 뜨거워져서 어떤 조치를 취하지 않을 수 없었다. 제석천이 생쥐로 하여금 찐짜의 뱃속에 감은 통나무를 묶은 줄을 끊게 만들었다. 그러자 통나무가 땅에 떨어지면서 찐짜는 발을 다쳤다. 그래서 그녀는 제따바나 숲에서 쫓겨나게 되었다. 출처는 다음과 같다 : DhpA. III. 178; Jāt. IV. 186; ItA. 69.

6) 쌋짜까(Saccaka) 이야기 : 쌋짜까(Saccaka)는 니간타 즉, 자이나교도로 논쟁에 뛰어난 인물이었다. 그는 가문의 성씨에 따라서 악기벳싸나(Aggivessana)라고도 불렸다. 그의 아버지와 어머니도 뛰어난 논쟁가였다. 그들은 논쟁에서 서로를 이길 수 없었기 때문에 사람들의 권고로 서로 결혼하게 되었다. 릿차비(Licchavi)족의 사람들이 그들을 후원했다. 그들에게는 네 명의 딸 즉, 쌋짜(Saccā), 롤라(Lolā), 빠따짜라(Paṭācārā), 씨바바띠까(Sivāvatikā)가 있었는데, 존자 싸리뿟따(Sāriputta)와의 논쟁에서 패했다. 그녀들의 남동생이 바로 쌋짜까(Saccaka)였다. 그는 릿차비 족의 스승이 되어 베쌀리(Vesalī) 시에서 살았다. 그는 오만방자하여 '무릇 수행자나 성직자로서 승가를 이끌고, 대중을 이끌고, 무리의 스승으로, 또한 거룩한 님, 올바로 원만히 깨달은 자라고 인정되더라도 나와 토론하여 논쟁하면, 떨지 않고 전율하지 않고 크게 감동 받지 않고, 겨드랑이에 땀을 흘리지 않는 자를 보지 못했다.'라고 주장했다. 그는 모든 존재가 무상하다는 부처님의 가르침에 도전하여 모든 존재다발이 오히려 인간의 참다운 자아라

고 주장했다. 부처님은 그의 주장에 대해서 "그대는 '물질 등(느낌, 지각, 형성, 의식)은 나의 자아이다.'고 말합니다. 그대에게 그 물질 등(느낌, 지각, 형성, 의식)에 관하여 '나의 물질 등(느낌, 지각, 형성, 의식)은 이렇게 되어야지 이렇게 되어서는 안 된다.'라고 권한을 행사할 수 있습니까?"라는 질문을 던져 쌋짜까를 궁지에 몰아 넣았다. 이 논쟁을 구경하던 릿차비 족의 둠무카는 논쟁에 패한 쌋짜까를 '집게발이 잘려지고 부러지고 산산조각 나서 이전과 같이 다시는 연못으로 돌아갈 수 없는 게'에 비유했다. 그는 결국 부처님에게 패하고 말았다. 쌋짜까가 부처님에게 패배했을 때에 릿차비족의 한 사람이 그를 두고 다리가 부서져 못으로 돌아갈 수 없는 게에 비유했다. 출처는 다음과 같다 : MN. I. 227; MN. I 237.

7) 난도빠난다(Nandopananda) 이야기 : 난도빠난다는 용왕이었다. 부처님과 오백 명의 수행승들이 어느 날 아침 서른셋 신들의 하늘나라(三十三天) 즉, 도리천으로 가는데 한 용왕의 처소를 지나게 되었다. 마침 용왕이 식사하고 있었다. 처소를 침범당한 것에 화가 난 용왕은 '이들 삭발한 수행자들이 우리 궁전 위를 바로 지나 도리천의 세계를 들락날락하는구나. 이제부터 내 머리 위에 발먼지를 뿌리면서 지나가는 것을 용납하지 않겠다.'라고 마음을 먹고, 일어나 수미산(Sineru) 기슭에 가서 꼬리로 수미산을 일곱 번 감고 후드를 그 위로 펴서 도리천을 덮어서 보이지 않게 만들었다. 부처님을 따르던 랏타빨라(Raṭṭhapāla), 밧디야(Bhaddiya), 라훌라(Rāhula)를 비롯해서 부처님의 많은 시자들이 용왕을 진압하고자 했다. 그러나 부처님은 목갈라나(Moggallāna)가 도착하기 전까지 거기에 동의하지 않았다. 어떠한 수행승들도 그를 당해낼 수가 없기 때문이었다. 마침내 목갈라나가 도착하자 목갈라나와 난도빠난다 사이에 신통력을 과시하는 싸움이 벌어졌다. 장로는 본래의 몸을 버리고 큰 용왕의 모습을 나투어 난도빠난다를 꼬리로 열네 번 감고 그 위에 후드를 펼친 뒤 수미산과 함께 짓눌렀다. 용왕은 연기를 뿜었다. 장로도 '네 몸에만 연기가 있는 것이 아니라 내 몸에도 있다'고 말하면서 연기를 내뿜었다. 용왕의 연기는 장로를 괴롭히지 못했지만 장로의 연기는 용왕을 괴롭혔다. 그 다음에 용왕은 불꽃을 내 뿜었다. 장로도 '너의 몸에만 불이 있는 것이 아니라 내 몸에도 역시 불이 있다'고 말하면서 불꽃을 내 뿜었다. 용왕의 불은 장로를 괴롭히지 못했지만 장로의 불은 용왕을 괴롭혔다. 용왕은 '이 자가 나를 수미산에 대고 짓눌른 뒤 연기와 불꽃을 내뿜는다.'라고 생각하며 '당신은 누구십니까?'라고 물었다. '난다여, 나는 목갈라나이다.' '존자시여, 당신의 수행승의 모습을 되찾으십시오.' 장로는 그 용의 모습을 버리고 용왕의 오른쪽 귓구멍으로 들어가서 왼쪽 귓구멍으로 나오고, 왼쪽 귓구멍으로 들어가서 오른쪽 귓구멍으로 나왔다. 그와 마찬가지로 오른쪽 콧구멍으로 들어가서 왼쪽 콧구멍으로 나오고, 왼쪽 콧구멍으로 들어가서 오른쪽 콧구멍으로 나왔다. 그 다음에 용왕이 입을 열었다. 장로는 용왕의 입으로 들어가서 뱃속에서 동쪽 서쪽으로 경행했다. 세존께서는 '목갈라나이여, 목갈라나여, 조심하라. 이 용왕은 큰 신통을 가졌다.'라고 말했다. 장로는 '세존이시여, 저는 네 가지 신족통을 닦고 익히고 수레로 삼고 토대로 만들고 확립하고 구현시켜 훌륭하게 성취했습니다. 세존이시여, 난도빠난다 뿐만 아니라 난도빠난다 같은 용왕 백, 천, 십만도 길들일 수 있습니다'라고 말씀드렸다. 용왕은 생각했다. '들어갈 때는 내가 보지를 못했다. 이제 나올 때에는 그를 이빨 사이에 넣고 씹어야겠다.'라고 생각하

고 '존자여, 밖으로 나오라. 배 안에서 위 아래로 경행하면서 나를 괴롭히다니!'라고 말했다. 장로는 나와서 밖에 섰다. 용왕은 '그가 이자로군!'하며, 보자마자 콧바람을 날렸다. 장로는 네 번째 선정에 들었다. 그의 몸 털 하나도 콧바람이 날리지 못했다. 나머지 수행승들도 그 때 장로가 나투었던 신통변화를 처음부터 모두 나툴 수는 있었지만, 이러한 경우에 맞닥뜨려서 그들이 목갈라나처럼 빨리 주의를 기울여 선정에 들 수 없다고 아시고 세존께서 그들에게 용왕을 길들이는 것을 승낙치 않으셨던 것이다. 어떻든 용왕은 목갈라나를 보고 '내가 콧바람으로 이 수행자의 몸털 하나도 움직일 수 없구나. 이 사문은 큰 신통력을 가진 자이다.'라고 생각했다. 용왕은 '이 자가 나를 수미산과 함께 짓누른 뒤 연기와 불꽃을 내뿜었다.'라고 생각하며 '그대는 누구십니까?'라고 물었다. '난다여, 나는 목갈라나이다.' '존자시여, 당신의 수행자의 모습을 되찾으십시오.' 장로는 그 몸을 버리고 금시조로 변하여 금시조의 질풍을 보이면서 용왕을 좇아갔다. 용왕은 그 몸을 버리고 바라문 청년의 모습으로 변하여 '존자여, 그대에게 귀의합니다.'라고 말하면서 장로의 두 발에 절을 올렸다. 장로는 '난다여, 스승께서 오셨다. 오라, 가보자.'하면서 용왕을 길들이고 독이 없게 만든 뒤 세존의 곁으로 데리고 갔다. 용왕은 세존께 인사를 드리고 '세존이시여, 그대에게 귀의합니다.'라고 했다. 출처는 다음과 같다 : ThagA. II. 188; Jāt. V. 128; Vism. 399.

8) 바까(Baka)의 이야기 : 바까는 하느님세계(梵天界)의 하느님인데, 드라마틱한 이야기의 주인공으로 등장하는 이유는 그가 악마의 유혹에 빠졌기 때문이다. 부처님께서 쑤바가바나(Subhagavana) 숲에 있는 욱깟타(Ukkaṭṭhā) 마을의 크나큰 쌀라나무 아래에 있을 때, 하느님 바까는 '이 세상은 영원하고 늙고 죽음은 없다.'라는 잘못된 견해에 빠져 있었다. 부처님은 그 사실을 알아차리고 그 잘못을 지적하기 위해 그를 방문했다. 그러나 악마의 유혹에 빠진 그 하느님은 자신의 잘못을 인정하길 거절했다. 바까는 스스로 영원하다고 여기고 있었다. 그런데 세존으로부터 자신의 수명에 한계가 있고 영원하지 않다는 것을 알고는 놀랐다. 그리고 곧 세존이 전지하다는 사실을 알았다. 부처님은 무명에 빠진 그를 구제하기 위해 곧바른 앎으로 하느님 바까의 전생에 관해 네 가지 이야기를 하자 비로소 자신의 잘못을 깨달았다. 부처님에 의하면 바까는 전생에 '께싸바(Kesava)'라는 이름의 고행자였다. 한번은 어떤 카라반들이 숲속에서 길을 잃고 갈증에 신음하게 되었다. 그는 자신의 고행의 힘으로 신통력을 발휘해서 하천을 만들어내어 카라반들을 죽음에서 구해냈다. 두 번째는 께싸바가 에니강 언덕의 한 마을 근처에서 거닐고 있었다. 그런데 산도둑들이 마을을 덮쳐 모든 주민과 가축과 재물을 약탈해 갔다. 고행자 까싸바는 울부짖는 사람들과 가축들을 동정하여 신통력으로 군대를 만들어 북을 치며 행진시키자 산도둑들은 포로와 약탈물을 버리고 달아났다. 세 번째로 께싸바는 뱃놀이 하던 사람을 구해 주었다. 어느 날 사람들이 즐겁게 뱃노래를 부르면서 음식찌꺼기를 갠지스강에 버렸다. 이에 분노한 용왕이 물속에서 갑자기 나타나 사람들을 삼켜버렸다. 그러나 공포의 비명소리를 들은 고행자 께싸바는 신통력으로 태양조인 가루다로 변화하여 용왕을 쫓아 버렸다. 네 번째로 부처님은 당시에 고행자 께싸바의 제자로써 그 이름은 깝빠였다. 부처님께서 이 이야기를 마치자 하느님 바까는 '틀림없이 그대는 나를 알고 있고 다른 것들도 알고 있네. 그대는 깨달은 님,

참으로 그대는 깨달은 님, 광휘로운 위력이 그야말로 천상계를 밝히네.'라고 노래했다. 출처는 다음과 같다 : MN. I. 326; SN. I. 142.

20. 「공덕의 기쁨을 함께 나눔」
천상과 지상의 신들이 부처님의 예경의 공덕을 함께 나누며 부처님의 가르침을 수호해달라는 기원을 담고 있다. 경전상 출처불명의 남방전통예불문이다.

21. 「가신 님들을 위한 공덕회향」
부처님의 예경의 공덕을 현생과 과거생의 친지였던 가신 님들, 즉 고인들에까지 확장하여 그들이 평안하길 기원하는 것이다. 여기서 친지는 단순히 친지가 아니라 전생의 친지였던 망자를 뜻한다. 경전상 출처불명의 남방전통예불문이다.

22. 「참회의 청원」
이것은 삼보에 자신의 잘못을 참회하고 그것을 받아달라고 간절히 청원하는 것이다. 경전상 출처불명의 남방전통예불문이다.

23. 「발원(發願)」
이와 같이 공덕을 회향하고 잘못을 참회하고 나서 예불의 공덕을 지혜로운 자와 만나고 세상이 번영하고 정의롭게 되고, 모든 뭇삶이 고통과 두려움과 슬픔에서 벗어나 평안해지길 발원을 하며 예불을 끝낸다. 경전상 출처불명의 남방전통예불문이다..

2. 수호경전품守護經典品

부처님의 제자들이 선택한 가장 중요한 경전들 가운데 수호를 위한 경들이 있다. 그 출처는 초기경전인 ≪니까야≫에서 유래한다. 여기서 '수호'의 의미는 우리자신을 악귀나 재난, 불행, 질병, 별자리 등의 다양한 형태의 영향으로부터 방어하는 것을 의미한다. 수호경전이 송출하는 소리는 우리 주변에 성스러운 치유의 분위기를 만들어낸다. 수호경전은 대부분 청정한 믿음뿐만 아니라 궁극적인 행복을 지향하는 내용과 엄격한 빠알리 운율의 형식을 갖고 있어 수행자들이 송출하면, 청중의 마음속에 청정과 평안의 파장뿐만 아니라 아름다운 리듬을 만들어내어, 일체의 뭇삶들에게 보이지 않는 좋은 영향을 미친다. 그 가운데는 민속적인 기원을 가진 것들도 있다. 스리랑카를 비롯한 테라바다 불교권에서는 오늘날도 이러한 이 수호경전에 의한 수호의례가 보편적으로 행해진다. 이 가운데는 28개의 경이 있는데 그 중 일부의 수호경전은 수호경전의 선구로 여겨지는 ≪쿳다까니까야≫의 『쿳다까빠타』(小誦經)에서 차용한 것이다. 그런데 그 가운데 『자애의 경』이나 『보배의 경』은 초기경전가운데서도 가장 고층에 속하는 『숫타니파타』에서 유래된 것이다. 그러나 다른 수호경전들은 언제 편집되었는지는 제대로 알려져 있지 않다. 수호경전의 전통은 불교에서 매우 오래된 것이다. 부처님은 스스로 한 제자에게 '뱀의 축복'이란 수호경구를 가르쳤다. 뱀에게 '자비의 마음이 스며들게 하는(mettena cittena pharituṃ)' 경구로 뱀이 남을 상해하지 않도록 유도하기 위한 것이다. 기원전 2세기 중반、인도의 북서부를 침입해서 통치한 희랍의 왕 메난드로스(Menandros)와 불교승려 나가쎄나(Nāgasena)와의 대화를 기록한 『밀린다팡하』(Milindapañha : 那先比丘経)에는 부처님께서 설한 큰 공덕이 있는 수호경으로 「보배의 경」(Ratanasutta : 宝経), 「자애의 경」(Mettasutta : 慈経), 「뭇삶의 무리로부터의 수호경」(Khandhaparitta : 蘊護経), 「공작새의 수호경」(Moraparitta : 孔雀護経), 「깃발의 수호경」(Dhajaggaparitta : 幢頂護経), 「과거칠불의 수호경(Āṭānāṭiyaparitta : 阿吒囊胝護経), 「앙굴리말라의 수호경」(Aṅgulimālaparitta : 指鬘護経)이 있다. 그것들은 적어도 2200년 전부터 수호경이란 이름으로 송출되었고, 지금도 전세계에서 송출되고 있는 수호경들이다.

1. 「천신초대」

이 경송은 일반적으로는 「수호경서守護經序」라고도 번역한다. 편집한 자가 누구인지 출처가 어딘지는 알려져 있지 않다. 수호경전을 독송하기에 앞서서 천신들을 초대하여 단지 우리 자신의 이익을 위해서 수호해 주길 부탁하는 것이 아니라 천신들에게 부처님의 가르침을 베풀어 평안해지고 나아가서 모든 존재가 어떠한 위험으로부터도 벗어날 수 있도록 천신들이 스스로 자기를 수호하길 기원하는 경이다. 지송하는 자의 이러한 마음태도는 다른 종교와는 확연히 다른 것이라는 점을 명심하지 않으면 안 된다. 경전상 출처불명의 남방전통예불문이다.

2. 「축복의 경」

『숫타니파타』에 등장하는 경전으로 한역으로는 길상경(吉祥經)이라고도 하며, '광대한 축복의 경'이라고도 하고 '축복의 경'이라고도 한다. 여기서 축복이라고 번역한 망갈라란 '상서로움, 길조, 행운, 길상' 등으로 번역할 수 있는 것이다. 여기서는 축복이라고 번역한다. 한역경전으로 일치하는 것은 없지만 '법구경 권하 길상품(大正 4. 575a)'이나 '법구비유경권4 길상품(大正 4. 609c)'에 유사한 내용들이 등장한다. 주석서에 따르면, 전 인도에서 도시의 성문이나 집회당에서 세속적으로 '어떠한 것이 행복인가'에 대해 격렬한 논쟁이 벌어졌다. ① 보는 것이 축복이라고 하는 자들은 상서로운 것이라고 인정된 형상이 곧 축복이라고 주장했다. 예를 들어 이른 아침에 일어나 독수리나 모과나무 싹이나 임산부나 잘 차려입은 소년이나 가득 찬 항아리나 신선한 물고기나 준마나 준마가 끄는 수레나 황소나 암소나 갈색의 황소나 다른 어떤 상서로운 것으로 인정된 것을 보는 것이 축복이다. ② 듣는 것이 축복이라고 하는 자들은 상서로운 것이라고 인정된 소리가 곧 축복이라고 주장했다. 예를 들어 이른 아침에 일어나 '번영!' 이나 '성장!' 이나 '충만!'이나 '아름다움!'이나 '오늘 좋은 밤을!, 아름다운 순간을!. 좋은 날을!, 행운을!'과 같은 말이나 어떤 다른 상서로운 것으로 인정된 것을 듣는 것이 행복이다. ③ 감지된 것이 축복이라고 하는 자들은 상서로운 것이라고 인정된 향기와 맛과 감촉이 곧 축복이라고 주장했다. 예를 들어 이른 아침에 일어나 연꽃의 향기와 같은 꽃의 향기를 맡거나 이빨을 청소하거나 땅을 접촉하거나 푸른 곡식이나 신선한 쇠똥이나 거북이나 참깨수레나 꽃이나 열매를 만지거나 신선한 진흙을 바르거나 아름다운 옷을 입거나 아름다운 터어반을 걸치는 것이나 어떤 다른 상서로운 것으로 인정된 것의 향기를 맡거나 맛을 보거나 감촉을 느끼는 것이 축복이다. 지상에서의 이러한 논쟁이 뜨거워지자 하늘나라에 알려지기 시작해서 서른 셋 신들의 하늘나라인 도리천에까지 알려졌다. 제석천은 하늘아들을 파견하여 부처님께 여쭈어 볼 것을 청했는데 이렇게 해서 이 경이 설해진 것이다. 출처는 다음과 같다 : Stn. 46; Prj. I. 118-123

3. 「보배의 경」

『숫타니파타』에 등장하는 경전으로 보경(寶經)이라고 한역하며 테라바다불교의 대표적인 지송경 가운데 하나이다. 그 주석서에 따르면, 초기불교의 교리와 수행자의 고귀한 정신이 삼보예찬 속에 녹아 들어가 있다. 릿차비(Licchavi) 족의 수도 베쌀리 시에는 심한 가뭄이 들어 여러 가지 기근과 역병과 잡귀의 공포에 의한 환란이 생겨났다. 농작물이 모두 말라죽고 나무들도 열매를 맺지 못하고 사람들은 굶주려 죽었다. 그리고 역병이 돌아 많은 사람들이 죽어갔다. 베쌀리 시에는 시체 썩는 냄새로 가득 찼고 그 악취가 많은 악귀들을 불러들였다. 사람들은 악귀의 공포에 떨어야 했다. 그래서 시민들은 이러한 환란을 물리치기 위해 공회당에 모여 회의를 한 결과 부처님을 초대하기로 했다. 그들은 왕실의 바라문과 왕자들로 사절단을 구성하여 라자가하 시의 빔비싸라(Bimbisāra) 왕을 찾아가 부처님을 초대하고자 한다고 말하고 협조를 부탁했다. 사절단은 부처님을 만나 자초지종을 말하자 부처님은 초대에 응했다. 빔비싸라 왕은 라자가하 시에 계신 부처님께서 갠지스 강을 건너 베쌀리로 가는 8요자나의 거리를 안전하게 여행할 수 있도록 조취를 취했다. 이 경은 부처님께서 갠지스 강을 건너자 천둥 번개를 동반한 폭우가 쏟아져 가뭄으로 인해 쌓였던 먼지가 씻겨나가고 풀과 나무들이 되살아나고 시신과 오물들은 강으로 씻겨져 내려갔다. 갠지스 강에서 베쌀리로 여행하는 삼일 동안 비가 내려 릿차비 족의 밧지 국 전체가 가뭄에서 벗어났다. 부처님이 베쌀리에 도착하자 제석천이 권속을 거느리고 마중 나오자 악귀들도 물러서기 시작했다. 부처님은 이 보배의 경을 먼저 아난다에게 가르쳐주고는 릿차비의 왕자와 함께 도시를 돌아다니며 이 경을 읽고 부처님의 발우에 물을 담아 뿌리도록 했다. 그러자 모든 악귀들이 도시에서 물러나고 사람들은 질병에서 벗어났다. 릿차비 족들은 시의 공회당에 모여 여러 가지 공물을 준비하여 부처님을 그곳으로 인도했다. 그 모임에서 베쌀리의 주민들뿐만 아니라 제석천을 우두머리로 하는 천상계의 신들도 와 있었다. 부처님은 이 수많은 대중에게 이 보배의 경을 설했다. 그런데 부처님은 첫 다섯 시를 설했고 나머지는 아난다가 독송했다는 설도 있다. 출처는 다음과 같다 : Stn. 39; Prj. I. 158-165.

4. 「자애의 경」

『숫타니파타』에 등장하는 경전으로 한역으로는 자경(慈經)이라고 한다. 그 주석서에 따르면, 세존께서는 우안거가 다가왔을 때에 싸밧티 시에 계셨는데, 수행승들에게 탐욕스러운 자에게는 부정(不淨)에 대한 명상을, 분노하는 자에게는 자애에 대한 명상을, 어리석은 자에게는 죽음에 대한 새김을, 사유하는 자에게는 호흡새김(呼吸觀)이나 땅 등의 두루채움의 수행(遍處修行)을, 믿음 있는 자에게는 염불수행(念佛修行)을, 이해가 있는 자에게는 세계에 대한 분석적 관찰(無碍解)의 명상을 가르쳤다. 오백 명의 수행승들이 이러한 명상수행을 배워서 히말라야 산록의 바위가 있고, 시원한 녹음이 짙고, 진주 그물과 같은 모래가 있고, 깨끗한 물이 있는 지역을 찾았다. 거기서 그들은 인근 마을로 탁발을 하러 갔다. 청정한 수행승들을 반겨 맞은 1000가구의 주민들은 그들에게 우기에 그곳에 머물러 주기를 요청하고 500채의 정진을 위한 초암을 지어 제공하고는 모든 생필품을 제공했다. 그들은 탁발하며 수행정진 했는데, 그런데 수행정진하는 수행승들의 위광 때문에 하늘사람(樹神)들은 자신의 위광을 잃었다. 그래서 그들은 '언젠가 존자들은 갈 것이다.'고 생각하여 궁전에서 내려와 아이들을 데리고 이곳저곳을 거닐다가 삼개월간은 너무 길다고 생각하여 수행승들을 방해하기 위해 야차의 모습을 보여주고 공포의 소리를 들려 주었다. 그러자 수행승들은 심장이 뛰고 안색이 창백하여 새김을 잃었는데, 거기에 악한 냄새를 피워 두통을 일으키게 만들었다. 그래서 수행승들은 그곳에서의 안거를 포기하고 싸밧티 시의 세존을 찾아뵈었다. 그러자 세존은 '안거 중에 유행해서는 안 된다.'는 계율을 제정하고 이 경을 '수호를 위하여, 명상을 위하여' 수행승들에게 설한 것이 바로 이 자애의 경이다. 세존은 생노병사와 세계의 고통과 과거의 윤회의 고통과 미래의 윤회의 고통과 현재의 음식을 구하는 고통을 생각하여 자신을 수호하고, 자애의 마음을 일으킬 것을 가르친 경이다. 출처는 다음과 같다 : Stn. 25; Prj. I. 232-252

5. 「자애공덕의 경송」

≪앙굿따라니까야≫에 등장한다. 앞의 자애의 경을 새겨서 자애의 마음을 전 우주에 두루 채우는 수행을 하는 자의 공덕을 설한 것인데, 자애의 마음을 닦는 자의 공덕의 힘으로 주어지는 행복을 설한 것이다. 출처는 다음과 같다 : AN. V. 342

6. 「우정공덕의 게송」

부처님이 전생에 보살 떼미야(Temiya)였을 때, 친구와의 우정을 기린 게송으로 '떼미야의 게송'(Temiyagāthā)이라고도 한다. '떼미야'라는 이름은 그가 태어날 때에 왕국에 많은 비가 내려서 '젖은 상태.'라는 의미를 지닌다. 우정을 져버리지 않는 사람은 어디에 가든 모든 곳에서 끼니에도 걱정이 없고 뭇사람의 공경을 받고, 심지어 도둑이 폭력을 행사하지 못하고 권력가가 무시하지 못하고 명예와 명성을 얻고 번영한다는 내용으로 이루어져 있다. 출처는 다음과 같다 : Jāt. VI. 14.

7. 「숨겨진 보물의 경」

싸바티 시에 돈과 재물이 많은 대부호이자 대자산가가 살았다. 그는 청정한 믿음과 신념을 가진 장자였고 인색의 더러움에 대해서는 알지 못했다. 어느 날 그는 부처님을 상수로 하는 수행승들에게 공양을 올렸다. 그런데 왕이 재정이 궁해지자 신하를 불러서 '대자산가인 모씨를 가서 잡아오라.'고 명령했다. 그러자 그 신하는 대자산가를 찾아가서 '장자여, 왕이 그대를 부릅니다.'라고 전했다, 대자산가는 부처님을 상수로 하는 수행승의 참모임에 대한 특별한 믿음으로 고양되어 있었다. 그래서 그는 대답했다. '자 가십시오, 나는 나중에 가겠습니다. 지금 나는 보물을 적재하고 있습니다.' 그러자 세존께서는 식사를 하고 충분히 들었다는 것을 보여주고 이 '숨겨진 보물의 경'의 게송들을 읊은 것이다. 그러나 세존께서는 '어리석은 자가 물가의 깊은 구덩이에 비록 재보를 감추더라도, 일체 어떠한 경우에도 그에게 도움이 되지 못하느니라. 그 재보는 그곳에서 유실되거나 그것에 대한 정보가 잘못되거나, 용들이 멀리 옮기거나 야차들이 빼앗아

버리느니라. 마음에 들지 않는 상속자가 몰래 빼앗는다거나 공덕이 다할 때에 그 모든 것이 파괴될 것이니라.'라고 경고하고 '보시와 계행과 제어와 자제를 통한 공덕'을 쌓는 것이야말로 보물을 잘 보존하는 방법이라고 설한다. 보물이란 '훌륭한 모습, 훌륭한 목소리, 훌륭한 자태, 훌륭한 형상, 통치자의 지위'와 같은 욕망의 대상이지만, 진정한 숨겨진 보물은 '보시와 계행과 제어와 자제'와 같은 것을 통해 생겨나는 공덕이라는 것을 말해 주고 있다. 부처님은 대자산가에게 그의 수승한 공덕이 어떻게 궁극적인 의미에서의 수승한 공덕 속에 있는가를 보여주기 위해 설한 것이다. 출처는 다음과 같다 : Khp. 7 : Prj. I. 216

8.「뭇삶의 무리로부터의 수호경」

이 수호경은 한역에서는 온호경(蘊護經)이라고 하는데, ≪자따까≫의「칸다밧따자따까(Khandhavattajātaka)」에서 유래하거나, ≪앙굿따라니까야≫의「뱀의 경」에서 유래한 것이다. ≪자따까≫에 의하면, 부처님께서 전생에 보살이었을 때에 까씨(Kāsi)에 태어나 나중에 고행자가 되었다. 그런데 많은 고행자들이 뱀에 물려서 죽은 소식을 들었다. 그래서 보살은 고행자들을 모아 놓고 네 혈통의 뱀왕을 향해서 자애의 마음을 닦을 것을 가르쳤다. '뱀에 대한 자애의 경(Ahimettasutta)'이라고도 한다. ≪앙굿따라니까야≫에 의하면, 그 인연담은 아래와 같다 : 한때 세존께서 싸밧티 시의 제따바나 숲에 있는 아나타삔디까 승원에 계셨다. 그 무렵 싸밧티 시에서 어떤 수행승이 뱀에 물려 죽었다. 그러자 많은 수행승들이 세존께서 계신 곳을 찾아 왔다. 가까이 와서 세존께 인사를 드리고 한쪽으로 물러나 앉았다. 한쪽으로 물러나 앉은 그 수행승들은 세존께 이와 같이 말씀드렸다. "세존이시여, 여기 싸밧티 시에서 어떤 수행승이 뱀에 물려 죽었습니다." "수행승들이여, 그 수행승은 네 종류의 뱀왕의 혈통에 대하여 자애의 마음을 펼치지 않았다. 수행승들이여, 그 수행승이 네 종류의 뱀왕의 혈통을 위하여 자애의 마음을 펼쳤다면, 그는 뱀에게 물려죽지 않았을 것이다. 네 가지 뱀왕의 혈통이란 무엇인가? 비루빡까 뱀왕의 혈통과 에라빠타 뱀왕의 혈통과 차바뿟따 뱀왕의 혈통과 깐하고따마까 뱀왕의 혈통이 있다. 수행승들이여, 그 수행승은 이러한 네 종류의 뱀왕의 혈통에 대하여 자애의 마음을 펼치지 않았다. 수행승들이여, 그 수행승이 네 종류의 뱀왕의 혈통에 대하여 자애의 마음을 펼쳤다면, 그는 뱀에게 물려죽지 않았을 것이다. 수행승들이여, 자신을 지키고 자신을 보호하고 자신의 수호를 위하여 이러한 네 가지 종류의 뱀왕의 혈통에 대하여 자애의 마음을 펼치는 것을 이와 같이 나는 허락한다." 여기서 일곱 분의 깨달은 님이란 과거칠불(過去七佛)을 뜻한다. 과거칠불에 대해서는「과거칠불의 수호경」의 해제를 보라. 출처는 다음과 같다 : AN. II. 72; Jāt. 203.

9.「공작새의 수호경」

이 수호경은 한역에서 공작호경(孔雀護経)이라고 하는데, ≪자따까≫의「모라자따까(Morajātaka)」에서 유래한다. 부처님께서 전생의 보살이었을 때, 황금공작으로 태어나 단다까(Daṇḍaka)의 황금언덕에서 살았다. 황금공작은 태양을 찬탄하는 진언과 부처님을 찬탄하는 진언을 외워서 모든 상해로부터 안전할 수 있었다. 베나레스의 여왕 케마(Khemā)가 꿈속에서 황금공작이 설법을 하는 것을 보았다. 그녀는 그것이 사실이길 바라면서 황금공작을 갖고자 왕에게 이야기 했다. 왕은 사냥꾼을 파견해서 공작새를 잡으려 했으나, 실패했다. 케마 왕비는 슬픔에 못이겨 죽었다. 왕은 분노하여, 황금공작의 고기를 먹는 자는 불사(不死)를 누릴 것이라고 황금 접시에 새겨 넣었다. 그의 계승자들이 이 비문을 보고 사냥꾼을 파견해서 황금공작을 잡으려 했으나, 역시 실패했다. 여섯 왕이 대를 이어 사냥꾼을 파견해서 황금공작을 잡으려 했으나, 모두 실패했다. 일곱 번째 왕은 한 사냥꾼을 고용하여 황금공작을 본 후에 암컷공작으로 하여금 손가락을 무는 순간, 울도록 훈련시켰다. 사냥꾼은 올가미를 놓았고 암컷공작과 함께 가서 울게 만들었다. 순간적으로 황금공작은 진언을 외우는 것을 잊고 올가미에 걸렸다. 그는 왕 앞에 끌려갔고 잡힌 이유를 알게 되었다. 그는 황금공작의 황금색이 이전의 그 도시의 왕으로서 선정을 베푼 것이기 때문이라는 것과 자신이 저지른 어떤 죄과 때문에 공작새로 태어난 것이라는 것과 자신이 불사(不死)가 아니므로 자신의 고기를 먹는다고 불사에 이르지 않는다는 것을 설명했다. 그의 말을 입증하기 위해서 왕은 도시 근처의 호수를 파보았는데, 거기서 황금공작이 전생에 왕이었을 때에 타던 황금마차가 나왔다. 그래서 왕은 황금공작을 다시 단다까 언덕으로 돌려보냈다. 이 수호경은 황금공작의 진언으로 구성된 것이다. Jāt. 159

10.「메추라기의 수호경」

≪자따까≫의「밧따까자따까(Vaṭṭakajātaka)」에서 유래한다. 부처님께서 전생에 보살이었을 때, 메추라기로 태어났는데, 충분히 날기 전에 보금자리가 있던 숲에 불이 났다. 피할 수 있는 수단이 없자, 부처님들의 덕성과 그 가르침에 대한 진리파지(saccakiriyā : 眞理把持)를 했다. 이 이야기는 부처님이 마가다 국에서 많은 수행승들과 여행을 할 때에 정글에서 일어난 불과 관계된다. 어떤 수행승들은 놀라서 불을 끄기 위해 여러 가지 수단을 동원했고, 어떤 수행승들은 부처님의 수호를 믿고 기도했다. 그러자 부처님은 그들을 데리고 어떤 지점으로 가서 멈추었다. 불은 그들이 멈추어 선 곳에서 64평방미터(=16 karīsāni) 이내로 들어오지 못하고 그 지점에서 꺼졌다. 수행승들이 이 경이로운 부처님의 위력에 놀라자 부처님은 이 전생의 이야기를 했던 것이다. 재난으로부터의 수호를 위한 경이다. 부처님은 장로 싸리뿟따에게 이 경을 설했다. Jāt. 35.

11.「깃발의 수호경」

이 수호경은 한역에서 당정호경(幢頂護経)이라고 한다. 원래 깃발은 인도에서 코끼리나 말의 등이나 마차에 올려 세운다. 여기서 깃발들은 신들의 전차에 꽂혀 있다. 신들의 제왕인 제석천의 깃발은 그의 수레에서 250 요자나 높이로 들어 올려 세워졌고 바람에 부딪쳐서 다섯 악기의 소리를 냈다. 하늘사람들이 그것을 보면, '폐하가 도착해서 깊이 박힌 기둥처럼 군대와 함께 서 계시다. 누구를 두려워하랴?'라고 생각했다. 그래서 그것을 보면 두려움이 사라졌다. 제석천(Sakka)의 깃발을 보고 생겨난 두려움이 사라지지 않는다면, 빠자빠띠(Pajāpati)의 깃발을 보면 두려움이 사라질 수 있다. 빠자빠띠는 생류의 창조주를 말하며 빠자빠띠는 제석천과 동일한 수명을 가졌고 두 번째의 자리에 앉았고, 바루나와 이싸나는 세 번째와 네 번째에 앉았다. 바루나(Varuṇa) 신은 베다 시대의 특정한 시기에 인도아리안 족에게 최상의 신으로, 사법신이었다.

이싸나는 루드라-시바(Rudra-Śiva) 신의 이름이다. 그러나 제석천을 비롯한 신들은 아직 완전히 깨달은 자가 아니며 전생의 공덕에 의해 신들의 제왕으로 화생하여 생존하는 것이다. 그들은 공덕이 다하면, 새로운 존재로 윤회해야 한다. 그래서 그는 두려움에서 자유롭지 못하다. 따라서 이 깃발의 수호경은 탐욕·성냄·어리석음을 여읜 부처님과 그의 가르침과 그의 참모임을 생각하는 것만이 참다운 수호임을 가르친다. 출처는 다음과 같다 : SN. I. 218

12. 「과거칠불의 수호경」

이 수호경은 한역에서는 「아타낭지호경」(阿吒曩胝護経)이라고 한다. 이것은 「아따나띠야수호경」(Āṭānāṭiyaparitta)을 음사하여 이렇게 부른 것이다. 아따나따(Āṭānāṭa)는 인도의 도시지명이므로 역자는 내용에 따라 「과거칠불수호경」으로 이름을 바꾸었다. ≪디가니까야≫에서 이 수호경을 송출하게 된 동기는 다음과 같다 : "이와 같이 나는 들었다. 한 때 세존께서는 라자가하 시의 깃자꾸따 산에 계셨다. 그 때 네 하늘나라의 대왕들이 야차의 대군과 건달바의 대군과 꿈반다의 대군과 나가의 대군으로 사방에 보초를 두고, 사방에 장벽을 설치하고, 사방을 방어한 뒤에, 깊은 밤중에 아름다운 빛으로 깃자꾸따 산을 두루 밝히며 세존께서 계신 곳으로 찾아왔다. 가까이 다가와서 세존께 인사를 드리고 한 쪽으로 물러나 앉았다. 한 쪽으로 물러나 앉은 벳싸바나 대왕은 세존께 이와 같이 말씀드렸다."세존이시여, 뛰어난 야차들 가운데 세존께 청정한 믿음이 없는 자들이 있습니다. 세존이시여, 뛰어난 야차들 가운데 세존께 청정한 믿음이 있는 자들이 있습니다. 세존이시여, 중간의 야차들 가운데 세존께 청정한 믿음이 없는 자들이 있습니다. 세존이시여, 중간의 야차들 가운데 세존께 청정한 믿음이 있는 자들이 있습니다. 세존이시여, 저열한 야차들 가운데 세존께 청정한 믿음이 없는 자들이 있습니다. 세존이시여, 저열한 야차들 가운데 세존께 청정한 믿음이 있는 자들이 있습니다. 세존이시여, 그러나 대부분 야차들은 세존께 청정한 믿음이 없습니다. 그것은 무슨 까닭입니까? 세존이시여, 세존께서는 1) 살아있는 생명을 죽이는 것을 삼가는 것을 가르치셨고, 2) 주지 않은 것을 빼앗지 않는 것을 삼가는 것을 가르치셨고, 3) 사랑을 나눔에 잘못을 범하는 것을 삼가는 것을 가르치셨고, 4) 거짓말을 하는 것을 삼가는 것을 가르치셨고, 5) 곡주나 과즙주등 취기있는 것에 취하는 것을 삼가는 것을 가르치셨습니다. 세존이시여, 그러나 대부분의 야차들은 살아있는 생명을 죽이는 것을 삼가지 않고, 주지 않은 것을 빼앗지 않는 것을 삼가지 않고, 사랑을 나눔에 잘못을 범하는 것을 삼가지 않고, 거짓말을 하는 것을 삼가지 않고, 곡주나 과즙주 등 취기있는 것에 취하는 것을 삼가지 않습니다. 그들에게는 그것이 사랑스럽지 않고, 마음에 들지 않습니다. 세존이시여, 세존의 제자들은 한가한 숲이나 우거진 숲속의 조용하고 소음이 없고, 인적이 없고, 은거하는, 홀로 명상하기에 좋은, 한적한 외딴 처소에서 삽니다. 거기에는 세존의 말씀에 청정한 믿음이 없는 뛰어난 야차들이 살고 있습니다. 세존이시여, 그들에게 청정한 믿음이 생겨나고, 수행승들과 수행녀들과 재가 남자신도들과 재가의 여자신도들이 수호되고 보호되고 해코지 당하지 않고 안전하게 지낼 수 있도록, 세존께서는 「아따나띠야수호경」을 수용해 주십시오." 세존께서는 침묵으로 허락하셨다. 그러자 사천왕중의 한 분인 벳싸바나 대왕은 세존께서 허락하신 것으로 알고 그 때 바로 이 「과거칠불의 수호경」을 읊었다. 특히 스리랑카에서는 질병이 들었을 때, 악령을 방어하기 위해 이 수호경을 송출했다. 이 수호경은 과거칠불 — ① 비빳씬(Vipassin) ② 씨킨(Sikhin) ③ 벳싸부(Vessabhū) ④ 까꾸싼다(Kakusandha) ⑤ 꼬나가마나(Koṇāgamana) ⑥ 깟싸빠(Kassapa) ⑦ 마하 싸끼야무니 고따마(Mahā Sakyamuni Gotama)[이 가운데 ①~③은 과거장엄겁(過去莊嚴劫)의 삼불이고 ④~⑦은 현재현겁(現在現劫)의 사불이라고 한다]에 대한 찬탄을 통해서 그 공덕으로 모든 재앙을 물리치기 위한 경이다. 각각의 부처님에게는 이러한 일곱 가지 별칭이 존재한다. '모든 부처님은 눈있는 님이고, 뭇삶을 가엾게 여기는 님이고, 번뇌를 씻어낸 님이고, 목욕재계한 님이고, 악마의 군대를 쳐부순 님이고, 성취를 이룬 님이고, 지체에서 빛을 발하는 님이다.' 그러나 부처님들은 이러한 일곱 가지 별칭만 있는 것이 아니라 무수한 이름이 있고 덕이 있으므로 위대한 선인이다. 여기서 앙기라싸는 부처님의 다른 이름이다. 앙기라싸는 '몸에서 광채가 나는 자'라는 뜻인데, 원래는 인도고대의 선인의 이름이었다. 베다 시대에서는 신비적인 반신(半神)의 무리에 속했다. 나중에 위대한 현자의 대명사처럼 쓰였다. 여기서는 부처님을 지칭한다. 과거칠불은 다음과 같다. 출처는 다음과 같다 : DN. III. 194 : Smv. 962-963

1) 비빳씬(Vipassin) : 한역에서는 비바시불(毘婆尸佛)이라고 음사한다. 이 부처님은 고따마 부처님 이전의 과거24불 가운데 19번째 부처님이다. 91겁 전에 출현했던 부처님이다. 비빳씬 부처님은 반두마띠(Bandhumatī)의 케마(Khema) 유원에서 태어났다. 그의 아버지는 반두마(Bandhumā)였고 어머니는 반두마띠(Bandhumatī)였다. 그의 성은 꼰단냐(Koṇḍañña)였다. 팔천 년 동안 난다(Nanda), 쑤난다(Sunanda), 씨리마(Sirimā)라고 하는 세 궁전에서 살았다. 그는 키가 사십 미터 가량이었다. 그의 아내는 쑤따나(Sutanā)였고 아들은 싸마밧따칸다(Samavattakkhandha)였다. 그는 마차를 타고 출가하여 팔 개월 동안 고행을 닦았다. 정각을 이루기 전에 쑤닷싸나셋티(Sudassanaseṭṭhi)의 딸이 유미죽을, 쑤자따(Sujāta)라는 논지기가 길상초를 제공했다. 그의 보리수는 빠딸리(Pāṭali) 나무였다. 그는 이복형제 칸다(Khandha)와 사제의 아들 띳싸(Tissa)에게 케마미가다야(Khemamigadāya)에서 초전법륜을 설했다. 아쏘까(Asoka)가 늘 시봉했고 짠다(Candā)와 짠다밋따(Candamittā)가 여수제자였다. 그의 주요한 후원자로는 뿐납바쑤미따(Punabbasumitta)와 나가(Nāga)가 있었다. 팔만 세에 쑤밋따라마(Sumittārāma)에서 열반했다. 그는 밤이나 낮이나 잘 볼 수 있는 커다란 눈을 갖고 있었고 투시하는 능력이 있었으므로 비빳씬(Vipassin)이라고 불렸다. 출처는 다음과 같다 : Bv. 52.

2) 씨킨(Sikhin) : 한역으로 시기불(尸棄佛)이라고 한다. 31겁 전에 출현하신 부처님이다. 고따마 부처님 이전의 과거24불 가운데 20번째의 부처님이다. 아루나바띠(Aruṇavatī)의 나싸바(Nisabha) 유원에서 태어났으며 아버지는 왕족계급의 아루나(Aruṇa)였고 어머니는 빠바바띠(Pabhavatī)였다. 그는 머리의 육계가 불꽃 모양을 하고 있었기 때문에 씨킨이라고 불렸다. 칠천년 동안 쑤짠다(Sucanda), 기리(Giri), 바하나(Vahana)라고 하는 세 궁전에서 부인 쌉바까마(Sabbakāmā)와 아들 아뚤라(Atula)와 함께 살다가 코끼리를 타고 출가하여 팔 개월 동안 고행을 닦았다. 정각을 이루기 전에 쑤닷싸나니가마(Sudassananigāma) 마을의 백만장자 삐야닷씬(Piyadassin)의 딸이 유미죽을, 아노마닷씬(Anomadassin)이 앉을 자리의 길상초를 제

공했다. 씨킨 부처님이 깨달을 때의 보리수는 뿐다리까(Puṇḍarikā)였다. 초전법륜은 아루나바띠(Aruṇavatī)의 미가찌라(Migācira) 유원에서 있었다. 그를 늘 시봉한 제자는 케망까라(Khemaṅkara)였고 수제자는 수행승 아비부(Abhibhū), 쌈바바(Sambhava)와 수행녀 아낄라(Akhilā), 빠두마(Padumā) 등이 있었다. 후원자는 재가의 남자신도로는 씨리밧다(Sirivaḍḍha)와 짠다(Canda)가 있었고 재가의 여자신도로는 찟따(Cittā) 와 쑤굿따(Sugutta)가 있었다. 그의 몸은 30미터 정도였고 칠만 세를 살았고, 씰라바띠(Sīlavatī)의 뚯싸라마(Dussārāma)에서 열반에 들었다. 출처는 다음과 같다 : Bv. 54.

3) 벳싸부(Vessabhū) : 한역으로 비사부불(毘舍浮佛)이라고 한다. 씨킨 부처님과 같은 31겁 전의 부처님이다. 고따마 부처님 이전의 과거 24불 가운데 21번째 부처님이다. 아노마(Anoma) 유원에서 태어났으며 아버지는 왕족계급의 쑤빠띠따(Supatita), 어머니는 야싸바띠(Yasavatī)였다. 태어날 때 황소처럼 승리의 외침을 냈으므로 그런 이름을 갖게 되었다고 한다. 태어나 육천 년 동안 루찌(Ruci), 쑤루찌(Suruci), 밧다나(Vaḍḍhana)라고 불리는 세 궁전에 살았는데, 아내는 쑤찟따(Sucittā)였고 아들은 쑵빠붓다(Suppabuddha)였다. 가마를 타고 출가하여 육 개월 동안 고행을 했다. 정각을 이루기 전에 쑤찟따니가마(Sucittanigāma) 마을의 여인 씨리밧다나(Sirivaḍḍhanā)가 유미죽을, 용왕 나린다(Narinda)가 앉을 자리의 길상초를 제공했다. 쌀라(Sāla) 나무 아래서 정각을 얻고 아누라라마(Anurārāma)에서 형제인 쏘나(Soṇa)와 웃따라(Uttara)에게 초전법륜을 행했고 이들은 수제자 수행승이 되었다. 벳싸부 부처님을 항상 시봉한 제자로는 우빠싼따(Upasanta)가 있었다. 수제자 가운데 수행녀로는 고따미(Gotamī)와 씨리마(Sirimā)가 유명했다. 후원자는 재가의 남자신도로는 쏫티까(Sotthika)와 라마(Rāma)가 있었고 재가의 여자신도로는 고따미(Gotamī)와 씨리마(Sirimā)가 있었다. 벳싸부 부처님은 키가 30미터 정도였으며 육만 세를 살았고 우싸바바띠(Usabhavatī)의 케마라마(Khemārāma)에서 열반에 들었다. 출처는 다음과 같다 : Bv. 56.

4) 까꾸싼다(Kakusandha) : 한역으로 구류손불(狗留孫佛)이라고 한다. 고따마 부처님 이전의 24불 가운데 22번째의 부처님이며 현재의 현겁(賢劫 : bhaddakappa)에서의 오불(五佛) 가운데 첫 번째 부처님이다. 바라문 악기닷따(Aggidatta)의 아들로서 케마(Khema) 유원에서 태어나서 루찌(Ruci), 쑤루찌(Suruci), 밧다나(Vaḍḍhana)의 세 궁전에서 사천 년을 살았다. 아내는 비로짜마나(Virocamānā)였고 아들의 이름은 웃따라(Uttara)였다. 그는 사륜마차를 타고 출가하여 팔 개월 동안 고행을 닦았다. 정각을 이루기 전에 쑤찌린다(Sucirindha) 마을의 바라문 바지린다(Vajirindha)의 딸이 그에게 유미죽을, 밭지기 쑤밧다(Subhadda)가 앉을 자리의 길상초를 제공했다. 이때의 보리수는 씨리싸(Sirisa) 나무였다. 그는 초전법륜(初轉法輪)을 마낄라(Makila)의 근처에서 팔만사천 명의 승려들에게 행했다. 그의 키는 20미터였고 사만 세에 케마 유원에서 열반에 들었다. 그의 수제자로는 수행승 비두라(Vidhura)와 싼지바(Sañjīva)와 수행녀 싸마(Sāmā)와 짬빠(Campā)가 있었다. 그를 개인적으로 언제나 시봉한 자는 붓디자(Buddhija)였다. 후원자는 재가의 남자신도로는 앗쭈따(Accuta), 싸마나(Samana), 재가의 여자신도로는 난다(Nandā), 쑤난다(Sunandā)가 있었다. 스리랑카의 도사(島史)에 의하면 까꾸

싼다 부처님도 스리랑카를 방문한 적이 있었다. 당시에 그 섬은 오자디빠(Ojadīpa)라고 불렸으며 그 수도의 이름은 왕 아바야(Abhaya)가 지배하는 아바야나가라(Abhayanagara)였다. 까꾸싼다 부처님은 사천 명의 제자를 거느리고 와서 야차의 무리가 일으킨 역병을 치유했다고 한다. 왕은 그들을 초대해서 마하띳타(Mahātiṭṭha) 승원을 기증했다. 까꾸싼다 부처님은 수행녀 루짜난다(Rucānandā)를 시켜 보리수를 섬에 기증하고 그녀를 제자 마하데바(Mahādeva)와 함께 섬에 남겨둔 뒤 인도로 돌아왔다. 출처는 다음과 같다 : Bv. 58.
5) 꼬나가마나(Koṇāgamana) : 한역으로 구나함불(狗那含佛)이라고 한다. 고따마 부처님 이전의 과거24불 가운데 23번째 부처님이며 현세의 현겁(賢劫 : bhaddakappa)에서 두 번째 부처님이다. 쏘바(Sobha) 왕의 수도에 있는 쑤바가바띠(Subhagavatī) 승원에서 태어났으며 그의 아버지는 바라문 얀냐닷따(Yaññadatta)이고 어머니는 웃따라(Uttarā)였다. 뚜씨따(Tusita), 싼뚜씨따(Santusita), 싼뚯타(Santuttha)의 세 궁전에서 삼천 년을 살았으며 아내는 루찌갓따(Rucigattā)였고 아들은 쌋타봐하(Satthavāha)였다. 코끼리를 타고 출가하여 여섯 달 동안 고행을 닦았다. 정각을 이루기 전에 바라문녀 악기쏘마(Aggisoma)가 유미죽을, 밭지기 띤두까(Tinduka)가 앉을 자리의 길상초를 제공했다. 보리수 이름은 우둠바라(Udumbara) 나무였고 초전법륜(初轉法輪)은 쑤닷싸나(Sudassana) 근처의 미가다야(Migadāya)였다. 삼만 명의 제자를 거느리고 있었다. 그의 키는 15미터였고 삼만 세의 나이에 빱바따라마(Pabbatārāma)에서 열반에 들었다. 수제자로는 수행승 비이야(Bhiyya)와 웃따라(Uttara)가 있었고 수행녀는 싸뭇다(Samuddā)와 웃따라(Uttarā)가 있었다. 언제나 수행승 쏫티야(Sotthiya)가 시중을 들었다. 후원자로는 재가의 남자신도로는 욱가(Ugga)와 쏘마데바(Somadeva)가 있었고 재가의 여자신도로는 씨발라(Sivalā)와 싸마(Sāmā)가 있었다. 스리랑카의 도사(島史)에 따르면, 당시에 비라디빠(Viradīpa)라고 불리던 스리랑카를 삼만 명의 제자를 거느리고 방문하여 당시 왕 싸밋다(Samiddha) 앞에서 설법하여 삼만 명이 진리를 깨우치게 했다. 그때 수행녀 깐따까난다(Kantakānandā)가 보리수를 옮겨다 심었다. 꼬나가마나 부처님은 그녀와 수행승 마하쑴바(Mahāsumba)를 스리랑카에 남겨 불법을 전파하게 하고 인도로 돌아왔다. 출처는 다음과 같다 : Bv. 60.
6) 깟싸빠(Kassapa) : 한역으로 가섭불(迦葉佛)이라고 한다. 고따마 부처님 이전의 과거24불 가운데 24번째 부처님이며, 현재의 현겁(賢劫 : bhaddakappa)에서 세 번째 부처님으로 과거칠불의 한 분이다. 바라나씨 시의 이씨빠따나(Isipatana) 승원에서 바라문 브라흐마닷따(Brahmadatta)와 다나바띠(Dhanavatī)를 부모로 태어났다. 그는 항싸(Haṃsa), 야싸(Yasa), 씨리난다(Sirinanda)의 세 궁전에서 이천 년을 살면서 아내 쑤난다(Sunandā)와의 사이에서 비지따쎄나(Vijitasena)란 아들을 두었다. 그는 출가하여 자신의 궁전을 여행하다가 오직 칠일간의 고행을 닦고 해탈을 얻었다. 정각을 이루기 전에 그의 아내가 유미죽을, 밭지기 쏘마(Soma)가 자리의 풀을 제공했다. 그때의 보리수는 뱅골 보리수였다. 깨달은 후에 그는 이씨빠따나 지역에서 천만 명의 수행승들에게 초전법륜(初轉法輪)을 전했다. 수제자로는 수행승 띳싸(Tissa), 바라드와자(Bhāradvāja), 수행녀 아눌라(Anulā)와 우루벨라(Uruvelā)가 있었다. 그

를 언제나 시봉한 자는 쌉바밋따(Sabbamitta)였다. 후원자로는 재가의 남자신도로는 쑤망갈라(Sumaṅgala)와 가띠까라(Ghatikāra), 재가의 여자신도로는 비지따쎄나(Vijitasenā)와 밧다(Bhaddā)가 있었다. 깟싸빠 부처님의 키는 10미터였으며 이만 세의 나이로 까씨(Kāsi) 근처의 쎄따비야(Setavya)에서 열반에 들었다. 스리랑카의 도사(島史)에 따르면, 깟싸빠 부처님은 스리랑카에서 왕 자얀따(Jayanta)와 그의 동생 사이에 전쟁이 일어났을 때 이만여 명의 제자를 거느리고 그곳을 방문해서 전쟁을 중단시켰다고 한다. 그래서 왕은 마하싸가라(Mahāsāgara) 승원을 기증했고 깟싸빠 부처님은 수행녀 쑤담마(Sudhammā)를 시켜 보리수 가지를 스리랑카에 옮겨 심게 했다. 깟싸빠 부처님은 그녀와 제자 쌉바난다(Sabbananda)를 스리랑카에 남겨 가르침을 설하게 하고 인도로 돌아왔다고 한다. 출처는 다음과 같다 : Bv. 62.

7) 마하 싸끼야무니 고따마(Mahā Sakyamuni Gotama) : 한역으로 석가모니불(釋迦牟尼佛)이라고 한다. 그는 25불 가운데 마지막 25 번째의 부처님으로 현겁(賢劫 : bhaddakappa)의 역사적인 부처님이다. 까삘라밧투의 쑷도다나(Suddhodana) 왕과 왕비인 마야(Māyā) 부인 사이에서 태어났다. 태어난 곳은 룸비니(Lumbīnī) 동산이다. 생후 7일 만에 마야 부인이 돌아가자 이모 마하빠자빠띠 고따미(Mahāpajāpatī Gotamī)가 사실상의 불모(佛母)로서 그를 양육했다. 그는 람마(Ramma), 쑤람마(Suramma), 쑤바(Subha)의 세 궁전에 살면서 젊어서 야쏘다라(Yasodharā) 비와 결혼해서 라훌라(Rāhula)라는 아들을 두었다. 29세에 출가해서 육년 간의 고행을 한 뒤에 마가다 국의 네란자라 강 근처에서 정각을 이루었다. 그때 처녀 쑤자따(Sujātā)가 유미죽을, 목동 쏫티야(Sotthiya)가 앉을 자리인 길상초를 제공했다. 그리고 보리수는 아자빨라(Ajapāla) 나무였다. 초전법륜(初轉法輪)은 이씨빠따나(Isipatana)에서 꼰단냐(Koṇḍañña) 등 다섯 수행승에게 행했다. 싸끼야무니 고따마의 십대제자로는 싸리뿟따(Sāriputta), 목갈라나(Moggallāna), 깟싸빠(Kassapa), 아누룻다(Anuruddha), 쑤부띠(Subhūti), 뿐나(Puṇṇa), 깟짜야나(Kaccāyana), 우빨리(Upāli), 라훌라(Rāhula), 아난다(Ānanda)가 있었으며 수행녀로는 수행녀교단을 이끌던 이모 마하빠자빠띠 고따미가 유명했다. 후원자는 재가의 남자신도로는 아나타삔디까(Anāthapiṇḍika)로 알려진 쑤닷따(Sudatta)와 빔비싸라(Bimbisāra) 왕, 재가의 여자신도로는 비싸카 미가라마따(Visākhā Migāramātā)와 웃따라 난다마따(Uttarā Nandamātā) 등이 있었다. 그는 45년간의 중생교화를 끝내고 팔십 세에 꾸씨나라(Kusinārā)에서 열반에 들었다. 출처는 다음과 같다 : Bv. 65.

13. 「일곱 가지 깨달음 고리의 경」

이 경은 한역으로 하자면 칠각지경(七覺支經)이다. 지송경전이 되어야 하지만, 수호경으로 들어간 이유는 다음과 같다. 세존께서는 라자가하 시의 벨루바나 숲에 있는 깔란다까니바빠 공원에 계실 때에 존자 마하 깟싸빠가 중병이 들었다. 일곱 가지 깨달음 고리 즉, 새김 → 탐구 → 정진 → 희열 → 안온 → 집중 → 평정을 통해서 중병에서 일어났고 존자 목갈라나도 중병에 걸렸을 때에 동일한 처방의 가르침으로 그 중병에서 일어났고, 심지어 부처님께서 중병에 드셨을 때에도 스스로 장로 쭌다로 하여금, 이 일곱 가지 깨달음 고리를 환기시키도록 하여, 스스로 그러한 과정을 자각하면서 자신의 질병을 치유하고 질병에서 일어날 수 있었다. 그래서 질병으로부터의 수호경이 된 것이다. 출처는 다음과 같다 : SN. V. 79.

14.「아침의 경」

이 경은 ≪앙굿따라니까야≫의「아침의 경」에 나오는 부처님의 게송을 기반으로 후대에 헌신적인 불자시인이 창작한 것인 것이다. 그 게송은 여기에 인용된「아침의 경」의 말미에 실려 있다. 그 내용은 추가된 첫 번째 시 '모든 나쁜 징조, 불행한 상황, 기분 나쁜 새들의 울음소리, 불길한 별자리의 운세, 끔찍한 악몽이 부처님의 위신력으로 모두 사라지게 하소서.'로서 시작하는데, 모든 불행한 상황을 여의고 천신들과 삼보에 귀의하는 내용으로 그 목적은 부처님의 가르침 속에 성장하면서 안녕과 행복을 기원하는 내용을 함축하고 있다. 출처는 다음과 같다 : AN. I. 294.

15.「위대한 승리의 축복의 게송」

이 게송은『일반예불품』에 소개한「승리의 축복의 게송」과는 내용이 다른 것이다. 그 직접적인 출처가 ≪니까야≫에서 알려지지 않았으므로 경전적인 출처도 불분명하다. 후대에 중세시대에 헌신적인 불자시인이 삼보를 찬양하여 지은 것으로 추정되고 있다. 그러나 삼보에 대한 찬탄과 삼보의 가피를 염원하는 가장 아름다운 게송의 하나로 '이러한 진실로 인해서 제게 또는 그대에게 승리의 축복이 함께하여지이다.'라는 후렴구로서 유명하다. 삼보의 가피력으로 '모든 재앙 진압되고 모든 질병 소멸되고 모든 장애 사라지어 제게 또는 그대에게 행복한 삶이 함께하여지이다.'라고 기원의 내용을 담고 있다.

16.「앙굴리말라의 수호경」

현대의 문명화된 사회에서는 여성에 대한 존중은 어머니에 대한 존중과 모성애적 보살핌의 기초인데. 불교는 이러한 사상을 벌써 2500여년 전에 갖고 있었다. ≪쌍윳따니까야≫에는 '어머니가 자신의 가정의 벗'이라는 부처님말씀이 등장한다. ≪맛지마니까야≫의『앙굴리말라경』이 있다. 부처님 당시 살인강도였다가 부처님의 제자가 된 이후에, 앙굴리말라는 탁발을 나갔다가 이상임신과 난산으로 심각한 고통을 겪는 한 여인을 본 뒤에 부처님에게 그 사실을 알렸다. 부처님은 그 고통을 겪는 여인에게 가서 그 여인과 태아의 안전을 위해 자신의 청정을 단언하며 기도를 하라고 일러 주었다. 그런데 앙굴리말라는 즉시 부처님께 자신의 출가이전의 죄악 때문에 주저하며 기도가 불가하다고 말씀드렸으나, 부처님은 '출가하여 고귀한 가문에 태어난 이후의 청정'을 기초로 하여, 이와 같이 '자매여, 내가 고귀한 태어남으로 거듭난 이래 나는 의도적으로 뭇삶의 생명을 빼앗은 적이 없으니, 이러한 진실로 인하여 당신이 잘 되고 당신의 아이가 잘 되길 바랍니다.'라고 단언하라고 일렀다. 앙굴리말라는 그렇게 했고 그 여인은 고통에서 해방되었다. 그러나 태아의 출산에 관한 말은 없지만, 여인과 아이는 즉시 안전하게 되었다. 그래서 이 문구는 수호경송으로 임신과 출산을 위한 수호진언으로 사용된다. 주석서에 따르면, 앙굴리말라 이후에, 남자들이 출산실에 들어가는 것은 금지되었으나 수행승은 들어가 커튼 뒤에서 지송할 수 있도록 배려를 했으며, 여인은 그 수호진언을 듣고 안전하게 출산할 수 있었다. 출처는 다음과 같다 : MN. II. 97; SN. 1. 37; Pps. 111. 337.

3. 지송경전품持誦經典品

특히 수행승들의 공동체 생활에서 필수불가결하게 알아야 할 가르침들은 경장 안에 물론 잘 보존되어 있지만, 그 가운데서도 몇몇 경전만 들라고 하면, 부처님의 깨달음에서 부터 승단의 운영에 이르기까지의 부처님의 행장을 기록한 율장의 『마하박가』 안에 잘 나타나 있다. 율장은 방대한 계율의 문제를 다루고 있기 때문에 가르침으로서는 승단유지를 위해 최소한의 중요한 필수경전들만 간단히 소개하고 있다. 그것들이 여기에 소개된 지송경전들로 '전법륜경(轉法輪經)'으로 잘 알려진 「가르침의 수레바퀴의 경」과 '무아상경(無我相經)'으로 잘 알려진 「무아의 특징의 경」 그리고 '연소법문경(燃燒法門經)'으로 알려진 「연소의 법문의 경」이다. 그리고 나머지 두 개의 지송경 즉, 「여덟 가지 고귀한 길의 분석의 경」, 「연기에 대한 분석의 경」은 모두 주제별로 법문이 잘 정리된 ≪쌍윳따니까야≫에 속한 경전들이다.

1. 「가르침의 수레바퀴의 경」

≪쌍윳따니까야≫뿐만 아니라 율장의 『마하박가』에서도 유명한 경전으로 「전법륜경」(轉法輪經) 혹은 「초전법륜경」(初轉法輪經)으로 잘 알려진 경이다. 부처님께서 위없이 바르고 원만한 깨달음을 얻은 이후에 과거 수행을 같이 하던 다섯 수행자를 만나서 자신의 깨달음을 전한 내용을 설한 경이다. 부처님의 가르침이 가장 잘 사상적으로 함축되어 있다. 양 극단인 쾌락주의와 고행주의를 여의는 중도(majjhimapaṭipadā : 中道)와 네 가지 거룩한 진리(catāri ariya-saccāni : 四聖諦)와 그것을 세 번 굴린 열두 가지의 형태 (tiparivaṭṭadvādasākāra : 三轉十二行相)로 전하는 가르침이다. 출처는 다음과 같다 : SN. V. 420; Vin. I. 10.

2. 「무아의 특징의 경」

≪쌍윳따니까야≫에서는 「다섯 수행승의 경」 즉, 「오비구경」(五比丘經)으로 알려진 경이자 율장의 『마하박가』에서는 「무아상경」(無我相經)으로 알려진 경전이다. 부처님께서 초전법륜과 더불어 초기에 설한 가장 중요한 경전이다. 존재다발 즉, '무상하고 괴롭고 변화하는 것을 두고 '이것은 나의 것이고, 이것은 나이고 이것은 나의 자아이다.'라고 여기는 것은 옳은 것인가?'라고 묻고 있다. 그렇게 여기는 것은 타당하지 않기 때문에 '무상하고 괴롭고 변화하는 것'을 싫어하여 떠나서, 사라지고, 사라져서 그것으로부터 해탈해야 한다고 가르치고 있다. 해탈하면 '해탈했다.'라는 궁극적 앎이 생겨나서 '태어남은 부서지고 청정한 삶은 이루어졌다. 해야 할 일을 다 마치고 더 이상 윤회하지 않는다.'라고 분명히 안다. 출처는 다음과 같다 : SN. III. 66; Vin. I. 13.

3. 「연소의 법문의 경」

부처님의 초기설법으로 「전법륜경」, 「무아상경」과 아울러 중요한 경전으로 역시 ≪쌍윳따니까야≫와 율장의 『마하박가』에 등장하는 경이다. 세상이 불타고 있다는 것을 설한 유명한 경전이다. 깟싸빠(Kassapa) 삼형제의 지도 아래 천여 명의 불(火)을 숭배하는 결발행자가 수행하고 있었는데, 부처님이 신통의 힘으로 그들을 굴복시켜 개종시켰다. 그 후 가야씨싸 산(Gayāsīsa : 象頭山)에서 부처님은 천여 명의 수행승들에게 이 연소의 법문을 설했다. 이로써 그들의 동료관계가 확장되어 대규모의 승단을 구성하기에 이른다. 이 법문에 의하면, 일체가 불타고 있다. 시각과 형상과 시각의식, 시각접촉, 시각접촉에서 생겨나는 즐겁거나 괴롭거나 중립적인 느낌이 불타고 있다. 여섯 가지 다른 감관, 즉, 일체의 감각능력도 불타고 있다. 출처는 다음과 같다 : SN. IV. 19 : Vin. I. 34-35.

4. 「여덟 가지 고귀한 길의 분석의 경」

≪쌍윳따니까야≫에 팔정도(八正道)에 대한 상세한 분석의 경이 있다. 팔정도 즉, 올바른 견해·올바른 사유·올바른 언어·올바른 행위·올바른 생활·올바른 정진·올바른 새김·올바른 집중은 세상에 많이 알려져 있지만, 각각의 용어가 개념적으로 어떻게 정의되는지에 대해서는 일반적으로 잘 알려져 있지 않다. 그러나 경전에서 제시하는 개념적 정의는 단지 철학적 심리학적인 이해에서 끝나는 것이 아니라 실천수행에서의 효과적 적용가능성과 관계되기 때문에 정확히 이해할 것을 우리에게 요구하고 있다. 이를테면, 올바른 사유가 무엇인지에 대한 부처님의 정의는 단순히 논리적 사유를 의미하는 것이 아니라, '욕망을 여읜 사유, 분노를 여읜 사유, 폭력을 여읜 사유'를 뜻한다는 데서 사유의 윤리적·종교적 심오성을 엿볼 수 있다. 출처는 다음과 같다 : SN. V. 9.

5. 「연기에 대한 분석의 경」

≪쌍윳따니까야≫안의 『인연쌍윳따』 안에는 십이연기(十二緣起)에 대한 분석을 담은 경이 있다. 다만 여기서 연기의 일반원리 즉, '이것이 있을 때, 저것이 있고, 이것이 생겨나면, 저것이 생겨나고, 이것이 없을 때, 저것이 없고 이것이 소멸하면 저것이 소멸한다.'라는 중요한 원리가 누락되어 있어, 역자가 「열 가지 힘의 경」(SN. I. 27)에서 차용하여 연기의 순관과 역관 사이에 집어넣어 편집했다. 십이연기에서 연기의 각각의 고리에 대해서도 부처님은 개념적 정의를 명확히 했는데, 그 개념적 범주를 정확히 이해하는 것은 명상수행에서 대단히 중요하다. 이를테면, 무명이란 사성제를 알지 못하는 무지를 뜻하는데, 팔정도에서 올바른 견해가 사성제에 대한 앎을 뜻하므로, 무명과 올바른 견해는 대척점에 있는 것을 알 수 있다. 재미있는 것은 죽음에 대해서도 다양한 각도에서 '죽고, 멸망하고, 파괴되고, 사멸하고, 사망하고, 목숨이 다하고, 모든 존재다발이 파괴되고, 유해가 내던져지고, 명근이 끊어지는 것'이라고 정의하는데, 이러한 정의는 구체적인 죽음을 자신의 것으로 받아들여 보편적인 것으로 인식해야 한다는 명상수행의 원리를 함축한 것으로 보인다. 출처는 다음과 같다 : SN. II. 2.

6. 「열반의 경」

열반의 세계(領域, 入處 : āyatana)의 정의에 대해서는 이 책의 해제의 '명상수행의 품'의 「새김의 토대의 큰 경」의 '소멸의 진리에 대한 관찰'의 항목을 보라. 이 「열반의 경」은 테라바다불교의 예경지송에는 포함되어 있지 않지만, 운강 선생의 제안으로 포함시킨 것이다. 열반의 세계가 '존재한다.'는 것은 '있다. 없다.'의 상대적 세속적 의미로 존재하는 것이 아니라, 궁극적 의미

(勝義 : paramatthato)로서 '존재한다.'는 뜻이다. 열반을 제외한 모든 것은 본질적으로 조건지어진 것으로 나타나지, 조건지어지는 것과 무관하게 나타나지 않는다. 그런데 열반의 세계는 어떠한 조건에 의해서 발견될 수 있는가? 형상 등이 시각의식 등의 객관적인 조건을 구성하는 것처럼, 열반은 길과 그 경지 등과 관련된 앎의 객관적 조건을 구성하기 때문에 원인이라는 의미에서의 토대적 세계이다. 그것은 궁극적 의미에서 존재하는 무조건적인 세계이다. 이것은 사실과 관계된 추론(dhammanayo)에 근거한 것이다. 조건지어진 것들이 여기에서 발견되기 때문에 본성적으로 그것과 반대가 되는 무조건적인 세계가 존재해야 한다. 괴로움이 있을 때 그 반대가 되는 즐거움이 있고 뜨거운 것이 존재하면, 찬 것도 존재하고 악한 것이 존재하면, 선한 것도 존재하기 때문이다. 부처님(法王)은 꿰뚫음이 없고 시작 없는 윤회 속에서 꿈속에서조차 예전에 경험하지 못한 것으로, 가장 심오하고, 보기 어렵고, 부드럽고 미세하고, 사유의 영역을 뛰어넘고, 지극히 고요하고 현자에게만 알려지고, 지극히 미묘한 불사(不死)의 열반을 설명하면서 먼저 '수행승들이여, 이러한 세계가 있는데'라고 말하며 무지 등을 추방하고 '거기에는 땅도 없고' 등을 설한 것이다. 거기에는 즉, 무조건적인 세계인 열반 안에는 견고를 특징으로 하는 땅도 없고, 유출을 특징으로 하는 물도 없고, 열기를 특징으로 하는 불도 없고, 확장을 특징으로 하는 바람도 없다. 거기에 네 가지 광대한 존재가 없다는 말은 그것에서 유도된 물질도 존재하지 않는다는 뜻이다. 따라서 열반의 세계에는 감각적 쾌락의 욕망계와 미세한 물질계의 존재도 없다는 것이 된다. 거기에는 대상과 관련하여 숙달-이숙-무작위(kusala-vipāka-kiriyabh-eda)의 세 가지 방식을 지닌, 무한공간의 세계와 관련된 마음의 일어남(ākāsānañcāyatanaci-tt'uppāda)이 없고, 마찬가지로 무한의식의 세계, 아무것도 없는 세계, 지각하는 것도 아니고 지각하지 않는 것도 아닌 세계와 관련된 마음의 일어남이 없다. 거기에는 또한 이러한 두 가지 세상이 없다. 즉, 거기에는 이 세상 즉, 현세라고 명명된 존재다발(pañcakkhandha, 五蘊 : 물질, 느낌, 지각, 형성, 의식)의 세계와 저 세상 즉, 그것에 이어지는 달리 미래라고 명명된 존재다발의 세계가 없다. 형상이 있는 곳에 어둠이 있고, 그 어둠을 흩어지게 하기 위해 태양과 달이 존재한다. 일체의 형상의 존재가 없다면, 해와 달이 거기서 어둠을 흩어지게 할 수 있겠는가? 그러므로 태양과 달이라는 세계는 열반 가운데는 없다. 이로써 부처님은 열반이 오로지 그 본성으로서 빛을 지녔다는 사실 만을 시설한다. 열반에는 올 수 있는 장소가 없기 때문에 어디로 오는 것에 대해 말할 수 없고, 갈 수 있는 장소가 없기 때문에 어디로 가는 것에 대해 말할 수 없다. 마찬가지로 열반에는 머물 수 있는 장소가 없기 때문에 어디에 머무는 것에 대해 말할 수 없다. 조건을 여의었기 때문에 발생하는 것이 없고, 불사이기 때문에 죽는 것도 없다. 열반의 세계는 물질을 여의고 조건을 여의기 때문에 토대(土臺)를 여의고, 산출이 없으므로 전생(轉生)을 여의고, 어떠한 대상이든지 의존하지 않고 비물질적이지만 대상을 붙잡는 느낌 등과는 달리 대상화시키지 않음으로서 대상(對象)도 여읜다. 토대를 여읜 것 등의 구절로 칭송받는 앞에서 언급한 특징들을 갖는 열반은 성취되었을 때 윤회에 속한 모든 괴로움이 종식되기 때문에 '괴로움의 종식'이라고 한다. 그 본질이 심오하고 오묘하고 미묘한 진리를 지혜를 쌓지 않은 사람은 보기가 어렵다. 그래서 ≪맛지마니까야≫(MN. I. 510)에서 부처님은 "마간디야여, 참으로

질병의 여읨(ārogya=열반)을 알고, 열반을 보게 되는 그러한 고귀한 눈이 그대에게 있습니까?"라고 반문한다. 그리고 ≪맛지마니까야≫(MN. I. 167)에서 부처님은 "내가 증득한 이 진리는 심원하고 보기 어렵고 깨닫기 어렵고 고요하고 탁월하여 사고의 영역을 뛰어넘고 극히 미묘하여 슬기로운 자들에게만 알려지는 것이다. 그러나 사람들은 경향(ālaya)을 즐기고 경향을 기뻐하고 경향에 만족해한다. 그런데 경향을 즐기고 경향을 기뻐하고 경향에 만족해 하는 사람들은 이와 같은 도리, 즉 조건적 발생의 법칙인 연기를 보기 어렵다. 또한 이와 같은 도리, 즉 모든 형성의 그침, 모든 집착의 보내버림, 갈애의 부숨, 사라짐, 소멸, 열반을 보기 어렵다." 라고 선언한다. 형상 등과 같은 대상에 기울기 때문에 경향이라고 하고, 그 경향의 여읨(anata)이 바로 열반이기 때문이다. 그리고 경향의 여읨(anataṃ)을 한량없음(anantaṃ)이라고 읽으면, 한계가 제거된 것, 죽지 않고 소멸하지 않고 불사(不死)인 것을 뜻하게 된다. 또는 어떤 자는 한량 없음을 측량할 수 없음이라고 해석하기도 한다. 이것과 관련해서 보기 어렵다는 사실은 열반은 성취하기 어려운 것이라는 사실을 나타내고 있다. 여기서 진리는 그 본질에 거짓을 여의었기 때문에(asantasabhāvābhāvato), 오로지 진실하기 때문에(santattā), 자명하다는 의미에서(aviparīt'aṭṭhena) 열반을 말하는 것이고, 그 열반을 보기는 어렵다. 네 가지 진리(四諦 : cattāri ariyasaccāni)는 대상을 꿰뚫는 명료한 꿰뚫음을 통해서 꿰뚫어진다. 소멸의 진리는 실현의 꿰뚫음을 통해서 그 영역에 대하여, 기능에 대하여, 대상에 대하여 꿰뚫어지면, 이루어진다. 괴로움의 진리는 두루 앎의 꿰뚫음을 통해서 이루어지고, 괴로움의 소멸로 이끄는 길의 진리는 닦음의 꿰뚫음을 통해서 이루어진다. 괴로움의 발생의 진리인 갈애는 끊음의 꿰뚫음을 통해서 이루어진다. 이처럼 네 가지 진리를 있는 그대로 고귀한 길의 진리를 통해서 알고 보는 자에게 존재 등과 관련된 경향을 구성하는 갈애는 없다. 갈애가 없으면, 일체의 오염에 의한 윤회도 없고 업의 성숙에 의한 윤회도 없다. 이와 같이 부처님은 수행승들에게 잔여가 없는, 윤회의 괴로움의 종식의 원인이 되는 불사의 대열반(不死의 大涅槃 : amatamahānibbāna)의 위대함을 설했다. 태어나지 않는 것(不生 : ajātaṃ), 생겨나지 않는 것(不有 : abhūtaṃ), 만들어지지 않는 것(不作 : akataṃ), 형성되지 않는 것(無爲 : asaṅkhataṃ : 조건지어지지 않은 것)은 모두 서로 동의어이다. 느낌 등과는 달리 원인과 조건의 결합을 의미하는 원인들의 조화에 의해서 나타나지 않기 때문에 '태어나지 않는 것'이고, 원인 없이 나타나지 않거나 스스로 나타나지 않는다는 의미에서 '생겨나지 않는 것'이고, 원인에 의해서 만들어지지 않는다는 의미에서 '만들어지지 않는 것'이고, 태어나고 생겨나고 만들어지는 것을 본질로 하는 명색 등의 형성된 것들은 형성되지 않은 것을 본질로 하는 열반을 보여주기 위해서 '형성되지 않은 것'이라고 한 것이다. 수행승들이여, 만약에 태어나지 않는 것 등을 본질로 하는 형성되지 않는 것(조건지어지 않은 것)이 없다면, 세상에 태어나는 것 등을 본질로 하는 물질 등의 다섯 가지 존재다발(五蘊 : pañcakkhandha : 물질, 느낌, 지각, 형성, 의식)의 여읨, 남김없는 지멸이 알려지지 않을 것이고 파악되지 않을 것이고 구현되지 않을 것이다. 열반을 대상으로 삼아 전개되는 올바른 견해 등을 지닌 고귀한 길의 원리들이 남김없이 오염을 제거하면 그 때에 일체의 윤회의 고통의 미전개, 사라짐, 여읨이 시설된다. 궁극적 의미에서 열반의 세계(nibbānadhātu)가 존재한다는 것은 일체의 세상을 애민히 여겨서 여러 경전에서 설하고 있는 것이다 : 『담마쌍가니』(Dhs. 2)에서는 '조건을 여읜 상태들(appaccayā dhammā), 조건지어지지 않은 상태들(asaṅkhatā dhammā)이 있다.'라고, 『우다나』(Ud. 80)에서는 '수행승들이여, 이러한 세계가 있는데, 거기에는 땅도 없고, 물도 없고, 불도 없고, 바람도 없다.'라고, ≪쌍윳따니까야≫(SN. I. 136)에서는 '이와 같은 도리, 즉 모든 형성의 멈춤, 모든 집착의 버림, 갈애의 부숨, 사라짐, 소멸, 열반은 보기 어렵다.'라고 설한다. 그리고 ≪쌍윳따니까야≫의 다른 곳(SN. IV. 359)에서는 이 조건지어지지 않은 것, 즉 무위에 대하여 다음과 같이 말하고 있다 : '무위란 무엇인가? 수행승들이여, 탐욕이 소멸하고 성냄이 소멸하고 어리석음이 소멸하면 그것을 수행승들이여, 무위라고 한다.' '수행승들이여, 태어나지 않는 것이 있다.'라고 하는 것은 현명한 사람으로 그것과 관련하여 의심이 없더라도 다른 사람의 지도에 의존하여 이해하는 개인의 경우에는 의심을 몰아내기 위해 암시의 성립과 더불어 열리는 논리적인 탐구가 있게 되고, 그것이 완전히 이해될 수 있다는 사실 때문에 그 반대되고 대조가 되는 존재들인 감각적 쾌락의 욕망과 형상 등으로부터의 여읨이 알려진다. 그러므로 일체의 조건지어진 것들과는 반대가 되고 대조가 되는 여읨을 닦아야 한다. 여읨(nissaraṇa)은 조건지어지지 않은 세계(asaṅkhatadhātu)이다. 조건지어진 것을 대상으로 하는 통찰의 앎(vipassanāñāṇa)이라고 하더라도 단계의 앎(anulomañāṇa)이라면 끊음(samuccheda)을 통해서 오염을 여읠 수 없다. 마찬가지로 첫 번째 선정 등의 가운데 있는 속제(俗諦 : sammutisacca)를 대상으로 하는 앎은 끊음을 통해서가 아니라 진압(vikkhambhana)을 통해서 오염을 여읜다. 조건지어진 것을 대상으로 하는 앎과 속제를 대상으로 하는 앎은 오염의 끊음을 통해서 제거하는 것이 불가능하므로, 본질적으로 그 양자(兩者)와 반대가 되는, 고귀한 길에 대한 앎을 닦아야 한다. 열반은 조건지어지지 않은 세계에 속한다. '태어나지 않고, 생겨나지 않고, 만들어지지 않고, 형성되지 않는 것'은 열반의 상태(涅槃句 : nibbānapada)에 대하여 궁극적 의미에서 그 있음의 존재에 빛을 던지는, 전도되지 않은 의미를 지닌다. 마치 '일체의 형성된 것은 무상하다. 일체의 형성된 것은 괴롭다. 일체의 사실은 실체가 없다.'(三法印 : tilakkhaṇa : Dhp. 277-279, sabbe saṅkhārā aniccā, sabbe saṅkhārā dukkhā, sabbe dhammā anattā)가 전도되지 않은 의미를 지닌 부처님의 말씀인 것과 같다. 마찬가지로 어떤 곳에서는 '열반'이라는 말은, 단지 은유로 사용되는 '호랑이'라는 말처럼, 사용된 말의 가능성 때문에, 있는 그대로의 것을 궁극적 의미의 범주로 삼는 것이다. 또는 궁극적 의미에서 그 본성이 땅의 요소나 느낌 등과는 반대가 되고 그것들을 여읜 조건지어지지 않은 세계가 있다는 것이 된다. 이와 같은 논리에 의해서 조건지어지지 않은 세계가 궁극적 의미에서 있음의 존재로 밝혀진다. 부처님은 여러 법문으로 교시하는 등을 통해서 열반과 관련된 법문을 설할 때 수행승들은 열심히 귀를 기울이면서 부처님의 가르침을 들었으나, 한편 수행승들은 이와 같이 생각했다 : '세존께서는 불사(不死)의 열반의 세계에 대해서 여러 가지 다양한 형태의 공덕을 밝히고 다른 것과 공유되지 않는 공능(功能 : ānubhāva)에 대해서 설했으나 성취의 수단은 설하지 않았다. 어떻게 실천해야 우리가 그것을 성취할 수 있을까?' 성취의 수단은 다음과 같다 : 형상 등의 형성된 것들에 대해 갈애와 견해 등을 통해서 의착하면, 동요가 생긴다. '이것은 나의 것이고, 이것은 나의 자아이다.'라고 갈애와 견해 속에서 동요한다. 갈애와 견해를 버리지 못한 사람은 생겨난 즐거움 등을 극복하여 지낼 수 없음으로 '느낌은 나의 것이고 내가 느낀다.'라고 갈애와 견해에 의한 파악을 통해서 착하고 건전하게 전개되는 마음의 지속이 흔들리고 동요하고 떨어져 나간다. 청정의 토대(visuddhipada)를 실천함으로써 멈춤과 통찰을 갖춘 자가 갈애와 견해에 의존하지 않고 갈애와 견해를 진압하고 무상 등을 통해서 형성된 것들을 이해한다면, 그에게 동요의 원인이 진압되었기 때문에 착하고 건전하게 전개되는 마음의 지속이 흔들리지 않고 동요하지 않는다. 동요가 없으면, 갈애와 견해에 의한 파악이 생겨나지 않아, 마음의 인식과정(vīthi)에 들어서서 통찰에 전념함으로 경안이 생겨난다. 즉, 통찰의 마음과 동시에 일어나는, 몸과 마음에 동요를 일으키는 오염의 지멸의 결과로 신체적 경안(kāyappassaddhi)과 정신적 경안(cittappassaddhi)의 두 가지 경안이 생긴다. 지속적인 특성을 갖는 경안이 있으면, 허물없는 즐거움에 기초한 삼매를 증진시키고 그것을 지혜의 결합을 통해서 멈춤과 통찰의 결합된 한쌍으로 묶어서 이어지는 길을 통해서 오염들을 파괴하는 자에게 감각적 쾌락의 욕망의 존재 등으로 기울기 때문에 경향이라고 불리는 갈애는 거룩한 길의 순간에 완전히 없어진다. 곧, 일어나지 않음(不起 : anuppatti))의 상태에 들어서기 때문에 생겨나지 않는다. 고귀한 길을 통해서 갈애가 완전히 버려졌기 때문에 존재 등을 목적으로 하는 성향이나 경향이 없다면, 결생(結生 : paṭisandhi)을 통해 세상에 오고 죽음을 통해 이 세상에서 저 세상으로 가는 왕래가 전개되지 않는다. 언급한 왕래가 없다면, 생사가 없게 된다. 전후로 이어지는 생과 사가 없게 되고, 전개되지 않는다. 번뇌의 윤회가 끊어지면 업의 윤회도 끊어진다. 업의 윤회가 끊어지면, 어떻게 과보의 윤회가 생겨나겠는가? 「바히야의 경」(Bāhiyasutta : Ud. 67)의 주석에서의 설명과 같다 : 그대에게 갈애가 일어나지 않으면, 그대는 보여지고 들려지고 감각되고 인식된 것 가운데 묶이고 집착되지 않을 것이다. 그대는 이 세상에도 저 세상에도 그 중간세상에서의 존재로도 있을 수 없다는 것이 된다. 여기서 이 세상은 감각적인 쾌락의 욕망계, 저 세상은 비물질계, 그 중간세상은 미세한 물질계를 말하거나 이 세상은 내적 감역, 저 세상은 외적 감역, 그 중간세상은 마음의 작용을 말하거나, 또는 이 세상은 연기하는 현상, 저 세상은 연기되는 현상, 그 중간세상은 알려지는 현상을 말한다. 이 모든 세계에서 그대는 존재하지 않는다. 이것이 괴로움의 종식 즉, 열반의 체험이다. 이와 같이 부처님은 수행승들에게 잔여가 없는, 윤회의 괴로움의 종식의 원인이 되는 불사의 대열반(不死의 大涅槃 : amatamahānibbāna)의 위대함을 설했다. 출처는 다음과 같다 : Ud. 80; UdA. 390-397.

4. 성찰수행품省察修行品

성찰경송은 경전 가운데 산문으로 구성된 부처님의 가르침을 송출용으로 발췌한 것이다. 따라서 짧은 경구들로 구성된 것이 많아 주로 ≪쿳다까니까야≫의 『담마파다』나 『숫타니파타』에서 발췌한 것이 많고, 나머지는 다른 ≪니까야≫의 특정한 경에서 발췌한 것들이다. 삼법인이나 사무량심에 대한 일깨움이나 최초의 부처님 말씀이나 최후의 부처님 말씀, 최초의 깨달음의 게송

등 반드시 기억하여 성찰해야 할 내용들을 중심으로 엮은 것이다. 여기에 후대 ≪자따까≫에 와서 특히 강조된 서른 가지 초월의 길 즉, 바라밀(波羅蜜)에 대한 사상이 포함된다. 이 가운데 ≪쌍윳따니까야≫의 「거센 흐름을 건넘의 경」과 「탐진의 원천의 게송」은 운강 선생의 요청으로 「눈물의 경」과 「행복의 경」, 「불행의 경」은 현묵 선생의 요청으로 수록한 것이다.

1. 「가르침과 계율의 게송」

이 게송(Dhp. 183)은 일련의 『담마파다』의 시들로 구성되어 있다. 첫 번째의 시는 '모든 죄악을 짓지 않고 모든 착하고 건전한 것들을 성취하고 자신의 마음을 깨끗이 하는 것, 이것이 모든 깨달은 님들의 가르침이니라.'이다. 당나라 때에 백거이(白居易) 같은 대시인도 불교가 무엇인지 알 수가 없었다. 그래서 도림선사(道林禪師)를 찾아가 '부처님의 가르침의 대의가 무엇입니까?'라고 물었다. 도림선사는 이 『담마파다』의 시를 바로 그 대답으로 제시했다. 그 때 대답한 시는 위의 『담마파다』 구절을 한역한 다음과 같은 한 시였다. 즉, '제악막작(諸惡莫作) 중선봉행(衆善奉行) 자정기의(自淨基意) 시제불교(是諸佛教)'라는 것이었다. 백거이는 "'모든 죄악을 짓지 말고 모든 착하고 건전한 것을 받들어 행하라.'는 말은 세 살 먹은 어린아이도 아는 말이 아닙니까?"라고 물었으나 선사는 "세 살 먹은 어린아이도 알 수 있으나 여든 살 먹은 노인도 행하기 어렵다."고 대답했다. 이 시는 부처님께서 자신의 가르침인 팔만대장경의 내용을 한마디로 압축한 것이다. 그 가운데, 일체의 악하고 불건전한 죄악을 짓지 않는 것을 다루고 있는 것이 율장(律藏)이고, 모든 착하고 건전한 것을 다루고 있는 것은 경장(經藏)이고, 마음을 깨끗이 하는 것을 다루고 있는 것이 논장(論藏)이다. 그리고 두 번째 시(Dhp. 184)는 진정한 고행은 인내라는 가르침을, 세 번째 시(Dhp. 185)는 '비방을 삼가고 해치지 않고계행의 덕목을 지키고 식사에서 알맞은 분량을 알 것'과 '보다 높은 마음'에 전념할 것을 권하고 있다. 여기서 보다 높은 마음은 선정의 삼매에 드는 것을 말한다. 출처는 다음과 같다 : Dhp. 183-185.

2. 「자주 성찰해야 할 경송」

≪앙굿따라니까야≫에 재가자나 출가자나 자주 성찰해야 하는 가르침이 있다. 늙음과 질병과 죽음과 애별리고를 벗어날 수가 없다는 것과 자신이 행위의 상속자임을 항상 깊이 성찰해야 한다. 출처는 다음과 같다 : AN. III. 71.

3. 「형성의 경송」

≪쿳다까니까야≫의 『담마파다』의 싯구로 구성되어 있는데, 삼법인(三法印)과 쓸모없는 나무 조각처럼 버려질 죽음에 대하여 성찰하는 내용으로 이루어져 있다. 출처는 다음과 같다 : Dhp. 277-279; Dhp. 41.

4. 「눈물의 경」

≪쌍윳따니까야≫의 인연쌍윳따의 경으로, 연기법적 인과관계는 필연적으로 시공간의 확장을 가져오게 되는데, 확장된 시공간 속에서의 인간의 삶을 극적으로 표현한 경전이다. '오랜 세월 유전하고 윤회하는 동안, 사랑하지 않는 사람과 만나고 사랑하는 사람과 헤어지면서, 비탄해하고 울부짖으며 흘린 눈물이 훨씬 더 많아 사대양의 물에 비할 수가 없다.'는 내용을 포함하고

있다. 출처는 다음과 같다 : SN. II. 179.

5.「불행의 경」

≪쌍윳따니까야≫의 인연쌍윳따의 경으로, "수행승들이여, 불행하고 가난한 사람을 보면, 그대들은 '이 오랜 세월을 지나면서 우리도 한때 저러한 사람이었다.'라고 관찰해야 한다."라는 가르침을 전하고 있다. 이 가르침과 다음의 「행복의 경」은 불교윤리의 핵심으로 대승불교의 동체대비(同體大悲)의 사상의 원형이라고 볼 수 있다. 출처는 다음과 같다 : SN. II. 186.

6.「행복의 경」

≪쌍윳따니까야≫의 인연쌍윳따의 경으로, "수행승들이여, 행복하고 부유한 사람을 보면, 그대들은 '이 오랜 세월을 지나면서 우리도 한때 저러한 사람이었다.'라고 관찰해야 한다."라는 가르침을 전하고 있다. 이 가르침과 앞의 「불행의 경」은 불교윤리의 핵심으로 대승불교의 동체대비(同體大悲)의 사상의 원형이라고 볼 수 있다. 출처는 다음과 같다 : SN. II. 187.

7.「세 가지 특징 등의 게송」

역시 ≪쿳다까니까야≫의 『담마파다』의 싯구로 구성되어 있으며, 앞의 경송들과는 달리 삼법인(三法印)을 있는 그대로 보는 것이 괴로움에서 벗어나는 청정한 길이라는 것을 강조하고 있다. 그 길을 따라 감각적 쾌락의 욕망을 부수고 자신의 마음을 깨끗이 하고 깨달음 고리를 닦아 집착을 여의면 완전한 열반에 이른다. 출처는 다음과 같다 : Dhp. 277-279; 85-89.

8.「하느님의 삶의 편만」

≪맛지마니까야≫ 등의 모든 초기경전에 자주 등장하는 가르침으로 사범주(四梵住) 또는 사무량심(四無量心)이라고 한다. '네 가지 성스러운 삶' 또는 '네 가지 청정한 삶', '네 가지 무량한 마음'으로 번역하기도 한다. 즉, 한량없는 자애의 마음(慈無量心), 한량없는 연민의 마음(悲無量心), 한량없는 기쁨의 마음(喜無量心), 한량없는 평정의 마음(捨無量心)을 말하는데, 청정도론이나 무애해도 등에서 구체적으로 실천적인 명상수행에 맞도록 가공된 형태이지만, 자애, 연민, 기쁨, 평정이 경장과는 달리, 각각 개념적으로 명확히 정의되고 있는 것이 특징이다. 한량없는 자애의 마음은 모든 뭇삶이 행복하기를 바라는 마음이고, 한량없는 연민의 마음은 모든 뭇삶이 고통에서 벗어나길 바라는 마음이고, 한량없는 기쁨의 마음은 모든 뭇삶이 성취한 것을 잃지 않길 바라는 마음이고, 한량없는 평정의 마음은 뭇삶은 행위의 소유자이자 상속자라는 생각을 펼치는 마음이다. 출처는 다음과 같다 : MN. I. 38; AN. III. 225; Vism. 308; Pṭs. II. 130 등.

9.「안온한 귀의처를 밝히는 게송」

이것은 『담마파다』 안에 있는 게송이다. 『법구의석』에 따르면, 부처님께서 싸밧티 시의 제따바나 숲의 한 모래 언덕에 계실 때, 꼬쌀라 국의 사제 악기닷따와 관련된 이야기(Aggidattabrāhmaṇavatthu)가 있다. 악기닷따(Aggidatta)는 마하 꼬쌀라(Mahā Kosala) 왕이 죽자 그의 아들 빠쎄나디(Pasenadi) 왕에 의해서도 꼬쌀라 국의 사제로 임명되었다. 왕은 그에게 왕에 준하는 대우를 해 주었다. 그런데 사제는 늙었고 왕은 젊었기 때문에 같이 어울릴 수가 없었다.

사제는 출가를 결정하고 왕의 재가를 얻어 모든 재산을 이교도의 교단에 일주일간의 공양으로 보시해 버리고 출가했다. 그는 제자들에게 '산을 피난처로 하고 숲을 피난처로 하고 한정처를 피난처로 하고 나무를 피난처로 하면, 모든 고통에서 벗어날 수 있다.'라고 가르쳤다. 부처님께서는 '깨달은 님과 가르침, 참모임을 귀의처로 하는 자가 일체의 고통에서 벗어난다.'라고 말했다. 그리고 이어서 시로써 '많은 대부분의 사람들은 두려움을 두려워하여 산과 숲에 귀의처를 찾거나 동산이나 나무가 있는 성소에 귀의한다. 그러나 그것은 안온한 귀의처가 아니고 그것은 실로 최상의 귀의처가 아니다. 그것에 귀의한다고 해서 일체의 고통에서 벗어나는 것은 아니다. 깨달은 님과 가르침과 참모임에 귀의한 님은 올바른 지혜로써 네 가지 거룩한 진리를 본다. 괴로움, 괴로움의 발생, 괴로움의 초월, 괴로움의 지멸로 이끄는 고귀한 여덟 가지 길이 있다. 바로 이것이 안온한 귀의처이고 이것이야말로 최상의 귀의처이다. 이것에 귀의하여서 일체의 고통에서 벗어난다.'라고 가르쳤다. 이 가르침이 끝나자 모든 그 악기닷따와 그 제자들은 네 가지 분석적인 앎(四無碍解 : cattāro paṭisambhidā : Vism. 440 참조) — ① 의취에 대한 분석적인 앎(義無碍解 : atthapaṭisambhidā) : 결과와 관련된 분석적인 앎 ② 원리에 대한 분석적인 앎(法無碍解 : dhammapaṭisambhidā) : 원인과 과련된 분석적인 앎 ③ 언어에 대한 분석적인 앎(詞無碍解 : niruttipaṭisambhidā) : 의취와 조건을 서술하는 언어에 대한 분석적인 앎 ④ 맥락에 대한 분석적인 앎(辨無碍解 : paṭibhānapaṭisambhidā) : 앞의 세 가지 분석적인 앎의 맥락에 대한 분석적인 앎 — 과 더불어 거룩한 경지를 성취하고 부처님 앞으로 출가하였다. 그런데 여기서 두 번째 구절의 '괴로움의 초월(dukkhassa ca atikkamaṃ)'이라는 말은 『담마파다』에 등장하는 독특한 열반에 대한 표현 방식으로, 괴로움의 차안을 뛰어넘어 도달한 안온한 열반을 의미한다. 출처는 다음과 같다 : Dhp. 188-192; DhpA. Ⅲ. 241-256.

10. 「최초의 부처님말씀의 게송」

≪디가니까야≫의 『비유의 큰 경』에 등장하는 내용으로 과거의 모든 부처님들이 태어나자마자 단단하게 발을 땅위에 딛고 서서 북쪽으로 일곱 발을 내딛고 흰 양산에 둘러싸여 모든 방향을 바라보며, 최초로 '나는 세상에서 가장 최상자이고, 가장 연장자이고, 가장 지고자이다. 이 생이 최후의 태어남이고 더 이상 태어남이 없다.'라고 선언한 것을 말하는 것이다. 이것이 부처님의 최초의 말씀이다. 가장 최상자라는 것은 부처님에 대한 존재론적인 표현이고 가장 연장자라는 것은 부처님에 대한 관습적 표현이고, 지고자라는 것은 부처님에 대한 수행적 표현이라고 볼 수 있다. 출처는 다음과 같다 : DN. Ⅱ. 15.

11. 「최후의 부처님말씀의 경송」

≪디가니까야≫의 「완전한 열반의 큰 경」에 나오는 유명한 구절로 '자, 수행승들이여, 모든 형성된 것은 소멸되고야 마는 것이니, 방일하지 말고 정진하라.'라는 최후의 유훈을 말한다. 출처는 다음과 같다 : DN. Ⅱ. 156.

12. 「최초의 깨달음의 게송」

≪쿳다까니까야≫의 『담마파다』의 싯구로 부처님께서 보리수 아래 앉아 계실 때, 나중에 장로

아난다에게 읊어진 감흥어와 관련된 이야기이다. 부처님께서는 보리수 아래 앉아서 해가 지기 전에 악마의 힘을 극복했다. 초야에 전생의 삶을 가리던 어둠을 부수고, 중야에 하늘눈(天眼 : dibbacakkhu)을 청정하게 하고, 후야에 연기(緣起)에 대한 궁극적인 앎을 일으켜 그것을 순관과 역관으로 명상하다가 아침 해가 떠오를 때에 바르고 원만한 깨달음을 곧바로 깨닫고 나서 감흥어로써 읊은 게송인데, 헤아릴 수 없이 많은 부처님들에게 공통적인 것이다 : '나는 집을 짓는 자를 찾았으나 발견하지 못하고 많은 생애의 윤회를 달려 왔으니, 거듭 태어남은 고통이다. 집짓는 자여, 그대는 알려졌다. 그대는 다시는 집을 짓지 못하리. 서까래는 부서졌고 대들보는 꺾였다. 많은 생애의 윤회를 달려왔으나, 마음은 형성을 여의고, 갈애의 부숨을 성취했다.'라는 내용의 게송을 말한다. 여기서 집은 '나'를 상징하고 서까래는 '번뇌'를 상징하고 대들보는 '개체'를 의미한다. 출처는 다음과 같다 : Dhp. 153-154; DhpA. III. 127-128.

13. 「짐의 경의 게송」

≪쌍윳따니까야≫안의 내용 중 존재다발(五蘊)이라는 짐을 지는 짐꾼인 '사람(puggala : 補特伽羅)'이라는 용어는 윤회의 주체로 인정하는 유아론적인 사상의 토대가 되어 왔다. 아비달마의 독자부(犢子部)는 이 경전에 근거해서 '존재다발'과 '사람'의 구별이 가능하다고 보지만, 그것은 은유적인 표현으로 이것은 결코 영원한 아트만을 가정하는 것이 아니며 '사람'과 존재다발을 존재론적으로 구별하는 것도 아니다. 독자부의 견해는 윤회의 개념이 영원한 자아와 유사한 자아가 논리적으로 필요하다는 잘못된 근거 위에 성립한 것이다. 존재다발이 무거운 짐이니 그것을 내려놓고 윤회를 끝내야 한다. 출처는 다음과 같다 : SN. III. 25.

14. 「거센 흐름을 건넘의 경」

윤회의 바다에서 생사가 거듭되는 것은 거센 흐름 즉, 폭류(暴流)에 비유된다. 열반은 그러한 거듭되는 윤회가 끝나 파도가 미치지 않는 해안을 뜻한다. 존재를 존재의 영역에 가라앉게 하고 보다 높은 상태나 열반으로 향하는 것을 방해하기 때문에 거센 흐름이라고 한다. 거센 흐름에는 ① 감각적 쾌락에 대한 욕망의 거센 흐름(kāmogha : 欲流) ② 존재의 거센 흐름(bhavogha : 有流) ③ 견해의 거센 흐름(diṭṭh 'ogha : 見流) ④ 무명의 거센 흐름(avijj'ogha : 無明流)이 있다. 거센 흐름을 헤쳐 나가려면 머물고 애쓰는 것이 필요한데, 머물지 않고 애쓰지도 않는다는 것은 수수께끼 같이 잘 이해되지 않지만, 이 가르침은 잘못된 의지와 노력은 운명적 파탄을 초래한다는 것을 암시하고 있다. 올바른 수행을 통해서 힘들이지 않고 윤회의 바다를 건너갈 수 있다. 일반적으로 발을 바닥에 밀착시키고 건너야 하는 장소에서 애를 쓰면서 거센 흐름을 건너야 하는데 부처님의 대답은 모순적이지만, 번뇌 등 때문에 머물러서는 안 되고, 조건적인 발생 등 때문에 애써서도 안 된다는 것이다. ① 번뇌 때문에(kilesādinaṃ) 머무르고 가라앉게 되고, 조건적인 발생(paṭiccasamuppāda)과 의도적 형성(saṅkhārā) 때문에 애쓰게 되고 휩쓸리게 된다. ② 갈애(taṇhā) 때문에 머무르고 가라앉게 되고, 견해(diṭṭhi) 때문에 애쓰게 되고 휩쓸리게 된다. ③ 영원주의(sassatadiṭṭhi) 때문에 머무르고 가라앉게 되고, 허무주의(ucchedadiṭṭhi) 때문에 애쓰게 되고 휩쓸리게 된다. ④ 존재주의(bhavadiṭṭhi) 때문에 머무르고 가라앉게 되고, 비존재주의(vibhavadiṭṭhi) 때문에 애쓰게 되고 휩쓸리게 된다.⑤ 해태(lī-na)때문에 머무르고 가라앉게 되고, 혼침(uddhacca) 때문에 애쓰게 되고 휩쓸리게 된다. ⑥ 감각적 쾌락의 욕망에 대한 몰두(kāmasukhallikānuyoga)때문에 머무르고 가라앉게 되고, 자기학대에 대한 몰두(attakilamathānuyoga) 때문에 애쓰게 되고 휩쓸리게 된다. ⑦ 모든 악하고 불건전한 의도적 형성(sabbākusalābhisaṅkhāra) 때문에 머무르고 가라앉게 되고, 모든 세속적인 착하고 건전한 의도적 형성(sabbalokiyakusalābhisaṅkhāra) 때문에 애쓰게 되고 휩쓸리게 된다. 출처는 다음과 같다 : SN. I. 1; Srp. I. 19-20

15.「진리수호의 경송」

우리가 이 진리수호의 경송을 토대로 우리의 일상적인 대화를 반성하고 성찰해보면, 우리의 일상적 대화는 대부분 엉터리여서 진리를 수호하지 못하고 있고, 그래서 엄청난 사회적인 문제들이 발생하고 있고, 우리는 허구적인 이데올로기 속에서 속아 살고 있다는 것을 깨닫게 된다. 1) 믿음의 오류 : 대화에서 다수의 믿음을 근거로 주장을 펴는 것은 우리가 흔히 볼 수 있다. 다들 그렇게 믿으니 당신도 믿으라는 식의 주장을 말한다. '지구가 둥글다'는 갈리레오의 학설이 당시에는 웃음거리가 되었으나 결국 진리로 판명되었다. 믿음의 결과를 강조하는 오류나 일반적인 유도심문도 여기에 속한다. A : 우리나라에 다시는 전쟁이 일어나지 않아 B : 뭘 근거로 그렇게 확신하지? A : 야, 전쟁이 일어날지 모른다면 어디 맘 편히 잠잘 수 있겠니? 2) 취향의 오류 : 주장에 대하여 논리적으로 반박하지 않고 아무런 근거 없는 만족이나 불만의 취향에 따라 진술하는 것이다. 감정이나 동정심에 호소하거나 아부적인 진술이나 조롱이나 비난이나 중점선택의 오류도 여기에 속한다. A : 이번에 회사 사정이 좋지 않아서 어쩔 수 없이 감원을 해야겠네. 자네한테는 미안하지만. B : 아니, 저더러 그만두라는 말입니까? 지난번 제 아들 돌잔치에 와서 제 식구를 보지 않았습니까? 저만 믿고 있습니다. 어떻게 이러실 수가 있어요? 3) 전승의 오류 : 우리가 배워서 아는 전통이나 속담이나 격언, 전승, 일반적인 통념에 의존해서 무차별적으로 적용하여 옳고 그름의 판단 기준으로 삼는 것이다. A : 우리나라 사람이 왜 마늘을 잘 먹는지 알아? B : 글세. A : 원래 우리민족은 100일동안 마늘과 쑥만 먹고 사람이 된 곰의 후손이 아닌가. 마늘을 잘 먹을 수밖에. 4) 상태에 대한 분석의 오류 : 일상적인 대화에서 자연과학적 분석의 오류는 미세한 차이의 무시, 확률에 대한 오해, 대상에 대한 그릇된 유추, 미끄러운 비탈길의 함몰을 인지하지 못하기 때문에 발생한다. 그러나 자연과학적인 분석 자체도 미시적으로는 불확정성의 원리로 인해 단정적인 진리라고 하기는 힘들고 어디까지나 인간의 욕망이 선택한 대상에 대한 분석에 따라 그 진리가 바뀌어 왔다. A : 자, 모두 한잔만 더하자구. B : 벌써 두 잔이나 마셨는데, 음주단속에 걸릴 거야. A : 이 친구야, 한잔 더 마신다고 안 걸릴 사람이 걸리겠나? 분위기 깨지 말고 자 같이 한잔 하세. 5) 견해에 대한 이해의 오류 : 견해는 선입관의 오류, 원칙의 오용에서부터 넓게는 종교적 편향이나 이데올로기의 오류를 포함한다. 예를 들어, 도시출신이 지방출신보다 낫다던가 부유한 것을 윤리적으로 선하거나 악한 것으로 여긴다던가 하는 것들도 여기에 속한다. A : 지난번에 공로도 있고 하니 이번에는 김과장이 승진시키는게 어떨까? B : 그 산골출신보다 최과장이 더 적합하지 않을까? 우리는 위와 같은 다섯 가지 대화는 일상생활에서 아주 흔한 대화이지만 모두 오류투성이의 엉터리 대화이다. 그 이유는 화자가 은연중 '이것이야말로 진리이고 다른 것은 거짓이다.'라고 단정적으로 규정하기 때문이다. 그것으로 인해 그 논리적 모순을 공격당하거나 공격하게 됨으로서 언로가 막히고 대화가 비약하거나 단절되게 된다. 그렇게 되면 대화의 논리, 즉 대화의 진리는 수호되지 않는다. 그 진리를 수호하는 것은 자신에게 솔직해지는 것뿐이다. 부처님의 말대로 우리가 믿음을 받아들인다면, '이와 같이 나는 믿는다.'라고 말하는 것이다. 우리가 취향을 받아들인다면, '이와 같이 나는 좋아한다.'라고 말하는 것이다. 우리가 전승을 받아들인다면, '이와 같이 나는 배웠다.'라고 말하는 것이다. 우리가 상태를 분석한다면, '이와 같이 나는 상태를 분석한다.'라고 말하는 것이다. 우리가 견해를 이해한다면, '이와 같이 나는 견해를 이해한다.'라고 말하는 것이다. 그렇게 되면 대화의 언로는 결코 닫히지 않는다. 열린 대화의 마당에서 우리는 보다 합리적인 해결을 모색할 수 있을 것이다. 출처는 다음과 같다 : MN. II. 171.

16. 「탐진의 원천의 게송」

≪쌍윳따니까야≫의 「쑤질로마의 경」의 게송을 옮긴 것으로, '탐욕과 성냄'은 바로 이곳 여기 자기의 존재(attabhāva) 즉, 자신의 몸에서 생겨난다는 가르침을 담고 있어 몸에 대한 새김의 정곡을 찌르고 있다고 할 수 있다. 출처는 다음과 같다 : SN. I. 207; Srp. I. 304.

17. 「빛나는 마음의 경의 게송」

≪앙굿따라니까야≫의 「빛나는 마음의 경」의 게송을 옮긴 것으로, '탐욕과 성냄'은 바로 이곳 여기 이 구절은 대승불교의 단초를 제공하는 것 같은 인상을 준다. 『능가경』의 '여래장은 청정한 모습을 지녔지만, 객진번뇌에 의해서 오염되어 부정하다(以如來藏是淸淨相 客塵煩惱垢染不淨)'이라는 말을 상기시킨다. 실제로 '다가오는 번뇌'는 한역에서 '객진번뇌(客塵煩惱)라고 한다. 주석서에 따르면, 빛나는 것이란 밝고 청정한 것(paṇḍaraṃ parisuddhaṃ)을 말하고 마음은 잠재의식으로 이해되는 존재흐름의 마음(有分心 : bhavaṅgacitta)을 말한다. '마음이 다가오는 번뇌에 의해서 오염된다.'는 것은 이러한 존재흐름과 함께 생겨나는 것(sahajāta)이 아니라, 나중에 순간적 포착(javana: 速行)이 일어날 때, 탐욕, 성냄, 어리석음을 세 가지 조건을 갖춘 무지에 상응하는, 악하고 불건전한 것들이 나타나면, 번뇌에 의해서 마음이 오염된다는 뜻이다. 그 관계는 바른 행실을 갖춘 부모나 스승이 행실이 나쁜 아들이나 제자 때문에 불명예를 얻는 것과 같다. 따라서 '청정한 존재흐름의 마음'과 '다가오는 번뇌의 오염'은 동시에 성립하는 것이 아니라 차제로 따르는 것이다. 이러한 이해는 대승불교와는 이해방식은 다른 것이지만, 대승불교나 선불교에 상당한 영향을 끼친 사상임에는 틀림이 없다. 그러나 여기서 말하는 존재흐름의 마음은 서구의 심리학에서 말하는 잠재의식과 달리 윤회 속에서 개인적인 삶에 연속성(eka-santati)을 부여하는 무의식적인 정신적 과정을 말한다. 그리고 '마음이 번뇌에서 벗어난다.'라는 것은 순간적인 포착이 일어날 때, 탐욕의 여읨, 성냄의 여읨, 어리석음의 여읨이라는 세 가지 조건을 갖춘 지혜에 상응하는, 착하고 건전한 것들이 나타나면, 마음이 다가오는 번뇌에서 벗어난다는 뜻이다. 그 관계는 계행을 지키고 행실이 바른 자식이나 제자 때문에 부모나 스승이 '훌

륭하게 공부시키고 훈계하고 가르쳤다.'고 칭찬을 듣는 것과 같다. 출처는 다음과 같다 : AN. I. 10; Mrp. I. 60

18. 「서른두 가지 구성의 경송」

≪쿳다까니까야≫의 『쿳다까빠타』에 중요한 수호경들과 함께 수록되어 있는 부정관의 경송이다. 『숫타니파타』의 「승리의 경」도 이러한 부정관의 내용으로 되어있는 것은 대단히 흥미로운 일이다. 우리 몸의 구성을 있는 그대로 관찰할 때의 대상이다. '나에게 이 몸은 발바닥 위로부터 머리꼭대기 아래까지 피부의 표피에 싸여져 여러 오물로 가득 차있는 것이다.'라고 있는 그대로 성찰하는 것이다. 몸의 구성요소 하나에 대해서도 부정관에 입각한 세밀한 관찰과 수행이 요구된다 : 주석서에 따르면, 예를 들어 머리카락은 ① 색깔에 관한 한, 검거나 보여진 대로 파악하고, ② 모양에 관한 한, 길거나 둥글거나 등으로 파악하고, ③ 방향에 관한 한, 배꼽을 중심으로 위쪽이냐 아래쪽이냐 등으로 파악하고, ④ 위치에 관한 한, "이마와 귀뿌리와 목덜미에 한계 지어진 머리의 습기가 있는 내피에 존재하지만, 꾼따풀이 개미언덕 위에 있지만 꾼따풀이 '우리가 개미언덕위에 있다.'고 알지 못 하고, 개미언덕이 '꾼따풀이 우리위에 았다.'고 알지 못하듯, 머리카락은 '우리가 머리의 습기가 있는 내피에 있다.'라고 알지 못하고, 머리의 습기가 있는 내피는 '머리카락이 우리 안에 있다.'라고 알지 못한다. 거기에는 상호 관심과 관찰이 결여되어 있고, 알아채지 못하며, 설명할 수 없으며, 공허하고, 악취가 나며, 혐오적이고, 살아있는 개체가 아니다."라고 파악해야 한다. 구별에 관한 한, 공유구별과 비공유구별이 있는데, '머리카락은 피부의 습기있는 내피와 구별되는데, 그것은 쌀알정도 깊이로 들어가 그 습기가 있는 내피에 고정되어 있다.'라고 한다면, 공유구별이고, '머리카락은 나머지 서른 한 개의 구성요소와 구별되는데, 그 서른 한 개의 구성요소는 머리카락이 아니다.'라고 한다면, 비공유구별이다. 이 구룹의 나머지 구성들도 이와 같은 방식으로 오늘날 의학에서의 해부학에 버금갈 정도의 해부학적인 상세한 설명이 주석에서 주어지고 있으나 여기서는 지면 관계상 생략한다. 다른 주석에서는 머리카락을 통해 어떻게 부정(不淨)을 닦는가를 설명한다. 머리카락에서 색깔·형태·냄새·체류·위치의 다섯 가지 방식으로 부정에 정신활동을 기울이는 것이다 : ① 색깔로 인한 부정 : 머리카락이 그 섬유가 떨어져 맛있는 음료나 음식에 들어 갔을 때, 그 색깔의 지각이 최상의 혐오를 야기해서 음식을 버리게 만들거나 메스꺼움을 일으키게 만든다. ② 형태로 인한 부정 : 밤중에 머리카락이 그 섬유가 떨어져 맛있는 음료나 음식에 들어갔을 때, 그 형태의 접촉이 최상의 혐오를 여기해서 음식을 버리게 만들거나 메스꺼움을 일으킨다. ③ 냄새로 인한 부정 : 머리에 기름이나 꽃이나 향수로 조치를 취하지 않은 머리카락의 냄새는 최상의 혐오를 야기해서 메스꺼움을 일으킨다. 그리고 불속에 넣은 머리카락의 냄새를 맡으면, 코를 닫거나 인상을 찡그린다. ④ 체류로 인한 부정 : 머리카락이 쓰레기 더미위의 인간의 오물 속에서 딴둘레야까 풀들이 자라듯, 최상의 혐오를 야기하면서 답즙, 가래, 고름, 피 속에 체류하면, 움이 트고, 자라고, 커지고, 성장한다. ⑤ 위치로 인한 부정 : 머리카락은 나머지 서른한 가지 구성의 혐오적인 쓰레기 더미 위에서 오물 속에서 딴둘레야까 풀들이 자라듯, 최상의 혐오를 야기하면서 머리의 습기찬 내피 위에서 성장한다. 이러한 부정관은 탐욕을 없애기 위한 것이기도 하지만, 두루채움(遍

處 : kasiṇa)의 명상수행을 통해 삼매에 들어가 해탈하는 원인을 제공한다. 부정관에서 떠오른 색깔은, 예를 들어 머리카락은 청색의 두루채움인데 그것을 통해서, 삼매에 든다. 출처는 다음과 같다 : Khp. 2; Stn. 194-198; Prj. I. 42-46; Prj. I. 71-72.

19. 「외경畏敬으로 인도하는 경송」

여기서 외경이라는 말에는 종교적인 감정이나 종교적 감동을 유발하는 두려운 경이로움이라는 뜻이다. 불교적 가르침에 너무 습관적으로 물들다보면, 사성제와 같은 가르침은 당연한 것으로 받아들이는데, 그렇지 않다는 뜻을 내포하고 있다. 일체가 괴롭다는 것은 당연한 것이 아니라 전율할 만한 것이다. 부처님의 깨달음인 사성제를 기반으로 특히 괴로움의 거룩한 진리를 분석적으로 관찰하면, '괴로움을 태어남도 괴로움이요, 늙음도 괴로움이요, 죽음도 괴로움이요, 슬픔, 비탄, 고통, 근심, 절망도 괴로움'이라는 사실에 맞닥뜨리는데, 이것들은 두렵고도 놀라운 사실이라는 것이다. 그래서 불교도들은 그것을 외경으로 받아들어야 한다. 총체적으로 존재다발(五蘊)이 무상·고·무아라는 특성을 성찰함으로써 괴로움을 끝낼 수 있는 청정한 삶을 지향한다. 전체적으로 경전을 재편집해서 후대에 만들어진 것이다. 출처는 다음과 같다 : SN. V. 421; DN. II. 305; Vin. I. 11; Dhp. 277-279

20. 「파멸의 문의 게송」

≪쿳다까니까야≫의 『숫타니파타』에는 세속에 대한 날카로운 비판이 「파멸의 경」이라는 이름으로 담겨져 있다. 술에 취하거나 여색에 탐닉하거나 늙은 부모를 섬기지 않거나 수행자를 거짓말로 속이거나 해서 가문을 뽐내며 친지를 멸시하는 것, 도박에 빠지는 등 세속적으로 파멸하는 자들의 파멸원인에 대한 성찰이다. 이러한 파멸원인을 성찰해서 현명한 사람은 고귀한 님의 통찰을 갖추어 지복의 세계를 성취한다. 출처는 다음과 같다 : Stn. 92-115.

21. 「천한 사람의 행위의 게송」

역시 ≪쿳다까니까야≫의 『숫타니파타』에 등장하는데, 행위가 존재보다 앞선다는 사상이 잘 나타나있다. 여기서 천한 사람은 불가촉천민을 의미하는데, 부처님은 계급에도 속하지 못하는 불가촉천민이라는 바라문교에 신화적 근원을 갖는 사회적 관념을 무너뜨리고 새로운 천민 즉, 천한 사람에 대하여 행위가 존재보다 앞선다는 연기사상에 입각하여 새로운 관념을 부여함으로써 혁명적인 관점의 변화홓 유도하고 있다. '날 때부터 천한 사람인 것이 아니고, 태어나면서부터 고귀한 사람도 아니고, 행위에 의해서 천한 사람도 되고, 행위에 의해서 고귀한 사람이 된다.'라는 사상을 담고 있다. 여러 가지 부도덕한 행위나 거룩한 님을 사칭하는 행위가 천한 행위임을 성찰하여 그것에서 벗어나 고귀한 사람이 되는 것을 목표로 한다. 출처는 다음과 같다 : Stn. 116-136.

22. 「무고자의 불익에 대한 게송」

역시 ≪쿳다까니까야≫의 『담마파다』에 등장하는 게송이다. 죄없는 자를 무고하거나 해치는 자는 가장 어리석은 자로서 살아서 무서운 과보를 받고 죽어서는 지옥에 떨어진다는 사실을 경고하는 가르침인데, 자기성찰의 대상이 되어야 한다. 출처는 다음과 같다 : Dhp. 137-140.

23.「팔계八戒」
재가신자의 교육용으로 편집된 ≪앙굿따라니까야≫에 자주 등장한다. 포살이나 재가자의 단기 출가적인 수행에 필요한 계행을 설한 것이다. 출처는 다음과 같다 : AN. IV. 248 등.

24.「십계十戒」
≪디가니까야≫와 율장의 『마하박가』 등에 등장하는 수행승의 계행이다. 일반인의 오계(五戒)보다는 심화된 계행이다. 팔계와 십계의 세 번째의 계행은 오계의 세 번째 계행과는 달리 '완전한 순결'을 맹세하는 것으로 특별한 성찰의 대상이다. 출처는 다음과 같다 : Khp. 2; Vin. I. 83-84; DN. I. 63 등.

25.「이치에 맞는 성찰의 경송」
≪앙굿따라니까야≫의「번뇌의 경」에 나오는 '수용을 통해서 끊어야할 번뇌'의 항목을 뽑아 그것을 기초로 만든 경송이다. 네 가지 즉, 의·식·주와 필수의약에 대해서 이치에 맞게 성찰하여 수용하면, 그것들로 인해 일어나는 번뇌를 끊을 수 있다는 것이다. 즉, ① 이치에 맞게 성찰하여 추위를 막아내고, 더위를 막아내고 등에와 모기와 바람과 열기와 뱀과 접촉을 막아내거나 음부를 가리기 위하여 옷을 수용한다. ② 이치에 맞게 성찰하여 놀기 위한 것도 아니고, 취하기 위한 것도 아니고, 장식을 하기 위한 것도 아니고 사치를 위한 것도 아니고, 단지 이 몸을 유지하고 연명하고 상해받지 않고 청정한 삶을 수호하기 위한 것으로, 이와 같이 '나는 예전의 고통을 없애버리고 새로운 고통이 생겨나지 않게 하겠다. 나는 허물없음과 평온한 삶을 영위하는 생애를 살겠다.'라고 생각하며 탁발음식을 수용한다. ③ 이치에 맞게 성찰하여 단지 추위를 막아내고, 더위를 막아내고 등에와 모기와 바람과 열기와 뱀과 접촉을 막아내거나, 계절의 침해를 막아내고 홀로 명상하는 것을 즐기기 위하여 처소를 수용한다. ④ 이치에 맞게 성찰하여 단지 이미 생겨난 질병의 고통을 치유하고, 상해를 여읜 최상의 상태를 성취하기 위해 필수약품을 수용한다. 출처는 다음과 같다 : AN. III. 388.

26.「육방예경송六方禮經誦」
≪디가니까야≫의「씽갈라까에 대한 훈계의 경」에 따르면, 장자의 아들 씽갈라까는 아버지의 임종시의 유언에 따라. 아침 일찍 일어나 라자가하 시에서 나와 옷을 적시고 머리를 적시고 합장하여 각 방향 곧, 동쪽 방향, 남쪽 방향, 서쪽 방향, 북쪽 방향, 아랫 방향, 윗 방향으로 예경하고 있었다. 부처님께서 길을 지나다 씽갈라까를 깨우치기 위해 여섯 방향에 대한 예경을 올바른 윤리적 인간관계에 대한 예경으로 변환시켰다. 동쪽의 예경은 자식 - 부모, 남쪽의 예경은 제자 - 스승, 서쪽은 남편 - 아내, 북쪽의 예경은 훌륭한 가문의 아들 - 친구나 동료, 아래쪽의 예경은 고용주 - 일꾼이나 고용인, 위쪽의 예경은 훌륭한 가문의 아들 - 수행자나 성직자 사이의 올바른 관계의 정립을 의미한다. 자식-부모 사이의 올바른 관계는 출생식과 성년식에서 사용할 수 있고, 제자 - 스승 사이의 올바른 관계는 입학식이나 졸업식에서 사용할 수가 있고, 남편 - 아내 사이의 올바른 관계는 결혼식에 사용할 수가 있고, 친구 - 친구 사이의 올바른 관계는 성년식이나 졸업식, 고용주 - 고용인 사이의 올바른 관계는 개업식, 일반신도 - 성직

자 사이의 올바른 관계는 수계식에서 사용 할 수 있다. 출처는 다음과 같다 : DN. III. 188-191. 아래의 해설은 본문에서 소개되는 각 파라그래프에 대한 상세한 주석이다. 출처는 다음과 같다 : Smv. 952-958.

1) 자식의 의무 : ① 나는 부모에 의해서 모유를 먹으며, 수족 가운데 성장하여, 얼굴에 콧물을 닦아내고, 목욕하고, 치장하고, 키워지고, 자라나서, 부양되었다. 그러므로 나는 오늘 그 연로하신 분들을 세족시키고, 목욕시키고, 죽식 등으로 그분들을 봉양하리라. ② 나의 일을 그만두고 부모를 위하여 왕가 등에서 생겨난 의무를 다하리라. ③ 부모의 재산인 토지, 대지, 황금, 금화 등이 소실되지 않도록 지키는 것도 가문의 전통을 잇는 것이고, 부모를 잘못된 가계의 계통에서 삭제하고 올바른 가계의 계통을 세우는 것도, 가계에 의해 유지되던 음식의 보시 등을 끊지 않고 유지하는 것도 가문의 전통을 있는 것이다. ④ 부모는 자신의 교훈을 따르지 않는 후레자식을 결단하여 아들이 아닌 것으로 만든다. 그들은 상속의 가치가 없다. 교훈을 따르는 자가 가계의 상속의 주인인데, 나는 그것을 따르리라. ⑤ 돌아가신 다음에는 그분들의 공덕을 회향하기 위해 삼일 째가 되는 날부터 공양을 올리리라.'

2) 부모의 의무 : ① 살생 등의 현세와 내세에서의 위험에 대해서 말하고 '이와 같이 해서는 안 된다.'라고 보호하고 행하면, 질책한다. ② 아나따삔디까처럼 번 것을 베풀고, 계행을 지키는 것 등을 확립하게 한다. ③ 자식이 가훈을 지키도록 계도하고 전통에 따른 지산(指算)·계산 등의 기술을 배우게 한다. ④ 가문·계행·자태 등이 어울리는 아내와 맺어준다. ⑤ 적당한 때에 재산을 물려 주되, 적당한 때에는 상시(常時)와 적시(適時)의 두 가지가 있다. 상시에 물려 주는 것은 '일어서기 위해, 발전하기 위해 이것을 가져라. 이것을 너의 비용으로 삼아라. 이것을 착하고 건전한 일을 하라.'라고 주는 것이고, 적시에 주는 것은 공부할 때나 결혼할 때 주는 것과, 또한 임종 시에 침대에 누워 '이것으로 착하고 건전한 것을 하라.'라고 주는 것이다.

3) 제자의 의무 : ① 제자는 스승이 멀리서 오는 것을 보고 자리에서 일어나 환영하고 손에 있는 물건을 받아 들고 자리를 마련하여 모시고 부채를 부쳐주고 발을 씻기고, 발에 기름을 발라준다. ② 매일 세 번 수시로 시중들되, 학예를 습득할 때에 언제나 시중들어야 한다. ③ 믿음으로 경청하는 것에 의해서 열의를 보인다. ④ 남은 작은 봉사에 의해서 즉, 제자는 스승을 위해 아침 일찍 일어나 세면수와 칫솔을 준비하고, 식사할 때는 음료수를 가지고 섬기는 것 등을 행하고, 절을 하고, 더러워진 옷을 세탁하고 저녁에는 목욕물을 준비해 주고, 불편할 때에는 간호한다. 이처럼 봉사한다. ⑤ 작은 것을 얻어도 몇 번이고 배워서 성실하게 기술을 습득한다.

4) 스승의 의무 : ① '그대는 이와 같이 앉아야 한다. 이와 같이 서야 한다. 이와 같이 씹어야 한다. 이와 같이 먹어야 한다. 악한 친구를 멀리 해야 한다. 선한 친구를 사귀어야 한다.'라고 행동을 배우도록 훈련한다. ② 의미와 표현을 명확히 하고 적용을 밝혀 이해시킨다. ③ 기술을 모두 배우도록 가르치고, ④ 이 자는 나의 제자로서 현명하고 박학하고 나와 같은 자이니 잘 알아두라.'라고 덕을 말하고 친구와 동료 가운데 소개시킨다. ⑤ 학예를 배우도록 하여 그가 모든 방향을 수호하도록 한다. 왜냐하면 학예를 배운 자는 가는 곳마다 학예를 보여주고 그곳에서 이득과 명예를 얻기 때문이다. 그는 스승에 의해서 만들어진 자라고 불리고, 그의 덕을

말하는 경우에도 대중들은 '이 분은 스승의 두 발을 씻은 제자이다.'라고 먼저 스승의 덕을 말한다. 그에게 하느님 세계만큼의 이익이 생겨도 그것은 스승의 재산이 된다.

5) 남편의 의무 : ① '마누라여, 부인이여'라고 존중을 표시한다. ② 노예나 하인을 때리고 학대하며 말하는 것처럼 경멸하고 모멸하여 말하지 않는다. ③ 그녀를 넘어서서 밖으로 다른 여성에게 믿음을 주고 사귀는 경우, 신의를 저버린다고 하는데, 그렇게 하지 않는다. ④ 여성들은 큰 등나무와 같은 장신구를 얻어도 식사를 관장할 수 없다면 분노한다. 스푼을 손에 쥐어주고 '좋을 대로 하시오.'라고 식당을 맡기면 모든 권한이 부여된 것이다. ⑤ 자신의 부에 알맞은 장신구를 제공한다.

6) 아내의 의무 : ① 죽이나 음식을 요리하는 시간 등을 어기지 않고 그때그때 잘 처리하고 잘 안배한다. ② 존경에 의해서 선물에 의해서 심부름 등을 통해서 주변사람에게 친절하게 말한다. ③ 남편 이외에 다른 남자를 마음으로 구하지 않는다. ④ (남편이) 농사나 장사 등으로 벌어들인 재산을 잘 보관한다. ⑤ 모든 해야 할 일에 유능하고 게으르지 않아야 한다.

7) 훌륭한 가문의 아들의 의무 : '① 보시를 하고 ② 사랑스런 말을 하고 ③ 이익을 주고 ④ 협동하여 행하고'는 네 가지 섭수의 토대, 즉 사섭사(四攝事)와, ⑤ 그때그때에 '이것도 우리 집에 있다. 이것도 있다. 가지고 가라.'라고 명분을 얻기위해 기만하지 말고 주는 것을 정직하게 해야 한다.

8) 친구나 동료의 의무 : ① 술 취했을 때에 보살펴주고, ② 술 취했을 때에 재물을 지켜주고, ③ 두려울 때에 피난처가 되어주고, ④ 재난에 처했을 때에 버리지 않고, ⑤ 친구의 자식과 딸의 손자나 증손자를 존중하고 애호하고 자신의 자식처럼 대하고 축복 등을 해야 할 경우에는 축복 등을 행한다.

9) 고용주의 의무 : ① 젊은이가 해야 할 일을 노인에게, 노인이 할 일을 젊은이에게 맡겨서는 안 된다. 여성이 해야 할 일을 남성에게, 남성이 해야 할 일을 여성에게 맡겨서도 안 된다. 각각의 능력에 맞게 일을 안배한다. ② '이 사람은 적다. 이 사람은 혼자 산다.'라고 각각의 사람에게 맞도록 관찰하여 음식과 임금을 지불한다. ③ 아플 때에 일을 시키지 않고, 적절한 약 등을 주어 보살핀다. ④ 희유하고 아주 맛있는 음식을 얻으면, 혼자 먹지 말고 함께 나눈다. ⑤ 상시(常時)와 적시(適時)의 휴식에 의해서 휴식을 취하게 한다. 상시의 휴식은 하루 가운데 일을 하다가 피곤할 때가 있는데, 피곤할 때를 알아서 휴식을 취하게 하는 것이고, 적시의 휴식은 축제나 성제(星祭)의 놀이 등에 즈음하여 장식이나 물건이나 단단하거나 부드러운 음식 등을 주어서 휴식을 취하게 하는 것이다.

10) 일꾼이나 고용인의 의무 : ① 먼저 일어나고, ② 늦게 자고, ③ 도둑질한 것은 어떠한 것이든 받지 않고 주인들이 준 것만을 받아들이고, ④ '이 일을 어떻게 하는가 아무도 할 수 없다.'라고 불평하지 말고 만족한 마음으로 일을 잘 처리하고, ⑤ 명성을 날리게 하고 칭송해야 한다.

11) 훌륭한 가문의 아들의 의무 : ① 자애의 마음을 일으켜 만든 신체적 행위 등이 자애이다. 그 가운데 수행승 등을 초대하기 위하여 승원으로 가는 것, 수병에 담기위해 녹수낭에 물을 거르는 것, 등을 안마하는 것, 발을 주무르는 것 등의 행위가 자애로운 행위이다. ② 수행승들이

탁발하러 갈 때, 보고 '공손히 죽을 주십시오. 음식을 주십시오.'라는 말이나 또는 칭송을 하며 가르침을 듣고 공경하여 질문하는 것 등이 자애로운 언어적 행위이다. ③ 우리 가정에 방문하는 장로들은 원한을 여의고 폭력을 여의었다라고 생각한다면, 그러한 것이 자애로운 정신적 행위이다. ④ 모든 문을 열어놓고 계행을 지키는 자에게 보시하지 않고 아무것도 행하지 않으면, 문을 잠가놓은 것과 마찬가지이다. 그러나 모든 문을 잠가놓고 있더라도 보시하고 무엇인가 행한다면, 문을 열어놓은 것과 마찬가지다. 그러므로 계행을 갖춘 자가 집 문앞에 오면, '지금은 없다.'라고 말하지 말고 주어야 한다. 이와 같이 문을 열고 맞이해야 한다. ⑤ 계행을 갖춘 자에게 오전 중에 죽이나 음식을 갖추어 보시해야 한다.

12) 수행자나 성직자의 의무 : ① 악하고 불건전한 것으로부터 보호하고, ② 선한 것에 들게 하고, ③ '모든 뭇삶들은 행복하고 건강하고 상해를 여의길 바랍니다.'라고 이와 같이 안녕이 충만하도록 선한 마음으로 돌보아준다. ④ 배우지 못한 것을 가르쳐주고, ⑤ 원래 배운 것에 대하여 의미를 논의하고 의심을 제거하고 여실하게 실천하여 이미 배운 것을 정화시킨다. ⑥ 천상에 가는 길을 가르쳐 주어야 한다.

27. 「서른 가지 초월의 길」

부처님의 전생담인 ≪자따까≫에 열 가지 초월의 길의 사상이 등장한다. 한역에서는 십바라밀(十波羅蜜)이라고 한다. 이것이 서른 가지 초월의 길 즉, 삽십바라밀(三十波羅蜜)이 된 이유는 각각의 바라밀은 정도에 따라 일반적·우월적·승의적으로 나누어 분류했기 때문이다. 초월의 길은 부처님께서 전생에 보살이었을 때의 전생담인 ≪자따까≫에서 보살이 닦고 익힌 것으로 처음 등장한다. 그렇지만 전생담은 그 게송 부분들만이 원음 경전에 속하기 때문에 굳이 경장적인 근거를 찾는다면, 『붓다방싸』(Buddhavaṃsa)의 「쑤메다의 이야기」와 『짜리야삐따까』(Cariyapitaka)에서도 등장하지만, 상세한 논리적 설명은 붓다고싸의 『청정도론』에 보인다 : 네 가지 하느님의 삶(brahmavihāra : 四梵住 = 四無量心)을 실천하면, 이러한 열 가지 초월의 길을 달성할 수 있다고 한다. 위대한 존재(mahāsatta : 摩訶薩)는 일체의 뭇삶의 고통을 외면하지 않고 일체의 뭇삶의 최상의 행복을 위하여 ① 보시를 행한다. 그들에게 해악을 끼치는 것을 피하기 위해 ② 계행을 지킨다. 계행을 통한 초월을 이루기 위해, ③ 출리를 닦는다. 뭇삶에 유익하거나 해로운 것을 분명히 이해하기 위해 ④ 지혜를 닦는다. 뭇삶의 행복과 안녕을 위해 ⑤ 정진을 닦는다. 영웅이 되고 최상의 힘을 얻고 보살이 되기 위해 뭇삶의 잘못에 대한 ⑥ 인내를 연마한다. 보시나 무엇을 하기로 약속하면, ⑦ 진실 때문에 그것을 깰 수가 없다. 또한 흔들림 없는 ⑧ 결정으로 뭇삶의 이익을 위하여 일한다. 또한 흔들림 없는 ⑨ 자애로 일체 뭇삶을 돕는다. 그리고 ⑩ 평정으로 보답을 바라지 않는다. 일반적 초월의 길과 우월적 초월의 길과 승의적 초월의 길의 차이는 무엇인가? 『짜리야삐따까』의 주석서(Prd. VII)에는 여러 학자들의 견해가 상세히 나와 있지만, 여기서는 담마팔라(Dhammaphāla) 장로의 견해를 소개한다 : ① 보시 : 예를 들어 아내들, 아이들, 재물들을 기부하는 것은 일반적 초월의 길의 보시이고, 손이나 발 등의 장기를 기증하는 것은 우월적 초월의 길의 보시이고, 목숨을 보시하는 것은 승의적 초월의 길의 보시이다. ② 계행 : 예를 들어 남이 소유한 아내들, 아이들, 재물들을 해치지 않는 것은 일반적인 계행이고, 그들의 손이나 발 등의 장기를 해치지 않는 것은 우월한 계행이고, 생명을 해치지 않는 것은 승의적 초월의 길의 계행이다. ③ 출리 : 예를 들어 아내들, 아이들, 재물들과 같은 외적인 대상에 대한 집착을 자르고 출가하는 것이 일반적 초월의 길의 출리이고, 손이나 발 등과 같은 신체에 대한 집착을 자르고 출가하는 것이 우월적 초월의 길의 출리이고, 목숨에 대한 집착을 버리고 출가하는 것이 승의적 초월의 길의 출리이다. ④ 지혜 : 예를 들어, 아내들, 아이들, 재물들과 같은 외적인 대상에 대한 집착을 없애고 해야 할 일과 유익한 일에 대해 분명하게 결정하는 것이 일반적 초월의 길의 지혜이고, 그들의 손이나 발 등과 같은 신체에 대한 집착을 없애고 해야 할 일과 유익한 일에 대해 분명하게 결정하는 것이 우월적 초월의 길의 지혜이고, 그들의 생명에 대한 집착을 없애고 해야 할 일과 유익한 일에 대해 분명하게 결정하는 것이 승의적 초월의 길의 지혜이다. ⑤ 정진 : 모든 일반적 초월의 길을 만나려고 노력하는 것이 일반적 초월의 길의 정진이고, 모든 우월적 초월의 길을 만나려고 노력하는 것이 우월적 초월의 길의 정진이고, 모든 승의적 초월의 길을 만나려고 노력하는 것이 승의적 초월의 길의 정진이다. ⑥ 인내 : 예를 들어 아내들, 아이들, 재물들과 같은 외적인 대상을 위험에 빠뜨리는 상황에 직면하여 인내하는 것이 일반적 초월의 길의 인내이고, 그들의 손이나 발 등과 같은 신체를 위험에 빠뜨리는 상황에 직면하여 인내하는 것이 우월적 초월의 길의 인내이고, 그들의 생명을 위험에 빠뜨리는 상황에 직면하여 인내하는 것이 승의적 초월의 길의 인내이다. ⑦ 진실 : 예를 들어 아내들, 아이들, 재물들과 같은 외적인 대상과 관련하여 진실을 떠나지 않는 것이 일반적 초월의 길의 진실이고, 그들의 손이나 발 등과 같은 신체의 기관과 관련하여 진실을 떠나지 않는 것이 우월적 초월의 길의 진실이고, 그들의 생명과 관련하여 진실을 떠나지 않는 것이 승의적 초월의 길의 진실이다. ⑧ 결정 : 예를 들어 아내들, 아이들, 재물들과 같은 외적인 대상의 파괴의 위기에도 불구하고 흔들림 없는 결정이 일반적 초월의 길의 결정이고, 그들의 손이나 발 등과 같은 신체의 기관의 파괴의 위기에도 불구하고 흔들림 없는 결정이 우월적 초월의 길의 결정이고, 그들의 생명의 파괴의 위기에도 불구하고 방해받지 않는 결정이 승의적 초월의 길의 결정이다. ⑨ 자애 : 예를 들어 아내들, 아이들, 재물들과 같은 외적인 대상의 파괴가 도래하더라도 모든 존재에 대한 자애를 떠나지 않는 것이 일반적 초월의 길의 자애이고, 그들의 손이나 발 등과 같은 신체의 기관의 파괴가 도래하더라도 모든 존재에 대한 자애를 떠나지 않는 것이 우월적 초월의 길의 자애이고, 그들의 생명의 파괴가 도래하더라도 모든 존재에 대한 자애를 떠나지 않는 것이 승의적 초월의 길의 자애이다. ⑩ 평정 : 예를 들어 아내들, 아이들, 재물들과 같은 외적인 대상을 돕건 해치건 상관 없이 존재와 의지의 균형을 유지하는 것이 일반적 평정이고, 그들의 손이나 발 등과 같은 신체의 기관을 돕건 해치건 상관 없이 존재와 의지의 균형을 유지하는 것이 우월적 평정이고, 그들의 생명을 돕건 해치건 상관 없이 존재와 의지의 균형을 유지하는 것이 승의적 평정이다. 출처는 다음과 같다 : Jāt. I. 73; Vism. 318-325.

5. 명상수행품瞑想修行品

명상수행은 인도의 문화적 전통에서 유래하긴 했지만, 불교도라면 해야 할 일반적인 도덕적이고 윤리적인 삶의 토대 위에 불교 특유의 전문적인 수행으로 정립된 것들을 말하는 것이다. 이러한 불교의 전문적인 수행에 대해서는 「명상수행의 경송」에서 단적으로 그것이 무엇인가를 잘 보여주고 있다. 그것은 바로 부정관(不淨觀), 자애관(慈愛觀), 호흡관(呼吸觀), 무상관(無常觀)이다. 이것들이 초기불교의 수행자들이 전념해서 몰입했던 명상수행이라고 볼 수 있다. 그리고 ≪디가니까야≫의 「새김의 토대의 큰 경」은 다른 각도에서 포괄적으로 신체와 느낌과 마음과 사실의 측면에서 접근하는 정밀한 명상수행을 대변하고 있다.

1. 「명상수행의 경송」

원래 이름은 ≪쿳다까니까야≫의 『우다나』에 등장하는 「메기야의 경」이다. 여기서 경의 인연담은 생략하고 본론만 소개한 것이다. 여운 선생이 초기불교에서 가장 많이 행해진 수행체계의 이름이 소개된 경으로 추천한 것인데, 여기에는 부처님의 제자들이라면, 행해야 하는 1) 선한 벗과 사귀기, 2) 계행을 배우기, 3) 올바른 대화를 나누기, 4) 착하고 건전한 것을 위한 용맹정진, 5) 생성과 소멸에 대한 지혜를 갖추기의 생활수행이외에도 네 가지의 전문적인 수행, 즉, 1) 감각적 쾌락의 욕망을 제거하기 위한 부정관, 2) 분노를 제거하기 위한 자애관, 3) 사유를 제거하기 위한 호흡관, 5) 자만을 제거하기 위한 무상관을 닦아야 한다. 그런데 여기 한역에서 관법(觀法)으로 명칭지우기는 했지만, 빠알리 원어에서는 상황에 따라 조금씩 다르다. 부정관과 자애관의 '관'은 '수행'이고 호흡관의 '관'은 '새김'이고 무상관의 '관'은 '지각'이나 '새김'이다. 그러나 닦고 익히는 수행이라는 관점에서는 동일하므로 관법으로 이해할 수 있다. 출처는 다음과 같다 : Ud. 36.

2. 「부정관不淨觀의 경송」

≪쿳다까니까야≫의 『숫타니파타』에 등장하는 「승리의 경」에 몸에 대한 관찰이 종합적으로 이루어지기 때문에 앞에 배치했고, 일반적으로 많이 명상하는 서른두 가지 몸의 구성에 대한 관찰을 후반부에 배치했다. 서른두 가지 구성 부분은 전통적인 분류에 따라 1) 피부까지의 다섯 구성 2) 신장까지의 다섯 구성 3) 폐까지의 다섯 구성 4) 뇌수까지의 다섯 구성 5) 지방까지의 여섯 구성 6) 오줌까지의 여섯 구성으로 나누어 송출하기 좋게 나누었다. '나에게 이 몸은 발바닥 위로부터 머리꼭대기 아래까지 피부의 표피에 싸여져 여러 오물로 가득 차있는 것이니, 역겹고 혐오스러운 것이라고 관찰하여 이 세계에서 멀리 여읨을 성취하는 것은 불사(不死)와 적멸(寂滅), 곧, 사멸을 뛰어넘는 열반의 경지를 성취하기 위한 것이다. 상세한 것은 이 책의 성찰수행품의 「서른두 가지 구성의 경송」에 대한 해설을 보고 더욱 상세하고도 다양한 몸에 대한 관찰에 대해서는 이 품의 끝에 있는 「새김의 토대의 큰 경」을 보라. 출처는 다음과 같다 : Stn. 34. Khp. 2; Stn. 194-198; Prj. I. 42-46; Prj. I. 71-72.

3. 「자애관慈愛觀의 경송」

≪디가니까야≫ 등 초기의 여러 경전에 다양한 형태로 등장하는데, 가장 상세한 설명은 『청정도론』(淸淨導論)이나 『무애해도』(無碍解道) 등에서 구체적으로 등장한다. 여기에 나오는 '자애

의 마음'과 '자애의 노래'는 자애관의 경송이 후대에 종합적으로 다듬어진 것이다. 특히 자애의 노래는 부처님의 기본적인 가르침 '마음이 어느 곳으로 돌아다녀도 자기보다 더 사랑스러운 것을 찾지 못하듯, 다른 사람에게도 자기는 사랑스러우니 자신을 위해 남을 해쳐서는 안 되리.'(SN. I. 75)라는 정신에 입각해서 '저는 원한을 여의고 또한 고통을 여의고 근심에서 벗어나길 원하오니, 제가 행복하게 자신을 수호하게 하소서.'라고 시작해서 '일체의 존재들이 원한을 여의고 또한 고통을 여의고 근심에서 벗어나 행복하게 자신을 수호하게 하소서.'라고 노래하는 것이다. 출처는 다음과 같다 : DN. III. 191, 245; DN. I. 227; Stn. 507; DN. I. 251; SN. II. 265; AN. IV. 150; It 20; DN. I. 250; II.186; III. 49, 78, 223; SN V.115; AN I.183; II.129; IV.390; V. 299, 344; Vism. 308; Pṭs. II. 130

4. 「호흡관呼吸觀의 경송」

호흡새김의 표준적인 모델로 ≪쌍윳따니까야≫의 『호흡쌍윳따』나 ≪맛지마니까야≫의 『호흡새김의 경』에 등장한다. 호흡새김의 삼매를 닦으면, 고요하고 승묘하고 순수한 지복에 들고 악하고 불건전한 것이 생겨날 때 마다 그치게 한다. 호흡관을 닦는 데는 열여섯 가지 단계가 있다. 이 단계에서 학인들은 세 번째 단계부터는 분명히 알 수 없기 때문에 '배운다.'나 '전념한다.'는 단계에 돌입해야 한다. 그러나 더 이상 배울 것이 없는 아라한이나 부처님은 열여섯 단계를 모두 분명히 안다. 학인의 단계에서 열여섯 단계의 호흡새김의 전과정을 기술하자면, 다음과 같다. ① 길게 숨을 들이쉴 때는 '나는 길게 숨을 들이쉰다.'고 분명히 알고, 길게 숨을 내쉴 때는 '나는 길게 숨을 내쉰다.'라고 분명히 안다. ② 짧게 숨을 들이쉴 때는 '나는 짧게 숨을 들이쉰다.'고 분명히 알고, 짧게 숨을 내쉴 때는 '나는 짧게 숨을 내쉰다.'라고 분명히 안다. ③ 신체의 전신을 경험하면서 '나는 숨을 들이쉰다.'라고 전념하고 신체의 전신을 경험하면서 '나는 숨을 내쉰다.'라고 전념한다. ④ 신체의 형성을 그치면서 '나는 숨을 들이쉰다.'라고 전념하고 신체의 형성을 그치면서 '나는 숨을 내쉰다.'라고 전념한다. ⑤ 희열을 경험하면서 '나는 숨을 들이쉰다.'라고 전념하고 희열을 경험하면서 '나는 숨을 내쉰다.'라고 전념한다. ⑥ 행복을 경험하면서 '나는 숨을 들이쉰다.'라고 전념하고 행복을 경험하면서 '나는 숨을 내쉰다.'라고 전념한다. ⑦ 마음의 형성을 경험하면서 '나는 숨을 들이쉰다.'라고 전념하고 마음의 형성을 경험하면서 '나는 숨을 내쉰다.'라고 전념한다. ⑧ 마음의 형성을 그치면서 '나는 숨을 들이쉰다.'라고 전념하고 마음의 형성을 그치면서 '나는 숨을 내쉰다.'라고 전념한다. ⑨ 마음을 경험하면서 '나는 숨을 들이쉰다.'라고 전념하고 마음을 경험하면서 '나는 숨을 내쉰다.'라고 전념한다. ⑩ 마음을 기쁘게 하면서 '나는 숨을 들이쉰다.'라고 전념하고 마음을 기쁘게 하면서 '나는 숨을 내쉰다.'라고 전념한다. ⑪ 마음을 집중시키면서 '나는 숨을 들이쉰다.'라고 전념하고 마음을 집중시키면서 '나는 숨을 내쉰다.'라고 전념한다. ⑫ 마음을 해탈시키면서 '나는 숨을 들이쉰다.'라고 전념하고 마음을 해탈시키면서 '나는 숨을 내쉰다.'라고 전념한다. ⑬ 무상함을 관찰하면서 '나는 숨을 들이쉰다.'라고 전념하고 무상함을 관찰하면서 '나는 숨을 내쉰다.'라고 전념한다. ⑭ 사라짐을 관찰하면서 '나는 숨을 들이쉰다.'라고 전념하고 사라짐을 관찰하면서 '나는 숨을 내쉰다.'라고 전념한다. ⑮ 소멸함을 관찰하면서 '나는 숨을 들이쉰다.'라고 전념하고 소멸함을 관찰하면서 '나는 숨을 내쉰다.'라고 전념한다. ⑯ 완전히 버림을 관찰하면서 '나는 숨을 들이쉰다.'라고 전념하고 완전히 버림을 관찰하면서 '나는 숨을 내쉰다.'라고 전념한다. 출처는 다음과 같다 : SN. V. 321; MN. III. 78

5. 「무상관無常觀의 경송」

≪쌍윳따니까야≫의 무상에 대한 지각과 ≪쿳다까니까야≫의 『담마파다』의 무상에 대한 새김으로 나누어 엮었다. '무상에 대한 지각'은 '무상관을 닦으면, 일체의 감각적 욕망계에 대한 탐욕을 없애고, 일체의 미세한 물질계에 대한 탐욕을 없애고, 일체의 존재에 대한 탐욕을 없애고, 일체의 무명을 없애고, 일체의 '나'라는 자만을 없애고 근절한다.'라고 궁극적으로는 놀라운 무아의 진리를 전하는데, 그 때문에 무상관이야말로 최상의 향기이고 최상의 광명이고 최상의 권능인 것을 설명하고 있다. 그리고 '무상에 대한 새김'에서는 무상함을 구체적으로 우리의 신체와 관련된 삶과 죽음을 통해 있는 그대로 관찰함으로써 마침내 죽음을 초극할 수 있다는 사상을 담고 있다. 출처는 다음과 같다 : SN. III. 155; Dhp. 147-150, 153, 154, 170.

6. 「새김의 토대의 큰 경」

≪디가니까야≫의 대표적인 경전들 가운데 하나로, 한역에서는 「대념처경」(大念處經)이라고 한다. 이것은 초기경전에서 가장 중요한 수행체계를 집대성한 수행경전 가운데 하나이다. 불교가 지향하는 목표를 성취하는 데 가장 빠르고 직접적인 길을 설득력 있게 제시한다. 이것은 ≪맛지마니까야≫의 「새김의 토대의 경」 즉, 「염처경」(念處經)과 유사하며, 거기서는 네 가지 거룩한 진리에 대한 분석이 누락되어 있다. 따라서 좀 더 완벽한 체계를 갖춘 ≪디가니까야≫의 「새김의 토대의 큰 경」을 여기서 소개한 것이다. 이 경은 워낙 방대한 경전이라 18개의 장으로 나뉘어 있다. 여기서는 각 장마다 내용을 간략하게 서술한다. 출처는 다음과 같다 : MN. I. 55; DN. II. 290.

1) 「새김의 토대의 총설」 : 새김의 토대야 말로 '뭇삶을 청정하게 하고, 슬픔과 비탄을 뛰어넘게 하고, 고통과 근심을 소멸하게 하고, 바른 방도를 얻게 하고, 열반을 실현시키는 하나의 길'이라고 정의하고 있다. 하나의 길이란 '하나의 행선지로 통하는 길'을 말하며 한역에서는 일승도(一乘道)라고 한다. 이것은 해탈에 이르는 유일한 독점적인 길을 뜻하는 것이 아니라. 주석서(Srp. III. 177)에 의하면, '이것은 하나의 길인데, 이 길은 갈림길이 아니다.'라는 뜻이다. 따라서 곧바로 행선지로 이르는 가장 가까운 길, 지름길을 말한다. 그 지름길이 곧, 네 가지 새김의 토대 즉, 몸에 대한 몸의 관찰, 느낌에 대한 느낌의 관찰, 마음에 대한 마음의 관찰, 사실에 대한 사실의 관찰이다. 여기서 '몸에 대해 몸을 관찰하여'라는 반복적인 표현은 그것과 혼동되어서는 안 될 다른 대상과 분리하여 명상의 대상을 정확히 규정할 목적을 갖고 있다. 그래서 이 수행에서 몸은 단지 그러한 것으로 새겨져야지 그것과 관련된 느낌이나 마음이나 사실로 새겨져서는 안 된다. 이 구절은 또한 몸은 단지 몸으로 새겨져야지 남자나 여자나 자아나 중생으로 새겨져서는 안 된다. 이러한 방식은 다른 네 가지 새김의 토대에 대해서도 똑같이 적용된다.

2) 「몸에 대한 명상 : 호흡새김」 : 호흡새김을 하는 방식은 한가한 곳을 찾아 가부좌를 하고 호

흡을 관찰하는 것이다. 그런데 '자기 앞으로 새김을 확립하여'라는 것은 역자가 관례적인 번역을 따른 것인데, '얼굴 앞으로'라는 말은 어원대로 해석하자면 '얼굴 둘레로'라는 뜻이다. 이것을 논서(Vibh. 252)에서 '새김이 정립되었는데, 코끝이나 윗입술의 가운데 잘 정립된 것'이라고 해석하였으나, 이것은 틀린 것이다. 코끝은 윗입술 쪽이 아니라 코의 뿌리로 실제로는 코의 근원이 되는 부분으로 미간이나 두뇌 한 가운데를 가리킨 것이다. 그곳을 기점으로 '얼굴 둘레로'(=머리둘레로) 새김을 확립한다는 뜻을 갖고 있다. 호흡새김은 길게 숨을 들이쉴 때는 나는 길게 숨을 들이쉰다고 짧게 숨을 들이쉴 때는 나는 짧게 숨을 들이쉰다고 분명히 아는 것으로 시작한다. '분명히 안다.'라는 동사는 지혜(paññā)라는 말의 어원이다. 이 말은 단순히 '알아챈다.'라는 말과는 다르다. 예를 들어, 대소변 등은 '올바른 알아차림을 갖추는 것'이 중요하지만 호흡에는 '분명히 아는 것'이 중요한 것으로 알아차림뿐만 아니라 호흡에 대한 지식을 필요로 하는 것임을 암시하고 있다. 이 새김의 토대에 대한 경에서는 부처님께서는 '분명히 아는 것'과 '올바른 알아차림을 갖추는 것'을 구분하여 설명하고 있다. 호흡을 분명히 알고, 그 관찰이 깊어지면, 전신을 인식하는 단계에 이르고, 여기서부터는 노력하여 전념하는 단계로 바뀌어야 한다. 그래서 신체의 형성을 지멸시킬 수 있는 단계에 이르는 것을 목표로 하고 있다. 호흡새김과 관련하여 네 가지 단계로서 끝나는데, 나머지 12가지 단계에 대해서는 이 책의 「호흡관의 경송」을 참조하라. 여기서도 특히 신체와 관련된 통찰 즉, 자신과 타자와 관계되는 신체의 안팎의 관찰, 사성제와 관계되는 신체의 생멸의 관찰이 중요하며 그리고 '몸이 있다.'라는 순수한 앎과 순수한 새김을 이루는 것을 목표로 한다. 여기서 사성제와 관계한다는 것은 주석서(Smv. 766)에 의하면 다음과 같은 의미를 지닌다. 호흡을 파악하는 새김이 괴로움의 거룩한 진리이고, 그것을 생기시키는 이전의 갈애가 괴로움의 발생의 거룩한 진리이고, 그러한 양자가 생기하지 않는 것이 괴로움의 소멸의 거룩한 진리이고, 괴로움을 완전히 알고, 그 발생을 끊어버리고, 소멸을 목표로 하는 고귀한 길이 괴로움의 소멸로 이끄는 길이다. 이러한 네 가지 거룩한 진리에 의해서 노력하여 적멸을 성취한다.

3) 「몸에 대한 명상 : 행동양식」 : 이것은 전통적인 행주좌와(行住坐臥)의 사위의로(四威儀路)에 대한 분명한 앎을 목표로 한다. '걸어가면 걸어간다고 분명히 알거나, 서있으면 서있다고 분명히 알거나, 앉아있다면 앉아있다고 분명히 알거나, 누워있다면 누워있다고 분명히 알거나, 신체적으로 어떠한 자세를 취하든지 그 자세를 그대로 분명히 아는 것이다. 주석서(Smv. 766.)에 의하면, 개나 승냥이 등이 걷는 경우 '우리는 걷는다.'라고 안다. 그러나 그와 같은 앎을 말하는 것이 아니다. 그러한 앎은 뭇삶의 망상을 끊지 못하고, 자아가 있다는 지각을 제거하지 못하고, 명상수행이나 새김의 확립에 대한 닦음이 되지 않기 때문이다. 그러나 수행승의 앎은 뭇삶의 망상을 끊고, 자아가 있다는 지각을 제거하고, 명상수행이나 새김의 확립에 대한 닦음이 된다. 여기서는 '누가 가는 것인가?' '누구의 감인가?' '어떠한 원인으로 가는가?'라는 알아차림에 대한 것을 말하는 것이다. 그 가운데 누가 가는가? 어떠한 뭇삶도 가는 것은 아니다. 어떠한 사람도 가는 것은 아니다. 누구의 감인가? 어떤 뭇삶의 감도 아니고 어떤 사람의 감도 아니다. 어떠한 원인으로 가는가? 마음작용과 운동세계(風界)의 침투에 의해서만 간다. 그러므로 그는 이와

같이 '나는 가겠다.'라고 마음이 일어나고, 그것이 운동을 발현시킨다. 운동은 표현을 야기한다.' 라고 분명히 안다. 마음작용과 운동세계의 침투에 의해서 전신이 앞으로 이끌어져서 감이라고 불린다. 이것은 몸의 자세와 관련된 새김으로 우리의 신체의 행동에 대한 일상적인 앎을 의미하는 것이 아니라 몸의 모든 동작에 대한 세밀하고 지속적이고 올바른 알아차림과 몸의 대리자로서의 자아의 환상을 몰아내려는 의도를 가진 분석적 검토를 포함하는 것이다. 여기서도 특히 신체와 관련된 통찰 즉, 자신과 타자와 관계되는 신체의 안팎의 관찰, 사성제와 관계되는 신체의 생멸의 관찰이 중요하며 그리고 '몸이 있다.'라는 순수한 앎과 순수한 새김을 이루는 것을 목표로 한다.

4) 「몸에 대한 명상 : 알아차림」 : 수행승은 나아가고 돌아오는 것에 대해 올바른 알아차림을 갖추고, 앞을 보고 뒤를 보는 것에 대하여 올바른 알아차림을 갖추고, 굽히고 펴는 것에 대하여 올바른 알아차림을 갖추고, 옷을 입고 발우와 가사를 드는 것에 대하여 올바른 알아차림을 갖추고, 먹고 마시고 소화시키고 맛보는 것에 대하여 올바른 알아차림을 갖추고, 대변보고 소변보는 것에 대하여 올바른 알아차림을 갖추고, 가고 서고 앉고 잠들고 깨어 있고 말하고 침묵하는 것에 대하여 올바른 알아차림을 갖춘다. 주석서(Pps. I. 253)에 따르면, 올바른 알아차림에는 네 가지 종류가 있다. ① 행동의 목적에 대한 올바른 알아차림 ② 수단의 적합성에 대한 올바른 알아차림 ③ 활동반경에 대한 올바른 알아차림 ④ 실재에 대한 올바른 알아차림. 이 가운데 마지막 실재에 대한 알아차림은 행동의 배후주체가 없다는 것에 대한 인식을 말한다. 따라서 알아차림은 상기의 네 가지 차원에서 실천되어야 한다. 여기서도 특히 신체와 관련된 통찰 즉, 자신과 타자와 관계되는 신체의 안팎의 관찰, 사성제와 관계되는 신체의 생멸의 관찰이 중요하며 그리고 '몸이 있다.'라는 순수한 앎과 순수한 새김을 이루는 것을 목표로 한다.

5) 「몸에 대한 명상 : 싫어하여 꺼림」 : 우리 신체에 대한 염역작의(厭逆作意) 즉, 신체의 부정(不淨)을 싫어하여 꺼림에 정신활동을 기울이는 것으로 다음과 같이 '서른두 가지 구성'에 대한 개별관찰을 통해서 이루어진다. 마치 부정(不淨)한 것이 가득 한 푸대자루와 같이 이 몸을 관찰한다. 이것은 부정관(不淨觀)의 일종이다. 그리고 후대의 논서나 주석서에서는 그것을 편리하게 다음과 같이 구분지어 분류한다. ① 피부까지의 다섯 종류(1. 머리카락, 2. 몸털, 3. 손발톱, 4. 이빨, 5. 피부), ② 신장까지의 다섯 종류(6. 살, 7. 근육, 8. 뼈, 9. 골수, 10신장), ③ 폐까지의 다섯 종류(11. 심장, 12, 13. 늑막, 14. 비장, 15. 폐), ④ 뇌수까지의 다섯 종류(16. 창자, 17. 장간막, 18. 위물(胃物), 19. 배설물, 20. 뇌수), ⑤ 지방까지의 여섯 종류(21. 담즙, 22. 가래, 23. 고름, 24. 피, 25. 땀, 30. 지방), ⑥ 오줌까지의 여섯 종류(27. 눈물, 28. 임파액, 29. 침, 30. 콧물, 31. 관절액, 32. 오줌). 이에 대한 상세한 새김은 청정도론(Vism. VIII. 42-144)에 등장한다. 그러나 이 경에서는 '20. 뇌수'가 누락되어 있으나, ≪쿳다까니까야≫의 『쿳다까빠타』에 따라서 역자가 삽입한 것이다. 여기서도 특히 신체와 관련된 통찰 즉, 자신과 타자와 관계되는 신체의 안팎의 관찰, 사성제와 관계되는 신체의 생멸의 관찰이 중요하며 그리고 '몸이 있다.'라는 순수한 앎과 순수한 새김을 이루는 것을 목표로 한다.

6) 「몸에 대한 명상 : 세계관찰」 : 이 신체를 세계작의(世界作意)로서 세계요소, 즉 땅의 세계,

물의 세계, 불의 세계, 바람의 세계로서 구성된 대로 몸에 대한 정신활동을 기울이는 것이다. 이것도 부정관(不淨觀)의 일종이다. 수행자는 도축업자가 소를 도살하여 사거리에 고깃조각으로 나누어 놓고 앉아서 관찰하듯, 신체를 관찰해야 한다. 주석서(Smv. 770)에 따르면, 여기서 '도축업자'는 '수행자', '사대로'는 '네 가지 행동양식(四威儀路 : 行・住・坐・臥)', '고깃조각으로 나누어 놓고 앉아있는 것'은 '세계로 분석하여 관찰하는 것'을 의미한다. 무엇을 말한 것인가? 사육하는 자에게도, 도살자에게 끌려가는 자에게도, 끌려가 거기에 묶여 있는 자에게도, 도살하는 자에게도 살해된 시체를 보는 자에게도, 그것을 잘라서 고깃조각으로 나누지 않는 한, 도살자의 소를 두고, '소이다.'라는 생각이 사라지지 않는다. 그러나 나누어놓고 앉아 있는 자에게는 '소이다.'라는 생각은 사라지고 '고기이다.'라는 생각이 생겨난다. 그는 '나는 고기를 팔고 있다. 이 자들은 고기를 가져가고 있다.'라고 생각하지 '나는 소를 팔고 있다. 이 자들은 소를 데려간다.'라고 생각하지 않는다. 이와 같이 그 수행승은 이전에 어리석은 범부였을 때에는 재가자였건 출가자였건 신체에 관하여, 성립한 대로, 바라는 대로 '덩어리의 식별'을 통해서 세계요소로 관찰하지 않는 한, '뭇삶이다.'라든가 '사람이다.'라든가 하는 생각이 사라지지 않는다. 그러나 세계요소로 관찰하면, 뭇삶에 대한 지각은 사라진다. 신체를 세계로 분석함으로써 개체적인 인식이 사라진다. 여기서도 특히 신체와 관련된 통찰 즉, 자신과 타자와 관계되는 신체의 안팎의 관찰, 사성제와 관계되는 신체의 생멸의 관찰이 중요하며, 그것은 '몸이 있다.'라는 순수한 앎과 순수한 새김을 이루는 것을 목표로 한다.

7) 「몸에 대한 명상 : 사체관찰」 : 부처님 당시의 인도에는 사체(死體)를 묻는 묘지라는 것이 따로 있었다기보다는 화장장에서 화장하여 강물에 유골을 떠내려 보내거나 동네 한 귀퉁이의 장소에 사체를 버려두는 사체안치장 같은 곳이 있었다. 사체안치장에 사체가 던져져 있는 것을 총간사체(塚間死體)라고 한다. 이것을 통해 누구나 사체가 부패하는 과정을 볼 수 있었다. 묘지에 버려진 사체를 명상하는 것은 강력한 부정관(不淨觀) 수행의 수단이 된다. 여기 소개되고 있는 것은 묘지사체에 대한 아홉 가지 묘사, 즉 구종총간(九種塚間)이다. 조금 다르긴 하지만 청정도론(Vism. 110)의 사체에 관한 명상은 다음과 같은 열 가지가 거론된다 : 팽창상(膨脹想 : uddhumātaka), 청어상(靑瘀想 : vinīlaka), 농란상(膿爛想 : vipubbaka), 단괴상(斷壞想 : vicchiddaka), 식잔상(食殘想 : vikkhāyitaka), 산란상(散亂想 : vikkhittaka), 참작이산상(斬斫離散想 : hatavikkhittaka), 혈도상(血塗想 : lohitaka), 충취상(蟲聚想 : puḷavaka), 해골상(骸骨想 : aṭṭhika). 수행자는 '이 몸도 이와 같은 성질을 갖고 있고 이와 같은 존재가 되니 이와 같은 상태를 벗어나지 못할 것이다.'라고 생각해야 한다. 여기서도 특히 신체와 관련된 통찰 즉, 자신과 타자와 관계되는 신체의 안팎의 관찰, 사성제와 관계되는 신체의 생멸의 관찰이 중요하며 그리고 '몸이 있다.'라는 순수한 앎과 순수한 새김을 이루는 것을 목표로 한다.

8) 「느낌에 대한 명상」 : 느낌에 대한 명상은 몸에 대한 명상 다음으로 중요한 토대가 되는 두 번째 명상이다. 즐거운 느낌을 경험하면, '나는 즐거운 느낌을 경험한다.'라고 분명히 알고, 괴로운 느낌을 경험하면, '나는 괴로운 느낌을 경험한다.'라고 분명히 알고, 중립적인 느낌을 경험하면 '나는 중립적인 느낌을 경험한다.'라고 분명히 아는 것이다. 이러한 명상은 자양의 유무와

관련하여 자양 있는 즐거운 느낌, 자양 없는 즐거운 느낌 등으로 확대될 수 있다. 주석서(Srp. I. 23)에 의하면, 자양은 ① 상징적으로는 삼계[欲界·色界·無色界]의 모든 윤회의 존재, 즉 집착의 대상적 세계를 말하고 ② 실제적으로는 생존을 위한 물질적인 기초, 즉 네 가지 생필품[의복·탁발음식· 와좌구·필수약품]을 지칭한다. '자양 있는 즐거움'은 '세속적인 즐거움'이라고 해석할 수 있고 '자양 없는' 즐거움은 '출세간적인 즐거움'이라고 해석할 수 있다. 그리고 분명히 아는 것이란 느낌의 조건적 발생에 대하여 아는 것을 뜻한다. 주석서(Smv. 766)에 따르면, 침대에 누워있는 유아가 모유를 빨 때에는 즐거운 느낌을 느끼므로 '즐거운 느낌을 느낀다.'라고 안다. 그러나 분명한 앎은 그와 같은 앎을 말하는 것이 아니다. 그러한 앎은 뭇삶의 망상을 끊지 못하고, 자아가 있다는 지각을 제거하지 못하고, 명상수행이나 새김의 확립에 대한 닦음이 되지 못하기 때문이다. 그러나 수행자의 앎은 뭇삶의 망상을 끊고, 자아가 있다는 지각을 제거하고, 명상수행이나 새김의 확립에 대한 닦음이 된다. 여기서는 '누가 느끼는 것인가?' '누구의 느낌인가?' '어떠한 원인으로 느끼는가?'라는 느낌의 알아차림에 대한 것을 말하는 것이다. 그 가운데 누가 느끼는가? 어떠한 뭇삶도 느끼는 것은 아니다. 어떠한 사람도 느끼는 것은 아니다. 누구의 느낌인가? 어떤 뭇삶의 느낌도 아니고 어떤 사람의 느낌도 아니다. 토대의 소연(vatthu-ārammaṇa : 基體의 所緣) – 시각기관 등의 토대의 대상이 되는 형상 등을 지칭 –을 조건으로 느낌이라는 것이 성립한다. 그러므로 그는 이와 같이 '그 때 그 때의 토대를 소연으로 즐거움 등의 느낌이 감수된다. 단지 그 느낌의 생기에 의해서 나는 느낌을 느낀다.'라고 분명히 안다. 이와 같이 토대를 소연으로 해서 '느낌이 느껴진다.'라고 이해하면서 그는 '나는 즐거움의 느낌을 느낀다.'라고 분명히 안다고 알 수 있다. 여기서는 특히 느낌과 관련된 통찰 즉, 자신과 타자와 관계되는 느낌의 안팎의 관찰, 사성제와 관계되는 느낌의 생멸의 관찰이 중요하며, 그리고 '느낌이 있다.'라는 순수한 앎과 순수한 새김을 이루는 것을 목표로 한다.

9) 「마음에 대한 명상」: 마음에 대한 명상은 열여섯 가지 마음의 상태 즉, 1. 탐욕에 매인 마음, 2. 탐욕을 여읜 마음, 3. 성냄에 매인 마음, 4. 성냄을 여읜 마음, 5. 어리석음에 매인 마음, 6. 어리석음을 여읜 마음, 7. 위축된 마음, 8. 산만한 마음, 9. 계발된 마음, 10. 계발되지 않은 마음, 11. 탁월한 마음, 12. 저열한 마음, 13. 집중된 마음, 14. 집중에 들지 않은 마음, 15. 해탈된 마음, 16. 해탈되지 않은 마음을 있는 그대로 분명히 아는 것이다. 주석서(Smv. 776)에 따르면, 탐욕에 매인 마음은 탐욕을 수반하는 마음이고, 탐욕을 여읜 마음은 세간의 선악이 아닌 것을 말하고, 성냄에 매인 마음은 악의를 수반하는 마음이고, 성냄을 여읜 마음은 세간의 선악이 아닌 것을 말하고, 어리석음에 매인 마음은 의혹을 수반하는 마음과 자기정당화를 수반하는 마음이고, 어리석음을 여읜 마음은 세간의 선악이 아닌 것을 말하고, 위축된 마음은 해태와 혼침을, 산만한 마음은 흥분과 회한, 계발된 마음과 탁월한 마음은 선정에서 성취되는 미세한 물질의 세계(色界)와 비물질의 세계(無色界)와 관계되고, 계발되지 못한 마음과 저열한 마음은 감각적인 쾌락의 세계와 관계된다. 집중된 마음은 근접삼매와 본삼매를 말하고 집중되지 않은 마음은 그러한 삼매가 없는 것을 뜻한다. 해탈된 마음은 특수한 관점에서의 해탈(tadaṅgavimutti : 彼分解脫), 반대의 극복에 의한 해탈(vikkhambhanavimutti : 鎭伏解脫)에 의한 해탈을 말하고,

해탈하지 않은 마음은 특수한 관점에서의 해탈이나 반대의 극복에 의한 해탈은 물론, 끊음(samuccheda)·안식(paṭippassaddhi)·출리(nissaraṇa)에 의한 해탈도 없는 것을 말한다. 그런데, 여기서 해탈된 마음은 통찰이나 선정을 통해 일시적으로 마음이 해탈된 것으로 이해되어야 한다. 새김의 토대에 대한 명상은 출세간적인 궁극적인 해탈을 목표로 한 길의 준비단계와 관계가 있다. 이것은 출세간적인 길의 성취를 통한 궁극적인 해탈로 오해되어서는 안 된다. 여기서는 특히 마음과 관련된 통찰 즉, 자신과 타자와 관계되는 마음의 안팎의 관찰, 사성제와 관계되는 마음의 생멸의 관찰이 중요하며 그리고 '마음이 있다.'라는 순수한 앎과 순수한 새김을 이루는 것을 목표로 한다.
10) 「사실에 대한 명상 : 장애관찰」 : 사실에 대한 명상에서 중요한 것은 우선 가장 거친 형태로 정신의식의 대상이 되는 다섯 가지 장애(pañcanīvaraṇā : 五障)에 대해서 관찰하는 것이다. 다섯 가지 장애는 다음과 같다 : ① 감각적 쾌락의 욕망(kāmacchanda : 愛貪) ② 분노(byāpāda : 惡意) ③ 해태와 혼침(thīnamiddha : 昏寢睡眠) ④ 흥분과 회한(uddhaccakukkucca : 悼擧惡作) ⑤ 회의적 의심(vicikicchā : 疑). 앞의 두 가지 장애, 감각적 쾌락의 욕망과 분노는 가장 강력한 것으로 선정이나 삼매의 수행에 가장 장애가 되는 것인데, 그것들은 탐욕과 성냄을 수반하고 있다. 다른 세 가지 장애는 비교적 덜하지만 장애적인 요소가 강한 것으로 어리석음을 수반하고 있다. 감각적 쾌락의 욕망은 두 가지로 해석된다. 일반적으로 색깔, 소리, 냄새, 맛, 감촉의 다섯 가지 감각의 장에서 일어나는 감각적 쾌락(五欲樂)을 말하지만 때로는 넓은 의미로 감각적인 쾌락뿐 아니라 부, 권력, 지위, 명예 등에서 발생하는 욕망도 의미한다. 두 번째의 장애인 분노 또는 악의는 첫 번째 장애와 다른 극단적 형태의 성냄을 수반하는 것으로 자타에 대한 증오, 화냄, 원한, 혐오 등을 속성으로 한다. 세 번째 장애는 해태와 혼침이다. 해태는 정신적으로 아둔한 것을 의미하고 혼침은 마음이 무겁고 가라앉아 졸리는 것을 뜻한다. 네 번째의 장애는 흥분과 회한인데 흥분은 마음의 흥분, 불안정을 의미하고 회한은 걱정으로 과거에 대한 후회와 원하지 않았던 결과에 대한 한탄을 뜻한다. 이것은 어리석음을 바탕으로 하고 있다. 다섯 번째 장애는 회의적 의심이다. 회의적 의심은 어리석음에 수반하는 상습적인 미결정과 미해결, 신뢰의 결여 등을 뜻한다. ≪앙굿따라니까야≫(AN. III. 230 : SN. V. 121)에는 재미있는 비유가 있다. 감각적 쾌락의 욕망은 다섯 가지 색깔로 물든 물에 비유되고, 분노는 부글부글 끓는 물에 비유되며, 해태와 혼침은 이끼가 낀 물, 흥분과 회한은 바람에 파도치는 물, 의심은 흐린 흙탕물에 비유된다. 주석서(Smv. 777-782)에 따르면, 1. 감각적 쾌락의 탐욕에 관한 한, 아름다운 인상에 대한 이치에 맞지 않는 정신활동에 의해서 탐욕의 일어남이 있다. 그러나 아름답지 않은 인상에 대한 이치에 맞는 정신활동에 의해서 탐욕의 여읨이 이루어진다. 또한 그 탐욕의 여읨을 위해서는 ① 아름답지 않은 인상에 대한 배움 ② 아름답지 않은 인상에 대한 익힘 ③ 감관을 수호하는 것 ④ 식사의 분량을 아는 것 ⑤ 선우와의 사귀는 것 ⑥ 적절한 대화의 여섯 가지 원리가 도움이 된다. 이러한 여섯 가지 원리에 의해서 탐욕을 버리는 자에게는 거룩한 길에 의해서 미래에 탐욕이 일어나지 않는다고 분명히 안다. 2. 분노에 관한 한, 저촉의 인상에 대한 이치에 맞지 않는 정신활동에 의해서 분노의 일어남이 있다. 그러나 자애의 마

음에 의한 해탈에 의한 이치에 맞는 정신활동에 의해서 분노의 여읨이 이루어진다. 또한 그 분노의 여읨을 위해서는 ① 자애의 인상에 대한 배움 ② 자애에 대한 익힘 ③ 업의 자성에 대한 관찰 ③ 성찰의 반복 ⑤ 선우와의 사귀는 것 ⑥ 적절한 대화의 여섯 가지 원리가 도움이 된다. 이러한 여섯 가지 원리에 의해서 분노를 버리는 자는 돌아오지 않는 길에 의해서 미래에 분노가 일어나지 않는다고 안다. 3. 해태와 혼침에 관한 한, 불쾌 등에 대한 이치에 맞지 않는 정신활동에 의해서 해태와 혼침의 일어남이 있다. 그러나 노력의 세계(ārambhadhātu)에 의한 이치에 맞는 정신활동에 의해서 해태와 혼침에 대한 여읨이 이루어진다. 또한 그 해태와 혼침에 대한 여읨을 위해서는 ① 과식의 인상에 대한 파악 ② 네 가지 행동양식의 전환 ③ 광명의 명상에 정신활동을 기울임 ④ 확 트인 곳에 머무는 것 ⑤ 선우와의 사귀는 것 ⑥ 적절한 대화의 여섯 가지 원리가 도움이 된다. 이러한 여섯 가지 원리에 의해서 해태와 혼침을 버리는 자는 거룩한 길에 의해서 미래에 해태와 혼침이 일어나지 않는다고 분명히 안다. 4. 흥분과 회한에 관한 한, 마음의 불안에 대한 이치에 맞지 않는 정신활동에 의해서 흥분과 회한의 일어남이 있다. 그러나 삼매라고 부르는 마음의 적정에 대한 이치에 맞는 정신활동에 의해서 흥분과 회한에 대한 여읨이 이루어진다. 또한 그 흥분과 회한에 대한 여읨을 위해서는 ① 많이 배우는 것 ② 두루 묻는 것 ③ 계율에 대한 익힘 ④ 장로에 대한 섬김 ⑤ 선우와 사귀는 것 ⑥ 적절한 대화의 여섯 가지 원리가 도움이 된다. 이러한 여섯 가지 원리에 의해서 흥분과 회한을 버리는 자는 돌아오지 않는 길에 의해서 미래에 흥분과 회한이 일어나지 않는다고 분명히 안다. 5. 회의적 의심에 관한 한, 의심의 기초가 되는 현상에 대한 이치에 맞지 않는 정신활동에 의해서 의심의 일어남이 있다. 그러나 밝고 능숙한 것에 대한 이치에 맞는 정신활동에 의해서 의심에 대한 여읨이 이루어진다. 또한 그 의심에 대한 여읨을 위해서는 ① 많이 배우는 것 ② 두루 묻는 것 ③ 계율에 대한 익힘 ④ (삼보에 대한) 확신의 심화 ⑤ 선우와 사귀는 것 ⑥ 적절한 대화의 여섯 가지 원리가 도움이 된다. 이러한 여섯 가지 원리에 의해서 회의적 의심을 버리는 자는 흐름에 드는 길에 의해서 미래에 의심이 일어나지 않는다고 분명히 안다. 여기서는 특히 장애의 사실과 관련된 통찰 즉, 자신과 타자와 관계되는 장애의 사실에 대한 안팎의 관찰, 사성제와 관계되는 장애의 사실에 대한 생멸의 관찰이 중요하며 그리고 '장애의 사실이 있다.'라는 순수한 앎과 순수한 새김을 이루는 것을 목표로 한다.

11) 「사실에 대한 명상 : 다발관찰」 : 다섯 가지 장애의 사실이 드러나고 그것이 소멸하면, 정신·신체적인 과정으로서의 다섯 가지 집착다발(pañca upādānakkhandhā : 五取蘊)이 드러난다. 그래서 집착다발의 사실에 대한 명상이 필요하다. 집착다발이란 무엇인가? 다섯 가지 존재의 다발(pañcakkhandha : 五蘊) – 물질(rūpa : 色), 느낌(vedanā : 受), 지각(saññā : 想), 형성(saṅkhārā : 行), 의식(viññāṇa : 識) — 이 '나의 소유, 나의 존재, 나의 자아'라는 유위법적 사유의 근본구조 속에서 나타날 때 존재의 집착다발이라고 한다. 그러한 집착다발에 대하여 '물질은 이와 같고 물질의 발생은 이와 같고 물질의 소멸은 이와 같다.'라고 분명히 알고, 나머지 집착다발들의 사실에 대해서도 그러한 방식으로 분명히 아는 것이다. 그리고 특히 집착다발의 사실과 관련된 통찰 즉, 자신과 타자와 관계되는 집착다발의 사실에 대한 안팎의 관찰, 사성

제와 관계되는 집착다발의 사실의 생멸의 관찰이 중요하며 그리고 '집착다발의 사실이 있다.'라는 순수한 앎과 순수한 새김을 이루는 것을 목표로 한다.

12) 「사실에 대한 명상 : 감역관찰」 : 정신·신체적인 집착다발의 사실을 인지하면, 여섯 가지 안팎의 감역의 사실에 대해 명상하는 길이 효과적으로 열리게 된다. 감역은 감각의 장 또는 영역을 의미하며, 여기에는 여섯 가지 안팎의 감역(cha ajjhattikabāhirā āyatanā : 六內外處) — 시각(cakkhu : 眼)과 형상(rūpa : 色), 청각(sota : 耳)과 소리(saddha : 聲), 후각(ghāna : 鼻)과 냄새(gandha : 香), 미각(jivhā : 舌)과 맛(rasa : 味), 촉각(kāya : 身)과 감촉(phoṭṭhabba : 觸), 정신(mano : 意)과 사실(dhamma : 法)—이 있다. 주석서(Smv. 784)에 따르면, '시각을 분명히 알고'는 시각의 감관을 있는 그대로의 자기작용(sarasa)과 특징(lakkhaṇa)에 의해서 분명히 안다는 뜻이고, '형상을 분명히 알고'는 밖의 네 가지(업 · 마음 · 시절 · 자양)에 의해서 함께 생겨나는 형상을 있는 그대로의 자기작용과 특징에 의해서 분명히 아는 것을 뜻하고, '그 양자를 조건으로 속박이 생겨나면 그것을 분명히 알고'라는 것은 시각과 형상의 양자에 의해서 생겨나는 감각적 쾌락에 대한 탐욕의 속박과 분노 · 자만 · 견해 · 의심 · 규범과 금계에 대한 집착(戒禁取) · 존재에 대한 탐욕 · 질투 · 인색 · 무명이라고 하는 열 가지 속박(dasa saṃyojanāni) — 이 주석에서는 일반적인 알려진 열 가지 결박(dasa saṃyojanāni : 十結)과는 분류 방법과 정의가 다르기 때문에 여기서는 속박이라고 번역한다 — 을 있는 그대로의 자기작용과 특징에 의해서 분명히 아는 것을 뜻하고, '아직 생겨나지 않은 속박이 생겨나면 생겨나는 대로 그것을 분명히 알고'라는 것은 "시각의 감관을 통해 시야에 들어온 원하는 대상에 대하여 감각적 쾌락의 탐욕의 유혹을 통해서 매혹되어 환희하면, 감각적 쾌락의 탐욕의 속박이 생겨나고, 원하지 않는 대상에 대하여 분노하면, 분노의 속박이 생겨난다. '그와 같은 형상의 대상을 영원하고 견고한 것이다.'라고 파악하면, 견해의 속박이 생겨나고, '그와 같은 형상의 대상이 뭇삶인가 뭇삶의 것인가?'라고 의심하면, 의심의 속박이 생겨나고, '성취의 존재에 대하여 우리에게 이와 같은 획득이 생겨난다.'라고 존재를 바라면 존재의 탐욕이 생겨나고, '미래에도 이와 같은 규범과 금계를 지키고 얻을 것이다.'라고 규범과 금계를 고수하면, 규범과 금계에 대한 집착의 속박이 생겨나고, '아! 이 형상의 대상을 다른 자가 얻을 것이다.'라고 질투하면, 질투의 속박이 생겨난다. 자기가 얻은 형상의 대상을 다른 자에게 아끼면, 인색의 속박이 생겨나고, 이 모든 것과 함께 생겨나는 무지에 의해서 무명의 속박이 생겨난다."라고 분명히 아는 것을 뜻하고, '이미 생겨난 결박이 버려지면 버려지는 대로 그것을 분명히 알고'라는 것은 '특수한 관점(tadaṅga : 彼分), 반대의 극복(vikkhambhana : 鎭伏)에 의한 버림을 통해서 그 열 가지 속박이 어떠한 원인으로 생겨나지 않는가를 분명히 아는 것을 뜻한다. 어떠한 원인에 의해서 미래에 생겨나지 않는 것일까? 견해 · 의심 · 규범과 금계에 대한 집착(戒禁取) · 질투 · 인색이라는 다섯 가지 결박은 흐름에 드는 길에 의해서, 미래에 생겨나지 않는다. 감각적 쾌락에 대한 탐욕과 분노라는 두 가지의 거친 결박은 한번 돌아오는 길에 의해서, 그 미세한 것은 돌아오지 않는 길에 의해서, 자만 · 존재에 대한 탐욕 · 무명이라는 세 가지 결박은 거룩한 길에 의해서 미래에 생겨나지 않는다.'라고 분명히 아는 것을 뜻한다. 후각 등에 대해서도 마찬가지 방식으

로 적용한다. 이와 같이 안의 감각영역을 포착하는 것에 의해서 자기의 사실들에 대하여, 밖의 감각영역을 포착하는 것에 의해서 타자의 사실들에 대하여, 때로는 자신의 사실, 때로는 타자의 사실에 대하여 사실을 관찰한다는 뜻이다. 그러나 생성과 소멸은 '무명이 일어나므로 시각 등이 일어난다.'라고 물질의 영역 등은 물질의 다발에 대해서, 비물질의 영역인 정신의 영역은 의식의 다발에 대해서, 사실의 영역은 남은 존재다발 – 느낌 · 지각 · 형성 – 에 대하여, 언급된 방식대로 도출될 수 있다. 이 밖에 다른 것도 이와 같은 방식으로 관찰해야 한다. 그러니까 감역의 사실과 관련된 통찰 즉, 자신과 타자와 관계되는 감역의 사실에 대한 안팎의 관찰, 사성제와 관계되는감역의 사실의 생멸의 관찰이 중요하며 그리고 '감역의 사실이 있다.'라는 순수한 앎과 순수한 새김을 이루는 것을 목표로 한다.

13)「사실에 대한 명상 : 깨달음 고리」: 이상으로 안팎의 감각영역에 대한 사실의 관찰을 설명하고, 이제 일곱 가지 깨달음 고리(satta sambojjhaṅgā : 七覺支)를 설명한다. 역자주 : ① 새김(念 sati)의 깨달음 고리 : 신체적 · 언어적 · 정신적인 모든 행위와 움직임을 세밀히 기억하고 관찰하는 것을 말한다. ② 탐구(dhammavicaya : 擇法)의 깨달음 고리 : 교리의 여러 가지 문제에 관해 조사하고 연구하는 것을 말한다. 여기에는 종교적 · 윤리적 · 철학적 연구, 독서, 탐구, 논의, 대화를 비롯해서 교리문제에 관한 강연에 참가하는 것까지 포함한다. ③ 정진(viriya : 精進)의 깨달음 고리 : 끝까지 결의를 다지고 밀고 나아가는 것을 말한다. ④ 희열(pīti : 喜)의 깨달음 고리 : 마음이 염세적이고 우울한 것과는 정반대로 경이와 희열에 넘친 상태이다. ⑤ 안온(passaddhi : 輕安)의 깨달음 고리 : 신체와 정신이 휴식을 취하는 상태로 신체적 정신적인 괴로움의 소멸된 상태이다. ⑥ 집중(samādhi : 定)의 깨달음 고리 : 정신이 집중이 되어 삼매에 든 상태이다. ⑦ 평정(upekkha : 捨)의 깨달음 고리 : 인생의 파란곡절에서 침착한 마음을 유지하는 것으로 근심이 없고 평온한 마음의 상태이다. 이것에 대해서는 ≪맛지마니까야≫(MN. 10과 MN. 118)와 ≪디가니까야≫의 주석서(Smv. 785-797)에서 상세히 거론되고 있다. 1. 새김의 깨달음 고리 : 한역의 염각지(念覺支)를 말한다. 주석(Smv. 785-786)에 따르면, 새김의 깨달음 고리가 생겨나는데 도움을 주는 것으로 ① 새김에 대한 올바른 알아차림 ② 새김을 잃어버린 자에 대한 회피 ③ 새김을 확립한 사람의 섬김 ④ 그것에 전념하는 것의 네 가지 원리가 있다. 2. 탐구의 깨달음 고리 : 한역의 택법각지(擇法覺支)를 말한다. 주석서(Smv. 787)에 따르면, 탐구의 깨달음 고리가 생겨나는데 도움을 주는 것으로 ① 두루 질문하는 것 ② 토대(vatthu : 基體)를 청정하게 하는 것 : 내적인 토대는 머리카락 · 손톱 · 몸 등을 뜻하고 외적인 토대는 옷 · 깔개 · 처소 등을 말한다. ③ 능력(indriya : 根)을 조화의 상태로 이끄는 것 : 믿음의 능력 등의 다섯 가지 능력(pañca indiyāni : 五根)을 조화롭게 만드는 것이다. ④ 지혜롭지 못한 자에 대한 회피 ⑤ 지혜로운 자에 대한 섬김 ⑥ 심오한 궁극적 앎과 실천에 대한 관찰 ⑦ 그것에 전념하는 것의 일곱 가지 원리가 있다. 3. 정진의 깨달음 고리 : 한역의 정진각지(精進覺支)를 말한다. 주석서(Smv. 789)에 따르면, 정진의 깨달음 고리가 생겨나는데 도움을 주는 것으로 ① 괴로운 곳(苦處 : apāya)에 대한 두려움을 성찰하는 것 : 지옥 · 축생 · 아귀 · 아수라가 겪는 고통에 대한 두려움을 성찰하는 것 ② 공덕을 보는 것 ③ 행로(gamana)

를 성찰하는 것 : 부처님 · 연각불 · 위대한 제자들의 행로를 성찰하는 것 ④ 탁발식을 존중하는 것 ⑤ 고귀한 유산(dāyajja : 구족계를 받은 것)의 위대성을 성찰하는 것 ⑥ 스승의 위대함을 성찰하는 것 ⑦ 태어남(jāti)의 위대함을 성찰하는 것 ⑧ 동료수행자의 위대함을 성찰하는 것 ⑨ 게으른 사람에 대한 회피 ⑩ 노력정진하는 사람에 대한 섬김 ⑪ 그것에 전념하는 것의 열한 가지 원리가 있다. 4. 희열의 깨달음 고리 : 한역의 희각지(喜覺支)를 말한다. 주석서(Smv. 792-793)에 따르면, 희열의 깨달음 고리가 생겨나는데 도움을 주는 것으로 ① 부처님을 새기는 것 ② 가르침을 새기는 것 ③ 참모임을 새기는 것 ④ 계율을 지키는 것 ⑤ 보시를 행하는 것 ⑥ 천신을 새기는 것 ⑦ 적멸을 새기는 것 ⑧ 조악한 사람에 대한 회피 ⑨ 온화한 사람에 대한 섬김 ⑩ 청정한 믿음을 일으키는 법문을 성찰하는 것 ⑪ 그것에 전념하는 것의 열한 가지 원리가 있다. 5. 안온의 깨달음 고리 : 한역의 경안각지(輕安覺支)를 말한다. 주석서(Smv. 793)에 따르면, 안온의 깨달음 고리가 생겨나는데 도움을 주는 것으로 ① 알맞은 음식의 섭취 ② 계절의 즐거움을 누리는 것 ③ 네 가지 행동양식의 즐거움을 누리는 것 ④ 중도를 닦는 것(majjhattapayogatā) : 자기와 타자에 대한 업의 자성(kammassakatā) – 업을 자기로 삼는 것 – 을 성찰하는 것이다. ⑤ 조악한 몸을 지닌 사람에 대한 회피 ⑥ 온화한 몸을 지닌 사람에 대한 섬김 ⑦ 그것에 전념하는 것의 일곱 가지 원리가 있다. 6. 집중의 깨달음 고리 : 한역의 정각지(定覺支)를 말한다. 주석서(Smv. 794)에 따르면, 집중의 깨달음 고리가 생겨나는데 도움을 주는 것으로 ① 토대(vatthu : 基體)를 청정하게 하는 것 : 내적인 토대는 머리카락 · 손톱 · 몸 등을 뜻하고 외적인 토대는 옷 · 깔개 · 처소 등을 말한다. ② 능력(indriya : 根)을 조화의 상태로 이끄는 것 : 믿음의 능력 등의 다섯 가지 능력(pañca indiyāni : 五根)을 조화롭게 만드는 것이다. ③ 인상에 밝은 것 : 두루채움(kasiṇa : 遍處) 등의 인상을 배우는데 밝은 것이다. ④ 시간에 맞추어 마음을 책려하는 것 : 너무 나태한 정진에 의해서 마음이 위축되었을 때에는 탐구 · 정진 · 희열의 깨달음 고리를 일으킨다. ⑤ 시간에 맞추어 마음을 억지하는 것 : 용맹정진에 의해서 마음이 흥분되었을 때는 안온 · 집중 · 평정의 깨달음 고리를 일으킨다. ⑥ 시간에 맞추어 기쁨을 일으키는 것 ⑦ 시간에 맞추어 무관심한 것 ⑧ 불안정한 사람에 대한 회피 ⑨ 안정된 사람에 대한 섬김 ⑩ 선정에 의한 해탈을 관찰하는 것 ⑪ 그것에 전념하는 것의 열한 가지 원리가 있다. 7. 평정의 깨달음 고리 : 한역의 사각지(捨覺支)를 말한다. 주석서(Smv. 795-786)에 따르면, 평정의 깨달음 고리가 생겨나는데 도움을 주는 것으로 ① 뭇삶에 대한 중도인 것 : 자기와 타자에 대하여 행위(業)을 자기로 삼는 것과 뭇삶의 비실체성(nissatta)을 성찰하는 것을 통해 이루어진다. ② 형성(saṅkhāra)에 대한 중도인 것 : 형성의 무지배성(assāmika)과 잠시성(muhutta)을 성찰하는 것으로 이루어진다. ③ 뭇삶의 형성에 애착하는 사람을 회피하는 것 : 뭇삶의 형성이란 두 가지 토대(vatthu : 基體)를 말한다. 내적인 토대는 머리카락 · 손톱 · 몸 등을 뜻하고 외적인 토대는 옷 · 깔개 · 처소 등을 말한다. ④ 뭇삶의 형성에 대해 중도인 사람을 섬기는 것 ⑤ 그것에 전념하는 것의 다섯 가지 원리가 있다. 그리고 특히 깨달음 고리의 사실과 관련된 통찰 즉, 자신과 타자와 관계되는 깨달음 고리의 사실에 대한 안팎의 관찰, 사성제와 관계되는 깨달음 고리의 사실의 생멸의 관찰이 중요하며 그

리고 '깨달음 고리의 사실이 있다.'라는 순수한 앎과 순수한 새김을 이루는 것을 목표로 한다.

14) 「사실에 대한 명상 : 진리관찰」 : 일곱 가지 깨달음 고리의 사실이 분명해지면, 진리의 파지에 효과적으로 나설 수 있다. 진리라는 것은 네 가지 거룩한 진리(四諦 = 四聖諦)의 사실을 의미한다. 주석서(Smv. 797)에 따르면, 괴로움의 진리(dukkhasacca : 苦諦)는 갈애를 제외한 삼계의 모든 현상에 대하여 '이것은 괴롭다.'라고 분명히 아는 것을 뜻이다. 발생의 진리(samudayasacca : 集諦)는 괴로움을 발생시키는 갈애에 대하여 '이것이 괴로움의 발생이다.'라고 분명히 아는 것을 뜻한다. 소멸의 진리(nirodhasacca : 滅諦)는 그러한 양자가 생겨나지 않는 열반에 대하여 '이것이 괴로움의 소멸이다.'라고 분명히 아는 것을 뜻한다. 그리고 고귀한 길의 진리(maggasacca : 道諦)는 괴로움을 두루 알아 그 발생을 끊고 멸진을 깨닫는 고귀한 길에 대하여, '이것이 괴로움의 소멸로 이끄는 길이다.'라고 분명히 아는 것이다. 이것은 진리에 대한 명상의 총론에 불과하다. 다음의 네 가지 각각의 진리에 대한 각론은 상세하고 심오한 측면이 있다.

15) 「괴로움의 진리에 대한 해명」 : 괴로움의 진리에 대한 관찰은 실존적 차원에서 이루어진다. '태어남도 괴로움이요, 늙음도 괴로움이요, 병듦도 괴로움이요, 죽음도 괴로움이요, 슬픔·비탄·고통·근심·절망도 괴로움이요, 사랑하지 않는 것과 만나는 것도 괴로움이요, 사랑하는 것과 헤어지는 것도 괴로움이요, 원하는 것을 얻지 못하는 것도 괴로움이니. 줄여서, 다섯 가지 존재다발이 괴로움이다.' 이 가운데 특히 강조되는 것은 '원하는 것을 얻지 못하는 괴로움'이다 : "태어날 수밖에 없는 뭇삶들에게 '오! 우리는 태어나지 말아야지! 오! 우리는 태어남을 만나지 말기를!'이라는 소원이 생겨나지만, 그것을 원한다고 얻어지는 것이 아니다. 늙을 수밖에 없는 뭇삶들에게 '오! 우리는 늙지 말아야지! 오! 우리에게 늙음이 닥치지 말기를!'이라는 소원이 생겨나지만, 그것을 원한다고 얻어지는 것이 아니다. 병들 수밖에 없는 뭇삶들에게 '오! 우리는 병들지 말아야지! 오! 우리에게 질병이 닥치지 말기를!'이라는 소원이 생겨나지만, 그것을 원한다고 얻어지는 것이 아니다. 죽을 수밖에 없는 뭇삶들에게 '오! 우리는 죽지 말아야지! 오! 우리에게 죽음이 닥치지 말기를!'이라는 소원이 생겨나지만, 그것을 원한다고 얻어지는 것이 아니다. 슬픔·비탄·고통·근심·절망에 빠질 수밖에 없는 뭇삶들에게 '오! 우리는 슬픔·비탄·고통·근심·절망에 빠지지 말아야지! 오! 우리에게 슬픔·비탄·고통·근심·절망이 닥치지 말기를!'이라는 소원이 생겨나지만, 그것을 원한다고 얻어지는 것이 아니다." 주석서(Srp. II. 13)에 따르면, 출생은 '불완전한 태어남'을 뜻하고 탄생은 '완전한 태어남'을 뜻한다고 했다. 강생은 '알이나 태에 들어가서 태어나는 존재의 태어남'을 의미한다. 전생(轉生)은 윤회전생을 의미하는 것이 아니라 '습기에서 태어나거나(濕生), 초자연적인 방법으로 태어나는 것(化生)'을 말한다. '출생하고 탄생하고 강생하고 전생한다.'는 것은 '관용적 가르침(vohāradesanā)'이고 '존재다발들이 나타나고 감역을 얻는다.'는 것은 '궁극적 의미의 가르침(paramatthadesanā)'이다. 그리고 죽음에 대해서는 '이것은 [윤회를 관장하는] 사마(死魔)에 의해 정해진 죽음이다. 이로써 완전한 단멸로서의 죽음은 부정되었다.'고 기술하고 있다. 이러한 설명은 죽음이 결코 유물론자의 허무주의적 죽음이 아니라 윤회 속의 죽음을 지시한다고 볼 수 있다. 죽음에 대한 이해도 두 가지로 나누어 볼 수 있는데, '죽고 멸망하고 파괴되

고 사멸하고 목숨을 다 한다.'는 것은 세간적 통칭(lokasammuti)에 의한 죽음이고, '존재다발들이 파괴되고 유해가 내던져진다.'는 것은 궁극적 의미(paramattha)로 죽음을 표현한 것이다. ≪쌍윳따니까야≫(SN. IV. 256)에는 괴로움에 대하여 '고통의 괴로움(dukkhadukkhatā : 苦苦性), 형성의 괴로움(saṅkhāradukkhatā : 行苦性, 변화의 괴로움(vipariṇāmadukkhatā : 壞苦性)'이란 표현이 나온다. 이러한 순서는 괴로움의 자체와 그것의 형성과 파괴라는 측면에 맞추어 배열된 것으로 보인다. 그러나 ≪청정도론≫(Vism. 499)에서는 고통의 괴로움, 변화의 괴로움, 형성의 괴로움의 순서로 의미의 심오함의 정도에 따라 배치되어 있다. 태어나고 늙고 병들고 죽고 미워하는 사람이나 좋지 않은 조건과 만나고 사랑하는 사람이나 좋은 조건과 이별하고 바라는 것을 얻지 못하고 슬퍼하고 비탄에 잠기고 곤궁에 처하는 삶의 일반적인 모든 형태의 정신·신체적 괴로움은 고통의 괴로움에 속한다. 삶의 행복한 느낌, 행복한 조건 등은 영원히 지속되는 것이 아니다. 언젠가는 변화하기 마련이다. 이것이 변할 때는 고통, 괴로움, 불행을 낳는다. 이것이 변화의 괴로움이다. 이와 같은 고통은 누구나 이해할 수 있다. 그러나 형성의 괴로움은 괴로움의 진리의 가장 중요한 철학적 측면으로 모든 조건지어져서 형성된 것의 괴로움을 나타내는 것이다.

16)「발생의 진리에 대한 해명」: 발생의 진리는 괴로움의 원인의 진리를 의미하며, '향락과 탐욕을 수반하며 여기저기에서 환희하는 갈애'를 말한다. 그것은 바로 다시 태어남을 가져오는 괴로움의 원인이다. 거기에는 ① 감각적 쾌락의 욕망의 갈애(kāmataṇhā : 欲愛) ② 존재에 대한 갈애(bhavataṇhā : 有愛) ③ 비존재에 대한 갈애(vibhavataṇhā : 無有愛). 이 세 가지로 보아 갈애는 그 토대가 되는 쾌 · 불쾌의 느낌으로 설명된다. 불쾌를 회피하고 쾌락을 추구하는 것이 갈애의 역동적인 본질이다. 이것이 감각적 쾌락의 욕망에 대한 갈애이며, 쾌락의 존재를 유지하려는 것이 존재에 대한 갈애이며, 쾌락의 존재가 무상의 속성에 의해 불쾌의 존재로 변화되었을 때 불쾌의 존재에서 벗어나려는 것이 비존재에 대한 갈애의 보다 본질적 의미이다. 쾌락의 유지와 불쾌에서 벗어남은 각각 영원주의(sassataditthi: 常見)와 허무주의(uccheda-ditthi : 斷見)의 심리적 토대가 될 수 있다. 그래서 ≪청정도론≫(Vism. 567)과 ≪쌍윳따니까야≫의 주석서(Srp. II. 15)에서 다음과 같이 기술하고 있다. '그 갈애들은 그 각각의 갈애(=여섯 가지 갈애)의 활동이 나타남에 따라 감각적 쾌락의 욕망에 대한 갈애 , 존재에 대한 갈애, 비존재에 대한 갈애라는 세 종류가 있다고 생각된다. 즉, 형상에 대한 갈애는 시각의 영역에 나타난 형상 등의 대상이 감각적 쾌락의 유혹에 의해 충족되어 활동이 나타날 때에는 '감각적 쾌락의 욕망에 대한 갈애'라고 한다. 그와 같이 대상이 '항상하다.'거나 '영원하다.'라고 보는 영원주의를 수반하여 전개될 때에는 '존재에 대한 갈애'라고 한다. 영원주의를 함축하는 탐욕은 존재에 대한 갈애라고 불리기 때문이다. 또한 그와 같이 대상이 '단절한다.'거나 '멸망한다.'라고 보는 허무주의를 수반하여 전개될 때에는 '비존재에 대한 갈애'라고 한다. 허무주의를 함축하는 탐욕은 비존재에 대한 갈애라고 불리기 때문이다.' ≪디가니까야≫의 주석서(Smv. 800)는 갈애가 여섯 가지 감역과 관련하여 작용하는 기제를 다음과 같이 설명한다 : 세상에서 눈 등을 자신의 것이라고 집착하는 자들은 허영에 빠져, 자신의 눈을 거울면 등에서 인상으로 파악하여,

청정한 오색(靑・黃・赤・黑・白)의 황금궁전의 열린 보석의 창과 같다고 망상한다. 자신의 귀를 거울면 등에서 인상으로 파악하여, 은관(銀管)과 같다고 망상한다. 자신의 코를 거울면 등에서 인상으로 파악하여, 웅황(雄黃)의 소용돌이와 같다고 망상한다. 자신의 혀를 거울면 등에서 인상으로 파악하여, 붉은 모포처럼 부드럽고 윤기있고 감미로운 것이다라고 망상한다. 자신의 몸을 거울면 등에서 인상으로 파악하여, 쌀라 나무의 가지와 같기도 하고, 아치형의 황금문과 같기도 하다고 망상한다. 그리고 정신에 대해서는 자신의 정신은 다른 사람에 비해서 광대한 것이다라고 망상한다. 또한, 세상에서 눈 등을 자신의 것이라고 집착하는 자들은 허영에 빠져, 자신의 형상은 황금의 황화수의 꽃과 같다고 망상하고, 자신의 소리는 가릉빈가나 뻐꾸기처럼 사랑스럽게 울리는 마니피리의 소리와 같다고 망상한다. 다른 네 가지의 냄새 등의 대상에 대해서도 유사한 방식으로 망상한다. 갈애는 사랑스럽고 즐거운 것이 있으면, 그곳에서 일어나 그곳에 안착한다.

17) 「소멸의 진리에 대한 해명」 : 소멸의 진리에 대한 관찰이란 '새김의 토대의 큰 경'에서의 열반(涅槃)의 관찰이라고 볼 수 있는데, '갈애가 남김없이 사라지고 소멸되고 포기되고 완전히 버려지는 것'으로서의 열반에 토대를 두고 있다. 특히 발생의 진리와 대척적인 관점에서 '시각 등은 세상에서 사랑스러운 것, 즐거운 것이므로, 갈애는 그곳에서 끊어져 그곳에서 소멸한다.'라고 관찰하는 것이 열반에 대한 명상의 독특한 측면이라고 볼 수 있다. 그러나 열반은 일반적으로 현상세계가 소멸한 것의 진리이다. ≪쌍윳따니까야≫의 「무위의 쌍윳따」(asaṅkhata-saṃyutta : SN. IV. 369~373)에는 소멸하여 언표될 수 없는 세계에 대한 열두 가지 묘사가 부정적인 언표로 등장하는데 갈애의 소멸, 즉 애진(愛盡)이란 그 가운데 하나이다 : 무위(無爲 : asaṅkhata), 무루(無漏 : anāsavam), 불로(不老 : ajaraṃ), 무견(無見 : anidassana), 무희론(無戱論 : nippapañca), 무재(無災 : anītika), 무재법(無災法 : anītikadhamma), 무에(無恚 : avyāpajjha), 이탐(離貪 : virāga), 불사(不死 : amata), 애진(愛盡 : taṇhākkhaya), 무착(無着 : anālayo). 그리고 열아홉 가지의 긍정적인 언표 가운데 해탈이 열반의 의미로 사용된다 : 종극(終極 : antam), 진제(眞諦 : saccam), 피안(彼岸 : pāra), 극묘(極妙 : nipuṇa), 극난견(極難見 : sududdasa), 견고(堅固 : dhuva), 조견(照見 : apalokita), 적정(寂淨 : santa), 극묘(極妙 : paṇīta), 지복(至福 : siva), 안온(安穩 : khema), 희유(希有 : acchariya), 미증유(未曾有 : abbhuta), 청정(淸淨 : suddhi), 해탈(解脫 : mutti), 섬(島 : dīpa), 동굴(洞窟 : leṇa), 피난처(避難處 : tana), 귀의처(歸依處 : saraṇa).

18) 「길의 진리에 대한 해명」 : 이 길의 진리에 대한 관찰은 지송경전의 「여덟 가지 고귀한 길에 대한 분석의 경」과 동일하다. 올바른 견해(sammādiṭṭhi : 正見)·올바른 사유(sammā-saṅkappo : 正思惟)·올바른 언어(sammāvācā : 正語)·올바른 행위(sammākammanto : 定業)·올바른 생활(sammā-ājīvo : 正命)·올바른 정진(sammāvāyāmo : 正精進)·올바른 새김(sammāsati : 正念)·올바른 집중(sammāsamādhi : 正定)에 대한 상세한 분석이 진행된다.

6. 아비담마품 阿毘曇磨品

경장인 ≪니까야≫의 경전들은 그것이 비록 법수적 · 개념적인 주제를 갖고 있더라도, 그것은 단지 논리적인 설명이 아니라 특정한 상황에서의 정신 · 신체적인 체험을 지시하는 부처님의 법문이다. 이에 비해, 『아비담마』(Abhidhamma)는 그러한 법문을 이해하기 위한 개론적 서술이거나 해명적인 설명으로 이루어진다. 아비담마란 아비(abhi : 대해서)와 담마(dhamma : 가르침)가 결합된 말로, 즉 경장(經藏)에 기술된 부처님의 가르침을 논리적으로 또는 형이상학적으로 다룬 '가르침'을 의미한다. 아비담마는 경전에 나타나는 내용을 있는 그대로 이해하도록 도울 수는 있으나 경장을 이해하는데, 필수 불가결한 것이라고 볼 수는 없다. 그러나 복잡다단한 심리 현상의 발생과 소멸에 관하여 개괄하거나 때로는 보다 깊은 이해를 하는데, 도움을 주는 측면이 있지만, 어떤 경우에는 경전을 이해하는데, 시야를 한정시키는 측면도 없지 않아 있다. 이러한 아비담마의 논장은 7권의 책으로 구성되어 있다. 『담마요약론』(Dhammasaṅgani : 法集論)』 · 『분별론』(Vibhaṅga : 分別論) · 『세계요소론』(Dhātukathā : 界論) · 『인시설론』(Puggalapaññatti : 人施設論)』 · 『논쟁요점론』(Kathāvatthu : 論事) · 『쌍대론』(Yamaka : 雙論) · 『조건관계론』(Paṭṭhāna : 發趣論)이다. 이러한 아비담마의 논장들은 형식적으로는 일차결집당시에 완결된 것으로 되어 있으나 실제로는 아쇼카 왕 시대에 열린 삼차결집에서 『논쟁요점론』이 부가되어 최종적인 완성된 것이다. 이 칠론 가운데 『담마요약론』은 내면의 심리적 요소들을 사전적으로 구분·나열해 놓은 것이며, 『분별론』은 그것에 대한 보충서로서의 성격을 지닌다. 『세계요소론』은 형이상학적 내용과 그 범주를 규명한 논서이고, 『인시설론』은 개인의 인격과 참사람의 지위에 대한 물음과 답변, 그리고 『논쟁요점론』은 252가지 이단(異端)의 사설(邪說)을 논파하는 내용으로 이루어져 있고, 『쌍대론』은 주어부와 술어부의 역전현상을 통해 쌍을 이루는 구문을 통해 여러 심리적 문제를 보다 명확하게 이해하는데 촛점을 맞추고 있다. 마지막의 『조건관계론』은 24가지 조건에 의한 복잡한 인과관계의 문제를 다루고 있다. 이들 칠론의 아비담마가 편집됨으로 인해, 경(經)·율(律)·론(論)의 삼장(三藏)이 완성되었다. 북방불교의 아비담마 논서는 완벽하지 않지만, 남방불교의 테라바다 논서는 상기의 칠론이 완벽하게 보존된 상태이다. 다소간 신화적이지만, 테라바다의 전승에 따르면, 아비담마에는 3가지 다른 판본이 있었다. 첫째는 부처님께서 천상에 올라가 천신들에게 가르쳤다는 아주 긴 판본이고, 둘째는 부처님께서 지상에 내려와 싸리뿟따에게만 전했다는 목차와 다름없는 간략한 판본이다. 셋째는 다시 싸리뿟따 존자가 제자들에게 가르친 길지도 짧지도 않은 판본이다. 테라바다에서는 세 번째 판본이 부처님 입멸 직후, 제1차 결집(結集)에서 정리되었다고 주장한다.

1. 「담마요약론法集論의 주제」

논장 가운데 첫 번째 책인 『담마요약론』은 빠알리어로 『담마쌍가니』(Dhammasaṅgani) 한역에서는 법집론(法集論)이라고 번역한다. 초기경전 ≪니까야≫에 나오는 법수적 주제를 주로 다루고 있다. 즉, 논모(論母) 가운데 주제 별로 분류하여 다루고 있다. 주로 윤리적인 주제를 심리적인 측면에서 다루고 있다. 이 『담마요약론』의 주석서로는 붓다고싸가 저술한 『앗타쌀리니』(Atthasālinī)가 있다. 마음과 마음의 작용(心心所法)·물질(色法)·일체법(一切法)의 순서로 평면적, 사전적으로 설하고 있다. 여기서는 마음과 마음의 작용에서의 논의의 주제 가운데 첫 번째 주제로 등장하는 것들이 착하고 건전한 것들은 선법(善法), 악하고 불건전한 것들은 불선법(不善法), 중립적인 것들(無記法)이다. 그 가운데 착하고 건전한 것들을 다루고 있는데, 그들 가운데 단지 '착하고 건전한 것들'이 무엇인가를 여기서 소개하고 있는 것이다. 왜냐하면, '착하고 건전한 것들'이 무엇인가를 알면 나머지 악하고 불건전한 것들은 불선법(不善法), 중립적인 것들(無記法)은 기본적으로 유추될 수가 있기 때문이다. 출처는 다음과 같다 : Dhs. 9.

2. 「분별론分別論의 주제」

논장 가운데 두 번째 책인 『분별론』(分別論)은 빠알리어로는 『비방가』(Vibhaṅga)라고 한다. 『분별론』은 첫 번째 책인 『담마요약론』의 보충서이지만, 그것과는 상이한 범주와 상이한 형식을 취해서 ≪니까야≫의 주제를 분류하고 있다. 그 주석서로는 붓다고싸의 『쌈모하비노다니』(Sammohavinodanī)가 있다. 존재다발 · 감각영역 · 인식세계 · 진리(蘊·處·界·諦) 등의 18항목에 관해서 주로 경분별(經分別)·논분별(論分別)·문난(問難)의 입장에서 정의하고 고찰하는 입체적인 설명이 시도되고 있다. 이를테면 '어떠한 물질이든지 과거, 미래 또는 현재에 속하든, 내적이든 외적이든, 거칠건 미세하건, 저열하건 탁월하건, 멀리 있건 가까이 있건, 하나의 무리로 개괄하고 총괄하면, 바로 그것을 물질의 다발이라고 한다.'라는 경전적인 분석을 다시 과거의 것 등이 무엇이고, 내적인 것 등이 무엇이고, 거친 것 등이 무엇인가를 상세히 설명한다. 출처는 다음과 같다 : Vibh. 1.

3. 「세계요소론界論의 주제」

논장 가운데 세 번째 책인 『세계요소론』은 빠알리어로는 『다뚜까타』(Dhātukathā)라고 하고 한역에서는 『계론』(界論)이라고 번역한다. 여러 형이심리학적인 현상과 그 범주에 관한 논서이다. 제법(諸法)이 어떠한 존재다발 · 감각영역 · 인식세계(蘊·處·界)의 포함관계(相攝)와 연합관계(相應)를 밝혀놓은 것으로 형식적인 번쇄론(煩鎖論)이다. 거기에는 포함(所攝)과 비포함(非攝), 포함되는 것과 비포함되는 것, 비포함되는 것과 포함되는 것, 포함되는 것과 포함되는 것, 비포함되는 것과 비포함되는 것. 연합과 비연합, 연합되는 것과 비연합되는 것, 비연합되는 것과 연합되는 것, 연합되는 것과 연합되는 것, 비연합되는 것과 비연합되는 것, 포함되는 것에 관계된 연합되는 것과 비연합되는 것, 연합되는 것에 관계된 포함되는 것과 비포함되는 것, 비포함되는 것에 관계된 연합되는 것과 비연합되는 것, 비연합되는 것에 관계된 포함되는 것과 비포함되는 것이 있다. 예를 들어 1) 포함관계 : 물질의 다발(色蘊)은 한 가지 존재다발(一蘊 : 물질) · 열 한 가지 감각영역(十一處 : 정신을 제외) · 열 한 가지 인식세계(十一界 : 정신과 여섯 감각의식을 제외)에 포함되는 것(所攝)이고, 네 가지 존재다발(四蘊 : 물질을 제외) · 한 가지 감각영역(一處 : 정신) · 일곱 가지 인식세계(七界 : 정신과 여섯 감각의식)에는 비포함되는 것(非攝)이다. 느낌의 다발(受蘊)은 한 가지 존재다발(一蘊 : 느낌) · 한 가지 감각영역(一處 : 정신) · 한 가지 인식세계(十一界 : 정신)에 포함되는 것(所攝)이고, 네 가지 존재다발(四蘊 : 느낌을 제외) ·열 한 가지 감각영역(十一處 : 정신을 제외) · 열 일곱 가지 인식세계(十七界 : 정신을 제외)에는 비포함되는 것(非攝)이다. 이하의 지각의 다발(想蘊), 형성의 다발(行蘊),

의식의 다발(識蘊)도 이와 유사하다. 2) 연합관계 : 물질의 다발(色蘊)은 다른 존재다발 · 감각영역 · 인식세계와 연합은 없고, 네 가지 존재다발(四蘊) · 한 가지 감각영역(一處 : 정신) · 일곱 가지 인식세계(七界 : 정신과 여섯 가지 감각의식)과는 비연합하고 한 가지 감각영역(一處 : 사실) · 한 가지 인식세계(一界 : 사실)와는 그 일부와 비연합한다. 느낌의 다발(受蘊)은 세 가지 존재다발(三蘊 : 지각·형성·의식) · 한 가지 감각영역(一處 : 정신) · 일곱 가지 인식세계(七界 : 정신과 여섯 감각의식)에 연합되는 것(相應)이고, 한 가지 감각영역(一處 : 사실) · 한 가지 인식세계(一界 : 사실)와는 그 일부와 연합되는 것(相應)이다. 한 가지 존재다발(一蘊 : 물질) · 열 가지 감각영역(十處 : 물질과 사실을 제외) · 열 가지 인식세계(十界 : 물질과 정신과 여섯 감각의식을 제외)에는 비연합되는 것(不相應)이다. 한 가지 감각영역(一處 : 사실) · 한 가지 인식세계(一界 : 사실)와는 그 일부와 비연합되는 것(不相應)이다. 이하의 지각의 다발(想蘊), 형성의 다발(行蘊), 의식의 다발(識蘊)도 이와 유사하다. 3) 포함연합관계 : 제법으로서 괴로움의 발생의 진리(集諦)와 괴로움의 소멸로 이끄는 진리(道諦)는 존재다발의 포함에 의해 포함되는 것과 감각영역의 포함에 의해 포함되는 것과 인식세계의 포함에 의해 포함되는 것이 있는데, 그것들은 세 가지 존재다발(三蘊 : 느낌, 지각 형성), 한 가지 감각영역(一處 : 정신), 일곱 가지 인식세계(七界 : 정신과 여섯 가지 감각영역)와 연합되는 것이고, 한 가지 존재다발(一蘊 : 의식), 한 가지 감각영역(一處 : 사실), 한 가지 인식세계(一界 : 사실)와는 그 일부와 연합되는 것이지만, 한 가지 존재다발(一蘊 : 물질), 열 가지 감각영역(十處 : 정신과 사실을 제외)과, 열 가지 인식세계(十界 : 정신과 사실과 여섯 가지 감각의식을 제외)와 비연합되는 것이고 한 가지 감각영역(一處 : 사실), 한 가지 인식세계(一界 : 사실)와는 그 일부와 비연합되는 것이다. 출처는 다음과 같다 : Dhāt. 1, 51, 83.

4.「인시설론人施設論의 주제」

논장 가운데 네 번째 책인 『인시설론』(人施設論)은 빠알리어로는 『뿍갈라빤냣띠』(Puggala-paññatti)라고 한다. 여러 인격적 개인의 성격, 그리고 성자의 지위에 대한 물음과 답변으로 이루어져 있는데, 여기서는 그 인격적 개인의 범주를 일부만 소개하고 있다. 1) 일시적 해탈자(時解脫者)는 때때로 일시적으로 여덟 가지 해탈을 몸으로 경험하여 지혜로 보고 어떤 특정한 번뇌들을 끊는 자이다. 2) 비일시적 해탈자(不時解脫者)는 상시적 해탈자로 성자의 지위에 든 참사람인 고귀한 님들은 모두가 비일시적 해탈자이다. 3) 동요하기 쉬운 자(動法者)는 미세한 물질계나 비물질계의 성취를 얻었으나 원하는 대로 쉽게 얻지 못하고, 선정에서 원하는 곳에 원하는 때에 들거나 나오지 못하는 자로서 그의 방일 때문에 성취가 동요하는 자이다. 4) 동요하지 않는 자(不動法者)는 색계나 무색계의 성취를 얻었고 원하는 대로 쉽게 얻는 자로서 선정에서 원하는 곳에 원하는 때에 들거나 나오는 자로서 그의 불방일 때문에 성취가 동요하지 않는 자이다. 5) 퇴전하기 쉬운 자(退法者)는 미세한 물질계나 비물질계의 성취를 얻었으나 원하는 대로 쉽게 얻지 못하고, 선정에서 원하는 곳에 원하는 때에 들거나 나오지 못하는 자로서 그의 방일 때문에 성취에서 퇴전하기 쉬운 자이다. 6) 퇴전하지 않는 자(不退法者)는 색계나 무색계의 성취를 얻었고 원하는 대로 쉽게 얻는 자로서 선정에서 원하는 곳에 원하는 때에 들거나 나오는 자로서 그의 불방일 때문에 성취에서 퇴전하지 않는 자이다. 7) 의도로 유능한 자(思能者)는 색계나 무색계의 성취를 얻었으나 원하는 대로 쉽게 얻지 못하는 자, 선정에서 원하는 곳에 원하는 때에 들거나 나오지 못하는 자이지만 만약 그가 전념하면, 그 성취에서 퇴전하지 않지만, 만약 그가 전념하지 않으면 성취에서 퇴전하는 자이다. 8) 수호로 유능한 자(護能者)는 색계나 무색계의 성취를 얻었으나 원하는 대로 쉽게 얻지 못하는 자, 선정에서 원하는 곳에 원하는 때에 들거나 나오지 못하는 자로서 만약 그가 수호되면, 그 성취에서 퇴전하지 않지만, 만약 그가 수호되지 않으면 성취에서 퇴전하는 자이다. 9) 배우지 못한 일반인(凡夫)는 세 가지 결박 즉, 개체가 있다는 견해(sakkāyadiṭṭhi : 有身見), 회의적 의심(vicikicchā : 疑), 규범과 금계에 대한 집착(sīlabhataparāmāsa : 戒禁取)을 끊지 못한 자이다. 10) 고귀한 자의 반열에 든 자(種姓者)는 '네 쌍으로 여덟이 되는 참사람이 되기 직전의 참사람의 반열에 입문한 자'의 단계를 말하는데, 그는 선정이나 출세간적인 길에 들기 전의 감각적 쾌락의 욕망계의 마지막 의식단계를 지니고 있다. 11) 두려움으로 인해 제어하는 자(怖畏抑制者)는 범부와 일곱 분의 배울 것이 남아 있는 님들 즉, 유학(有學)을 뜻한다. 12) 두려움으로 인해 제어하지 않는 자(不怖畏抑制者)는 거룩한 님 즉 아라한을 말한다. 13) 불가능한 자(不能行者)는 업장(業障)·번뇌장(煩惱障)·이숙장(異熟障)의 장애를 갖추었을 뿐만 아니라 믿음도 없고 의욕도 없고, 지혜도 없는 아둔한 자로 착하고 건전한 것들에 결정코 들어갈 수 없는 자를 말한다. 14) 가능한 자(能行者)는 업장(業障)·번뇌장(煩惱障)·이숙장(異熟障)의 장애를 갖추지 않고, 믿음이 있고 의욕도 있고, 지혜도 있는 슬기로운 자로 착하고 건전한 것들에 결정코 들어갈 수 있는 자를 말한다. 15) 운명이 결정된 자(決定者)는 오무간업(五無間業)을 지은 자들과 네 쌍으로 여덟이 되는 참사람의 성인들은 운명이 결정된 자이다. 16) 운명이 결정되지 않은자(不決定者)는 운명이 결정된 자 이외의 사람들을 말한다. 17) 길을 가는 자(四向)에는 흐름에 드는 길을 가는 님(sotāpattimagga : 預流向), 한 번 돌아오는 길을 가는 님(sakadāgāmīmagga : 一來向), 돌아오지 않는 길을 가는 님(anāgamī magga : 不還向), 거룩한 길을 가는 님(arahattamagga : 阿羅漢向)이 있고, 18) 경지를 성취한 자(四果)에는 흐름에 든 경지에 도달한 님(sotā-pattiphala : 預流果), 한 번 돌아오는 경지에 도달한 님(sakadāgāmīphala : 一來果), 돌아오지 않는 경지에 도달한 님(anāgamīphala : 不還果), 거룩한 경지에 도달한 님(arahattaphala: 阿羅漢果)이 있다. 출처는 다음과 같다 : Pug. 1-18. 출처는 다음과 같다 : Pug. 1-18.

5. 「논쟁요점론論事의 주제」

논장 가운데 다섯 번째 책인 『논쟁요점론』은 빠알리어로는 『까타밧투』(Kathāvatthu)라고 하고 한역으로는 논사(論事)라고 번역한다. 아쇼카 왕 시대에 불교가 18부파로 분열되어 혼란을 초래했을 때에 장로 띳싸 목갈리뿟따(Tissa Moggaliputta)가 252가지의 이단사설을 공격한 파사론(破邪論)이다. 논장의 역사에서 중요한 위치를 차지한다. 이 전승은 믿을 만한 것이다. 여기서는 개인의 존재를 두고 논쟁을 벌인 것이 소개되고 있다 : 장로 : 실재적·궁극적 의미로 개인을 파악할 수 있습니까? 이교도 : 예, 그렇습니다. 장로 : 실재적·궁극적 의미가 발견되는 방식으로 실재적·궁극적 의미로 개인이 파악될 수 있습니까? 이교도 : 아니요, 그렇게 말할 수 없습니다. 장로 : 그대는 패배를 인정해야 합니다. 만약 진실의 의미나 궁극의 의미로 개인이 파악될 수 있다면, 실재적·궁극적 의미가 발견되는 방식으로 실재적·궁극적 의미로 개인이 파악될 수 있다고 말해야만 합니다. 장로 : 그런데 그대가 말한 것은 '실재적·궁극적 의미로 개인이 파악될 수 있다고 말할 수 있지만, 실재적·궁극적 의미가 발견되는 방식으로 실재적·궁극적 의미로 개인이 파악될 수 있다고 말할 수 없다.'라는 것이니, 그러므로 그대가 틀린 것입니다. 이 논쟁에서 실재적 의미(諦義)라는 것은 환상이나 그림자나 아지랑이 등과 같이 무실체한 것으로 생각되지 않는 실재적 의미(bhūtaṭṭho)를 뜻한다. 그리고 궁극적 의미(勝義)라는 것은 언표로서 전해질 수 없는 최상의 의미(uttamaṭṭho)를 의미한다. 남방 아비달마에서는 존재다발·감각영역·인식세계(蘊·處·界) 등의 75종의 분별법(dhammappabhedo)은 실재적 의미로써 파악될 수 있는 것인데, 그와 같이 실재로 개인이 파악될 수 있느냐고 물어 본 것이다. 출처는 다음과 같다 : Kathv. 1

6.「쌍대론雙論의 주제」

논장의 칠론 가운데 여섯 번째에 해당하는『쌍대론』은 빠알리어로는『야마까』(Yamaka)라고 불리고 한역에서는 쌍론(雙論)이라고 한다. 담마의 내용을 설명하는 것이 아니라 상호관계만을 쌍대하여 설하는 논서이다. 모든 현상은 특수한 전제와 감각의 능력(根), 존재다발(蘊), 감각영역(處), 인식의 영역(界), 진리(諦) 등의 십쌍대(十雙對)의 품으로 이루어져 있으며, 논장 가운데서 발취론 다음으로 방대하다. 이를테면 쌍대적 설명방식은 아래와 같다 : '어떤 것이든 착하고 건전한 것들은 모두가 착하고 건전한 뿌리를 갖고 착하고 건전한 뿌리를 갖는 것들은 모두가 착하고 건전한 것들이다. 어떤 것이든 착하고 건전한 것들은 모두가 착하고 건전한 뿌리로 동일한 뿌리를 갖고 있다. 또한 착하고 건전한 뿌리로 동일한 뿌리를 갖고 있는 것들은 모두가 착하고 건전한 것들이다.' 여기서 동일한 뿌리는 탐욕의 여읨, 성냄의 여읨, 어리석음의 여읨을 의미한다. 출처는 다음과 같다 : Ymk. 1

7.「조건관계론發趣論의 주제」

이「조건관계론」은 빠알리어로 빳타나(Paṭṭhāna)라고 하는데, 한역에서는 발취론(發趣論)이라고 번역한다. 논장 가운데 가장 방대한 문헌으로 이십사연(二十四緣)의 분별과 시설에 관한 인과론을 다루고 있다. 그것에 대해 올바로 이해한다는 것은 매우 어렵다. 여기서는 그 이십사연의 이름만을 소개하고 있는데, 대충 설명하자면 다음과 같다 : 1) 근본조건(因緣) : 근본적인 원인의 상태로서의 조건을 말한다. 이를테면 벼에 대한 벼의 종자와 같은 보다 중요한 조건을 말한다. 또는 나무의 각 부분에 대한 뿌리에 비교된다. 그런데 아비달마에서는 근본조건으로 모두 정신적 조건을 들고 있다. 탐욕(lobha : 貪), 성냄(dosa : 瞋), 어리석음(moha : 痴)은 악하고 불건전한 것(akusala : 不善)의 근본조건이고 탐욕의 여읨(alobbha : 不貪), 성냄의 여읨(adosa : 不瞋), 어리석음의 여읨(amoha : 不痴)는 착하고 건전한 것(善 : kusala)의 근본조건이다. 2) 대상조건(所緣緣) : 대상적 조건으로 모든 체험의 대상이 여기에 속한다. 모든 조건은 유위법적 근본 사유구조에 지배되고 있는 만큼 인식론적으로 대상조건에 해당한다. 그것은 무한히 상호작용하는 사건들 가운데 어느 결정자를 개념적으로 분리한 것으로 존재론적으로 허구이지만 인식론적으로는 사유에 의해 통제되는 대상조건에 해당한다. 열반(nibbāna)과 모든 종류의 대상이 개념적으로 정신의 대상이 될 수 있다. 붓다고싸(Vism. 533)는 '의식의 대상이 되지 않는 것은 이 세상에 없다'고 했다. 3) 영향조건(增上緣) : 결과에 영향력을 행사하는 효과적인 조건을 뜻한다. 빠알리 아비달마에서는 영향조건을 두 가지로 구분한다. 대상영향(ārammaṇādhipati : 所緣增上)은 외부적 대상과 내부적 감관에 의해 마음에 생성되는 인상에 적용되는 방식이고, 병발영향(sahajātādhipati : 俱生增上)은 의식과 함께 발생하는 의도, 의지, 노력, 숙고와 고찰 등의 동기가 작용하는 방식을 말한다. 4) 공간근접조건(無間緣) : 붓다고싸는 공간적 근접조건과 시간적 근접조건을 구분하지 않고 둘 다 지체 없이 뒤따르는 정신적 상태의 조건이라고 설명하고 있다. 그러나 레바따 장로는 세무간(世無間 : addhānantara)에 의해서 무간연(無間緣 : anantarapaccaya)이 있다고 정의하는 것으로 보아 이것은 공간적 근접조건을 말하고 있음이 분명하다. 인과율은 원인과 결과 사이의 작용의 연속성을 필요로 한다. 그런 의미에서 인과적 연쇄에서 불연속이나 틈새(間 : antara)와 같은 비인과적 사건은 회피되어야 한다. 그러나 공간적 근접성은 공간을 통한 작용들의 계속적 전달로 오인되어서는 안 된다. 인과적으로 원격작용도 일어나기 때문이다. 5) 시간근접조건(等無間緣) : 무간연을 공간적 근접조건이라고 정의한 레바따 장노는 시무간(時無間 : kālāntara)에 의해 등무간연(等無間緣 : samanantarapaccaya)이 있다고 규정함으로써 원인과 결과 사이의 시간지연이 필수적인 것이 아님을 말하고 있다. 이러한 원리는 원인이 결과보다 시간적으로 선행한다든가 원인과 결과는 시간적으로 유한한 간격에 의해 분리되어야 한다는 러셀과 같은 서양철학자들의 견해와 충돌하지만, 붕게에 의하면 아무런 시간지연을 포함하지 않는 원격작용들이 실제로 일어나고 있고 또한 시간계열의 상대성은 시간의 역전을 가능하게 하므로, 시간근접조건은 동시성을 포함하는 시간지연으로 파악되어야 할 것이다. 6) 병발조건(俱生緣) : 함께 발생함으로써 도와주는 것이 병발조건이다. 램프를 켰을 때 빛이 램프의 불꽃에 병발된다. 열과 빛은 함께 수반적으로 생성되는 것이다. 이때에 램프는 병발조건에 의해서 빛과 열에 관계한다. 『조건관계론』은 어떠한 사물이라도 그 스스로 다른 현상을 수반하지 않고 발생하는 능력을 부정했다. 이러한 조건의 수반성은 물리적 정신적 모든 변화에 적용된다. 이러한 조건의 수반성은 결과는 원인에 의해 종합된 필요한 요인들이 충족되면 나타난다는 일반적 원리에 기초하고 있다. 7) 상호조건(相互緣) : 상호의존적으로 발생하는 조건으로 쌍조건적 발생이라고 할 수 있다. 인과관계는 변증법론자들이 자주 말해왔듯이 상호인과관계를 희생해서 인위적으로 강화한 것이다. 그러나 물리적인 작용과 반작용의 법칙은 상호작용하는 하나의 현상의 두 측면이다. 그러나 유위법칙으로 효과적인 개념을 가지고 현상을 다루기 위해서는 어느 하나의 측면에 초점을 맞추는 것이 방법적으로 불가피하다. 그렇지만 엄격한 인과성을 적용할 경우 알려진 모든 작용에 반작용이 수반된다는 것, 즉 결과는 언제나 원인(入力)이 존재하는 한 그것에 반작용을 가한다는 사실은 틀림없다. 이런 의미에서 상호작용론은 조건과 모든 정신물리적 과정에 가장 포괄적으로 적용될 수 있는 것이다. 그러나 상호작용의 빈번한 비대칭성과 선행자가 완전히 사라지는 과정은 상호작용으로 기술될 수 없다는 사실 때문에 보편적 이론으론 부적절한 측면을 지닌다. 또한 인과관계를 상호작용의 특수한 경우로 간주할 수 없다. 왜냐하면 상호작용은 비가역적 산출성이라는 본질적 요소를 결여하고 있기 때문이다. 그러나 대부분의 사건에서 인과관계와 상호작용은 동시에 참여한다. 그러한 의미에서 상호조건은 병발조건과 맥락을 같이 한다. 8) 의존조건(依緣) : 여러 사건이 발생하기 전이나 그 동안이나 그 이후에 서로 의존하는 성질이다. 그러나 이 조건은 예를 들어 병발조건과는 달리 땅은 나무와 함께 발생하지 않으며 상호조건과는 달리 땅은 존재적으로 나무에 의존하지도 않는다. 특히 물리적 사건에서 이러한 조건의 기능은 땅에 대한 나무의 의존, 또는 캔버스의 그림 그리기에 비유된다. 이러한 조건의 의존은 수반성의 본질이라 할 수 있다. 9) 친의조건(親依緣) : 붓다고싸는 이 조건을 '강력한 원인에 의해서 자조(資助)하는 법(balavakāraṇabhāvena upakāro dhammo)'이라고 규정하고 있다. 이것은 의존조건 가운데 특별한 것으로 도덕적·비도덕적 상태가 각각 사고와 행동에 영향을 주는 것을 말한다. 『조건관계론』과 『청정도론』에 따르면 이러한 친의조건에는 3가지가 있다. 대상친의(ārammaṇ'ūp-anissaya : 所緣親依)는 대상영향(所緣增上)과 유사하다. 그러나 차이점은 대상영향 가운데 어떤 예를 들어 명상중에 어떤 요소를 특히 중요시했을 때 그것이 강력한 원인으로 작용하는 것을 말한다. 무간친의(anantarûpanissayā : 無間親依)는 시간적인 근접조건과 유사하다. 특히 도덕적 수행에서의 전심(前心)이 후심(後心)에 대하여 강력한 원인이므로 무간친의라고 한다. 자연친의(pakat'ūpanissaya : 自然親依)는 『청정도론』에 의하면 '자연적으로 자신의 상속 중에 완성되는 것, 또는 믿음, 계율 등을 닦는 것, 계절, 음식물 등의 자연물의 강력한 원인에 의한 것으로, 대상친의나 무간친의와는 혼동되지 않는다는 뜻이다'라고 정의하고 있다. 따라서 자연친의는 인과관계의 필연성을 강조하고 있다. 10) 선행조건(前生緣) : 이것은 다른 현상의 생성을 위해 선존재를 인정하는 조건을 말한다. 선행조건들은 인과관계를 성립시키는 충분조건이긴 하지만 필요조건은 아니다. 왜냐하면 동시적인 관계도 배제될 수 없기 때문이다. 11) 후행조건(後生緣) : 후행조건은 이미 일어난 선행조건을 돕는다. 이것은 분명히 테라바다 불교에서의 결과 이후에도 원인의 지속을 주장하고 있다는 것을 나타낸다. 즉 비는 이미 땅에서 성장한 식물의 성장을 돕는다. 이러한 식으로 선행하는 물리적인 사건(色法)을 후행하는 정신적 사건(非色法)이 지탱하고 자조(自助)하는 역할을 한다. 이것은 자양조건(āhārapaccaya : 食緣)과 유사하다. 12) 반복조건(習行緣) : 조건적인 발생의 효과를 반복적으로 강하게 하는 기능을 갖고 있다. 페인트를 여러번 덧칠해서 표면이 더욱 밝아지는 것과 같다. 정신적으로는 자비심을 한번 일으키면 나중에 그 자비심의 반복적인 발전을 도모할 수 있다. 13) 행위조건(業緣) : 이것은 도덕적 행위와 그 책임감의 인과적 문제와 관련된 것이다. 이것에 관해서 업과 윤회의 장에서 상세히 거론할 것이지만, 결과적으로 행위와 그 책임감은 수행에 의한 곧바른 앎 즉, 초월지를 통해 체험적 측면에서 귀납적으로 추론함으로써 가능해지는 것이다. 초기불교에서 업(業)은 의도(思)를 뜻하는데, 붓다고싸의 아비달마적 해석에 의하면 두 가지 종류의 행위관계로 구별된다. 비동시적인 것(nānakkhaṇika : 多刹那)과 병발적인 것(sahajāta : 俱生)인 것이다. 정신물리적 개체는 전생의 삶의 형성(saṅkhārā : 行)이나 의도(cetāna : 思)를 조건으로 현생의 삶을 지속한다. 이것이 불공업적(不共業的)인 비동시적 행위조건이 된다. 다른 한편 의도와 함께 일어나는 선악의 사유들이 있는데, 이러한 의도는 공업적(共業的)인 병발적인 행위조건이 된다. 위의 비동시적이고 병발적인 조건의 계기는 존재상의 계기에 포괄되며, 조건의 수반성의 본질을 이루고 있는 것이다. 14) 이숙조건(異熟緣) : 이 이숙조건은 설일체유부의 이숙인(異熟因)과 같은 것이다. 그런데 그것이 행위조건과 다른 것은 비동시적 행위조건처럼 이숙조건은 결과를 끌어당김으로써 원인과 결과 사이의 시간지연을 함축한다. 따라서 우리는 행위조건과 이숙조건을 구별할 수 있다. 그것은 의도가 지속적이고 잠재적인 업(業)의 형태로 남아 있다가 적절한 기회를 만나면 결과를 생성하는 그러한 조건이다. 15) 자양조건(食緣) : 자양조건에 대한 초기불교의 해석은 광범위하게는 모든 조건에 해당시킬 수 있다. 물질적인 자양, 접촉의 자양, 의도의 자양, 의식의 자양은 다시 태어나고 재생을 구하는 존재의 조건이 된다. 아비달마불교에 의하면, 이 자양조건은 결과를 생산할 수 있으나 그 기본적 기능은 이미 생겨난 존재를 유지하는데 있다. 이것은 연기의 지속적인 수반성과 관계되어 있다. 16) 능력조건(根緣) : 이것은 모든 종류의 법을 제어하고 유지하고 방향지우는 조건을 말하는데, 영향조건과 유사한 측면을 지닌다. 여기에는 감각능력으로서의 감관(眼·耳·鼻·舌·身·意) 뿐만 아니라 믿음(saddhā), 정진(viriya), 새김(sati), 집중(samādhi), 지혜(paññā) 등의 능력도 포함된다. 그러나 이것은 영향조건에 포괄될 수 있으므로 설일체유부에서는 별도로 거론하지 않고 있다. 17) 명상조건(禪緣) : 이것은 마음의 집중을 유지하게 하는 요인을 말한다. 마음의 집중과정에 대한 해명과 동일하다. 여기에는 네 가지 선정(四禪)의 선정이 포함된다. 고차원적인 정신적 단계로서 조건지어진 선행하는 모든 명상의 단계들이 그 수반토대가 된다. 모든 명상의 단계는 명상과 상응하는 담마 내지 거기에 수반하는 물질에 대하여 명상조건으로서 조건이 된다. 이러한 명상단계는 거친 세속적 담마의 소멸에 따른 수반적 자유로 나타난다. 18) 행도조건(道緣) : 각 단계의 토대를 닦아서 다음 단계의 성취에 도움을 주는 조건을 말한다. 특히 팔정도나 그와 관련된 사도(邪道)의 각각의 단계는 거기에 상응하는 마음과 마음의 상태 내지 거기에 수반되는 물질현상에 대하여 행도조건(行道條件)으로 작용한다. 모든 도의 요소(道支)는 도와 상응된 담마와 거기에 수반되는 물질현상에 대해 행도조건으로서의 조건이다. 따라서 명상조건은 행도조건의 일부로서 드러난다. 이것은 열반에 이르는 길로 설명되는 달성원인(prāpaṇakāraṇa)과 유사하다. 넓게는 행도조건이 모두 영향조건에 포괄될 수 있는 것들이다. 따라서 설일체유부는 별도로 행도조건을 언급하지 않고 있다. 19) 연합조건(相應緣) : 여러 종류의 정신적 현상들이 긴밀하게 연합되어 일어나는 조건을 말한다. 『청정도론』에 의하면 이러한 연합은 네 가지 방식으로 일어난다. ① 공동의 토대를 가짐(ekāvatthuka) ② 공동의 대상을 가짐(ekārammaṇa) ③ 함께 일어남(ekuppāda) ④ 함께 소멸함(ekanirodha) 예를 들어 '네 가지의 비물질적 다발들은(受·想·行·識)은 서로 연합조건으로서의 조건이다.' 이 연합조건에 대해서 칭우(稱友)의 구사론 주석서(Sphuṭārthâbhidharmakośavyākhya, 189)는 다음과 같이 정의하고 있다. '그것은 공동의 대상을 갖는 기능에 의해 결정된다.' 20) 비연합조건(不相應緣) : 이것은 연합조건의 네 가지 전제를 채우지 못한 조건으로 하나의 토대나 하나의 대상을 가지고 함께 생성되고 소멸되는 것이 아닌 조건을 말한다. '물질적인 현상들은 비물질적인 현상들에 대해 또는 비물질적인 현상들은 물질적인 현상들에 대해 비연합조건이 된다.' 거기에는 세 가지가 있다. 병발적인 것(sahajāta)과 후발적인 것(pacchāta)과 선발적인 것(purejāta)이 있다. 병발적인 비연합조건이란 병발하는 마음의 상태가 마음에 수반되는 물질적 신체에 대하여 가지는 조건을 말한다. 후발적인 비연합조건이란 후발적인 마음의 상태가 선발적인 물질적 신체에 대하여 가지는 조건을 말한다. 그리고 선발적인 비연합조건이란 후발적인 물질적 육신이 선발적 마음의 상태에 대하여 가지는 조건을 말한다. 이러한 비연합조건은 정신과 물질현상의 이원론적 구별을 지지하는 것처럼 보이지만 동일토대와 동일대상에 의한 연합만을 부정하는 것이며, 병발이나 속발을 부정하지 않는다는 측면에서 정신과 물질의 수반성을 담보하고 있다. 즉 그들 사이에는 수반적 인과관계가 성립한다고 볼 수 있다. 이러한 측면에 대해 깔루빠하나는 다음과 같이 말했다 : '이것은 물질적 요소가 단지 정신의 투사에 불과하다는 관념주의자들의 견해를 반박하는 데 목적이 있다. 정신적 현상과 물질적 현상의 상호의존을 설명하는 데 그들을 분리함으로써 아비달마론자들의 실재적 입장을 강화시키는 데에 도움을 준다.' 21) 현존조건(有緣) : 현존조건이란 '현존함을 특징으로 있음의 존재를 통해서 다른 것을 지탱함으로써 도움을 주는 것이다. 이것은 군더더기와 같은 조건형식이지만, 중요한 조건의 속성 가운데 하나이다. 원인이나 조건은 단일한 사건이라 하더라도 무한한 사건과 연계되어 있고 다양한 요소들로 구성되어 있다. 예를 들어 네 가지 물질적 요소(地·水·火·風)는 각각 별도로 존재하는 것이 아니라 서로에게 현존조건이 된다. 네 가지 정신적 요소(受·想·行·識)도 마찬가지이다. 그리고 정신물리적 복합체로서의 개인에게는 마음과 마음의 상태는 마음에 수반해서 일어나는 물질적 요소에 대하여 현존조건이 된다. 또한 시각영역은 시각의식에 대하여 현존조건이 된다. 22) 부존조건(無緣) : 현존조건이 사물이 발생하는 데 있어서의 공존하는 조건들을 의미한다면 부존조건은 효과적 발생을 위해 소멸되어 부재(不在)함으로 새로운 것이 나타나는 계기를 부여하는 조건이다. 예를 들어 씨앗과 더불어 물, 흙, 온기 등을 현존조건으로 싹이 생겨날 때 다른 현존조건은 지속적으로 현존하는 데 비해 특정한 조건, 즉 씨앗이 사라져 부재(不在)함으로서 싹이 트는 결과를 마련해준다. 부존조건은 그 자신이 사라져 부재함으로서 결과를 나타나게 해준다. 직전에 소멸한 모든 마음과 마음의 상태인 법들은 현재의 모든 마음과 마음의 상태인 법들에 대하여 부존조건으로서의 조건이다. 그러나 이러한 부존조건이 엄밀한 의미에서 결코 원인의 부재를 의미하지 않음을 명심해야 한다. 23) 이거조건(離去緣) : 붓다고싸는 부존조건과 동일한 것으로 정의하고 있다. 그런데 깔루빠하나는 이 조건을 중지조건(abeyance condition)이라고 번역하고 부존조건이 야기시키는 정태적인 실재에 대한 믿음을 제거시킬 목적으로 시설한 것으로 보고 있다. 24) 불이거조건(不離去緣) : 붓다고싸는 현존조건과 동일한 것으로 보고 있다. 다만 현존조건이 정태적 실재에 대한 잘못된 믿음을 갖게 되는 것을 피하기 위해 특별히 시설된 것이라고 볼 수 있다. 출처는 다음과 같다 : Paṭṭh. I. 1; Vism. 536~541. 『초기불교의 연기사상』 : 129~142.

8. 「통찰지평의 경송」

초기경전에 등장하는 중요한 기본적인 개념들로 아비달마적인 분석의 토대가 되는 기본적 개념을 통찰지평이라고 한다. 통찰지평(vipassanābhūmi)이라는 말은 『청정도론』에 등장하는데, 그것을 『청정도론』에서는 지혜지평(paññābhūmi)이라고도 한다. 역자가 번역한 지평이라는 말은 원래 땅을 의미하므로, 통찰지평은 통찰단계 또는 지혜의 단계에 들어선 자가 통찰의 땅에서 자랄 수 있는 것들을 대상화할 때 생겨나는 인식의 지평을 말한다. 통찰지평에서 다섯 가지 존재다발(五蘊) · 열두 가지 감각영역(十二處)과 열여덟 가지 인식세계(十八界)와 스무 가지 능력(二十根)과 네 가지 거룩한 진리(四諦)와 십이연기(十二緣起)의 순관과 역관을 나열한 것이 있다. 출처는 다음과 같다 : Vism. 491.

7. 공덕회향품功德廻向品

공덕회향의 게송들은 출처와 성립연대는 불분명하다. 형식적으로 경전적인 근거를 갖고 있는 것은 아니지만 신심 있는 후대의 불자들에 의해 적어도 이념적으로는 경전적 근거를 갖고 만들어진 것이 틀림없다. 특히 초기경전 「일체의 경」(SN. IV. 15)의 정신을 이어받아 '일체의 세계'가 행복하길 기원한다는 측면에서 수호경전들과 맥락을 같이 하고 있지만 자신이 쌓은 공덕을 일체의 뭇삶에게 회향한다는 측면에서는 자비정신의 극치를 보여주는 것이다.

1. 「일체에의 공덕회향의 게송」

'자신이 지은 공덕을 사랑스러운 자들이나 부모처럼 덕성이 있는 자들이나 보이건 보이지 않는 자들이나 다른 무관자나, 적대자들에게라도 일체의 뭇삶에게 회향한다.'는 취지를 갖고 있다. 출처와 성립연대는 알 수 없다.

2. 「공덕회향의 게송」

천신들에게 부처님의 가르침을 베풀어 그 공덕을 회향하며, 장로, 중진, 신참 수행승들, 정인(淨人)들, 시주들, 재가신자들, 재가자들, 지방사람들. 도시사람들, 지도자들, 일체의 뭇삶들이 행복하길 기원하고 올바른 가르침이 뭇삶을 수호하길 바라는 게송이다. 출처와 성립연대는 불분명하다.

3. 「봉헌확립의 게송」

음식의 봉헌으로 최상의 덕성을 지닌 친교사, 도움을 준 교계사, 사랑스런 어머니와 아버지, 태양과 달의 하늘사람들, 덕성있는 사람들, 하느님들과 악마들, 제석천들, 세상의 수호신들, 염라왕, 친구들, 사람들, 적들, 무관자들, 적들, 모든 존재들에게 공덕을 회향하며, 곧바른 마음, 새김과 지혜, 버리고 없앰, 정진, 이러한 것으로, 악마가 나의 정진에 기회를 포착하지 못하도록 다짐하고 최상의 빛인 부처님에 귀의하여 악마가 나의 열 가지 공덕의 힘으로 기회를 포착하지 못하도록 다짐하는 것이다. 열 가지 공덕은 보시, 지계, 명상수행, 겸손과 존경, 봉사, 공덕회향, 타인의 공덕을 함께 기뻐함, 청문, 설법, 올바른 견해의 확립을 말한다. 일부출처는 다음과 같다 : Smv. 999.

4.「보시의 기쁨을 나눔」

보시한 것의 공덕을 감사하여 그 보시의 기쁨에 참여하여 보시한 자에게 바라고 원하는 것이 실로 속히 성취되길 비는 게송이다. 모든 서원들이 성취되길 비는 이 게송의 첫 번째 시는 쿳다까빠타의「담장 밖의 경」(Khp. 7)에서 유래한 것이고, 고뇌와 질병과 장애가 사라지고 행복하게 오래 살기를 기원하는 세 번째 시는 디가니까야≫(DN. 32)의 아따나띠야의 경(Āṭānāṭiya-sutta)의 일부이고, 수명과 용모와 행복과 기력이 성장하길 기원하는 네 번째 시는 담마파다(Dhp. 109)에서 유래한 시이다. 일부출처는 다음과 같다 : Khp. 6; DN. 32; Dhp. 109

5.「최상의 청정한 믿음의 게송」

≪쿳다까니까야≫의『이띠부따까』에서 유래한 것으로 최상의 가르침과 최상의 깨달은 님에게 청정한 믿음을 내는 자들에게 위없는 부처님이야말로 공양받을 만한 분이고, 최상의 가르침과 최상의 참모임에게 청정한 믿음을 내는 자들에게 위없는 적멸이야말로 최상의 공덕의 밭이므로, 최상의 것을 보시한 자들에게 최상의 수명, 최상의 용모, 최상의 명예, 최상의 칭송, 최상의 행복, 최상의 기력을 얻게 된다는 사실을 노래한다. 출처는 다음과 같다 : It. 90

6.「축복의 작은 우주법계」

삼보의 힘으로 나아가서 팔만사천 법문의 힘, 삼장의 힘과 최승자의 제자들의 힘으로, 일체의 질병과 장애가 사라지고 세속적인 안락, 장수, 부와 명예가 증장하길 기원하는 내용으로 된 것인데, 출처는 알 수 없다.

7.「신묘한 축복의 게송」

부처님께서 위난의 순간에 기적적인 승리를 거둔 것을 노래한「승리의 축복의 게송」의 후반에 해당하는 것으로, 모든 승리의 축복이 함께 해서 삼보의 가피력으로 평안을 기원하는 형식을 취하고 있다. 일부출처는 다음과 같다 : Jmg.(「승리의 축복의 게송」)의 일부.

8.「공양의 기쁨을 나눔의 게송」

≪앙굿따라니까야≫에서 음식의 보시가 수명과 기력과 용모와 행복과 총명을 베푸는 공덕을 짓는 것이며, 명성과 장수가 함께 한다는 게송이 있는데, 그 기쁨에 참여하는 내용이다. 일부출처는 다음과 같다 : AN. III. 42

9.「때맞춘 보시의 경송」

역시 ≪앙굿따라니까야≫에 등장하며, 때맞추어 청정한 마음으로 보시된 것은 광대한 것이며, 보시된 것이 그러한 커다란 열매를 거두는 곳에 보시해야 한다고 강조하는데, 그 이유는 공덕이 실로 뭇삶들의 의지처가 되기 때문이다. 일부출처는 다음과 같다 : AN. III. 41

10.「축원의 게송」

착하고 건전한 것을 지어서 그 공덕의 힘으로 부처님의 가르침을 알아서 모든 뭇삶들이 행복하길 기원하는 형식으로 이루어져 있다. 뭇삶들도 수행에 정진하여 열반의 지복을 얻기를 축원하고, 올바른 가르침이 영원토록 지속되고, 세상의 통치자들이 정의롭기를 축원한다. 출처와 성립연대는 불분명하다.

11. 「발원」①
여법한 수행으로 삼보를 공경하오니 그 여법한 수행으로 구체적으로 현실에서 당면하는 생노병사에서 벗어나길 서원한다. 출처와 성립연대는 알 수 없다.

12. 「발원」②
'이러한 공덕으로 번뇌가 여의어지고 이러한 공덕으로 열반이 이루어지이다.'라고 간략하고 강력하게 정신적 측면에서 서원하는 것이다. 출처와 성립연대는 알 수 없다.

13. 「공덕의 기쁨을 함께 나눔」
공덕을 회향하여 부처님의 가르침이 영원토록 지속되기 서원하고, 감사를 표하는 것이다.

8. 통과의례품 通過儀禮品

결혼식/출생명명식/집들이/개업식 등

불교에는 다른 종교와는 달리 기본적으로 종교적 의례가 중요한 자리를 차지하지 못한다. 부처님은 재세시에 재가신자를 위한 특별한 의례의 규칙이나 방법을 시설한 적이 없기 때문이다. 그러한 의례를 거행하는 것은 순전히 개인에게 남겨두었다. 재가자가 의례를 행하는 것과 부처님의 가르침이 충돌하지 않는다면, 의례가 아무런 문제가 될 것이 없었다. 불교의례의 형식이 부족하다면, 불교의 교리에 위배되지 않는 한, 재가신자가 자신이 거주하는 지역의 관습을 채용하면 되었다. 그러나 지역의 관습이나 습관이 불교의 교리와 위배된다면, 의례를 행하는 방식이나 내용을 불교적으로 바꾸어 적용해왔다. 그래서 인간 삶에서 중요한 계기가 되는 출생과 결혼 그리고 추모는 지역마다 다른 관습을 적용하더라도 내용적으로는 부처님의 가르침에 맞게 형성되어 왔다. 그 가운데서도 추모는 죽음에 대한 명상과 관계되어 불교에서는 무상의 가르침을 환기시키는 가장 중요한 의미를 지니는 의례로 발전해왔다. 출가자를 위한 의식은 사원에서 이루어지더라도, 재가신자들을 위한 의식은 주로 사원이나 사원 밖의 재가의 가정이나 특별한 장소에서 이루어졌다.

스리랑카에서 결혼식은 결코 승려들이 주관하지 않는다. 흰옷을 입은 재가신자가 혼인 당사자의 집이나 사원경내에 따로 마련된 결혼식장에서 결혼식을 주관한다. 미얀마의 경우도 혼인당사자의 집이나 곳곳에 마련된 마을회관에서 결혼식을 거행한다. 태국의 경우는 옛날에는 결혼식 하루 전에 수행승이 신혼부부의 집에 와서 저녁에 예경지송을 했고, 그 다음 날 아침에 수행승들에게 음식공양을 올렸다. 오늘날에는 수행승들이 결혼식날 아침에 초대받아 예경지송을 하고, 음식을 대접받는다. 그 후에 장로 수행승이 신혼부부와 참가자들에게 성수를 뿌린다. 이러한 간략한 의식 이후에 바로 손님을 초대한 실제 결혼식을 거행하기도 하고 그날 오후에 거행하기도 한다. 어른들과 하객들은 소라고동 속의 성수를, 축복의 실타래로 엮여 낮은 의자에 앉아 합장하고 있는 신혼부부의 손에 뿌린다.

예전에 종종 집들이 의식과 결혼예식을 함께 거행하기도 했으나, 후대에는 그것이 자주 분리되었다. 함께 거행할 경우, 저녁의 예경지송과 다음 날 아침의 음식공양이거나 당일 아침의 예경지송과 점심공양의 두 가지가 있다. 초대받은 수행승들은 장유의 순서로 마루위의 단이나 매트에 앉는다. 모두가 집주인이 모시는 불상을 시작점으로 연결되어 완전히 집을 둘러싼 축복의 실타래를 붙잡는다. 예경지송을 하고 집주인은 선물을 교환하고 공덕을 뭇삶들에게나 가족의 가신 친지들에게 회향한다.

그 결혼식의 예경지송은 일반예불의 형식에 「결혼서약」(DN. III. 190)을 중간에 송출함으로써 완성된다. 그러므로 결혼축하예식의 순서는 일반예불과 동일하게 한다. 불단과 초와 꽃을 준비하고 신혼부부와 하객은 예불문과 삼귀의와 오계를 송출한다. 신혼부부는 초와 향을 켜고 꽃을 바치고 그것들을 불상의 곁에 놓는다. 신랑과 신부는 ≪디가니까야≫의 「씽갈라까에 대한 훈계의 경」 가운데 각각 신랑과 신부의 의무사항인 「결혼서약」을 송출한다. 마지막으로 하객과 부모들만, 축복의 의미로 「축복의 경」과 「승리의 축복의 게송」을 송출한다. 그러나 특별히 스님들이 관여하는 종교적인 의식을 거행하려 한다면, 결혼식을 거행한 뒤에 하루나 이틀 뒤에 재가자가 스님을 초대하여 음식공양과 필수품을 드리고 새로 결혼한 부부를 위해 법문해줄 것을 청한다. 스님들은 수호경전을 송출하고 스님들 가운데 한 분이 부부에게 설법을 한다. 부처님도 결혼하려는 처녀들에게 법문을 한 적이 있다. 부처님은 한때 '욱가하'라는 재가신자의 집에 초대를 받아서 공양을 드셨다. 부처님께서 식사를 끝내자 욱가하(AN. III. 36)는 그 처녀들에게 설법을 해줄 것을 부탁했다. 그러자 부처님은 다음과 같은 설법을 했다. 세존께서는 그녀들에게 이와 같이 말씀하셨다 : '그렇다면, 딸들이여, 그대들은 이와 같이 '어떠한 남편이든지, 남편의 부모들은 우리의 이익을 바라고 우리의 행복을 바라고 측은하여 애민히 여기는데, 우리는 아침에 일찍 일어나고 저녁에 늦게 취침하고 무슨 일이 있으면 돕고, 마음에 드는 아내가 되고, 사랑스런 말을 건네는 사람이 되겠다.'라고 배워야 한다. 그리고 또한 딸들이여, 그대들은 이와 같이 '우리는 부모나 수행자나 성직자와 같은 남편이 존중하는 사람을 섬기고 존중하고 공경하고 예경하고, 방문하면 자리와 물을 제공하겠다.'라고 배워야 한다. 그리고 또한 딸들이여, 그대들은 이와 같이 '남편을 위하여 양털이나 면화와 같은 집안일을 행할 때, 숙련되고, 부지런하고, 거기에 올바른 수단을 고안하여 갖추고, 훌륭하게 작업하고 훌륭하게 관리하겠다.'라고 배워야 한다. 그리고 또한 딸들이여, 그대들은 이와 같이 '남편의 집안사람들, 하인이나 노복이나 일꾼이 있다면, 그들이 행한 것을 행한 것이라고 알고, 행하지 않은 것을 행하지 않은 것이라고 알고. 병이 나면, 기력이 있는지 기력이 없는지를 알고, 여러 가지 음식을 적당하게 나누어주겠다.'라고 배워야 한다. 그리고 또한 딸들이여, 그대들은 이와 같이 '남편이 재물 즉, 곡식이나 은이나 금을 벌어오면, 우리는 그것을 보존하고 수호하겠다. 우리는 그것을 속이지 않고, 훔치지 않고, 열광하지 않고, 망실하지 않겠다.'라고 배워야 한다. 딸들이여, 이와 같은 다섯 가지 원리를 갖추면, 여인이 몸이 파괴되어 죽은 뒤에 마음에 드는 몸을 지닌 신들의 무리(化樂天)에 태어난다.'

이러한 집들이 의식이나 결혼식에 준하여 이루어지는 의식이 출생후 아이의 명명식이다. 결혼식과는 다르다면 명명식은 스님들이 주관한다는 것이다. 스리랑카에서는 부모가 길일이나 보름

날을 택해서 친지를 초대한 후에 생후 일주일쯤 되면 아이를 데리고 근처 사찰을 찾거나 명명식을 거행한다. 그러나 사원 내에서 법당이나 담마홀에서 이루지는 것이 아니라 주로 승려들이 기거하는 건물 안에 별도로 마련된 홀에서 이루어진다. 태국에서는 태어난 지 한 달이 지난 날 아이가 어느 정도 면역력이 생겼을 때에 바라문교에서 유래했지만 삭발을 시키는 의식(Khwan)과 더불어 명명식을 거행하고, 미얀마에서는 생후 100일이 되면, 사찰을 찾아 명명식을 거행한다. 그러나 자신의 집에 스님들과 친지를 초대하여 명명식을 거행할 수 있다. 스님과 친지들을 위해 음식을 차리고 스님들에게는 필수품을 공양한 뒤에, 재가신자가 아이를 스님들 앞에 두면, 스님들은 다섯 가지 계행과 수호경전 가운데 축복의 경이나 보배의 경이나 자애의 경을 송출한다. 그리고 장로 스님이 아이에게 이름을 준다. 경전의 송출과 음식공양이 끝나면, 스님들이 돌아간다. 재가신자는 명명식에 참석한 사람들에게 음식을 대접한다. 이 출생명명식의 핵심은 아이에게 탈 없이 오래 행복하게 살기를 기원하고 아이를 삼보의 축복 속에서 사회로 맞아들인다. 그 외에 자주 거행되는 재가신자가 새 집으로 이사를 갔을 때에 집들이의식이나 개업식도 이와 유사하게 거행된다.

그리고 테라바다에서는 출가는 어느 정도 성년식의 경향을 띈다. 태국이나 미얀마에서는 출가 경험이 없으면 오히려 사회적으로 인정을 받지 못하기 때문에 비교적 출가와 속퇴가 자유롭다. 물론 스리랑카에서는 출가했다가 속퇴하면, 사회적인 수치이기 때문에 성년식의 성격을 띤다고 볼 수는 없다. 출가의식은 다음과 같다. 성장하여 청년이 20살에 도달하면, 결혼하거나 사회에 진출하기 전에 출가한다. 물론 가신 친지들을 위하거나 부모님을 위하거나 사적인 또는 가정적인 문제를 해결하기 위해 자발적으로 출가하기도 한다. 구족계는 3달간의 우기의 안거가 시작되기 전 7월 달에 거행된다. 그가 정식으로 승려가 되기 하루 전에 삭발하고 하루 동안 흰 옷을 입는다. 승단이 참여해서 예경지송의 의식이 이루어지는 날에는 수행승이 될 자는 승원을 세 번 돌고 집회당에 들어서면 모든 수행승들이 맞이한다. 이전에 예행연습을 한 대로 장로 수행승이 불상 앞에서 수행승이 될 출가의 조건이 갖추어졌는지를 묻는다. 그것이 충족되었으면, 대중들이 그를 받아들인다. 그리고 계율이 설해지고 가사가 착용되면 수행승으로서 받아들여진다. 그는 세달 동안 승원에 머물면서 모범적인 불교승려의 생활을 해야 한다. 그 이후에 그는 원한다면, 세속적인 삶으로 환속할 수 있다.

9. 추모경송품追慕經誦品

불교도들에 의해 거행되는 장례의식의 의미를 이해하기 위해서는 그 배경에 놓인 철학을 이해해야만 한다. 그러한 이해가 없이 단지 형식적으로 치루는 것은 가신 님에게나 장례를 치르는 자에게나 유익하지 않다. 그 가르침의 핵심은 다음과 같다. 불교에 의하면, 인간은 사후에 서른 한 가지 존재의 세계에 다시 태어나며 윤회한다. 그의 윤회는 현재의 삶 혹은 전생의 삶에서 행한 선악의 행위에 조건지어져있다. 즉, 그의 삶은 이 생이나 과거의 생에 행한 선악에 달려있어, 그가 이 생에서의 삶 동안에 도덕적으로 선행을 했다면, 천상세계에 태어나 안락한 삶을 보낼 것이다. 그렇지 않고 그가 악한 삶을 살았다면, 네 가지 악처인 지옥이나 축생계나 아귀계나 아수라계에 태어날 것이다. 그래서 다양한 고문이나 기아나 갈증 등에 시달릴 것이다. 그러나 불교의 업사상에 따르면, 선행을 행한 자도 그가 보다 높은 세계에 태어날지 아니면 악처에 태어날지, 그가 어디에 태어날 지를 확정적으로 말할 수 없다. 만약에 과거생에서 행한 악업이 영향을 끼치면, 그는 악처에 태어날 수 있다. 만약 그가 천상계에 태어났다면, 우리는 그의 삶을 위해 도울 것이 없다. 또한 그가 지옥이나 축생계나 아수라계에 태어났다면, 우리가 그들 도울 수 없다. 그러나 그가 아귀계에 태어났다면, 우리는 그를 도울 수 있다. 아귀계에서는 충분히 먹을 것, 마실 것과 입을 것이 없어서 항상 굶주리고 기갈이 있고 생필품은 모자라란다. 이때에 장례 후의 의례를 통해 그러한 존재를 도울 수 있다. 그러나 우리는 가신 님이 어디에 태어났는지 모르므로 죽음이 일어날 때, 장례를 치루어, 만약에 그가 아귀계에 태어났다면, 의례를 통해 그가 도움을 받을 수가 있고, 만약에 다른 곳에 태어났다면, 우리는 적어도 우리 자신의 공덕을 쌓을 수 있다. 따라서 임종자의 죽음에 임박해서 수행승들을 초대하여, 임종자의 귀에 예경지송을 들려 주는 것이 중요하다.

그러나 이미 임종자가 망자가 되었을 때에는 장례식은 다음과 같이 치러진다. 스님들이 망자의 집이나 화장터 또는 장례식장에 초대된다. 스님들 앞에 시신이 안치된다. 의식은 삼귀의와 오계를 독송하면서 시작되고, 가까운 친지가 스님들에게 상징적인 보시 – 상징적으로 천조각 – 를 하여 공덕을 쌓는다. 스님들은 유명한 무상게(無常偈; SN. I. 6] – '형성된 것들은 실로 무상하여 생겨나고 사라지는 것들이니, 생겨나고 사라지는 것들의 지멸이야말로 참으로 지복이니라.' – 등을 읊는다. 그 후 그들은 망자를 초대하여 마지막으로 「가신 님들을 위한 공덕회향」의 게송을 외우며, 점차적으로 주전자의 물을 넘치도록 그릇에 붓는다. 이때 물은 친지들이 얻은 공덕을 상징하는데, 물이 넘치도록 붓는 것은 그 공덕이 망자에게 회향되는 것을 상징한 것이다. 사후 일주일과 석 달 후에, 수행승들에게 음식공양을 하고 동일한 절차를 반복한다. 그러면, 망자는 추모제를 지내는 자들의 공덕으로 천상의 음식을 먹고 친지들에게 감사하다고 생각한다. 그러나 이러한 추모제는 각 나라나 지역의 문화에 따라 상당한 차이가 있다.

태국의 경우 죽음의 유형이나 재가자인가 승려인가에 따라 장례의식이 다르다. 죽음에 임박해서는 가능하면, 임종자의 귀에 예경지송을 들려준다. 그가 죽으면, 첫째 날 오전에 목욕을 시키는 의식을 하는데, 집에서 죽으면 집에서 그 의식을 치루거나, 병원에서나 사원으로 데려와서 그 의식을 치루거나, 다른 특정한 장소에서 그 의식을 치루기도 한다. 수행승들과 친지들과 친구들이 시신의 오른쪽 손바닥에 향수를 뿌리고, 탐욕과 성냄과 어리석음을 상징하는 제사의 실이 몸의 세 군데를 지나도록 세 번 감는다. 이 실은 화장할 때에 일반적으로 제거한다. 시신은 신선한 꽃을 장식한 관에 안치되고 그날 저녁에 수행승이 망자의 집에 초대되거나 관이 안치된 사원의 천막에 초대된다. 친구와 친지들이 와서 화환이나 꽃을 바치고 저녁 염불소리를 듣는다. 화장은 즉각적으로 이루어지더라도 저녁에 하는 염불은 적어도 일주일 계속된다. 시신은 무덤에 매장되거나 수행승이 가끔 와서 염불하도록 집에 계속 안치되기도 한다. 장례식 하루 전에 관은 특별한 천막에 안치된다. 가족과 친지가 마지막 경의를 표한다. 화장의 날에 마지막 의식이 행해진다. 점심공양과 법회가 이루어진다. 화장은 화장장을 이용해서 나무관을 소각시키는 것부터 여러 가지 방법이 있다. 화장한 유골은 수습되어 사원의 납골당이나 집안의 불상 곁에 안치되기도 한다. 매년 사망일에는 수행승을 초대해서 유골을 위하여 예경지송을 하고 망자를 위한 제사를 지내고 공덕을 회향하기도 한다.

여기서는 일반예불 형식은 생략하고 죽음에 대한 명상과 추모제에 송출되는 경전을 소개하면 아래와 같다. 그 내용은 죽음을 통해 인생의 무상함을 일깨우고, 늙음과 죽음의 불가피성과 삼법인과 연기법을 새기는 내용으로 되어 있다. 죽음은 부처님의 가르침을 배울 수 있는 가장 좋은 기회이므로 망자와 장례참여자를 위해 그 기회를 베푸는 것이다.

1. 「죽음에 대한 새김의 이치」

≪쿳다까니까야≫의 『담마파다』 등의 여러 초기경전에 흩어져 있는 죽음에 대한 단상을 취합하여 만들어진 경송으로 죽음에 대한 명상이나 임종 시의 수호를 위한 수호경으로 사용된다. 삶의 불확실성과 죽음의 확실성을 일깨워 착하고 건전한 행위의 실천에 대한 자각을 불러일으킨다. 출처는 다음과 같다 : Vism. 197; Dhp. 41; AN. V. 288; Dhp. 18; SN. I. 6

2. 「아라까의 경」

≪앙굿따라니까야≫에 등장하는 이 경은 죽음의 무상성을 서정적 비유로 서술한 탁월한 경전이다. 부처님 이전에 이교의 창시자이지만 감각적 쾌락의 욕망을 여읜 '아라까'라고 하는 스승의 가르침인데 부처님께서 그의 가르침을 채용하여 소개하는 형식을 취한 경이므로 이 경의 가르침은 부처님의 가르침이다. 죽음에 대한 수행과 추모를 위한 경송이다. 출처는 다음과 같다 : AN. IV. 136.

3. 「산의 비유의 게송」

≪쌍윳따니까야≫에서는 하늘을 찌를 듯한 크나큰 바위산이 사방에서 짓이기며 완전히 둘러싸듯, 늙음과 죽음은 뭇삶들을 덮치면 아무도 피할 수 없는 것이라고 죽음의 불가피성을 설명하고 삼보에 귀의하여 신체적으로 언어적으로 정신적으로 여법한 삶을 살아 천상세계에 태어난 것을 찬양한다. 출처는 다음과 같다 : SN. I. 100.

4. 「담장 밖의 경」

≪쿳다까니까야≫의 『쿳다까빠타』 안에 수호경들과 함께 등장하는 경으로 한역에서는 호외경(戶外經)이라고 하는데, 가신 님의 추모제에 사용된다. 담장 밖의 거리 모퉁이에 있으면서, '가신 친지들이 자기 집을 찾아와서 문기둥에 서있습니다.'라고 다소 서정적인 시로 시작하며 종래의 조상제례를 관습적으로 계승한 경전이다. 출처는 다음과 같다 : Khp. 7.

5. 「가신 님들을 위한 공덕회향」

부처님의 예경의 공덕을 현생과 과거생의 친지였던 가신 님들에게까지 확장하여 그들이 평안하길 기원하는 것이다.

6. 「고귀한 부富의 게송」

≪앙굿따라니까야≫에 등장하는 이 경은 여래에 대한 청정한 믿음을 갖추고 계행을 지니고 올

곧은 통찰을 갖추면, 가난한 삶을 산 것이 아니고 헛된 삶을 산 것이 아니라는 사실을 강조하고 앞으로도 그러한 삶을 살아야 한다는 격려가 들어가 있다. 출처는 다음과 같다 : AN. II. 57.

7. 「원리의 결정에 대한 경」

≪앙굿따라니까야≫에 등장하는 이 경은 '여래가 출현하거나 출현하지 않거나 삼법인의 원리는 결정되어 있는 것이라고 여래는 그것을 올바로 깨닫고 꿰뚫고 나서, 설명하고, 교시하고, 시설한다.'라는 삼법인의 결정성을 설한다. 출처는 다음과 같다 : AN. I. 286

8. 「세 가지 특징三法印 등의 게송」

≪쿳다까니까야≫의 『담마파다』 안에 삼법인으로 사물을 보는 것이 괴로움을 벗어나는 청정의 길임을 강조한다. 출처는 다음과 같다 : Dhp. 277-279; 85-89

9. 「연기緣起의 경송」

≪쌍윳따니까야≫의 『인연쌍윳따』에 십이연기로써 무명과 갈애에 의해서 일어나고 사라지는 생사의 고통을 조감한다. 출처는 다음과 같다 : SN. II. 2.

10. 「보리수 아래서의 감흥의 게송」

≪쿳다까니까야≫의 『우다나』 안에는 부처님께서 스스로 읊은 감흥어린 싯구가 전개된다. 거기서 부처님은 깨달은 내용이 바로 생성과 소멸의 인과법의 원리임을 밝히면서 선정을 닦는 자에게 이와 같은 진리가 나타나면, 어두운 허공에 태양을 비추는 것과 같고 악마의 군대를 쳐부수는 것과 같다고 노래한다. 출처는 다음과 같다 : Ud. 1; Vin. I. 1; Nett. 145.

11. 「한 밤의 슬기로운 님의 게송」

≪맛지마니까야≫의 '과거로 거슬러 올라가지 말고 미래를 바라지도 말지니라. 과거는 이미 버려졌고 미래는 아직 오지 않았느니라.'라는 유명한 게송으로 추모식이 끝을 맺는 것은 추모식의 참여자의 추모를 지금 여기에서의 '밤낮으로 피곤을 모르고 수행'으로 회향한다는 의미에서 커다란 의미를 지닌다. 출처는 다음과 같다 : MN. III. 187, 233.

10. 요청헌사품要請獻辭品

이 『요청헌사품』은 재가신자도들이 수행승들에게 「오계의 청원」을 하는 것에서 비롯한다. 「오계의 청원」이란 수행승의 입장에서 보면, 재가자의 수계식을 의미한다. 재가자가 세 번 삼귀의와 오계를 청원하면, 법사는 예경서의 앞부분을 선창하고 재가자들은 예경서를 복창한다. 그리고 나서 법사의 선창에 따라 삼귀의의 각 구절을 재가자가 따라한다. 삼귀의가 끝나면, 법사가 삼귀의가 끝났음을 선언한다. 재가자들은 '존자여 그렇습니다.'라고 응답한다. 이어서 법사의 선창에 따라 오계의 각각의 계행을 재가자들이 따라한다. 그리고 오계의 마지막 계행을 따라하는 것이 끝나면, '이 다섯 가지 학습계율을 지키겠나이다.'라고 세 번 반복한다. 그러면, 마지막으로 법사가 '다섯 가지 학습계율은 이러하니, 계행으로 행복한 운명을 얻고, 계행으로 소유의 향유를 성취하고, 계행으로 적멸에 도달하오니, 그러므로 계행을 닦아야 하겠습니다.'라고 마무리 짓는

다. 기타의 이하의 포살계 등도 의식화할 경우, 유사한 방식으로 거행하면 된다. 이 품에는 '오계의 청원'이외에도 포살계의 청원이나, 단기출가자의 서약 및 반납, 법문의 요청, 수호경에 대한 송출의 요청, 부처님께 목숨을 바치는 귀명, 부처님께의 음식공양, 음식공양, 법사에 대한 보시, (불단에 남은) 공양음식의 제거의 요청, 세 벌 가사의 보시, 우기옷의 보시, 까티나의 보시, 분소의의 보시, 공덕회향, 장례식에 참여시의 마음가짐이나 헌사, 보시 등에 의한 발원이 담겨있다. 여기서 단기출가자란 원래 흰옷을 입은 자로서의 출가를 뜻하는데, 그것은 곧, 재가자로서의 단기출가를 의미하기 때문에 단기출가자라고 번역한 것이다. 우기옷이란 부처님 당시에는 우기에 비를 맞는 것을 피하기 위해 어깨에 걸치는 특별한 옷이었지만 그것을 목욕할 때에 걸치고 목욕했기 때문에 목욕옷이라고도 불렀다. 까티나(Kaṭhina)는 한역에서는 음사하여 가치나(迦郗那) 또는 갈치나(羯絺那)라고 하고, 번역하여 견의(堅依), 견고의(堅固衣) 또는 공덕의(功德依)라고 한다. 까티나옷은 안거기간 동안 열심히 정진수행한 수행승들 중 낡은 가사를 지닌 수행승들 가운데 법랍이 높은 수행승들에게 순서에 따라 상여로서 주어지는 것으로, 안거가 끝난 뒤에 사 개월이나 오 개월까지 착용하도록 특별히 허락된 일시적인 옷을 말한다. '까티나옷'는 재가신자가 보시한 옷감을 까티나옷으로 형식적으로 인정하는 과정을 거쳐야 한다. 분소의(糞掃衣)란 부처님과 부처님의 제자들이 초기에 버려진 넝마나 수의 등을 모아 꿰매고 물들여 입었던 옷이다. ≪쌍윳따니까야≫의 주석서(Srp. II. 199)에 따르면, 부처님께서는 자신의 분소의를 뿐나(Puṇṇā)라고 하는 노예 신분의 여인에게 씌워진, 무덤에 버려진 수의를 주워서 만들었다. 그 수의는 부처님께서 무덤에 들어갔을 때에 수병모양으로 벌레에 둘러싸여 있었는데, 그 벌레를 제거하고 위대하고 고귀한 것으로 만들자, 땅이 흔들리고 큰 소리가 나고 신들이 찬탄해마지 않았다고 한다. 나중에 부처님은 '이 분소의는 태어나면서부터 두타행을 하는 자가 입어야 한다.'고 생각하였는데, 마침 깟싸빠가 '제가 그것을 실천하겠다.'고 하고 분소의를 교환하자, 땅이 바다에 이르기 까지 흔들리고 큰 소리가 났다고 한다. 부처님은 깟싸빠에게 자신의 옷을 넘겨주었다는 데서(SN. II. 221) 깟싸빠는 부처님의 열반 이후에 승단을 이어갈 여법한 계승자였음을 보여 준다.

※「깔라마의 경송」

이『예경지송』의 면지에 있는 깔라마의 경은 ≪앙굿따라니까야≫에 나오는 상당히 긴 경에서 핵심되는 내용을 인용한 것이다. '소문이나 전승이나 여론, 성전의 권위나 논리나 추론, 상태에 대한 분석이나 견해에 대한 이해, 그럴듯한 개인적 인상이나 '이 수행자가 나의 스승이다'라는 생각에 끄달리지 말고, 이러한 것들이 악하고 건전하지 못하고, 이러한 것들이 잘못된 것이고, 이러한 것들은 식자에게 비난받을 만하고, 이러한 것들은 실천하여 받아들이면, 유익하지 못하고, 괴로움을 야기하는 것이라고 스스로 알게 되면, 그 때에는 그것들을 버리십시오.'라는 이 경송은 의혹이 있어도 믿음을 강요하는 다른 종교와는 달리, 진리에 대한 주체적 자각을 일깨우게 하고 불교를 불교답게 하는 성스러운 구절이다. 여기서 '깔라마'라는 말은 꼬쌀라(Kosala) 국의 도시인 께싸뿟따(Kesaputta)에 모여 살던 왕족 출신의 귀족들을 지칭한다. 일반적으로 다른 경전에서 '전승'이라고 하는 것을 이 경에서는 소문(anussava), 전승(parampara), 여론(itikira)의 세 가지로 분류되고 있다. '성전의 권위나 논리나 추론'라는 뜻은 성전의 구절과 일치, 추론에 의한 파악, 논리에 의한 파악을 의미한다. '상태에 대한 고찰'은 한역에서는 행각상(行覺想)이라고 하고 '견해에 대한 이해'는 견심제인(見審諦忍)이라고 한다. '상태에 대한 고찰'은 고찰하여 합리적이라고 생각하여 진리로 받아들이는 것이고, '견해에 대한 이해'는 사유하여 이해한 뒤에 진리로 받아들이는 것을 뜻한다. 오늘날 해석한다면, 상태에 대한 고찰은 자연과학적인 진리, 견해에 대한 이해는 인문과학적인 진리에 해당한다고 볼 수 있다. ≪앙굿따라니까야≫의 다른 곳에서는 '전승, 상태에 대한 고찰, 견해에 대한 이해'가 다른 맥락에서 나온다. 거기서 그것들은 해탈의 길로 이끄는 전제적인 단계로 묘사된다. 전승은 '가르침에 대한 학습'으로, '상태에 대한 고찰'은 '의미에 대한 고찰'로 이해되고, '견해에 대한 이해'는 '진리에 대한 이해'에 해당한다. ≪맛지마니까야≫에서는 또 다른 맥락에서 언급되고 있다 : '바라드와자여, 상태가 잘 고찰되었더라도 그것이 공허한 것, 거짓된 것, 허망한 것이 되기도 하고, 상태가 잘 고찰되지 않았더라도 그것이 실재하는 것, 사실인 것, 진실한 것이 되기도 합니다. 바라드와자여, 견해가 쉽게 이해되었다고 할지라도 그것이 공허한 것, 거짓된 것, 허망한 것이 될 수 있고, 견해가 쉽게 이해되지 않았다고 할지라도 그것이 실재하는 것, 사실인 것, 진실한 것이 되기도 합니다.' 그리고 또한 이 예경지송의 「진리수호의 경송」에서는 동일한 내용들이 진리수호의 맥락에서 설해지기도 한다. 출처는 다음과 같다 : AN. I. 189; AN. II. 191; MN. II. 170, 218, 234; SN. IV. 138; Mrp. II. 304

해 제 II

<중요술어에 대한 번역에 대하여>

1. 담마와 가르침, 사실, 현상, 원리, 원칙

다양한 의미를 지닌 빠알리어를 거기에 일대일 대응되는 하나의 한글로 옮긴다는 것은 불가능하다. 한역에서는 가능했지만 초기의 한역경전들을 보면, 동일한 빠알리어 경전들도 역자에 따라 다양하게 번역되었음을 알 수가 있다. 그러나 한역에서는 모든 담마(dhamma)를 법(法)이라고 번역하는 등의 번역에서의 경직성이 강했다. 이러한 경직성은 한역 장경을 이해하기 어렵게 만드는 중요한 요인이 된다. 빠알리어 담마(dhamma)는 산스크리트어로 다르마(dharma)인데, 적어도 부처님의 가르침이라는 의미로 가장 많이 쓰이기는 하지만, 담마는 부처님에게서 기원하는 것이 아니라 무시이래로 과거, 현재, 미래의 모든 부처님이 가르치는 진리, 선행, 해탈의 기본적인 '원리'를 말하는 것이다. 이것은 담마가 단지 인간역사의 특수한 시기에 나타나는 종교적인 가르침을 넘어서는, 시공간적으로 보편적인 원리인 것을 의미한다. 그것은 사실, 진리, 정의가 하나로 통일되어 최종목표인 열반으로 이끄는 정신적이고 윤리적인 사실을 말한다. 그 정신적이고 윤리적인 사실 속에서 부처님은 과학적 인과관계를 배제하지 않았고, 우주 자체를 전적으로 인간의 입김을 배제하는 무도덕적인 것으로 보지 않았다. 부처님에게 도덕적이고 종교적인 현상을 의미하는 담마는 신비적인 것이 아니라 원인과 결과의 법칙이 작용하는 '윤리적 우주 자체'로까지 확장된다. 담마가 담마라자(法王 : dhammarāja)가 될 경우에는 그 의미가 '정의로운 왕'이라는 뜻이 된다. 그리고 담마가 복수로 나올 경우에는 가르침이나 사실을 의미하는데, 사실에는 단지 물리적인 사실만이 아니라 정신적인 사실까지 포괄한다. 거기에는 십이연기의 고리, 다섯 가지 존재다발, 여섯 감역, 깨달음으로 이끄는 다양한 수행방법도 포함된다. 그리고 두 경전(SN. 12 : 33; 42 : 11)에서 발견되는 '이미나 담메나(imina dhammena)'는 '이러한 원리에 의해서'라고 번역될 수 있다. 그리고 어떤 경전(SN. 7 : 9, 11)에서 발견되는 '담마싸띠(dhammasati)'는 '원리가 있다면'이라고 번역이 가능하다. 또한 복수의 담마는 '현상'이나 '원리' 또는 '사실' 또는 '것들'로 번역할 수 있다. 그러나 빠띳짜싸뭅빤나 담마(paṭiccasamup-pannā dhammā : 緣生法; SN. 12 : 20)는 연기법과 대칭되는 의미에서 '조건적으로 발생된 것'이라는 의미에서 '연생의 법'이라고 번역한다. 그러나 다섯 가지 존재다발을 두고 로께 로까담마(loke lokadhammā; SN. 22 : 94)라고 할 때 그것을 '세상속의 세상의 사실'이라고 번역할 수 있다. 그리고 심리적인 측면에서 해석될 때에는 담마는 '상태'라고 번역될 수 있다. 담마비짜야삼봇장가(dhammavicaya sambojjhaṅga : 擇法覺支)의 경우에는 담마(dhamma)를 생략하여 '탐구의 깨달음 고리'라고 번역했다. 담마야따나(dhammāyatana : 法處)의 경우에는 마나야따나(manāyatana)에 대응되는 말인데 정신의 감역에 대한 정신적 대상으로서의 사실을 의미하지만 역자는 '사실의 감역' 또는 사실의 세계로 번역한다. 따라서 담마싸띠빳타나(dhammasatipaṭṭhāna : 法念處)도 사실에 대한 새김의 토대라고 번역했다. 여기서 필자가 사용한 사실이란 광의의 의미로 유위법(有爲法)은 물론이고 정신의 대상으로서의 무위법인 열반까지 포함하는 전체를 지시한다. 빅쿠 보디(Cdb. 1777)는 그러한 정신의 대상으로서의 담마에 대하여 '현상(phenomena)'이라는 말을 사용했는데 이렇게 되면 불교를 단순히 현상론으로 해석할 소지가 많고, 열반도 단지 현상으로 전락하므로, 이 말은 단지 정신적인 현상을 명확히 지칭할 때를 제외하고는 되도록 피했다. 담마다뚜(dhammadhātu : 法界)도 역시 '사실의 세계'라고 번역하고 거기에 대응하는 마노빈냐나다뚜(manoviññānadhātu : 意識界)는 '정신의식의 세계'라고 번역했다. 그리고 복합어의 뒷부분을 구성하는 담마는 문법적으로 독특한 성질을 지닌다. 예를 들어 카야담마(khayadhamma), 봐야담마(vayadhamma), 니로다담마(nirodhadhamma)에서 담마는 단순히 '것'이라고 하거나 '해야만 하는 것'이란 문법적 의미를 지니므로 그것들은 '파괴되고야 마는 것, 괴멸되고야 마는 것이고 소멸되고야 마는 것' 또는 '파괴되는 것, 괴멸되는 것이고, 소멸되는 것'이라고 번역되어야 한다. 그리고 아닛짜담마(anicca dhamma), 둑카담마(dukkhadhamma), 아낫따담마(anattadhamma)는 '무상한 것, 괴로운 것, 실체가 없는 것'이라고 번역할 수 있다.

2. 쌍카라와 형성

빠알리어 쌍카라는 한역에서 행(行)이라고 하는 것인데, 그것은 불교술어 가운데 번역하기 가장 힘들고 난해한 용어이다. 이 용어에 대한 현대적 번역에는 '결정, 구성, 결합, 형성, 의도'가 있는데 그 가운데 가장 보편적인 것이 형성이다. 원래 쌍카라(saṅkhārā)는 '함께 만들다(saṃkaroti)'의 명사복수형으로 '함께 만드는 것, 조건 짓는 것' 뿐만 아니라 '함께 만들어진 것, 조건지어진 것'을 의미한다. 그것은 단어의 철학적인 특성상 주로 복수로 쓰인다. ≪쌍윳따니까야≫에는 이와 관련하여 7가지의 교리적인 문맥이 발견된다. 1) 십이연기에서의 형성은 무지나 갈애와 관련하여 윤회를 지속시키는 능동적이고 의도적인 형성이다. 여기서 형성은 업(kamma : 業)과 동의어이고 세 가지가 있다. 즉 신체적 형성, 언어적 형성, 정신적 형성(SN. 12 : 2) 또는 공덕을 갖춘 형성, 공덕을 갖추지 못한 형성, 중립적인 형성(SN. 12 : 51)이다. 신체적 형성에는 호흡이 포함된다. 2) 다섯 존재다발(pañcakkhandha : 五蘊)에서 형성은 여섯 가지 감각대상에 대한 의도(SN. 22 : 56)로서 분류된다. 이때의 형성은 의도로서, 느낌과 지각 이외의 의식의 정신적 동반자는 모두 형성이라고 한다. 따라서 착하고 건전하거나 악하고 불건전한 다양한 모든 정신적인 요소들이 모두 형성에 속한다. 3) 형성은 가장 넓은 의미로 모든 조건지어진 것(SN. 22 : 90)을 뜻한다. 모든 것들은 조건의 결합에 의해서 생겨난다. 형성이라는 말은 우주전체가 조건지어진 것이라는 철학적인 조망을 할 수 있는 주춧돌이 된다. 제행무상(諸行無常)과 일체개고(一切皆苦)의 제행과 일체는 바로 이 형성을 말하는 것이다. 4) 형성의 삼개조 – 신체적 형성, 언어적 형성, 정신적 형성 – 가 지각과 느낌의 소멸(想受滅)과 관련해서 언급된다.(SN. 41 : 6) 신체적 형성은 호흡을 뜻하고 언어적 형성은 사유와 숙고를 뜻하고, 정신적 형성은 지각과 느낌을 뜻하는데, 그 지각과 느낌이 소멸한 자에 도달하려면, 그 소멸의 순서는 언어적 형성, 신체적 형성, 정신적 형성이다. 5) 네 가지 신통의 기초(四神足)와 관련하여 정신적인 힘의 기초로서 '노력의 형성(padhāna saṅkhāra)'이 있다. 6) 그 밖에 수명의 형성(āyu-saṅkhāra; SN. 20 : 6; 51 : 10), 생명의 형성(jīvitasaṅkhāra; SN. 47 : 9), 존재의 형성(bhavasaṅkhāra; SN. 51 : 10)이란 개념이 있는데 그것들은 각각 생명력의 상이한 양상으로 이해할 수 있다. 7) 그 밖에 이 쌍카라(saṅkhārā)와 연관된 수동태의 쌍카따(saṅkhata : 有爲)란 단어가 있다. 쌍카라가 조건짓는 것이라면 쌍카따는 조건지어진 것을 의미한다. 쌍카라는 의도에 의해서 활성화되는 능동적 조건짓는 힘으로, 조건지어진 현상인 쌍카따를 만들어낸다. 이에 비해서 쌍카따는 수동적인 의미로 쌍카라에 의해서 만들어진 것으로, 존재다발이나 여섯 감역이나 조건지어진 현상세계를 의미한다. 쌍카따에 대해서 한역에 유위(有爲)라는 번역이 있는데 역자는 때로는 유위 때로는 '조건지어진 것'이라고 번역했다. 그 반대의 용어 아쌍카따는 '조건지어지지 않은 것', 즉 무위(無爲)를 뜻하는데 바로 열반을 지칭한 것이다.

3. 나마루빠와 명색 및 정신·신체적 과정

나마루빠(nāmarūpa) 곧, 명색(名色)이라는 말은 불교 이전의 우파니샤드 철학에서 유래한 것이다. 유일자인 하느님[梵天]이 세상에 현현할 때의 그 다양한 현현에 대해 사용된 말이다. 현현된 세계는 다양한 이름과 다양한 형상으로 구성되어 있다. 그런데 흥미로운 것은 ≪쌍윳따니까야≫에 명색의 우파니샤드적 의미를 나타내는 '외부에 명색(bahiddhā nāmarūpam)'이라는 단어가 나온다.(SN. 12 : 19) 명색(名色)은 유일자인 신이 이름과 형상으로 현현한 것을 말하는데, 그것들이 세계를 구성하는 개체의 인식적 측면과 재료적 측면을 구성한다고 볼 수 있다. 불교에 와서는 이러한 인식적 측면이 명(名), 즉 정신이 되었고 재료적 측면이 색(色), 즉 물질이 되었다. 그래서 정신적 요소에 속하는 느낌, 지각, 의도, 접촉, 정신활동(vedanā, saññā, cetanā, phassa, manasikāra; SN. 12 : 2)은 명(名)이고 물질적 요소인 땅 · 물 · 불 · 바람(地·水·火·風)과 거기에서 파생된 물질(upādāya rūpaṃ : 所造色)은 색(色)으로서 모두 합해서 명색이라고 한다. 따라서 명색은 '정신 · 신체적 과정'이라고 말할 수 있다. ≪니까야≫에서 정신적인 요소를 의미하는 명(名)에 의식이 포함되지 않은 이유는 의식이 물질적인 신체(色)에 접촉하나 정신과 관계된 느낌, 지각, 의도, 접촉, 정신활동에 연결되어 작동하기 때문이다. 그리고 명색의 조건으로서의 의식의 전개(viññāṇassa avakkanti; SN. 12 : 59)라는 말이 등장하는데, 그것은 과거세로부터 새로운 유기체의 시작조건이 되므로써, 현존재에로 의식이 흐르는 것을 말하는 것이다. 명색의 전개(nāmarūpassa avakkanti; SN. 12 : 39, 58, 64)라는 말은 새로운 유기체의 시작을 뜻한다. 역자는 문맥에 따라 특히 시에서 쓰일 때, 그 이해를 쉽게 하기 위해 '정신 · 신체적 과정'이라고 번역한다.

4. 칸다와 다발 및 존재다발

불교의 가장 중요한 술어 가운데 하나가 칸다(khandha) 즉, 온(蘊)이라는 것이다. 이것은 앞의 명색을 구성하는 요소들이기도 하다. 다섯 가지가 있기 때문에 오온(五蘊)이라고 하는데, 역자는 다섯 가지 존재다발(pañcakkhandha)이라고 번역한다. 이 다섯 가지에는 물질(rūpa : 色), 느낌(vedanā : 受), 지각(saññā : 想), 형성(saṅkhārā : 行),
의식(viññāṇa : 識)이 있다. 여기서 온(蘊), 즉 칸다(khandha)라는 용어는 PTS사전에 의하면 다음과 같은 의미를 지니고 있다.

① 천연적 의미 : 크기가 큰 것, 육중한 것, 거친 물체, 예를 들어 코끼리의 엉덩이, 사람의 어깨, 나무둥걸 등으로 하나의 단위를 지니며 크기가 큰 것을 의미한다. 물, 불, 덕성, 부 등도 포함된다. ② 응용적 의미 : 집합적인 의미의 모든 것, 다발, 덩어리, 부분품들, 구성요소 등이다.

붓다고싸는 칸다를 '더미(rāsi)'로 보았다. 그러나 칸다는 어깨의 근육처럼 다발로 뭉쳐있는 상태를 의미한다. 단순히 더미라는 말은 긴밀한 연기적인 의존관계를 반영하기에는 통일성이 없는 개별적 부품처럼 인식될 수가 있다. 역자는 그래서 다발이라는 말을 쓴다. 물질은 물질의 다발이고 정신은 인식의 다발이다. 그들은 상호 연관적으로 작용한다. 정신· 신체적 복합체를 표현하는 칸다에 대한 가장 적절한 표현은 '존재다발'일 것이다. 이 책에서는 칸다를 '존재다발'이라고 표현한다. 그 원리는 아마도 비트겐슈타인의 섬유론으로 가장 적절하게 설명될 수 있을 것이다.

"노끈의 강도는 처음부터 끈으로 달리는 단 하나의 가닥에만 전적으로 의존하는 것이 아니다. 아무런 가닥도 노끈의 전부를 달리지 않는다. 노끈의 강도는 때때로 겹쳐지고 엇갈리는 섬유 사이의 관계에 의존한다."(Die Stärke des Fadens liegt nicht darin, dass irgend eine Faser durch seine ganze Länge lauft, sondern darin, dass viele Fasern einander übergreifen : Wittgenstein, L. 「Philosophische Untersuchungen」『Ludwig Wittgenstein Werkausgabe』 Band 1. Frankfurt am Main, 1984, S. 278)

초기불교에서 윤회는 바로 존재다발(五蘊)의 지속적 연결이고 그것은 바로 이 노끈의 연결과 유사하다. 거기에는 처음부터 끝까지 영원토록 지속되는 한 가닥의 정신적 섬유로서의 자아(atta, *sk.* ātman)는 없지만 그럼에도 불구하고, 즉 주이적(住異的)으로 무상하지만 겹쳐지고 꼬이면서 상호의존하며 수반되는 섬유들로서의 오온에 의해 확증되는 지속성은 있다. 이것은 언제나 변화하면서 지속되는 불꽃의 비유와 같은 것이다. 윤회하는 것은 이러한 존재다발인 것이다. 이러한 존재다발 가운데 물질, 느낌, 지각, 형성, 의식이 있다. 이 가운데 물질은 지수화풍(地・水・火・風)을 의미하므로 물질이고, 특수하게 명상의 대상세계인 색계(色界)일 때에는 미세한 물질계라고 번역을 하고, 단순히 시각의 대상일 때는 형상이라고 번역한다. 느낌은 감수(感受)라고 번역하는 것이 포괄적이긴 하지만 일상용어가 아니므로 피하고, 주로 경전에서는 고락과 관계된 것이므로 느낌이라고 번역한다. 지각은 사물을 이를테면 '파란 색을 파란 색으로 인식하는 것'을 말한다. 형성은 위의 쌍카라 항목 ①, ②에서 설명했으므로 생략한다. 의식은 대상을 인식하는 것이 아니다. 그것은 일종의 알아차림이다. 대상의 존재를 단지 알아채는 것이다. 예를 들어 눈이 파란 색의 물체를 보았을 때에, 안식은 빛깔과 형상의 존재를 알아챌 뿐이고, 그것이 파란 색의 물체라는 것을 깨닫지 못한다. 이 단계에서는 아무런 인식이 없다. 그것이 파란 색의 물체라는 것을 아는 단계는, 지각(想)의 단계이다. 그래서 '시각의식'이라는 말은 곧

'본다'와 같은 뜻을 지닌 것이다. 이러한 이유로 존재다발을 역자는 위와 같이 번역했다. 그 밖에도 '칸다.'라는 말이 단순히 '여러 가지'란 뜻으로도 쓰이지만, 상호의존하는 연결관계를 나타내므로 그 때는 그냥 '다발'로 번역한다. 계행의 다발(sīlakkhandha : 戒蘊), 삼매의 다발(samādhikkhandha : 定蘊), 지혜의 다발(paññakkhandha : 慧蘊) 등이 있다.

5. 쌉뿌리싸와 참사람

빠알리어 쌉뿌리싸(sappurisa)라고 지칭하는 말은 한역에서 다양한 번역용어를 사용하기 때문에 우리말 번역도 그 적절성을 찾기가 힘들다. 빠알리성전협회의 빠알리-영어사전(PED)에서 어원을 추적하면 쌉뿌리싸는 두 단어 싸뜨(sat=sant)와 뿌리싸(purisa)로 구성되어 있다. 어원적으로 싸뜨(sat)는 어근 √as '있다'의 현재분사가 약변화한 어간이다. 이 싸뜨(sat)는 빠알리성전협회의 사전에 의하면, 세 가지의 의미를 지닌다. ① 존재하는(existing : 有) ② 진실한(true : 眞) ③ 착한(good : 善) 따라서 싸뜨에는 어원적으로 착하다는 의미 이전에, 실재한다는 의미에서의 진실 즉, 참을 뜻한다는 사실을 알 수 있다. 그리고 뿌리싸(purisa)는 원래 단순히 '사람' – 시민적인 의미에서 – 을 지칭하지만 쌉뿌리싸를 지칭하기도 한다. 그래서 한역 중아함경 37에서 이 쌉뿌리싸(sappurisa)는 선남자(善男子)라고 번역한다. '싸뜨' 또는 '쌉'은 선(善)으로 '뿌리싸'는 남자(男子)로 번역되고 있는 것이다. 북전에서 선(善)이라고 번역한 것은 송나라의 구나발타라(求那跋陀羅)가 이렇게 번역한 데 원인이 있겠지만, 아마도 북방불교권의 번역에서 많이 사용되는 특징이기도 하다. 그러나 붓다고싸는 쌉뿌리싸를 '진리(dhamma)를 따르는 진실한 사람(saccapurisa), 즉 선한 사람(kalyāṇapurisa)'으로 정의하고 있다.(Pps. VI. 79) 이러한 고찰을 참고한다면 쌉뿌리싸는 단순히 선남자라고 번역하기 보다는 외연이 보다 넓고 깊은 참사람으로 번역하는 것이 타당하다. 실제로 한역에서도 북전의 법구경에서는 덕인(德人), 북전 아함경에서 정사(正士), 선사(善士), 정인(正人)이라고 번역하고 있는 것을 볼 수 있다. 따라서 한역의 정인, 정사라는 표현은 참사람과 근접한다고 볼 수 있다. 그리고 참고로 Pps. IV. 79에서는 쌉뿌리싸(sappurisa)를 '가르침(法 : dhamma)을 다루는 진실한 사람(saccapurisa), 또는 선한 사람(kalyāṇapurisa)'으로 정의한다. 이것을 영역에서 호너(I. B. Horner)는 '착한 사람(a good man)' 우드워드(F. L. Woodward)는 '가치 있는 사람(a worthy man)', 리스 데이비즈는 '고귀한 마음을 지닌 사람(the noble minded person)'이라고 번역하고, 가이거는 '완전한 사람(der vollkommenen Menschen)'으로, 빅쿠 보디는 '훌륭한 사람(a superior person)'으로 번역했다. 경전에서 참사람은 오계(五戒)를 지키는 차원의 윤리적 인간에 대해서만 언급한 것이 아니다. 부처님의 혈통에 든 님(gotrabhū : 種姓者)이라는 말은 '네 쌍으로 여덟이 되는 참사람[四雙八輩]이 되기 직전의 고귀한 님의 반열에 든 자'의 단계를 말하는데, 그는 선정이나 출세간적인 길에 들기 전의 감각적 쾌락의 욕망계의 마지막 의식단계를 지니고 있는데, 그 사람부터 부처님에 이르기까지도 참사람에 속한다고 볼 수 있다. 그러므로 참사람에는 고귀한 제자들이 모두 포함되며, 주로 네 쌍으로 여덟이 되는 참사람의 무리(cattāri purisayugāni aṭṭha purisapuggalā : 四雙八輩)를 지칭한다. 이 중에서 흐름에 드는 길을 가는 님(sotāpattimagga : 預流向), 흐름에 든 경지에 도달한 님(sotāpattiphala : 預流

果) = 흐름에 든 님(sotāpanna : 預流者)이 있다. 흐름에 든 님은 열 가지 결박[十結 : dasa saṃyojanāni] 가운데 ① 개체가 있다는 견해(sakkāyadiṭṭhi : 有身見) ② 의심(vicikicchā : 疑) ③ 규범과 금계에 대한 집착(sīlabhataparāmāsa : 戒禁取)에서 벗어나야 한다. 둘째, 감각적 쾌락의 욕망계의 천상이나 인간계에 태어나 열반에 들기 위해 한 번 돌아오는 길을 가는 님(sakadāgāmīmagga : 一來向), 한 번 돌아오는 경지에 도달한 님(sakadāgāmīphala : 一來果) = 한 번 돌아오는 님(sakadāgāmin : 一來者)이 있다. 한 번 돌아오는 님은 열 가지 결박 가운데 위 세 가지와 더불어 ④ 감각적 쾌락에 대한 탐욕(kāmarāga : 欲貪) ⑤ 분노(paṭigha : 有對)를 거의 끊어야 한다. 셋째, 미세한 물질계의 천상에 가면서나 거기에 도달해서 열반에 들기 때문에 이 세상으로 돌아오지 않는 길을 가는 님(anāgamī magga : 不還向), 돌아오지 않는 경지에 도달한 님(anāgamīphala : 不還果) = 돌아오지 않는 님(anāgamin : 不還者)이 있다. 돌아오지 않는 님은 위의 다섯 가지 낮은 단계의 결박을 완전히 끊은 자이다. 넷째, 거룩한 길을 가는 님(arahattamagga : 阿羅漢向), 거룩한 경지에 도달한 님(arahattaphala : 阿羅漢果) = 거룩한 님(arahat : 阿羅漢)이 있다. 거룩한 님은 위의 다섯 가지 낮은 단계의 결박은 물론 ⑥ 미세한 물질계에 대한 탐욕(rūparāga : 色貪) ⑦ 비물질계에 대한 탐욕(arūparāga : 無色貪) ⑨ 자만(māna : 慢) ⑨ 자기정당화(uddhacca : 掉擧), ⑩ 무명(avijjā : 無明)의 다섯 가지 높은 단계의 결박에서 완전히 벗어난 자를 말한다. 이 가운데 거룩한 님을 제외한 일곱 단계를 학인(sekha : 有學)이라고 부르고 거룩한 님은 학인의 단계를 초월했으므로 무학(asekha : 無學)이라고 부른다. 단. 역자의 경우 스승인 궤범사(軌範師 : ācariya)와 함께 사는 학생도 학인(學人 : antevāsika)이라고 번역하였는데, 그때의 학인과는 구별해야 한다.

6. 승가와 참모임

초기불교에서 교단을 의미하는 승가(saṅgha : 僧伽)에 관하여 비구승가(bhikkhu-saṅgha : 比丘僧伽), 비구니승가(bhikkhunīsaṅgha : 比丘尼僧伽), 사방승가(cattudisasaṅgha : 四方僧伽), 현전승가(sammukhīsaṅgha : 現前僧伽), 승보(saṅgharatana : 僧寶), 성문승가(sāvaka-saṅgha : 聲聞僧伽) 등의 용어를 찾아볼 수 있다. 여기서 재가의 남자신자(upāsika : 優婆塞), 재가의 여자신자(upāsikā : 優婆夷;)의 승가란 말은 나타나지 않는다. 재가신자를 포함시킬 때는 승가라는 말 대신에 사부대중(catasso parisā : 四部大衆)이라는 표현을 쓴다. 그러나 승가 안에 재가신도가 포함되지 않는다고 명시적으로 규정할 수는 없다. 사방승가는 시간적으로 삼세에 걸쳐 확대되고 공간적으로는 우주적으로 확대되는 보편적 승가를 지칭한다. 그렇다면 이 사방승가 안에는 재가신도가 당연히 포함되어야 할 것이다. 그러나 이 사방승가도 재가신도에 관한 언급이 없이 비구 · 비구니 승가의 확장으로 규정되고 있다. 그리고 현전승가는 시간 · 공간적으로 무한한 사방승가가 이러한 유한한 결계에 의해서 한정된 지역승가생활공동체를 말한다. 이 현전승가 역시 비구 또는 비구니 승가이다. 그러나 경전에서는 재가신자인 재가의 남자신자나 재가의 여자신자가 없이는 사방승가와 현전승가의 이념이 성립할 수 없음을 경전은 분명히 하고 있다. 왜냐하면 출가자는 생활의 물자를 얻기 위해 노동할 수 없으므로, 재가의 남자신자와 재가의 여자신자로부터 의식주를 위한 생필품과 필수약품(四資具)을 공급받아야

생활공동체로서의 현전승가가 유지되며, 재가의 남자신자와 재가의 여자신자로부터 승가람(僧伽藍), 승가람물(僧伽藍物), 방(房), 방물(房物)등을 기증받아서 부처님의 가르침을 유지시켜야 '부처님을 상수로 하는 승가' 즉 사방승가가 성립할 수 있다. 한편 승보라고 하는 것은 불교도의 귀의처로 종교적 신앙의 대상 가운데 삼귀의(三歸依)의 하나가 된다. 초기불교의 경전에서는 그 구체적인 범주가 언급되어 있지 않다. 그러나 구사론(俱舍論)이나 대지도론(大智度論)에서는 그 범주를 구체적으로 정하고 있다. 승보(僧寶)에는 비구·비구니 승가가 모두 포함되는 것이 아니라, 진리의 흐름에 들기 시작한 님인 예류향(預流向)에서부터 열반에 도달한 거룩한 님인 아라한에 이르기까지의, 네 쌍으로 여덟이 되는 참사람(四雙八輩)을 의미한다고 규정하고 있다. 이 승보의 개념은 ≪쌍윳따니까야≫(SN. 12 : 41)에서 규정하는 '세존의 제자들의 모임은 네 쌍으로 여덟이 되는 참사람으로 이루어졌으니, 공양받을 만하고 대접받을 만하고 보시받을 만하고 예경받을 만하며 세상에서 위없는 공덕의 밭이다.(yad idaṃ cattāri purisayugāni aṭṭha purisapuggalā esa bhagavato sāvakasaṅgho, āhuneyyo, pāhuṇeyyo, dakkhiṇeyyo, añjalikaraṇīyo, anuttaraṃ puññakkhettaṃ lokassa)'라는 개념과 일치한다. 제자들의 모임은 성문승가의 개념이므로 참사람의 모임인 승가를 역자는 참모임이라고 번역한다. 그리고 그 구성원을 수행승, 수행녀, 재가의 남자신자, 재가의 여자신자라고 번역한다. 비구승가는 비구승가 또는 수행승의 참모임, 수행승의 무리로, 비구니승가는 비구니승가 또는 수행녀의 참모임, 수행녀의 무리로 문맥에 따라 번역한다. 성문승가는 제자들의 참모임 또는 제자들의 모임으로 번역한다. 재가신도는 재가의 남자신자 또는 청신사(淸信士)로, 재가의 여자신자 또는 청신녀(淸信女)로 번역한다.

7. 싸띠와 새김

우선 역자의 번역과 다른 초기경전의 역자들 사이에서 가장 두드러진 번역의 차이를 보이는 것은 '싸띠(sati)' 즉, 한역의 염(念)에 대한 것이다. 최근에 위빠싸나 수행자들 사이에 이 '싸띠'를 두고 '마음챙김'이라고 번역하는 것이 대세가 되었다. 일부에서는 '마음지킴'이라고 번역하기도 한다. '싸띠'는 내용적으로, 마음이 지금 여기에 현존하는 것이며, 분별적인 사유나 숙고에 휩싸이지 않고 대상을 알아채고 관찰하는 것을 말한다. 이러한 것을 단순히 고려한다면, '싸띠'를 '마음챙김'이나 '마음지킴'으로 번역하는 것이 어느 정도는 타당성을 지니는 것처럼 보인다. 그러나 이러한 번역은 몇 가지 모순을 갖는다. 첫째, 모든 가르침의 요소들이 마음과 관계되는 것인데 유독 '싸띠'에만 별도로 원래는 없는 마음이란 단어가 부가될 이유가 없다. 둘째, 올바른 '마음챙김'이나 '마음지킴'이라는 말은 착하고 건전한 것들을 지향하는 올바른 정진과 특히 내용상 구분이 어려워질 수 있다. 셋째, 네 가지 새김의 토대[四念處]에서 토대가 되는 명상주제의 하나에 마음이 포함되어 있어서 그것을 두고 마음에 대한 마음의 '마음챙김'이나 마음에 대한 마음의 '마음지킴'이라고 삼중적으로 번역하는 잘못이 발생할 수 있다. 넷째 '싸띠'라는 빠알리어 자체에는 '마음'은 커녕 '챙김'이나 '지킴'이라는 뜻도 어원적으로 없다. 아비달마적으로도 '싸띠'에 관한 한, 그 특징은 마음이 대상을 벗어나 들뜨지 않는 것이고, 그 역할은 혼란스럽지 않게 대상을 기억하는 것이고, 그 현상은 마음을 보호하고 대상을 현전시키는 것이고, 그 토대는 훈련된 지각이나 네 가지 새김의 토대에 대한 확립이다. 이러한 '싸띠'에 대해서는 부처님이 직접 ≪쌍윳따니까야≫에서 정의 내린 부분 — '수행승들이여, 이와 같이 수행승이 멀리 떠나 그 가르침을 기억하고 사유하면(anussarati anuvitakketi.), 그 때 새김의 깨달음 고리가 시작한다.(SN. 45 : 3)' — 을 참고하여 번역하는 것이 제일 타당하다. 여기서는 분명히 기억과 사유가 새김의 전제조건으로 확실히 '싸띠'에 대해 해석학적 설명, 즉 기억과 사유의 일치점을 지시하고 있음을 알 수 있다. 실제로 '싸띠'라는 말은 범어의 '쓰므리띠'(*sk.* smṛti)의 빠알리어 형태로 원천적으로 '기억'이란 뜻을 갖고 있으나, 기억과 사유가 일치하는 '지금 여기에서의 분명한 앎'이란 의미도 갖고 있으므로 그 둘 다의 의미를 지닌 우리말을 찾던 역자는 '새김'이 가장 적당한 번역어라고 생각했다. 새김은 과거에 대한 '기억' 뿐만 아니라 지금 여기에서의 '조각(彫刻)' — 물론 사유를 은유적으로 이해할 때에 — 이라는 의미를 모두 함축하기 때문이다. 기억이 없이는 사물에 대한 지각을 올바로 알아차린다는 것은 불가능한 것이다. 따라서 새김의 토대에 대한 경(Satipaṭṭhānasutta MN. 10 : 念處經)에서 '싸띠'가 주로 관찰의 의미로 사용되는 것은 '지금 여기에서의 분명한 앎'으로서의 새김과 관계된 것이다.

8. 요니쏘 마나씨까라와 이치에 맞는 정신활동

그 다음에 번역하기 난해한 것은 요니쏘 마나씨까라(yoniso manasikāra : 如理作意)와 아요니쏘 마나씨까라(ayoniso manasikāra : 非如理作意)라는 단어이다. 우선 요니쏘(yoniso)라는 말은 어원적으로 '모태(母胎)적으로'라는 말인데, '철저하게, 근본적으로, 이치에 맞게'라는 뜻으로 쓰인다. 한역의 여리(如理)라는 말은 그 가운데 '이치에 맞게'라는 뜻을 취했음을 알 수 있다. 물론 이 때에 '이치에 맞게'라는 뜻은 '연기(緣起)의 원리에 맞게'라는 뜻이다. 따라서 '아요니쏘(ayoniso)'는 그 반대의 뜻을 지닌 것임을 알 수 있다. 더욱 번역하기 어려운 것이 '마나씨까라(manasikāra)'라는 말인데, 이 말을 '주의를 기울임'이라고 번역하면, 새김의 특성과 중복되므로 적당하지 않고, 한역에서처럼 작의(作意)라고 하기에는 일상용어가 아니라 그 의미가 애매해진다. '마나씨까라'는 마나쓰(manas)와 까라(kāra)의 복합어로 정신과 활동을 의미함으로 역자의 번역에서는 '정신활동'이라고 번역한다. 그래서 요니쏘 마나씨까라는 주석서(Srp. II. 21)에 따르면, '방편에 의한 정신활동으로, 교리에 의한 정신활동에 의해서(upāyamanasikārena, pāthamanasikārena)'의 두 가지 뜻으로 해석하고 있다. 리스 데이비드 부인(Mrs. Rhys Davids)은 이것을 '체계적으로 주의를 기울임'이라고 해석했고 빅쿠 보디(Bhikkhu Bodhi)는 ≪쌍윳따니까야≫의 번역에서 '주의 깊게 주의를 기울임'이라고 해석했다.(Cdb. 1584) 니야나띨로까(Nyanatiloka)의 『불교사전(Buddhistisches Wörterbuch)』에서는 '철저한 또는 현명한 숙고'이고, 한역에서는 여리작의(如理作意)라고 한다. 역자는 피상적이 아닌 연기법에 따른 심오하고 근본적 정신활동을 뜻한다고 보고 한역에도 부합하도록, '이치에 맞게 정신활동을 일으킴' 또는 '이치에 맞게 정신활동을 기울임'이라고 번역한다. 아요니쏘 마나씨까라는 '이치에 맞지 않게 정신활동을 일으킴' 또는 '이치에 맞지 않게 정신활동을 기울임'이라고 번역한다. 단, '요니쏘(yoniso)'가 단독으로 등장할 경우에는 '근본적으로' '철저하게' 또는 '이치에 맞게'라고 번역하고, '아요니쏘(ayoniso)'가 단독으로 등장할 경우에는 '피상적으로' '철저하지 않게' 또는 '이치에 맞지 않게'라고 번역한다.

9. 비딱까·비짜라와 사유·숙고

그 다음으로는 비딱까(vitakka) 와 비짜라(vicāra)가 있다. 한역에서는 초기번역에서 각(覺)과 관(觀)으로 번역되어 있어 중역을 할 때에 많은 경전번역을 난해하게 만들 소지가 있어 후기에는 심(尋)과 사(伺)로 번역되었다. 아비달마적인 전통에 의하면 '적용된 생각'과 '유지된 생각'이라는 뜻이지만, 역자는 '사유'와 '숙고'라고 번역했다. 까마비딱까(kāmavitakka)는 감각적 쾌락의 욕망에 입각한 사유를 뜻하고, 그 반대인 넥캄마비딱까(nekkhammavitakka)는 감각적 쾌락의 욕망의 여읨에 입각한 사유를 말한다. 이것이 첫 번째 선정에 응용되었을 때에는 '비딱까'는 일반적 의식의 사변적 특징이 아니라 마음을 대상에 적용하는 기능을 말하고 '비짜라'는 마음을 대상에 안착시키기 위해 대상을 조사하는 기능을 말한다. 그러나 이러한 해석은 아비달마적인 것이고 어떻게 보면 새김(sati)의 작용 – 새김이 없는 마음은 호박에 비유되고 새김을 수반하는 마음은 돌에 비유된다. 호박은 수면 위를 떠다니지만 돌은 물 밑바닥에 이를 때까지 가라 앉는다 – 과 혼동을 일으킬 수 있다. 경전상의 첫 번째 선정에 대한 정의 – 수행승들이여, 나는 내가 원하는 대로 감각적 쾌락의 욕망을 떠나고 악하고 불건전한 것들을 떠나 사유와 숙고를 갖추고 멀리 여읨에서 생겨나는 희열과 행복으로 가득한 첫 번째 선정에 도달한다.(SN. 16 : 9) – 를 살펴보면 감각적 쾌락의 욕망이 사라지면 나타나는 사유와 숙고는 앞에서 이야기하는 감각적 쾌락의 욕망에 입각한 사유를 뜻하는 것이 아니고 감각적 쾌락의 욕망의 여읨에 입각한 사유를 뜻한다는 것을 알 수 있고, 착하고 건전한 즉 윤리적이고, 이성적인 사유를 뜻한다는 것을 알 수 있다. 이러한 사유가 정밀하게 지속되는 상태는 곧 숙고라고 볼 수 있다.

10. 싹까야딧티와 개체가 있다는 견해

학자들 사이에서 쟁점이 되고 있는 것은 싹까야(sakkāya)와 싹까야딧티(sakkāyadiṭṭhi; SN. 1 : 21)라는 용어가 있다. 한역에서는 각각 유신(有身)과 유신견(有身見)이라 한다. 싹까야(sakkāya)는 싸뜨(sat : 有)와 까야(kāya : 身)가 합해서 만들어진 복합어이다. 그러나 해석방식은 두 가지가 있다. 하나는 '존재의 몸' 즉 '존재체(存在體)'라고 번역하는 것이고, 다른 하나는 '존재의 무리'라고 번역하는 것이다. 까야라는 말은 '신체'를 의미하기도 하지만 '무리'를 뜻하기도 한다. 가이거는 싹까야를 '신체적 현존재(Das körperliche Dasein : Ggs. I. 313)'라고 번역했고, 냐나몰리는 '체현(embodyment)', 대부분의 학자들은 '개성(personality)', 빅쿠보디는 '정체성(identity)'이라는 단어를 번역으로 취했다. 그러나 싸뜨(sat)라는 단어는 원래 바라문교의 철학의 '영원한 존재''에서 유래하는 실체적 존재를 의미하는 것이다. 그러나 불교철학적으로 보면 무상한 존재에 대한 전도된 인식하에서 성립한 것이다. 이러한 철학적인 배경하에서만 싹까야딧티(sakkāyadiṭṭhi)가 '개체가 있다는 견해'라는 번역이 가능해진다. 물론 그것을 '개성적 견해', '정체성의 견해'라고 번역할 수 있겠지만, 그렇게 번역하면, 우리말 자체에서 현대 심리학과 관련해서 난해한 해석학적 문제에 봉착하게 된다. 유신과 관련해서 가이거는 하늘소녀가 '신체적 현존재(sakkāya : 有身) 가운데 살기 때문에 불행하다.(SN. 9 : 6)'고 번역한 문구에 각각의 번역 '개성'이나 '정체성'이나 '체현'이나 '개체' 등을 대입해 보면, '개체'가 가장 무난함을 발견할 수 있다. 역자는 ≪쌍윳따니까야≫의 초판본에서 유신과 관련해서 '존재의 무리'라고 번역했고, 유신견과 관련해서 '존재의 무리에 실체가 있다는 견해'라고 번역했는데 이를 '개체'와 '개체가 있다는 견해'로 수정한다. 그러나 이 개체라는 말은 단순히 개인이나 개체를 의미하는 것이 아니라 개체와 연관된 정신·신체적인 과정을 의미한다는 것은 의심할 여지가 없다.'

11. 봇싹가빠리나마와 완전히 버림으로써 열반으로 회향함

그리고 한글로 번역이 어려웠던 단어 가운데 하나가 봇싹가빠리나마(vossaggapariṇāma; SN.3 : 18)라는 단어가 있다. 한역에는 사견회향(捨遣廻向) 또는 향어사(向於捨)라고 되어 있는데, 이것은 '버림 가운데 향하는'이라는 의미인데 그 향하는 목표가 어딘지 불분명하다. '자아-극복으로 끝나는(Krs. V. 27)' 또는 '해탈에서 성숙하는(Cdb. 1524)'등의 번역도 있으나 만족스럽지 못하다. 빠리나마는 '성숙하는, 끝나는, 회향하는, 돌아가는'의 뜻을 지니고 있기 때문에 그러한 해석이 불가능한 것은 아니다. 붓다고싸(Srp. I. 159)에 따르면, 봇싹가는 버림(paricāga)의 뜻을 갖고 있고 빠리나마는 뛰어듦(pakkhanda)의 뜻을 갖고 있어 '포기하여 뛰어듦'을 뜻한다. '오염(kilesa)을 버림으로써 열반(nibbāna)으로 회향하는'을 의미한다. 그런데 대승불교권에서는 회향이라는 단어가 '방향을 튼다.'는 의미보다는 '공덕을 돌린다.'는 의미가 강해서 오해의 소지가 없지는 않지만, 그렇다고 '열반으로 방향을 트는' 또는 '열반으로 돌아가는'이라고 하면, 전자는 어감상 안 좋고 후자는 모든 것이 열반에서 왔다가 다시 돌아간다는 의미가 강해지므로 또한 오해의 소지가 있다. 여기서 회향은 '오염에서 돌이켜 열반으로 향한다.'는 의미로 보아야 한다. 역자는 봇싹가빠리나마(vossaggapariṇāma)를 '완전히 버림으로써 열반으로 회향하는'이라고 번역한다.

12. 닙바나와 열반 그리고 빠리닙바나와 완전한 열반

열반(pāli. nibbāna; *sk.* nirvana)은 잘 알려져 있듯, 글자 그대로 '불이 꺼짐'을 의미한다. 그런데 대중적 불교문헌에서 열반은 이 생에서의 열반[nibbāna : 涅槃]을 의미하고, 완전한 열반(parinibbāna : 般涅槃)은 임종시에 도달하는 열반이라고 알려져 있다. 그러나 열반에 대한 이러한 적용은 잘못된 것이다. 토마스(E. J. Thomas)에 의하면, 빠알리어에서 '완전한'을 의미하는 빠리(pari)라는 단어는 '상태표현'에서 '상태획득'으로 변화할 때에 덧붙여진다. 그렇다면, 열반은 '해탈의 상태'이고 완전한 열반은 '해탈상태의 획득'을 의미한다. 따라서 실제도 이 양자는 구별되지 않는다. 동사인 '열반에 든다(nibbāyati)'와 '완전한 열반에 든다(parinibbāyati)'도 실제로 의미상 구별 없이 해탈의 획득행위에 쓰인다. 명사인 열반과 완전한 열반도 모두 완전한 깨달음을 통한 궁극적 해탈이라는 의미로 사용되는데, 동시에 모두가 육체적인 몸의 파괴를 통한 조건지어진 존재로 부터의 궁극적 해탈에도 사용된다. 예를 들어 '완전한 열반에 든다.'는 말이 수행승이 살아 있는 동안의 해탈에 적용될(SN. 12 : 51; 22 : 54; 35 : 31) 뿐만 아니라, 부처님과 아라한의 죽음에도 적용된다.(SN. 6 : 15; 47 : 13) 완료수동분사형인 닙부따

(nibbuta)와 빠리닙부따(parinibbuta)는, 명사들 닙바나(nibbāna)와 빠리닙바나(parinibbāna)와는 다른 어원을 가진다. 전자는 니르-브리(nir-√vṛ '덮다')에서 후자는 니르-바(nir-√vā '불다')에서 유래했다. 전자의 분사에 고유한 명사형은 닙부띠(nibbuti)이다. 이 닙부띠는 때때로 닙바나와 동의어로 쓰이지만, '완전한 고요, 적멸'이라는 뜻으로 쓰인다. 그러나 빠리닙부띠(parinibbuti)는 ≪니까야≫에서 발견되지 않는다. 초기에 이미 두 동사가 융합되어 빠리닙부따가 완전한 열반에 든 자를 지시하는데 사용하는 형용사로 쓰였다. 동사처럼 분사형은 살아 있는 부처님과 아라한(SN. 8 : 2) 뿐만 아니라 사멸한 부처님이나 아라한(SN. 4 : 24)의 수식어로 사용되었다, 그럼에도 불구하고 완료수동분사형인 빠리닙부따는 시에서는 유독 '살아 있는 아라한'과 관련해서 쓰이고, 산문에서는 '사멸한 아라한'에 한정된다. 경전상에서 사용법으로 보면, 명상형인 빠리닙바나는 '아라한과 부처님의 사멸'을 뜻한다고 할지라도 그것은 '죽음 후의 열반'을 의미하는 것은 결코 아니고 이미 살아서 열반을 얻은 자가 사멸(死滅)하는 것을 말한다. 경전 상에는 두 가지 열반, 즉 '잔여가 있는 열반(有餘依涅槃 : saupādisesanibbāna)'과 '잔여가 없는 열반(無餘依涅槃 : anupādisesanibbāna)'이 있다. 여기서 잔여란 갈애와 업에 의해서 생겨난 다섯 가지 존재다발의 복합체를 말한다.(Itv. 38-39) 전자는 살아 있는 동안 아라한이 획득한 탐욕과 성냄과 어리석음의 소멸을 뜻하고, 후자는 아라한의 죽음과 더불어 모든 조건지어진 것들의 남김없는 소멸을 뜻한다. 그러나 양자는 이미 자아에 집착된 유위법적인 세속적 죽음을 완전히 초월해서 불사(不死 : amata)라고 불리며, 아라한은 이미 자아에 집착된 다섯 가지 존재의 집착다발(五取蘊)의 짐을 모두 내려 놓은 상태(ohitabhāro)에 있기 때문이다. 아라한에게 죽음은 애초에 적용되지 않는다. 동일한 완전한 소멸임에도 차이가 나는 것은 잔여가 있는 열반의 경우에는 '마치 도자기 만드는 사람이 돌리고 있던 물레에서 손을 떼어버려도 얼마간은 계속 회전하는 것처럼, 열반을 얻은 성인도 과거에 지은 업에 의해 결정된 얼마 동안은 삶을 계속하면서 업에 대한 고락을 받는다.'는 것이다. 과거의 업에 의해서 결정된 삶이 바로 경전에 나와 있는 아직 남아 있는 다섯 가지 감관에 의한 고락의 체험이다. 그리고 육체적인 삶의 죽음과 더불어 업의 잔여물인 다섯 가지 감관마저 사라져버릴 때 잔여가 없는 열반에 이른다. 이러한 두 가지 열반의 세계를 주석서는 각각 아라한의 경지를 얻을 때의 '오염의 완전한 소멸(kilesaparinibbāna)'과 아라한이 목숨을 내려 놓을 때 소멸을 의미하는 '존재다발의 완전한 소멸(khandhaparinibbāna)'로 구별하면서, 열반인 '닙바나(nibbāna)'와 '완전한 소멸' 또는 '완전한 열반'을 의미하는 '빠리닙바나(parinibbāna)'를 상호교환 가능한 동의어로서 본다. 그러나 경전상에서 사용방식은 위 두 종류의 '빠리닙바나'는 '닙바나'의 세계에 접근하는 사건으로 보는 것을 선호하기 때문에 '빠리닙바나'는 소멸하는 행위이고 '닙바나'는 소멸된 상태를 의미한다. '닙바나'는 한역을 통해 열반으로 잘 알려진 우리말이므로 그리고 해석학적 관점에서 많은 다양성을 지닌 고유한 언어이므로 역자는 열반 이외에 다른 번역을 취하지 않는다. '빠리닙바나'에 대해서는 이제까지 논의를 바탕으로 하면 빅쿠 보디가 번역한 것처럼 '궁극적 열반'이라고 번역하는 것도 가능하지만, 우리말의 어감상 어려운 느낌을 주기 때문에 역자는 '빠리닙바나'를 그냥 '완전한 열반'이라고 번역하고 동사인 '빠리닙바야띠(parinibbāyati)'는 '완전한

열반에 든다.'라고 번역한다. 그 행위자 명사인 '빠리닙바인(parinibbāyin)'은 '완전한 열반에 든 자'라고 번역하고, 완료수동분사인 닙부따(nibbuta)는 열반과 관계되기도 하고 관계되지 않기도 — '빠리닙바야띠'와 '빠리닙부따'가 ≪맛지마니까야≫(MN. I. 446)에서는 단지 말의 훈련과 관련하여 사용되고 있다 — 하기 때문에 '열반에 든'이나 '적멸에 든'으로, 빠리닙부따(parinibbuta)는 '완전한 열반에 든'이나 '완전히 적멸에 든'이라고 번역한다.

13. 서른일곱 가지 깨달음에 도움이 되는 원리

초기 경전에 자주 등장하는 서른일곱 가지 깨달음에 도움이 되는 원리(sattatiṃsa bodhipakkhiyā dhammā : 三十七助道品, 三十七菩提分法)의 각 항목의 경우 다음과 같이 번역한다.

1) 네 가지 새김의 토대(cattāro satipaṭṭhānā : 四念處)
① 몸에 대한 관찰(kāyânupassanā : 身隨觀)
② 느낌에 대한 관찰(vedanânupassanā : 受隨觀)
③ 마음에 대한 관찰(cittānupassanā : 心隨觀)
④ 사실에 대한 관찰(dhammânupassanā : 法隨觀)

2) 네 가지 올바른 노력(cattāro sammappadhānā : 四正勤)
① 제어의 노력(saṃvarappadhāna : 律儀勤)
② 버림의 노력(pahānappadhāna : 斷勤)
③ 수행의 노력(bhāvanappadhāna : 修勤)
④ 수호의 노력(anurakkhaṇappadhāna : 守護勤)

3) 네 가지 신통의 기초(cattāro iddhipādā : 四神足) :
① 의욕의 집중에 기반한 노력의 형성을 갖춘 신통의 기초
(chandasamādhipadhānasaṅkhārasamannāgat'iddhipāda : 欲三摩地勤行成就神足)
② 정진의 집중에 기반한 노력의 형성을 갖춘 신통의 기초
(viriyasamādhipadhānasaṅkhārasamannāgat'iddhipāda : 勤三摩地勤行成就神足)
③ 마음의 집중에 기반한 노력의 형성을 갖춘 신통의 기초
(cittasamādhipadhānasaṅkhārasamannāgat'iddhipāda : 心三摩地勤行成就神足)
④ 탐구의 집중에 기반한 노력의 형성을 갖춘 신통의 기초
(vīmaṃsasamādhipadhānasaṅkhārasamannāgat'iddhipāda : 觀三摩地勤行成就神足)

4) 다섯 가지 능력(pañca indiyāni : 五根)
① 믿음의 능력(saddh'indriya : 信根)
② 정진의 능력(viriy'indriya : 精進根)
③ 새김의 능력(sat'indriya : 念根)
④ 집중의 능력(samādh'indriya : 定根)
⑤ 지혜의 능력(paññ'indriya : 慧根)

5) 다섯 가지 힘(pañca balāni : 五力)
① 믿음의 힘(saddhābala : 信力)
② 정진의 힘(viriyabala : 精進力)
③ 새김의 힘(satibala : 念力)
④ 집중의 힘(samādhibala : 定力)
⑤ 지혜의 힘(paññābala : 慧力)

6) 일곱 가지 깨달음 고리(satta sambojjhaṅgā : 七覺支)

① 새김의 깨달음 고리(satisambojjhaṅga : 念覺支)
② 탐구의 깨달음 고리(dhammavicayasambojjhaṅga : 擇法覺支)
③ 정진의 깨달음 고리(viriyasambojjhaṅga : 精進覺支)
④ 희열의 깨달음 고리(pītisambojjhaṅga : 喜覺支)
⑤ 안온의 깨달음 고리(passaddhisambojjhaṅga : 輕安覺支)
⑥ 집중의 깨달음 고리(samādhisambojjhaṅga : 定覺支)
⑦ 평정의 깨달음 고리(upekkhāsambojjhaṅga : 捨覺支)

7) 여덟 가지 고귀한 길(ariya aṭṭhaṅgikamagga : 八聖道, 八正道)
① 올바른 견해(sammādiṭṭhi : 正見)
② 올바른 사유(sammāsaṅkappa : 正思惟)
③ 올바른 언어(sammāvācā : 正語)
④ 올바른 행위(sammākammanto : 正業)
⑤ 올바른 생활(sammāājīvo : 正命)
⑥ 올바른 정진(sammāvāyāmo : 正精進)
⑦ 올바른 새김(sammāsati : 正念)
⑨ 올바른 집중(sammāsamādhi : 正定)

위의 각각의 번역용어와 그에 대한 해명은 이 ≪니까야≫ 안에서 찾을 수 있으나, 다만, 네 가지 신통의 기초에 대한 의의와 다섯 가지 능력과 다섯 가지 힘의 관계에 대해서는 등장하지 않으므로 여기서 설명하기로 한다. 네 가지 신통의 기초에서 '신통의 기초(iddhipāda)'란 말은 '초월적 힘의 기초'를 말하는데, 원래 잇디(iddhi)와 빠다(pāda)의 복합어이다. '잇디'는 원래 '성공, 성장, 번영'을 뜻하는데, 인도의 요가 전통에서 이 단어는 명상을 통해 도달한 특별한 성공, 즉 사건의 일반적 질서에 도전하는 놀라운 재주를 행하는 능력의 성취란 의미를 지닌다. 그러나 이러한 재주는 인도의 영성에서 그것을 행하는 사람의 신적인 지위를 증진하는 기적으로 여겨지는 것이 아니라 오히려 집중[三昧]의 성취를 통해서 명상수행자가 이룰 수 있는 것이라고 여겨진다. 그것은 기적이 아니라 자연적 인과과정이 확장된 것이기 때문이다. 집중에 든 마음은 일반적인 감각적 의식 속에서는 보이지 않는 정신적 물질적 에너지의 내밀한 관계를 인식할 수 있다. 이러한 인식은 명상이 성취된 요가수행자에게 자연적 인과과정의 기저에 놓인 깊은 존재의 흐름 속으로 뛰어들게 하여 신비적으로 보이는 능력을 구사할 수 있게 만든다. 초기불교의 가르침이 합리적인 윤리체계로 묘사되고 순수한 명상체계로 알려져 있지만, 그것을 담고 있는 ≪니까야≫ 자체에는 부처님이 신통의 힘을 행사하고 제자들이 그러한 힘의 발휘에 능통한 것으로 기술된 경들로 가득 차 있다. 일반적으로 알려진 것과는 달리 부처님은 그러한 초월적 힘을 획득하는 것에 대하여 부정한 것은 아니다. 그가 부정한 것은 그러한 힘을 책임질 수 없는 대상을 향해 잘못 사용하는 것이다. 그는 수행승들과 수행녀들에게 그러한 힘을 신도들에게 감동을 주거나 이교도를 교화하기 위해 사용하는 것을 금했다. 그는 그러한 힘을 지닌 것 자체가 그것을 소지한 자가 순수한 지혜를 지녔다는 증거가 되지 않는다고 강조했다.
부처님은 또한 '여섯 가지 곧바른 앎' 또는 '여섯 가지 초월적 지혜'라고 번역되는 찰라빈냐(chaḷabhiññā : 六神通)는 보다 높은 지혜의 넓은 범주 속으로 신통을 포함시킴으로써 명상을 통해 얻어질 수 있는 정신적 성취의 유형에 대한 확장된 해석을 제공한다 : ① 여덟 종류의 초월적 능력(iddhi : 神足通) ② 멀고 가까운 소리를 들을 수 있는 하늘귀(dibbasota : 天耳通) ③ 타인의 마음을 읽는 앎(parassa cetopariyañāṇa : 他心通) ④ 자신의 전생에 대한 새김(pubbenivasānussati : 宿命通) ⑤ 타인의 업과 과보를 아는 하늘눈(dibbacakkhu : 天眼通) ⑥ 번뇌 부숨에 대한 궁극적인 앎(āsavakkhayañāṇa : 漏盡通)이 있다. 이 가운데 첫 다섯 가지 곧바른 앎은 세속적인 것이고 명상수행자의 장식물로서는 바람직 할지 몰라도 해탈에 필수적인 것은 아니다. 마지막의 번뇌의 부숨에 대한 궁극적 앎은 출세간적인 것이고 점진적인 수행의 절정에 해당하는 것이다. 부처님은 이러한 보다 넓고 심오한 영적인 성취를 여기에 포함시켜서 초기불교의 교리적 구조 안에 인도 요가문화에서 높게 평가되는 신통을 포함시킬 수 있었던 반면에 자신의 제자들에게도 영적인 성취에 대한 자긍심을 불어 넣을 수 있었다. 네 가지 신통의 기초는 이러한 곧바른 앎 또는 초월적 지혜를 가능하게 하는 토대로서, 세속적이건 출세간적이건 신통을 획득하기 위한 수단이다. 그래서 서른일곱 가지 깨달음에 도움이 되는 길[三十七助道品]에 포함되어 있다. 그렇지만 다른 유형의 길과는 다른 경향을 갖고 있다. 다른 것들은 오직 깨달음과 열반의 실현에 기여하는 것이지만 네 가지 신통의 기초는 여섯 가지 초월적 지혜의 획득뿐만 아니라 아라한의 최상의 신통을 획득하는 수단이 되는 것이다.

다섯 가지 능력(五根 : pañca indriyāni)과 다섯 가지 힘(五力 : pañca balāni)은 동일한 정신적 요소의 선택에서 유래한 것이지만 그 관계성에 대해서는 의문이 제기된다. ≪비쑷디막가[清淨道論 Vism. 491)≫에 따르면, 능력이란 제석천을 의미하는 인드라에서 파생된 단어로 인드라의 모습, 인드라에 의해서 나타난 것, 인드라에 의해서 보여진 것, 인드라에 의해서 생기된 것, 인드라에 의해서 닦여진 것이라는 의미를 지닌다. 인드라는 원래 강력한 번개를 뜻하며, 아리안 족이 인더스 강 유역에 정착했을 때 유목민에게 풍요를 가져다준 것은 번개였다. 번개가 치면 몬순이 시작되어 들판을 비옥하게 만들고 풍요롭게 만들었기 때문이었다. 따라서 인드라는 능산적(能產的) 지배자를 상징한다. 마찬가지로 경전에서 인드리야는 이러한 능산적이고 지배적인 능력을 의미한다. 그리고 ≪앙굿따라니까야≫(AN. II. 150≫에 의하면, 아마도 능력은 잠재되어 있거나 약한 초기단계를 나타내는 것 같고, 힘은 강하게 나타나는 발전적 단계인 것 같은데, 경전에서는 이러한 견해에 호의를 보이지 않는다. 부처님은 이 두 깨달음에 도움이 되는 유형들이 동일한 성질을 갖는 유형의 다른 양상에 사용되는 것으로 그 명명만이 다를 뿐 동일하다고 선언한다. 그것들은 섬 주위로 흐르는 하나의 강의 두 흐름과 같다.(SN. 48 : 43) 주석서(Vism. 491-493)의 해석에 따르면 다섯 가지는 자체의 제어 즉 자재(自在)의 측면에서는 다섯 가지 능력이 되고, 반대가 되는 것을 극복하는 능력의 작용(作用) 측면에서는 다섯 가지 힘이 된다. 곧, 믿음은 자체를 제어하거나 지배한다는 측면에서 믿음의 능력이 되고, 불신을 극복하는 작용을 지니고 있다는 측면에서 믿음의 힘이 된다. 능력들이나 힘들 사이의 상호관계는 경에서는 언급되지 않지만 주석서(Vism. 129—130)에서 논해지는 것에 대해서는 알아둘 가치가 있다 : 믿음은 지혜와 한 쌍이 되어 정신생활에서 감성적인 것과 지적인 것이 균형을 취한다. 그리고 정진과 집중이 한 쌍이 되어 활성과 제어의 균형을 취한다. 새김은 그 어느 것들에도 속하지 않지만 각각의 쌍을 상호 강화시켜 긴장 속에 균형을 유지시킨다.

일 러 두 기

1. 이 예경지송은 대부분 현재 테라바다 불교권에서 길게는 이천 삼백여년 전부터 사용되어 내려왔던 수호경이나 예불문 또는 법요집을 중심으로 해서 발췌한 것이다.
2. 빠알리경전의 원본 대조에는 로마나이즈한 빠알리성전협회본을 기초로 하되, 빠알리어 사전을 이용할 수 있도록 내용적인 복합이나 언어학적 결합을 분리할 수 있도록 기호(-)를 사용하여 분리하여 그 원의를 보다 쉽게 알아 볼 수 있도록 했다.
3. 빠알리문의 한글 음사의 표기는 로마나이즈화한 발음기호에 기초하되 장단음의 표기는 반드시 장단음에의 표기에 의존하지 않으므로 생략하였고, 상세한 것은 부록에서 시의 운율 항목에 기술하였다.
4. 경전외문헌으로 남방에 고유한 예경문의 현행하는 세계적 판본들은 철자법이 틀린 것이 많아 모두 교정하고 역시 내용적인 복합이나 언어학적 결합을 정밀히 하여 그 원의를 확실히 한 뒤에 번역한 것이다.
5. 번역은 가능한 쉬운 우리말을 사용하여 번역한 빠알리성전협회본의 초기경전의 역자번역을 발췌하여 우리말 송출할 때 종교적 장엄과 부드러운 운율을 살리기 위해 다소 예스러운 표현으로 바꾸어 번역했다.
6. 제목의 '경'은 빠알리대장경내의 한 경전을 가감 없이 발췌한 것을 뜻하고, '게송'은 경전 가운데 시문만을 발췌한 것이지만, 간혹 출처가 알려지거나 알려지지 않은 후대의 헌신적인 신심 깊은 불자들의 시문이고, '경송'은 경전에서 산문을 발췌한 것이나 후대의 헌신적인 신심 깊은 불자들의 산문에 해당하는 것이다.
7. 각 예경지송은 내용상의 구분을 위해 단락을 구분하여 파라그래프별로 일련번호를 메겼다. 또한 필요하다면 반괄호의 일련번호를 추가하여 가르침의 내용을 분석적으로 명확히 구분지어 이해하도록 배려했다.
8. 해제 I 에서 각각의 예경지송에 대한 상세한 내용적 설명과 개념적 설명을 달았다. ≪니까야≫의 출처는 물론이고 ≪니까야≫ 주석서를 이용해서 가능한 주석적 설명을 곁들여 명확히 그 의미를 이해할 수 있도록 했다. 해제 II에서는 또한 번역에 사용한 중요한 술어의 개념에 대한 정확한 이해와 역자의 적절한 번역용어선택의 이유를 밝혀놓았다.
9. 원본의 출처는 약어로 표기했으며, 약어가 어떠한 책자를 의미하는지는 부록의 빠알리대장경의 구성란의 별도의 약어표기나 협회발행 니까야도서의 약어표기를 참모하여 원전의 이름을 찾은 후에 참고문헌에서 서지사항을 알아보고, 밝혀놓은 쪽수를 확인함으로써 대조가 가능하게 해놓았다.
10. 부록에는 「참고문헌」, 「빠알리어표기법」, 「불교의 세계관」 그리고 「고유명사와 비유색인」을 포함시켰다. 특히 불교의 세계관은 불교의 우주관을 반영한 것으로 명상수행의 깊이에 따라 또는 선정의 차원에 따라 전개되는 우주계를 묘사한 것이다.

목 차

예경지송

제1품. 일반예불품

제2품. 수호경전품

제3품. 지송경전품

제4품. 성찰수행품

제5품. 명상수행품

제6품. 아비담마품

제7품. 공덕회향품

제8품. 통과의례품

제9품. 추모경송품

제10품. 요청헌사품

1. 일반예불품

불상을 모신 장소의 불단 위에
등불을 켜고 향과 꽃 등을
바치고 예불문을 송출한다.
세 개의 향은
부처님의 덕성인 지혜와 청정과 자애를 상징하고
두 개의 등불은
부처님의 가르침과 참모임의 계율을 상징한다.
꽃들은 서로 다양한 지방에서 와서
동일한 계율을 지키며 조화롭게 사는 수행승들을 상징한다.
등불과 향이 켜지고
꽃 등을 바치고
예불을 드리고
수희찬탄을 하고 공덕을 회향한다.

1. Pubbabhāganamakkārapāṭha

뿝바바가 나막까라 빠타

「예경서禮敬序」를 송출하오니

1. namo tassa
bhagavato arahato
sammāsambuddhassa.

나모 땃싸
바가봐또 아라하또
쌈마쌈붓닷싸.

그 분
세상의 존귀한 님, 거룩한 님
올바로 원만히 깨달은 님께 예경하나이다.

2. namo tassa
bhagavato arahato
sammāsambuddhassa.

나모 땃싸
바가봐또 아라하또
쌈마쌈붓닷싸.

그 분
세상의 존귀한 님, 거룩한 님
올바로 원만히 깨달은 님께 예경하나이다.

3. namo tassa
bhagavato arahato
sammāsambuddhassa.

나모 땃싸
바가봐또 아라하또
쌈마쌈붓닷싸.

그 분
세상의 존귀한 님, 거룩한 님
올바로 원만히 깨달은 님께 예경하나이다.

2. Tisaraṇagamana

띠 싸라나 가마나

「삼귀의三歸依」를 송출하오니

1. buddhaṃ saraṇaṃ gacchāmi 붓당 싸라낭 갓차미
dhammaṃ saraṇaṃ gacchāmi 담망 싸라낭 갓차미
saṅghaṃ saraṇaṃ gacchāmi. 쌍강 싸라낭 갓차미.

고귀한 부처님께 귀의하나이다.
고귀한 가르침에 귀의하나이다.
고귀한 참모임에 귀의하나이다.

2. dutiyaṃ pi buddhaṃ saraṇaṃ gacchāmi 두띠얌 삐 붓당 싸라낭 갓차미
dutiyaṃ pi dhammaṃ saraṇaṃ gacchāmi 두띠얌 삐 담망 싸라낭 갓차미
dutiyaṃ pi saṅghaṃ saraṇaṃ gacchāmi. 두띠얌 삐 쌍강 싸라낭 갓차미.

원만한 부처님께 귀의하나이다.
원만한 가르침에 귀의하나이다.
원만한 참모임에 귀의하나이다.

3. tatiyaṃ pi buddhaṃ saraṇaṃ gacchāmi 따띠얌 삐 붓당 싸라낭 갓차미
tatiyaṃ pi dhammaṃ saraṇaṃ gacchāmi 따띠얌 삐 담망 싸라낭 갓차미
tatiyaṃ pi saṅghaṃ saraṇaṃ gacchāmi. 따띠얌 삐 쌍강 싸라낭 갓차미.

거룩한 부처님께 귀의하나이다.
거룩한 가르침에 귀의하나이다.
거룩한 참모임에 귀의하나이다.

3. Pañcasīla

빤짜 씰라

「오계五戒」를 송출하오니

1. pāṇâtipātā veramaṇī-
sikkhāpadaṃ samādiyāmi.

빠나 아띠빠따 붸라마니
씩카빠당 싸마디야미.

살아있는 생명을 죽이는 것을 삼가는 학습계율을 지키겠나이다.

2. adinnâdānā veramaṇī-
sikkhāpadaṃ samādiyāmi.

아딘나 아다나 붸라마니
씩카빠당 싸마디야미.

주지 않은 것을 빼앗는 것을 삼가는 학습계율을 지키겠나이다.

3. kāmesu micchā-cārā veramaṇī-
sikkhāpadaṃ samādiyāmi.

까메쑤 밋차 짜라 붸라마니
씩카빠당 싸마디야미.

사랑을 나눔에 잘못을 범하는 것을 삼가는 학습계율을 지키겠나이다.

4. musā-vādā veramaṇī-
sikkhāpadaṃ samādiyāmi.

무싸 봐다 붸라마니
씩카빠당 싸마디야미.

어리석은 거짓말을 하는 것을 삼가는 학습계율을 지키겠나이다.

5. surā-meraya-majja-
pamāda-ṭṭhānā veramaṇī-

쑤라 메라야 맛자
빠마닷 타나 붸라마니

sikkhāpadaṃ samādiyāmi. 씩카빠당 싸마디야미.

곡주나 과즙주 등의
취기있는 것에 취하는 것을 삼가는
학습계율을 지키겠나이다.

4. Buddhavaṇṇa

붓다 봔나

「부처님의 찬탄」을 송출하오니

1. iti'pi so bhagavā 이띠 삐 쏘 바가봐
arahaṃ 아라항
sammāsambuddho. 쌈마쌈붓도.

이처럼 세존께서는

1) **거룩한 님**阿羅漢
2) **올바로 원만히 깨달은 님**正等覺者,

2. vijjā-caraṇa-sampanno 뷧자 짜라나 쌈빤노
sugato 쑤가또
loka-vidū. 로까 뷔두.

3) **명지와 덕행을 갖춘 님**明行足
4) **올바른 길로 잘 가신 님**善逝
5) **세상을 이해하는 님**世間解,

3. anuttaro 아눗따로
purisa-damma-sārathi 뿌리싸 담마 싸라티

satthā deva-manussānaṃ	쌋타 데봐 마눗싸남
buddho	붓도
bhagavā'ti.	바가봐 띠.

6) **위없는 님**無上師
7) **사람을 길들이는 님**調御丈夫
8) **하늘사람과 인간의 스승**天人師
9) **깨달은 님**佛
10) **세상의 존귀한 님**世尊**이옵니다**.

5. Dhammavaṇṇa

담마 봔나

「가르침의 찬탄」을 송출하오니

1. svākkhāto	쓰왁카또
bhagavatā dhammo.	바가봐따 담모.

세존의 가르침은
훌륭하게 설해진 가르침이고,

2. sandiṭṭhiko	싼딧티꼬
akāliko	아깔리꼬
ehipassiko.	에히빳씨꼬.

현세에 유익한 가르침이고
시간을 뛰어넘는 가르침이고
와서 보라는 가르침이고,

3. opanayiko 오빠나위꼬
paccattaṃ 빳짯땅
veditabbo viññūhī'ti. 붸디땁보 뷘뉴히 띠.

궁극으로 이끄는 가르침이며
슬기로운 님이라면
누구나 알 수 있는 가르침이옵니다.

6. Saṅghavaṇṇa

쌍가 봔나

「참모임의 찬탄」을 송출하오니

1. yo so su-paṭipanno 요 쏘 쑤 빠띠빤노
bhagavato sāvaka-saṅgho. 바가봐또 싸봐까 쌍고.

님의 가르침을 따르는
참사람의 모임은
훌륭하게 실천수행합니다.

2. uju-paṭipanno 우주 빠띠빤노
bhagavato sāvaka-saṅgho. 바가봐또 싸봐까 쌍고.

님의 가르침을 따르는
참사람의 모임은
정직하게 실천수행합니다.

3. ñāya-paṭipanno 냐야 빠띠빤노

bhagavato sāvaka-saṅgho. 바가봐또 싸봐까 쌍고.

님의 가르침을 따르는
참사람의 모임은
현명하게 실천수행합니다.

4. sāmīci-paṭipanno 싸미찌 빠띠빤노
bhagavato sāvaka-saṅgho. 바가봐또 싸봐까 쌍고.

님의 가르침을 따르는
참사람의 모임은
조화롭게 실천합니다.

5. yad idaṃ cattāri purisa-yugāni 야드 이단 짯따리 뿌리싸 유가니
aṭṭha purisa-puggalā 앗타 뿌리싸 뿍갈라
esa bhagavato sāvaka-saṅgho. 에싸 바가봐또 싸봐까 쌍고.

곧, 님의 가르침을 따르는
참사람의 모임은
네 쌍으로 여덟이 되는
참사람들로 이루어졌으니,

6. āhuneyyo pāhuneyyo 아후네이요 빠후네이요
dakkhiṇeyyo añjalī-karaṇīyo 닥키네이요 안잘리 까라니요
anuttaraṃ puñña-kkhettaṃ lokassā'ti. 아눗따람 뿐냑 켓땅 로깟싸 띠.

공양받을 만하고, 섬김받을 만하고
선물받을 만하고, 존경받을 만하니
세상에서 위없는 공덕의 밭이옵니다.

7. Ratanattayappaṇāmagāṭhā

라따낫 따얍 빠마나 가타

「삼보예경의 게송」을 송출하오니

1. buddho susuddho karuṇā-mahaṇṇavo
yo'ccanta-suddhabbara-ñāṇa-locano
lokassa pāp'ūpakilesa-ghātāko
vandāmi buddhaṃ aham ādarena taṃ.

붓도 쑤쏫도 까루나 마한나뵤
욧짠따 쏫답바라 냐날 로짜노
로깟싸 빠뿌빠낄레싸 가따꼬
봔다미 붓담 아함 아다레나 땀.

부처님, 지극히 청정하고
바다와 같은 연민을 지닌 님
지극히 정화된 궁극적 앎의 눈을 갖추고
세상의 악하고 불건전한 것과
오염을 부수는 님, 깨달은 님께 귀의하옵니다.

2. dhammo padīpo viya tassa satthuno
yo magga-pākâmata
-bhedabhinnako lokuttaro
yo ca tad attha-dīpano
vandāmi dhammaṃ aham ādarena taṃ.

담모 빠디뽀 뷔야 땃싸 쌋투노
요 막가 빠까 아마따
베다빈나꼬 로꾸따로
요 짜 따드 앗타 디빠노
봔다미 담맘 아함 아다레나 땀.

그 스승의 가르침은 등불과 같아
길과 경지 그리고 불사不死로 나뉘니
세상을 뛰어넘어
궁극을 밝히는 그 가르침에 귀의하나이다.

3. saṅgho sukhettâbhyatikhetta-saññito
yo diṭṭha-santo sugatânubodhako

쌍고 쑤켓따 아비야띠켓따 싼니또
요 딧타 싼또 쑤가따 아누보다꼬

lola-ppahīno ariyo sumedhaso 롤랍 빠히노 아리요 쑤메다쏘
vandāmi saṅghaṃ aham ādarena taṃ. 봔다미 쌍감 아함 아다레나 땀.

참모임은 좋은 밭
최상의 위없는 밭이라 불리니
적멸을 보고 올바른 길로 잘 가신 님을 따라
깨우치고, 동요를 끊은
고귀하고 현명한 님들의 참모임에 귀의하옵니다.

4. icc'evam ekantâbhipūjaneyyakaṃ 잇쩨봠 에깐따 아비뿌자네이야깡
vatthu-ttayaṃ vandayatâbhisaṅkhataṃ 봣투 따양 봔다야따 아비쌍카땀
puññaṃ mayā yaṃ mama sabb'upaddavā 뿐냠 마야 얌 마마 쌉부빳다봐
mā hontu ve tassa pabhāva-siddhiyā. 마 혼뚜 붸 땃싸 빠바봐 씻디야.

이처럼 최상의 공경을 바쳐서
삼보에 지성으로 귀의하오니
제가 지은 공덕으로 그 성취의 힘으로
일체의 재난이 참으로 사라지길 바라옵니다.

8. Padīpapūjā

빠디빠 뿌자

「등불공양」을 송출하오니

1. ghanasāra-ppadittena 가나싸랍 빠딧떼나
dīpena tama-dhaṃsinā. 디뻬나 따마 당씨나.

빛나며 밝게 불타오르고

암흑을 몰아내는 등불로,

2. ti-loka-dīpaṃ sambuddhaṃ
pujayāmi tamo-nudaṃ.

띨 로까 디빵 쌈붓담
뿌자야미 따모 누담.

어둠을 물리치시는
삼계의 광명이신
올바로 원만히 깨달은 님께 공양을 올립니다.

9. Dhūpapūjā

두빠 뿌자

「향공양」을 송출하오니

1. gandha-sambhāra-yuttena
dhūpenâhaṃ sugandhinā.

간다 쌈바라 윳떼나
두뻬나 아항 쑤간디나.

향기로운 향나무로 만든
뛰어나고 향기로운 향으로,

2. pūjaye pūjaniyaṃ taṃ
pūjābhājanaṃ uttamaṃ.

뿌자예 뿌자니얀 땀
뿌자바자남 웃따맘.

존귀한 님들 가운데서도
위없는 님께 공양을 올립니다.

10. Pupphapūjā

뿝파 뿌자

「꽃공양」을 송출하오니

1. vaṇṇa-gandha-guṇôpetaṃ
etaṃ kusuma-santatiṃ
pūjayāmi munindassa
sirī-pāda-saroruhe.

봔나 간다 구노뻬땀
에땅 꾸쑤마 싼따띰
뿌자야미 무닌닷싸
씨리 빠다 싸로루헤.

갖가지 색의 향기롭기 그지없는
아름다운 이 꽃송이를
연꽃 같은 길상의 두 발을 지닌
해탈하신 님께 공양을 올립니다.

2. pūjemi buddhaṃ kusumenânena
puññena-m-etena ca hotu mokkhaṃ
pupphaṃ milāyāti yathā idaṃ me
kāyo tathā yāti vināsa-bhāvaṃ.

뿌제미 붓당 꾸쑤메나 아네나
뿐녜나 메떼나 짜 호뚜 목캄
뿝팜 밀라야띠 야타 이담 메
까요 따타 야띠 뷔나싸 바봠.

부처님께 이 꽃들로 공양을 올리오니
그 공덕으로 해탈 이루어지고
이 꽃송이들이 마침내 시들 듯
이 몸도 사라지고 마는 것을 새기게 하소서.

11. Pānīyapūjā

빠니야 뿌자

「물공양」을 송출하오니

1. adhivāsetu no bhante

아디봐쎄뚜 노 반떼

pāniyaṃ parikappitaṃ. 빠니얌 빠리깝삐땀.

특별히 헌공하는 물을
세존이시여, 받아 주소서.

2. anukampaṃ upādāya 아누깜빰 우빠다야
paṭigganhātuṃ uttama. 빠띡간하뚬 웃따마.

위없는 님이시여, 받아 주소서.
애민히 여겨 받아 주소서.

12. Āhārapūjā

아하라 뿌자

「음식공양」을 송출하오니

1. adhivāsetu no bhante 아디봐쎄뚜 노 반떼
bhojanaṃ parikappitaṃ. 보자남 빠리깝삐땀.

특별히 헌공하는 음식을
세존이시여, 받아 주소서.

2. anukampaṃ upādāya 아누깜빰 우빠다야
paṭigganhātum uttama. 빠띡간하뚬 웃따마.

위없는 님이시여, 받아 주소서.
애민히 여겨 받아 주소서.

13. Gilānapaccayapūjā

길라나 빳짜야 뿌자

「의약공양」을 송출하오니

1.	adhivāsetu no bhante gilāna-paccayam imaṃ.	아디봐쎄뚜 노 반떼 길라나 빳짜얌 이맘.

특별히 헌공하는 필수의약을
세존이시여, 받아 주소서.

2.	anukampaṃ upādāya paṭigganhātum uttama.	아누깜빰 우빠다야 빠띡간하뚬 웃따마.

위없는 님이시여, 받아 주소서.
애민히 여겨 받아 주소서.

14. Cetiyavandanā

쩨띠야 봔다나

「탑묘예경」을 송출하오니

1.	vandāmi cetiyaṃ sabbaṃ sabba-ṭhānesu patiṭṭhitaṃ.	봔다미 쩨띠얌 쌉방 쌉바 타네쑤 빠띳티땀.

세상 모든 곳 어디에 있든
모든 탑묘에 예경하나이다.

2.	sārīrika-dhātu-mahābodhiṃ	싸리리까 다뚜 마하보딤

buddha-rūpaṃ sakalaṃ sadā. 붓다 루빵 싸깔랑 싸다.

사리와 보리수와 깨달은 님의 형상
모두에 언제나 항상 예경하나이다.

15. Bodhivandanā

보디 봔다나

「보리수예경」을 송출하오니

1. yassa mūle nissinno va 얏싸 물레 닛씬노 바
sabbâri-vijayaṃ akā. 쌉바 아리 뷔자얌 아까.

거기서 가부좌하고 명상에 드시니
스승으로서 일체의 적을 정복하시어,

2. patto sabbaññutaṃ satthā 빳또 쌉반뉴땅 쌋타
vandetaṃ bodhi-pādapaṃ. 봔데땀 보디 빠다빰.

일체에 대한 궁극의 앎에 이르셨으니
바로 그 보리수좌에 예경하나이다.

16. Mahānamakkāra

마하 나막까라

「예찬불타大禮敬」를 송출하오니

1. sugataṃ sugataṃ seṭṭhaṃ 쑤가땅 쑤가땅 쎗탕

kusalaṃ kusalaṃ jahaṃ	꾸쌀랑 꾸쌀란 자함
amataṃ amataṃ santaṃ	아마땀 아마땅 싼땀
asamaṃ asamaṃ dadaṃ.	아싸맘 아싸만 다담.

올바른 길로 잘 가신, 행복하신, 존귀한 님
착하고 건전하시어 착함마저 뛰어넘고
죽음도 뛰어넘어 불사의 적멸에 이르셨으니
견줄 데 없는 것을 주시는 무비의 님께 예경합니다.

2.

saraṇaṃ saraṇaṃ lokaṃ	싸라낭 싸라낭 로깜
araṇaṃ araṇaṃ karaṃ	아라남 아라낭 까람
abhayaṃ abhayaṃ ṭhānaṃ	아바얌 아바얀 타난
nāyakaṃ nāyakaṃ name.	나야깐 나야깐 나메.

귀의처로서 세상에서 새김을 확립하신 님
다툼 없는 평화를 만들어 내시어
두려움 없는 곳에 이르러 두려움을 여의셨으니
안내자로서 우리를 이끄는 님께 예경합니다.

3.

nayana-subhaga-kāyaṅgaṃ	나야나 쑤바가 까양감
madhuravara-sarôpetaṃ	마두라봐라 싸로뻬땀
amita-guṇa-gaṇâdhāraṃ	아미따 구나 가나 아다란
dasa-balam atulaṃ vande.	다싸 발람 아뚤랑 봔데.

보기에 상서로운 몸과 지체를 갖추신 님
최상의 승묘한 목소리를 지녔을 뿐만 아니라
헤아릴 수 없는 공덕을 갖추셨으니
견줄 데 없는 열 가지 힘을 갖춘 님께 예경합니다.

4. yo buddho dhiti-m-āñña-dhārako
samṃsāre anubhosi kāyikaṃ
dukkhaṃ cetasikañ ca lokato
taṃ vande nara-deva-maṅgalaṃ.

요 붓도 디띠 만냐 다라꼬
쌍싸레 아누보씨 까위깐
둑칸 쩨따씨깐 짜 로까또
땅 봔데 나라 데봐 망갈람.

선정을 갖추고 궁극적 지혜를 지닌 님
윤회 속에서 세상의 요익을 위해
몸과 마음으로 고통의 감내를 마다하지 않으시니
신들과 인간의 축복이 되는 님께 예경합니다.

5. bāttiṃsati-lakkhaṇa-citra-dehaṃ
deha-jjuti-niggata-pajjalantaṃ
paññā-dhiti-sīla-guṇ'ogha-vindaṃ
vande munim antima-jāti-yuttaṃ.

밧띵싸띨 락카나 찌뜨라 데한
데핫 주띠 닉가따 빳잘란땀
빤냐 디띠 씰라 구노가 뷘당
봔데 무님 안띠마 자띠 윳땀.

삼십이상으로 장엄한 몸을 갖추신 님
휘광으로 빛나는 찬란한 광명을 비추고
지혜와 선정, 계행의 공덕흐름을 갖추셨으니
최후의 몸을 갖추신 성자께 예경합니다.

6. pātodayaṃ bāla-divākaraṃ va
majjhe yatīnaṃ lalitaṃ sirīhi
puṇṇ'indu-saṅkāsa-mukhaṃ anejaṃ
vandāmi sabbaññum ahaṃ munindaṃ.

빠또다얌 발라 디봐까랑 봐
맛제 야띠낭 랄리땅 씨리히
뿐닌두 쌍까싸 무캄 아네장
봔다미 쌉반눔 아함 무닌담.

아침에 떠오르는 태양과 같으신 님
수행자들 가운데 길상의 장엄을 갖추시고
보름달 같은 얼굴을 하시고 동요를 여의었으니

일체지자이신 성자들의 제왕께 예경합니다.

7. upeta-puñño varabodhi-mūle 우뻬따 뿐뇨 봐라보디 물레
sa-sena-māraṃ sugato jinitvā 싸 쎄나 마랑 쑤가또 지니뜨와
abojjhi bodhiṃ aruṇodayamhi 아봇지 보딤 아루노다얌히
namāmi taṃ māra-jinaṃ abhaṅgaṃ. 나마미 땀 마라 지남 아방감.

공덕을 구족하신 올바른 길로 잘 가신 님
최상의 보리수 아래서 악마의 군대를 쳐부수고
새벽에 동이 틀 무렵 깨달음을 얻으셨으니
그 분 악마를 정복한 불패의 님께 예경합니다.

8. rāgâdi-chedâmala-ñāṇa-khaggaṃ 라가 아디 체다 아말라 냐나 칵강
satī-samaññā-phalakâbhigāhaṃ 싸띠 싸만냐 팔라까 아비가항
sīlogh'alaṅkāra-vibhūsitaṃ taṃ 씰로가랑까라 뷔부씨딴 딴
namāmi'bhiññāvaram iddh'upetaṃ. 나마미 아빈냐봐람 잇두뻬땀.

새김과 알아차림을 방패로 삼아 궁극의 앎의 칼로
탐욕 등을 자르고 일체의 티끌을 여읜 님
계행의 강력한 흐름의 장식으로 치장하셨으니
최상의 곧바른 앎을 지닌 신통을 갖춘 님께 예경합니다.

9. dayâlayaṃ sabbadhi dukkaraṃ karaṃ 다야 알라양 쌉바디 둑까랑 까람
bhavaṇṇavâtikkamam aggataṃ gataṃ 바봔나봐 아띡까맘 악가땅 가딴
ti-loka-nāthaṃ susamāhitaṃ hitaṃ 띨 로까 나탕 쑤싸마히땅 히땅
samanta-cakkhuṃ paṇamāmi taṃ amitaṃ. 싸만따 짝쿰 빠나마미 땀 아미땀.

자비로와 모든 곳에서 하기 어려운 일 하시고
존재의 바다를 뛰어넘어 최상의 곳으로 가신 님

삼계의 수호자이자 삼매자이자 요익자이시니
널리 보는 눈을 지닌 그 무량한 님에게 예경합니다.

10. tahiṃ tahiṃ pārami-sañcayaṃ c'ayaṃ 따힌 따힘 빠라미 싼짜얀 짜양
gataṃ gataṃ sabbhi sukha-ppadaṃ padaṃ 가땅 가땅 쌉비 쑤캅 빠담 빠단
narânarānaṃ sukha-sambhavaṃ bhavaṃ 나라 아나라낭 쑤카 쌈바봠 바봔
namânamānaṃ jina-puṅgavaṃ gavaṃ. 나마 아나마난 지나 뿐가봥 가봠.

가는 곳마다 초월의 길을 한 없이 닦으시고
참사람들과 더불어 안락한 경지에 이른 님
인간들과 신들에게 행복이 생겨나도록 하시니
불굴의 최승자이신 모우왕牡牛王**께 예경합니다.**

11. maggaṅga-nāvaṃ muni-dakkha-nāviko 막강가 나봠 무니 닥카 나뷔꼬
īhā-phiyaṃ ñāṇa-karena gāhako 이하 피얀 냐나 까레나 가하꼬
āruyha yo tāya bahū bhavaṇṇavā 아루이하 요 따야 바후 바봔나봐
tāresi taṃ buddham agha-ppahaṃ name. 따레씨 땀 붓담 아갑 빠한 나메.

바른 길의 행도인 배를 유능하게 모는 성자
정진의 노를 지혜의 손으로 붙잡고
많은 사람을 태우고 존재의 바다를 건너게 했으니
고통을 끊어내신 깨달은 님께 예경합니다.

12. sama-tiṃsati-pārami-sambharaṇaṃ 싸마 띵싸띠 빠라미 쌈바라낭
vara-bodhi-dume catu-sacca-dasaṃ 봐라 보디 두메 짜뚜 쌋짜 다쌍
varam iddhi-gataṃ nara-deva-hitaṃ 봐람 잇디 가딴 나라 데봐 히딴
ti-bhav'ūpasamaṃ paṇamāmi jinaṃ. 띠 바뷰빠싸맘 빠나마미 지남.

원만하게 서른 가지 초월의 길을 키워내신 님

최상의 보리수 아래 네 가지 진리를 통찰하시어
위없는 신통으로 인간과 신들에게 이익을 주시니
삼계의 존재를 평안하게 하는 최승자께 예경합니다.

13. sata-puñña-ja-lakkhaṇikaṃ virajaṃ	싸따 뿐냐 잘 락카니깡 뷔라장
gagan'ūpama-dhiṃ dhiti-meru-samaṃ	가가누빠마 딘 디띠 메루 싸만
jalaj'ūpama-sītala-sīla-yutaṃ	잘라주빠마 씨딸라 씰라 유땀
pathavī-sahanaṃ paṇamāmi jinaṃ.	빠타뷔 싸하남 빠나마미 지남.

백 가지 공덕에서 생겨난 특징을 지닌, 티끌을 여읜 님
허공 같은 지혜를 갖추고 수미산 같은 선정에 드시고
물에서 자란 연꽃과 같이 청정한 계행을 갖추셨으니
대지와 같은 인욕을 갖추신 최승자께 예경합니다.

14. yo buddho sumati dive divākaro'va	요 붓도 쑤마띠 디붸 디봐까로 봐
sobhanto ratijanane silâsanamhi	쏘반또 라띠자나네 씰라 아싸남히
âsīno siva-sukha-daṃ adesi dhammaṃ	아씨노 씨봐 쑤카 담 아데씨 담만
devānaṃ tam asadisaṃ namāmi niccaṃ.	데봐난 땀 아싸디쌈 나마미 닛짬.

한낮의 태양처럼 밝은 현자이신 깨달은 님
희열을 만들어내는 석상 위에 좌정하시어
신들에게 지복과 안락을 주는 가르침을 주셨으니
그 견줄 데 없는 님께 언제나 예경합니다.

15. yo pāda-paṅkaja-mudu-ttala-rājikehi	요 빠다 빵까자 무둣 딸라 라지께히
lokehi tīhi vikalehi nirākulehi	로께히 띠히 뷔깔레히 니라꿀레히
sampāpuṇe nirupameyyatam eva nātho	쌈빠뿌네 니루빠메이야땀 에봐 나토
taṃ sabba-loka-mahitaṃ asamaṃ namāmi.	땅 쌉발 로까 마히땀 아싸만 나마미.

연꽃처럼 발이 유연하고 평정하신 님
삼계에서 티끌을 여의시고 혼란을 여의시어
수호자로서 실로 비할 데 없음을 성취하셨으니
모든 세상에서 존경받는 견줄 데 없는 님께 예경합니다.

16. buddhaṃ narânara | 붓단 나라 아나라
-samosaraṇaṃ dhitattaṃ | 쌈모싸라난 디땃땀
paññā-padīpa-jutiyā | 빤냐 빠디빠 주띠야
vihat'andhakāraṃ | 뷔하따 안다까람
atthâbhikāma-nara- | 앗타 아비까마 나라
deva-hitâvahaṃ taṃ | 데봐 히따 아봐한 땅
vandāmi kāruṇikam | 붠다미 까루니깜
aggam ananta-ñāṇaṃ. | 악감 아난따 냐남.

인간과 신들을 함께 불러 모으는 깨달은 님
어둠을 부수고 지혜의 등불을 밝히시고
인간과 신들의 유익을 바라고 안녕을 주시니
연민으로 가득 한, 무한의 앎을 지닌 님께 예경합니다.

17. akhila-guṇa-nidhāno | 아킬라 구나 니다노
yo munindo'pagantvā | 요 무닌도빠간뜨와
vanam isipatan'avhaṃ | 봐남 이씨빠따나브항
saññatānaṃ niketaṃ | 싼냐따난 니께딴
tahim akusala-chedaṃ | 따힘 아꾸쌀라 체단
dhamma-cakkaṃ pavatto | 담마 짝깜 빠봣또
tam atulam abhikantaṃ | 땀 아뚤람 아비깐땅
vandaneyyaṃ namāmi. | 붠다네이얀 나마미.

일체의 공덕이 깃든 성자들의 제왕께서

제어하는 자의 거처인 이씨빠따나 숲을 찾아와서
악하고 불건전한 것을 끊는 법륜을 굴리셨으니
그 견줄 데 없이 아름다운 존귀한 님께 예경합니다.

18. suci-parivāritaṃ	쑤찌 빠리봐리땅
surucira-ppabhāhi rattaṃ	쑤루찌랍 빠바히 랏땅
siri-visarâlayaṃ	씨리 뷔싸라 알라양
gupitam indriyeh'upetaṃ	구삐땀 인드리예후뻬땅
ravi-sasi-maṇḍala-	라뷔 싸씨 만달랍
ppabhuti-lakkhaṇôpacittaṃ	빠부띨 락카노빠찟땅
sura-nara-pūjitaṃ	쑤라 나라 뿌지땅
sugatam ādaraṃ namāmi.	쑤가땀 아다란 나마미.

청정한 님들에 둘러싸여 승묘한 광명에 물든 님
헤아릴 수 없는 지복이 깃든, 수호감관을 구족하고
태양과 달의 광배 등의 찬란한 특징을 갖추셨으니
신들과 인간 섬김받는 선서께 공경하여 예경합니다.

19. maggoḷumpena muha-	막골룸뻬나 무하
paṭighâsâdi-ullola-vīciṃ	빠띠가 아싸 아디 울롤라 뷔찡
saṃsār'oghaṃ taritam	쌍싸로간 따리땀
abhayaṃ pāra-pattaṃ pajānaṃ	아바얌 빠라 빳땀 빠자난
tāṇaṃ leṇaṃ asama-saraṇaṃ	따낭 레남 아싸마 싸라남
eka-titthaṃ patiṭṭhaṃ	에까 띳탐 빠띳탐
puñña-kkhettaṃ parama-sukha-daṃ	뿐냑 켓땀 빠라마 쑤카 단
dhamma-rājaṃ namāmi.	담마 라잔 나마미.

어리석음과 분노와 욕망 등의
흐름과 파도를 고귀한 길의 뗏목으로 건너셨으니

윤회의 거센 바다를 가로질러
인간을 저 언덕으로 건네주시는, 두려움을 여읜 님
피난처이자 안전처이자 비할 데 없는 귀의처이자
유일의 정박처이자 휴식처이자 공덕의 밭이시니
궁극의 행복을 주시는 가르침의 제왕께 예경합니다.

20. kaṇḍambaṃ-mūle	깐담밤 물레
para-hita-karo yo munindo nisinno	빠라 히따 까로 요 무닌도 니씬노
accheraṃ sīghaṃ	앗체랑 씨간
nayana-subhagaṃ ākulaṇṇaggi-jālaṃ	나야나 쑤바감 아꿀란낙기 잘란
dujjāla-ddhaṃsaṃ	둣잘랏 당쌈
munibhi'jahitaṃ pāṭiheraṃ akāsi	무니비자히땀 빠띠헤람 아까씨
vande taṃ seṭṭhaṃ	완데 땅 쎗탐
parama-rati-jaṃ iddhi-dhammeh'upetaṃ.	빠라마 라띠 잠 잇디 담메후뻬땀.

깐담바 나무 아래서
뭇삶의 안녕을 구하는 성자들의 제왕이신 님
보기에도 즐거운
물과 불이 어우러진 쾌속희유快速稀有**를 나투시고**
사견의 그물을 부수는
성자에 의한 기적을 완벽하게 실현하셨으니
최상의 지복을 주는, 신통의 원리를 갖춘
최상의 존귀한 님께 예경합니다.

21. muninda'kko y'eko	무닌닥꼬 예꼬
day'uday'aruṇo ñāṇa-vitthiṇṇa-bimbo	다유다야루노 냐나 윗틴나 빔보
vineyya-ppāṇ'oghaṃ	위네이얍 빠노강

kamala-kathitaṃ dhamma-raṃsī-varehi	까말라 까티딴 담마 랑씨 봐레히
subodhesī suddhe	쑤보데씨 쑷데
ti-bhava-kuhare byāpita-kkittinañ ca	띠 바봐 꾸하레 비야삐딱 낏띠난 짜
ti-lok'eka-ccakkhuṃ dukkham-asahanaṃ	띨 로까 에깟 짝쿤 둑캄 아싸하난
taṃ mahesiṃ namāmi.	땀 마헤씬 나마미.

유일한 태양과 같은 성자들의 제왕
자애의 새벽빛이자 광대한 지혜자
가르침의 승묘한 빛으로
연꽃이 상징하는 생명의 물로 이끄는 님
삼계의 소굴에서 청정을 일깨우는
널리 알려진 님이자
삼계의 유일한 눈이시니
참을 수 없는 괴로움도 능히 견디는
위대한 선인께 예경합니다.

22. yo jino aneka-jātiyaṃ	요 지노 아네까 자띠양
sa-putta-dāram aṅga-jīvitaṃ pi	싸 뿟따 다람 앙가 지뷔땀 삐
bodhi-pemato alagga-mānaso	보디 뻬마또 알락가 마나쏘
adāsiy'eva atthikassa	아다씨예봐 앗티깟싸
dāna-pāramiṃ tato paraṃ	다나 빠라민 따또 빠람
apūri sīla-pāram'ādikaṃ pi	아뿌리 씰라 빠라마디깜 삐
tāsam iddhiyôpayātam aggataṃ	따쌈 잇디요빠야땀 악가딴
tam eka-dīpakaṃ namāmi.	땀 에까 디빠깐 나마미.

마음에 집착 없이 깨달음을 사랑하여
헤아릴 수 없는 생에 걸쳐서
자신의 처자와 몸과 목숨까지도

원하는 자에게 베풀어 준 최승자
보시에 의한 초월의 길을 비롯한
계행에 의한 초월의 길 등으로 뭇삶을 기쁘게 한 님
초월적 힘으로 최상의 상태에 도달하셨으니
그 유일한 섬을 지니신 님께 예경합니다.

23. devâdevâtidevaṃ nidhana- 데봐 아데봐 아띠데봔 니다나
vapu-dharaṃ māra-bhaṅgaṃ abhaṅgaṃ 봐뿌 다람 마라 방감 아방간
dīpaṃ dīpaṃ pajānaṃ 디빤 디빰 빠자난
jayavara-sayane bodhi-pattaṃ dhi-pattaṃ 자야봐라 싸야네 보디 빳딴 디 빳땀
brahmâbrahmâgatānaṃ 브라흐마 아브라흐마 아가따낭
varagira-kathikaṃ pāpa-hīnaṃ pahīnaṃ 봐라기라 까티깜 빠빠 히남 빠히낭
lokâlokâbhirāmaṃ satatam 로까 알로까 아비라망 싸따땀
abhiname taṃ munindaṃ munindaṃ. 아비나메 땀 무닌담 무닌담.

모든 신들보다 더욱 뛰어난 신성을 갖추신
최후의 몸을 지닌 님
악마를 쳐부수고 괴멸을 여의었으니
고귀한 승리의 자리에서
깨달음과 지혜에 이른, 뭇삶들의 수호등불
하느님들을 비롯한 천신들에 둘러싸여
악함과 비속을 여의고 승묘한 목소리로 말씀하며
일체의 세계를 기쁘게 하시니
성자들의 제왕, 해탈자들의 제왕께 예경합니다.

24. buddho nigrodha-bimbo mudu- 붓도 니그로다 빔보 무두
kara-caraṇo brahma-ghos'eṇijaṅgho 까라 짜라노 브라흐마 고쎄니장고

kosa-cchād'aṅgajāto punar api
sugato suppatiṭṭhita-pādo
mūd'odāt'uṇṇalomo atham api
sugato brahm'ujuggatta-bhāvo
nīl'akkhī dīgha-paṇhī sukhumâmala-chavī
thomya-rasagga-saggī.

꼬쌋 차당가자또 뿐나르 아삐
쑤가또 쑵빠띳티따 빠도
무도다뚠날로모 앗탐 아삐
쑤가또 브라흐무죽갓따 바뵤
닐락키 디가 빤히 쑤쿠마 아말라 차뷔
토미야 라싹가 싹기.

벵골보리수같은 형상, 부드러운 손발
하느님 같은 목소리, 사슴 같은 장딴지
포피에 감추어진 성기
안착되는 발을 지닌, 올바른 길로 잘 가신 님
미간의 부드러운 백호
하느님처럼 단정한 몸매, 푸른 눈
긴 발꿈치, 매끄럽고 티끌 없는 피부
경이로운 최상의 미각을 지닌 님,

25. cattālīsagga-danto
samakalapanajo antaraṃsa-ppapīno
cakkenaṅkita-pādo
aviraḷa-dasano māraj'ussaṅkhapādo
tiṭṭhanto no-namantobhaya-
kara-mudunā jaṇṇukān'āmasanto
vaṭṭa-kkhandho jino gotaruṇa-pakhumako
sīha-pubbaḍḍha-kāyo.

짯딸리싹가 단또
싸마깔라빠나조 안따랑쌉 빠삐노
짝께낭끼따 빠도
아뷔랄라 다싸노 마라즛쌍카빠도
띳탄또 노 나만또바야
까라 무두나 잔누까나마싼또
봣딱 칸도 지노 고따루나 빠쿠마꼬
씨하 뿝밧다 까요.

마흔 개의 치아, 평평하고 가지런한 치아
양어깨 사이가 풍만한 등
수레바퀴로 각인된 발바닥, 성글지 않은 치아

악마를 쳐부순, 복사뼈가 높은 위치에 있는 발
서 있을 때 굽힘없이 무릎에 닿는 부드러운 양 손
원만한 어깨, 송아지와 같은 속눈썹
사자의 상반신 같은 몸을 지닌 최승자.

26. satta-ppīno ca dīghaṅguli-	쌋땁 삐노 짜 디강굴리
m-atha-sugato lomakūp'eka-lomo	마타 쑤가또 로마꾸뻬깔 로모
sampann'odāta-dāṭho	쌈빤노다따 다토
kanaka-sama-taco nīla-muddh'agga-lomo	까나까 싸마 따쪼 닐라 뭇닥갈 로모
sambuddho thūla-jivho	쌈붓도 툴라 지브호
atha sīha-hanuko jālika-ppāda-hattho	앗타 씨하 하누꼬 잘리깝 빠다 핫토
nātho uṇhīsa-sīso iti-guṇa-sahitaṃ	나토 운히싸 씨쏘 이띠 구나 싸히딴
taṃ mahesiṃ namāmi.	땀 마헤씬 나마미.

양 손등 · 양 발등 · 양 어깨 · 몸통의 일곱 융기
긴 손발가락, 털구멍마다 하나의 털
흰 색의 치아, 황금색 피부
끝단이 감청색의 털을 가진 바른 길 가신 님
넓은 혓바닥, 사자와 같은 턱,
격자문양처럼 가지런한 손발, 머리의 육계
이러한 특징을 가진 수호자인 올바로 깨달은 님
그 위대한 선인께 예경합니다.

27. buddho buddho'ti ghoso	붓도 붓도 띠 고쏘
atidulabhataro kā kathā buddha-bhāvo?	아띠둘라바따로 까 까타 붓다 바뵤
loke tasmā vibhāvī vividha-	로께 따쓰마 뷔바뷔 뷔뷔다
hita-sukhaṃ sādhavo patthayantā	히따 쑤캉 싸다뵤 빳타얀따
iṭṭhaṃ atthaṃ vahantaṃ sura-nara-	잇탐 앗탕 봐한땅 쑤라 나라

mahitaṃ nibbhayaṃ dakkhiṇeyyaṃ 마히딴 닙바얀 닥키네이양
lokānaṃ nandi-vaḍḍhaṃ dasa-balam 로까난 난디 봣단 다싸 발람
asamaṃ taṃ namassantu niccaṃ. 아싸만 딴 나맛싼뚜 닛짬.

부처님 부처님이란 말조차 극히 만나기 어려우니
부처님의 존재를 어떻게 형언하겠습니까?
그러므로 현명하고 훌륭한 사람들이라면
세상의 여러 가지 요익과 행복을 기원하며
원하는 목표를 실현시키는 님
신들과 인간의 섬김을 받는 님
존경받아야 할, 두려움을 여읜 님
세상의 행복을 증진하는, 열 가지 힘을 지닌 님
견줄 데 없는 그 분께 항상 예경합니다.

17. Chattamāṇavakagāthā

찻따 마나봐까 가타

「학인 찻따의 게송」을 송출하오니

1. yo vadataṃ pavaro manujesu 요 봐다땀 빠봐로 마누제쑤
sakyamunī bhagavā kata-kicco 싸끼야무니 바가봐 까따 낏쪼
pāra-gato bala-viriya-samaṅgī 빠라 가또 발라 뷔리야 싸망기
taṃ sugataṃ saraṇattaṃ upemi. 땅 쑤가땅 싸라낫땀 우뻬미.

사람들 가운데 위대한 설법자 석가 세존
할 일을 다 하시고, 피안에 이르러

가피의 힘과 정진의 힘을 갖추신
올바른 길로 잘 가신 님께 귀의하나이다.

2 rāga-virāgaṃ anejaṃ asokaṃ
dhammaṃ asaṅkhataṃ appaṭikūlaṃ
madhuraṃ imaṃ paguṇaṃ suvibhattaṃ
dhammaṃ imaṃ saraṇattaṃ upemi.

라가 뷔라감 아네잠 아쏘깐
담맘 아쌍카땀 압빠띠꿀람
마두람 이맘 빠구낭 쑤뷔밧딴
담맘 이망 싸라낫땀 우뻬미.

탐욕과 욕망과 슬픔을 여의고
조건지워지지 않고, 싫어함을 여의고
향기롭고, 명석하고, 심오하게 분석된
올바른 가르침에 귀의하나이다.

3 yattha ca dinna-maha-pphalam āhu
catusu sucīsu purisa-yugesu
aṭṭha ca puggala-dhamma-dasā te
saṅghaṃ imaṃ saraṇattaṃ upemi.

얏타 짜 딘나 마합 팔람 아후
짜뚜쑤 쑤찌쑤 뿌리싸 유게쑤
앗타 짜 뿍갈라 담마 다싸 떼
쌍감 이망 싸라낫땀 우뻬미.

위대한 경지에 오른 님들로 불리는
네 쌍으로 여덟이 되는 청정한 님들
진리를 실현하는, 참사람들이 계시는
원만한 참모임에 귀의하나이다.

18. Narasīhagāthā

나라 씨하 가타

「인간의 사자의 게송」을 송출하오니

1. cakka-varaṅkita-ratta-supādo
lakkhaṇa-maṇḍita-āyata-paṇhī
cāmara-chatta-vibhūsita-pādo
esa hi tuyha pitā nara-sīho.

짝까 봐랑끼따 랏따 쑤빠도
락카나 만디따 아야따 빤히
짜마라 찻따 뷔부씨따 빠도
에싸 히 뚜이하 삐따 나라 씨호.

거룩한 붉은 두 발은 탁월한 법륜으로
훤출한 발꿈치는 고귀한 징표로 새겨지고
발등은 불자拂子와 양산으로 장엄되었으니
바로 이 분이 당신의 아버지, 인간의 사자이옵니다.

2. sakya-kumarā-varo sukhumālo
lakkhaṇa-vitthata-puṇṇa-sarīro
loka-hitāya gato nara-vīro
esa hi tuyha pitā nara-sīho.

싸끼야 꾸마라 봐로 쑤쿠말로
락카나 뷧타따 뿐나 싸리로
로까 히따야 가또 나라 뷔로
에싸 히 뚜이하 삐따 나라 씨호.

우아하고 고귀한 싸끼야 족의 왕자님
몸은 길상의 징표들로 가득 차있고
세상의 이익을 위하는 사람 가운데 영웅이니
바로 이 분이 당신의 아버지, 인간의 사자이옵니다.

3. puṇṇa-sasaṅka-nibho-mukha-vaṇṇo
deva-narāna piyo nara-nāgo
matta-gajinda-vilāsita-gāmī
esa hi tuyha pitā nara-sīho.

뿐나 싸쌍까 니보 무카 봔노
데봐 나라나 삐요 나라 나고
멧따 가진다 뷜라씨따 가미
에싸 히 뚜이하 삐따 나라 씨호

얼굴빛은 보름달처럼 빛나고
하늘사람과 인간이 사랑하는 인간 가운데 코끼리
우아한 걸음걸이는 코끼리의 제왕과 같으니

바로 이 분이 당신의 아버지, 인간의 사자이옵니다.

4. khattiya-sambhava-agga-kulīno	캇띠야 쌈바봐 악가 꿀리노
deva-manussa-namassita-pādo	데봐 마눗싸 나맛씨따 빠도
sīla-samādhi-patiṭṭhita-citto	씰라 싸마디 빠띳티따 찟또
esa hi tuyha pitā nara-sīho.	에싸 히 뚜이하 삐따 나라 씨호.

왕족으로 태어난 귀족으로서
하늘사람과 인간의 존귀함을 받는 님
마음은 계행과 삼매로 잘 확립되었으니
바로 이 분이 당신의 아버지, 인간의 사자이옵니다.

5. āyata-tuṅga-susaṇṭhita-nāso	아야따 뚱가 쑤싼티따 나쏘
gopamukho abhinīla-sunetto	고빠무코 아비닐라 쑤넷또
indadhanū abhinīla-bhamūkho	인다다누 아비닐라 바무코
esa hi tuyha pitā nara-sīho.	에싸 히 뚜이하 삐따 나라 씨호.

잘 생긴 코는 길고 우뚝 솟았으며
형형한 눈동자는 어린 송아지처럼 푸르고
짙푸른 눈썹은 무지개 같으시니
바로 이 분이 당신의 아버지, 인간의 사자이옵니다.

6. vaṭṭa-suvaṭṭa-susaṇṭhita-gīvo	봣따 쑤봣따 쑤싼티따 기뵤
sīha-hanu miga-rāja-sarīro	씨하 하누 미가 라자 싸리로
kañcana-succhavi uttama-vaṇṇo	깐짜나 쑷차뷔 웃따마 봔노
esa hi tuyha pitā nara-sīho.	에싸 히 뚜이하 삐따 나라 씨호.

잘 생긴 목은 둥글고 부드러우며
턱은 사자와 같고, 몸은 백수의 왕과 같고

빼어난 피부는 아름다운 황금빛이니
바로 이 분이 당신의 아버지, 인간의 사자이옵니다.

7. suniddha-sugambhira-mañju-sughoso	쑤닏다 쑤감비라 만주 쑤고쏘
hiṅgula-bandhu suratta-sujivho	힝굴라 반두 쑤랏따 쑤지브호
vīsati vīsati seta-sudanto	뷔싸띠 뷔싸띠 쎄따 쑤단또
esa hi tuyha pitā nara-sīho.	에싸 히 뚜이하 삐따 나라 씨호.

목소리는 부드럽고 깊고 감미로우며
혀는 주홍처럼 선홍색이고
치아는 하얗고 스무 개씩 가지런하시니
바로 이 분이 당신의 아버지, 인간의 사자이옵니다.

8. añjana-vaṇṇa-sunīla-sukeso	안자나 봔나 쑤닐라 쑤께쏘
kañcana-paṭṭa-visuddha-lalāṭo	깐짜나 빳따 비숫달 랄라또
osadhi-paṇḍara-suddha-suuṇṇo	오싸디 빤다라 숫다 쑤운노
esa hi tuyha pitā nara-sīho.	에싸 히 뚜이하 삐따 나라 씨호.

머리카락은 칠흑 같은 심청색이고
이마는 황금색의 평판처럼 청정하며
백호는 새벽의 샛별처럼 밝고 아름다우니
바로 이 분이 당신의 아버지, 인간의 사자이옵니다.

9. gacchati nīla-pathe viya cando	갓차띠 닐라빠테 뷔야 짠도
tāragaṇā pariveṭhita-rūpo	따라가나 빠리붸티따 루뽀
sāvaka-majjha-gato samaṇ'indo	싸봐까 맛자 가또 싸마닌도
esa hi tuyha pitā nara-sīho.	에싸 히 뚜이하 삐따 나라 씨호.

달이 많은 별들의 무리에 둘러싸여

창공을 가로지르는 것처럼, 성자들의 제왕은
고귀한 제자에 둘러싸여 있으니
바로 이 분이 당신의 아버지, 인간의 사자이옵니다.

19. Jayamaṅgalagāthā

자야 망갈라 가타

「승리의 축복의 게송」을 송출하오니

1. bāhuṃ sahassam	바훙 싸핫쌈
abhinimmita-sāyudhantaṃ	아비님미따 싸유단땅
girimekhalaṃ	기리메칼람
udita-ghora-sasena-māraṃ	우디따 고라 싸쎄나 마란
dānâdi dhamma-vidhinā	다나 아디 담마 뷔디나
jitavā munindo	지따봐 무닌도
taṃ tejasā bhavatu	딴 떼자싸 바봐뚜
me[te] jaya-maṅgalāni.	메[떼] 자야 망갈라니.

악마가 사나운 코끼리 「기리메칼라」 위에 타고
많은 손에 수천의 무기를 들고 군대를 동원할 때
성자들의 제왕은 자애 등의 가르침으로 섭수하셨으니
이 위신력으로 승리의 축복이 제게[그대에게] 임하소서.

2. mārâtirekam	마라 아띠레깜
abhiyujjhita-sabba-rattiṃ	아비윳지따 쌉바 랏띵
ghoraṃ pan'āḷavakam	고람 빠나 알라봐깜
akkhama-thaddha-yakkhaṃ	악카마 탓다 약캉
khantī-sudanta-vidhinā	칸띠 쑤단따 뷔디나
jitavā munindo	지따봐 무닌도

taṃ tejasā bhavatu	딴 떼자싸 바봐뚜
me$_{te}$ jaya-maṅgalāni.	메$_{떼}$ 자야 망갈라니.

야차 「알라바까」가 악마보다 더욱 흉포해서
참을 수없이 무모하게 밤낮 싸움을 걸어 올 때
성자들의 제왕은 인내와 자제로 섭수했사오니
이 위신력으로 승리의 축복이 제게$_{그대에게}$ 임하소서.

3. nālāgiriṃ gajavaraṃ	날라기링 가자봐람
atimatta-bhūtaṃ	아띠맛따 부딴
dāvaggi-cakkaṃ	다봑기 짝깜
asanīva-sudāruṇantaṃ	아싸니봐 쑤다루난땀
mettambu-seka-vidhinā	멧땀부 쎄까 뷔디나
jitavā munindo	지따봐 무닌도
taṃ tejasā bhavatu	딴 떼자싸 바봐뚜
me$_{te}$ jaya-maṅgalāni.	메$_{떼}$ 자야 망갈라니.

뛰어난 코끼리 「날라기리」가 술취한 나머지
산불처럼 날뛰고 번개처럼 달려들 때
성자들의 제왕은 자비의 세례로써 섭수하셨으니
이 위신력으로 승리의 축복이 제게$_{그대에게}$ 임하소서.

4. ukkhitta-khaggam	욱킷따 칵감
atihaṭṭha-sudāruṇaṃ taṃ	아띠핫타 쑤다루난 딴
dhāvaṃ ti-yojana-path'	다봔 띠 요자나 빠타
aṅgulimālavantaṃ	앙굴리말라봔땀
iddhībhi-saṅkhata-mano	잇디비 쌍카따 마노
jitavā munindo	지따봐 무닌도
taṃ tejasā bhavatu	딴 떼자싸 바봐뚜
me$_{te}$ jaya-maṅgalāni.	메$_{떼}$ 자야 망갈라니.

광포하고 잔인한 「앙굴리말라」가 칼을 치켜들고
삼 요자나의 거리를 헤집고 다닐 때
성자들의 제왕은 마음의 신통변화로 섭수하셨으니
이 위신력으로 승리의 축복이 제게$_{그대에게}$ 임하소서.

5. katvāna kaṭṭham	까뜨와나 깟탐
udaraṃ iva gabbhiniyā	우다람 이봐 갑비니야
ciñcāya duṭṭha-vacanaṃ	찐짜야 둣타 봐짜난
janakāya-majjhe	자나까야 맛제
santena soma-vidhinā	싼떼나 쏘마 뷔디나
jitavā munindo	지따봐 무닌도
taṃ tejasā bhavatu	딴 떼자싸 바봐뚜
me$_{te}$ jaya-maṅgalāni.	메$_{떼}$ 자야 망갈라니.

여인 「찐짜」가 자신의 배에 통나무 넣고
임신했다고 사람들 앞에서 모욕했을 때
성자들의 제왕은 적멸과 안온으로 섭수하셨으니
이 위신력으로 승리의 축복이 제게$_{그대에게}$ 임하소서.

6. saccaṃ-vihāya-	쌋짱 뷔하야
m-ati-saccaka-vāda-ketuṃ	마띠 쌋짜까 봐다 께뚱
vādâbhiropita-manaṃ	봐다 아비로삐따 마남
ati-andha-bhūtaṃ	아띠 안다 부땀
paññā-padīpa-jalito	빤냐 빠디빠 잘리또
jitavā munindo	지따봐 무닌도
taṃ tejasā bhavatu	딴 떼자싸 바봐뚜
me$_{te}$ jaya-maṅgalāni.	메$_{떼}$ 자야 망갈라니.

교만한 「쌋짜까」가 진리를 무시하고 진리를 벗어난

논쟁에 깃발을 들고 맹목적으로 뛰어들었을 때
성자들의 제왕은 지혜의 불을 밝혀 섭수하셨으니
이 위신력으로 승리의 축복이 제게$_{그대에게}$ 임하소서.

7. nandopananda-bhujagaṃ	난도빠난다 부자강
vibudhaṃ mah'iddhiṃ	뷔부담 마힛딤
puttena thera-bhujagena	뿟떼나 테라 부자게나
damāpayanto	다마빠얀또
iddh'ūpadesa-vidhinā	잇두빠데싸 뷔디나
jitavā munindo	지따봐 무닌도
taṃ tejasā bhavatu	딴 떼자싸 바봐뚜
me$_{te}$ jaya-maṅgalāni.	메$_{떼}$ 자야 망갈라니.

간교한 「난도빠난다」 용이 비록 영험하지만
제자인 장로 목갈라나를 통해서
성자들의 제왕은 신통변화를 보이어 섭수하셨으니
이 위신력으로 승리의 축복이 제게$_{그대에게}$ 임하소서.

8. duggāha-diṭṭhi-bhujagena	둑가하 딧티 부자게나
sudaṭṭha-hatthaṃ	쑤닷타 핫탐
brahmaṃ visuddhi-jutim	브라흐망 뷔쑷디 주띰
iddhi-bakâbhidhānaṃ	잇디 바까 아비다난
ñāṇâgadena vidhinā	냐나 아가데나 뷔디나
jitavā munindo	지따봐 무닌도
taṃ tejasā bhavatu	딴 떼자싸 바봐뚜
me$_{te}$ jaya-maṅgalāni.	메$_{떼}$ 자야 망갈라니.

하느님 「바까」가 청정하고 빛나고 위력이 있지만
미묘한 삿된 견해의 뱀에 손을 물렸을 때

성자들의 제왕은 지혜의 의약으로 치유하셨으니
이 위신력으로 승리의 축복이 제게그대에게 **임하소서.**

9. etā pi buddha-jaya-
maṅgala-aṭṭha-gāthā
yo vācako dina-dine
sarate-m-atandi
hitvāna n'eka
vividhāni c'upaddavāni
mokkhaṃ sukhaṃ
adhigameyya naro sapañño.

에따 삐 붓다 자야
망갈라 앗타 가타
요 봐짜꼬 디나 디네
싸라떼 마딴디
히뜨와나 네까
뷔뷔다니 쭈빳다봐니
목캄 쑤캄
아디가메이야 나로 싸빤뇨.

이 부처님의 승리의 축복을 나타내는
여덟 게송을 매일매일 게으름 없이 독송하오니
닥쳐오는 수많은 여러 가지 위험을 극복하고
슬기로운 자가 되어 해탈과 지복이 함께하여지이다.

20. Puññânumodanā

뿐냐 아누모다나

「공덕의 기쁨을 함께 나눔」을 송출하오니

1. ākāsa-ṭṭhā ca bhumma-ṭṭhā
devā nāgā mah'iddhikā.

아까쌋 타 짜 붐맛 타
데봐 나가 마힛디까.

하늘이나 땅위에 살고 있는
위신력을 지닌 신들과 용들께서는,

2. puññaṃ taṃ anumoditvā

뿐냔 땀 아누모디뜨와

ciraṃ rakkhantu loka-sāsanaṃ. 찌랑 락칸뚜 로까 싸싸남.

이러한 공덕을 기뻐하여
영원토록 세상에서 가르침을 수호하소서.

21. Ñātipattidāna

냐띠 빳띠 다나

「가신 님들을 위한 공덕회향」을 송출하오니

1. idaṃ me 이담 메
ñātīnaṃ hotu. 냐띠낭 호뚜.

제가 얻은 이 공덕을
가신 님들에게 회향하오니,

2. sukhitā hontu 쑤키따 혼뚜
ñātayo. 냐따요.

세상을 하직한 님들에게
행복이 깃드소서.

22. Khamāyācanā

카마 야짜나

「참회의 청원」을 송출하오니

1. kāyena vācā cittena 까예나 봐짜 찟떼나

pamādena mayā kataṃ	빠마데나 마야 까땀
accayaṃ khama me bhante	앗짜양 카마 메 반떼
bhūri-pañña tathāgata.	부리 빤냐 따타가타.

신체적으로 언어적으로 정신적으로
제가 방일하여 지은 잘못에 대하여
부처님이시여, 참회를 받아 주소서.
광대한 지혜를 지닌 이렇게 오신 님이시여!

2. kāyena vācā cittena	까예나 봐짜 찟떼나
pamādena mayā kataṃ	빠마데나 마야 까땀
accayaṃ khama me dhamma	앗짜양 카마 메 담마
sandiṭṭhika akālika.	싼딧티까 아깔리까.

신체적으로 언어적으로 정신적으로
제가 방일하여 지은 잘못에 대하여
가르침이여, 참회를 받아 주소서.
현세의 시간에 매이지 않는 가르침이시여!

3. kāyena vācā cittena	까예나 봐짜 찟떼나
pamādena mayā kataṃ	빠마데나 마야 까땀
accayaṃ khama me saṅgha	앗짜양 카마 메 쌍가
puñña-kkhetta anuttara.	뿐냐 켓따 아눗따라.

신체적으로 언어적으로 정신적으로
제가 방일하여 지은 잘못에 대하여
참모임이여, 참회를 받아 주소서.
참으로 위없는 공덕의 밭인 참모임이시여!

23. Patthanā

빳타나

「발원發願」을 송출하오니

1. iminā puñña-kammena 이미나 뿐냐 깜메나
mā me bāla-samāgamo 마 메 발라 싸마가모
sataṃ samāgamo hotu 싸땅 싸마가모 호뚜
yāva nibbāna-pattiyā. 야봐 닙바나 빳띠야.

이러한 예경공덕으로
어리석은 사람들과 사귀지 않으며
제가 열반에 들기까지
슬기로운 자들과 사귀어지이다.

2. devo vassatu kālena 데뵤 봣싸뚜 깔레나
sassa-sampatti hotu ca 쌋싸 쌈빳띠 호뚜 짜
phīto bhavatu loko ca 피또 바봐뚜 로꼬 짜
rājā bhavatu dhammiko. 라자 바봐뚜 담미꼬.

제 때에 비가 내리어
수확이 풍성해지고
세상은 번영하며
통치자는 정의로워지이다.

3. dukkha-ppattā ca niddukkhā 둑캅 빳따 짜 닛둑카
bhaya-ppattā ca nibbhayā 바얍 빳따 짜 닙바야
soka-ppattā nissokā 쏘깝 빳따 닛쏘까
hontu sabbe'pi pāṇino. 혼뚜 쌉베 삐 빠니노.

괴로워하는 님은 고통을 여의고
두려워하는 님은 공포를 여의고
슬퍼하는 님은 비탄을 여의어
모든 뭇삶들이 평안하여지이다.

2. 수호경전품

일반예경지송을 송출한 뒤에
수호경전을 송출하거나
일반예경송출 중간에 수호경전 가운데
일부를 송출하기도 한다.
수호경전에는
천신들의 초대, 축복의 경
보배의 경, 자애의 경
일곱 가지 깨달음 고리의 경
아침의 경, 담장 밖의 경을
송출하면서
위대한 승리의 축복을 노래하고
삼보를 수희찬탄하며
경전송출의 공덕을 회향한다.

1. Parittaparikamma

빠릿따 빠리깜마

「천신초대」를 송출하오니

1. samantā cakkavāḷesu 싸만따 짝까봘레쑤
atrâgacchantu devatā 아뜨라 아갓찬뚜 데봐따
saddhammaṃ muni-rājassa 쌋담맘 무니 라잣싸
suṇantu sagga-mokkha-daṃ. 쑤난뚜 싹가 목카 담.

일체 우주법계의 모든 천신들께서는
이 자리에 오시어
천상의 축복과 완전한 해탈을 주시는
성자들의 제왕의 바른 가르침을 경청하소서.

2. dhamma-ssavana-kālo ayaṃ bhadantā. 담맛 싸봐나 깔로 아얌 바단따
dhamma-ssavana-kālo ayaṃ bhadantā. 담맛 싸봐나 깔로 아얌 바단따
dhamma-ssavana-kālo ayaṃ bhadantā. 담맛 싸봐나 깔로 아얌 바단따.

존귀한 님들이여, 이제 가르침을 경청할 때입니다.
존귀한 님들이여, 이제 가르침을 경청할 때입니다.
존귀한 님들이여, 이제 가르침을 경청할 때입니다.

3. namo tassa bhagavato 나모 땃싸 바가봐또
arahato 아라하또
sammāsambuddhassa. 쌈마쌈붓닷싸.

그 분
세상의 존귀한 님, 거룩한 님

올바로 원만히 깨달은 님께 예경드리나이다.

namo tassa bhagavato
arahato
sammāsambuddhassa.

나모 땃싸 바가봐또
아라하또
쌈마쌈붓닷싸.

그 분
세상의 존귀한 님, 거룩한 님
올바로 원만히 깨달은 님께 예경드리나이다.

namo tassa bhagavato
arahato
sammāsambuddhassa.

나모 땃싸 바가봐또
아라하또
쌈마쌈붓닷싸.

그 분
세상의 존귀한 님, 거룩한 님
올바로 원만히 깨달은 님께 예경드리나이다.

4. ye santā santa-cittā ti-saraṇa-saraṇā
ettha lok'antare vā
bhummâbhummā ca devā
guṇa-gaṇa-gahaṇa-byāvaṭā
sabba kālaṃ
ete āyantu devā varakanaka-maye
meru-rāje vasanto santo
santosa-hetuṃ munivara-vacanaṃ
sotum aggaṃ samaggā.

예 싼따 싼따 찟따 띠 싸라나 싸라나
엣타 로깐따레 봐
붐마 아붐마 짜 데봐
구나 가나 가하나 비야봐따
쌉바 깔람
에떼 아얀뚜 데봐 봐라까나까 마예
메루 라제 봐싼또 싼또
싼또싸 헤뚬 무니봐라 봐짜낭
쏘뚬 악강 싸막가.

이곳에 있건 다른 세계에 있건, 삼보에 귀의한
고요하고 평화로운 마음을 지닌 신들과

언제나 덕성을 쌓고자
노력을 기울이는 땅과 하늘의 천신들과
최상의 황금산, 산의 제왕 쑤메루 위에
살고 있는 신들의 제왕들
일체의 선한 천신들께서는 왕림하사
행복의 근원인 위없는 성자의 말씀을 경청하소서.

5.	sabbesu cakkavāḷesu yakkhā devā ca brahmano yaṃ amhehi kataṃ puññaṃ sabba-sampatti-sādhakaṃ.	쌉베쑤 짝까발레쑤 약카 데봐 짜 브라흐마노 얌 암헤히 까땀 뿐냥 쌉바 쌈빳띠 싸다깜.

일체의 모든 우주법계에서
야차와 하늘사람들과 하느님들께서는
모든 행복한 삶의 성취를 위해
저희가 행한 공덕을 기뻐하사이다.

6.	sabbe taṃ anumoditvā samaggā sāsane ratā pamāda rahitā hontu ārakkhāsu visesato.	쌉베 땀 아누모디뜨와 싸막가 싸싸네 라따 빠마다 라히따 혼뚜 아락카쑤 뷔쎄싸또.

모두가 그것을 함께 기뻐하여
조화롭게 가르침에서 희열을 발견하사
특별히 가르침을 수호함에
방일함이 없기를 기원하나이다.

7. sāsanassa ca lokassa
vuḍḍhi bhavatu sabbadā
sāsanaṃ pi ca lokañ ca
devā rakkhantu sabbadā.

싸싸낫싸 짜 로깟싸
붓디 바봐뚜 쌉바다
싸싸남 삐 짜 로깐 짜
데봐 락칸뚜 쌉바다.

항상 불법과 세계의
성장이 있기를 기원하오니
천신들께서도 항상
불법과 세계를 수호하소서.

8. saddhiṃ hontu sukhī sabbe
parivārehi attano
anīghā sumanā hontu
saha sabbehi ñātibhi.

쌋딩 혼뚜 쑤키 쌉베
빠리봐레히 앗따노
아니가 쑤마나 혼뚜
싸하 쌉베히 냐띠비.

모든 천신들께서는
자신의 동료들과 함께 행복을 누리소서.
모든 천신들께서는
자신의 친지들과 함께 근심에서 벗어나 기뻐하소서.

9. rājato vā corato vā
manussato vā amanussato vā
aggito vā udakato vā
pisācato vā khāṇukato vā.

라자또 봐 쪼라또 봐
마눗싸또 봐 아마눗싸또 봐
악기또 봐 우다까도 봐
삐싸짜또 봐 카누까도 봐.

포악한 지배자나 도둑이나
인간이나 비인간으로부터
불이나 홍수나 악귀나

나무등치로부터 자신을 수호하소서.

10. kaṇṭakato vā nakkhattato vā
janapada-rogato vā
asad-dhammato vā
asan-diṭṭhito vā asap-purisato vā.

깐따까또 봐 낙캇따또 봐
자나빠다 로가또 봐
아쌋 담마또 봐
아싼 딧티또 봐 아쌉 뿌리싸또 봐.

가시나 별자리나 전염병이나
사특한 가르침이나
잘못된 견해를 지닌 자나
참사람이 아닌 자들로부터 자신을 수호하소서.

11. caṇḍa-hatthi-assa-miga-goṇa-
kukkura-ahi-vicchika-maṇisappa-dīpi-
accha-taraccha-sūkara-
mahiṃsa-yakkha-rakkhasâdīhi.

짠다 핫티 앗싸 미가 고나
꾹꾸라 아히 뷧치까 마니쌉빠 디삐
앗차 따랏차 쑤까라
마힝싸 약카 락카싸 아디히.

사나운 코끼리, 말, 맹수, 소
개, 뱀, 전갈, 독사, 표범이나
곰, 승냥이, 멧돼지
들소, 야차, 나찰 등으로부터 자신을 수호하소서.

12. nānā-bhayato vā
nānā-rogato vā
nānā-upaddavato vā
ārakkhaṃ gaṇhantu.

나나 바야또 봐
나나 로가또 봐
나나 우빳다봐또 봐
아락캉 간한뚜.

또는 여러 가지 공포나
여러 가지 질병이나

여러 가지 재난으로부터 자신을 수호하소서.

2. Maṅgalasutta

망갈라 쑷따

「축복의 경」을 송출하오니

1. evaṃ me sutaṃ	에봠 메 쑤땀
ekaṃ samayaṃ bhagavā	에깡 싸마얌 바가봐
sāvatthiyaṃ viharati	싸봣티양 뷔하라띠
jetavane anāthapiṇḍikassa ārāme.	제따봐네 아나타삔디깟싸 아라메.

이와 같이 나는 들었습니다.
한때 세존께서 싸밧티 시의
제따바나 숲에 있는
아나타삔디까 승원에 계셨습니다.

2. atha kho aññatarā devatā	아타 코 안냐따라 데봐따
abhikkantāya rattiyā abhikkanta-vaṇṇā	아빅깐따야 랏띠야 아빅깐따 뵌나
kevala-kappaṃ jetavanaṃ obhāsetvā	께봘라 깝빤 제따봐남 오바쎄뜨와
yena bhagavā ten'upasaṅkami.	예나 바가봐 떼누빠쌍까미.

그 때 마침 한 밤중을 지나
어떤 하늘사람이 아름다운 모습으로
제따바나 숲을 두루 비추며
세존께서 계신 곳을 찾아왔습니다.

3. upasaṅkamitvā	우빠쌍까미뜨와

bhagavantaṃ abhivādetvā 바가봔땀 아비봐데뜨와
ekam antaṃ aṭṭhāsi. 에깜 안땀 앗타씨.
ekam antaṃ ṭhitā kho sā devatā 에깜 안땀 티따 코 싸 데봐따
bhagavantaṃ gāthāya ajjhabhāsi. 바가봔땅 가타야 앗자바씨.

다가와서 세존께 인사를 드리고
한쪽으로 물러나 섰습니다.
한쪽으로 물러나 서서 그 하늘사람은
게송으로 여쭈었습니다.

4. bahu devā manussā ca 바후 데봐 마눗싸 짜
maṅgalāni acintayuṃ 망갈라니 아찐따윰
ākaṅkhamānā sotthānaṃ 아깡카마나 쏫타남
brūhi maṅgalam uttamaṃ. 브루히 망갈람 웃따맘.

"많은 하늘나라 사람과 사람들
행복을 소망하면서
축복에 관해 생각하오니
위없는 축복에 관하여 말씀하소서."

5. asevanā ca bālānaṃ 아쎄봐나 짜 발라남
paṇḍitānañ ca sevanā 빤디따난 짜 쎄봐나
pūjā ca pūjanīyānaṃ 뿌자 짜 뿌자니야남
etaṃ maṅgalam uttamaṃ. 에땀 망갈람 웃따맘.

"어리석은 자와 사귀지 않으며
슬기로운 님을 섬기고
존경할만한 님을 공경하니
이것이야말로 위없는 축복이니라.

6. patirūpa-desa-vāso ca
pubbe ca kata-puññatā
atta-sammā-paṇidhi ca
etaṃ maṅgalam uttamaṃ.

빠띠루빠 데싸 봐쏘 짜
뿝베 짜 까따 뿐냐따
앗따 쌈마 빠니디 짜
에땀 망갈람 웃따맘.

분수에 맞는 곳에서 살고
일찍이 공덕을 쌓아서
스스로 바른 서원을 하니
이것이야말로 위없는 축복이니라.

7. bāhu-saccañ ca sippañ ca
vinayo ca susikkhito
subhāsitā ca yā vācā
etaṃ maṅgalam uttamaṃ.

바후 쌋짠 짜 씹빤 짜
뷔나요 짜 쑤씩키또
쑤바씨따 짜 야 봐짜
에땀 망갈람 웃따맘.

많이 배우고 익히며
절제하고 단련하여
의미 있는 대화를 나누니
이것이야말로 위없는 축복이니라.

8. mātā-pitu-upaṭṭhānaṃ
putta-dārassa saṅgaho
anākulā ca kammantā
etaṃ maṅgalam uttamaṃ.

마따 삐뚜 우빳타남
뿟따 다랏싸 쌍가호
아나꿀라 짜 깜만따
에땀 망갈람 웃따맘.

아버지와 어머니를 섬기고
아내와 자식을 돌보고
일을 함에 혼란스럽지 않으니

이것이야말로 위없는 축복이니라.

9. dānañ ca dhamma-cariyā ca / 다난 짜 담마 짜리야 짜
ñātakānañ ca saṅgaho / 냐따까난 짜 쌍가호
anavajjāni kammāni / 아나봣자니 깜마니
etaṃ maṅgalam uttamaṃ. / 에땀 망갈람 웃따맘.

나누어 주고 정의롭게 살고
친지를 보호하며
비난받지 않는 행동을 하니
이것이야말로 위없는 축복이니라.

10. ārati virati pāpā / 아라띠 뷔라띠 빠빠
majjapānā ca saññamo / 맛자빠나 짜 싼냐모
appamādo ca dhammesu / 압빠마도 짜 담메쑤
etaṃ maṅgalam uttamaṃ. / 에땀 망갈람 웃따맘.

악한 행위를 싫어하여 멀리하고
술 마시는 것을 절제하고
가르침에 게으르지 않으니
이것이야말로 위없는 축복이니라.

11. gāravo ca nivāto ca / 가라보 짜 니봐또 짜
santuṭṭhi ca kataññutā / 싼뚯티 짜 까딴뉴따
kālena dhamma-savaṇaṃ / 깔레나 담마 싸봐낟
etaṃ maṅgalam uttamaṃ. / 에땀 망갈람 웃따맘.

존경하는 것과 겸손한 것
만족과 감사의 마음으로

때에 맞추어 가르침을 들으니
이것이야말로 위없는 축복이니라.

12. khantī ca sovacassatā 칸띠 짜 쏘봐짯싸따
samaṇānañ ca dassanaṃ 싸마나난 짜 닷싸낭
kālena dhamma-sākacchā 깔레나 담마 싸깟차
etaṃ maṅgalam uttamaṃ. 에땀 망갈람 웃따맘.

인내하고 온화한 마음으로
수행자를 만나서
가르침을 서로 논의하니
이것이야말로 위없는 축복이니라.

13. tapo ca brahma-cariyañ ca 따뽀 짜 브라흐마 짜리얀 짜
ariya-saccāna dassanaṃ 아리야 쌋짜나 닷싸난
nibbāna-sacchi-kiriyā ca 닙바나 쌋치 끼리야 짜
etaṃ maṅgalam uttamaṃ. 에땀 망갈람 웃따맘.

감관을 수호하여 청정하게 살며
거룩한 진리를 관조하여
열반을 실현하니
이것이야말로 위없는 축복이니라.

14. phuṭṭhassa loka-dhammehi 풋탓싸 로까 담메히
cittaṃ yassa na kampati 찟땀 얏싸 나 깜빠띠
asokaṃ virajaṃ khemaṃ 아쏘깡 뷔라장 케맘
etaṃ maṅgalam uttamaṃ. 에땀 망갈람 웃따맘.

세상살이 많은 일에 부딪쳐도

마음이 흔들리지 아니하고
슬픔 없이 티끌 없이 안온하니
이것이야말로 위없는 축복이니라.

15. etādisāni katvāna 에따디싸니 까뜨와나
sabbattha-m-aparājitā 쌉밧타 마빠라지따
sabbattha sotthiṃ gacchanti 쌉밧타 쏫팅 갓찬띠
taṃ tesaṃ maṅgalam uttaman'ti. 딴 떼쌈 망갈람 웃따만 띠.

이러한 방법으로 그 길을 따르면
어디서든 실패하지 아니하고
모든 곳에서 번영하리니
이것이야말로 위없는 축복이니라."

3. Ratanasutta

라따나 쑷따

「보배의 경」을 송출하오니

1. yānīdha bhūtāni samāgatāni 야니다 부따니 싸마가따니
bhummāni vā yāni va antalikkhe 붐마니 봐 야니 봐 안딸릭케
sabbe va bhūtā sumanā bhavantu 쌉베 봐 부따 쑤마나 바봔뚜
atho'pi sakkacca suṇantu bhāsitaṃ. 아토 삐 싹깟짜 쑤난뚜 바씨땀.

여기 모여든 모든 존재들은
지상에 있는 것이건 공중에 있는 것이건
그 모든 존재들은 기뻐할지니

마음을 가다듬고 이제 말씀을 경청할지니라.

2. tasmā hi bhūtā nisāmetha sabbe
mettaṃ karotha mānusiyā pajāya
divā ca ratto ca haranti ye baliṃ
tasmā hi ne rakkhatha appamattā.

따쓰마 히 부따 니싸메타 쌉베
멧땅 까로타 마누씨야 빠자야
디봐 짜 랏또 짜 하란띠 예 발린
따쓰마 히 네 락카타 압빠맛따.

모든 존재들이여, 귀를 기울이고
밤낮으로 제물을 바치는
인간의 자손들에게 부디 자비를 베풀어
방일하지 말고 그들을 수호할지니라.

3. yaṃ kiñci vittaṃ idha vā huraṃ vā
saggesu vā yaṃ ratanaṃ paṇītaṃ
na no samaṃ atthi tathāgatena
idaṃ pi buddhe ratanaṃ paṇītaṃ.
etena saccena suvatthi hotu.

양 낀찌 뷧땀 이다 봐 후랑 봐
싹게쑤 봐 양 라따남 빠니딴
나 노 싸맘 앗티 따타가떼나
이담 삐 붓데 라따남 빠니땀
에떼나 쌋쩨나 쑤봣티 호뚜.

이 세상과 내세의 어떤 재물이라도
천상의 뛰어난 보배라 할지라도
이렇게 오신 님에 견줄 만한 것은 없나니
부처님 안에야말로 이 훌륭한 보배가 있으므로
이러한 진실로 인해서 모두 행복할지니라.

4. khayaṃ virāgaṃ amataṃ paṇītaṃ
yad ajjhagā sakyamunī samāhito
na tena dhammena sam'atthi kiñci
idaṃ pi dhamme ratanaṃ paṇītaṃ
etena saccena suvatthi hotu.

카양 뷔라감 아마땀 빠니땅
야드 앗자가 싸끼야무니 싸마히또
나 떼나 담메나 싸맛티 낀찌
이담 삐 담메 라따남 빠니땀
에떼나 쌋쩨나 쑤봣티 호뚜.

싸끼야 족의 성자가 삼매에 들어 성취한
지멸止滅과 소멸消滅과 불사不死와 승묘勝妙
이 사실과 견줄 만한 것은 아무 것도 없나니
가르침 안에야말로 이 훌륭한 보배가 있으므로
이러한 진실로 인해서 모두 행복할지니라.

5. yaṃ buddha-seṭṭho parivaṇṇayī suciṃ
samādhim ānantarikañ ñam āhu
samādhinā tena samo na vijjati
idaṃ pi dhamme ratanaṃ paṇītaṃ
etena saccena suvatthi hotu

얌 붓다 쎗토 빠리봔나위 쑤찡
싸마딤 아난따리깐 냠 아후
싸마디나 떼나 싸모 나 뷧자띠
이담 삐 담메 라따남 빠니땀
에떼나 쌋쩨나 쑤봣티 호두.

뛰어난 깨달은 님께서 찬탄하는 청정은
즉각적인 결과를 가져오는 삼매이니
그 삼매와 견줄 것은 아무 것도 없사오니
가르침 안에야말로 이 훌륭한 보배가 있으므로
이러한 진실로 인해서 모두 행복할지니라.

6. ye puggalā aṭṭha sataṃ pasatthā
cattāri etāni yugāni honti
te dakkhiṇeyyā sugatassa sāvakā
etesu dinnāni maha-pphalāni
idaṃ pi saṅghe ratanaṃ paṇītaṃ
etena saccena suvatthi hotu.

예 뿍갈라 앗타 싸땀 빠쌋타
짯따리 에따니 유가니 혼띠
떼 닥키네이야 쑤가땃싸 싸봐까
에떼쑤 딘나니 마합 팔라니
이담 삐 쌍게 라따남 빠니땀
에떼나 쌋쩨나 쑤봣티 호뚜.

네 쌍으로 여덟이 되는 님들四雙八輩로
참사람들이 칭찬하고
바른 길 가신 님의 제자들로서 공양 받을 만한

그들에게 보시하면 크나큰 과보를 받나니
참모임 안에야말로 이 훌륭한 보배가 있으므로
이러한 진실로 인해서 모두 행복할지니라.

7. ye suppayuttā manasā daḷhena	예 쑵빠윳따 마나싸 달레나
nikkāmino gotama-sāsanamhi	닉까미노 고따마 싸싸남히
te pattipattā amataṃ vigayha	떼 빳띠빳따 아마땅 뷔가이하
laddhā mudhā nibbutiṃ bhuñjamānā	랏다 무다 닙부띰 분자마나
idaṃ pi saṅghe ratanaṃ paṇītaṃ	이담 삐 쌍게 라따남 빠니땀
etena saccena suvatthi hotu.	에떼나 쌋쩨나 쑤봣티 호뚜.

확고한 마음으로 감각적 욕망을 떠나
고따마의 가르침에 잘 적응하여
불사不死에 뛰어들어 목표를 성취하고
자유롭게 적멸을 즐기니
참모임 안에야말로 이 훌륭한 보배가 있으므로
이러한 진실로 인해서 모두 행복할지니라.

8. yath'indakhīlo paṭhaviṃ sito siyā	야띤다킬로 빠타뷩 씨또 씨야
catubbhi vātehi asampakampiyo	짜뚭비 봐떼히 아쌈빠깜삐요
tath'ūpamaṃ sappurisaṃ vadāmi	따투빠망 쌉뿌리쌍 봐다미
yo ariya-saccāni avecca passati	요 아리야 쌋짜니 아뵀짜 빳싸띠
idaṃ pi saṅghe ratanaṃ paṇītaṃ	이담 삐 쌍게 라따남 빠니땀
etena saccena suvatthi hotu.	에떼나 쌋쩨나 쑤봣티 호뚜.

단단한 기둥이 땅위에 서 있으면
사방에서 불어오는 바람에 흔들리지 않듯
거룩한 진리를 분명히 보는

참사람은 이와 같다고 나는 말하나니
참모임 안에야말로 이 훌륭한 보배가 있으므로
이러한 진실로 인해서 모두 행복할지니라.

9. ye ariya-saccāni vibhāvayanti
gambhīra-paññena sudesitāni
kiñcâpi te honti bhusa-ppamattā
na te bhavaṃ aṭṭhamaṃ ādiyanti
idaṃ pi saṅghe ratanaṃ paṇītaṃ
etena saccena suvatthi hotu.

예 아리야 쌋짜니 뷔바봐얀띠
감비라 빤녜나 쑤데씨따니
낀짜 아삐 떼 혼띠 부쌉 빠맛따
나 떼 바봠 앗타맘 아디얀띠
이담 삐 쌍게 라따남 빠니땀
에떼나 쌋쩨나 쑤봣티 호뚜.

심오한 지혜를 지닌 님께서 잘 설하신
고귀한 진리를 분명히 아는 사람들은
아무리 크나큰 잘못을 저질렀더라도
여덟 번째의 윤회를 받지 않나니
참모임 안에야말로 이 훌륭한 보배가 있으므로
이러한 진실로 인해서 모두 행복할지니라.

10. sahā v'assa dassana-sampadāya
tayas su dhammā jahitā bhavanti
sakkāya-diṭṭhi vicikicchitañ ca
sīla-bbataṃ vā pi yad atthi kiñci
catūh apāyehi ca vippamutto
cha câbhiṭhānāni abhabbo kātuṃ
idaṃ pi saṅghe ratanaṃ paṇītaṃ
etena saccena suvatthi hotu.

싸하 봣싸 닷싸나 쌈빠다야
따얏 쑤 담마 자히따 바봔띠
싹까야 딧티 뷔찌낏치딴 짜
씰랍 바땅 봐 삐 야드 앗티 낀찌
짜뚜흐 아빠예히 짜 뷥빠뭇또
차 짜비타나니 아밥보 까뚬
이담 삐 쌍게 라따남 빠니땀
에떼나 쌋쩨나 쑤봣티 호뚜.

통찰을 성취함과 동시에
개체가 있다는 견해, 회의적 의심

규범과 금계에 대한 집착, 그 어떤 것이라도
그러한 세 가지는 즉시 소멸되고
지옥과 축생과 아귀와 아수라의
네 갈래 악한 운명을 벗고
오역죄와 이교신앙의 여섯 큰 죄악을 짓지 않으니
참모임 안에야말로 이 훌륭한 보배가 있으므로
이러한 진실로 인해서 모두 행복할지니라.

11. kiñcâpi so kammaṃ karoti pāpakaṃ
kāyena vācā uda cetasā vā
abhabbo so tassa paṭicchādāya
abhabbatā diṭṭhapadassa vuttā
idaṃ pi saṅghe ratanaṃ paṇītaṃ
etena saccena suvatthi hotu.

낀짜 아삐 쏘 깜망 까로띠 빠빠깡
까예나 봐짜 우다 쩨따싸 봐
아밥보 쏘 땃싸 빠띳차다야
아밥바따 딧타빠닷싸 븃따
이담 삐 쌍게 라따남 빠니땀
에떼나 쌋쩨나 쑤봣티 호뚜.

신체적으로 언어적으로 정신적으로
사소한 허물을 저질렀어도
궁극적인 길을 본 사람은
그것을 감추지 못하니
감추는 것이 불가능하기 때문이요
참모임 안에야말로 이 훌륭한 보배가 있으므로
이러한 진실로 인해서 모두 행복할지니라.

12. vana-ppagumbe yathā phussitagge
gimhāna-māse paṭhamasmiṃ gimhe
tath'ūpamaṃ dhammavaraṃ adesayi
nibbāna-gāmiṃ paramaṃ-hitāya

봐납 빠굼베 야타 풋씨딱게
김하나 마쎄 빠타마쓰밍 김헤
따투빠만 담마봐람 아데싸위
닙바나 가밈 빠라망 히따야

idaṃ pi buddhe ratanaṃ paṇītaṃ	이담 삐 붓데 라따남 빠니땀
etena saccena suvatthi hotu.	에떼나 쌋쩨나 쑤봣티 호뚜.

여름날의 첫더위가 오면
숲의 총림이 가지 끝마다 꽃을 피어내듯
이와 같이 열반에 이르는
위없는 묘법을 가르치셨나니
부처님 안에야말로 이 훌륭한 보배가 있으므로
이러한 진실로 인해서 모두 행복할지니라.

13. varo varaññū varado varāharo	봐로 봐란뉴 봐라도 봐라하로
anuttaro dhammavaraṃ adesayī	아눗따로 담마봐람 아데싸위
idaṃ pi buddhe ratanaṃ paṇītaṃ	이담 삐 붓데 라따남 빠니땀
etena saccena suvatthi hotu.	에떼나 쌋쩨나 쑤봣티 호뚜.

위없는 님, 위없는 것을 알고
위없는 것을 주고, 위없는 것을 가져오는
최상의 님께서 위없는 가르침을 설하시니
부처님 안에야말로 이 훌륭한 보배가 있으므로
이러한 진실로 인해서 모두 행복할지니라.

14. khīṇaṃ purāṇaṃ	키남 뿌라난
navaṃ n'atthi sambhavaṃ	나봔 낫티 쌈바봥
viratta-cittā āyatike bhavasmiṃ	뷔랏따 찟따 아야띠께 바봐쓰민
te khīṇa-bijā avirūḷh'icchandā	떼 키나 비자 아뷔룰힛찬다
nibbanti dhīrā yathāyaṃ badīpo	닙반띠 디라 야타얌 빠디뽀
idaṃ pi saṅghe ratanaṃ paṇītaṃ	이담 삐 쌍게 라따남 빠니땀
etena saccena suvatthi hotu.	에떼나 쌋쩨나 쑤봣티 호뚜.

과거는 소멸하고 새로운 태어남은 없어
마음은 미래의 생존에 집착하지 않고
번뇌의 종자를 부수고 그 성장을 원치 않으며
현자들은 등불처럼 꺼져서 열반에 드시나니
참모임 안에야말로 이 훌륭한 보배가 있으므로
이러한 진실로 인해서 모두 행복할지니라.

15. yānîdha bhūtāni samāgatāni
bhummāni vā yāni vā antalikkhe
tathāgataṃ deva-manussa-pūjitaṃ
buddhaṃ namassāma suvatthi hotu.

야니 이다 부따니 싸마가따니
붐마니 봐 야니 봐 안딸릭케
따타가딴 데봐 마눗싸 뿌지땀
붓단 나맛싸마 쑤봣티 호뚜.

신들과 인간들에게 섬김을 받는
이렇게 오신 님, 부처님께 예경하오니
땅에 있는 존재이건 공중에 있는 존재이건
여기 모인 존재들이여, 모두 행복할지니라.

16. yānîdha bhūtāni samāgatāni
bhummāni vā yāni vā antalikkhe
tathāgataṃ deva-manussa-pūjitaṃ
dhammaṃ namassāma suvatthi hotu.

야니 이다 부따니 싸마가따니
붐마니 봐 야니 봐 안딸릭케
따타가딴 데봐 마눗싸 뿌지딴
담만 나맛싸마 쑤봣티 호뚜.

신들과 인간들에게 섬김을 받는
이렇게 오신 님, 가르침에 예경하오니
땅에 있는 존재이건 공중에 있는 존재이건
여기 모인 존재들이여, 모두 행복할지니라.

17. yānîdha bhūtāni samāgatāni
bhummāni vā yāni vā antalikkhe
tathāgataṃ deva-manussa-pūjitaṃ
saṅghaṃ namassāma suvatthi hotu.

야니 이다 부따니 싸마가따니
붐마니 봐 야니 봐 안딸릭케
따타가딴 데봐 마눗싸 뿌지땅
쌍간 나맛싸마 쑤봣티 호뚜.

신들과 인간들에게 섬김을 받는
이렇게 오신 님, 참모임에 예경하오니
땅에 있는 존재이건 공중에 있는 존재이건
여기 모인 존재들이여, 모두 행복할지니라.

4. Mettasutta

멧따 쑷따

「자애의 경」을 송출하오니

1. karaṇīya-m-attha-kusalena yaṃ
tam santaṃ padaṃ abhisamecca
sakko ujū ca sūjū ca
suvaco c'assa mudu anatimānī.

까라니야 맛타 꾸쌀레나 얀
땅 싼땀 빠담 아비싸멧짜
싹꼬 우주 짜 쑤주 짜
쑤봐쪼 짯싸 무두 아나띠마니.

널리 이로운 일에 능숙하여서
평정의 경지를 성취하고자 하는 님은
유능하고 정직하고 고결하고
상냥하고 온유하고 교만하지 말지니라.

2. santussako ca subharo ca
appa-kicco ca sallahuka-vuttī
sant'indriyo ca nipako ca

싼뚯싸꼬 짜 쑤바로 짜
압빠 낏쪼 짜 쌀라후까 븟띠
싼띤드리요 짜 니빠꼬 짜

appagabbho kulesu ananugiddho. 압빠갑보 꿀레쑤 아나누깃도.

만족할 줄 알아 남이 공양하기 쉽고
분주하지 않고 생활이 간소하며
몸과 마음 고요하고 슬기로우니
가정에 무모하거나 집착하지 말지니라.

3. na ca khuddaṃ samācare kiñci 나 짜 쿳당 싸마짜레 낀찌
yena viññū pare upavadeyyuṃ 예나 뷘뉴 빠레 우빠봐데이융
sukhino vā khemino hontu 쑤키노 봐 케미노 혼뚜
sabbe sattā bhavantu sukhitattā. 쌉베 쌋따 바봔뚜 쑤키땃따.

다른 양식 있는 님들의 비난을 살만한
어떠한 사소한 행동도 삼가하여
안락하고 평화로워서
모든 님들은 행복할지니라.

4. ye keci pāṇa bhūt'atthi 예 께찌 빠나 부땃티
tasā vā thāvarā vā anavasesā 따싸 봐 타봐라 봐 아나봐쎄싸
dīghā vā ye mahantā vā 디가 봐 예 마한따 봐
majjhimā rassakâṇuka-thūlā. 맛지마 랏싸카 아누카 툴라.

살아 있는 생명이면 어떤 것이나
동물이나 식물이나 남김없이
길거나 큰 것이나, 중간 것이거나
짧거나, 섬세하거나, 거친 것이거나,

5. diṭṭhā vā yeva addiṭṭhā 딧타 봐 예봐 앗딧타
ye ca dūre vasanti avidūre 예 짜 두레 봐싼띠 아뷔두레

bhūtā vā sambhavesī vā 부따 봐 쌈바붸씨 봐
sabbe sattā bhavantu sukhitattā. 쌉베 쌋따 바봔뚜 쑤키땃따.

보이는 것이나 보이지 않는 것이나
멀리 살거나 가까이 살거나
생겨난 것이나 생겨날 것이거나
모든 님들은 행복할지니라.

6. na paro paraṃ nikubbetha 나 빠로 빠란 니꿉베타
nâtimaññetha katthaci naṃ kañci 나 아띠만녜타 깟타찌 낭 깐찌
byārosanā paṭighasaññā 비야로싸나 빠띠가싼냐
nâññamaññassa dukkham iccheyya. 나 안냐만냐싸 둑캄 잇체이야.

서로를 속이지 말고 헐뜯지도 말지니
어디서든지 누구든지
분노 때문이든 증오 때문이든
서로에게 고통을 바라지 말지니라.

7. mātā yathā niyaṃ puttaṃ 마따 야타 니얌 뿟땀
āyusā eka-puttam anurakkhe 아유싸 에까 뿟땀 아누락케
evaṃ pi sabba-bhūtesū 에봠 삐 쌉바 부떼쑤
mānasaṃ bhāvaye aparimāṇaṃ. 마나쌈 바봐예 아빠리마남.

어머니가 하나뿐인 아들을
목숨 바쳐 구하듯
이와 같이 모든 님들을 위하여
자애로운, 한량없는 마음을 닦을지니라.

8. mettaṃ ca sabba-lokasmiṃ 멧딴 짜 쌉발 로까쓰밈

mānasaṃ bhāvaye aparimānaṃ
uddhaṃ adho ca tiriyañ ca
asambādhaṃ averaṃ asapattaṃ.

마나쌈 바봐예 아빠리마남
웃담 아도 짜 띠리얀 짜
아쌈바담 아붸람 아싸빳땀.

그리하여 일체의 세계에 대하여
위로 아래로 옆으로 확장하여
장애 없이, 원한 없이, 적의 없이
자애로운, 한량없는 마음을 닦을지니라.

9. tiṭṭhaṃ caraṃ nisinno vā
sayāno vā yāvat'assa vigata-middho
etaṃ satiṃ adhiṭṭheyya
brahmam etaṃ vihāraṃ idha-m-āhu.

띳탄 짜란 니씬노 봐
싸야노 봐 야봐땃싸 뷔가따 밋도
에땅 싸띰 아딧테이야
브라흐맘 에땅 뷔하람 이다 마후.

서있거나 걸어가거나 앉아있거나
누워있거나 깨어있는 한
자애의 마음을 새길지니
이것이야말로 참으로 청정한 삶이니라.

10. diṭṭhiñ ca anupagamma
sīlavā dassanena sampanno
kāmesu vineyya gedhaṃ
na hi jātu gabbha-seyyaṃ punar etī'ti.

딧틴 짜 아누빠감마
씰라봐 닷싸네나 쌈빤노
까메쑤 뷔네이야 게단
나 히 자뚜 갑바 쎄이얌 뿌나르 에띠 띠.

삿된 견해에 의존하지 않고
계행을 갖추고, 통찰을 갖추어
감각적인 욕망의 탐욕을 다스리면
결코 다시 윤회에 들지 않을 것이니라.

5. Mettânisaṃsapāṭha

멧따 아니쌍싸 빠타

「자애공덕의 경송」을 송출하오니

1. mettāya bhikkhave ceto-vimuttiyā 멧따야 빅카붸 쩨또 뷔뭇띠야
āsevitāya bhāvitāya 아쎄뷔따야 바뷔따야
bahulī-katāya yāni-katāya 바훌리 까따야 야니 까따야
vatthu-katāya anuṭṭhitāya 봣투 까따야 아눗티따야
paricitāya susamāraddhāya 빠리찌따야 쑤싸마랏다야
ekādasânisaṃsā pāṭikaṅkhā 에까다싸 아니쌍싸 빠띠깡카

수행승들이여, 자애로움을 섬기고
닦고, 익히고, 수레로 만들고, 바탕으로 삼고
확립하고, 건립하고, 아주 잘 성취하여
마음의 해탈을 이룬 님에게 기대되는
바로 열한 가지의 공덕이 있으니

2. katame ekādasa? 까따메 에까다싸.

어떤 것이 열한 가지인가?

1) sukhaṃ supati 쑤캉 쑤빠띠
2) sukhaṃ paṭibujjhati 쑤깜 빠띠붓자띠
3) na pāpakaṃ supinaṃ passati. 나 빠빠깡 쑤삐남 빳싸띠.

1) 행복하게 잠자고
2) 행복하게 깨어나고
3) 악몽을 꾸지 않고,

4) manussānaṃ piyo hoti — 마눗싸남 삐요 호띠
5) amanussānaṃ piyo hoti — 아마눗싸남 삐요 호띠
6) devatā rakkhanti. — 데봐따 락칸띠.

4) 사람들에게 사랑받고
5) 비인간들에게도 사랑받고
6) 하늘사람들에게 수호받고,

7) n'assa aggi vā visaṃ vā
sattham vā kamati — 낫싸 악기 봐 뷔쌍 봐 쌋탕 봐 까마띠.
8) tuvaṭaṃ cittaṃ samādhiyati — 뚜봐딴 찟땅 싸마디야띠
9) mukha-vaṇṇo vippasīdati. — 무카 봔노 뷥빠씨다띠.

7) 불이나 독약, 또는 무기가 해치지 못하고
8) 마음을 빨리 집중하고
9) 얼굴 표정이 맑아지고,

10) asammūḷho kālaṃ karoti — 아쌈물로 깔랑 까로띠
11) uttarim appaṭivijjhanto
brahma-lok'ūpago hoti. — 웃따림 압빠띠뷧잔또 브라흐말 로꾸빠고 호띠.

10) 마음에 혼란 없이 삶을 마치니
11) 최상의 열반을 얻지 못하더라도
천상의 하느님들의 세계에 태어날 것이니라.

3. mettāya bhikkhave ceto-vimuttiyā — 멧따야 빅카웨 쩨또 뷔뭇띠야
āsevitāya bhāvitāya — 아쎄뷔따야 바뷔따야
bahulī-katāya yāni-katāya — 바훌리 까따야 야니 까따야
vatthu-katāya anuṭṭhitāya — 봣투 까따야 아눗티따야
paricitāya susamāraddhāya — 빠리찌따야 쑤싸마랏다야

ime ekādasânisaṃsā 이메 에까다싸 아니쌍싸
pāṭikaṅkhā'ti. 빠띠깡카 띠.

수행승들이여, 자애로움을 섬기고
닦고, 익히고, 수레로 만들고, 바탕으로 삼고
확립하고, 건립하고, 아주 잘 성취하여
마음의 해탈을 이룬 님에게
바로 이러한 열한 가지 공덕이 기대되느니라.

6. Mittânisaṃsagātha

밋따 아니쌍싸 가타

「우정공덕의 게송」을 송출하오니

1. pahūtabhakkho bhavati 빠후따박코 바봐띠
vippavuttho sakā gharā 뷥빠븟토 싸까 가라
bahū naṃ upajīvanti 바후 남 우빠지봔띠
yo mittānaṃ na dūbhati. 요 밋따난 나 두바띠.

우정을 저버리지 않는 님은
자신의 집을 떠나도
끼니를 굶지 않고
많은 사람이 의존하느니라.

2. yaṃ yaṃ janapadaṃ 양 얀 자나빠당
yāti nigame rājadhāniyo 야띠 니가메 라자다니요
sabbattha pūjito hoti 쌉밧타 뿌지또 호띠
yo mittānaṃ na dūbhati 요 밋따난 나 두바띠.

우정을 저버리지 않는 님은
어떤 나라에 가더라도
시골이든 서울이든
모든 곳에서 공경받느니라.

3. n'assa corā pasahanti 낫싸 쪼라 빠싸한띠
nâtimaññeti khattiyo 나 아띠만녜띠 캇띠요
sabbe amitte tarati 쌉베 아밋떼 따라띠
yo mittānaṃ na dūbhati. 요 밋따난 나 두바띠.

우정을 저버리지 않는 님은
도둑이 폭력을 행하지 못하고
권력가가 무시하지 못하며
모든 적군에 승리하느니라.

4. akkuddho saṅgharaṃ eti 악꿋도 쌍가람 에띠
sabhāya paṭinandito 싸바야 빠띠난디또
ñātīnaṃ uttamo hoti 냐띠남 웃따모 호띠
yo mittānaṃ na dūbhati. 요 밋따난 나 두바띠.

우정을 저버리지 않는 님은
자신의 집에 들어 화내지 않고
사람들의 모임에서 행복을 느끼고
친지들 가운데 위없는 자가 되느니라.

5. sakkatvā sakkato hoti 싹까뜨와 싹까또 호띠
garu hoti sagāravo 가루 호띠 싸가라보
vaṇṇa-kitti-bhato hoti 본나 낏띠 바또 호띠

yo mittānaṃ na dūbhati.	요 밋따난 나 두바띠.

우정을 저버리지 않는 님은
존경하고 존경받으며
공경하고 공경받으며
칭찬과 찬사를 얻느니라.

6. pūjako labhate pūjaṃ	뿌자꼬 라바떼 뿌장
vandako paṭivandanaṃ	봔다꼬 빠띠봔다낭
yaso kittiñ ca pappoti	야쏘 낏띤 짜 빱뽀띠
yo mittānaṃ na dūbhati.	요 밋따난 나 두바띠.

우정을 저버리지 않는 님은
공양을 베풀고 공양을 받으며
절을 하고 절을 받으며
명예와 명성을 얻느니라.

7. aggi yathā pajjalati	악기 야타 빳잘라띠
devatā'va virocati	데봐따 봐 뷔로짜띠
siriyâjahito hoti	씨리야 아자히또 호띠
yo mittānaṃ na dūbhati.	요 밋따난 나 두바띠.

우정을 저버리지 않는 님은
불꽃이 광명을 발하고
하늘사람이 빛나는 것처럼
번영이 사라지지 않느니라.

8. gāvo tassa pajāyanti	가뵤 땃싸 빠자얀띠
khette vutthaṃ virūhati	켓떼 븟탕 뷔루하띠

puttānaṃ phalaṃ atthi
yo mittānaṃ na dūbhati.

뿟따남 팔람 앗티
요 밋따난 나 두바띠.

우정을 저버리지 않는 님은
그의 황소들이 태어나듯
밭에 뿌린 씨가 성장하듯
자식들의 열매가 있느니라.

9. darīto pabbatā tv'evā
rukkhāto patito naro
cuto patiṭṭhaṃ labhati
yo mittānaṃ na dūbhati.

다리또 빱바따 뜨웨봐
룩카또 빠띠또 나로
쭈또 빠띳탕 라바띠
요 밋따난 나 두바띠.

우정을 저버리지 않는 님은
절벽이나 산이나 나무에서
떨어져 다치더라도
목숨을 보존하게 되느니라.

10. virūḷha-mūla-santānaṃ
nigrodhaṃ iva māluto
amittā na-ppasahanti
yo mittānaṃ na dūbhati.

뷔룰라 물라 싼따난
니그로담 이봐 말루또
아밋따 납 빠싸한띠
요 밋따난 나 두바띠.

우정을 저버리지 않는 님은
뿌리 깊은 보리수나무를
바람이 흔들지 못하듯
적들이 정복하지 못하느니라.

7. Nidhikaṇḍasutta

니디 깐다 쑷따

「숨겨진 보물의 경」을 송출하오니

1. nidhiṃ nidheti puriso — 니딘 니데띠 뿌리쏘
gambhīre odakantike — 감비레 오다깐띠께
atthe kicce samuppanne — 앗테 낏쩨 쌈웁빤네
atthāya me bhavissati. — 앗타야 메 바뷧싸띠.

한 사람이 물가에 깊은 구덩이에
보물을 숨겨두었다.
'필요하거나 해야 할 일이 생기면,
나에게 도움이 될 것이다.'

2. rājato vā duruttassa — 라자또 봐 두룻땃싸
corato pīḷitassa vā — 쪼라또 삘리땃싸 봐
iṇassa vā pamokkhāya — 이낫싸 봐 빠목카야
dubbhikkhe āpadāsu vā — 둡빅케 아빠다쑤 봐
etad atthāya lokasmiṃ — 에따드 앗타야 로까쓰민
nīdhi nāma nidhīyate. — 니디 나마 니디야떼.

왕으로부터 훼손이나
도둑으로부터의 괴롭힘이나
빚으로부터나 기아나 사고로부터 안전하기 위한
이러한 필요로 인해
세상에서 보물을 숨기는 것이니라.

3. tāva sunihito santo — 따봐 쑤니히또 싼또

gambhīre odakantike
na sabbo sabbadā eva
tassa taṃ upakappati.

감비레 오다깐띠께
나 쌉보 쌉바다 에봐
땃싸 땀 우빠깝빠띠.

그러나 물가의 깊은 구덩이에
비록 보물을 감추었더라도
일체 어떠한 경우에도
그에게 도움이 되지 못하느니라.

4. nidhī vā ṭhānā cavati
saññā v'assa vimuyhati
nāgā vā apanāmenti
yakkhā vā'pi haranti naṃ.

니디 봐 타나 짜봐띠
싼냐 봣싸 뷔무이하띠
나가 봐 아빠나멘띠
약카 봐삐 하란띠 남.

그 숨겨진 보물은 그곳에서 유실되거나
그것에 대한 정보가 잘못되거나
용들이 멀리 옮기거나
야차들도 그것을 빼앗아 버리느니라.

5. appiyā vā'pi dāyādā
uddharanti apassato
yadā puñña-kkhayo hoti
sabbam etaṃ vinassati.

압삐야 봐삐 다야다
웃다란띠 아빳싸또
야다 뿐냐 카요 호띠
쌉밥 에땅 뷔낫싸띠.

또는 마음에 들지 않는 상속자가
몰래 빼앗는다거나
공덕이 다할 때에
그 모든 것이 파괴될 것이니라.

6. yassa dānena sīlena
samyamena damena ca
nidhī sunihito hoti
itthiyā purissa vā.

얏싸 다네나 씰레나
쌍야메나 다메나 짜
니디 쑤니히또 호띠
잇티야 뿌릿싸 봐.

보시와 계행과
제어와 자제를 통해 잘 보존한다면
여자에게나 남자에게
그 보물이 잘 보존되는 것이니라.

7. cetiyamhi ca saṅghe vā
puggale atithīsu vā
mātari pitari vā'pi
atho jeṭṭhamhi bhātari.

쩨띠얌히 짜 쌍게 봐
뿍갈레 아띠티쑤 봐
마따리 삐따리 봐삐
아토 젯탐히 바따리.

그리고 사원에서나 참모임에서나
참사람에게서나 손님에게서나
어머니에게서나 아버지에서나
나이든 형제에게서도 그러하니,

8. eso nidhī sunihito
ajeyyo anugāmiko
pahāya gamanīyesu
etaṃ ādāya gacchati.

에쏘 니디 쑤니히도
아제이요 아누가미꼬
빠하야 가마니예쑤
에땀 아다야 갓차띠.

그 보물은 잘 보존되어
파괴되지 않고 함께 가는 것이니
버리고 떠나더라도

그것을 가지고 가는 것이니라.

9. asādhāraṇam aññesaṃ / 아싸다라남 안녜쌈
a-cora-haraṇo nidhi / 아 쪼라 하라노 니디
kayirātha dhīro puññāni / 까위라타 디로 뿐냐니
yo nidhi anugāmiko. / 요 니디 아누가미꼬.

다른 사람들과 나눌 수 없고
도둑도 가져갈 수 없는 보물이 있으니
현명한 자라면 그러한 보물이
함께하는 공덕을 쌓아야 하느니라.

10. esa deva-manussānaṃ / 에싸 데봐 마눗싸남
sabba-kāma-dado nidhi / 쌉바 까마 다도 니디
yaṃ yad evâbhipatthenti / 양 야드 에봐 아비빳텐띠
sabbam etena labbhati. / 쌉밤 에떼나 랍바띠.

신들과 인간들의
모든 감각적 욕망을 채워주는 보물
무엇이든 그들이 원하는
모든 것을 이 공덕으로 얻는 것이니라.

11. suvaṇṇatā sussaratā / 쑤봔나따 쑷싸라따
susaṇṭhānā surūpatā / 쑤싼타나 쑤루빠따
ādhipacca-paricāraṃ / 아디빳짜 빠리짜랑
sabbam etena labbhati. / 쌉밤 에떼나 랍바띠.

훌륭한 모습, 훌륭한 목소리
훌륭한 자태, 훌륭한 형상

통치자의 지위와 비서의 지위도
모두 이 공덕으로 얻는 것이니라.

12. padesa-rajjaṃ issariyaṃ 빠데싸 랏잠 잇싸리얀
cakkavatti-sukhaṃ pi yaṃ 짝까봣띠 쑤캄 삐 얀
deva-rajjaṃ pi dibbesu 데와 랏잠 삐 딥베쑤
sabbam etena labbhati. 쌉밤 에떼나 랍바띠.

지방의 통치나, 제국의 통치나
그리고 전륜왕의 어떠한 행복이든지
하늘나라의 천신들의 왕국도
모두 이 공덕으로 얻는 것이니라.

13. mānusikā ca sampatti 마누씨까 짜 쌈빳띠
deva-loke ca yā rati 데봘 로께 짜 야 라띠
yā ca nibbāna-sampatti 야 짜 닙바나 쌈빳띠
sabbam etena labbhati. 쌉밤 에떼나 랍바띠.

천상세계에서도 기쁨인
인간의 성취도
그리고 열반의 성취도
모두 이 공덕으로 얻는 것이니라.

14. mitta-sampadam āgamma 밋따 쌈빠담 아감마
yoniso ve payuñjato 요니쏘 붸 빠윤자또
vijjā-vimutti-vasī-bhāvo 뷧자 뷔뭇띠 봐씨 바뵤
sabbam etena labbhati. 쌉밤 에떼나 랍바띠.

좋은 도반을 만나서

실로 이치에 맞는 사유를 나누고
명지와 해탈의 힘을 획득하는 것도
모두 이 공덕으로 얻는 것이니라.

15. paṭisambhidā vimokkhā ca | 빠띠쌈비다 뷔목카 짜
yā ca sāvaka-pāramī | 야 짜 싸봐까 빠라미
pacceka-bodhi buddha-bhūmi | 빳쩨까 보디 붓다 부미
sabbam etena labbhati. | 쌉밤 에떼나 랍바띠.

분석적 앎과 해탈이든
불자의 어떠한 초월의 길이든
연각불의 깨달음이든, 부처님의 지평이든
모두 이 공덕으로 얻는 것이니라.

16. evaṃ mahatthikā esā | 에봠 마핫티까 에싸
yad idaṃ puñña-sampadā | 야드 이담 뿐냐 쌈빠다
tasmā dhīrā pasaṃsanti | 따쓰마 디라 빠쌍싼띠
paṇḍitā kata-puññataṃ. | 빤디따 까따 뿐냐땀.

그래서 이것이 크게 유익한 것이니
즉, 이러한 공덕을 성취하는 것이니라.
그러므로 슬기로운 현자는
그 공덕을 쌓는 것을 칭찬하느니라.

8. Khandhaparitta

칸다 빠릿따

「뭇삶의 무리로부터의 수호경」을 송출하오니

1. virūpakkhehi me mettaṃ
mettaṃ erāpathehi me
chabyāputtehi me mettaṃ
mettaṃ kaṇhāgotamakehi ca.

뷔루빡케히 메 멧땀
멧땀 에라빠테히 메
차비야뿟떼히 메 멧땀
멧땅 깐하고따마께히 짜.

비루빡까 뱀들에게 저의 자애를 보냅니다!
에라빠타 뱀들에게 저의 자애를 보냅니다!
차비야뿟따 뱀들에게 저의 자애를 보냅니다!
깐하고따마까 뱀들에게 저의 자애를 보냅니다!

2. apādakehi me mettaṃ
mettaṃ di-pādakehi me
catu-ppadehi me mettaṃ
mettaṃ bahu-ppadehi me.

아빠다께히 메 멧땀
멧딴 디 빠다께히 메
짜뚭 빠데히 메 멧땀
멧땀 바훕 빠데히 메.

발 없는 존재들에게 저의 자애를 보냅니다!
두 발 가진 존재들에게 저의 자애를 보냅니다!
네 발 가진 존재들에게 저의 자애를 보냅니다!
많은 발을 가진 존재들에게 저의 자애를 보냅니다!

3. mā maṃ apādako hiṃsi
mā maṃ hiṃsi di-pādako
mā maṃ catu-ppado hiṃsi
mā maṃ hiṃsi bahu-ppado.

마 맘 아빠다고 힝씨
마 망 힝씨 디 빠다꼬
마 만 짜뚭 빠도 힝씨
마 망 힝씨 바훕 빠도.

발 없는 존재가 나를 해치지 않기를!
두 발 가진 존재가 나를 해치지 않기를!
네 발 가진 존재가 나를 해치지 않기를!

많은 발을 가진 존재가 나를 해치지 않기를!

4. sabbe sattā sabbe pāṇā
sabbe bhūtā ca kevalā
sabbe bhadrāni passantu
mā kiñci pāpam āgamā.

쌉베 쌋따 쌉베 빠나
쌉베 부따 짜 께봘라
쌉베 바드라니 빳싼뚜
마 낀찌 빠빰 아가마.

모든 뭇삶들, 모든 생명들
모든 존재들은 모두
선하고 슬기로운 것만 보고
일체 악한 것을 만나지 않기를!

5. appamāṇo buddho
appamāṇo dhammo
appamāṇo saṅgho
pamāṇavantāni siriṃsapāni
ahi vicchikā satapadī
uṇṇānābhī sarabū mūsikā.

압빠마노 붓도
압빠마노 담모
압빠마노 쌍고
빠마나봔따니 씨링싸빠니
아히 뷧치까 싸따빠디
운나나비 싸라부 무씨까.

부처님은 한량이 없고
가르침도 한량이 없고
참모임도 한량이 없나이다.
그러나 기어 다니는 동물이나
뱀이나 전갈이나 지네나
거미나 도마뱀이나 생쥐는 유한하나이다.

6. katā me rakkhā katā me parittā
paṭikkamantu bhūtāni
so'haṃ namo bhagavato

까따 메 락카 까따 메 빠릿따
빠띡까만뚜 부따니
쏘한 나모 바가봐또

namo sattannaṃ sammāsambuddhānaṃ. 나모 쌋딴낭 쌈마쌈붓다남.

나를 위해 보호를 송출하고 수호를 송출했으니
모든 존재들은 이제 떠나길 바라나이다.
이제 나는 세상의 존귀한 님께 예경하나이다.
일곱 분 올바로 원만히 깨달은 님께 예경하나이다.

9. Moraparitta

모라 빠릿따

「공작새의 수호경」을 송출하오니

1. udetayañ cakkhumā eka-rājā 우데따얀 짝쿠마 에까 라자
harissa-vaṇṇo paṭhavi-ppabhāso 하릿싸 봔노 빠타뷔 빠바쏘
taṃ taṃ namassāmi 딴 딴 나맛싸미
harissa-vaṇṇaṃ paṭhavi-ppabhāsaṃ 하릿싸 봔남 빠타뷔 빠바싼
tay'ajja guttā viharemu divasaṃ. 따얏자 굿따 뷔하레무 디봐쌈.

눈을 갖추고 황금빛을 한
대지를 밝히는 유일한 제왕이 떠오르면
바로 그 황금빛을 한
대지를 밝히는 님께 예경하오니
저는 오늘 당신으로부터
낮 하루 수호받아 지내길 바라나이다.

2. ye brāhmaṇā vedagu sabba-dhamme 예 브라흐마나 붸다구 쌉바 담메
te me namo te ca maṃ pālayantu. 떼 메 나모 떼 짜 맘 빨라얀뚜

namatthu buddhānaṃ namatthu bodhiyā. 나맛투 붓다난 나맛투 보디야
namo vimuttānaṃ namo vimuttiyā. 나모 뷔뭇따난 나모 뷔뭇띠야.

일체의 진리에 통달하신 고귀한 님들
저는 그분들에게 예경하오니 저를 수호하사이다.
깨달은 님들께 예경하고 깨달음에 예경하고
해탈한 님들께 예경하고 해탈에 예경하나이다.

3. imaṃ so parittaṃ katvā 이망 쏘 빠릿땅 까뜨와
moro carati esanā. 모로 짜라띠 에싸나.

이 수호경을 송출하고
공작새는 먹이를 구하러 다녔습니다.

4. apetayañ cakkhumā eka-rājā 아뻬따얀 짝쿠나 에까 라자
harissa-vaṇṇo paṭhavi-ppabhāso 하릿싸 봔노 빠타뷔 빠바쏘
taṃ taṃ namassāmi 딴 딴 나맛싸미
harissa-vaṇṇaṃ paṭhavi-ppabhāsaṃ 하릿싸 봔남 빠타뷔 빠바싼
tay'ajja guttā viharemu rattiṃ. 따얏자 굿따 뷔하레무 랏띰.

눈을 갖추고 황금빛을 한
대지를 밝히는 유일한 제왕이 떠오르면
바로 그 황금빛을 한
대지를 밝히는 님께 예경하오니
저는 오늘 당신으로부터
밤 하루 수호받아 지내길 바라나이다.

5. ye brāhmaṇā vedagu sabba-dhamme 예 브라흐마 붸다구 쌉바 담메
te me namo te ca maṃ pālayantu. 떼 메 나모 떼 짜 맘 빨라얀뚜

namatthu buddhānaṃ namatthu bodhiyā 나맛투 붓다난 나맛투 보디야
namo vimuttānaṃ namo vimuttiyā. 나모 뷔뭇따난 나모 뷔뭇띠야.

일체의 진리에 통달하신 고귀한 님들
저는 그분들에게 예경하오니 저를 수호하사이다.
깨달은 님들께 예경하고 깨달음에 예경하고
해탈한 님들께 예경하고 해탈에 예경하나이다.

6. imaṃ so parittaṃ katvā 이망 쏘 빠릿땅 까뜨와
moro vāsam akappayī'ti. 모로 와쌈 아깝빠이위 띠.

이 수호경을 송출하고
공작새는 보금자리에 들었습니다.

10. Vaṭṭakaparitta

봣따까 빠릿따

「메추라기의 수호경」을 송출하오니

1. atthi loke sīla-guṇo 앗티 로께 씰라 구노
saccaṃ soceyy'anuddayā 쌋짱 쏫제이야눗다야
tena saccena kāhāmi 떼나 쌋쩨나 까하미
sacca-kiriyam anuttaraṃ. 쌋짜 끼리얌 아눗따랑.

이 세상에는 계행의 덕성이 있어
진실과 청정과 애민이라
이러한 진리의 힘으로

최상의 진리파지를 이루겠노라.

2.	āvajjitvā dhamma-balaṃ saritvā pubbake jine sacca-balam avassāya sacca-kiriyam akāsa'haṃ.	아봣지뜨와 담마 발랑 싸리뜨와 뿝바께 지네 쌋짜 발람 아봣싸야 쌋짜 끼리얌 아까싸함.

진리의 힘에 주의를 기울여
과거의 최승자들을 새겨서
진리의 힘에 의지하여
나는 진리파지를 이루었노라.

3.	santi pakkhā apattanā santi pādā avañcanā mātā pitā ca nikkhantā jātaveda paṭikkama.	싼띠 빡카 아빳따나 싼띠 빠다 아봔짜나 마따 삐따 짜 닉칸따 자따붸다 빠띡깜마.

'양 날개가 있으나 날 수 없고
두 발이 있으나 걸을 수 없으며
어머니도 아버지도 나를 떠났으니
오, 불길이여, 돌아가라!'

4.	saha sacce kate mayhaṃ mahā-pajjalito sikhī vajjesi soḷasa karīsāni udakaṃ patvā yathā sikhī saccena me samo n'atthi esā me sacca-pāramī'ti.	싸하 쌋쩨 까떼 마이함 마하 빳잘리또 씨키 봣제씨 쏠라싸 까리싸니 우다깜 빠뜨와 야타 씨키 쌋쩨나 메 싸모 낫티 에싸 메 싸짜 빠라미 띠.

내가 진리파지를 하자

크게 불타오르던 불꽃이 물길에 닿은 것처럼
육십사 평방미터나 물러갔노라
나에게 진리와 견줄 것이 없으니
그것이 나의 진리에 의한 초월의 길이니라.

11. Dhajaggaparitta
다작가 빠릿따

「깃발의 수호경」을 송출하오니

1. evaṃ me sutaṃ 에봠 메 쑤땀
ekaṃ samayaṃ bhagavā 에깡 싸마얌 바가봐
sāvatthiyaṃ viharati 싸봣티양 뷔하라띠
jetavane anāthapiṇḍikassa ārāme. 제따봐네 아나타삔디깟싸 아라메.

이와 같이 나는 들었습니다.
한때 세존께서
싸밧티 시의 제따바나 숲에 있는
아나타뻰디까 승원에 계셨습니다.

2. tatra kho bhagavā bhikkhū āmantesi 따뜨라 코 바가봐 빅쿠 아만떼씨
bhikkhavo'ti bhadante'ti 빅카뵤 띠 바단떼 띠
te bhikkhū bhagavato paccassosuṃ 떼 빅쿠 바가봐또 빳짯쏘쑴
bhagavā etad avoca. 바가봐 에따드 아뵤짜.

그 때 세존께서는 수행승들에게
"수행승들이여!"라고 말씀하셨습니다.

"세존이시여!"라고 수행승들이 세존께 대답하자
세존께서는 이와 같이 말씀하셨습니다.

3. bhūta-pubbaṃ bhikkhave 부따 뿝밤 빅카붸
devā-sura-saṅgāmo 데봐 쑤라 쌍가모
samupabyuḷho ahosi. 싸무빠비율로 아호씨
atha kho bhikkhave sakko devānam indo 아타 코 빅카붸 싹꼬 데봐남 인도
deve tāvatiṃse āmantesi. 데붸 따봐띵쎄 아만떼씨.

수행승들이여, 오랜 옛날에
신들과 아수라들 사이에 전쟁이 일어났느니라.
수행승들이여, 신들의 제왕 제석천이
서른셋 신들의 하늘나라의 신들에게 말했나니,

4. sace mārisā devānaṃ 싸쩨 마리싸 데봐남
saṅgāma-gatānaṃ uppajjeyya bhayaṃ vā 쌍가마 가따남 웁빳제이야 바양 봐
chambhitattaṃ vā lomahaṃso vā 참비땃땅 봐 로마항쏘 봐
mam'eva tasmiṃ samaye 마메봐 따쓰밍 싸마예
dhajaggaṃ ullokeyyātha 다작감 울로께이야타
mamaṃ hi vo dhajaggaṃ ullokayataṃ 마망 히 보 다작감 울로까야땅
yaṃ bhavissati bhayaṃ vā 얌 바뷧싸띠 바양 봐
chambhitattaṃ vā lomahaṃso vā 참비땃땅 봐 로마항쏘 봐
so pahiyyissati. 쏘 빠히이윗싸띠.

'벗들이여, 신들이 전쟁에 말려들어
두려움이나 전율이나 소름끼치는 공포가 생겨나면
그때 나의 깃발을 쳐다보아라.
나의 깃발을 쳐다볼 수 있다면
두려움이나 전율이나 소름끼치는 공포가

생겨나더라도 사라질 것이니라.

5.	no ce me dhajaggaṃ ullokeyyātha	노 쩨 메 다작감 울로께이야타
	atha pajāpatissa deva-rājassa	아타 빠자빠띳싸 데봐 라잣싸
	dhajaggaṃ ullokeyyātha	다작감 울로께이야타
	pajāpatissa hi vo deva-rājassa	빠자빠띳싸 히 뵤 데봐 라잣싸
	dhajaggaṃ ullokayataṃ yaṃ bhavissati	다작감 울로까야땅 얌 바뷧싸띠
	bhayaṃ vā chambhitattaṃ vā	바양 봐 참비땃땅 봐
	lomahaṃso vā so pahiyyissati.	로마항쏘 봐 쏘 빠히이윗싸띠.

만약에 나의 깃발을 쳐다볼 수 없다면
신왕 빠자빠띠의 깃발을 쳐다보아라.
신왕 빠자빠띠의 깃발을 쳐다볼 수 있다면
두려움이나 전율이나 소름끼치는 공포가
생겨나더라도 사라질 것이니라.

6.	no ce pajāpatissa deva-rājassa	노 쩨 빠자빠띳싸 데봐 라잣싸
	dhajaggaṃ ullokeyyātha	다작감 울로께이야타
	atha varuṇassa deva-rājassa	아타 봐루낫싸 데봐 라잣싸
	dhajaggaṃ ullokeyyātha	다작감 울로께이야타
	varuṇassa hi vo deva-rājassa dhajaggaṃ	봐루낫싸 히 뵤 데봐 라잣싸 다작감
	ullokayataṃ yaṃ bhavissati	울로까야땅 얌 바뷧싸띠
	bhayaṃ vā chambhitattaṃ vā	바양 봐 참비땃땅 봐
	lomahaṃso vā so pahiyyissati.	로마항쏘 봐 쏘 빠히이윗싸띠.

만약에 신왕 빠자빠띠의 깃발을 쳐다볼 수 없다면
신왕 바루나의 깃발을 쳐다보아라.
신왕 바루나의 깃발을 쳐다볼 수 있다면
두려움이나 전율이나 소름끼치는 공포가

생겨나더라도 사라질 것이니라.

7. no ce varuṇassa deva-rājassa
dhajaggaṃ ullokeyyātha
atha īsānassa deva-rājassa
dhajaggaṃ ullokeyyātha
īsānassa hi vo deva-rājassa dhajaggaṃ
ullokayataṃ yaṃ bhavissati
bhayaṃ vā chambhitattaṃ vā
lomahaṃso vā so pahiyyissatī'ti.

노 쩨 봐루낫싸 데봐 라잣싸
다작감 울로께이야타
아타 이싸낫싸 데봐 라잣싸
다작감 울로께이야타
이싸낫싸 히 뵤 데봐 라잣싸 다작감
울로까야땅 얌 바뷧싸띠
바양 봐 참비땃땅 봐
로마항쏘 봐 쏘 빠히이윗싸띠 띠.

만약에 신왕 바루나의 깃발을 쳐다볼 수 없다면
신왕 이싸나의 깃발을 쳐다보아라.
신왕 이싸나의 깃발을 쳐다볼 수 있다면
두려움이나 전율이나 소름끼치는 공포가
생겨나더라도 사라질 것이니라.'

8. taṃ kho pana bhikkhave
sakkassa vā devānam indassa
dhajaggaṃ ullokayataṃ
pajāpatissa vā deva-rājassa
dhajaggaṃ ullokayataṃ
varuṇassa vā deva-rājassa
dhajaggaṃ ullokayataṃ
īsānassa vā deva-rājassa
dhajaggaṃ ullokayataṃ
yaṃ bhavissati bhayaṃ vā
chambhitattaṃ vā lomahaṃso vā
so pahiyyethâpi no'pi pahiyyetha.

땅 코 빠나 빅카붸
싹깟싸 봐 데봐남 인닷싸
다작감 울로까야땀
빠자빠띳싸 봐 데봐 라잣싸
다작감 울로까야땅
봐루낫싸 봐 데봐 라잣싸
다작감 울로까야땀
잇싸낫싸 봐 데봐 라잣싸
다작감 울로까야땅
얌 바뷧싸띠 바양 봐
참비땃땅 봐 로마항쏘 봐
쏘 빠히이예타 아삐 노 삐 빠히이예타.

그러나 수행승들이여,

신들의 제왕 제석천의 깃발을 쳐다보더라도
신왕 빠자빠띠의 깃발을 쳐다보더라도
신왕 바루나의 깃발을 쳐다보더라도
신왕 이싸나의 깃발을 쳐다보더라도
두려움이나 전율이나 소름끼치는 공포가 생겨나면
사라지기도 하고 사라지지 않기도 할 것이니라.

9. taṃ kissa hetu?	땅 낏싸 헤뚜
sakko hi bhikkhave devānam indo	싹꼬 히 빅카붸 데봐남 인도
avīta-rāgo avīta-doso avīta-moho	아뷔따 라고 아뷔따 도쏘 아뷔따 모호
bhīru chambhī utrāsī palāyī'ti.	비루 참비 우뜨라씨 빨라위 띠.

그것은 무엇 때문인가?
신들의 제왕 제석천은
탐욕을 여의지 못하고 성냄을 여의지 못하고
어리석음을 여의지 못해
두려움을 갖추고 전율을 갖추고
공포를 갖추고 도주를 갖추었기 때문이니라.

10. ahañ ca kho bhikkhave evaṃ vadāmi	아한 짜 코 빅카붸 에봥 봐다미
sace tumhākaṃ bhikkhave	싸쩨 뚬하깜 빅카붸
arañña-gatānaṃ vā	아란냐 가따낭 봐
rukkhamūla-gatānaṃ vā	룩카물라 가따낭 봐
suññāgāra-gatānaṃ vā	쑨냐가라 가따낭 봐
uppajjeyya bhayaṃ vā chambhitattaṃ vā	웁빳제이야 바양 봐 참비땃땅 봐
loma-haṃso vā mam'eva	로마 항쏘 봐 마메봐
tasmiṃ samaye anussareyyātha	따쓰밍 싸마예 아눗싸레이야타
iti pi so bhagavā arahaṃ	이띠 삐 쏘 바가봐 아라항

sammāsambuddho vijjā-caraṇa-sampanno	쌈마쌈붓도 뷧자 짜라나 쌈빤노
sugato loka-vidū anuttaro	쑤가또 로까 뷔두 아눗따로
purisa-damma-sārathi	뿌리싸 담마 싸라티
satthā deva-manussānaṃ	쌋타 데봐 마눗싸남
buddho bhagavā'ti.	붓도 바가봐 띠.

그러나 수행승들이여,
나는 그대들에게 이와 같이 말하느니라.
수행승들이여, 그대들이 숲속에 들어가
나무 아래서나 빈 집에서 머물 때
두려움이나 전율이나 소름끼치는 공포가 생겨나면
그때는 이처럼 '세존께서는 거룩한 님
올바로 원만히 깨달은 님, 명지와 덕행을 갖춘 님
올바른 길로 잘 가신 님, 세상을 아는 님
위없이 높으신 님, 사람을 길들이는 님
하늘사람과 인간의 스승이신 님, 깨달은 님
세상의 존귀한 님이다.'라고 나를 생각하라.

mamaṃ hi vo bhikkhave anussarataṃ	마망 히 보 빅카웨 아눗싸라땅
yaṃ bhavissati bhayaṃ vā	얌 바뷧싸띠 바양 봐
chambhitattaṃ vā lomahaṃso vā	참비땃땅 봐 로마항쏘 봐
so pahiyyissati.	쏘 빠히이윗싸띠.

수행승들이여, 진실로 나를 생각하면
두려움이나 전율이나 소름끼치는 공포가
생겨나더라도 사라질 것이니라.

11. no ce maṃ anussareyyātha	노 쩨 맘 아눗싸레이야타
atha dhammaṃ anussareyyātha	아타 담맘 아눗싸레이야타
svākkhāto bhagavatā dhammo	쓰왁카또 바가봐따 담모
sandiṭṭhiko akāliko	싼딧티꼬 아깔리꼬
ehipassiko opanayiko	에히빳씨꼬 오빠나위꼬
paccattaṃ veditabbo viññūhī'ti.	빳짯땅 웨디땁보 뷘뉴히 띠.

만약에 나를 생각할 수 없다면, 그때는
'세존께서 잘 설하신 가르침은
현세의 삶에서 유익한 가르침이며
시간을 초월하는 가르침이며
와서 보라고 할 만한 가르침이며
궁극으로 이끄는 가르침이며
슬기로운 자라면 알 수 있는 가르침이다.'
라고 가르침을 생각하라.

dhammaṃ hi vo bhikkhave anussarataṃ	담망 히 뵤 빅카붸 아눗싸라땅
yaṃ bhavissati bhayaṃ vā	얌 바뷧싸띠 바양 봐
chambhitattaṃ vā lomahaṃso vā	참비땃땅 봐 로마항쏘 봐
so pahiyyissati.	쏘 빠히이윗싸띠.

수행승들이여, 진실로 가르침을 생각하면
두려움이나 전율이나 소름끼치는 공포가
생겨나더라도 사라질 것이니라.

12. no ce dhammaṃ anussareyyātha	노 쩨 담맘 아눗싸레이야타
atha saṅghaṃ anussareyyātha.	아타 쌍감 아눗싸레이야타
su-paṭipanno bhagavato sāvaka-saṅgho	쑤 빠띠빤노 바가봐또 싸봐까 쌍고

uju-paṭipanno bhagavato sāvaka-saṅgho	우주 빠띠빤노 바가봐또 싸봐까 쌍고
ñāya-paṭipanno bhagavato sāvaka-saṅgho	냐야 빠띠빤노 바가봐또 싸봐까 쌍고
sāmīci-paṭipanno bhagavato sāvaka-saṅgho	싸미찌 빠띠빤노 바가봐또 싸봐까 쌍고
yad idaṃ cattāri purisa-yugāni	야드 이단 짯따리 뿌리싸 유가니
aṭṭha purisa-puggalā	앗타 뿌리싸 뿍갈라
esa bhagavato sāvaka-saṅgho	에싸 바가봐또 싸봐까 쌍고
āhuneyyo pāhuneyyo	아후네이요 빠후네이요
dakkhineyyo añjalī-karaṇīyo	닥키네이요 안잘리 까라니요
anuttaraṃ puñña-kkhettaṃ lokassā'ti.	아눗따람 뿐냑 켓땅 로깟싸 띠.

만약 가르침을 생각할 수 없다면, 이와 같이
'세존의 제자들의 모임은 훌륭하게 실천한다.
세존의 제자들의 모임은 정직하게 실천한다.
세존의 제자들의 모임은 현명하게 실천한다.
세존의 제자들의 모임은 조화롭게 실천한다.
이와 같은 세존의 제자들의 모임은
네 쌍으로 여덟이 되는 참사람으로 이루어졌으니
공양받을 만하고 대접받을 만하며
보시받을 만하고 예경받을 만하며
세상의 위없는 복밭이다.'라고 참모임을 생각하라.

saṅghaṃ hi vo bhikkhave anussarataṃ	쌍강 히 보 빅카붸 아눗싸라땅
yaṃ bhavissati bhayaṃ vā	얌 바뷧싸띠 바양 봐
chambhitattaṃ vā lomahaṃso vā	참비땃땅 봐 로마항쏘 봐
so pahiyyissati.	쏘 빠히이윗싸띠.

수행승들이여, 진실로 참모임을 생각하면
두려움이나 전율이나 소름끼치는 공포가

생겨나더라도 사라질 것이니라.

13. taṃ kissa hetu?
tathāgato hi bhikkhave arahaṃ
sammāsambuddho
vīta-rāgo vīta-doso vīta-moho
abhīru acchambhī
anutrāsī apalāyī'ti.

땅 낏싸 헤뚜
따타가또 히 빅카붸 아라항
쌈마쌈붓도
뷔따 라고 뷔따 도쏘 뷔따 모호
아비루 앗참비
아누뜨라씨 아빨라위 띠.

그것은 무엇 때문인가? 수행승들이여,
여래는 거룩한 님, 올바로 원만히 깨달은 님으로
탐욕을 여의고 성냄을 여의고 어리석음을 여의어
두려움을 여의고 전율을 여의고
공포를 여의고 도주를 여의였기 때문이니라."

14. idam avoca bhagavā.
idaṃ vatvāna sugato
athâparaṃ etad avoca satthā.

이담 아보짜 바가봐
이당 봐뜨와나 쑤가또
아타 아빠람 에따드 아보짜 쌋타.

세존께서는 이와 같이 말씀하셨습니다.
이처럼 말씀하시고
올바른 길로 잘 가신 님께서는 스승으로서
이와 같이 시로 말씀하셨습니다.

15. araññe rukkhamūle vā
suññāgāre'va bhikkhavo
anussaretha sambuddhaṃ
bhayaṃ tumhāka no siyā.

아란녜 룩카물레 봐
쑨냐가레 봐 빅카보
아눗싸레타 쌈붓담
바얀 뚬하까 노 씨야.

"숲속의 나무 밑이나 빈 집에서
수행승들이여, 진실로
올바로 원만히 깨달은 님을 생각하라.
그대들에게 두려움은 사라질 것이니라.

16. no ce buddhaṃ sareyyātha | 노 쩨 붓당 싸레이야타
loka-jeṭṭhaṃ narā'sabhaṃ | 로까 젯탄 나라싸밤
atha dhammaṃ sareyyātha | 아타 담망 싸레이야타
niyyānikaṃ sudesitam. | 니이야니깡 쑤데씨땀.

만약에 세상에서 최상이며
인우왕人牛王인 깨달은 님을 생각할 수 없으면
해탈로 이끄는 잘 설해진
가르침을 그때에 생각해야 하느니라.

17. no ce dhammaṃ sareyyātha | 노 쩨 담망 싸레이야타
niyyānikaṃ sudesitaṃ | 니이야니깡 쑤데씨땀
atha saṅghaṃ sareyyātha | 아타 쌍강 싸레이야타
puñña-kkhettaṃ anuttaraṃ. | 뿐냐 켓땀 아눗따람.

만약에 해탈로 이끄는 잘 설해진
가르침을 생각할 수 없다면
최상의 복밭이 되는
참모임에 관해 그때에 생각해야 하느니라.

18. evaṃ buddhaṃ sarantānaṃ | 이밤 붓당 싸란따난
dhammaṃ saṅghañ ca bhikkhavo | 담망 쌍간 짜 빅카뵤
bhayaṃ vā chambhitattaṃ vā | 바양 봐 참비땃땅 봐

lomahaṃso na hessatī'ti. 로마항쏘 나 헷싸띠 띠.

이와 같이 깨달은 님과 가르침과
참모임을 새기면, 수행승들이여,
두려움이나 전율이나 소름끼치는 공포가
참으로 생겨나지 않을 것이니라."

12. Āṭānāṭiyaparitta

아따나띠야 빠릿따

「과거칠불의 수호경」을 송출하오니

1. vipassissa namatthu 뷔빳씻싸 나맛투
cakkhu-mantassa sirī-mato 짝쿠 만땃싸 씨리 마또
sikhissa pi namatthu 씨킷싸 삐 나맛투
sabba-bhūtânukampino. 쌉바 부따 아누깜삐노.

눈 있는 님, 지복의 님인
비빳씬 부처님께 예경하나이다.
모든 존재를 애민히 여기시는
씨킨 부처님께 예경하나이다.

2. vessabhussa namatthu 벳싸붓싸 나맛투
nhātakassa tapassino 느하따깟싸 따빳씬노
namatthu kakusandhassa 나맛투 까꾸싼닷싸
māra-sena-ppamaddino. 마라 쎄납 빠맛디노.

목욕재계하신 님, 고행의 님인

벳싸부 부처님께 예경하나이다.
악마의 군대를 쳐부순
까꾸싼다 부처님에게 예경하나이다.

3. konāgamanassa namatthu
brāhmaṇassa vusīmato
kassapassa namatthu
vippamuttassa sabbadhi.

꼬나가마낫싸 나맛투
브라흐마낫싸 뷰씨마또
깟싸빳싸 나맛투
뷥빠뭇땃싸 쌉바디.

고귀한 님으로서 궁극에 이른
꼬나가마나 부처님께 귀의하나이다.
모든 것에서 해탈하신
깟싸빠 부처님께 귀의하나이다.

4. aṅgīrasassa namatthu
sakya-puttassa sirīmato.
yo imaṃ dhammam adesesi
sabba-dukkhâpanūdanaṃ.

앙기랏쌋싸 나맛투
싸끼야 뿟땃싸 씨리마또
요 이만 담맘 아데쎄씨
쌉바 둑카 아빠누다남.

싸끼야 족의 아들로 빛나니
일체의 고통을 제거하는
원리를 가르쳐주신 님이신
앙기라싸님께 귀의하나이다.

5. ye câpi nibbutā loke
yathā-bhūtaṃ vipassisuṃ
te janā apisuṇā
mahantā vīta-sāradā.

예 짜 아삐 닙부따 로께
야타 부땅 뷔빳씨쑨
떼 자나 아삐쑤나
마한따 뷔따 싸라다.

세상에서 적멸에 들어서
있는 그대로 통찰하신
그 부처님들은 두 말을 하지 않으니
두려움을 여읜 고귀한 님들이시나이다.

6. hitaṃ deva-manussānaṃ
yaṃ namassanti gotamaṃ
vijjā-caraṇa-sampannaṃ
mahantaṃ vīta-sāradaṃ
vijjā-caraṇa-sampannaṃ
buddhaṃ vandāma gotaman'ti.

히딴 데봐 마눗싸낭
얀 나맛싼띠 고따망
뷧자 짜라나 쌈빤남
아한땅 뷔따 싸라당
뷧자 짜라나 쌈빤남
붓당 봔다마 고따만 띠.

신들과 인간들에게 이익을 주시고
명지와 덕행을 구족하신
고따마 부처님에게
명지와 덕행을 구족하시고
두려움을 여읜 고귀한
고따마 부처님께 예경하나이다.

13. Sattabojjhaṅgasutta

싸따 봇장가 쑷따

「일곱 가지 깨달음 고리의 경」을 송출하오니

1. evaṃ me sutaṃ
ekaṃ samayaṃ bhagavā
rājagahe viharati

에봠 메 쑤땀
에깡 싸마얌 바가봐
라자가헤 뷔하라띠

veluvane kalandakanivāpe. 벨루봐네 깔란다까니봐뻬.

이와 같이 나는 들었습니다.
한때 세존께서는
라자가하 시의 벨루바나 숲에 있는
깔란다까니바빠 공원에 계셨습니다.

2. tena kho pana samayena 떼나 코 빠나 싸마예나
āyasmā mahā-kassapo 아야쓰마 마하 깟싸뽀
pipphali-guhāyaṃ viharati 삡팔리 구하양 뷔하라띠
ābādhiko dukkhito bāḷha-gilāno. 아바디꼬 둑키또 발라 길라노.

그런데 그때 마침
존자 마하 깟싸빠가 삡팔리구하 동굴에서
질병이 들어 괴로워했는데
아주 중병이었습니다.

3. atha kho bhagavā sāyaṇha-samayaṃ 아타 코 바가봐 싸얀하 싸마얌
paṭisallanā vuṭṭhito 빠띠쌀라나 븟티또
yenâyasmā mahā-kassapo 예나 아야쓰마 마하 깟싸뽀
ten'upasaṅkami upasaṅkamitvā 떼누빠쌍까미 우빠쌍까미뜨와
paññatte āsane nisīdi. 빤냣떼 아싸네 니씨디.

마침 세존께서는 저녁 무렵에
홀로 고요히 명상하다가 일어나
존자 마하 깟싸빠를 찾아가서
마련된 자리에 앉으셨습니다.

nisajja kho bhagavā 니쌋자 코 바가봐

āyasmantaṃ mahā-kassapaṃ 아야쓰만땀 마하 깟싸빰
etad avoca. 에따드 아뵤짜.

자리에 앉아 세존께서는
존자 마하 깟싸빠에게 말씀하셨습니다.

4. kacci te kassapa 깟찌 떼 깟싸빠
khamanīyaṃ kacci yāpanīyaṃ? 카마니양 깟찌 야빠니얌.
kacci dukkhā vedanā 깟찌 둑카 붸다나
paṭikkamanti no abhikkamanti? 빠띡까만띠 노 아빅까만띠
paṭikkam'osānaṃ paññāyati 빠띡까모싸남 빤냐야띠
no abhikkamo'ti. 노 아빅깜모 띠.

"깟싸빠여, 어떠한가?
그대는 참아내고 견뎌낼 만한가?
그대의 고통은 어떠한가?
감퇴하기 바라고 증가하지 않기 바랄뿐만 아니라,
감퇴하는 것을 알고
증가하지 않는 것을 알기를 바라니라."

5. na me bhante 나 메 빤떼
khamanīyaṃ na yāpanīyaṃ. 카마니얀 나 야빠니얌.
bāḷhā me dukkhā vedanā 발라 메 둑카 붸다나
abhikkamanti no paṭikkamanti. 아빅까만띠 노 빠띡까만띠
abhikkam'osānaṃ paññāyati 아빅까모싸남 빤냐야띠
no paṭikkamo'ti. 노 빠띡까모 띠.

"세존이시여, 저는 참아낼 수 없고
견뎌낼 수 없습니다.

저의 고통은 극심하여 증가하기만 하고
감퇴하지 않으며, 감퇴하는 것을 알지 못하고
증가하지 않는 것을 알지 못합니다.”

6. satt'ime kassapa bojjhaṅgā	쌋띠메 깟싸빠 봇장가
mayā sammad-akkhātā	마야 쌈마드 악카따
bhāvitā bahulī-katā	바뷔따 바훌리 까따
abhiññāya sambodhāya	아빈냐야 쌈보다야
nibbānaya saṃvattanti.	닙바나야 쌍봣딴띠.

“이러한 일곱 가지 깨달음 고리에 대하여
깟싸빠여, 내가 올바로 설했나니
그것을 닦고 익히면, 곧바로 알고 올바로 깨닫고
열반에 드는데 도움이 되느니라.

7. katame satta?	까따메 쌋따.

일곱 가지란 무엇인가?

1) sati-sambojjhaṅgo kho	싸띠 쌈봇장고 코
kassapa mayā sammad-akkhāto	깟싸빠 마야 쌈마드 악카또
bhāvito bahulī-kato	바뷔또 바훌리 까또
abhiññāya sambodhāya	아빈냐야 쌈보다야
nibbānaya saṃvattati.	닙바나야 쌍봣따띠.

새김의 깨달음 고리에 대하여
깟싸빠여, 내가 올바로 설했나니
그것을 닦고 익히면, 곧바로 알고 올바로 깨닫고
열반에 드는데 도움이 되느니라.

2) dhamma-vicaya-sambojjhaṅgo kho	담마 뷔짜야 쌈봇장고 코
kassapa mayā sammad-akkhāto	깟싸빠 마야 쌈마드 악카또
bhāvito bahulī-kato	바뷔또 바훌리 까또
abhiññāya sambodhāya	아빈냐야 쌈보다야
nibbānaya saṃvattati.	닙바나야 쌍봣따띠.

탐구의 깨달음 고리에 대하여
깟싸빠여, 내가 올바로 설했나니
그것을 닦고 익히면, 곧바로 알고 올바로 깨닫고
열반에 드는데 도움이 되느니라.

3) viriya-sambojjhaṅgo kho	뷔리야 쌈봇장고 코
kassapa mayā sammad-akkhāto	깟싸빠 마야 쌈마드 악카또
bhāvito bahulī-kato	바뷔또 바훌리 까또
abhiññāya sambodhāya	아빈냐야 쌈보다야
nibbānaya saṃvattati.	닙바나야 쌍봣따띠.

정진의 깨달음 고리에 대하여
깟싸빠여, 내가 올바로 설했나니
그것을 닦고 익히면, 곧바로 알고 올바로 깨닫고
열반에 드는데 도움이 되느니라.

4) pīti-sambojjhaṅgo kho	삐띠 쌈봇장고 코
kassapa mayā sammad-akkhāto	깟싸빠 마야 쌈마드 악카또
bhāvito bahulī-kato	바뷔또 바훌리 까또
abhiññāya sambodhāya	아빈냐야 쌈보다야
nibbānaya saṃvattati.	닙바나야 쌍봣따띠.

희열의 깨달음 고리에 대하여
깟싸빠여, 내가 올바로 설했나니

그것을 닦고 익히면, 곧바로 알고 올바로 깨닫고 열반에 드는데 도움이 되느니라.

5) passaddhi-sambojjhaṅgo kho	빳쌋디 쌈봇장고 코
kassapa mayā sammad-akkhāto	깟싸빠 마야 쌈마드 악카또
bhāvito bahulī-kato	바뷔또 바훌리 까또
abhiññāya sambodhāya	아빈냐야 쌈보다야
nibbānaya saṃvattati.	닙바나야 쌍봣따띠.

안온의 깨달음 고리에 대하여
깟싸빠여, 내가 올바로 설했나니
그것을 닦고 익히면, 곧바로 알고 올바로 깨닫고 열반에 드는데 도움이 되느니라.

6) samādhi-sambojjhaṅgo kho	싸마디 쌈봇장고 코
kassapa mayā sammad-akkhāto	깟싸빠 마야 쌈마드 악카또
bhāvito bahulī-kato	바뷔또 바훌리 까또
abhiññāya sambodhāya	아빈냐야 쌈보다야
nibbānaya saṃvattati.	닙바나야 쌍봣따띠.

집중의 깨달음 고리에 대하여
깟싸빠여, 내가 올바로 설했나니
그것을 닦고 익히면, 곧바로 알고 올바로 깨닫고 열반에 드는데 도움이 되느니라.

7) upekkhā-sambojjhaṅgo kho	우뻭카 쌈봇장고 코
kassapa mayā sammad-akkhāto	깟싸빠 마야 쌈마드 악카또
bhāvito bahulī-kato	바뷔또 바훌리 까또
abhiññāya sambodhāya	아빈냐야 쌈보다야
nibbānaya saṃvattati.	닙바나야 쌍봣따띠.

평정의 깨달음 고리에 대하여
깟싸빠여, 내가 올바로 설했나니
그것을 닦고 익히면, 곧바로 알고 올바로 깨닫고
열반에 드는데 도움이 되느니라.

8. ime kho kassapa satta bojjhaṅgā	이메 코 깟싸빠 쌋따 봇장가
mayā sammad-akkhāto	마야 쌈마드 악카또
bhāvitā bahulī-katā	바뷔따 바훌리 까따
abhiññāya sambodhāya	아빈냐야 쌈보다야
nibbānaya saṃvattanti.	닙바나야 쌍봣딴띠.

이러한 일곱 가지 깨달음 고리에 대하여
깟싸빠여, 내가 올바로 설했나니
그것을 닦고 익히면, 곧바로 알고 올바로 깨닫고
열반에 드는데 도움이 되느니라."

9. taggha bhagava bojjhaṅgā	딱가 바가봐 봇장가
taggha sugata bojjhaṅgā'ti.	딱가 바가봐 봇장가 띠.

"세상의 존귀한 님이여,
깨달음 고리가 아닙니까?
올바른 길로 잘 가신 님이여,
깨달음 고리가 아닙니까?"

10. idam avoca bhagavā	이담 아보짜 바가봐
attamano āyasmā mahā-kassapo	앗따마노 아야쓰마 마하 깟싸뽀
bhagavato bhāsitaṃ abhinandi	바가봐또 바씨땀 아비난디
vuṭṭhāhi câyasmā mahā-kassapo	붓타히 짜 아야쓰마 마하 깟싸뽀

tamhā ābādhā	땀하 아바다
tathā pahīno ca	따타 빠히노 짜
āyasmato mahā-kassapassa	아야쓰마또 마하 깟싸빳싸
so ābādho ahosī'ti.	쏘 아바도 아호씨 띠.

세존께서 이처럼 말씀하시자
존자 마하 깟싸빠는
만족하여 세존의 말씀에 기뻐했습니다.
그래서 존자 마하 깟싸빠는 질병에서 일어났으니
존자 마하 깟싸빠는
마침내 질병을 끊었습니다.

11. bojjhaṅgo sati-saṅkhato	봇장고 싸띠 쌍카또
dhammānaṃ vicayo tathā	담마낭 뷔짜요 따타
viriyaṃ pīti passaddhi	뷔리얌 삐띠 빳쌋디
bojjhaṅgā ca tathâpare	봇장가 짜 따타 아빠레
samādh'upekkha-bojjhaṅgā	싸마두뻬카 봇장가
satte te sabba-dassinā	쌋떼 떼 쌉바 닷씨나
muninā samma-dakkhatā	무닌나 쌈마 닥카따
bhavitā bahulī-katā saṃvattanti	바뷔따 바훌리 까따 쌍봣딴띠
abhiññāya nibbānāya bodhiyā.	아빈냐야 닙바나야 보디야.

새김의 깨달음 고리
탐구의 깨달음 고리 그리고 정진, 희열
안온, 집중, 평정의 깨달음 고리
그 일곱 깨달음 고리를
일체를 보는 세존께서 설했사오니
그것을 닦고 익히면, 곧바로 알고 올바로 깨닫고

열반에 드는데 도움이 되오니,

etena sacca-vajjena	에떼나 쌋짜 봣제나
sotthi me[te] hotu sabbadā.	쏫티 메[떼] 호뚜 쌉바다.

이러한 진실로 인해서
제가[그대가] 언제나 행복하여지이다.

12. ekasmin samaye nātho	에까쓰민 싸마예 나토
kassapañ ca moggalaṃ	깟싸빤 짜 목갈라낭
gilane dukkhite disvā	길라네 둑키떼 디쓰와
bojjhaṅge satta desayi	봇장게 쌋따 데싸위
te ca taṃ abhinanditvā	떼 짜 땀 아비난디뜨와
rogā muccimsu taṅkhaṇe.	로가 뭇찡쑤 땅카네.

한때 수호자께서 깟싸빠뿐만 아니라
목갈라나가 질병이 들어 괴로워하는 것을 보고
일곱 가지 깨달음 고리를 설하셨는데
그들이 그것을 기뻐하여
곧바로 질병에서 일어났사오니,

etena sacca-vajjena	에떼나 쌋짜 봣제나
sotthi me[te] hotu sabbadā.	쏫티 메[떼] 호뚜 쌉바다.

이러한 진실로 인해서
제가[그대가] 언제나 행복하여지이다.

13. ekadā dhamma-rājā pi	에까다 담마 라자 삐
gelaññenâbhipiḷito	겔란녜나 아비삘리또
cunda-ttherena	쭌닷 테레나

tañ ñ'eva bhaṇāpetvāna
sādaraṃ sammoditvā ca
ābādhā tamhā vuṭṭhāsi ṭhānaso.

딴녜봐 바나뻬뜨와
싸다랑 쌈모디뜨와 짜
아바다 땀하 붓타씨 타나쏘.

진리의 제왕께서 질병에 걸리자
장로 쭌다에게 이 가르침을 송출하게 하고
주의를 기울이며 기뻐하사
그 질병에서 일어났사오니,

etena sacca-vajjena
sotthi me$_{te}$ hotu sabbadā.

에떼나 쌋짜 봣제나
쏫티 메$_{떼}$ 호뚜 쌉바다.

이러한 진실로 인해서
제가$_{그대가}$ **언제나 행복하여지이다.**

14. pahinā te ca ābādhā
tiṇṇannaṃ pi mahesinaṃ
magga-hata-kilesā va
pattânuppatti-dhammataṃ.

빠히나 떼 짜 아바다
띤난남 삐 마헤씨남
막가 하따 낄레싸 봐
빳따 아눕빳띠 담마땀.

세 분의 위대한 성자들에게
질병이 버려진 것은
고귀한 차제의 성취에 따라
오염이 부수어진 것에 따른 것이오니,

etena sacca-vajjena
sotthi me$_{te}$ hotu sabbadā.

에떼나 쌋짜 봣제나
쏫티 메$_{떼}$ 호뚜 쌉바다.

이러한 진실로 인해서

제가그대가 언제나 행복하여지이다.

15. etena sacca-vajjena 에떼나 싸짜 봣제나
rogā vūpasamentu mete. 로가 뷰빠싸멘뚜 메떼.

이러한 진실로 인해서
제가그대가 질병에서 벗어나지이다.

16. etena sacca-vajjena 에떼나 싸짜 봣제나
rogā vūpasamentu mete. 로가 뷰빠싸멘뚜 메떼.

이러한 진실로 인해서
제가그대가 질병에서 벗어나지이다.

17. etena sacca-vajjena 에떼나 싸짜 봣제나
rogā vūpasamentu mete. 로가 뷰빠싸멘뚜 메떼.

이러한 진실로 인해서
제가그대가 질병에서 벗어나지이다.

14. Pubbaṇhasutta
뿝반하 쑷따

「아침의 경」을 송출하오니

1. yaṃ dunnimittaṃ avamaṅgalañ ca 얀 둔니밋땀 아봐망갈란 짜
yo câmanāpo sakuṇassa saddo 요 짜 아마나뽀 싸꾸낫싸 쌋도
pāpaggaho dussupinaṃ akantaṃ 빠빡가호 둣쑤삐남 아깐땀
buddhânubhāvena vināsamentu. 붓다 아누바붸나 뷔나싸멘뚜.

모든 나쁜 징조, 불행한 상황
기분 나쁜 새들의 울음소리
불길한 별자리의 운세, 끔찍한 악몽이
부처님의 위신력으로 모두 사라지게 하소서.

2. yaṃ dunnimittaṃ avamaṅgalañ ca
yo câmanāpo sakuṇassa saddo
pāpaggaho dussupinaṃ akantaṃ
dhammânubhāvena vināsamentu.

얀 둔니밋땀 아봐망갈란 짜
요 짜 아마나뽀 싸꾸낫싸 쌋도
빠빡가호 둣쑤삐남 아깐딴
담마 아누바붸나 뷔나싸멘뚜.

모든 나쁜 징조, 불행한 상황
기분 나쁜 새들의 울음소리
불길한 별자리의 운세, 끔찍한 악몽이
가르침의 위신력으로 모두 사라지게 하소서.

3. yaṃ dunnimittaṃ avamaṅgalañ ca
yo câmanāpo sakuṇassa saddo
pāpaggaho dussupinaṃ akantaṃ
saṅghânubhāvena vināsamentu.

얀 둔니밋땀 아봐망갈란 짜
요 짜 아마나뽀 싸꾸낫싸 쌋도
빠빡가호 둣쑤삐남 아깐땅
쌍가 아누바붸나 뷔나싸멘뚜.

모든 나쁜 징조, 불행한 상황
기분 나쁜 새들의 울음소리
불길한 별자리의 운세, 끔찍한 악몽이
참모임의 위신력으로 모두 사라지게 하소서.

4. dukkha-ppattā ca niddukkhā
bhaya-ppattā ca nibbhayā
soka-ppattā ca nissokā

둑캅 빳따 짜 닛둑카
바얍 빳따 짜 닙바야
쏘깝 빳따 짜 닛쏘까

hontu sabbe'pi pāṇino. 혼뚜 쌉베 삐 빠니노.

일체의 뭇삶들이 존재하지만
괴로운 자, 괴로움에서 벗어나고
두려운 자, 두려움에서 벗어나고
슬픈 자, 슬픔에서 벗어나게 하소서.

5. ettāvatā ca amhehi 엣따봐따 짜 암헤히
sambhataṃ puñña-sampadaṃ 쌈바땀 뿐냐 쌈빠당
sabbe devânumodantu 쌉베 데봐 아누모단뚜
sabba-sampatti-siddhiyā. 쌉바 쌈빳띠 씻디야.

이렇게 해서 우리가 쌓아서
공덕을 성취한 만큼
모든 존재가 그 공덕을 얻길 바라오니
모든 천신들이 함께 기뻐하소서.

6. dānaṃ dadantu saddhāya 다난 다단뚜 쌋다야
sīlaṃ rakkhantu sabbadā 씰랑 락칸뚜 쌉바다
bhāvanâbhiratā hontu 바봐나 아비라따 혼뚜
gacchantu devatâgatā. 갓찬뚜 데봐따 아가따.

믿음으로 아량을 베푸시고
항상 계율을 지키고
항상 명상수행을 향유하사
여기 모인 천신들께서는 물러가소서.

7. sabbe buddhā bala-ppattā 쌉베 붓다 발랍 빳따
paccekānañ ca yaṃ balaṃ 빳쩨까난 짜 얌 발람

arahantānañ ca tejena 아라한따난 짜 떼제나
rakkhaṃ bandhāmi sabbaso. 락캄 반다미 쌉바쏘.

일체 깨달은 님들의 위신력과
그리고 홀로 깨달은 님들과
거룩한 님들의 수호의 힘을 통해서
어떤 상황에도 그대들의 수호에 닿나이다.

8. yaṃ kiñci vittaṃ idha vā huraṃ vā 양 낀찌 뷧땀 이다 봐 후랑 봐
saggesu vā yaṃ ratanaṃ paṇītaṃ 싹게쑤 봐 양 라따남 빠니딴
na no samaṃ atthi tathāgatena 나 노 싸맘 앗티 따타가떼나
idaṃ pi buddhe ratanaṃ paṇītaṃ. 이담 삐 붓데 라따남 빠니땀
etena saccena suvatthi hotu. 에떼나 쌋쩨나 쑤봣티 호뚜.

어떠한 재보일지라도
이 세상에서이건 저 세상에서이건
하늘나라의 값비싼 보석이라도
이렇게 오신 님과 견줄 만한 것은 없사오니
부처님 안에야말로
이 훌륭한 보배가 있으므로
이러한 진실로 인해서 모두 행복하여지이다.

9. yaṃ kiñci vittaṃ idha vā huraṃ vā 양 낀찌 뷧땀 이다 봐 후랑 봐
saggesu vā yaṃ ratanaṃ paṇītaṃ 싹게쑤 봐 양 라따남 빠니딴
na no samaṃ atthi tathāgatena 나 노 싸맘 앗티 따타가떼나
idaṃ pi dhamme ratanaṃ paṇītaṃ 이담 삐 담메 라따남 빠니땀
etena saccena suvatthi hotu. 에떼나 쌋쩨나 쑤봣티 호뚜.

어떠한 재보일지라도

이 세상에서이건 저 세상에서이건
하늘나라의 값비싼 보석이라도
이렇게 오신 님과 견줄 만한 것은 없사오니
가르침 안에야말로
이 훌륭한 보배가 있으므로
이러한 진실로 인해서 모두 행복하여지이다.

10. yaṃ kiñci vittaṃ idha vā huraṃ vā	양 낀찌 뷧땀 이다 봐 후랑 봐
saggesu vā yaṃ ratanaṃ paṇītaṃ	싹게쑤 봐 양 라따남 빠니딴
na no samaṃ atthi tathāgatena	나 노 싸맘 앗티 따타가떼나
idaṃ pi saṅghe ratanaṃ paṇītaṃ	이담 삐 쌍게 라따남 빠니땀
etena saccena suvatthi hotu.	에떼나 쌋쩨나 쑤봣티 호뚜.

어떠한 재보일지라도
이 세상에서이건 저 세상에서이건
하늘나라의 값비싼 보석이라도
이렇게 오신 님과 견줄 만한 것은 없사오니
참모임 안에야말로
이 훌륭한 보배가 있으므로
이러한 진실로 인해서 모두 행복하여지이다.

11. bhavatu sabba-maṅgalaṃ	바봐뚜 쌉바 망갈랑
rakkhantu sabba-devatā	락칸뚜 쌉바 데봐따
sabba-buddhânubhāvena	쌉바 붓다 아누바붸나
sadā sukhī bhavantu me$_{te}$.	싸다 쑤키 바봔뚜 메$_{떼}$.

모든 축복이 함께하고

모든 하늘사람들이 수호하소서.
모든 부처님의 위력으로
제게그대에게 항상 행복이 함께하여지이다.

12. bhavatu sabba-maṅgalaṃ — 바봐뚜 쌉바 망갈랑
rakkhantu sabba-devatā — 락칸뚜 쌉바 데봐따
sabba-dhammânubhāvena — 쌉바 담마 아누바붸나
sadā sukhī bhavantu me$_{te}$. — 싸다 쑤키 바봔뚜 메$_{떼}$.

모든 축복이 함께하고
모든 하늘사람들이 수호하소서.
모든 가르침의 위력으로
제게그대에게 항상 행복이 함께하여지이다.

13. bhavatu sabba-maṅgalaṃ — 바봐뚜 쌉바 망갈랑
rakkhantu sabba-devatā — 락칸뚜 쌉바 데봐따
sabba-saṅghânubhāvena — 쌉바 쌍가 아누바붸나
sadā sukhī bhavantu me$_{te}$. — 싸다 쑤키 바봔뚜 메$_{떼}$.

모든 축복이 함께하고
모든 하늘사람들이 수호하소서.
모든 참모임의 위력으로
제게그대에게 항상 행복이 함께하여지이다.

14. mahā-kāruṇiko nātho — 마하 까루니꼬 나토
hitāya sabba-pāṇinaṃ — 히따야 쌉바 빠니남
pūretvā pāramī sabbā — 뿌레뜨와 빠라미 쌉바
patto sambodhim uttamaṃ — 빳또 쌈보딤 웃따맘
etena sacca-vajjena — 에떼나 쌋짜 봣제나

sotthi me_te hotu sabbadā. 쏫티 메_떼 호뚜 쌉바다.

지극한 연민을 지닌 부처님께서
모든 뭇삶의 이익을 위해
모든 초월의 길을 완성하셨고
최상의 깨달음을 얻으셨으니
이러한 진실로 인해서
제게그대에게 **항상 행복이 함께하여지이다.**

15. jayanto bodhiyā mūle
sakyānaṃ nandi-vaḍḍhano
evam eva jayo hotu
jayāmi_jayassu jaya-maṅgale.

자얀또 보디야 물레
싸끼야난 난디 봣다노
에봠 에봐 자요 호뚜
자야미_자얏쑤 자야 망갈레.

싸끼야 족이 가장 사랑하는 님
보리수 아래에서 승리하셨사오니
이처럼 승리가 함께하여
제가그대가 **축복 가운데 승리하여지이다.**

16. aparājita-pallaṅke
sīse puthuvi-pukkhale
abhiseke sabba-buddhānaṃ
agga-ppatto pamodati.

아빠라지따 빨랑께
씨쎄 뿌투뷔 뿍칼레
아비쎄께 쌉바 붓다남
악갑 빳또 빠모다띠.

가장 신성한 땅의 정상에 있는
불패의 명상수행의 자리에서
모든 깨달은 님들의 관정을 받으사
위없음을 성취하여 기뻐하셨나이다.

17. sunakkhattaṃ sumaṅgalaṃ
suppabhātaṃ suhuṭṭhitaṃ
sukhaṇo sumuhutto ca
suyiṭṭhaṃ brahma-cārisu.

쑤낙캇땅 쑤망갈랑
쑵빠바땅 쑤훗티땅
쑤카노 쑤무훗또 짜
쑤윗탐 브라흐마 짜리수.

훌륭한 재일, 훌륭한 축일
유쾌한 새벽, 유쾌한 기상
최상의 찰라, 최상의 순간
청정한 님들에게 기쁘게 보시하오니,

18. padakkhiṇaṃ kāya-kammaṃ
vācā-kammaṃ padakkhiṇaṃ
padakkhiṇaṃ mano-kammaṃ
paṇīdhi me$_{te}$ padakkhiṇe
padakkhiṇāni katvāna
labbhante me$_{te}$ padakkhiṇe.

빠닥키낭 까야 깜망
봐짜 깜맘 빠닥키남
빠닥키남 마노 깜맘
빠니디 메$_{\text{떼}}$ 빠닥키네
빠닥키나니 까뜨와나
랍반떼 메$_{\text{떼}}$ 빠닥키네.

신체적 행위로 축복을 가져오고
언어적 행위로 축복을 가져오고
정신적 행위로 축복을 가져오는
제가$_{\text{그대가}}$ **그 유익한 것들을 서원하고**
그 유익한 것들을 실천하여
제게$_{\text{그대에게}}$ **유익한 축복이 함께하여지이다.**

19. me$_{te}$ attha-laddhā sukhitā
virūḷhā buddha-sāsane
arogā sukhitā homi$_{hotha}$
saha sabbehi ñātibhi.

메$_{\text{떼}}$ 앗탈 랏다 쑤키따
뷔룰라 붓다 싸싸네
아로가 쑤키따 호미$_{\text{호타}}$
싸하 쌉베히 냐띠비.

제가그대가 그러한 요익을 성취하여
부처님 가르침 속에 안락하게 성장하고
모든 친지와 더불어
제가그대가 질병을 여의고 행복하여지이다.

15. Mahājayamaṅgalagāthā

마하 자야 망갈라 가따

「위대한 승리의 축복의 게송」을 송출하오니

1. mahā-kāruṇiko nātho
hitāya sabba-pāṇinaṃ
pūretvā pāramī sabbā
patto sambodhim uttamaṃ
etena sacca-vajjena
hotu mete jaya-maṅgalaṃ.

마하 까루니꼬 나토
히따야 쌉바 빠니남
뿌레뜨와 빠라미 쌉바
빳또 쌈보딤 웃따맘
에떼나 쌋짜 봣제나
호뚜 메떼 자야망갈람.

모든 뭇삶의 요익을 위하시는
크나큰 연민의 수호자께서
모든 초월의 길을 이루시고
위없는 원만한 깨달음을 성취했사오니
이러한 진실로 인해서
제게그대에게 승리의 축복이 함께하여지이다.

2. jayanto bodhiyā mule
sakyānaṃ nandi-vaddhano
evaṃ mayhaṃtuyhaṃ jayo hotu
jayassu jaya-maṅgalaṃ.

자얀또 보디야 물레
싸끼야난 난디 봣다노
에봠 마이한뚜이한 자요 호뚜
자얏쑤 자야 망갈람.

보리수 아래서 승리하시어
싸끼야 족에게 환희를 가져다주었사오니
이처럼 제게그대에게 **승리가 함께하여**
승리의 축복을 성취하여지이다.

3.	sakkatvā buddha-ratanaṃ	싹까뜨와 붓다 라따남
	osadham uttamaṃ varaṃ	오싸담 웃따망 봐랑
	hitaṃ deva-manussānaṃ	히딴 데봐 마눗싸남
	buddha-tejena sotthinā	붓다 떼제나 쏫티나
	nassant'upaddavā sabbe	낫싼뚜빳다봐 쌉베
	dukkhā vūpasamentu me te.	둑카 뷰빠싸멘뚜 메 떼.

부처님의 보배에 귀의하오니
하늘사람과 인간의
가장 위없고 가장 탁월한 약초
부처님의 위력 있는 공덕으로
제게그대에게 **모든 재앙 파괴되고**
모든 괴로움 소멸되어지이다.

4.	sakkatvā dhamma-ratanaṃ	싹까뜨와 담마 라따남
	osadham uttamaṃ varaṃ	오싸담 웃따망 봐람
	pariḷāh'ūpasamanaṃ	빠릴라후빠싸마난
	dhamma-tejena sotthinā	담마 떼제나 쏫티나
	nassant'upaddavā sabbe	낫싼뚜빳다봐 쌉베
	bhayā vūpasamentu me te.	바야 뷰빠싸멘뚜 메 떼.

가르침의 보배에 귀의하오니
타오르는 고통 식혀주는

가장 위없고 가장 탁월한 약초
위력 있는 가르침의 공덕으로
제게그대에게 모든 재앙 파괴되고
모든 두려움이 소멸되어지이다.

5. sakkatvā saṅgha-ratanaṃ
osadham uttamaṃ varaṃ
āhuṇeyyaṃ pāhuṇeyyaṃ
saṅgha-tejena sotthinā
nassant'upaddavā sabbe
rogā vūpasamentu mete.

싹까뜨와 쌍가 라따남
오싸담 웃따망 봐람
아후네이얌 빠후네이양
쌍가 떼제나 쏫티나
낫싼뚜빳다봐 쌉베
로가 뷰빠싸멘뚜 메떼.

참모임의 보배에 귀의하오니
섬길 만하고 공양할 만한
가장 위없고 가장 탁월한 약초
참모임의 위력 있는 공덕으로
제게그대에게 모든 재앙이 파괴되고
모든 질병이 소멸되어지이다.

6. yaṃ kiñci ratanaṃ loke
vijjati vividhā puthū
ratanaṃ buddha-samaṃ n'atthi
tasmā sotthī bhavantu mete.

양 낀찌 라따낭 로께
뷧자띠 뷔뷔다 뿌투
라따남 붓다 싸만 낫티
따쓰마 쏫티 바봔뚜 메떼.

세상 어떠한 종류의 보배이든지
엄청나게 많은 갖가지 것들이 있지만
부처님에 견줄 보배는 없사오니

제게그대에게 이 진실로 행복이 함께하여지이다.

7. yaṃ kiñci ratanaṃ loke 양 낀찌 라따낭 로께
vijjati vividhā puthū 뷧자띠 뷔뷔다 뿌투
ratanaṃ dhamma-samaṃ n'atthi 라따난 담마 싸만 낫티
tasmā sotthī bhavantu mete. 따쓰마 쏫티 바봔뚜 메떼.

세상 어떠한 종류의 보배이든지
엄청나게 많은 갖가지 것들이 있지만
가르침에 견줄 보배는 없사오니
제게그대에게 이 진실로 행복이 함께하여지이다.

8. yaṃ kiñci ratanaṃ loke 양 낀찌 라따낭 로께
vijjati vividhā puthū 뷧자띠 뷔뷔다 뿌투
ratanaṃ saṅgha-samaṃ n'atthi 라따낭 쌍가 싸만 낫티
tasmā sotthī bhavantu mete. 따쓰마 쏫티 바봔뚜 메떼.

세상 어떠한 종류의 보배이든지
엄청나게 많은 갖가지 것들이 있지만
참모임에 견줄 보배는 없사오니
제게그대에게 이 진실로 행복이 함께하여지이다.

9. n'atthi me saraṇaṃ aññaṃ 낫티 메 싸라남 안냠
buddho me saraṇaṃ varaṃ 붓도 메 싸라낭 봐람
etena sacca-vajjena 에떼나 쌋짜 봣제나
hotu mete jaya-maṅgalaṃ. 호뚜 메떼 자야 망갈람.

제게 다른 귀의처 없고
부처님이 저의 위없는 귀의처이오니

이러한 진실로 인해서
제게$_{\text{그대에게}}$ 승리의 축복이 함께하여지이다.

10. n'atthi me saraṇaṃ aññaṃ
dhammo me saraṇaṃ varaṃ
etena sacca-vajjena
hotu me$_{te}$ jaya-maṅgalaṃ.

낫티 메 싸라남 안냐
담모 메 싸라낭 봐람
에떼나 쌋짜 봣제나
호뚜 메$_{\text{떼}}$ 자야 망갈람.

제게 다른 귀의처 없고
가르침이 저의 위없는 귀의처이오니
이러한 진실로 인해서
제게$_{\text{그대에게}}$ 승리의 축복이 함께하여지이다.

11. n'atthi me saraṇaṃ aññaṃ
saṇgho me saraṇaṃ varaṃ
etena sacca-vajjena
hotu me$_{te}$ jaya-maṅgalaṃ.

낫티 메 싸라남 안냥
쌍고 메 싸라낭 봐람
에떼나 쌋짜 봣제나
호뚜 메$_{\text{떼}}$ 자야 망갈람.

제게 다른 귀의처 없고
참모임이 저의 위없는 귀의처이오니
이러한 진실로 인해서
제게$_{\text{그대에게}}$ 승리의 축복이 함께하여지이다.

12. sabb'ītiyo vivajjantu
sabba-rogo vinassatu
mā me$_{te}$ bhavatv'antarayo
sukhī dīghâyuko bhava.

쌉비띠요 뷔봣잔뚜
쌉바 로고 뷔낫싸뚜
마 메$_{\text{떼}}$ 바봐뜨완따라요
쑤키 디가 아유꼬 바봐.

모든 재앙 진압되고

모든 질병 소멸되고
모든 장애 사라지어
제게그대에게 행복한 삶이 함께하여지이다.

13. bhavatu sabba-maṅgalaṃ 바봐뚜 쌉바 망갈랑
rakkhantu sabba-devatā 락칸뚜 쌉바 데봐따
sabba-buddhânubhāvena 쌉바 붓다 아누바붸나
sadā sotthī bhavantu mete. 싸다 쏫티 바봔뚜 메떼.

모든 축복이 함께하고
모든 하늘사람들이 수호하소서.
부처님의 모든 가피의 힘으로
제게그대에게 언제나 평안이 함께하여지이다.

14. bhavatu sabba-maṅgalaṃ 바봐뚜 쌉바 망갈랑
rakkhantu sabba-devatā 락칸뚜 쌉바 데봐따
sabba-dhammânubhāvena 쌉바 담마 아누바붸나
sadā sotthī bhavantu mete. 싸다 쏫티 바봔뚜 메떼.

모든 축복이 함께하고
모든 하늘사람들이 수호하소서.
가르침의 모든 가피의 힘으로
제게그대에게 언제나 평안이 함께하여지이다.

15. bhavatu sabba-maṅgalaṃ 바봐뚜 쌉바 망갈랑
rakkhantu sabba-devatā 락칸뚜 쌉바 데봐따
sabba-saṅghânubhāvena 쌉바 쌍가 아누바붸나
sadā sotthī bhavantu mete. 싸다 쏫티 바봔뚜 메떼.

모든 축복이 함께하고
모든 하늘사람들이 수호하소서.
참모임의 모든 가피의 힘으로
제게그대에게 언제나 평안이 함께하여지이다.

16. nakkhatta-yakkha-bhūtānaṃ 낙캇따 약카 부따남
pāpaggaha-nivāraṇā 빠빡가하 니봐라나
parittassânubhāvena 빠릿땃싸 아누바붸나
hantu mayhaṃtuyhaṃ upaddave. 한뚜 마이함뚜이함 우빳다붸.

별들과 야차들과 귀신들
악령들의 장애로부터
수호 게송의 가피의 힘으로
제게그대에게 모든 재앙이 제거되어지이다.

17. nakkhatta-yakkha-bhūtānaṃ 낙캇따 약카 부따남
pāpaggaha-nivāraṇā 빠빡가하 니봐라나
parittassânubhāvena 빠릿땃싸 아누바붸나
hantu mayhaṃtuyhaṃ upaddave. 한뚜 마이함뚜이함 우빳다붸.

별들과 야차들과 귀신들
악령들의 장애로부터
수호 게송의 가피의 힘으로
제게그대에게 모든 재앙이 제거되어지이다.

18. nakkhatta-yakkha-bhūtānaṃ 낙캇따 약카 부따남
pāpaggaha-nivāraṇā 빠빡가하 니봐라나
parittassânubhāvena 빠릿땃싸 아누바붸나

hantu mayhaṃ tuyhaṃ upaddave. 한뚜 마이함 뚜이함 우빳다붸.

별들과 야차들과 귀신들
악령들의 장애로부터
수호 게송의 가피의 힘으로
제게 그대에게 모든 재앙이 제거되어지이다.

19. ākasa-ṭṭhā ca bhumma-ṭṭhā 아까쌋 타 짜 붐맛 타
devā nāgā mah'iddhikā 데봐 나가 마힛디까
puññaṃ taṃ anumoditvā 뿐냐 땀 아누모디뜨와
ciraṃ rakkhantu loka-sāsanaṃ! 찌랑 락칸뚜 로까 싸싸남.

하늘이나 땅위에 살고 있는
위신력을 지닌 신들과 용들께서는
이러한 공덕을 기뻐하여
영원토록 세상에서 가르침을 수호하소서.

20. ākasa-ṭṭhā ca bhumma-ṭṭhā 아까쌋 타 짜 붐맛 타
devā nāgā mah'iddhikā 데봐 나가 마힛디까
puññaṃ taṃ anumoditvā 뿐냐 땀 아누모디뜨와
ciraṃ rakkhantu loka-sāsanaṃ! 찌랑 락칸뚜 로까 싸싸남.

하늘이나 땅위에 살고 있는
위신력을 지닌 신들과 용들께서는
이러한 공덕을 기뻐하여
영원토록 세상에서 가르침을 수호하소서.

21. ākasa-ṭṭhā ca bhumma-ṭṭhā 아까쌋 타 짜 붐맛 타
devā nāgā mah'iddhikā 데봐 나가 마힛디까

puññaṃ taṃ anumoditvā	뿐냐 땀 아누모디뜨와
ciraṃ rakkhantu loka-sāsanaṃ!	찌랑 락칸뚜 로까 싸싸남.

하늘이나 땅위에 살고 있는
위신력을 지닌 신들과 용들께서는
이러한 공덕을 기뻐하여
영원토록 세상에서 가르침을 수호하소서.

16. Aṅgulimālaparitta

앙굴리말라 빠릿따

「앙굴리말라의 수호경」을 송출하오니

1. yato'haṃ bhagini	야또함 바기니
ariyāya jātiyā jāto	아리야야 자띠야 자또
nâbhijānāmi sañcicca	나 아비자나미 싼찟짜
pāṇaṃ jīvitā voropetā	빠난 지뷔따 뵤로뻬따
tena saccena sotthi	떼나 쌋쩨나 쏫티
te hotu sotthi gabbhassa.	떼 호뚜 쏫티 갑밧싸.

자매여, 저는 고귀한 태생으로 거듭난 이래
의도적으로 뭇삶의 생명을 빼앗은 적이 없으니
이러한 진실로 인해서
당신이 잘 되고 당신의 아이가 잘 되길 바랍니다.

2. yato'haṃ bhagini	야또함 바기니
ariyāya jātiyā jāto	아리야야 자띠야 자또
nâbhijānāmi sañcicca	나 아비자나미 싼찟짜
pāṇaṃ jīvitā voropetā	빠난 지뷔따 뵤로뻬따
tena saccena sotthi	떼나 쌋쩨나 쏫티

te hotu sotthi gabbhassa. 떼 호뚜 쏫티 갑밧싸.

자매여, 저는 고귀한 태생으로 거듭난 이래
의도적으로 뭇삶의 생명을 빼앗은 적이 없으니
이러한 진실로 인해서
당신이 잘 되고 당신의 아이가 잘 되길 바랍니다.

3. yato'haṃ bhagini 야또함 바기니
ariyāya jātiyā jāto 아리야야 자띠야 자또
nâbhijānāmi sañcicca 나 아비자나미 싼찟짜
pāṇaṃ jīvitā voropetā 빠난 지뷔따 보로뻬따
tena saccena sotthi 떼나 쌋쩨나 쏫티
te hotu sotthi gabbhassa. 떼 호뚜 쏫티 갑밧싸.

자매여, 저는 고귀한 태생으로 거듭난 이래
의도적으로 뭇삶의 생명을 빼앗은 적이 없으니
이러한 진실로 인해서
당신이 잘 되고 당신의 아이가 잘 되길 바랍니다.

3. 지송경전품

율장에도 등장하는
승단을 유지하기 위해
필수불가결했던
초기불교의
핵심이 되는 경들로
가르침의 수레바퀴의 경
무아의 특징의 경
여덟 가지 고귀한 길의 분석의 경
연기의 분석의 경
열반의 경을 송출하면서
지혜의 자량을 키운다.

1. Dhammacakkappavattanasutta

담마 짝깝 빠봣따나 쑷따

「가르침의 수레바퀴의 경」을 송출하오니

1. evaṃ me sutaṃ
ekaṃ samayaṃ bhagavā
bārāṇasiyaṃ viharati
isipatane migadāye.

에봠 메 쑤땀
에깡 싸마얌 바가봐
바라나씨양 뷔하라띠
이씨빠따네 미가다예.

이와 같이 나는 들었습니다.
한 때 세존께서는 바라나씨 시의
이씨빠따나에 있는 미가다야 유원에 계셨습니다.

tatra kho bhagavā
pañca-vaggiye bhikkhū āmantesi.

따뜨라 코 바가봐
빤짜 봑기예 빅쿠 아만떼씨.

그 때 세존께서는
다섯 명의 수행승들에게 말씀하셨습니다.

2. dve me bhikkhave antā pabbajitena
na sevitabbā. katame dve?

드웨 메 빅카붸 안따 빱바지떼나
나 쎄뷔땁바. 까따메 드웨.

수행승들이여, 출가자는
두 가지의 극단을 섬겨서는 안 되느니라.
두 가지란 무엇인가?

1) yo c'ayāṃ kāmesu
kāma-sukhallikânuyogo
hīno gammo pothujjaniko

요 짜얌 까메쑤
까마 쑤칼리까 아누요고
히노 감모 뽀툿자니꼬

anariyo anattha-saṃhito.	아나리요 아낫타 쌍히또.

한편으로
감각적 쾌락의 욕락을 추구하는 것은
저열하고 비속하고 범부의 소행으로
고귀하지 못하며 무익한 것이니라.

2) yo câyaṃ	요 짜 아얌
atta-kilamathânuyogo	앗따 낄라마타 아누요고
dukkho anariyo	둑코 아나리요
anattha-saṃhito.	아낫타 쌍히또.

다른 한편으로
자신의 고행을 추구하는 것도
괴로운 것으로
고귀하지 못하며 무익한 것이니라.

3. ete te bhikkhave	에떼 떼 빅카붸
ubho ante anupagamma	우보 안떼 아누빠감마
majjhimā paṭipadā	맛지마 빠띠빠다
tathāgatena abhisambuddhā	따타가떼나 아비쌈붓다
cakkhu-karaṇī ñāṇa-karaṇī	짝쿠 까라니 냐나 까라니
upasamāya abhiññāya sambodhāya	우빠싸마야 아빈냐야 쌈보다야
nibbānāya saṃvattati.	닙바나야 쌍봣따띠.

수행승들이여, 이 두 가지의 극단을 떠나
여래는 중도를
바르고 원만하게 깨달았으니,
그것은 곧, 눈을 생기게 하고

앎을 생기게 하며
궁극적인 고요, 곧바른 앎, 올바른 깨달음
열반으로 이끄는 것이니라.

4. katamā ca sā bhikkhave	까따마 짜 싸 빅카웨
majjhimā paṭipadā	맛지마 빠띠빠다
tathāgatena abhisambuddhā	따타가떼나 아비쌈붓다
cakkhu-karaṇī ñāṇa-karaṇī	짝쿠 까라니 냐나 까라니
upasamāya abhiññāya sambodhāya	우빠싸마야 아빈냐야 쌈보다야
nibbānāya saṃvattati?	닙바나야 쌍봣따띠.

수행승들이여, 여래가
바르고 원만하게 깨달았으니
눈을 생기게 하고, 앎을 생기게 하며
궁극적인 고요, 곧바른 앎, 올바른 깨달음
열반으로 이끄는 그 중도란 무엇인가?

5. ayam eva	아얌 에봐
ariyo aṭṭhaṅgiko maggo seyyath'idaṃ.	아리요 앗탕기꼬 막고 세이야티당.

수행승들이여, 그것은 바로
여덟 가지 고귀한 길이니, 곧

1) sammā-diṭṭhi	쌈마 딧티
2) sammā-saṅkappo	쌈마 쌍깝뽀
3) sammā-vācā	쌈마 봐짜
4) sammā-kammanto	쌈마 깜만또
5) sammā-ājīvo	쌈마 아지뵤
6) sammā-vāyāmo	쌈마 봐야모

7) sammā-sati 쌈마 싸띠
8) sammā-samādhi. 쌈마 싸마디.

1) 올바른 견해 2) 올바른 사유
3) 올바른 언어 4) 올바른 행위
5) 올바른 생활 6) 올바른 정진
7) 올바른 새김 8) 올바른 집중이니라.

6. ayaṃ kho sā bhikkhave 아양 코 싸 빅카붸
majjhimā paṭipadā 맛지마 빠띠빠다
tathāgatena abhisambuddhā 따타가떼나 아비쌈붓다
cakkhu-karaṇī ñāṇa-karaṇī 짝쿠 까라니 냐나 까라니
upasamāya abhiññāya sambodhāya 우빠싸마야 아빈냐야 쌈보다야
nibbānāya saṃvattati. 닙바나야 쌍봣땃띠.

수행승들이여, 이러한 「중도」를
여래가 바르고 원만하게 깨달았으니
그것은, 곧 눈을 생기게 하고,
앎을 생기게 하며
궁극적인 고요, 곧바른 앎, 올바른 깨달음
열반으로 이끄는 것이니라.

7. idaṃ kho pana bhikkhave 이당 코 빠나 빅카붸
dukkhaṃ ariya-saccaṃ. 둑캄 아리야 쌋짬.

수행승들이여,
이것이 괴로움의 거룩한 진리이니,

1) jāti'pi dukkhā 자띠 삐 둑카

2) jarā'pi dukkhā	자라 삐 둑카
3) vyādhi'pi dukkhā	뷔야디 삐 둑카
4) maraṇam'pi dukkhaṃ.	마라남 삐 둑캉.

1) 태어남도 괴로움이요

2) 늙음도 괴로움이요

3) 병듦도 괴로움이요

4) 죽음도 괴로움이요,

5) soka-parideva-dukkha- domanass'upāyāsā pi dukkhā	쏘까 빠리데봐 둑카 도마낫싸 우빠야싸 둑카
6) appiyehi sampayogo dukkho	압삐예히 쌈빠요고 둑코
7) piyehi vippayogo dukkho	삐예히 빕빠요고 둑코
8) yaṃ p'icchaṃ na labhati taṃ pi dukkhaṃ.	얌 삣찬 나 라바띠 땀 삐 둑캉.

5) 슬픔·비탄·고통·근심·절망도 괴로움이요

6) 사랑하지 않는 것과 만나는 것도 괴로움이요

7) 사랑하는 것과 헤어지는 것도 괴로움이요

8) 원하는 것을 얻지 못하는 것도 괴로움이니,

saṅkhittena	쌍킷떼나
pañc'upādāna-kkhandhā dukkhā.	빤쭈빠다낙 칸다 둑카.

줄여서,

다섯 가지 존재다발이 괴로움이니라.

8. idaṃ kho pana bhikkhave dukkha-samudayam ariya-saccaṃ yâyaṃ taṇhā ponobhavikā	이당 코 빠나 빅카붸 둑카 싸무다얌 아리야 쌋짱 야 아얀 딴하 뽀노바뷔까

nandi-rāga-sahagatā 난디 라가 싸하가따
tatra tatrâbhinandinī 따뜨라 따뜨라 아비난디니
seyyath'idaṃ. 쎄이야티당.

수행승들이여, 이것이
괴로움의 발생의 거룩한 진리이니
그것은 바로 쾌락과 탐욕을 갖추고
여기저기에 환희하며
미래의 존재를 일으키는 갈애이니, 그것은 곧,

1) kāma-taṇhā 까마 딴하
2) bhava-taṇhā 바봐 딴하
3) vibhava-taṇhā. 뷔바봐 딴하

1) **감각적 쾌락의 욕망에 대한 갈애**
2) **존재에 대한 갈애**
3) **비존재에 대한 갈애이니라.**

9. idaṃ kho pana bhikkhave 이당 코 빠나 빅카붸
dukkha-nirodham ariya-saccaṃ 둑카 니로담 아리야 쌋짱
yo tassā yeva taṇhāya 요 땃싸 예봐 딴하야
asesa-virāga-nirodho cāgo 아쎄싸 뷔라가 니로도 짜고
paṭinissaggo mutti anālayo. 빠띠닛싹고 뭇띠 아날라요.

수행승들이여, 이것이
괴로움의 소멸의 거룩한 진리이니
그것은 갈애가 남김없이 사라지고
소멸되고 포기되고 완전히 버려지면

집착 없이 해탈하는 것이니라.

10. idaṃ kho pana bhikkhave	이당 코 빠나 빅카웨
dukkha-nirodha-gāminī	둑카 니로다 가미니
paṭipadā ariya-saccaṃ	빠띠빠다 아리야 쌋짬
ayam eva ariyo aṭṭhaṅgiko maggo	아얌 에봐 아리요 앗탕기꼬 막고
seyyath'idaṃ.	세이야티당.

수행승들이여, 이것이 바로
괴로움의 소멸로 이끄는 길의 거룩한 진리인
여덟 가지 고귀한 길이니, 그것은 곧,

1) sammā-diṭṭhi	쌈마 딧티
2) sammā-saṅkappo	쌈마 쌍깝뽀
3) sammā-vācā	쌈마 봐짜
4) sammā-kammanto	쌈마 깜만또
5) sammā-ājīvo	쌈마 아지뵤
6) sammā-vāyāmo	쌈마 봐야모
7) sammā-sati	쌈마 싸띠
8) sammā-samādhi.	쌈마 싸마디.

1) **올바른 견해** 2) **올바른 사유**
3) **올바른 언어** 4) **올바른 행위**
5) **올바른 생활** 6) **올바른 정진**
7) **올바른 새김** 8) **올바른 집중이니라.**

11. idaṃ dukkhaṃ ariya-saccan'ti	이단 둑캄 아리야 쌋짠 띠
me bhikkhave	메 빅카웨
pubbe ananussutesu dhammesu	뿝베 아나눗쑤떼쑤 담메쑤
cakkhuṃ udapādi ñāṇaṃ udapādi	짝쿰 우다빠디 냐남 우다빠디

paññā udapādi vijjā udapādi 빤냐 우다빠디 뷥자 우다빠디
āloko udapādi. 알로꼬 우다빠디.

수행승들이여, '이것이
괴로움의 거룩한 진리이다.'라고 이처럼
나에게 예전에 들어보지 못한 것에 관하여
눈이 생겨났고, 앎이 생겨났고
지혜가 생겨났고, 명지가 생겨났고
광명이 생겨났느니라.

12. taṃ kho pan'idaṃ 땅 코 빠니단
dukkhaṃ ariya-saccaṃ pariññeyyan'ti 둑캄 아리야 쌋짬 빠린네이얀 띠
me bhikkhave 메 빅카웨
pubbe ananussutesu dhammesu 뿝베 아나눗쑤떼쑤 담메쑤
cakkhuṃ udapādi ñāṇaṃ udapādi 짝쿰 우다빠디 냐남 우다빠디
paññā udapādi vijjā udapādi 빤냐 우다빠디 뷥자 우다빠디
āloko udapādi. 알로꼬 우다빠디.

수행승들이여, 그런데
'이 괴로움의 거룩한 진리는
완전히 알려져야 한다.'라고 이처럼
나에게 예전에 들어보지 못한 것에 관하여
눈이 생겨났고, 앎이 생겨났고
지혜가 생겨났고, 명지가 생겨났고
광명이 생겨났느니라.

13. taṃ kho pan'idaṃ 땅 코 빠니단

dukkhaṃ ariya-saccaṃ pariññātan'ti	둑캄 아리야 쌋짬 빠린냐딴 띠
me bhikkhave	메 빅카웨
pubbe ananussutesu dhammesu	뿝베 아나눗쑤떼쑤 담메쑤
cakkhuṃ udapādi ñāṇaṃ udapādi	짝쿰 우다빠디 냐남 우다빠디
paññā udapādi vijjā udapādi	빤냐 우다빠디 윗자 우다빠디
āloko udapādi.	알로꼬 우다빠디.

수행승들이여, 그런데
'이 괴로움의 거룩한 진리는
완전히 알려졌다.'라고 이처럼
나에게 예전에 들어보지 못한 것에 관하여
눈이 생겨났고, 앎이 생겨났고
지혜가 생겨났고, 명지가 생겨났고
광명이 생겨났느니라.

14. idaṃ dukkha-samudayam	이단 둑카 싸무다얌
ariya-saccan'ti	아리야 쌋짠 띠
me bhikkhave	메 빅카웨
pubbe ananussutesu dhammesu	뿝베 아나눗쑤떼쑤 담메쑤
cakkhuṃ udapādi ñāṇaṃ udapādi	짝쿰 우다빠디 냐남 우다빠디
paññā udapādi vijjā udapādi	빤냐 우다빠디 윗자 우다빠디
āloko udapādi.	알로꼬 우다빠디.

수행승들이여, '이것이
괴로움의 발생의 거룩한 진리이다.'라고 이처럼
나에게 예전에 들어보지 못한 것에 관하여
눈이 생겨났고, 앎이 생겨났고
지혜가 생겨났고, 명지가 생겨났고

광명이 생겨났느니라.

15. taṃ kho pan'idaṃ 땅 코 빠니단
dukkha-samudayam ariya-saccaṃ 둑카 싸무다얌 아리야 쌋짬
pahātabban'ti 빠하땁반 띠
me bhikkhave 메 빅카웨
pubbe ananussutesu dhammesu 뿝베 아나눗쑤떼쑤 담메쑤
cakkhuṃ udapādi ñāṇaṃ udapādi 짝쿰 우다빠디 냐남 우다빠디
paññā udapādi vijjā udapādi 빤냐 우다빠디 윗자 우다빠디
āloko udapādi. 알로꼬 우다빠디.

수행승들이여, 그런데
'이 괴로움의 발생의 거룩한 진리는
제거되어져야 한다.'라고 이처럼
나에게 예전에 들어보지 못한 것에 관하여
눈이 생겨났고, 앎이 생겨났고
지혜가 생겨났고, 명지가 생겨났고
광명이 생겨났느니라.

16. taṃ kho pan'idaṃ 땅 코 빠니단
dukkha-samudayam ariya-saccaṃ 둑카 싸무다얌 아리야 쌋짬
pahīnan'ti 빠히난 띠
me bhikkhave 메 빅카웨
pubbe ananussutesu dhammesu 뿝베 아나눗쑤떼쑤 담메쑤
cakkhuṃ udapādi ñāṇaṃ udapādi 짝쿰 우다빠디 냐남 우다빠디
paññā udapādi vijjā udapādi 빤냐 우다빠디 윗자 우다빠디
āloko udapādi. 알로꼬 우다빠디.

수행승들이여, 그런데

'이 괴로움의 발생의 거룩한 진리는
제거되었다.'라고 이처럼
나에게 예전에 들어보지 못한 것에 관하여
눈이 생겨났고, 앎이 생겨났고
지혜가 생겨났고, 명지가 생겨났고
광명이 생겨났느니라.

17. idaṃ dukkha-nirodham	이단 둑카 니로담
ariya-saccan'ti	아리야 쌋짠 띠
me bhikkhave	메 빅카붸
pubbe ananussutesu dhammesu	뿝베 아나눗쑤떼쑤 담메쑤
cakkhuṃ udapādi ñāṇaṃ udapādi	짝쿰 우다빠디 냐남 우다빠디
paññā udapādi vijjā udapādi	빤냐 우다빠디 뷧자 우다빠디
āloko udapādi.	알로꼬 우다빠디.

수행승들이여, '이것이
괴로움의 소멸의 거룩한 진리이다.'라고 이처럼
나에게 예전에 들어보지 못한 것에 관하여
눈이 생겨났고, 앎이 생겨났고
지혜가 생겨났고, 명지가 생겨났고
광명이 생겨났느니라.

18. taṃ kho pan'idaṃ	땅 코 빠니단
dukkha-nirodham ariya-saccaṃ	둑카 니로담 아리야 쌋짱
sacchi-kātabban'ti	쌋치 까땁반 띠
me bhikkhave	메 빅카붸
pubbe ananussutesu dhammesu	뿝베 아나눗쑤떼쑤 담메쑤
cakkhuṃ udapādi ñāṇaṃ udapādi	짝쿰 우다빠디 냐남 우다빠디

paññā udapādi vijjā udapādi	빤냐 우다빠디 뷧자 우다빠디
āloko udapādi.	알로꼬 우다빠디.

수행승들이여, 그런데
'이 괴로움의 소멸의 거룩한 진리는
실현되어야 한다.'라고 이처럼
나에게 예전에 들어보지 못한 것에 관하여
눈이 생겨났고, 앎이 생겨났고
지혜가 생겨났고, 명지가 생겨났고
광명이 생겨났느니라.

19. taṃ kho pan'idaṃ	땅 코 빠니단
dukkha-nirodham ariya-saccaṃ	둑카 니로담 아리야 쌋짱
sacchi-katan'ti	쌋치 까딴 띠
me bhikkhave	메 빅카붸
pubbe ananussutesu dhammesu	뿝베 아나눗쑤떼쑤 담메쑤
cakkhuṃ udapādi ñāṇaṃ udapādi	짝쿰 우다빠디 냐남 우다빠디
paññā udapādi vijjā udapādi	빤냐 우다빠디 뷧자 우다빠디
āloko udapādi.	알로꼬 우다빠디.

수행승들이여, 그런데
'이 괴로움의 소멸의 거룩한 진리는
실현되었다.'라고 이처럼
나에게 예전에 들어보지 못한 것에 관하여
눈이 생겨났고, 앎이 생겨났고
지혜가 생겨났고, 명지가 생겨났고
광명이 생겨났느니라.

20. idaṃ dukkha-nirodha-gāminī
paṭipadā ariya-saccan'ti
me bhikkhave
pubbe ananussutesu dhammesu
cakkhuṃ udapādi ñāṇaṃ udapādi
paññā udapādi vijjā udapādi
āloko udapādi.

이단 둑카 니로다 가미니
빠띠빠다 아리야 쌋짠 띠
메 빅카붸
뿝베 아나눗쑤떼쑤 담메쑤
짝쿰 우다빠디 냐남 우다빠디
빤냐 우다빠디 뷧자 우다빠디
알로꼬 우다빠디.

수행승들이여, '이것이
괴로움의 소멸로 이끄는
거룩한 진리이다.'라고 이처럼
나에게 예전에 들어보지 못한 것에 관하여
눈이 생겨났고, 앎이 생겨났고
지혜가 생겨났고, 명지가 생겨났고
광명이 생겨났느니라.

21. taṃ kho pan'idaṃ
dukkha-nirodha-gāminī paṭipadā
ariya-saccaṃ bhāvetabban'ti
me bhikkhave
pubbe ananussutesu dhammesu
cakkhuṃ udapādi ñāṇaṃ udapādi
paññā udapādi vijjā udapādi
āloko udapādi.

땅 코 빠니단
둑카니로다가미니 빠띠빠다
아리야 쌋짬 바붸땁반 띠
메 빅카붸
뿝베 아나눗쑤떼쑤 담메쑤
짝쿰 우다빠디 냐남 우다빠디
빤냐 우다빠디 뷧자 우다빠디
알로꼬 우다빠디.

수행승들이여, 그런데
'이 괴로움의 소멸로 이끄는 길의
거룩한 진리는 닦여져야 한다.'라고 이처럼

나에게 예전에 들어보지 못한 것에 관하여
눈이 생겨났고, 앎이 생겨났고
지혜가 생겨났고, 명지가 생겨났고
광명이 생겨났느니라.

22. taṃ kho pan'idaṃ	땅 코 빠니단
dukkha-nirodha-gāminī paṭipadā	둑카니로다가미니 빠띠빠다
ariya-saccaṃ bhāvitan'ti	아리야 쌋짬 바뷔딴 띠
me bhikkhave	메 빅카웨
pubbe ananussutesu dhammesu	뿝베 아나눗쑤떼쑤 담메쑤
cakkhuṃ udapādi ñāṇaṃ udapādi	짝쿰 우다빠디 냐남 우다빠디
paññā udapādi vijjā udapādi	빤냐 우다빠디 뷧자 우다빠디
āloko udapādi.	알로꼬 우다빠디.

수행승들이여, 그런데
'이 괴로움의 소멸로 이끄는 길의
거룩한 진리는 닦여졌다.'라고 이처럼
나에게 예전에 들어보지 못한 것에 관하여
눈이 생겨났고, 앎이 생겨났고
지혜가 생겨났고, 명지가 생겨났고
광명이 생겨났느니라.

23. yāvakīvañ ca me bhikkhave	야봐끼봔 짜 메 빅카웨
imesu catusu ariya-saccesu	이메쑤 짜뚜쑤 아리야 쌋쩨쑤
evaṃ ti-parivaṭṭaṃ dvādasâkāraṃ	에봔 띠 빠리봣딴 드와다싸 아까랑
yathā-bhūtaṃ ñāṇa-dassanaṃ	야타 부딴 냐나 닷싸난
na suvisuddhaṃ ahosi.	나 쑤뷔쑷담 아호씨.

수행승들이여, 이러한
네 가지 거룩한 진리에 대하여
이와 같이 세 번 굴린 열두 형태로
있는 그대로 나의 앎과 봄이
완전히 청정해지지 않았다면,

24. n'eva tāvâhaṃ bhikkhave
sadevake loke
samārake sabrahmake
sassamaṇa-brāhmaṇiyā
pajāya sadeva-manussāya
anuttaraṃ sammāsambodhiṃ
abhisambuddho paccaññāsiṃ.

네봐 따봐 아함 빅카붸
싸데봐께 로께
싸마라께 싸브라흐마께
쌋싸마나 브라흐마니야
빠자야 싸데봐 마눗싸야
아눗따랑 쌈마쌈보딤
아비쌈붓도 빳짠냐씸.

수행승들이여, 나는
신들과 악마들과 하느님들의 세계에서
성직자들과 수행자들의 세계에서
왕들과 백성들과 그 후예들의 세계에서
위없이 바르고 원만한 깨달음을
곧바로 원만하게 깨달았다고
선언하지 않았을 것이니라.

25. yato ca kho me bhikkhave
imesu catusu ariya-saccesu
evaṃ ti-parivaṭṭaṃ dvādasâkāraṃ
yathā-bhūtaṃ ñāṇa-dassanaṃ
suvisuddhaṃ ahosi.

야또 코 메 빅카붸
이메쑤 짜뚜쑤 아리야 쌋쩨쑤
에봔 띠 빠리봣딴 드와다싸 아까랑
야타 부땅 냐나 닷싸낭
쑤뷔쑷담 아호씨.

그러나 수행승들이여,
이러한 네 가지 거룩한 진리에 대하여
이와 같이 세 번 굴린 열두 형태로 있는 그대로
나의 앎과 봄이 완전히 청정해졌기 때문에,

26. athâhaṃ bhikkhave
sadevake loke
samārake sabrahmake
sassamaṇa-brāhmaṇiyā
pajāya sadeva-manussāya
anuttaraṃ sammāsambodhiṃ
abhisambuddho paccaññāsiṃ.

아타 아함 빅카붸
싸데봐께 로께
싸마라께 싸브라흐마께
쌋싸마나 브라흐마니야
빠자야 싸데봐 마눗싸야
아눗따랑 쌈마쌈보딤
아비쌈붓도 빳짠냐씸.

수행승들이여, 나는
신들과 악마들과 하느님들의 세계에서
성직자들과 수행자들의 세계에서
왕들과 백성들과 후예들의 세계에서
위없이 바르고 원만한 깨달음을
곧바로 원만히 깨달았다고 선언한 것이니라.

27. ñāṇañ ca pana me
dassanaṃ udapādi
akuppā me cetovimutti
ayam antimā jāti
n'atthi dāni puna-bbhavo'ti.

냐난 짜 빠나 메
닷싸남 우다빠디
아꿉빠 메 쩨또뷔뭇띠
아얌 안띠마 자띠
낫티 다니 뿌납 바뵤 띠.

그리고 나에게 이와 같이
'동요 없는 마음에 의한 해탈

이것이 최후의 태어남이니
이제 결코 다시 태어남은 없다.'라고
앎과 봄이 생겨났느니라.

28. idam avoca bhagavā	이담 아보짜 바가봐
attamanā pañca-vaggiyā bhikkhū	앗따마나 빤짜 봑기야 빅쿠
bhagavato bhāsitaṃ abhinandun'ti.	바가봐또 바씨땀 아비난둔 띠.

세존께서 이와 같이 말씀하셨습니다.
다섯 명의 수행승들은 환희하며
세존의 말씀에 기뻐했습니다.

29. imasamiñ ca pana	이마싸민 짜 빠나
veyyākaraṇasmiṃ bhaññamāne	붸이야까라나쓰밈 반냐마네
āyasmato koṇḍaññassa	아야쓰마또 꼰단냣싸
virajaṃ vīta-malaṃ	뷔라장 뷔따 말란
dhamma-cakkhuṃ udapādi	담마 짝쿰 우다빠디
yaṃ kiñci samudaya-dhammaṃ	양 낀찌 싸무다야 담망
sabbantaṃ nirodha-dhamman'ti.	쌉반딴 니로다 담만 띠.

그리고 그러한 분석적 해명이 설해지자
존자 꼰단냐에게
'어떠한 것이든 생겨난 것은
그 모두가 소멸되고야 마는 것이다.'라고
순수하고 때 묻지 않은
진리의 눈이 생겨났습니다.

30. pavattite ca pana	빠봣띠떼 짜 빠나

bhagavatā dhamma-cakke 바가봐따 담마 짝께
bhummā devā saddam anussāvesuṃ. 붐마 데봐 쌋담 아눗싸붸쑴.

그런데 이와 같이 세존께서
가르침의 수레바퀴를 굴리실 때에
땅위의 신들은 소리쳤습니다.

31. etaṃ bhagavatā 에땀 바가봐따
bārāṇasiyaṃ isipatane migadāye 바라나씨얌 이씨빠따네 미가다예
anuttaraṃ dhamma-cakkaṃ pavattitaṃ 아눗따란 담마 짝깜 빠봣띠땀
appativattiyaṃ 압빠띠봣띠양
samaṇena vā brāhmaṇena vā 싸마네나 봐 브라흐마네나 봐
devena vā mārena vā brahmunā vā 데붸나 봐 마레나 봐 브라흐무나 봐
kenaci vā lokasmin'ti. 께나찌 봐 로까쓰민 띠.

'세존께서는
바라나씨 시의 이씨빠따나에 있는
미가다야 유원에서 위없는
가르침의 수레바퀴를 굴리셨으니
어떠한 수행자나 성직자나
신이나 악마나 하느님이나
세상의 어떤 자도 결코 멈출 수 없도다.'

32. bhummānaṃ devānaṃ 붐마난 데봐낭
saddaṃ sutvā 쌋당 쑤뜨와
cātummahārājikā devā 짜뚬마하라지까 데봐
saddam anussāvesuṃ. 쌋담 아눗싸붸쑴.

땅위의 신들의 소리를 듣고

네 위대한 왕들의
하늘나라에 사는 신들도 소리쳤습니다.

33. etaṃ bhagavatā	에땀 바가봐따
bārāṇasiyaṃ isipatane migadāye	바라나씨얌 이씨빠따네 미가다예
anuttaraṃ dhamma-cakkaṃ pavattitaṃ	아눗따란 담마 짝깜 빠봣띠땀
appativattiyaṃ	압빠띠봣띠양
samaṇena vā brāhmaṇena vā	싸마네나 봐 브라흐마네나 봐
devena vā mārena vā brahmunā vā	데붸나 봐 마레나 봐 브라흐무나 봐
kenaci vā lokasmin'ti.	께나찌 봐 로까쓰민 띠.

'세존께서는
바라나씨 시의 이씨빠따나에 있는
미가다야 유원에서 위없는
가르침의 수레바퀴를 굴리셨으니
어떠한 수행자나 성직자나
신이나 악마나 하느님이나
세상의 어떤 자도 결코 멈출 수 없도다.'

34. cātummahārājikānaṃ	짜뚬마하라지까난
devānaṃ saddaṃ sutvā	데봐낭 쌋당 쑤뜨와
tāvatiṃsā devā	따봐띵싸 데봐
saddam anussāvesuṃ.	쌋담 아눗싸붸쑴.

네 위대한 왕들의 하늘나라에 사는
신들의 소리를 듣고
서른셋 신들의 하늘나라에 사는
신들도 소리쳤습니다.

35. etaṃ bhagavatā
bārāṇasiyaṃ isipatane migadāye
anuttaraṃ dhamma-cakkaṃ pavattitaṃ
appativattiyaṃ
samaṇena vā brāhmaṇena vā
devena vā mārena vā brahmunā vā
kenaci vā lokasmin'ti.

에땀 바가봐따
바라나씨얌 이씨빠따네 미가다예
아눗따란 담마 짝깜 빠봣띠땀
압빠띠봣띠양
싸마네나 봐 브라흐마네나 봐
데붸나 봐 마레나 봐 브라흐무나 봐
께나찌 봐 로까쓰민 띠.

'세존께서는
바라나씨 시의 이씨빠따나에 있는
미가다야 유원에서 위없는
가르침의 수레바퀴를 굴리셨으니
어떠한 수행자나 성직자나
신이나 악마나 하느님이나
세상의 어떤 자도 결코 멈출 수 없도다.'

36. tāvatiṃsānaṃ
devānaṃ saddaṃ sutvā
yāmā devā
saddam anussāvesuṃ.

따봐띵싸난
데봐낭 쌋당 쑤뜨와
야마 데봐
쌋담 아눗싸붸쑴.

서른셋 신들의 하늘나라에 사는
신들의 소리를 듣고
축복받는 신들의 하늘나라에 사는
신들도 소리쳤습니다.

37. etaṃ bhagavatā
bārāṇasiyaṃ isipatane migadāye

에땀 바가봐따
바라나씨얌 이씨빠따네 미가다예

anuttaraṃ dhamma-cakkaṃ pavattitaṃ	아눗따란 담마 짝깜 빠봣띠땀
appativattiyaṃ	압빠띠봣띠양
samaṇena vā brāhmaṇena vā	싸마네나 봐 브라흐마네나 봐
devena vā mārena vā brahmunā vā	데붸나 봐 마레나 봐 브라흐무나 봐
kenaci vā lokasmin'ti.	께나찌 봐 로까쓰민 띠.

'세존께서는
바라나씨 시의 이씨빠따나에 있는
미가다야 유원에서 위없는
가르침의 수레바퀴를 굴리셨으니
어떠한 수행자나 성직자나
신이나 악마나 하느님이나
세상의 어떤 자도 결코 멈출 수 없도다.'

38. yāmānaṃ	야마난
devānaṃ saddaṃ sutvā	데봐낭 쌋당 쑤뜨와
tusitā devā	뚜씨따 데봐
saddam anussāvesuṃ.	쌋담 아눗싸붸쑴.

축복받는 신들의 하늘나라에 사는
신들의 소리를 듣고
만족을 아는 신들의 하늘나라에 사는
신들도 소리쳤습니다.

39. etaṃ bhagavatā	에땀 바가봐따
bārāṇasiyaṃ isipatane migadāye	바라나씨얌 이씨빠따네 미가다예
anuttaraṃ dhamma-cakkaṃ pavattitaṃ	아눗따란 담마 짝깜 빠봣띠땀
appativattiyaṃ	압빠띠봣띠양
samaṇena vā brāhmaṇena vā	싸마네나 봐 브라흐마네나 봐

devena vā mārena vā brahmunā vā 데붸나 봐 마레나 봐 브라흐무나 봐
kenaci vā lokasmin'ti. 께나찌 봐 로까쓰민 띠.

'세존께서는
바라나씨 시의 이씨빠따나에 있는
미가다야 유원에서 위없는
가르침의 수레바퀴를 굴리셨으니
어떠한 수행자나 성직자나
신이나 악마나 하느님이나
세상의 어떤 자도 결코 멈출 수 없도다.'

40. tusitānaṃ devānaṃ 뚜시따난 데봐낭
saddaṃ sutvā 쌋당 쑤뜨와
nimmāṇaratī devā 님마나라띠 데봐
saddam anussāvesuṃ. 쌋담 아눗싸붸쑴.

만족을 아는 신들의 하늘나라에 사는
신들의 소리를 듣고
창조하고 기뻐하는 신들의 하늘나라에 사는
신들도 소리쳤습니다.

41. etaṃ bhagavatā 에땀 바가봐따
bārāṇasiyaṃ isipatane migadāye 바라나씨얌 이씨빠따네 미가다예
anuttaraṃ dhamma-cakkaṃ pavattitaṃ 아눗따란 담마 짝깜 빠봣띠땀
appativattiyaṃ 압빠띠봣띠양
samaṇena vā brāhmaṇena vā 싸마네나 봐 브라흐마네나 봐
devena vā mārena vā brahmunā vā 데붸나 봐 마레나 봐 브라흐무나 봐
kenaci vā lokasmin'ti. 께나찌 봐 로까쓰민 띠.

'세존께서는
바라나씨 시의 이씨빠따나에 있는
미가다야 유원에서 위없는
가르침의 수레바퀴를 굴리셨으니
어떠한 수행자나 성직자나
신이나 악마나 하느님이나
세상의 어떤 자도 결코 멈출 수 없도다.'

42. nimmāṇaratīnaṃ devānaṃ
saddaṃ sutvā
paranimmita-vasavattī devā
saddam anussāvesuṃ.

님마나 라띠난 데봐낭
쌋당 쑤뜨와
빠라님미따 봐싸봣띠 데봐
쌋담 아눗싸붸쑴.

창조하고 기뻐하는 신들의
하늘나라에 사는 신들의 소리를 듣고
다른 신들이 만든 것을 지배하는 신들의
하늘나라에 사는 신들도 소리쳤습니다.

43. etaṃ bhagavatā
bārāṇasiyaṃ isipatane migadāye
anuttaraṃ dhamma-cakkaṃ pavattitaṃ
appativattiyaṃ
samaṇena vā brāhmaṇena vā
devena vā mārena vā brahmunā vā
kenaci vā lokasmin'ti.

에땀 바가봐따
바라나씨얌 이씨빠따네 미가다예
아눗따란 담마 짝깜 빠봣띠땀
압빠띠봣띠양
싸마네나 봐 브라흐마네나 봐
데붸나 봐 마레나 봐 브라흐무나 봐
께나찌 봐 로까쓰민 띠.

'세존께서는
바라나씨 시의 이씨빠따나에 있는

미가다야 유원에서 위없는
가르침의 수레바퀴를 굴리셨으니
어떠한 수행자나 성직자나
신이나 악마나 하느님이나
세상의 어떤 자도 결코 멈출 수 없도다.'

44. paranimmita-vasavattīnaṃ devānaṃ	빠라님미따 봐싸봣띠난 데봐낭
saddaṃ sutvā	쌋당 쑤뜨와
brahma-kāyikā devā	브라흐마 까윗까 데봐
saddam anussāvesuṃ.	쌋담 아눗싸붸쑴.

다른 신들이 만든 것을 지배하는
하늘나라에 사는 신들의 소리를 듣고
하느님들의 무리에 속한 신들도, 소리쳤습니다.

45. etaṃ bhagavatā	에땀 바가봐따
bārāṇasiyaṃ isipatane migadāye	바라나씨얌 이씨빠따네 미가다예
anuttaraṃ dhamma-cakkaṃ pavattitaṃ	아눗따란 담마 짝깜 빠봣띠땀
appativattiyaṃ	압빠띠봣띠양
samaṇena vā brāhmaṇena vā	싸마네나 봐 브라흐마네나 봐
devena vā mārena vā brahmunā vā	데붸나 봐 마레나 봐 브라흐무나 봐
kenaci vā lokasmin'ti.	께나찌 봐 로까쓰민 띠.

'세존께서는
바라나씨 시의 이씨빠따나에 있는
미가다야 유원에서 위없는
가르침의 수레바퀴를 굴리셨으니
어떠한 수행자나 성직자나

신이나 악마나 하느님이나
세상의 어떤 자도 결코 멈출 수 없도다.'

46. iti ha tena khaṇena tena muhuttena	이띠 하 떼나 카네나 떼나 무훗떼나
yāva brahma-lokā	야봐 브라흐말 로까
saddo abbhuggañchi	쌋도 압북간치
ayañ ca dasasahassī lokadhātu	아얀 짜 다싸싸핫씨 로까다뚜
saṅkam pi sampakam pi sampavedhi	쌍깜 삐 쌈빠깜 삐 쌈빠붸디
appamāṇo ca uḷāro obhāso	압빠마노 짜 울라로 오바쏘
loke pātur ahosi	로께 빠뚜르 아호씨
atikkamma devānaṃ devānubhāvan'ti.	아띡깜마 데봐난 데봐누바봔 띠.

이와 같이 그 찰나, 그 잠깐 사이에
하느님들의 세계에까지 소리가 미쳤고
또한 이 일만 세계가 움직이더니
흔들리고 크게 진동하더니
무량하고 광대한 빛이 세상에 나타났으니
신들의 위력을 뛰어넘었습니다.

47. atha kho bhagavā udānaṃ udānesi	아타 코 바가봐 우다남 우다네씨
aññāsi vata bho koṇḍañño	안냐씨 봐따 보 꼰단뇨
aññāsi vata bho koṇḍañño'ti	안냐씨 봐따 보 꼰단뇨 띠
iti h'idaṃ āyasmato koṇḍaññassa	이띠 히담 아야쓰마또 꼰단냣싸
aññā-koṇḍañño tv'eva nāmaṃ ahosī'ti.	안냐 꼰단뇨 뜨웨봐 나맘 아호씨 띠.

이 때 세존께서는 감흥어린 말로 읊으셨습니다.
'꼰단냐는 궁극적인 앎을 얻었노라!
꼰단냐는 궁극적인 앎을 얻었노라!'

그래서 존자 꼰단냐는
'안냐 꼰단냐'라는 이름을 갖게 되었습니다.

2. Anattalakkhaṇasutta

아낫딸 락카나 쑷따

「무아의 특징의 경」을 송출하오니

1. evaṃ me sutaṃ
ekaṃ samayaṃ bhagavā
bārāṇasiyaṃ viharati
isipatane migadāye.

에봠 메 쑤땀
에깡 싸마얌 바가봐
바라나씨양 뷔하라띠
이씨빠따네 미가다예.

이와 같이 나는 들었습니다.
한 때 세존께서는 바라나씨 시의 이씨빠따나에 있는 미가다야 유원에 계셨습니다.

2. tatra kho bhagavā pañca-vaggiye
bhikkhū āmantesi bhikkhavo'ti
bhadante'ti te bhikkhū bhagavato
paccassosuṃ bhagavā etad avoca.

따뜨라 코 바가봐 빤짜 봑기예
빅쿠 아만떼씨 빅카뵤 띠
바단떼 띠 떼 빅쿠 바가봐또
빳짯쏘쑴 바가봐 에따드 아뵤짜.

그 때 세존께서는 다섯 명의 수행승들에게
"수행승들이여!"라고 말씀하셨습니다.
그 수행승들은 "세존이시여!"라고 세존께 대답하자
세존께서는 이와 같이 말씀하셨습니다.

3. rūpaṃ bhikkhave anattā

루빰 빅카붸 아낫따

rūpañ ca h'idaṃ bhikkhave	루빤 짜 히담 빅카웨
attā abhavissa	앗따 아바윗싸
na yidaṃ rūpaṃ ābādhāya saṃvatteyya	나 위당 루빰 아바다야 쌍왓떼이야
labbhetha ca rūpe	랍베타 짜 루뻬
'evaṃ me rūpaṃ hotu	에봠 메 루빵 호뚜
evaṃ me rūpaṃ mā ahosī'ti.	에봠 메 루빰 마 아호씨 띠.

"수행승들이여, 물질色은 내가 아니니
수행승들이여, 참으로 이 물질이 나라면
이 물질로 질병이 들 수가 없고
'나의 물질은 이렇게 되라.
나의 물질은 이렇게 되지 말라.'라고
물질에 대해 말할 수 있느니라.

4. yasmā ca kho bhikkhave	야쓰마 짜 코 빅카웨
rūpaṃ anattā	루빰 아낫따
tasmā rūpaṃ ābādhāya saṃvattati	따쓰마 루빰 아바다야 쌍왓따띠
na ca labbhati rūpe	나 짜 랍바띠 루뻬
'evaṃ me rūpaṃ hotu	'에봠 메 루빵 호뚜
evaṃ me rūpaṃ mā ahosī'ti.	에봠 메 루빰 마 아호씨' 띠.

수행승들이여, 그러나
물질은 내가 아니므로
이 물질로 질병이 들 수가 있고
'나의 물질은 이렇게 되라.
나의 물질은 이렇게 되지 말라.'라고
물질에 대해 말할 수 없느니라.

5. vedanā bhikkhave anattā	붸다나 빅카붸 아낫따
vedanā ca h'idaṃ bhikkhave	붸다나 짜 히담 빅카붸
attā abhavissa	앗따 아바뷧싸
na yidaṃ vedanā ābādhāya saṃvatteyya	나 위당 붸다나 아바다야 쌍봣떼이야
labbhetha ca vedanāya	랍베타 짜 붸다나야
'evaṃ me vedanā hotu.	에봠 메 붸다나 호뚜
evaṃ me vedanā mā ahosī'ti.	에봠 메 붸다나 마 아호씨 띠.

수행승들이여, 느낌受은 내가 아니니
수행승들이여, 참으로 이 느낌이 나라면
이 느낌으로 질병이 들 수가 없고
'나의 느낌은 이렇게 되라.
나의 느낌은 이렇게 되지 말라.'라고
느낌에 대해 말할 수 있느니라.

6. yasmā ca kho bhikkhave	야쓰마 짜 코 빅카붸
vedanā anattā	붸다나 아낫따
tasmā vedanā ābādhāya saṃvattati	따쓰마 붸다나 아바다야 쌍봣따띠
na ca labbhati vedanāya	나 짜 랍바띠 붸다나야
'evaṃ me vedanā hotu	에봠 메 붸다나 호뚜
evaṃ me vedanā mā ahosī'ti.	에봠 메 붸다나 마 아호씨 띠.

수행승들이여, 그러나
느낌이 내가 아니므로
이 느낌으로 질병이 들 수가 있고
'나의 느낌은 이렇게 되라.
나의 느낌은 이렇게 되지 말라.'라고

느낌에 대해 말할 수 없느니라.

7. saññā bhikkhave anattā / 싼냐 빅카붸 아낫따
saññā ca h'idaṃ bhikkhave / 싼냐 짜 히담 빅카붸
attā abhavissa / 앗따 아바뷧싸
na yidaṃ saññā ābādhāya saṃvatteyya / 나 위당 싼냐 아바다야 쌍봣떼이야
labbhetha ca saññāya / 랍베타 짜 싼냐야
'evaṃ me saññā hotu / 에봠 메 싼냐 호뚜
evaṃ me saññā mā ahosī'ti. / 에봠 메 싼냐 마 아호씨 띠.

수행승들이여, 지각想**은 내가 아니니**
수행승들이여, 참으로 이 지각이 나라면
이 지각으로 질병이 들 수가 없고
'나의 지각은 이렇게 되라.
나의 지각은 이렇게 되지 말라.'라고
지각에 대해 말할 수 있느니라.

8. yasmā ca kho bhikkhave / 야쓰마 짜 코 빅카붸
saññā anattā / 싼냐 아낫따
tasmā saññā ābādhāya saṃvattati / 따쓰마 싼냐 아바다야 쌍봣따띠
na ca labbhati saññāya / 나 짜 랍바띠 싼냐야
'evaṃ me saññā hotu / 에봠 메 싼냐 호뚜
evaṃ me saññā mā ahosī'ti. / 에봠 메 싼냐 마 아호씨 띠.

수행승들이여, 그러나
지각이 내가 아니므로
이 지각으로 질병이 들 수가 있고
'나의 지각은 이렇게 되라.

나의 지각은 이렇게 되지 말라.'라고
지각에 대해 말할 수 없느니라.

9. saṃkhārā bhikkhave anattā	쌍카라 빅카붸 아낫따
saṃkhārā ca h'idaṃ bhikkhave	쌍카라 짜 히담 빅카붸
attā abhavissaṃsu	앗따 아바뷧쌍쑤
na yidaṃ saṃkhārā	나위당 쌍카라
ābādhāya saṃvatteyyuṃ	아바다야 쌍봣떼이윰
labbhetha ca saṃkhāresu	랍베타 짜 쌍카레쑤
'evaṃ me saṃkhārā hontu	에봠 메 쌍카라 혼뚜
evaṃ me saṃkhārā mā ahesun'ti.	에봠 메 쌍카라 마 아헤쑨 띠.

수행승들이여, 형성行은 내가 아니니
수행승들이여, 참으로 이 형성이 나라면
이 형성으로 질병이 들 수가 없고
'나의 형성은 이렇게 되라.
나의 형성은 이렇게 되지 말라.'라고
형성에 대해 말할 수 있느니라.

10. yasmā ca kho bhikkhave	야쓰마 짜 코 빅카붸
saṃkhārā anattā	쌍카라 아낫따
tasmā saṃkhārā ābādhāya saṃvattanti	따쓰마 쌍카람 아바다야 쌍봣딴띠
na ca labbhati saṃkhāresu	나 짜 랍바띠 쌍카레쑤
'evaṃ me saṃkhārā hontu	에봠 메 쌍카랑 혼뚜
evaṃ me saṃkhārā mā ahesun'ti.	에봠 메 쌍카람 마 아헤쑨 띠.

수행승들이여, 그러나
형성이 내가 아니므로
이 형성으로 질병이 들 수가 있고,

'나의 형성은 이렇게 되라.
나의 형성은 이렇게 되지 말라.'라고
형성에 대해 말할 수 없느니라.

11. viññāṇaṃ bhikkhave anattā
viññāṇañ ca h'idaṃ bhikkhave
attā abhavissa
na yidaṃ viññāṇaṃ
ābādhāya saṃvatteyya
labbhetha ca viññāṇe
'evaṃ me viññāṇaṃ hotu
evaṃ me viññāṇaṃ mā ahosī'ti.

뷘냐남 빅카붸 아낫따
뷘냐난 짜 히담 빅카붸
앗따 아바뷧싸
나 위당 뷘냐남
아바다야 쌍봣떼이야
랍베타 짜 뷘냐네
에봠 메 뷘냐낭 호뚜
에봠 메 뷘냐남 마 아호씨 띠.

수행승들이여, 의식識은 내가 아니니
수행승들이여, 참으로 이 의식이 나라면
이 의식으로 질병이 들 수가 없고
'나의 의식은 이렇게 되라.
나의 의식은 이렇게 되지 말라.'라고
의식에 대해 말할 수 있느니라.

12. yasmā ca kho bhikkhave
viññāṇaṃ anattā
tasmā viññāṇaṃ ābādhāya saṃvattati
na ca labbhati viññāṇe
'evam me viññāṇaṃ hotu
evam me viññāṇaṃ mā ahosī'ti.

야쓰마 짜 코 빅카붸
뷘냐남 아낫따
따쓰마 뷘냐남 아바다야 쌍봣따띠
나 짜 랍바띠 뷘냐네
에봠메 뷘냐낭 호뚜
에봠 메 뷘냐남 마 아호씨 띠.

수행승들이여, 그러나
의식이 내가 아니므로

이 의식으로 질병이 들 수가 있고,
'나의 의식은 이렇게 되라.
나의 의식은 이렇게 되지 말라.'라고
의식에 대해 말할 수 없느니라.

13. taṃ kim maññatha bhikkhave — 땅 낌 만냐타 빅카붸
rūpaṃ niccaṃ vā aniccaṃ vā'ti? — 루빤 닛짱 봐 아닛짱 봐 띠.
aniccaṃ bhante. — 아닛짬 반떼.

수행승들이여, 어떻게 생각하는가?
물질色은 항상한 것인가 무상한 것인가?
세존이시여, 무상한 것입니다.

yaṃ panâniccaṃ — 얌 빠나 아닛짠
dukkhaṃ vā taṃ sukhaṃ vā'ti? — 둑캉 봐 땅 쑤캉 봐 띠.
dukkhaṃ bhante. — 둑캄 반떼.

무상한 것은 괴로운 것인가, 즐거운 것인가?
세존이시여, 괴로운 것입니다.

yaṃ panâniccaṃ dukkhaṃ — 얌 빠나 아닛짠 둑캉
vipariṇāma-dhammaṃ — 뷔빠리나마 담망
kallaṃ nu taṃ samanupassituṃ — 깔란 누 땅 싸마누빳씨뚬
etaṃ mama — 에땀 마마
eso'ham asmi — 에쏘함 아쓰미
eso me attā'ti? — 에쏘 메 앗따 띠
no h'etaṃ bhante. — 노 헤땀 반떼.

무상하고 괴롭고 변화하는 것을 두고
'이것은 나의 것이고

이것은 나이고
이것은 나의 자아이다.'라고
여기는 것은 옳은 것인가?
세존이시여, 그렇지 않습니다.

14. taṃ kim maññatha bhikkhave	땅 낌 만냐타 빅카웨
vedanā niccā vā aniccā vā'ti?	웨다나 닛짜 와 아닛짜 와 띠.
aniccā bhante.	아닛짜 반떼.

수행승들이여, 어떻게 생각하는가?
느낌受은 항상한 것인가 무상한 것인가?
세존이시여, 무상한 것입니다.

yaṃ panâniccaṃ	얌 빠나 아닛짠
dukkhaṃ vā taṃ sukhaṃ vā'ti?	둑캉 와 땅 쑤캉 와 띠.
dukkhaṃ bhante.	둑캄 반떼.

무상한 것은 괴로운 것인가, 즐거운 것인가?
세존이시여, 괴로운 것입니다.

yaṃ panâniccaṃ dukkhaṃ	얌 빠나 아닛짠 둑캉
vipariṇāma-dhammaṃ	뷔빠리나마 담망
kallaṃ nu taṃ samanupassituṃ	깔란 누 땅 싸마누빳씨뚬
etaṃ mama	에땀 마마
eso'ham asmi	에쏘함 아쓰미
eso me attā'ti?	에쏘 메 앗따 띠.
no h'etaṃ bhante.	노 헤땀 반떼.

무상하고 괴롭고 변화하는 것을 두고
'이것은 나의 것이고

이것은 나이고
이것은 나의 자아이다.'라고
여기는 것은 옳은 것인가?
세존이시여, 그렇지 않습니다.

15. taṃ kim maññatha bhikkhave
saññā niccā vā aniccā vā'ti?
aniccā bhante.

땅 낌 만냐타 빅카붸
싼냐 닛짜 봐 아닛짜 봐 띠.
아닛짜 반떼.

수행승들이여, 어떻게 생각하는가?
지각想은 항상한 것인가 무상한 것인가?
세존이시여, 무상한 것입니다.

yaṃ panâniccaṃ
dukkhaṃ vā taṃ sukhaṃ vā'ti?
dukkhaṃ bhante.

얌 빠나 아닛짠
둑캉 봐 땅 쑤캉 봐 띠.
둑캄 반떼.

무상한 것은 괴로운 것인가, 즐거운 것인가?
세존이시여, 괴로운 것입니다.

yaṃ panâniccaṃ dukkhaṃ
vipariṇāma-dhammaṃ
kallaṃ nu taṃ samanupassituṃ
etaṃ mama
eso'ham asmi
eso me attā'ti?
no h'etaṃ bhante.

얌 빠나 아닛짠 둑캉
뷔빠리나마 담망
깔란 누 땅 싸마누빳씨뚬
에땀 마마
에쏘함 아쓰미
에쏘 메 앗따 띠.
노 헤땀 반떼.

무상하고 괴롭고 변화하는 것을 두고
'이것은 나의 것이고

이것은 나이고
이것은 나의 자아이다.'라고
여기는 것은 옳은 것인가?
세존이시여, 그렇지 않습니다.

16. taṃ kim maññatha bhikkhave	땅 낌 만냐타 빅카붸
saṅkhārā niccā vā aniccā vā'ti?	쌍카라 닛짜 봐 아닛짜 봐 띠.
aniccā bhante.	아닛짜 반떼.

수행승들이여, 어떻게 생각하는가?
형성行은 항상한 것인가 무상한 것인가?
세존이시여, 무상한 것입니다.

yaṃ panâniccaṃ	얌 빠나 아닛짠
dukkhaṃ vā taṃ sukhaṃ vā'ti?	둑캉 봐 땅 쑤캉 봐 띠.
dukkhaṃ bhante.	둑캄 반떼.

무상한 것은 괴로운 것인가, 즐거운 것인가?
세존이시여, 괴로운 것입니다.

yaṃ panâniccaṃ dukkhaṃ	얌 빠나 아닛짠 둑캉
vipariṇāma-dhammaṃ	뷔빠리나마 담망
kallaṃ nu taṃ samanupassituṃ	깔란 누 땅 싸마누빳씨뚬
etaṃ mama	에땀 마마
eso'ham asmi	에쏘함 아쓰미
eso me attā'ti?	에쏘 메 앗따 띠.
no h'etaṃ bhante.	노 헤땀 반떼.

무상하고 괴롭고 변화하는 것을 두고
'이것은 나의 것이고

이것은 나이고
이것은 나의 자아이다.'라고
여기는 것은 옳은 것인가?
세존이시여, 그렇지 않습니다.

17. taṃ kim maññatha bhikkhave	땅 낌 만냐타 빅카웨
viññāṇaṃ niccaṃ vā aniccaṃ vā'ti?	뷘냐냔 닛짱 봐 아닛짱 봐 띠.
aniccaṃ bhante.	아닛짬 반떼.

수행승들이여, 어떻게 생각하는가?
의식識은 항상한 것인가 무상한 것인가?
세존이시여, 무상한 것입니다.

yaṃ panâniccaṃ	얌 빠나 아닛짠
dukkhaṃ vā taṃ sukhaṃ vā'ti?	둑캉 봐 땅 쑤캉 봐 띠.
dukkhaṃ bhante.	둑캄 반떼.

무상한 것은 괴로운 것인가, 즐거운 것인가?
세존이시여, 괴로운 것입니다.

yaṃ panâniccaṃ dukkhaṃ	얌 빠나 아닛짠 둑캉
vipariṇāma-dhammaṃ	뷔빠리나마 담망
kallaṃ nu taṃ samanupassituṃ	깔란 누 땅 싸마누빳씨뚬
etaṃ mama	에땀 마마
eso'ham asmi	에쏘함 아쓰미
eso me attā'ti?	에쏘 메 앗따 띠.
no h'etaṃ bhante.	노 헤땀 반떼.

무상하고 괴롭고 변화하는 것을 두고
'이것은 나의 것이고

이것은 나이고
이것은 나의 자아이다.'라고
여기는 것은 옳은 것인가?
세존이시여, 그렇지 않습니다.

18. tasmāt iha bhikkhave	따쓰마뜨 이하 빅카웨
yaṃ kiñci rūpaṃ	양 낀찌 루빵
atītânāgata-paccuppannaṃ	아띠따 아나가따 빳쭙빤남
ajjhattaṃ vā bahiddhā vā	앗잣땅 봐 바힛다 봐
oḷārikaṃ vā sukhumaṃ vā	올라리깡 봐 쑤쿠망 봐
hīnaṃ vā paṇītaṃ vā	히낭 봐 빠니땅 봐
yaṃ dūre santike vā.	얀 두레 싼띠께 봐.

그러므로 수행승들이여, 어떠한 물질이든지
과거, 미래 또는 현재에 속하든
내적이건 외적이건
거칠건 미세하건 저열하건 탁월하건
멀리 있건 가까이 있건,

sabbaṃ rūpaṃ	쌉방 루빤
n'etaṃ mama	네땀 마마
n'eso'ham asmi	네쏘함 아쓰미
na me so attā'ti	나 메 쏘 앗따 띠
evam etaṃ yathā-bhūtaṃ	에봠 에땅 야타 부땅
samma-ppaññāya daṭṭhabbaṃ.	쌈맙 빤냐야 닷탑밤.

그 모든 물질은 이와 같이 있는 그대로
'이것은 나의 것이 아니고

이것은 내가 아니고
이것은 나의 자아가 아니다.'라고
올바른 지혜로서 관찰해야 하느니라.

19. yā kāci vedanā 야 까찌 붸다나
atitânāgata-paccuppannā 아띠따 아나가따 빳쭙빤나
ajjhattā vā bahiddhā vā 앗잣따 봐 바힛다 봐
oḷārikā vā sukhumā vā 오랄리까 봐 쑤쿠마 봐
hinā vā paṇītā vā 히나 봐 빠니따 봐
yā dūre santike vā. 야 두레 봐 싼띠께 봐.

어떠한 느낌이든지
과거, 미래 또는 현재에 속하든
내적이건 외적이건
거칠건 미세하건 저열하건 탁월하건
멀리 있건 가까이 있건,

sabbā vedanā 쌉바 붸다나
n'etaṃ mama 네땀 마마
n'eso'ham asmi 네쏘함 아쓰미
na me so attā'ti 나 메 쏘 앗따 띠
evam etaṃ yathā-bhūtaṃ 에봠 에땅 야타 부땅
samma-ppaññāya daṭṭhabbaṃ. 쌈맙 빤냐야 닷탑밤.

그 모든 느낌은 이와 같이 있는 그대로
'이것은 나의 것이 아니고
이것은 내가 아니고
이것은 나의 자아가 아니다.'라고

올바른 지혜로서 관찰해야 하느니라.

20. yā kāci saññā — 야 까찌 싼냐
atitânāgata-paccuppannā — 아띠따 아나가따 빳쭙빤나
ajjhattā vā bahiddhā vā — 앗잣따 봐 바힛다 봐
oḷārikā vā sukhumā vā — 오랄리까 봐 쑤쿠마 봐
hinā vā paṇītā vā — 히나 봐 빠니따 봐
yā dūre santike vā. — 야 두레 봐 싼띠께 봐.

어떠한 지각이든지
과거, 미래 또는 현재에 속하든
내적이건 외적이건
거칠건 미세하건 저열하건 탁월하건
멀리 있건 가까이 있건,

sabbā saññā — 쌉바 싼냐
n'etaṃ mama — 네땀 마마
n'eso'ham asmi — 네쏘함 아쓰미
na me so attā'ti — 나 메 쏘 앗따 띠
evam etaṃ yathā-bhūtaṃ — 에봠 에땅 야타 부땅
samma-ppaññāya daṭṭhabbaṃ. — 쌈맙 빤냐야 닷탑밤.

그 모든 지각은 이와 같이 있는 그대로
'이것은 나의 것이 아니고
이것은 내가 아니고
이것은 나의 자아가 아니다.'라고
올바른 지혜로서 관찰해야 하느니라.

21. ye keci saṃkhārā — 예 께찌 쌍카라

atitânāgata-paccuppannā 아띠따 아나가따 빳쭙빤나
ajjhattā vā bahiddhā vā 앗잣따 봐 바힛다 봐
oḷārikā vā sukhumā vā 오랄리까 봐 쑤쿠마 봐
hinā vā paṇītā vā 히나 봐 빠니따 봐
ye dūre santike vā. 예 두레 봐 싼띠께 봐.

어떠한 형성이든지
과거, 미래 또는 현재에 속하든
내적이건 외적이건
거칠건 미세하건 저열하건 탁월하건
멀리 있건 가까이 있건,

sabbe saṅkhārā 쌉베 쌍카라
n'etaṃ mama 네땀 마마
n'eso'ham asmi 네쏘함 아쓰미
na me so attā'ti 나 메 쏘 앗따 띠
evam etaṃ yathā-bhūtaṃ 에봠 에땅 야타 부땅
samma-ppaññāya daṭṭhabbaṃ. 쌈맙 빤냐야 닷탑밤.

그 모든 형성은 이와 같이 있는 그대로
'이것은 나의 것이 아니고
이것은 내가 아니고
이것은 나의 자아가 아니다.'라고
올바른 지혜로서 관찰해야 하느니라.

22. yaṃ kiñci viññāṇaṃ 양 낀찌 뷘냐남
atītânāgata-paccuppannaṃ 아띠따 아나가따 빳쭙빤남
ajjhattaṃ vā bahiddhā vā 앗잣땅 봐 바힛다 봐
oḷārikaṃ vā sukhumaṃ vā 올라리깡 봐 쑤쿠망 봐

hīnaṃ vā paṇītaṃ vā 히낭 봐 빠니땅 봐
yaṃ dūre santike vā. 얀 두레 싼띠께 봐.

어떠한 의식이든지
과거, 미래 또는 현재에 속하든
내적이건 외적이건
거칠건 미세하건 저열하건 탁월하건
멀리 있건 가까이 있건,

sabbaṃ viññāṇaṃ 쌉방 뷘냐난
n'etaṃ mama 네땀 마마
n'eso'ham asmi 네쏘함 아쓰미
na me so attā'ti 나 메 쏘 앗따 띠
evam etaṃ yathā-bhūtaṃ 에봠 에땅 야타 부땅
samma-ppaññāya daṭṭhabbaṃ. 쌈맙 빤냐야 닷탑밤.

그 모든 의식은 이와 같이 있는 그대로
'이것은 나의 것이 아니고
이것은 내가 아니고
이것은 나의 자아가 아니다.'라고
올바른 지혜로서 관찰해야 하느니라.

23. evaṃ passaṃ bhikkhave sutvā 에봠 빳쌈 빅카붸 쑤뜨와
ariya-sāvako 아리야 싸봐꼬

1) rūpasmim pi nibbindati 루빠쓰밈 삐 닙빈다띠
2) vedanāya pi nibbindati 붸다나야 삐 닙빈다띠
3) saññāya pi nibbindati 싼냐야 삐 닙빈다띠
4) saṃkhāresu pi nibbindati 쌍카레쑤 삐 닙빈다띠
5) viññāṇasmim pi nibbindati 뷘냐나쓰밈 삐 닙빈다띠.

수행승들이여,
이와 같이 보고 들은 고귀한 제자는

1) 물질에서도 싫어하여 떠나고
2) 느낌에서도 싫어하여 떠나고
3) 지각에서도 싫어하여 떠나고
4) 형성에서도 싫어하여 떠나고
5) 의식에서도 싫어하여 떠나나니,

24. nibbindaṃ virajjati 닙빈당 뷔랏자띠
virāgā vimuccatī 뷔라가 뷔뭇짜띠
vimuttasmiṃ vimuttam iti 뷔뭇따쓰밍 뷔뭇땀 이띠.
ñāṇaṃ hoti 냐낭 호띠
'khīṇā jāti 키나 자띠
vusitaṃ brahma-cariyaṃ 뷰씨땀 브라흐마 짜리양
kataṃ karaṇīyaṃ 까땅 까라니얀
nâparaṃ itthattāyā'ti pajānātī'ti. 나 아빠람 잇탓따야 띠 빠자나띠 띠.

싫어하여 떠나서 사라지고,
사라져서 해탈하나니, 해탈할 때
'해탈했다.'라는 궁극적 앎이 생겨나서
'태어남은 부서지고
청정한 삶은 이루어졌다.
해야 할 일을 다 마치고
더 이상 윤회하지 않는다.'라고 분명히 아느니라."

25. idam avoca bhagavā 이담 아보짜 바가봐

attamanā pañca-vaggiyā bhikkhū 앗따마나 빤짜 봑기야 빅쿠
bhagavato bhāsitaṃ abhinanduṃ 바가봐또 바씨땀 아비난둠
imasmiñ ca pana 이마쓰민 짜 빠나
veyyākaraṇasmiṃ bhaññamāne 붸이야까라나쓰밈 반냐마네
pañca-vaggiyānaṃ bhikkhūnaṃ 빤짜 봑기야남 빅쿠남
anupādāya 아누빠다야
āsavehi cittāni vimucciṃsū'ti. 아싸붸히 찟따니 뷔뭇찡쑤 띠.

세존께서 이와 같이 말씀하시자
다섯 명의 수행승들은 환희하며
세존의 말씀에 기뻐했습니다.
또한 그러한 분석적 해명이 설해지자
다섯 명의 수행승들의 마음은
집착 없이 번뇌에서 해탈했습니다.

3. Ādittapariyāyasutta

아딧타 빠리야야 쑷따

「연소의 법문의 경」을 송출하오니

1. evaṃ me sutam 에봠 메 쑤땀
ekaṃ samayaṃ bhagavā 에깡 싸마얌 바가봐
gayāyaṃ viharati gayāsīse 가야양 뷔하라띠 가야씨세
saddhiṃ bhikkhu-sahassena 쌋딤 빅쿠 싸핫쎄나
tatra kho bhagavā bhikkhū āmantesi. 따뜨라 코 바가봐 빅쿠 아만떼씨.

이와 같이 나는 들었습니다.
한때 세존께서 가야 시의 가야씨싸 산에서

천 명의 수행승들과 함께 계셨습니다.
그때 세존께서는 수행승들에게 말씀하셨습니다.

2. sabbaṃ bhikkhave ādittaṃ	쌉밤 빅카붸 아딧땀
kiñ ca bhikkhave sabbaṃ ādittaṃ?	낀짜 빅카붸 쌉밤 아딧땀.

"수행승들이여, 일체가 불타고 있느니라.
어떤 일체가 불타고 있는가?

1) cakkhuṃ bhikkhave ādittaṃ	짝쿰 빅카붸 아딧땅
rūpā ādittā	루빠 아딧따
cakkhu-viññāṇaṃ ādittaṃ	짝쿠 뷘냐남 아딧딴
cakkhu-samphasso āditto	짝쿠 쌈팟쏘 아딧또
yam p'idaṃ cakkhu-samphassa-paccayā	얌 삐단 짝쿠 쌈팟싸 빳짜야
uppajjati vedayitaṃ sukhaṃ vā	웁빳자띠 붸다위땅 쑤캉 봐
dukkhaṃ vā adukkham-asukhaṃ vā	둑캉 봐 아둑캄 아쑤캉 봐
tam pi ādittaṃ.	땀 삐 아딧땀.

수행승들이여,
시각도 불타고 있고 형상도 불타고 있고
시각의식도 불타고 있고
시각접촉도 불타고 있고
시각접촉을 조건으로 생겨나는
즐겁거나 괴롭거나 중립적인 느낌도
불타고 있느니라.

kena ādittaṃ?	께나 아딧땀
ādittaṃ rāgagginā	아딧땅 라각기나
dosagginā mohagginā	도싹기나 모학기나

ādittaṃ jātiyā jarā-maraṇena	아딧딴 자띠야 자라 마라네나
sokehi paridevehi	쏘께히 빠리데붸히
dukkhehi domanassehi	둑케히 도마낫쎄히
upāyāsehi ādittan'ti vadāmi.	우빠야쎄히 아딧딴 띠 봐다미.

무엇으로 불타고 있는가?
탐욕의 불로, 성냄의 불로
어리석음의 불로 불타고 있고
태어남 · 늙음 · 죽음으로
슬픔 · 비탄 · 고통 · 근심 · 절망으로
불타고 있다고 나는 말하느니라.

2) sotaṃ bhikkhave ādittaṃ	쏘땀 빅카붸 아딧땅
saddā ādittā	쌋다 아딧따
sota-viññāṇaṃ ādittaṃ	쏘따 뷘냐남 아딧땅
sota-samphasso āditto	쏘따 쌈팟쏘 아딧또
yam p'idaṃ sota-samphassa-paccayā	얌 삐당 쏘따 쌈팟싸 빳짜야
uppajjati vedayitaṃ sukhaṃ vā	웁빳자띠 붸다위땅 쑤캉 봐
dukkhaṃ vā adukkham-asukhaṃ vā	둑캉 봐 아둑캄 아쑤캉 봐
tam pi ādittaṃ.	땀 삐 아딧땀.

수행승들이여,
청각도 불타고 있고소리도 불타고 있고
청각의식도 불타고 있고
청각접촉도 불타고 있고
청각접촉을 조건으로 생겨나는
즐겁거나 괴롭거나 중립적인 느낌도

불타고 있느니라.

kena ādittaṃ?	께나 아딧땀
ādittaṃ rāgagginā	아딧땅 라각기나
dosagginā mohagginā	도싹기나 모학기나
ādittaṃ jātiyā jarā-maraṇena	아딧딴 자띠야 자라 마라네나
sokehi paridevehi	쏘께히 빠리데붸히
dukkhehi domanassehi	둑케히 도마낫쎄히
upāyāsehi ādittan'ti vadāmi.	우빠야쎄히 아딧딴 띠 봐다미.

무엇으로 불타고 있는가?
탐욕의 불로, 성냄의 불로
어리석음의 불로 불타고 있고
태어남 · 늙음 · 죽음으로
슬픔 · 비탄 · 고통 · 근심 · 절망으로
불타고 있다고 나는 말하느니라.

3) ghānaṃ bhikkhave ādittaṃ	가남 빅카붸 아딧땅
gandhā ādittā	간다 아딧따
ghāna-viññāṇaṃ ādittaṃ	가나 뷘냐남 아딧땅
ghāna-samphasso āditto	가나 쌈팟쏘 아딧또
yam p'idaṃ ghāna-samphassa-paccayā	얌 삐당 가나 쌈팟싸 빳짜야
uppajjati vedayitaṃ sukhaṃ vā	웁빳자띠 붸다위땅 쑤캉 봐
dukkhaṃ vā adukkham-asukhaṃ vā	둑캉 봐 아둑캄 아쑤캉 봐
tam pi ādittaṃ.	땀 삐 아딧땀.

수행승들이여,
후각도 불타고 있고 냄새도 불타고 있고
후각의식도 불타고 있고

후각접촉도 불타고 있고
후각접촉을 조건으로 생겨나는
즐겁거나 괴롭거나 중립적인 느낌도
불타고 있느니라.

kena ādittaṃ?	께나 아딧땀
ādittaṃ rāgagginā	아딧땅 라각기나
dosagginā mohagginā	도싹기나 모학기나
ādittaṃ jātiyā jarā-maraṇena	아딧딴 자띠야 자라 마라네나
sokehi paridevehi	쏘께히 빠리데붸히
dukkhehi domanassehi	둑케히 도마낫쎄히
upāyāsehi ādittan'ti vadāmi.	우빠야쎄히 아딧딴 띠 봐다미.

무엇으로 불타고 있는가?
탐욕의 불로, 성냄의 불로
어리석음의 불로 불타고 있고
태어남 · 늙음 · 죽음으로
슬픔 · 비탄 · 고통 · 근심 · 절망으로
불타고 있다고 나는 말하느니라.

4) jivhā bhikkhave ādittā	지브하 빅카붸 아딧따
rasā ādittā	라싸 아딧따
jivhā-viññāṇaṃ ādittaṃ	지브하 뷘냐남 아딧딴
jivhā-samphasso āditto	지브하 쌈팟쏘 아딧또
yam p'idaṃ jihvā-samphassa-paccayā	얌 삐단 지브하 쌈팟싸 빳짜야
uppajjati vedayitaṃ sukhaṃ vā	웁빳자띠 붸다위땅 쑤캉 봐
dukkhaṃ vā adukkham-asukhaṃ vā	둑캉 봐 아둑캄 아쑤캉 봐
tam pi ādittaṃ.	땀 삐 아딧땀.

수행승들이여,
미각도 불타고 있고 맛도 불타고 있고
미각의식도 불타고 있고
미각접촉도 불타고 있고
미각접촉을 조건으로 생겨나는
즐겁거나 괴롭거나 중립적인 느낌도
불타고 있느니라.

kena ādittaṃ?	께나 아딧땀
ādittaṃ rāgagginā	아딧땅 라각기나
dosagginā mohagginā	도싹기나 모학기나
ādittaṃ jātiyā jarā-maraṇena	아딧딴 자띠야 자라 마라네나
sokehi paridevehi	쏘께히 빠리데붸히
dukkhehi domanassehi	둑케히 도마낫쎄히
upāyāsehi ādittan'ti vadāmi.	우빠야쎄히 아딧딴 띠 봐다미.

무엇으로 불타고 있는가?
탐욕의 불로, 성냄의 불로
어리석음의 불로 불타고 있고
태어남·늙음·죽음으로
슬픔·비탄·고통·근심·절망으로
불타고 있다고 나는 말하느니라.

5) kāyo bhikkhave āditto	까요 빅카붸 아딧또
phoṭṭhabbā ādittā	폿탑바 아딧따
kāya-viññāṇaṃ ādittaṃ	까야 뷘냐남 아딧땅
kāya-samphasso āditto	까야 쌈팟쏘 아딧또

yam p'idaṃ kāya-samphassa-paccayā	얌 삐당 까야 쌈팟싸 빳짜야
uppajjati vedayitaṃ sukhaṃ vā	웁빳자띠 붸다위땅 쑤캉 봐
dukkhaṃ vā adukkham-asukhaṃ vā	둑캉 봐 아둑캄 아쑤캉 봐
tam pi ādittaṃ.	땀 삐 아딧땀.

수행승들이여,
촉각도 불타고 있고 감촉도 불타고 있고
촉각의식도 불타고 있고
촉각접촉도 불타고 있고
촉각접촉을 조건으로 생겨나는
즐겁거나 괴롭거나 중립적인 느낌도
불타고 있느니라.

kena ādittaṃ?	께나 아딧땀
ādittaṃ rāgagginā	아딧땅 라각기나
dosagginā mohagginā	도싹기나 모학기나
ādittaṃ jātiyā jarā-maraṇena	아딧딴 자띠야 자라 마라네나
sokehi paridevehi	쏘께히 빠리데붸히
dukkhehi domanassehi	둑케히 도마낫쎄히
upāyāsehi ādittan'ti vadāmi.	우빠야쎄히 아딧딴 띠 봐다미.

무엇으로 불타고 있는가?
탐욕의 불로, 성냄의 불로
어리석음의 불로 불타고 있고
태어남 · 늙음 · 죽음으로
슬픔 · 비탄 · 고통 · 근심 · 절망으로
불타고 있다고 나는 말하느니라.

6) mano bhikkhave āditto	마노 빅카붸 아딧또
dhammā ādittā	담마 아딧따
mano-viññāṇaṃ ādittaṃ	마노 뷘냐남 아딧땀
mano-samphasso āditto	마노 쌈팟쏘 아딧또
yam p'idaṃ mano-samphassa-paccayā	얌 삐담 마노 쌈팟싸 빳짜야
uppajjati vedayitaṃ sukhaṃ vā	웁빳자띠 붸다위땅 쑤캉 봐
dukkhaṃ vā adukkham-asukhaṃ vā	둑캉 봐 아둑캄 아쑤캉 봐
tam pi ādittaṃ.	땀 삐 아딧땀.

수행승들이여,
정신도 불타고 있고 사실도 불타고 있고
정신의식도 불타고 있고
정신접촉도 불타고 있고
정신접촉을 조건으로 생겨나는
즐겁거나 괴롭거나 중립적인 느낌도
불타고 있느니라.

kena ādittaṃ?	께나 아딧땀
ādittaṃ rāgagginā	아딧땅 라각기나
dosagginā mohagginā	도싹기나 모학기나
ādittaṃ jātiyā jarā-maraṇena	아딧딴 자띠야 자라 마라네나
sokehi paridevehi	쏘께히 빠리데붸히
dukkhehi domanassehi	둑케히 도마낫쎄히
upāyāsehi ādittan'ti vadāmi.	우빠야쎄히 아딧딴 띠 봐다미.

무엇으로 불타고 있는가?
탐욕의 불로, 성냄의 불로
어리석음의 불로 불타고 있고

태어남 · 늙음 · 죽음으로
슬픔 · 비탄 · 고통 · 근심 · 절망으로
불타고 있다고 나는 말하느니라.

3. evaṃ passaṃ bhikkhu 에봄 빳쌈 빅쿠
sutavā ariya-sāvako. 쑤따봐 아리야 싸봐꼬.

수행승들이여, 이와 같이 보아서
잘 배운 고귀한 제자는

1) cakkhusmim pi nibbindati 짝쿠쓰밈 삐 닙빈다띠
rūpesu pi nibbindati 루뻬쑤 삐 닙빈다띠
cakkhu-viññāṇe pi nibbindati 짝쿠 뷘냐네 삐 닙빈다띠
cakkhu-samphasse pi nibbindati 짝쿠 쌈팟쎄 삐 닙빈다띠
yam p'idaṃ cakkhu-samphassa-paccayā 얌 삐단 짝쿠 쌈팟싸 빳짜야
uppajjati vedayitaṃ sukhaṃ vā 웁빳자띠 붸다위땅 쑤캉 봐
dukkhaṃ vā adukkham-asukhaṃ vā 둑캉 봐 아둑캄 아쑤캉 봐
tasmim pi nibbindati. 따쓰밈 삐 닙빈다띠.

시각에서도 싫어하여 떠나고
형상에서도 싫어하여 떠나고
시각의식에서도 싫어하여 떠나고
시각접촉에서도 싫어하여 떠나고
시각접촉을 조건으로 생겨나는
즐겁거나 괴롭거나 중립적인 느낌에서도
싫어하여 떠나니,

nibbindaṃ virajjati 닙빈당 뷔랏자띠
virāgā vimuccati vimuttasmiṃ 뷔라가 뷔뭇짜띠 뷔뭇따쓰밍

vimuttam iti ñāṇaṃ hoti 뷔뭇땀 이띠 냐냥 호띠
'khīṇā jāti 키나 자띠
vusitaṃ brahma-cariyaṃ 뷰씨땀 브라흐마 짜리양
kataṃ karaṇīyaṃ 까땅 까라니얀
nâparaṃ itthattāyā'ti pajānātī'ti. 나 아빠람 잇탓따야 띠 빠자나띠 띠.

싫어하여 떠나서 사라지고
사라져서 해탈하나니 해탈할 때
'해탈했다.'는 궁극의 앎이 생겨나
'태어남은 부서졌고
청정한 삶은 이루어졌고
해야 할 일은 다 마쳤으니
더 이상 윤회하지 않는다.'라고
분명히 아느니라.

2) sotasmim pi nibbindati 쏘따쓰밈 삐 닙빈다띠
saddesu pi nibbindati 쌋데쑤 삐 닙빈다띠
sota-viññāṇe pi nibbindati 쏘따 뷘냐네 삐 닙빈다띠
sota-samphasse pi nibbindati 쏘따 쌈팟쎄 삐 닙빈다띠
yam p'idaṃ sota-samphassa-paccayā 얌 삐당 쏘따 쌈팟싸 빳짜야
uppajjati vedayitaṃ sukhaṃ vā 웁빳자띠 붸다위땅 쑤캉 봐
dukkhaṃ vā adukkham-asukhaṃ vā 둑캉 봐 아둑캄 아쑤캉 봐
tasmimpi nibbindati. 따쓰밈 삐 닙빈다띠.

청각에서도 싫어하여 떠나고
소리에서도 싫어하여 떠나고
청각의식에서도 싫어하여 떠나고
청각접촉에서도 싫어하여 떠나고

청각접촉을 조건으로 생겨나는
즐겁거나 괴롭거나 중립적인 느낌에서도
싫어하여 떠나니,

nibbindaṃ virajjati	닙빈당 뷔랏자띠
virāgā vimuccati vimuttasmiṃ	뷔라가 뷔뭇짜띠 뷔뭇따쓰밍
vimuttam iti ñāṇaṃ hoti	뷔뭇땀 이띠 냐낭 호띠
‘khīṇā jāti	키나 자띠
vusitaṃ brahma-cariyaṃ	뷰씨땀 브라흐마 짜리양
kataṃ karaṇīyaṃ	까땅 까라니얀
nâparaṃ itthattāyā'ti pajānātī'ti.	나 아빠람 잇탓따야 띠 빠자나띠 띠.

싫어하여 떠나서 사라지고
사라져서 해탈하나니, 해탈할 때
‘해탈했다.’는 궁극의 앎이 생겨나
‘태어남은 부서졌고
청정한 삶은 이루어졌고
해야 할 일은 다 마쳤으니
더 이상 윤회하지 않는다.’고 분명히 아느니라.

3) ghānasmim pi nibbindati	가나쓰밈 삐 닙빈다띠
gandhesu pi nibbindati	간데쑤 삐 닙빈다띠
ghāna-viññāṇe pi nibbindati	가나 뷘냐네 삐 닙빈다띠
ghāna-samphasse pi nibbindati	가나 쌈팟쎄 삐 닙빈다띠
yam p'idaṃ ghāna-samphassa-paccayā	얌 삐당 가나 쌈팟싸 빳짜야
uppajjati vedayitaṃ sukhaṃ vā	웁빳자띠 붸다위땅 쑤캉 봐
dukkhaṃ vā adukkham-asukhaṃ vā	둑캉 봐 아둑캄 아쑤캉 봐
tasmimpi nibbindati.	따쓰밈 삐 닙빈다띠.

후각에서도 싫어하여 떠나고
냄새에서도 싫어하여 떠나고
후각의식에서도 싫어하여 떠나고
후각접촉에서도 싫어하여 떠나고
후각접촉을 조건으로 생겨나는
즐겁거나 괴롭거나 중립적인 느낌에서도
싫어하여 떠나니,

nibbindaṃ virajjati	닙빈당 뷔랏자띠
virāgā vimuccati vimuttasmiṃ	뷔라가 뷔뭇짜띠 뷔뭇따쓰밍
vimuttam iti ñāṇaṃ hoti	뷔뭇땀 이띠 냐냥 호띠
'khīṇā jāti	키나 자띠
vusitaṃ brahma-cariyaṃ	뷰씨땀 브라흐마 짜리양
kataṃ karaṇīyaṃ	까땅 까라니얀
nâparaṃ itthattāyā'ti pajānātī'ti.	나 아빠람 잇탓따야 띠 빠자나띠 띠.

싫어하여 떠나서 사라지고
사라져서 해탈하나니, 해탈할 때
'해탈했다.'는 궁극의 앎이 생겨나
'태어남은 부서졌고
청정한 삶은 이루어졌고
해야 할 일은 다 마쳤으니
더 이상 윤회하지 않는다.'라고
분명히 아느니라.

4) jivhāya pi nibbindati	지브하야 삐 닙빈다띠

rasesu pi nibbindati	라쎄쑤 삐 닙빈다띠
jivhā-viññāṇe pi nibbindati	지브하 뷘냐네 삐 닙빈다띠
jivhā-samphasse pi nibbindati	지브하 쌈팟쎄 삐 닙빈다띠
yam p'idaṃ jivhā-samphassa-paccayā	얌 삐단 지브하 쌈팟싸 빳짜야
uppajjati vedayitaṃ sukhaṃ vā	웁빳자띠 붸다위땅 쑤캉 봐
dukkhaṃ vā adukkham-asukhaṃ vā	둑캉 봐 아둑캄 아쑤캉 봐
tasmimpi nibbindati.	따쓰밈 삐 닙빈다띠.

수행승들이여, 이와 같이 보아서
잘 배운 고귀한 제자는
미각에서도 싫어하여 떠나고
맛에서도 싫어하여 떠나고
미각의식에서도 싫어하여 떠나고
미각접촉에서도 싫어하여 떠나고
미각접촉을 조건으로 생겨나는
즐겁거나 괴롭거나 중립적인 느낌에서도
싫어하여 떠나니,

nibbindaṃ virajjati	닙빈당 뷔랏자띠
virāgā vimuccati vimuttasmiṃ	뷔라가 뷔뭇짜띠 뷔뭇따쓰밍
vimuttam iti ñāṇaṃ hoti	뷔뭇땀 이띠 냐냥 호띠
'khīṇā jāti	키나 자띠
vusitaṃ brahma-cariyaṃ	뷰씨땀 브라흐마 짜리양
kataṃ karaṇīyaṃ	까땅 까라니얀
nâparaṃ itthattāyā'ti pajānātī'ti.	나 아빠람 잇탓따야 띠 빠자나띠 띠.

싫어하여 떠나서 사라지고
사라져서 해탈하나니, 해탈할 때

'해탈했다.'는 궁극의 앎이 생겨나
'태어남은 부서졌고
청정한 삶은 이루어졌고
해야 할 일은 다 마쳤으니
더 이상 윤회하지 않는다.'라고 분명히 아느니라.

5) kāyasmim pi nibbindati	까야쓰밈 삐 닙빈다띠
phoṭṭhabbesu pi nibbindati	폿탑베쑤 삐 닙빈다띠
kāya-viññāṇe pi nibbindati	까야 뷘냐네 삐 닙빈다띠
kāya-samphasse pi nibbindati	까야 쌈팟쎄 삐 닙빈다띠
yam p'idaṃ kāya-samphassa-paccayā	얌 삐당 까야 쌈팟싸 빳짜야
uppajjati vedayitaṃ sukhaṃ vā	웁빳자띠 붸다위땅 쑤캉 봐
dukkhaṃ vā adukkham-asukhaṃ vā	둑캉 봐 아둑캄 아쑤캉 봐
tasmimpi nibbindati.	따쓰밈 삐 닙빈다띠.

촉각에서도 싫어하여 떠나고
감촉에서도 싫어하여 떠나고
촉각의식에서도 싫어하여 떠나고
촉각접촉에서도 싫어하여 떠나고
촉각접촉을 조건으로 생겨나는
즐겁거나 괴롭거나 중립적인 느낌에서도
싫어하여 떠나니,

nibbindaṃ virajjati	닙빈당 뷔랏자띠
virāgā vimuccati vimuttasmiṃ	뷔라가 뷔뭇짜띠 뷔뭇따쓰밍
vimuttam iti ñāṇaṃ hoti	뷔뭇땀 이띠 냐낭 호띠
'khīṇā jāti	키나 자띠
vusitaṃ brahma-cariyaṃ	뷰씨땀 브라흐마 짜리양

katam karaṇīyam
nâparam itthattāyā'ti pajānātī'ti.

까땅 까라니얀
나 아빠람 잇탓따야 띠 빠자나띠 띠.

싫어하여 떠나서 사라지고
사라져서 해탈하나니, 해탈할 때
'해탈했다.'는 궁극의 앎이 생겨나
'태어남은 부서졌고
청정한 삶은 이루어졌고
해야 할 일은 다 마쳤으니
더 이상 윤회하지 않는다.'고 분명히 아느니라.

6) manassam pi nibbindati
dhammesu pi nibbindati
mano-viññāṇe pi nibbindati
mano-samphasse pi nibbindati
yam p'idaṃ mano-samphassa-paccayā
uppajjati vedayitaṃ sukhaṃ vā
dukkhaṃ vā adukkham-asukhaṃ vā
tasmimpi nibbindati.

마낫쌈 삐 닙빈다띠
담메쑤 삐 닙빈다띠
마노 뷘냐네 삐 닙빈다띠
마노 쌈팟쎄 삐 닙빈다띠
얌 삐담 마노 쌈팟싸 빳짜야
웁빳자띠 웨다위땅 쑤캉 와
둑캉 와 아둑캄 아쑤캉 와
따쓰밈 삐 닙빈다띠.

정신에서도 싫어하여 떠나고
사실에서도 싫어하여 떠나고
정신의식에서도 싫어하여 떠나고
정신접촉에서도 싫어하여 떠나고
정신접촉을 조건으로 생겨나는
즐겁거나 괴롭거나 중립적인 느낌에서도
싫어하여 떠나니,

nibbindaṃ virajjati	닙빈당 뷔랏자띠
virāgā vimuccati vimuttasmiṃ	뷔라가 뷔뭇짜띠 뷔뭇따쓰밍
vimuttam iti ñāṇaṃ hoti	뷔뭇땀 이띠 냐낭 호띠
'khīṇā jāti	키나 자띠
vusitaṃ brahma-cariyaṃ	뷰씨땀 브라흐마 짜리양
kataṃ karaṇīyaṃ	까땅 까라니얀
nâparaṃ itthattāyā'ti pajānātī'ti.	나 아빠람 잇탓따야 띠 빠자나띠 띠.

싫어하여 떠나서 사라지고
사라져서 해탈하나니, 해탈할 때
'해탈했다.'라는 궁극의 앎이 생겨나
'태어남은 부서졌고
청정한 삶은 이루어졌고
해야 할 일은 다 마쳤으니
더 이상 윤회하지 않는다.'라고 분명히 아느니라."

4.	idam avoca bhagavā	이담 아뵤짜 바가봐
	attamanā te bhikkhū	앗따마나 떼 빅쿠
	bhagavato bhāsitaṃ abhinandun'ti.	바가봐또 바씨땀 아비난둔 띠.

세존께서 이처럼 말씀하시자
그 수행승들은 세존께서 하신 말씀에
만족하여 기뻐했습니다.

imasmiñ ca pana	이마쓰민 짜 빠나
veyyākaraṇasmiṃ bhaññamāne	베이야까라나쓰밈 반냐마네
tassa bhikkhu-sahassassa	땃싸 빅쿠 싸핫쌋싸
anupādāya āsavehi	아누빠다야 아싸붸히
cittāni vimucciṃsū'ti.	찟따니 뷔뭇찡쑤 띠.

그리고 이와 같이 가르침이 설해지자
그 천 명의 수행승들의 마음은
집착 없이 번뇌에서 해탈했습니다.

4. Aṭṭhaṅgikamaggavibhaṅgasutta

앗탕기까 막가 뷔방가 쑷따

「여덟 가지 고귀한 길의 분석의 경」을 송출하오니

1. evaṃ me sutaṃ 에봠 메 쑤땀
ekaṃ samayaṃ bhagavā 에깡 싸마얌 바가봐
sāvatthiyaṃ viharati 싸봣티양 뷔하라띠
jetavane anāthapiṇḍikassa ārāme. 제따봐네 아나타삔디깟싸 아라메.

이와 같이 나는 들었습니다.
한때 세존께서 싸밧티 시의 제따바나 숲에 있는
아나타삔디까 승원에 계셨습니다.

2. tatra kho bhagavā bhikkhū āmantesi 따뜨라 코 바가봐 빅쿠 아만떼씨
bhikkhavo'ti bhadante'ti 빅카뵤 띠 바단떼 띠
te bhikkhū bhagavato paccassosuṃ 떼 빅쿠 바가봐또 빳짯쏘쑴
bhagavā etad avoca. 바가봐 에따드 아뵤짜.

그 때 세존께서는 수행승들에게
"수행승들이여!"라고 말씀하셨습니다.
"세존이시여!"라고 수행승들이 세존께 대답하자
세존께서는 이와 같이 말씀하셨습니다.

3. ariyaṃ vo bhikkhave 아리양 뵤 빅카붸
aṭṭhaṅgikaṃ maggaṃ 앗탕기깜 막감
desissāmi vibhajissāmi taṃ suṇātha 데씻싸미 뷔바짓싸미 땅 쑤나타
sādhukaṃ manasikarotha bhāsissāmī'ti 싸두깜 마나씨까로타 바씻싸미 띠
evaṃ bhante'ti 에봠 반떼 띠
kho te bhikkhū bhagavato paccassosuṃ 코 떼 빅쿠 바가봐또 빳짯쏘쑴
bhagavā etad avoca. 바가봐 에따드 아뵤짜.

"수행승들이여, 여덟 가지 고귀한 길을
설하고 분석하리니, 그것을 듣고
잘 새기도록 할지니라, 내가 설하리라."
"세존이시여, 그렇게 하겠습니다."
그 수행승들은 세존께 대답하자
세존께서는 이와 같이 말씀하셨습니다.

4. katamo ca bhikkhave 까따모 짜 빅카붸
ariyo aṭṭhaṅgiko maggo? 아리요 앗탕기꼬 막고.
ayam eva ariyo aṭṭhaṅgiko maggo 아얌 에봐 아리요 앗탕기까 막고
seyyath'idaṃ. 쎄이야티당.

"수행승들이여, 어떠한 것이
여덟 가지 고귀한 길인가?
수행승들이여, 그것은 바로
여덟 가지 고귀한 길이니, 곧

1) sammā-diṭṭhi 쌈마 딧티
2) sammā-saṅkappo 쌈마 쌍깝뽀
3) sammā-vācā 쌈마 봐짜
4) sammā-kammanto 쌈마 깜만또

5) sammā-ājīvo 쌈마 아지뵤
6) sammā-vāyāmo 쌈마 봐야모
7) sammā-sati 쌈마 싸띠
8) sammā-samādhi. 쌈마 싸마디.

1) 올바른 견해 2) 올바른 사유
3) 올바른 언어 4) 올바른 행위
5) 올바른 생활 6) 올바른 정진
7) 올바른 새김 8) 올바른 집중이니라.

5. katamā ca bhikkhave 까따마 짜 빅카붸
sammā-diṭṭhi? 쌈마 딧티.
yaṃ kho bhikkhave. 양 코 빅카붸.

수행승들이여, 어떠한 것이
올바른 견해인가? 수행승들이여,

1) dukkhe ñāṇaṃ 둑케 냐남
2) dukkha-samudaye ñāṇaṃ 둑카 싸무다예 냐냠
3) dukkha-nirodhe ñāṇaṃ 둑카 니로데 냐냠
4) dukkha-nirodha-gāminiyā 둑카 니로다 가미니야
paṭipadāya ñāṇaṃ. 빠띠빠다야 냐남.

1) 괴로움에 대한 앎
2) 괴로움의 발생에 대한 앎
3) 괴로움의 소멸에 대한 앎
4) 괴로움의 소멸로 이끄는 길에 대한 앎이 있으니,

ayaṃ vuccati bhikkhave 아양 븃짜띠 빅카붸
sammā-diṭṭhi. 쌈마 딧티.

수행승들이여, 이러한 것을
올바른 견해라고 하는 것이니라.

6. katamo ca bhikkhave 까따모 짜 빅카웨
sammā-saṅkappo? 쌈마 쌍깝뽀.
yo kho bhikkhave. 요 코 빅카웨.

수행승들이여, 어떠한 것이
올바른 사유인가? 수행승들이여,

1) nekkhamma-saṅkappo 넥캄마 쌍깝뽀
2) avyāpāda-saṃkappo 아뷔야빠다 쌍깝뽀
3) avihiṃsā-saṅkappo. 아뷔힝싸 쌍깝뽀.

1) 욕망을 여읜 사유
2) 분노를 여읜 사유
3) 폭력을 여읜 사유가 있으니,

ayaṃ vuccati bhikkhave 아양 븃따띠 빅카웨
sammā-saṅkappo. 쌈마 쌍깝뽀.

수행승들이여, 이러한 것을
올바른 사유라고 하는 것이니라.

7. katamā ca bhikkhave 까따마 짜 빅카웨
sammā-vācā? 쌈마 봐짜.
yā kho bhikkhave. 야 코 빅카웨.

수행승들이여, 어떠한 것이
올바른 언어인가? 수행승들이여,

1) musā-vādā veramaṇī 무싸 봐다 붸라마니
2) pisuṇāya vācāya veramaṇī 삐쑤나야 봐짜야 붸라마니
3) pharusāya vācāya veramaṇī 파루싸야 봐짜야 붸라마니
4) samphappalāpā veramaṇī. 쌈팝빨라빠 붸라마니.

1) **어리석은 거짓말을 하는 것을 삼가는 것**
2) **이간질을 하는 것을 삼가는 것**
3) **욕지거리를 하는 것을 삼가는 것**
4) **꾸며대는 말을 하는 것을 삼가는 것이니,**

ayaṃ vuccati bhikkhave 아양 븟짜띠 빅카붸
sammā-vācā. 쌈마 봐짜.

수행승들이여, 이러한 것을
올바른 언어라고 하는 것이니라.

8. katamo ca bhikkhave 까따모 짜 빅카붸
sammā-kammanto? 쌈마 깜만또.
yā kho bhikkhave. 야 코 빅카붸.

수행승들이여, 어떠한 것이
올바른 행위인가? 수행승들이여,

1) pāṇâtipātā veramaṇī 빠나 아띠빠따 붸라마니
2) adinnâdānā veramaṇī 아딘나 아다나 붸라마니
3) abrahma-cariyā veramaṇī. 아브라흐마 짜리야 붸라마니.

1) **살아있는 생명을 죽이는 것을 삼가는 것**
2) **주지 않은 것을 빼앗는 것을 삼가는 것**
3) **순결치 못한 삶을 살는 것을 삼가는 것이니,**

ayaṃ vuccati bhikkhave 아햐 븃짜띠 빅카붸
sammā-kammanto. 빅카붸 쌈마 깜만또.

수행승들이여, 이러한 것을
올바른 행위라고 하는 것이니라.

9. katamo ca bhikkhave 까따모 짜 빅카붸
sammā-ājīvo? 쌈마 아지뵤.
idha bhikkhave ariya-sāvako. 이다 빅카붸 아리야 싸봐꼬.

수행승들이여, 어떠한 것이
올바른 생활인가? 수행승들이여,
여기 고귀한 제자라면,

1) micchā-ājīvaṃ pahāya 밋차 아지봠 빠하야
2) sammā-ājīvena jīvikaṃ kappeti. 쌈마 아지붸나 지뷔깡 깝뻬띠.

1) **잘못된 생활을 버리고**
2) **올바른 생활로 생계를 유지한다.**

ayaṃ vuccati bhikkhave 아햐 븃짜띠 빅카붸
sammā-ājīvo. 쌈마 아지뵤.

수행승들이여, 이러한 것을
올바른 생활이라고 하는 것이니라.

10. katamo ca bhikkhave 까따모 짜 빅카붸
sammā-vāyāmo? 쌈마 봐야모.
idha bhikkhave bhikkhu. 이다 빅카붸 빅쿠.

수행승들이여, 어떠한 것이

올바른 정진인가?
수행승들이여, 여기 수행승이

1) anuppannānaṃ pāpakānaṃ	아눕빤나남 빠빠까남
akusalānaṃ dhammānaṃ anuppādāya	아꾸쌀라난 담마남 아눕빠다야
chandaṃ janeti	찬단 자네띠
vāyamati viriyaṃ ārabhati	봐야마띠 뷔리얌 아라바띠
cittaṃ paggaṇhāti padahati.	찟땀 빡간하띠 빠다하띠.

아직 생겨나지 않은
악하고 불건전한 것들은 생겨나지 않도록
의욕을 일으켜 정진하고 정근하고
마음을 책려하여 노력한다.

2) uppannānaṃ pāpakānaṃ	웁빤나남 빠빠까남
akusalānaṃ dhammānaṃ pahānāya	아꾸쌀라난 담마남 빠하나야
chandaṃ janeti	찬단 자네띠
vāyamati viriyaṃ ārabhati	봐야마띠 뷔리얌 아라바띠
cittaṃ paggaṇhāti padahati.	찟땀 빡간하띠 빠다하띠.

이미 생겨난
악하고 불건전한 것들은 끊어버리도록,
의욕을 일으켜 정진하고 정근하고
마음을 책려하여 노력한다.

3) anuppannānaṃ kusalānaṃ	아눕빤나낭 꾸쌀라난
dhammānaṃ uppādāya	담마남 웁빠다야
chandaṃ janeti	찬단 자네띠
vāyamati viriyaṃ ārabhati	봐야마띠 뷔리얌 아라바띠
cittaṃ paggaṇhāti padahati.	찟땀 빡간하띠 빠다하띠.

아직 생겨나지 않은
착하고 건전한 것들은 생겨나도록,
의욕을 일으켜 정진하고 정근하고
마음을 책려하여 노력한다.

4) uppannānaṃ kusalānaṃ	웁빤나낭 꾸쌀라난
dhammānaṃ ṭhitiyā	담마난 티띠야
asammosāya bhiyyobhāvāya vepullāya	아쌈모싸야 비이요바봐야 붸뿔라야
bhāvanāya pāripūriyā	바봐나야 빠리뿌리야
chandaṃ janeti	찬단 자네띠
vāyamati viriyaṃ ārabhati	봐야마띠 뷔리얌 아라바띠
cittaṃ paggaṇhāti padahati.	찟땀 빡간하띠 빠다하띠.

이미 생겨난
착하고 건전한 것들은 유지하여
망실되지 않고 증가시키고
성숙에 의해 충만하도록
의욕을 일으켜 정진하고 정근하고
마음을 책려하여 노력한다.

ayaṃ vuccati bhikkhave	아양 븃짜띠 빅카붸
sammā-vāyāmo.	쌈마 봐야모.

수행승들이여, 이러한 것을
올바른 정진이라고 하는 것이니라.

11. katamā ca bhikkhave	까따마 짜 빅카붸
sammā-sati?	쌈마 싸띠.
idha bhikkhave bhikkhu.	이다 빅카붸 빅쿠.

수행승들이여, 어떠한 것이
올바른 새김인가?
수행승들이여, 여기 수행승이

1) kāye kāyânupassī viharati ātāpī sampajāno satimā vineyya loke abhijjhā-domanassaṃ.	까예 까야누빳씨 뷔하라띠 아따삐 쌈빠자노 싸띠마 뷔네이야 로께 아빗자 도마낫쌈.

올바로 알아차리고
새김을 확립하여
세상의 탐욕과 근심을 제거하며
몸에 대하여 몸을 관찰한다.

2) vedanāsu vedanânupassī viharati ātāpī sampajāno satimā vineyya loke abhijjhā-domanassaṃ.	붸다나쑤 붸다나누빳씨 뷔하라띠 아따삐 쌈빠자노 싸띠마 뷔네이야 로께 아빗자 도마낫쌈.

올바로 알아차리고
새김을 확립하여
세상의 탐욕과 근심을 제거하며
느낌에 대하여 느낌을 관찰한다.

3) citte cittânupassī viharati ātāpī sampajāno satimā vineyya loke abhijjhā-domanassaṃ.	찟떼 찟따누빳씨 뷔하라띠 아따삐 쌈빠자노 싸띠마 뷔네이야 로께 아빗자 도마낫쌈.

올바로 알아차리고
새김을 확립하여
세상의 탐욕과 근심을 제거하며
마음에 대하여 마음을 관찰한다.

4) dhammesu dhammânupassī viharati　　담메쑤 담마 아누빳씨 뷔하라띠
ātāpī sampajāno satimā　　아따삐 쌈빠자노 싸띠마
vineyya loke　　뷔네이야 로께
abhijjhā-domanassaṃ.　　아빗자 도마낫쌈.

올바로 알아차리고
새김을 확립하여
세상의 탐욕과 근심을 제거하며
사실에 대하여 사실을 관찰한다.

ayaṃ vuccati bhikkhave sammā-sati.　　아양 븟짜띠 빅카붸 쌈마 싸띠.

수행승들이여, 이러한 것을
올바른 새김이라고 하는 것이니라.

12. katamo ca bhikkhave　　까따모 짜 빅카붸
sammā-samādhi?　　쌈마 싸마디.
idha bhikkhave bhikkhu.　　이다 빅카붸 빅쿠.

수행승들이여, 어떠한 것이
올바른 집중인가?
수행승들이여, 여기 수행승이

1) vivicc'eva kāmehi　　뷔빗쩨봐 까메히

vivicca akusalehi dhammehi 뷔뷧짜 아꾸쌀레히 담메히
savitakkaṃ savicāraṃ 싸뷔딱깡 싸뷔짜랑
vivekajaṃ pīti-sukhaṃ 뷔붸까잠 삐띠 쑤캄
paṭhamaṃ jhānaṃ 빠타만 자남
upasampajja viharati. 우빠쌈빳자 뷔하라띠.

감각적 쾌락의 욕망을 여의고
악하고 불건전한 상태에서 떠난 뒤
사유와 숙고를 갖추고
멀리 여읨에서 생겨나는
희열과 행복을 갖춘
첫 번째 선정을 성취한다.

2) vitakka-vicārānaṃ vūpasamā 뷔딱까 뷔짜라낭 뷰빠싸마
ajjhattaṃ sampasādanaṃ 앗잣땅 쌈빠싸다난
cetaso ekodi-bhāvaṃ 쩨따쏘 에코디 바봠
avitakkaṃ avicāraṃ 아뷔딱깜 아뷔짜랑
samādhijaṃ pīti-sukhaṃ 싸마디잠 삐띠 쑤칸
dutiyaṃ jhānaṃ 두띠얀 자남
upasampajja viharati. 우빠쌈빳자 뷔하라띠.

사유와 숙고가 멈추어진 뒤
내적인 평온과 마음의 통일을 이루고,
사유를 뛰어넘고 숙고를 뛰어넘어
삼매에서 생겨나는 희열과 행복을 갖춘
두 번째 선정을 성취한다.

3) pītiyā ca virāgā 삐띠야 짜 뷔라가
upekkhako ca viharati 우뻭카꼬 짜 뷔하라띠

sato ca sampajāno	싸또 짜 쌈빠자노
sukhañ ca kāyena paṭisaṃvedeti	쑤칸 짜 까예나 빠띠쌍붸데띠
yan taṃ ariyā ācikkhanti	얀 땀 아리야 아찍칸띠
upekkhako satimā sukha-vihārī'ti	우뻭카꼬 싸띠마 쑤카 뷔하리 띠
taṃ tatiyaṃ jhānaṃ	딴 따띠얀 자남
upasampajja viharati.	우빠쌈빳자 뷔하라띠.

희열이 사라진 뒤
평정하고 새김을 확립하고 올바로 알아차리며
신체적으로 행복을 느끼며
고귀한 님들이
'평정하고 새김이 있고 행복하다.'고 하는
세 번째 선정을 성취한다.

4) sukhassa ca pahānā	쑤캇싸 짜 빠하나
dukkhassa ca pahānā	둑캇싸 짜 빠하나
pubb'eva somanassa	뿝베와 쏘마낫싸
-domanassānaṃ atthaṅgamā	도마낫싸남 앗탕가마
adukkhaṃ asukhaṃ	아둑캄 아쑤캄
upekkhā-sati-pārisuddhiṃ	우뻭카 싸띠 빠리쑷딘
catutthaṃ jhānaṃ	짜뚯탄 자남
upasampajja viharati.	우빠쌈빳자 뷔하라띠.

행복도 고통도 끊어져서
이전의 기쁨도 근심도 사라진 뒤
괴로움도 없고 즐거움도 없는
평정하고 새김이 있고 지극히 청정한
네 번째 선정을 성취한다.

ayaṃ vuccati bhikkhave 아양 븟짜띠 빅카붸
sammā-samādhī'ti. 쌈마 싸마디 띠.

수행승들이여, 이러한 것을
올바른 집중이라고 하는 것이니라."

5. Paṭiccasamuppādavibhaṅgasutta

빠띳짜싸뭅빠다 뷔방가 쑷따

「연기緣起의 분석의 경」을 송출하오니

1. evaṃ me sutaṃ 에봠 메 쑤땀
ekaṃ samayaṃ bhagavā 에깡 싸마얌 바가봐
sāvatthiyaṃ viharati 싸봣티양 뷔하라띠
jetavane anāthapiṇḍikassa ārāme. 제따봐네 아나타삔디깟싸 아라메.

이와 같이 나는 들었습니다.
한때 세존께서 싸밧티 시의 제따바나 숲에 있는
아나타삔디까 승원에 계셨습니다.

2. tatra kho bhagavā bhikkhū āmantesi 따뜨라 코 바가봐 빅쿠 아만떼씨
bhikkhavo'ti bhadante'ti 빅카뵤 띠 바단떼 띠
te bhikkhū bhagavato paccassosuṃ 떼 빅쿠 바가봐또 빳짯쏘쑴
bhagavā etad avoca. 바가봐 에따드 아뵤짜.

그 때 세존께서는 수행승들에게
"수행승들이여!"라고 말씀하셨습니다.
"세존이시여!"라고 수행승들이 세존께 대답하자

세존께서는 이와 같이 말씀하셨습니다.

3. paṭiccasamuppādaṃ vo bhikkhave	빠띳짜싸뭅빠당 뵤 빅카붸
desissāmi vibhajissāmi	데씻싸미 뷔바짓싸미
taṃ suṇātha sādhukaṃ manasikarotha	땅 쑤나타 싸두깜 마나씨까로타
bhāsissāmī'ti.	바씻싸미 띠.

"수행승들이여, 연기緣起를
설하고 분석하리니, 그것을 듣고
잘 새기도록 할지니라. 내가 설하리라."

evaṃ bhante'ti	에봠 반떼 띠
kho te bhikkhū bhagavato paccassosuṃ	코 떼 빅쿠 바가봐또 빳짯쏘쑴
bhagavā etad avoca.	바가봐 에따드 아뵤짜.

"세존이시여, 그렇게 하겠습니다."
수행승들이 세존께 대답하자
세존께서는 이와 같이 말씀하셨습니다.

4. katamo ca bhikkhave	까따모 짜 빅카붸
paṭiccasamuppādo?	빠띳짜싸뭅빠도.

"수행승들이여, 어떠한 것이
연기緣起인가? 수행승들이여,

1) avijjā-paccayā bhikkhave	아뷧자 빳짜야 빅카붸
2) saṅkhārā	쌍카라
3) saṅkhāra-paccayā viññāṇaṃ.	쌍카라 빳짜야 뷘냐낭.

1) 무명無明을 조건으로

2) 형성行이 생겨나고
3) 형성을 조건으로 의식識이 생겨나고,

4) viññāṇa-paccayā nāmarūpaṃ 뷘냐나 빳짜야 나마루빤
5) nāmarūpa-paccayā saḷāyatanaṃ 나마루빠 빳짜야 쌀라야따낭
6) saḷāyatana-paccayā phasso 쌀라야따나 빳짜야 팟쏘
7) phassa-paccayā vedanā. 팟싸 빳짜야 붸다나.

4) 의식을 조건으로 명색名色이 생겨나고
5) 명색을 조건으로 여섯 감역六入이 생겨나고
6) 여섯 감역을 조건으로 접촉觸이 생겨나고
7) 접촉을 조건으로 느낌受이 생겨나고,

8) vedanā-paccayā taṇhā 붸다나 빳짜야 딴하
9) taṇhā-paccayā upādānaṃ 딴하 빳짜야 우빠다남
10) upādāna-paccayā bhavo 우빠다나 빳짜야 바뵤
11) bhava-paccayā jāti 바봐 빳짜야 자띠
12) jāti-paccayā jarā-maraṇaṃ 자띠 빳짜야 자라 마라낭
soka-parideva-dukkha- 쏘까 빠리데봐 둑카
domanass'ūpāyāsā sambhavanti. 도마낫싸 우빠야싸 쌈바봔띠.

8) 느낌을 조건으로 갈애愛가 생겨나고
9) 갈애를 조건으로 집착取이 생겨나고
10) 집착을 조건으로 존재有가 생겨나고
11) 존재를 조건으로 태어남生이 생겨나고
12) 태어남을 조건으로 늙음과 죽음老死이 생겨나고
또한 슬픔·비탄·고통·근심·절망이 함께 생겨나니,

evam etassa kevalassa 에봠 에땃싸 께봘랏싸
dukkha-kkhandhassa samudayo hoti. 둑캌 칸닷싸 싸무다요 호띠.

이와 같이 이러한 모든
괴로움의 다발들이 생겨나는 것이니라.

5. katamañ ca bhikkhave jarā-maraṇaṃ? 까따만 짜 빅카붸 자라 마라남.

수행승들이여, 어떠한 것이 늙음과 죽음인가?

yā tesaṃ tesaṃ sattānaṃ 야 떼쌈 떼쌍 쌋따난
tamhi tamhi satta-nikāye. 땀히 땀히 쌋따 니까예.

낱낱의 뭇삶의 유형에 따라
낱낱의 뭇삶이

1) jarā 자라
2) jīraṇatā 지라나따
3) khaṇḍiccaṃ 칸딧짬
4) pāliccaṃ. 빨릿짱.

1) **늙고** 2) **노쇠하고**
3) **쇠약해지고** 4) **백발이 되고,**

5) valittacatā 봘릿따짜따
6) āyuno saṃhāni 아유노 쌍하니
7) indriyānaṃ paripāko. 인드리야남 빠리빠꼬.

5) **주름살이 지고** 6) **목숨이 줄어들고**
7) **감관이 노화되니,**

ayaṃ vuccati jarā. 아양 븟짜띠 자라.

이러한 것을 「늙음」이라고 하느니라.

yā tesaṃ tesaṃ sattānaṃ tamhā tamhā satta-nikāyā.
야 떼싼 떼쌍 쌋따난 땀하 땀하 쌋따 니까야.

낱낱의 뭇삶의 유형에 따라
낱낱의 뭇삶이,

1) cuti 쭈띠
2) cavanatā 짜봐나따
3) bhedo 베도
4) antaradhānaṃ 안따라다남
5) maccumaraṇaṃ 맛쭈마라낭
6) kāla-kiriyā. 깔라 끼리야.

1) 죽고 2) 멸망하고
3) 파괴되고 4) 사멸하고
5) 사망하고 6) 목숨이 다하고

7) khandhānaṃ bhedo 칸다남 베도
8) kaḷebarassa nikkhepo 깔레바랏싸 닉케뽀
9) jīvit'indriyassa upacchedo. 지뷔띤드리얏싸 우빳체도.

7) 모든 존재다발이 파괴되고
8) 유해가 내던져지고 9) 명근이 끊어지니,

idaṃ vuccati maraṇaṃ. 이당 븃짜띠 마라남.

이러한 것을 죽음이라고 하느니라.

iti ayañ ca jarā idañ ca maraṇaṃ idaṃ vuccati bhikkhave
이띠 아얀 짜 자라 이단 짜 마라남 이당 븃짜띠 빅카웨

jarā-maraṇaṃ. 자라 마라남.

이러한 늙음과 이러한 죽음을
수행승들이여, 늙음과 죽음이라고 하느니라.

6. katamā ca bhikkhave jāti? 까따마 짜 빅카붸 자띠

수행승들이여, 어떠한 것이 태어남인가?

yā tesaṃ tesaṃ sattānaṃ 야 떼싼 떼쌍 쌋따난
tamhi tamhi satta-nikāye. 땀히 땀히 쌋따 니까예.

낱낱의 뭇삶의 유형에 따라
낱낱의 뭇삶이

1) jāti 자띠
2) sañjāti 싼자띠
3) okkanti 옥깐띠
4) nibbatti 닙밧띠
5) abhinibbatti. 아비닙밧띠.

1) **출생하고** 2) **탄생하고**
3) **강생하고** 4) **재생하고** 5) **전생하고,**

6) khandhānaṃ pātubhāvo 칸다남 빠뚜바뵤
7) āyatanānaṃ paṭilābho. 아야따나남 빠띨라보.

6) **모든 존재다발들이 나타나고**
7) **감역을 얻으니,**

ayaṃ vuccati bhikkhave jāti. 아양 븟짯띠 빅카붸 자띠.

수행승들이여, 이러한 것을 태어남이라고 하느니라.

7. katamo ca bhikkhave bhavo? 까따모 짜 빅카붸 바뵤
tayo'me bhikkhave bhavā. 따요 이메 빅카붸 바봐.

수행승들이여, 어떠한 것이 존재인가?
수행승들이여, 이러한 세 가지 존재, 즉

1) kāma-bhavo 까마 바뵤
2) rūpa-bhavo 루빠 바뵤
3) arūpa-bhavo. 아루빠 바뵤.

1) 감각적 욕망계의 존재
2) 미세한 물질계의 존재
3) 비물질계의 존재가 있으니,

ayaṃ vuccati bhikkhave bhavo. 아양 븟짜띠 빅카붸 바뵤.

수행승들이여, 이러한 것을 존재라고 하느니라.

8. katamañ ca bhikkhave upādānaṃ? 까따만짜 빅카붸 우빠다남.
cattārimāni bhikkhave upādānāni. 짯따리마니 빅카붸 우빠다나니.

수행승들이여, 어떠한 것이 집착인가?
수행승들이여, 이러한 네 가지 집착, 즉

1) kām'ūpadānaṃ 까무빠다난
2) diṭṭh'ūpādānaṃ 딧투빠다낭
3) sīla-bbat'ūpādānaṃ 실랍 바뚜빠다남

4) atta-vād'ūpādānaṃ. 앗따 봐두빠다남

1) 감각적 쾌락의 욕망에 대한 집착
2) 견해에 대한 집착
3) 규범과 금기에 대한 집착
4) 실체가 있다는 이론에의 집착이 있으니,

idaṃ vuccati bhikkhave 이당 븟짜띠 빅카붸
upādānaṃ. 우빠다남.

수행승들이여, 이러한 것을
집착이라고 하느니라.

9. katamā ca bhikkhave taṇhā? 까따마 짜 빅카붸 딴하.

수행승들이여, 어떠한 것이 갈애인가?

chayime bhikkhave 차위메 빅카붸
taṇhā-kāyā. 딴하 까야.

수행승들이여, 이러한 여섯 가지 갈애의 무리, 즉

1) rūpa-taṇhā 루빠 딴하
2) sadda-taṇhā 쌋다 딴하
3) gandha-taṇhā 간다 딴하
4) rasa-taṇhā 라싸 딴하
5) phoṭṭhabba-taṇhā 폿탑바 딴하
6) dhamma-taṇhā. 담마 딴하.

1) 형상에 대한 갈애
2) 소리에 대한 갈애

3) **냄새에 대한 갈애**
4) **맛에 대한 갈애**
5) **감촉에 대한 갈애**
6) **사실에 대한 갈애가 있으니,**

ayaṃ vuccati bhikkhave taṇhā. 아양 븃짜띠 빅카붸 딴하.

수행승들이여, 이러한 것을 갈애라고 하느니라.

10. katamā ca bhikkhave vedanā? 까따마 짜 빅카붸 붸다나

수행승들이여, 어떠한 것이 느낌인가?

chayime bhikkhave vedanā-kāyā. 차위메 빅카붸 붸다나 까야.

수행승들이여, 이러한 여섯 가지 느낌의 무리, 즉

1) cakkhu-samphassa-jā vedanā 짝쿠 쌈팟싸 자 붸다나
2) sota-samphassa-jā vedanā 쏘따 쌈팟싸 자 붸다나
3) ghāna-samphassa-jā vedanā 가나 쌈팟싸 자 붸다나
4) jivhā-samphassa-jā vedanā 지브하 쌈팟싸 자 붸다나
5) kāya-samphassa-jā vedanā 까야 쌈팟싸 자 붸다나
6) mano-samphassa-jā vedanā. 마노 쌈팟싸 자 붸다나.

1) **시각의 접촉에서 생기는 느낌**
2) **청각의 접촉에서 생기는 느낌**
3) **후각의 접촉에서 생기는 느낌**

4) **미각의 접촉에서 생기는 느낌**
5) **촉각의 접촉에서 생기는 느낌**
6) **정신의 접촉에서 생기는 느낌이 있으니,**

ayaṃ vuccati bhikkhave vedanā.	아양 븃짜띠 빅카웨 웨다나.

수행승들이여, 이러한 것을 느낌이라고 하느니라.

11. katamo ca bhikkhave phasso?	까따모 짜 빅카웨 팟쏘.

수행승들이여, 어떠한 것이 접촉인가?

chayime bhikkhave phassa-kāyā.	차위메 빅카웨 팟싸 까야.

수행승들이여, 이러한 여섯 가지 접촉의 무리, 즉

1) cakkhu-samphasso	짝쿠 쌈팟쏘
2) sota-samphasso	쏘따 쌈팟쏘
3) ghāna-samphasso	가나 쌈팟쏘
4) jivhā-samphasso	지브하 쌈팟쏘
5) kāya-samphasso	까야 쌈팟쏘
6) mano-samphasso.	마노 쌈팟쏘.

1) **시각의 접촉** 2) **청각의 접촉**
3) **후각의 접촉** 4) **미각의 접촉**
5) **촉각의 접촉** 6) **정신의 접촉이 있으니,**

ayaṃ vuccati bhikkhave	아양 븃짜띠 빅카웨

phasso. 팟쏘.

수행승들이여, 이러한 것을 접촉이라고 하느니라.

12. katamañ ca bhikkhave saḷāyatanaṃ? 까따만 짜 빅카붸 쌀라야따남.

수행승들이여, 어떠한 것이 여섯 감역인가?

1) cakkh'āyatanaṃ 짝카 아야따남
2) sot'āyatanaṃ 쏘따 아야따남
3) ghāṇ'āyatanaṃ 가나 아야따남
4) jivhâyatanaṃ 지브하 아야따남
5) kāy'āyatanaṃ 까야 아야따남
6) man'āyatanaṃ. 마나 아야따남.

1) 시각의 감역 2) 청각의 감역
3) 후각의 감역 4) 미각의 감역
5) 촉각의 감역 6) 정신의 감역이 있으니,

idaṃ vuccati bhikkhave saḷāyatanaṃ. 이당 븟짜띠 빅카붸 쌀라야따남.

수행승들이여, 이러한 것을 여섯 감역이라고 하느니라.

13. katamañ ca bhikkhave nāma-rūpaṃ? 까따만 짜 빅카붸 나마 루빰.

수행승들이여, 어떠한 것이 명색인가?

1) vedanā 붸다나
2) saññā 싼냐

3) cetanā 쩨따나
4) phasso 팟쏘
5) manasikāro. 마나씨까로.

1) 느낌 2) 지각
3) 의도 4) 접촉
5) 정신활동이 있으니,

idaṃ vuccati nāmaṃ. 이당 븟짜띠 나맘.

이러한 것을 명이라고 부르고,

1) cattāro ca mahā-bhūtā 짯따로 짜 마하 부따
2) catunnaṃ ca mahā-bhūtānaṃ 짜뚠난 짜 마하 부따남
upādāya-rūpaṃ. 우빠다야 루빰.

1) 네 가지 광대한 존재와
2) 네 가지 광대한 존재에서 파생된 물질이 있으니,

idaṃ vuccati rūpaṃ. 이당 븟짜띠 루빰.

이러한 것을 색이라고 부르니라.

iti idañ ca nāmaṃ idañ ca rūpaṃ 이띠 이단 짜 나맘 이단 짜 루빰
idaṃ vuccati bhikkhave 이당 븟짜띠 빅카웨
nāma-rūpaṃ. 나마 루빰.

명이 이렇고, 색이 이러하니
수행승들이여, 이러한 것을
명색이라고 하느니라.

14. katamañ ca bhikkhave viññāṇaṃ? 까따만 짜 빅카붸 뷘냐남.

수행승들이여, 어떠한 것이 의식인가?

chayime bhikkhave
viññāṇa-kāyā.
차위메 빅카붸
뷘냐나 까야.

수행승들이여, 이러한 여섯 가지 의식, 즉

1) cakkhu-viññāṇaṃ 짝쿠 뷘냐남
2) sota-viññāṇaṃ 쏘따 뷘냐남
3) ghāna-viññāṇaṃ 가나 뷘냐남
4) jivhā-viññāṇaṃ 지브하 뷘냐남
5) kāya-viññāṇaṃ 까야 뷘냐남
6) mano-viññāṇaṃ. 마노 뷘냐남.

1) **시각의식** 2) **청각의식**
3) **후각의식** 4) **미각의식**
5) **촉각의식** 6) **정신의식이 있으니,**

idaṃ vuccati bhikkhave
viññāṇaṃ.
이당 븃짜띠 빅카붸
뷘냐남.

수행승들이여, 이러한 것을
의식이라고 하느니라.

15. katame ca bhikkhave saṅkhārā? 까따메 짜 빅카붸 쌍카라

수행승들이여, 어떠한 것이 형성인가?

tayo'me bhikkhave
saṅkhārā.
따요메 빅카붸
쌍카라.

수행승들이여, 이러한 세 가지 형성, 즉

1) kāya-saṅkhāro 까야 쌍카로
2) vacī-saṅkhāro 봐찌 쌍카로
3) citta-saṅkhāro. 찟따 쌍카로.

1) 신체적 형성
2) 언어적 형성
3) 정신적 형성이 있으니,

ime vuccanti bhikkhave saṅkhārā. 이메 븃짠디 빅카붸 쌍카라.

수행승들이여, 이러한 것을 형성이라고 하느니라.

16. katamā ca bhikkhave avijjā? yaṃ kho bhikkhave. 까따마 짜 빅카붸 아뷧자 양 코 빅카붸.

수행승들이여, 어떠한 것이 무명인가? 수행승들이여,

1) dukkhe aññāṇaṃ 둑케 안냐남
2) dukkha-samudaye aññāṇaṃ 둑카 싸무다예 안냐남
3) dukkha-nirodhe aññāṇaṃ 둑카 니로데 안냐남
4) dukkha-nirodha-gāminiyā paṭipadāya aññāṇaṃ. 둑카 니로다 가미니야 빠띠빠다야 안냐남.

1) 괴로움에 대해서 알지 못하고
2) 괴로움의 발생에 대해 알지 못하고

3) **괴로움의 소멸에 대해 알지 못하고**
4) **괴로움의 소멸에 이르는 길에 대해 알지 못하니,**

ayaṃ vuccati bhikkhave 아양 븃짜띠 빅카붸
avijjā. 아뷧자.

수행승들이여, 이러한 것을
무명이라고 하느니라.

17. iti kho bhikkhave 이띠 코 빅카붸

이와 같이 수행승들이여,

1) imasmiṃ sati idaṃ hoti 이마쓰밍 싸띠 이당 호띠
2) imass'uppādā idaṃ uppajjati 이맛쑵빠다 이담 웁빠자띠
3) imasmiṃ asati idaṃ na hoti 이마쓰밈 아싸띠 이단 나 호띠
4) imassa nirodhā idaṃ nirujjhati. 이맛싸 니로다 이단 니룻자띠.

1) **이것이 있을 때, 저것이 있고**
2) **이것이 생겨나면, 저것이 생겨나고**
3) **이것이 없을 때, 저것이 없고**
4) **이것이 소멸하면 저것이 소멸하느니라.**

18. yad idaṃ. 야드 이담.

그것은, 이와 같으니라.

1) avijjā-paccayā bhikkhave 아뷧자 빳짜야 빅카붸
2) saṅkhārā 쌍카라
3) saṅkhāra-paccayā viññāṇaṃ. 쌍카라 빳짜야 뷘냐낭.

1) **무명**無明**을 조건으로**

2) **형성行이 생겨나고**
3) **형성을 조건으로 의식識이 생겨나고,**

4) viññāṇa-paccayā nāmarūpaṃ	뷘냐나 빳짜야 나마루빤
5) nāmarūpa-paccayā saḷāyatanaṃ	나마루빠 빳짜야 쌀라야따낭
6) saḷāyatana-paccayā phasso	쌀라야따나 빳짜야 팟쏘
7) phassa-paccayā vedanā.	팟싸 빳짜야 붸다나.

4) **의식을 조건으로 명색名色이 생겨나고**
5) **명색을 조건으로 여섯 감역六入이 생겨나고**
6) **여섯 감역을 조건으로 접촉觸이 생겨나고**
7) **접촉을 조건으로 느낌受이 생겨나고,**

8) vedanā-paccayā taṇhā	붸다나 빳짜야 딴하
9) taṇhā-paccayā upādānaṃ	딴하 빳짜야 우빠다남
10) upādāna-paccayā bhavo	우빠다나 빳짜야 바뵤
11) bhava-paccayā jāti	바봐 빳짜야 자띠
12) jāti-paccayā jarā-maraṇaṃ	자띠 빳짜야 자라 마라낭
soka-parideva-dukkha-	쏘까 빠리데봐 둑카
domanass'ūpāyāsā sambhavanti.	도마낫싸 우빠야싸 쌈바봔띠.

8) **느낌을 조건으로 갈애愛가 생겨나고**
9) **갈애를 조건으로 집착取이 생겨나고**
10) **집착을 조건으로 존재有가 생겨나고**
11) **존재를 조건으로 태어남生이 생겨나고**
12) **태어남을 조건으로 늙음과 죽음老死이 생겨나고**
또한 슬픔·비탄·고통·근심·절망이 함께 생겨나니,

evam etassa kevalassa 에봠 에땃싸 께봘랏싸
dukkha-kkhandhassa samudayo hoti. 둑칵 칸닷싸 싸무다요 호띠.

이와 같이 이러한 모든
괴로움의 다발들이 생겨나느니라.

19. 그러나

1) avijjāya tv'eva 아뷧자야 뜨웨봐
asesa-virāga-nirodhā 아쎄싸 뷔라가 니로다
2) saṅkhāra-nirodho 쌍카라 니로도
3) saṅkhāra-nirodhā viññāṇa-nirodho. 쌍카라 니로다 뷘냐나 니로도.

1) 무명이 남김없이 사라져 소멸하면
2) 형성이 소멸하고
3) 형성이 소멸하면 의식이 소멸하고,

4) viññāṇa-nirodhā nāmarūpa-nirodho 뷘냐나 니로다 나마루빠 니로도
5) nāmarūpa-nirodhā saḷāyatana-nirodho 나마루빠 니로다 쌀라야따나 니로도
6) saḷāyatana-nirodhā phassa-nirodho 쌀라야따나 니로다 팟싸 니로도
7) phassa-nirodhā vedanā-nirodho. 팟싸 니로다 붸다나 니로도.

4) 의식이 소멸하면 명색이 소멸하고
5) 명색이 소멸하면 여섯 감역이 소멸하고
6) 여섯 감역이 소멸하면 접촉이 소멸하고
7) 접촉이 소멸하면 느낌이 소멸하고,

8) vedanā-nirodhā taṇhā-nirodho 붸다나 니로다 딴하 니로도
9) taṇhā-nirodhā upādāna-nirodho 딴하 니로다 우빠다나 니로도
10) upādāna-nirodhā bhava-nirodho 우빠다나 니로다 바봐 니로도
11) bhava-nirodhā jāti-nirodho 바봐 니로다 자띠 니로도

12) jāti-nirodhā jarā-maraṇaṃ
soka-parideva-dukkha
-domanass'upāyāsā nirujjhanti.

자띠 니로다 자라 마라낭
쏘까 빠리데봐 둑카
도마낫싸 우빠야싸 니룻잔띠.

8) 느낌이 소멸하면 갈애가 소멸하고
9) 갈애가 소멸하면 집착이 소멸하고
10) 집착이 소멸하면 존재가 소멸하고
11) 존재가 소멸하면 태어남이 소멸하고
12) 태어남이 소멸하면 늙음과 죽음
슬픔·비탄·고통·근심·절망이 함께 소멸하나니,

evam etassa kevalassa
dukkha-kkhandhassa nirodho hotī'ti.

에봠 에땃싸 께봘랏싸
둑칸 칸닷싸 니로도 호띠 띠.

이와 같이 이러한 모든
괴로움의 다발들이 소멸하느니라."

6. Nibbāna-sutta

닙바나 쑷따

「열반의 경」을 송출하오니

1. evaṃ me sutaṃ
ekaṃ samayaṃ bhagavā
sāvatthiyaṃ viharati
jetavane anāthapiṇḍikassa ārāme.

에봠 메 쑤땀
에깡 싸마얌 바가봐
싸봣티양 뷔하라띠
제따봐네 아나타삔디깟싸 아라메.

이와 같이 나는 들었습니다.

한때 세존께서 싸밧티 시의 제따바나 숲에 있는 아나타삔디까 승원에 계셨습니다.

2. tena kho pana samayena
bhagavā bhikkhū nibbāna-paṭisaṃyuttāya
dhammiyā kathāya sandasseti
samādapeti samuttejeti sampahaṃseti.

떼나 코 빠나 싸마예나
바가봐 빅쿠 닙바나 빠띠쌍윳따야
담미야 까타야 싼닷쎄띠
싸마다뻬띠 싸뭇떼제띠 쌈빠항쎄띠.

세존께서는 수행승들에게 열반과 관련된 가르침을 설하여 그들을 교화하고 북돋우고 고무시키고 기쁘게 하셨습니다.

3. te ca bikkhū
aṭṭhi-katvā manasi-katvā
sabbañ cetaso samannāharitvā
ohita-sotā dhammaṃ suṇanti.

떼 짜 빅쿠
앗티 깟뜨와 마니씨 까뜨와
쌉반 쩨따쏘 쌈안나하리뜨와
오히따 쏘따 담망 쑤난띠.

**그 수행승들은
그 가치를 인식하고 정신활동을 일으켜
온 마음으로 집중하여
귀를 기울이고 가르침을 들었습니다.**

4. atha kho bhagavā
etam atthaṃ viditvā
tāyaṃ velāyaṃ
imaṃ udānaṃ udānesi.

아타 코 바가봐
에땀 앗탕 뷔디뜨와
따양 뷀라얌
이맘 우다남 우다네씨.

**그리고 세존께서는
그 뜻을 헤아려 때맞춰 이와 같은**

감흥어린 시구를 읊으셨습니다.

5. atthi bhikkhave tad āyatanaṃ	앗티 빅카붸 따드 아야따낭
yattha n'eva paṭhavī	얏타 네봐 빠타뷔
na āpo na tejo na vāyo	나 아뽀 나 떼조 나 봐요
na ākāsânañcâyatanaṃ	나 아까싸 아난짜 아야따난
na viññāṇânañcâyatanaṃ	나 뷘냐나 아난짜 아야따난
na ākiñcaññâyatanaṃ	나 아낀짠냐 아야따난
na n'evasaññā-nâsaññâyatanaṃ	나 네봐싼냐 나 아싼냐 아야따난
nâyaṃ loko na para-loko	나 아양 로꼬 나 빠랄 로꼬
na ubho candima-suriyā.	나 우보 짠디마 쑤리야.

"수행승들이여,
이러한 세계가 있으니
거기에는 땅도 없고, 물도 없고
불도 없고, 바람도 없고
무한공간의 세계도 없고
무한의식의 세계도 없고
아무것도 없는 세계도 없고
지각하는 것도 아니고
지각하지 않는 것도 아닌 세계도 없고
이 세상도 없고, 저 세상도 없고
태양도 없고 달도 없느니라.

6. tatrâp'āhaṃ bhikkhave	따뜨라 아빠함 빅카붸
n'eva āgatiṃ vadāmi	네봐 아가띵 봐다미
na gatiṃ na ṭhitiṃ	나 가띤 나 티띤
na cutiṃ na upapattiṃ	나 쭈띤 나 우빠빳띰

appatiṭṭhaṃ appavattaṃ
anārammaṇam eva taṃ
es'ev'anto dukkhassā ti.

압빠띳탐 압빠봣땀
아나람마남 에봐 땀
에쎄봔또 둑캇싸 띠.

수행승들이여,
거기에는 오는 것도 없고
가는 것도 없고, 머무는 것도 없고
죽는 것도 없고, 생겨나는 것도 없으므로
그것은 의처依處를 여의고
전생轉生을 여의고, 대상對象을 여의니
이것이야말로 괴로움의 종식이니라.

7. duddasaṃ anataṃ nāma
na hi saccaṃ sudassanaṃ
paṭividdhā taṇhā jānato
passato n'atthi kiñcanan'ti.

듯다쌈 아나딴 나마
나 히 쌋짱 쑤닷싸남
빠띠뷧다 딴하 자나또
빳싸또 낫티 낀짜난 띠.

실로 모든 경향의 여읨은 보기 어려우니
진리는 보기가 쉽지 않기 때문이니라.
알고 또한 보는 자가 갈애를 꿰뚫고
알고 또한 보는 자가 일체를 여의니라.

8. atthi bhikkhave
ajātaṃ abhūtaṃ
akataṃ asaṅkhataṃ.

앗티 빅카붸
아자땀 아부땀
아까땀 아쌍카딴.

수행승들이여,
태어나지 않고 생겨나지 않고

만들어지지 않고, 형성되지 않는 것이 있으니,

no ce taṃ bhikkhave abhavissā ajātaṃ abhūtaṃ akataṃ asaṅkhataṃ na yidha jātassa bhūtassa katassa saṅkhatassa nissaraṇaṃ paññāyetha.	노 쩨 땀 빅카붸 아바뷧싸 아자땀 아부땀 아까땀 아쌍카딴 나 위다 자땃싸 부땃싸 까땃싸 쌍카땃싸 닛싸라남 빤냐예타.

수행승들이여, 태어나지 않고, 생겨나지 않고
만들어지지 않고, 형성되지 않는 것이 없다면
세상에서 태어나고, 생겨나고, 만들어지고
형성되는 것으로부터의 여읨이 알려질 수 없느니라.

yasmā ca kho bhikkhave atthi ajātaṃ abhūtaṃ akataṃ asaṅkhataṃ tasmā jātassa bhūtassa katassa saṅkhatassa nissaraṇaṃ paññāyatī ti.	야쓰마 짜 코 빅카붸 앗티 아자땀 아부땀 아까땀 아쌍카딴 따쓰마 자땃싸 부땃싸 까땃싸 쌍카땃싸 닛싸라남 빤냐야띠 띠.

그러나 수행승들이여,
태어나지 않고, 생겨나지 않고
만들어지지 않고, 형성되지 않는 것이 있으므로
세상에서 태어나고, 생겨나고, 만들어지고
형성되는 것으로부터의 여읨이 알려지느니라.

9. nissitassa calitaṃ anissitassa calitaṃ natthi.	니씻땃싸 짤리땀 아닛씨땃싸 짤리딴 낫티.

의착이 있으면, 동요가 생기고
의착을 여의면, 동요를 여의니라.

calite asati passaddhi	짤리떼 아싸띠 빳쌋디

passaddhiyā sati nati na hoti. 빳쌋디야 싸띠 나띠 나 호띠.

동요를 여의면, 경안輕安이 생기고
경안이 생기면, 경향傾向을 여의니라.

natiyā asati 나띠야 아싸띠
āgati-gati na hoti 아가띠 가띠 나 호띠
āgati-gatiyā asati 아가띠 가띠야 아싸띠
cutu-papāto na hoti. 쭈뚜 빠빠또 나 호띠.

경향을 여의면, 왕래往來를 여의고
왕래를 여의면, 생사生死를 여의니라.

cutu-papāte asati 쭈뚜 빠빠떼 아싸띠
n'ev'idha na huraṃ 네뷔다 나 후란
na ubhaya-m-antare 나 우바야 만따레
es'ev'anto dukkhassā ti. 에쎄봔또 둑캇싸 띠.

실로 생사를 여의면
이 세계도 저 세계도
그 양자의 중간세상도 여의나니
이것이야말로 괴로움의 종식이니라.”

4. 성찰수행품

성찰수행에는
가르침와 계율의 게송
자주 성찰해야 할 경송, 형성된 것들에 대한 경송
세 가지 특징三法印의 게송
하느님의 편만한 삶, 안온한 귀의처를 밝히는 게송
최초 부처님 말씀의 경송, 최후 부처님 말씀의 경송
최초 깨달음의 게송, 짐의 경의 게송
하느님의 삶의 편만
거센 흐름을 건넘의 경, 진리수호의 경송
탐진의 원천의 게송, 빛나는 마음의 경송
서른두 가지 구성의 경송
외경으로 인도하는 경송
파멸의 문에 대한 게송, 천한 사람의 행위의 게송,
무고자誣告者의 불익에 대한 게송
팔계, 십계, 이치에 맞는 성찰의 경송
육방예경송
서른 가지 초월의 길三十波羅蜜의 경송으로
자신을 성찰한다.

1. Ovādapāṭimokkhagāthā

오봐다 빠띠목카 가타

「가르침과 계율의 게송」을 송출하오니

1.	sabba-pāpassa akaraṇaṃ kusalassa upasampadā sa-citta-pariyodapanaṃ etaṃ buddhāna sāsanaṃ.	쌉바 빠빳싸 아까라낭 꾸쌀랏싸 우빠쌈빠다 싸 찟따 빠리요다빠남 에땀 붓다나 싸싸남.

모든 죄악을 짓지 않고
모든 착하고 건전한 것들을 성취하고
자신의 마음을 깨끗이 하는 것
이것이 모든 깨달은 님들의 가르침이니라.

2.	khantī paramaṃ tapo titikkhā nibbānaṃ paramaṃ vadanti buddhā na hi pabbajito parūpaghātī samaṇo hoti paraṃ viheṭhayanto.	칸띠 빠라만 따뽀 띠띡카 닙바남 빠라망 봐단띠 붓다 나 히 빱바지또 빠루빠가띠 싸마노 호띠 빠랑 뷔헤타얀또.

인내하는 것이 최상의 지극한 고행이며
열반이 궁극이라고 깨달은 님들이 일컬으니
남을 해치는 자는 출가자가 아니고
남을 괴롭히는 자는 수행자가 아니니라.

3.	anūpavādo anūpaghāto pātimokkhe ca saṃvaro mattaññutā ca bhattasmiṃ pantañ ca sayanâsanaṃ	아누빠봐도 아누빠가또 빠띠목케 짜 쌍봐로 맛딴누따 짜 밧따쓰밈 빤딴 짜 싸야나 아싸남

adhicitte ca āyogo 아디찟떼 짜 아요고
etaṃ buddhāna sāsanaṃ. 에땀 붓다나 싸싸남.

비방을 삼가고 해치지 않고
계행의 덕목을 지키고
식사에서 알맞은 분량을 알고
홀로 떨어져 앉거나 눕고
보다 높은 마음에 전념하는 것
이것이 모든 깨달은 님들의 가르침이니라.

2. Abhiṇhapaccavekkhanapāṭha

아빈하 빳짜웩카나 빠타

「자주 성찰해야 할 경송」을 송출하오니

1. jarā-dhammo'mhi 자라 담몸히
jaraṃ anatīto'ti 자람 아나띠또 띠
abhiṇhaṃ paccavekkhitabbaṃ 아빈함 빳짜웩키땁밤
itthiyā vā purisena vā 잇티야 봐 뿌리쎄나 봐
gahaṭṭhena vā pabbajitena vā. 가핫테나 봐 빱바지떼나 봐.

나는 늙어야 하는 자로서
늙음을 뛰어넘지 못한다고
여자나 남자나 재가자나 출가자나
항상 깊이 성찰해야 하느니라.

2. vyādhi-dhammo'mhi 비야디 담몸히

vyādhiṃ anatīto'ti 비야딤 아나띠또 띠
abhiṇhaṃ paccavekkhitabbaṃ 아빈함 빳짜웩키땁밤
itthiyā vā purisena vā 잇티야 봐 뿌리쎄나 봐
gahaṭṭhena vā pabbajitena vā. 가핫테나 봐 빱바지떼나 봐.

나는 병들어야 하는 자로서
질병을 뛰어넘지 못한다고
여자나 남자나 재가자나 출가자나
항상 깊이 성찰해야 하느니라.

3. maraṇa-dhammo'mhi 마라나 담몸히
maraṇaṃ anatīto'ti 마라남 아나띠또 띠
abhiṇhaṃ paccavekkhitabbaṃ 아빈함 빳짜웩키땁밤
itthiyā vā purisena vā 잇티야 봐 뿌리쎄나 봐
gahaṭṭhena vā pabbajitena vā. 가핫테나 봐 빱바지떼나 봐.

나는 죽어야 하는 자로서
죽음을 뛰어넘지 못한다고
여자나 남자나 재가자나 출가자나
항상 깊이 성찰해야 하느니라.

4. sabbehi me piyehi manāpehi 쌉베히 메 삐예히 마나뻬히
nānā-bhāvo vinā-bhāvo'ti 나나 바뵤 뷔나 바뵤 띠
abhiṇhaṃ paccavekkhitabbaṃ 아빈함 빳짜웩키땁밤
itthiyā vā purisena vā 잇티야 봐 뿌리쎄나 봐
gahaṭṭhena vā pabbajitena vā. 가핫테나 봐 빱바지떼나 봐.

나는 모든 사랑하고 마음에 드는 것과
헤어지고 이별해야 한다고

여자나 남자나 재가자나 출가자나
항상 깊이 성찰해야 하느니라.

5. kamma-ssako'mhi	깜맛 싸꼼히
kamma-dāyādo kamma-yoni	깜마 다야도 깜마 요니
kamma-bandhū kamma-paṭisaraṇo	깜마 반두 깜마 빠띠싸라노
yaṃ kammaṃ karissāmi	양 깜망 까릿싸미
kalyāṇaṃ vā pāpakaṃ vā	깔리야낭 봐 빠빠깡 봐
tassa dāyādo bhavissāmī'ti	땃싸 다야도 바뷧싸미 띠
abhiṇhaṃ paccavekkhitabbaṃ	아빈함 빳짜웩키땁밤
itthiyā vā purisena vā	잇티야 봐 뿌리쎄나 봐
gahaṭṭhena vā pabbajitena vā.	가핫테나 봐 빱바지떼나 봐.

나는 나의 행위의 소유자이고
행위의 상속자이고, 행위의 원인자이고
행위의 친연자이고, 행위의 의지자로서
내가 어떠한 행위를 하든, 선이나 악을 지으면
그 상속자가 될 것이라고
여자나 남자나 재가자나 출가자나
항상 깊이 성찰해야 하느니라.

3. Saṅkhārapāṭha

쌍카라 빠타

「형성의 경송」을 송출하오니

1. sabbe saṅkhārā aniccā'ti	쌉베 쌍카라 아닛짜 띠

sabbe saṅkhārā dukkhā'ti	쌉베 쌍카라 둑카 띠
sabbe dhammā anattā'ti.	쌉베 담마 아낫따 띠.

일체 형성된 것은 무상하고
일체 형성된 것은 괴롭고
일체 사실에는 실체가 없느니라.

2. addhuvaṃ me jīvitaṃ	앗두봠 메 지뷔딴
dhuvaṃ me maraṇaṃ	두봠 메 마라남
avassaṃ mayā maritabbam eva	아봣쌈 마야 마리땁밤
maraṇa-pariyosānaṃ me jīvitam	마라나 빠리요싸남 메 지뷔딴
jīvitaṃ me aniyataṃ	지뷔땀 메 아니야땀
maraṇaṃ me niyataṃ.	마라남 메 니야땀.

나의 삶은 견고하지 않지만
나의 죽음은 견고하고
나의 죽음은 피할 수 없으나
나의 삶은 죽음을 끝으로 하고
나의 삶은 불확실하지만
나의 죽음은 확실하느니라.

3. aciraṃ vat'ayaṃ kāyo	아찌랑 봐따양 까요
paṭhaviṃ adhisessati	빠타뷤 아디쎗싸띠
chuddho apeta-viññāṇo	춧도 아뻬따 뷘냐노
niratthaṃ va kaliṅgaraṃ.	니랏탕 봐 까링가람.

아! 머지않아 이 몸은
아! 쓸모없는 나무조각처럼
의식 없이 버려진 채

실로 땅 위에 눕혀질 것이니라.

4. Assusutta

앗쑤 쑷따

「눈물의 경」을 송출하오니

1. evaṃ me sutaṃ　　에봠 메 쑤땀
ekaṃ samayaṃ bhagavā　　에깡 싸마얌 바가봐
sāvatthiyaṃ viharati　　싸봣티양 뷔하라띠
jetavane anāthapiṇḍikassa ārāme.　　제따봐네 아나타삔디깟싸 아라메.

이와 같이 나는 들었습니다.
한때 세존께서 싸밧티 시의 제따바나 숲에 있는 아나타삔디까 승원에 계셨습니다.

2. tatra kho bhagavā bhikkhū āmantesi.　　따뜨라 코 바가봐 빅쿠 아만떼씨.
bhikkhavo'ti bhadante'ti　　빅카보 띠 바단떼 띠
te bhikkhū bhagavato paccassosuṃ　　떼 빅쿠 바가봐또 빳짯쏘쑴
bhagavā etad avoca.　　바가봐 에따드 아뵤짜.

그 때 세존께서는 수행승들에게
"수행승들이여!"라고 말씀하셨습니다.
"세존이시여!"라고 수행승들이 세존께 대답하자
세존께서는 이와 같이 말씀하셨습니다.

3. anamataggo'yaṃ bhikkhave saṃsāro　　안아마딱고얌 빅카붸 쌍싸로
pubbākoṭi na paññāyati　　뿝바꼬띠 나 빤냐야띠
avijjā-nīvaraṇānaṃ sattānaṃ　　아뷧자 니봐라나낭 쌋따난

taṇhā-saṃyojanānaṃ 딴하 쌍요자나낭
sandhāvataṃ saṃsarataṃ. 싼다봐땅 쌍싸라땀.

"수행승들이여,
이 윤회는 시작이 시설되지 않으니
무명에 덮인 뭇삶들은
갈애에 속박되어 유전하고 윤회하므로
그 최초의 시작을 알 수 없느니라.

4. evaṃ dīgha-rattaṃ vo bhikkhave 에봔 디가 라땅 뵤 빅카베
dukkhaṃ paccanubhūtaṃ 둑캄 빳짜누부딴
tibbaṃ paccanubhūtaṃ 띱밤 빳짜누부땅
vyasanaṃ paccanubhūtaṃ 뷔야싸남 빳짜누부땅
kaṭasi vaḍḍhitā. 까따씨 봣디따.

수행승들이여, 이와 같이
참으로 오랜 세월 동안 그대들은
고통을 경험하고 고뇌를 경험하고
재난을 경험하고 무덤을 증대시켰느니라.

5. taṃ kiṃ maññatha bhikkhave? 땅 낌 만냐타 빅카붸.
katamaṃ nu kho bahutaraṃ 까따만 누 코 바후따랑
yaṃ vā vo iminā dīghena addhunā 양 봐 뵤 이미나 디게나 앗두나
sandhāvataṃ saṃsarataṃ 싼다봐땅 쌍싸라땀
amanāpa-sampayogā manāpa-vippayogā 아마나빠 쌈빠요가 마나빠 뷥빠요가
kandantānaṃ rudantānaṃ 깐단따낭 루단따남
assu-pasannaṃ paggharitaṃ yaṃ vā 앗쑤 빠싼남 빡가리땅 양 봐
catusu mahā-samuddesu udakan'ti? 짜뚜쑤 마하 싸뭇데쑤 우다깐 띠.

"수행승들이여, 어떻게 생각하는가?

그대들이 오랜 세월 유전하고 윤회하는 동안
사랑하지 않는 사람과 만나고
사랑하는 사람과 헤어지면서
비탄해하고 울부짖으며 흘린 눈물의 양과
사대양에 있는 물의 양과 어느 쪽이 더 많겠는가?"

6. yathā kho mayaṃ bhante	야타 코 마얌 반떼
bhagavatā dhammaṃ desitaṃ ājānāma	바가봐따 담만 데씨땀 아자나마
etad eva bhante bahutaraṃ	에따드 에봐 반떼 바후따랑
yaṃ no iminā dīghena addhunā	얀 노 이미나 디게나 앗두나
sandhāvataṃ saṃsarataṃ	싼다봐땅 쌍싸라땀
amanāpa-sampayogā manāpa-vippayogā	아마나빠 쌈빠요가 마나빠 뷥빠요가
kandantānaṃ rudantānaṃ	깐단따낭 루단따남
assu-pasannaṃ paggharitaṃ na tv'eva	앗쑤 빠싼남 빡가리딴 나 뜨웨봐
catusu mahā-samuddesu udakan'ti?	짜뚜쑤 마하 싸뭇데쑤 우다깐 띠.

"세존이시여, 세존께서 설하신
가르침으로 미루어 보건대
세존이시여, 저희들이
오랜 세월 유전하고 윤회하는 동안
사랑하지 않는 사람과 만나고
사랑하는 사람과 헤어지면서
비탄해하고 울부짖으며 흘린 눈물이 훨씬 더 많아
사대양의 물에 비할 수가 없나이다."

7. sādhu sādhu bhikkhave	싸두 싸두 빅카붸
sādhu kho me tumhe bhikkhave	싸두 코 메 뚬헤 빅카붸

evaṃ dhammaṃ desitaṃ ājānātha. 에봔 담만 데씨땀 아자나타.

"수행승들이여, 훌륭하니라
수행승들이여, 훌륭하니라.
그대들은 내가 설한 가르침을
제대로 잘 알고 있느니라.

8. etad eva bhikkhave bahutaraṃ 에따드 에봐 바후따랑
yaṃ vo iminā dīghena addhunā 양 보 이미나 디게나 앗두나
sandhāvataṃ saṃsarataṃ 싼다봐땅 쌍싸라땀
amanāpa-sampayogā manāpa-vippayogā 아마나빠 쌈빠요가 마나빠 뷥빠요가
kandantānaṃ rudantānaṃ 깐단따낭 루단따남
assu-pasannaṃ pagghritaṃ na tv'eva 앗쑤 빠싼남 빡가리딴 나 뜨웨봐
catusu mahā-samuddesu udakaṃ. 짜뚜쑤 마하 싸뭇데쑤 우다깜.

수행승들이여, 그대들이
오랜 세월 유전하고 윤회하는 동안
사랑하지 않는 사람과 만나고
사랑하는 사람과 헤어지면서
비탄해하고 울부짖으며 흘린 눈물이 훨씬 더 많아
사대양의 물에 비할 수가 없느니라.

9. dīgha-rattaṃ vo bhikkhave 디가 랏땅 보 빅카붸
mātu-maraṇaṃ paccanubhūtaṃ 마뚜 마라남 빳짜누부땀
etad eva bhikkhave bahutaraṃ. 에따드 에봐 빅카붸 바후따랑.

수행승들이여, 그대들은 오랜 세월 동안
그것도 참으로 수없이 많은

수행승들이여, 어머니의 죽음을 경험했나니

yaṃ tesaṃ vo	얀 떼쌍 뵤
mātu-maraṇaṃ paccanubhontānaṃ	마뚜 마라남 빳짜누본따남
amanāpa-sampayogā manāpa-vippayogā	아마나빠 쌈빠요가 마나빠 뷥빠요가
kandantānaṃ rudantānaṃ	깐단따낭 루단따남
assu-pasannaṃ paggharitaṃ na tv'eva	앗쑤 빠싼남 빡가리딴 나 뜨웨봐
catusu mahā-samuddesu udakaṃ.	짜뚜쑤 마하 싸뭇데쑤 우다깜.

그대들이 어머니의 죽음을 경험하면서
사랑하지 않는 사람과의 만남과
사랑하는 사람과의 헤어짐 때문에
비탄해하고 울부짖으며
흘린 눈물이 훨씬 더 많아
사대양의 물에 비할 수가 없느니라.

10. dīgha-rattaṃ vo bhikkhave	디가 랏땅 뵤 빅카붸
pītu-maraṇaṃ paccanubhūtaṃ	삐뚜 마라남 빳짜누부땀
etad eva bhikkhave bahutaraṃ.	에따드 에봐 빅카붸 바후따랑.

수행승들이여, 그대들은 오랜 세월 동안
그것도 참으로 수없이 많은
수행승들이여, 아버지의 죽음을 경험했나니,

yaṃ tesaṃ vo	얀 떼쌍 뵤
pītu-maraṇaṃ paccanubhontānaṃ	삐뚜 마라남 빳짜누본따남
amanāpa-sampayogā manāpa-vippayogā	아마나빠 쌈빠요가 마나빠 뷥빠요가
kandantānaṃ rudantānaṃ	깐단따낭 루단따남
assu-pasannaṃ paggharitaṃ na tv'eva	앗쑤 빠싼남 빡가리딴 나 뜨웨봐
catusu mahā-samuddesu udakaṃ.	짜뚜쑤 마하 싸뭇데쑤 우다깜.

그대들이 아버지의 죽음을 경험하면서
사랑하지 않는 사람과의 만남과
사랑하는 사람과의 헤어짐 때문에
비탄해하고 울부짖으며
흘린 눈물이 훨씬 더 많아
사대양의 물에 비할 수가 없느니라.

11. dīgha-rattaṃ vo bhikkhave	디가 랏땅 보 빅카웨
bhātu-maraṇaṃ paccanubhūtaṃ	바뚜 마라남 빳짜누부땀
etad eva bhikkhave bahutaraṃ.	에따드 에와 빅카웨 바후따랑.

수행승들이여, 그대들은 오랜 세월 동안
그것도 참으로 수없이 많은
수행승들이여, 형제의 죽음을 경험했나니,

yaṃ tesaṃ vo	얀 떼쌍 보
bhātu-maraṇaṃ paccanubhontānaṃ	바뚜 마라남 빳짜누본따남
amanāpa-sampayogā manāpa-vippayogā	아마나빠 쌈빠요가 마나빠 뷥빠요가
kandantānaṃ rudantānaṃ	깐단따낭 루단따남
assu-pasannaṃ paggharitaṃ na tv'eva	앗쑤 빠싼남 빡가리딴 나 뜨웨와
catusu mahā-samuddesu udakaṃ.	짜뚜쑤 마하 싸뭇데쑤 우다깜.

그대들이 형제의 죽음을 경험하면서
사랑하지 않는 사람과의 만남과
사랑하는 사람과의 헤어짐 때문에
비탄해하고 울부짖으며 흘린 눈물이 훨씬 더 많아
사대양의 물에 비할 수가 없느니라.

12. dīgha-rattaṃ vo bhikkhave
bhagini-maraṇaṃ paccanubhūtaṃ
etad eva bhikkhave bahutaraṃ.

디가 랏땅 보 빅카붸
바기니 마라남 빳짜누부땀
에따드 에봐 빅카붸 바후따랑.

수행승들이여, 그대들은 오랜 세월 동안
그것도 참으로 수없이 많은
수행승들이여, 자매의 죽음을 경험했나니,

yaṃ tesaṃ vo
bhagini-maraṇaṃ paccanubhontānaṃ
amanāpa-sampayogā manāpa-vippayogā
kandantānaṃ rudantānaṃ
assu-pasannaṃ paggharitaṃ na tv'eva
catusu mahā-samuddesu udakaṃ.

얀 떼쌍 보
바기니 마라남 빳짜누본따남
아마나빠 쌈빠요가 마나빠 뷥빠요가
깐단따낭 루단따남
앗쑤 빠싼남 빡가리딴 나 뜨웨봐
짜뚜쑤 마하 싸뭇데쑤 우다깜.

그대들이 자매의 죽음을 경험하면서
사랑하지 않는 사람과의 만남과
사랑하는 사람과의 헤어짐 때문에
비탄해하고 울부짖으며 흘린 눈물이 훨씬 더 많아
사대양의 물에 비할 수가 없느니라.

13. dīgha-rattaṃ vo bhikkhave
putta-maraṇaṃ paccanubhūtaṃ
etad eva bhikkhave bahutaraṃ.

디가 랏땅 보 빅카붸
뿟따 마라남 빳짜누부땀
에따드 에봐 빅카붸 바후따랑.

수행승들이여, 그대들은 오랜 세월 동안
그것도 참으로 수없이 많은
수행승들이여, 아들의 죽음을 경험했나니,

yaṃ tesaṃ vo 얀 떼쌍 보
putta-maraṇaṃ paccanubhontānaṃ 뿟따 마라남 빳짜누본따남
amanāpa-sampayogā manāpa-vippayogā 아마나빠 쌈빠요가 마나빠 뷥빠요가
kandantānaṃ rudantānaṃ 깐단따낭 루단따남
assu-pasannaṃ paggharitaṃ na tv'eva 앗쑤 빠싼남 빡가리딴 나 뜨웨봐
catusu mahā-samuddesu udakaṃ. 짜뚜쑤 마하 싸뭇데쑤 우다깜.

그대들이 아들의 죽음을 경험하면서
사랑하지 않는 사람과의 만남과
사랑하는 사람과의 헤어짐 때문에
비탄해하고 울부짖으며 흘린 눈물이 훨씬 더 많아
사대양의 물에 비할 수가 없느니라.

14. dīgha-rattaṃ vo bhikkhave 디가 랏땅 보 빅카붸
dhītu-maraṇaṃ paccanubhūtaṃ 디뚜 마라남 빳짜누부땀
etad eva bhikkhave bahutaraṃ. 에따드 에봐 빅카붸 바후따랑.

수행승들이여, 그대들은 오랜 세월 동안
그것도 참으로 수없이 많은
수행승들이여, 딸의 죽음을 경험했나니

yaṃ tesaṃ vo 얀 떼쌍 보
dhītu-maraṇaṃ paccanubhontānaṃ 디뚜 마라남 빳짜누본따남
amanāpa-sampayogā manāpa-vippayogā 아마나빠 쌈빠요가 마나빠 뷥빠요가
kandantānaṃ rudantānaṃ 깐단따낭 루단따남
assu-pasannaṃ paggharitaṃ na tv'eva 앗쑤 빠싼남 빡가리딴 나 뜨웨봐
catusu mahā-samuddesu udakaṃ. 짜뚜쑤 마하 싸뭇데쑤 우다깜.

그대들이 딸의 죽음을 경험하면서
사랑하지 않는 사람과의 만남과

사랑하는 사람과의 헤어짐 때문에
비탄해하고 울부짖으며 흘린 눈물이 훨씬 더 많아
사대양의 물에 비할 수가 없느니라.

15. dīgha-rattaṃ vo bhikkhave 디가 랏땅 뵤 빅카붸
ñāti-vyasanaṃ paccanubhūtaṃ 냐띠 뷔야싸남 빳짜누부땀
etad eva bhikkhave bahutaraṃ. 에따드 에봐 빅카붸 바후따랑.

수행승들이여, 그대들은 오랜 세월 동안
그것도 참으로 수없이 많은
수행승들이여, 친지의 파멸을 경험했나니

yaṃ tesaṃ vo 얀 떼쌍 뵤
ñāti-vyasanaṃ paccanubhontānaṃ 냐띠 뷔야싸남 빳짜누본따남
amanāpa-sampayogā manāpa-vippayogā 아마나빠 쌈빠요가 마나빠 뷥빠요가
kandantānaṃ rudantānaṃ 깐단따낭 루단따남
assu-pasannaṃ paggharitaṃ na tv'eva 앗쑤 빠싼남 빡가리딴 나 뜨웨봐
catusu mahā-samuddesu udakaṃ. 짜뚜쑤 마하 싸뭇데쑤 우다깜.

그대들이 친지의 파멸을 경험하면서
사랑하지 않는 사람과의 만남과
사랑하는 사람과의 헤어짐 때문에
비탄해하고 울부짖으며 흘린 눈물이 훨씬 더 많아
사대양의 물에 비할 수가 없느니라.

16. dīgha-rattaṃ vo bhikkhave 디가 랏땅 뵤 빅카붸
bhoga-vyasanaṃ paccanubhūtaṃ 보가 뷔야싸남 빳짜누부땀
etad eva bhikkhave bahutaraṃ 에따드 에봐 빅카붸 바후따랑

수행승들이여, 그대들은 오랜 세월 동안
그것도 참으로 수없이 많은
수행승들이여, 재산의 상실을 경험했나니

yaṃ tesaṃ vo	얀 떼쌍 뵤
bhoga-vyasanaṃ paccanubhontānaṃ	보가 뷔야싸남 빳짜누본따남
amanāpa-sampayogā manāpa-vippayogā	아마나빠 쌈빠요가 마나빠 뷥빠요가
kandantānaṃ rudantānaṃ	깐단따낭 루단따남
assu-pasannaṃ paggharitaṃ na tv'eva	앗쑤 빠싼남 빡가리딴 나 뜨웨봐
catusu mahā-samuddesu udakaṃ.	짜뚜쑤 마하 싸뭇데쑤 우다깜.

그대들이 재산의 상실을 경험하면서
사랑하지 않는 사람과의 만남과
사랑하는 사람과의 헤어짐 때문에
비탄해하고 울부짖으며 흘린 눈물이 훨씬 더 많아
사대양의 물에 비할 수가 없느니라.

17. dīgha-rattaṃ vo bhikkhave	디가 랏땅 뵤 빅카붸
roga-vyasanaṃ paccanubhūtaṃ	로가 뷔야싸남 빳짜누부땀
etad eva bhikkhave bahutaraṃ.	에따드 에봐 빅카붸 바후따랑.

수행승들이여, 그대들은 오랜 세월 동안
그것도 참으로 수없이 많은
수행승들이여, 질병의 비참을 경험했나니,

yaṃ tesaṃ vo	얀 떼쌍 뵤
roga-vyasanaṃ paccanubhontānaṃ	로가 뷔야싸남 빳짜누본따남
amanāpa-sampayogā manāpa-vippayogā	아마나빠 쌈빠요가 마나빠 뷥빠요가
kandantānaṃ rudantānaṃ	깐단따낭 루단따남

assu-pasannaṃ paggharitaṃ na tv'eva
catusu mahā-samuddesu udakaṃ.

앗쑤 빠싼남 빡가리딴 나 뜨웨봐
짜뚜쑤 마하 싸뭇데쑤 우다깜.

그대들이 질병의 비참을 경험하면서
사랑하지 않는 사람과의 만남과
사랑하는 사람과의 헤어짐 때문에
비탄해하고 울부짖으며 흘린 눈물이 훨씬 더 많아
사대양의 물에 비할 수가 없느니라.

18. taṃ kissa hetu?
anamataggo'yaṃ bhikkhave saṃsāro
pubbākoṭi na paññāyati
avijjā-nīvaraṇānaṃ sattānaṃ
taṇhā-saṃyojanānaṃ
sandhāvataṃ saṃsarataṃ.

땅 낏싸 헤뚜
안아마딱고얌 빅카웨 쌍싸로
뿝바꼬띠 나 빤냐야띠
아뷧자 니봐라나낭 쌋따난
딴하 쌍요자나낭
싼다봐땅 쌍싸라땀.

그것은 무슨 까닭인가? 수행승들이여,
이 윤회는 시작이 시설되지 않으니
무명에 덮인 뭇삶들은
갈애에 속박되어 유전하고 윤회하므로
그 최초의 시작을 알 수 없느니라.

19. evaṃ dīgha-rattaṃ vo bhikkhave
dukkhaṃ paccanubhūtaṃ
tibbaṃ paccanubhūtaṃ
vyasanaṃ paccanubhūtaṃ
kaṭasi vaḍḍhitā.

에봔 디가 라땅 뵤 빅카웨
둑캄 빳짜누부딴
띱밤 빳짜누부땅
뷔야싸남 빳짜누부땅
까따씨 봣디따.

수행승들이여, 이와 같이 참으로 오랜 세월

그대들은 고통을 경험하고 고뇌를 경험하고
재난을 경험하고 무덤을 증대시켰노라.

20. yāvañ c'idaṃ bhikkhave — 야반 찌담 빅카붸
alam eva sabba-saṅkhāresu — 알람 에봐 쌉바 쌍카레쑤
nibbindituṃ alaṃ virajjituṃ — 닙빈디뚬 알랑 뷔랒지뚬
alaṃ vimuccitun'ti. — 알랑 뷔뭇찌뚠 띠.

수행승들이여, 그러나 이제
그대들은 모든 형성된 것에서
싫어하여 떠나기에 충분하고
사라지기에 충분하고, 해탈하기에 충분하느니라."

5. Duggatasutta

둑가따 쑷따

「불행의 경」을 송출하오니

1. evaṃ me sutaṃ — 에봠 메 쑤땀
ekaṃ samayaṃ bhagavā — 에깡 싸마얌 바가봐
sāvatthiyaṃ viharati — 싸봣티양 뷔하라띠
jetavane anāthapiṇḍikassa ārāme. — 제따봐네 아나타삔디깟싸 아라메.

이와 같이 나는 들었습니다.
한때 세존께서 싸밧티 시의 제따바나 숲에 있는
아나타삔디까 승원에 계셨습니다.

2. tatra kho bhagavā bhikkhū āmantesi — 따뜨라 코 바가봐 빅쿠 아만떼씨

bhikkhavo'ti bhadante'ti 빅카뵤 띠 바단떼 띠
te bhikkhū bhagavato paccassosuṃ 떼 빅쿠 바가봐또 빳짯쏘쑴
bhagavā etad avoca. 바가봐 에따드 아뵤짜.

그 때 세존께서는 수행승들에게
"수행승들이여!"라고 말씀하셨습니다.
"세존이시여!"라고 수행승들이 세존께 대답하자
세존께서는 이와 같이 말씀하셨습니다.

3. anamataggo'yaṃ bhikkhave saṃsāro 안아마딱고얌 빅카붸 쌍싸로
pubbākoṭi na paññāyati 뿝바꼬띠 나 빤냐야띠
avijjā-nīvaraṇānaṃ sattānaṃ 아뷧자 니봐라나낭 쌋따난
taṇhā-saṃyojanānaṃ 딴하 쌍요자나낭
sandhāvataṃ saṃsarataṃ. 싼다봐땅 쌍싸라땀.

"수행승들이여,
이 윤회는 시작이 시설되지 않으니
무명에 덮인 뭇삶들은
갈애에 속박되어 유전하고 윤회하므로
그 최초의 시작을 알 수 없느니라.

4. yaṃ bhikkhave passeyyātha 얌 빅카붸 빳쎄이야타
duggataṃ durupetaṃ 둑가딴 두루뻬딴
niṭṭham ettha gantabbaṃ 닛탐 엣타 간땁밤
amhehi'pi eva-rūpaṃ paccanubhūtaṃ 암헤히 삐 에봐 루빰 빳짜누부땀
iminā dīghena addhunā'ti. 이미나 디게나 앗두나 띠.

수행승들이여,
불행하고 가난한 사람을 보면,

'이 오랜 세월을 지나면서
우리도 한때 저러한 사람이었다.'라고
그대들은 관찰해야 하느니라.

5. taṃ kissa hetu?	땅 낏싸 헤뚜
anamataggo'yaṃ bhikkhave saṃsāro	안아마딱고얌 빅카붸 쌍싸로
pubbākoṭi na paññāyati	뿝바꼬띠 나 빤냐야띠
avijjā-nīvaraṇānaṃ sattānaṃ	아뷧자 니봐라나낭 쌋따난
taṇhā-saṃyojanānaṃ	딴하 쌍요자나낭
sandhāvataṃ saṃsarataṃ.	싼다봐땅 쌍싸라땀.

그것은 무슨 까닭인가?
수행승들이여,
이 윤회는 시작이 시설되지 않으니
무명에 덮인 뭇삶들은
갈애에 속박되어 유전하고 윤회하므로
그 최초의 시작을 알 수 없느니라.

6. evaṃ dīgha-rattaṃ vo bhikkhave	에봔 디가 라땅 뵤 빅카붸
dukkhaṃ paccanubhūtaṃ	둑캄 빳짜누부딴
tibbaṃ paccanubhūtaṃ	띱밤 빳짜누부땅
vyasanaṃ paccanubhūtaṃ	뷔야싸남 빳짜누부땅
kaṭasi vaḍḍhitā.	까따씨 봣디따.

수행승들이여, 이와 같이
그대들은 참으로 오랜 세월 동안
고통을 경험하고 고뇌를 경험하고
재난을 경험하고 무덤을 증대시켰노라.

7. yāvañ c'idaṃ bhikkhave 야반 찌담 빅카붸
alam eva sabba-saṅkhāresu 알람 에봐 쌉바 쌍카레쑤
nibbindituṃ alaṃ virajjituṃ 닙빈디뚬 알랑 뷔랏지뚬
alaṃ vimuccitun'ti. 알랑 뷔뭇찌뚠 띠.

수행승들이여, 그러나
이제 그대들은 모든 형성된 것에서
싫어하여 떠나기에 충분하고
사라지기에 충분하고, 해탈하기에 충분하느니라."

6. Sukhitasutta

쑤키따 쑷따

「행복의 경」을 송출하오니

1. evaṃ me sutaṃ 에봠 메 쑤땀
ekaṃ samayaṃ bhagavā 에깡 싸마얌 바가봐
sāvatthiyaṃ viharati 싸봣티양 뷔하라띠
jetavane anāthapiṇḍikassa ārāme. 제따봐네 아나타삔디깟싸 아라메.

이와 같이 나는 들었습니다.
한때 세존께서 싸밧티 시의 제따바나 숲에 있는
아나타삔디까 승원에 계셨습니다.

2. tatra kho bhagavā bhikkhū āmantesi. 따뜨라 코 바가봐 빅쿠 아만떼씨.
bhikkhavo'ti bhadante'ti 빅카보 띠 바단떼 띠
te bhikkhū bhagavato paccassosuṃ 떼 빅쿠 바가봐또 빳짯쏘쑴
bhagavā etad avoca. 바가봐 에따드 아보짜.

그 때 세존께서는 수행승들에게
"수행승들이여!"라고 말씀하셨습니다.
"세존이시여!"라고 수행승들이 세존께 대답하자
세존께서는 이와 같이 말씀하셨습니다.

3. anamataggo'yaṃ bhikkhave saṃsāro
pubbākoṭi na paññāyati
avijjā-nīvaraṇānaṃ sattānaṃ
taṇhā-saṃyojanānaṃ
sandhāvataṃ saṃsarataṃ.

안아마딱고얌 빅카붸 쌍싸로
뿝바꼬띠 나 빤냐야띠
아뷧자 니봐라나낭 쌋따난
딴하 쌍요자나낭
싼다봐땅 쌍싸라땀.

"수행승들이여,
이 윤회는 시작이 시설되지 않으니
무명에 덮인 뭇삶들은
갈애에 속박되어 유전하고 윤회하므로
그 최초의 시작을 알 수 없느니라.

4. yaṃ bhikkhave passeyyātha
sukhitaṃ sajjitaṃ
niṭṭham ettha gantabbaṃ
amhehi'pi eva-rūpaṃ paccanubhūtaṃ
iminā dīghena addhunā'ti.

얌 빅카붸 빳쎄이야타
쑤키땅 쌋지딴
닛탐 엣타 간땁밤
암헤히 삐 에봐 루빰 빳자누부땀
이미나 디게나 앗두나 띠.

수행승들이여,
행복하고 부유한 사람을 보면,
'이 오랜 세월을 지나면서
우리도 한때 저러한 사람이었다.'라고

그대들은 관찰해야 하느니라.

5. taṃ kissa hetu? — 땅 낏싸 헤뚜.
anamataggo'yaṃ bhikkhave saṃsāro — 안아마딱고얌 빅카웨 쌍싸로
pubbākoṭi na paññāyati — 뿝바꼬띠 나 빤냐야띠
avijjā-nīvaraṇānaṃ sattānaṃ — 아뷧자 니봐라나낭 쌋따난
taṇhā-saṃyojanānaṃ — 딴하 쌍요자나낭
sandhāvataṃ saṃsarataṃ. — 싼다봐땅 쌍싸라땀.

그것은 무슨 까닭인가?
수행승들이여,
이 윤회는 시작이 시설되지 않으니
무명에 덮인 뭇삶들은
갈애에 속박되어 유전하고 윤회하므로
그 최초의 시작을 알 수 없느니라.

6. evaṃ dīgha-rattaṃ vo bhikkhave — 에봔 디가 라땅 뵤 빅카웨
dukkhaṃ paccanubhūtaṃ — 둑캄 빳짜누부딴
tibbaṃ paccanubhūtaṃ — 띱밤 빳짜누부땅
vyasanaṃ paccanubhūtaṃ — 뷔야싸남 빳짜누부땅
kaṭasi vaḍḍhitā. — 까따씨 봣디따.

수행승들이여, 이와 같이 참으로
오랜 세월 동안 그대들은
고통을 경험하고 고뇌를 경험하고
재난을 경험하고 무덤을 증대시켰노라.

7. yāvañ c'idaṃ bhikkhave — 야반 찌담 빅카웨
alam eva sabba-saṅkhāresu — 알람 에봐 쌉바 쌍카레쑤

nibbindituṃ alaṃ virajjituṃ 닙빈디뚬 알랑 뷔랏지뚬
alaṃ vimuccitun'ti. 알랑 뷔뭇찌뚠 띠.

수행승들이여, 그러나 이제
그대들은 모든 형성된 것에서
싫어하여 떠나기에 충분하고
사라지기에 충분하고, 해탈하기에 충분하느니라."

7. Tilakkhaṇâdigāthā

띠 락카나 아디 가타

「세 가지 특징三法印 등의 게송」을 송출하오니

1. sabbe saṅkhārā aniccā'ti 쌉베 쌍카라 아닛짜 띠
yadā paññāya passati 야다 빤냐야 빳싸띠
atha nibbindati dukkhe 아타 닙빈다띠 둑케
esa maggo visuddhiyā'ti. 에싸 막고 비쑷디야 띠.

일체 형성된 것은 무상한 것이라고
지혜로써 본다면
괴로움에서 벗어나니
이것이 청정의 길이니라.

2. sabbe saṅkhārā dukkhā'ti 쌉베 쌍카라 둑카 띠
yadā paññāya passati 야다 빤냐야 빳싸띠
atha nibbindati dukkhe 아타 닙빈다띠 둑케
esa maggo visuddhiyā'ti. 에싸 막고 비쑷디야 띠.

일체 형성된 것은 괴로운 것이라고
지혜로써 본다면
괴로움에서 벗어나니
이것이 청정의 길이니라.

3. sabbe dhammā anattā'ti	쌉베 담마 아낫따 띠
yadā paññāya passati	야다 빤냐야 빳싸띠
atha nibbindati dukkhe	아타 닙빈다띠 둑케
esa maggo visuddhiyā'ti.	에싸 막고 비쑷디야 띠.

일체 형성된 것은 실체가 없는 것이라고
지혜로써 본다면
괴로움에서 벗어나니
이것이 청정의 길이니라.

4. appakā te manussesu	압빠까 떼 마눗쎄쑤
ye janā pāra-gāmino	예 자나 빠라 가미노
athâyaṃ itarā pajā	아타 아얌 이따라 빠자
tīram evânudhāvati.	띠람 에봐 아누다봐띠.

인간 가운데
저 언덕에 가는 자들은 드물고
다른 사람들은 모두
이 언덕을 헤매고 있느니라.

5. ye ca kho sammad-akkhāte	예 짜 코 쌈마드 악카떼
dhamme dhammânuvattino	담메 담마 아누봣띠노
te janā pāram essanti	떼 자나 빠람 엣싼띠

maccu-dheyyaṃ suduttaraṃ. 맛쭈 데이양 쑤둣따람.

올바른 가르침이 설해질 때
가르침에 따라 사는 사람들은
건너기 어려운 죽음의 왕국을 건너
저 언덕에 도달하리라.

6. kaṇhaṃ dhammaṃ vippahāya 깐한 담망 뷥빠하야
sukkaṃ bhāvetha paṇḍito 쑥깜 바웨타 빤디또
okā anokaṃ āgamma 오까 아노깜 아감마
viveke yattha dūramaṃ. 뷔웨께 얏타 두라맘.

현명한 님은 어두운 것들을 버리고
밝은 것들을 닦아야 하리.
집에서 집 없는 곳으로 나와
누리기 어려운 멀리 여읨을 닦아야 하리라.

7. tatrâbhiratim iccheyya 따뜨라 아비라띰 잇체이야
hitvā kāme akiñcano 히뜨와 깜메 아낀짜노
pariyodapeyya attānaṃ 빠리요다뻬이야 앗따난
citta-kilesehi paṇḍito. 찟따 낄레쎄히 빤디또.

감각적 욕망을 여의고 아무것도 없는
그곳에서 즐거움을 찾아야 하리.
현명한 님은 마음의 번뇌로부터
자기 자신을 깨끗이 해야 하리라.

8. yesaṃ sambodhi-aṅgesu 예쌍 쌈보디 앙게쑤
sammā cittaṃ subhāvitaṃ 쌈마 찟땅 쑤바뷔땀

ādāna-paṭinissagge 아다나 빠띠닛싹게
anupādāya ye ratā 아누빠다야 예 라따
khīṇâsavā jutimanto 키나 아싸봐 주띠만또
te loke parinibbutā. 떼 로께 빠리닙부따.

깨달음 고리로 마음이 잘 닦여지고
집착을 놓아버리고 집착의 여읨을 즐기는
번뇌를 부순 빛나는 님들,
그들이 세상에서 완전한 열반에 드느니라.

8. Brahmavihārapharaṇa

브라흐마 뷔하라 파라나

「하느님의 삶의 편만」을 송출하오니

1. [mettâppamāṇacitta : 멧땁 빠마나 찟따 : 한량없는 자애의 마음]

ahaṃ sukhito homi 아항 쑤키또 호미
niddukkho homi avero homi 닛둑코 호미 아붸로 호미
abyāpajjho homi anīgho homi 아비야빳조 호미 아니고 호미
sukhī attānaṃ pariharāmi. 쑤키 앗따남 빠리하라미.

제가 행복해서 고통을 여의고
원한을 여의고 분노를 여의고
자신이 근심에서 벗어나서
안락하여 자신을 수호하기를!

sabbe sattā sukhitā hontu 쌉베 쌋따 쑤키따 혼뚜
sabbe sattā averā hontu. 쌉베 쌋따 아붸라 혼뚜

sabbe sattā abyāpajjhā hontu	쌉베 쌋따 아비야빳자 혼뚜
sabbe sattā anīghā hontu	쌉베 쌋따 아니가 혼뚜
sabbe sattā sukhī attānaṃ pariharantu.	쌉베 쌋따 쑤키 앗따남 빠리하란뚜.

일체 뭇삶이 행복해서
일체 뭇삶이 고통을 여의고
일체 뭇삶이 원한을 여의고
일체 뭇삶이 분노를 여의고
일체 뭇삶이 근심에서 벗어나서
안락하여 자신을 수호하기를!

2. [karuṇâppamāṇacitta : 까루납 빠마나 찟따 : 한량없는 연민의 마음]

sabbe sattā	쌉베 쌋따
sabbā dukkhā pamuñcantu	쌉바 둑카 빠문짠뚜
sabbe sattā	쌉베 쌋따
alābhā pamuñcantu	아라바 빠문짠뚜
sabbe sattā	쌉베 쌋따
ayasā pamuñcantu	아야싸 빠문짠뚜
sabbe sattā	쌉베 쌋따
nindā pamuñcantu	닌다 빠문짠뚜
sabbe sattā	쌉베 쌋따
dukkhā pamuñcantu.	둑카 빠문짠뚜.

일체 뭇삶이 일체 괴로움을 여의어
일체 뭇삶이 손실을 여의고
일체 뭇삶이 비난을 여의고
일체 뭇삶이 허물을 여의고
일체 뭇삶이 고통을 여의길!

3. [muditâppamāṇacitta : 무디땁 빠마나 찟따 : 한량없는 기쁨의 마음]

sabbe sattā	쌉베 쌋따
laddha-sampattito mā vigacchantu	랏다 쌈빳띠또 마 뷔갓찬뚜
sabbe sattā	쌉베 쌋따
laddha-yasato mā vigacchantu	랏다 야싸또 마 뷔갓찬뚜
sabbe sattā	쌉베 쌋따
laddha-pasaṃsato mā vigacchantu	랏다 빠쌍싸또 마 뷔갓찬뚜
sabbe sattā	쌉베 쌋따
laddha-sukhā mā vigacchantu.	랏다 쑤카 마 뷔갓찬뚜.

일체 뭇삶이 성취한 공덕을 잃지 않아
일체 뭇삶이 얻은 칭찬을 잃지 않고
일체 뭇삶이 얻은 명예를 잃지 않고
일체 뭇삶이 얻은 행복을 잃지 않기를!

4. [upekkhâppamāṇacitta : 우뻭캅 빠마나 찟따 : 한량없는 평정의 마음]

kamma-ssakā sattā	깜맛 싸까 쌋따
kamma-dāyādā kamma-yonī	깜마 다야다 깜마 요니
kamma-bandhū kamma-paṭisaraṇā	깜마 반두 깜마 빠띠싸라나
yaṃ kammaṃ karonti	양 깜망 까론띠
kalyāṇaṃ vā pāpakaṃ vā	깔리야낭 봐 빠빠깡 봐
tassa dāyadā bhavissanti.	땃싸 다야다 바뷧싼띠.

뭇삶들은 행위의 소유자이고
행위의 상속자이고, 행위의 원인자이고
행위의 친연자이고, 행위의 의지자로서
틀림없이 그 선악의 행위의 상속자이리!

9. Khemâkhemasaraṇadīpigāthā

케마 아케마 싸라나 디삐 가타

「안온한 귀의처를 밝히는 게송」을 송출하오니

1. bahū ve saraṇaṃ yanti / 바후 붸 싸라낭 얀띠
pabbatāni vanāni ca / 빱바따니 봐나니 짜
ārāma-rukkha-cetyāni / 아라마 룩카 쩨띠야니
manussā bhaya-tajjitā. / 마눗싸 바야 땃지따.

많은 대부분의 사람들은
두려움을 두려워하여
산과 숲에 귀의처를 찾거나
동산이나 나무, 성소에 귀의하지만,

2. n'etaṃ kho saraṇaṃ khemaṃ / 네땅 코 싸라낭 케만
n'etaṃ saraṇam uttamaṃ / 네땅 싸라남 우따만
n'etaṃ saraṇam āgamma / 네땅 싸라남 아감마
sabba-dukkhā pamuccati. / 쌉바 둑카 빠뭇짜띠.

그것은 안온한 귀의처가 아니고
실로 최상의 귀의처도 아니니
그것에 귀의한다고 해서
일체의 고통을 여의는 것은 아니니라.

3. yo ca buddhañ ca dhammañ ca / 요 짜 붓단 짜 담마 짜
saṅghañ ca saraṇaṃ gato / 쌍간 짜 싸라낭 가또
cattāri ariya-saccāni / 짯따리 아리야 쌋짜니

samma-ppaññāya passati. 쌈맙 빤냐야 빳싸띠.

깨달은 님과 가르침과
참모임에 귀의한 님은
올바른 지혜로써
네 가지 거룩한 진리를 보느니라.

4. dukkhaṃ dukkha-samuppādaṃ 둑칸 둑카 싸뭅빠단
dukkhassa ca atikkamaṃ 둑캇싸 짜 아띡까맘
ariyañ c'aṭṭhaṅgikaṃ maggaṃ 아리얀 짯탕기깜 막간
dukkh'ūpasama-gāminaṃ. 둑쿠빠싸마 가미남.

괴로움, 괴로움의 발생
괴로움의 초월
괴로움의 지멸로 이끄는
고귀한 여덟 가지 길이 있느니라.

5. etaṃ kho saraṇaṃ khemaṃ 에땅 코 싸라낭 케맘
etaṃ saraṇam uttamaṃ 에땅 싸라남 웃따맘
etaṃ saraṇam āgamma 에땅 싸라남 아감마
sabba-dukkhā pamuccati. 쌉바 둑카 빠뭇짜띠.

바로 이것이 안온한 귀의처이고
이것이야말로 최상의 귀의처이니
이것에 귀의하여
일체의 고통에서 벗어나느니라.

10. Paṭhamabuddhabhāsitagāthā

빠타마 붓다 바씨따 가타

「최초의 부처님 말씀의 게송」을 송출하오니

1. aggo'ham asmi lokassa 악고함 아쓰미 로깠싸
jeṭṭho'ham asmi lokassa 젯토함 아쓰미 로깠싸
seṭṭho'ham asmi lokassa. 쎗토함 아쓰미 로깠싸.

'나는 세상에서 가장 최상자最上者이고
나는 세상에서 가장 연장자年長者이고
나는 세상에서 가장 지고자至高者이니라.

2. ayam antimā jāti 아얌 안띠마 자띠
n'atthi'dāni puna-bbhavo'ti. 낫티다니 뿌납 바뵤 띠.

이 생이 나의 최후의 태어남이니
나에게 더 이상
다시 태어남은 없느니라.'

11. Pacchimabuddh'ovādapāṭha

빳찌마 붓도바다 빠타

「최후의 부처님 말씀의 경송」을 송출하오니

1. handa'dāni bhikkhave 한다다니 빅카웨
āmantayāmi vo 아만따야미 뵤
vaya-dhammā saṅkhārā 봐야 담마 쌍카라
appamādena sampādethā'ti. 압빠마데나 쌈빠데타 띠.

'오! 수행승들이여,
이제 그대들에게 알리노라.
모든 형성된 것은 괴멸되고야 마는 것이니
방일하지 말고 정진할지니라.'

2. ayaṃ tathāgatassa
pacchimā vācā.

아얀 따타가땃싸
빳치마 봐짜.

이것이 여래의 최후의 말씀이나이다.

12. Paṭhamabodhigāthā

빠타마 보디 가타

「최초의 깨달음의 게송」을 송출하오니

1. aneka-jāti-saṃsāraṃ
sandhāvissaṃ anibbisaṃ
gaha-kārakaṃ gavesanto
dukkhā jāti puna-ppunaṃ.

아네까 자띠 쌍싸라낭
싼다뷧쌈 아닙비쌍
가하 까라깡 가붸싼또
둑카 자띠 뿌납 뿌남.

집을 짓는 자를 찾았으나
나는 발견하지 못하고
무수한 삶의 윤회를 달려왔으니
거듭해서 태어남은 고통이니라.

2. gaha-kāraka diṭṭho'si
puna gehaṃ na kāhasi
sabbā te phāsukā bhaggā

가하 까라까 딧토씨
뿌나 게한 나 까하씨
쌉바 떼 파쑤까 박가

gaha-kūṭaṃ visaṅkhitaṃ	가하 꾸땅 뷔쌍키땅
visaṅkhāra-gataṃ cittaṃ	뷔쌍카라 가딴 찟딴
taṇhānaṃ khayam ajjhagā.	딴하낭 카얌 앗자가.

집짓는 자여, 그대는 알려졌다.
그대는 다시는 집을 짓지 못하리.
서까래는 부서졌고 대들보는 꺾였으니
마음은 형성을 여의었고 갈애는 부수어졌노라.

13. Bhārasuttagātha

바라 쑷따 가타

「짐의 경의 게송」을 송출하오니

1. bhārā bhave pañca-kkhandhā	바라 바붸 빤짝 칸다
bhāra-hāro ca puggalo	바라 하로 짜 뿍갈로
bhārâdānaṃ dukkhaṃ loke	바라 아다난 둑캉 로케
bhāra-nikkhepanaṃ sukhaṃ.	바라 닉케빠낭 쑤캄.

짐은 다섯 가지 존재다발이며
세상의 짐꾼은 사람이니
짐을 짊어지는 것은 괴로움이며
짐을 내려놓는 것이 안락이니라.

2. nikkhipitvā garuṃ bhāraṃ	닉키삐뜨와 가룸 바람
aññaṃ bhāraṃ anādiya	안냠 바람 아나디야
samūlaṃ taṇhaṃ abbuyha	싸물란 딴함 압부이하
nicchāto parinibbuto.	닛차또 빠리닙부또.

무거운 짐을 내려놓고
다른 짐을 짊어지지 않으니
갈애를 뿌리째 뽑아 버리고
욕망 없이 완전한 열반에 드니라.

14. Ogha-taraṇa-sutta
오가 따라나 쑷따

「거센 흐름을 건넘의 경」을 송출하오니

1. evaṃ me sutaṃ
ekaṃ samayaṃ bhagavā
sāvatthiyaṃ viharati
jetavane anāthapiṇḍikassa ārāme.

에봠 메 쑤땀
에깡 싸마얌 바가봐
싸봣티양 뷔하라띠
제따봐네 아나타삔디깟싸 아라메.

이와 같이 나는 들었습니다.
한때 세존께서 싸밧티 시의
제따바나 숲에 있는
아나타삔디까 승원에 계셨습니다.

2. atha kho aññatarā devatā
abhikkantāya rattiyā abhikkanta-vaṇṇā
kevala-kappaṃ jetavanaṃ obhāsetvā
yena bhagavā ten'upasaṅkami.

아타 코 안냐따라 데봐따
아빅깐따야 랏띠야 아빅깐따 봔나
께봘라 깝빤 제따봐남 오바쎄뜨와
예나 바가봐 떼누빠쌍까미.

그때 마침 한 밤중을 지나
어떤 하늘사람이 아름다운 모습으로

제따바나 숲을 두루 비추며
세존께서 계신 곳을 찾아왔습니다.

3. upasaṅkamitvā　　우빠쌍까미뜨와
bhagavantaṃ abhivādetvā　　바가반땀 아비봐데뜨와
ekam antaṃ aṭṭhāsi.　　에깜 안땀 앗타씨.
ekam antaṃ ṭhitā kho sā devatā　　에깜 안땀 티따 코 싸 데봐따
bhagavantaṃ etad avoca.　　바가반땅 에따드 아보짜.

다가와서 세존께 인사를 드리고
한쪽으로 물러나 섰습니다.
한쪽으로 물러나 서서 그 하늘사람은
세존께 여쭈었습니다.

4. kathan nu tvaṃ mārisa ogham atarī'ti?　　까탄 누 뜨왐 마리싸 오감 아따리 띠
appatiṭṭhaṃ khvâhaṃ āvuso　　압빠띳탕 크와 아함 아뷰쏘
anāyūhaṃ ogham atarin'ti.　　아나유함 오감 아따린 띠.

"스승이시여, 당신은 어떻게
거센 흐름을 건너셨습니까?"
"벗이여, 나는 참으로 머무르지 않고
애쓰지도 않고 거센 흐름을 건넜느니라."

yathā kathaṃ pana tvaṃ mārisa　　야타 까탐 빠나 뜨왐 마리싸
appatiṭṭhaṃ anāyūhaṃ ogham atarī'ti?　　압빠띳탐 아나유함 오감 아따리 띠.

"스승이시여, 어떻게 머무르지 않고
애쓰지도 않고 거센 흐름을 건넜습니까?"

5. yadā svâhaṃ āvuso santiṭṭhāmi
tadâssu saṃsīdāmi
yadā svâhaṃ āvuso āyūhāmi
tadâssu nibbuyhāmi
evaṃ khvâhaṃ āvuso appatiṭṭhaṃ
anāyūhaṃ ogham atarin'ti.

야다 쓰와 아함 아뷰쏘 싼띳타미
따다 앗쑤 쌍씨다미
야다 쓰와 아함 아뷰쏘 아유하미
따다 앗쑤 닙부이하미
에왕 크와 아함 아뷰쏘 압빠띳탐
아나유함 오감 아따린 띠.

벗이여, 내가 머무를 때에는 가라앉으며
애쓸 때에는 휘말려 들었느니라.
그래서 나는 이처럼 머무르지 않고
애쓰지도 않으면서 거센 흐름을 건넜느니라."

6. cirassaṃ vata passāmi
brāhmaṇaṃ parinibbutaṃ
appatiṭṭhaṃ anāyūhaṃ
tiṇṇaṃ loke visattikaṃ.

찌랏쌍 봐따 빳싸미
브라흐마남 빠리닙부땀
압빠띳탐 아나유한
띤낭 로께 뷔쌋띠깜.

"머무르지도 않고 애쓰지도 않으면서
세상의 집착을 뛰어넘어
참 열반을 성취한 거룩한 님을
참으로 오랜만에 친견합니다."

7. idam avoca sā devatā.
samanuñño satthā ahosi
atha kho sā devatā
samanuñño me satthā'ti
bhagavantaṃ abhivādetvā
padakkhiṇaṃ katvā
tatth'ev'antaradhāyī'ti.

이담 아뵤짜 싸 데봐따
싸마눈뇨 쌋타 아호씨
아타 코 싸 데봐따
싸마눈뇨 메 쌋타 띠
바가봔땀 아비봐데뜨와
빠닥키낭 까뜨와
땃테봔따라다위 띠.

이와 같이 하늘사람이 말하자
스승께서는 가상히 여기셨으니, 그때 그 하늘사람은
'나의 스승이 가상히 여기신다.'라고 알고
세존께 인사를 드리고
오른쪽으로 돌고 나서 바로 그곳에서 사라졌습니다.

15. Saccânurakkhanā-pāṭha

쌋짜 아누락카나 빠타

「진리수호의 경송」을 송출하오니

1. kittāvatā pana bho gotama	낏따봐따 빠나 보 고따마
saccânurakkhanā hoti?	쌋짜 아누락카나 호띠.
kittāvatā saccam anurakkhati?	낏따봐따 쌋짬 아누락카띠.
saccânurakkhanaṃ mayaṃ	쌋짜 아누락카남 마얌
bhavantaṃ gotamaṃ pucchāmā'ti.	바봔땅 고따맘 뿟차마 띠.

"존자 고따마여, 그렇다면,
어떠한 방법으로 진리가 수호됩니까?
어떠한 방법으로 진리를 수호합니까?
저는 존자 고따마에게
진리의 수호에 대하여 여쭙니다."

2. saddhā ce'pi bhāradvāja	쌋다 쩨 삐 바라드와자
purisassa hoti 'evaṃ me saddhā'ti	뿌리쌋싸 호띠 에봠 메 쌋다 띠
iti vadaṃ saccam anurakkhati	이띠 봐당 쌋짬 아누락카띠
na tv'eva tāva ekaṃsena	나 뜨웨봐 따봐 에깡쎄나

niṭṭhaṃ gacchati	닛탕 갓차띠
'idam eva saccaṃ mogham aññan'ti.	이담 에봐 쌋짬 모감 안냔 띠.

"바라드와자여, 만약 사람에게
믿음이 있다면,
'이와 같이 나는 믿는다.'라고 말하고
'이것이야말로 진리이고 다른 것은 거짓이다.'라고
단정적으로 규정하지 않는 것이
진리를 수호하는 것이니라.

ettāvatā kho bhāradvāja	엣따봐따 코 바라드와자
saccânurakkhanā hoti	쌋짜 아누락카나 호띠
ettāvatā saccam anurakkhati	엣따봐따 쌋짜 아누락카띠
ettāvatā ca mayaṃ	엣따봐따 짜 마양
saccânurakkhanaṃ paññāpema	쌋짜 아누락카남 빤냐뻬마
na tv'eva tāva saccânubodho hoti.	나 뜨웨봐 따봐 쌋짜 아누보도 호띠.

바라드와자여,
이와 같은 방법으로 진리가 수호되고
이와 같은 방법으로 진리를 수호하고
이와 같이 우리는 진리의 수호에 관해 말하노니
그때까지는 진리가 깨달아진 것이 아니니라.

3. ruci ce'pi bhāradvāja	루찌 쩨 삐 바라드와자
purisassa hoti 'evaṃ me rucī'ti	뿌리쌋싸 호띠 에봠 메 루찌 띠
iti vadaṃ saccam anurakkhati	이띠 봐당 쌋짬 아누락카띠
na tv'eva tāva ekaṃsena	나 뜨웨봐 따봐 에깡쎄나
niṭṭhaṃ gacchati	닛탕 갓차띠
'idam eva saccaṃ mogham aññan'ti.	이담 에봐 쌋짬 모감 안냔 띠.

"바라드와자여, 만약 사람에게
취향이 있다면,
'이와 같이 나는 좋아한다.'라고 말하고,
'이것이야말로 진리이고 다른 것은 거짓이다.'라고
단정적으로 규정하지 않는 것이
진리를 수호하는 것이니라.

ettāvatā kho bhāradvāja	엣따봐따 코 바라드와자
saccânurakkhanā hoti	쌋짜 아누락카나 호띠
ettāvatā saccam anurakkhati	엣따봐따 쌋짜 아누락카띠
ettāvatā ca mayaṃ	엣따봐따 짜 마양
saccânurakkhanaṃ paññāpema	쌋짜 아누락카남 빤냐뻬마
na tv'eva tāva saccânubodho hoti.	나 뜨웨봐 따봐 쌋짜 아누보도 호띠.

바라드와자여,
이와 같은 방법으로 진리가 수호되고
이와 같은 방법으로 진리를 수호하고
이와 같이 우리는 진리의 수호에 관해 말하노니
그때까지는 진리가 깨달아진 것이 아니니라.

4. anussavo ce'pi bhāradvāja	아눗싸뵤 쩨 삐 바라드와자
purisassa hoti 'evaṃ me anussavo'ti	뿌리쌋싸 호띠 에봠 메 아눗싸뵤 띠
iti vadaṃ saccam anurakkhati	이띠 봐당 쌋짬 아누락카띠
na tv'eva tāva ekaṃsena	나 뜨웨봐 따봐 에깡쎄나
niṭṭhaṃ gacchati	닛탕 갓차띠
'idam eva saccaṃ mogham aññan'ti.	이담 에봐 쌋짬 모감 안냔 띠.

"바라드와자여, 만약 사람에게

전승이 있다면,
'이와 같이 나는 전승을 계승한다.'라고 말하고,
'이것이야말로 진리이고 다른 것은 거짓이다.'라고
단정적으로 규정하지 않는 것이
진리를 수호하는 것이니라.

ettāvatā kho bhāradvāja	엣따봐따 코 바라드와자
saccânurakkhanā hoti	쌋짜 아누락카나 호띠
ettāvatā saccam anurakkhati	엣따봐따 쌋짜 아누락카띠
ettāvatā ca mayaṃ	엣따봐따 짜 마양
saccânurakkhanaṃ paññāpema	쌋짜 아누락카남 빤냐뻬마
na tv'eva tāva saccânubodho hoti.	나 뜨웨봐 따봐 쌋짜 아누보도 호띠.

바라드와자여,
이와 같은 방법으로 진리가 수호되고
이와 같은 방법으로 진리를 수호하고
이와 같이 우리는 진리의 수호에 관해 말하노니
그때까지는 진리가 깨달아진 것이 아니니라.

5. ākāra-parivitakko ce pi	아까라 빠리뷔딱꼬 쩨 삐
bhāradvāja purisassa hoti	바라드와자 뿌리쌋싸 호띠
'evaṃ me ākāra-parivitakko'ti	에봠 메 아까라 빠리뷔딱까나 띠
iti vadaṃ saccam anurakkhati	이띠 봐당 쌋짬 아누락카띠
na tv'eva tāva ekaṃsena	나 뜨웨봐 따봐 에깡쎄나
niṭṭhaṃ gacchati	닛탕 갓차띠
'idam eva saccaṃ mogham aññan'ti.	이담 에봐 쌋짬 모감 안냔 띠.

"바라드와자여, 만약 사람에게

상태에 대한 분석이 있다면,
'이와 같이 나는 상태를 분석한다.'라고 말하고,
'이것이야말로 진리이고 다른 것은 거짓이다.'라고
단정적으로 규정하지 않는 것이
진리를 수호하는 것이니라.

ettāvatā kho bhāradvāja	엣따봐따 코 바라드와자
saccânurakkhanā hoti	쌋짜 아누락카나 호띠
ettāvatā saccam anurakkhati	엣따봐따 쌋짜 아누락카띠
ettāvatā ca mayaṃ	엣따봐따 짜 마양
saccânurakkhanaṃ paññāpema	쌋짜 아누락카남 빤냐뻬마
na tv'eva tāva saccânubodho hoti.	나 뜨웨봐 따봐 쌋짜 아누보도 호띠.

바라드와자여,
이와 같은 방법으로 진리가 수호되고
이와 같은 방법으로 진리를 수호하고
이와 같이 우리는 진리의 수호에 관해 말하노니
그때까지는 진리가 깨달아진 것이 아니니라.

6. diṭṭhi-nijjhāna-kkhanti ce pi	딧티 닛자낙 칸띠 쩨 삐
bhāradvāja purisassa hoti	바라드와자 뿌리쌋싸 호띠
'evaṃ me diṭṭhi-nijjhāna-kkhantī'ti	에봠 메 딧티 닛자낙 칸띠 띠
iti vadaṃ saccam anurakkhati	이띠 봐당 쌋짬 아누락카띠
na tv'eva tāva ekaṃsena	나 뜨웨봐 따봐 에깡쎄나
niṭṭhaṃ gacchati	닛탕 갓차띠
'idam eva saccaṃ mogham aññan'ti.	이담 에봐 쌋짬 모감 안냔 띠.

"바라드와자여, 만약 사람에게

견해에 대한 이해가 있다면,
'이와 같이 나는 견해를 이해한다.'라고 말하고,
'이것이야말로 진리이고 다른 것은 거짓이다.''라고
단정적으로 규정하지 않는 것이
진리를 수호하는 것이니라.

ettāvatā kho bhāradvāja	엣따봐따 코 바라드와자
saccânurakkhanā hoti	쌋짜 아누락카나 호띠
ettāvatā saccam anurakkhati	엣따봐따 쌋짜 아누락카띠
ettāvatā ca mayaṃ	엣따봐따 짜 마양
saccânurakkhanaṃ paññāpema	쌋짜 아누락카남 빤냐뻬마
na tv'eva tāva saccânubodho hoti.	나 뜨웨봐 따봐 쌋짜 아누보도 호띠.

바라드와자여,
이와 같은 방법으로 진리가 수호되고
이와 같은 방법으로 진리를 수호하고
이와 같이 우리는 진리의 수호에 관해 말하노니
그때까지는 진리가 깨달아진 것이 아니니라.

16. Rāga-dosa-nidāna-gāthā

라가 도싸 니다나 가타

「탐진의 원천의 게송」을 송출하오니

1. rāgo ca doso ca kuto-nidāno	라고 짜 도쏘 짜 꾸또 니다노
aratī ratī loma-haṃso kuto-jā	아라띠 라띠 로마 항쏘 꾸또 자
kuto samuṭṭhāya mano-vitakkā	꾸또 싸뭇타야 마노 뷔딱까
kumārakā dhaṅkam iv'ossajanti.	꾸마라까 당깜 이봇싸잔띠.

"탐욕과 성냄의 원천은 어디에 있어서
쾌와 불쾌, 소름돋는 전율은 어디서 생기고
어린 아이들이 다리를 묶은 까마귀를 날리듯
마음의 상념 또한 생겨나는 곳은 어디입니까?"

2. rāgo ca doso ca ito nidāno
arati ratī loma-haṃso ito-jā
ito samuṭṭhāya mano-vitakkā
kumārakā dhaṅkam iv'ossajanti.

라고 짜 도쏘 짜 이또 니다
아라띠 라띠 로마 항쏘 이또 자
이또 싸뭇타야 마노 뷔딱까
꾸마라까 당깜 이봇싸잔띠.

"탐욕과 성냄은 여기에 원천이 있으니
쾌와 불쾌, 소름돋는 전율도 여기서 생기고
어린 아이들이 다리를 묶은 까마귀를 날리듯
마음의 상념 또한 여기로부터 생겨나느니라.

3. sneha-jā atta-sambhūtā
nigrodhass'eva khandha-jā
puthu visattā kāmesu
māluvā'va vitatā vane.

쓰네하 자 앗따 쌈부따
니그로닷쎄봐 칸다 자
뿌투 뷔쌋따 까메쑤
말루봐 봐 뷔따따 봐네.

애욕에서 솟아나고, 자신에게서 생겨나나니
뱅골 보리수의 줄기에 난 싹들과 같아
감각적 쾌락에 매달려서 겹겹이 얽혀 있나니
칡넝쿨이 숲속에 온통 퍼져 있는 것과 같으니라.

4. ye naṃ pajānanti yato nidānaṃ
te naṃ vinodenti suṇohi yakkha
te duttaraṃ ogham imaṃ taranti

예 남 빠자난띠 야또 니다난
떼 낭 뷔노덴띠 쑤노히 약카
떼 둣따람 오감 이만 따란띠

atiṇṇa-pubbaṃ apuna-bbhavāyā'ti. 아띤나 뿝밤 아뿌납 바봐야 띠.

그것들의 원인을 밝게 아는 사람들은
그것들을 없애버리니, 야차여, 들으라.
그들은 다시 태어나지 않기 위해, 건넌 적이 없는
건너기 어려운 거센 흐름을 건너느니라."

17. Pabhassaracittasutta

빠밧싸라 찟따 쑷따

「빛나는 마음의 경」을 송출하오니

1. pabhassaram idaṃ 빠밧싸람 이담
bhikkhave cittaṃ 빅카붸 찟딴
tañ ca kho āgantukehi 딴 짜 코 아간뚜께히
upakkilesehi upakkiliṭṭhan'ti. 우빡낄레쎄히 우빡낄릿딴 띠

수행승들이여,
이 마음은 빛나는 것인데
그 마음이
다가오는 번뇌로 오염되느니라.

2. pabhassaram idaṃ 빠밧싸람 이담
bhikkhave cittaṃ 빅카붸 찟딴
tañ ca kho āgantukehi 딴 짜 코 아간뚜께히
upakkilesehi vippamuttan'ti. 우빡낄레쎄히 뷥빠뭇딴 띠.

수행승들이여,

이 마음은 빛나는 것인데,
그 마음이
다가오는 번뇌에서 벗어나느니라.

18. Dvattiṃsâkārapāṭha

드왓띵싸 아까라 빠타

「서른두 가지 구성의 경송」을 송출하오니

1. ayaṃ kho me kāyo
uddhaṃ pāda-talā
adho kesa-matthakā
taca-pariyanto pūro
nāna-ppakārassa asucino.

아양 코 메 까요
웃담 빠다 딸라
아도 께싸 맛타까
따짜 빠리얀또 뿌로
나납 빠까랏싸 아쑤찌노.

나에게 이 몸은
발바닥 위로부터 머리꼭대기 아래까지
피부의 표피에 싸여져
여러 오물로 가득 차있는 것이니라.

2. atthi imasmiṃ kāye.

앗티 이마쓰밍 까예.

이러한 몸에는

1) kesā lomā
nakhā dantā taco.

께싸 로마
나카 단따 따쪼.

머리카락, 몸털, 손발톱, 이빨, 피부

2) maṃsaṃ nahāru
atṭhī aṭṭhimiñjā vakkaṃ.

망싼 나하루
앗티 앗티민자 봑깡.

살, 근육, 뼈, 골수, 신장

3) hadayaṃ yakanaṃ
kilomakaṃ pihakaṃ papphāsaṃ.

하다양 야까낭
낄로마깜 삐하깜 빱파쌈.

심장, 간장, 늑막, 비장, 폐

4) antaṃ antaguṇaṃ
udariyaṃ karīsaṃ matthaluṅgaṃ.

안땀 안따구남
우다리양 까리쌈 맛타룽감.

창자, 장간막, 위물(胃物), 똥, 뇌수

5) pittaṃ semhaṃ pubbo
lohitaṃ sedo medo.

삣땅 쏌함 뿝보
로히땅 쎄도 메도.

담즙, 가래, 고름, 피, 땀, 지방

6) assu vasā kheḷo
siṅghānikā lasikā muttaṃ.

앗쑤 봐싸 켈로
씽가니까 라씨까 뭇땀.

눈물, 임파액, 침, 점액, 관절액, 오줌이 있느니라.

3. evam ayaṃ me kāyo
uddhaṃ pāda-talā
adho kesa-matthakā
taca-pariyanto pūro
nāna-ppakārassa asucino
jeguccho paṭikūlo.

에봠 아얌 메 까요
웃담 빠다 딸라
아도 께싸 맛타까
따짜 빠리얀또 뿌로
나납 빠까랏싸 아쑤찌노
제굿초 빠띠꿀로.

이와 같이 나에게 이 몸은
발바닥 위로부터 머리꼭대기 아래까지

피부의 표피에 싸여져
여러 오물로 가득 차있는 것이니
역겹고 혐오스러운 것이니라.

19. Saṃvegaparikittanapāṭha

쌍붸가 빠리낏따나 빠타

「외경畏敬으로 인도하는 경송」을 송출하오니

1. idha tathāgato loke uppanno 이다 따타가또 로께 웁빤노
araham̦ sammāsambuddho. 아라항 쌈마쌈붓도.

이 세상에 이렇게 오신 님
거룩한 님
올바로 원만히 깨달은 님께서 출현하셨으니,

2. dhammo ca desito niyyāniko 담모 짜 데씨또 니이야니꼬
upasamiko parinibbāniko 우빠싸미꼬 빠리닙바니꼬
sambodha-gāmī sugata-ppavedito. 쌈보다 가미 쑤가땁 빠붸디또.

출리와 적멸, 완전한 열반
올바른 깨달음으로 이끄는
가르침을 설하셨으니
올바른 길로 잘 가신 님께서 선언하셨나이다.

3. mayan taṃ dhammaṃ sutvā 마얀 딴 담망 쑤뜨와
evaṃ jānāma. 에봔 자나마.

그 가르침을 듣고
저희들은 이와 같이 알고 있나이다.

1) jāti'pi dukkhā	자띠 삐 둑카
2) jarā'pi dukkhā	자라 삐 둑카
3) vyādhi'pi dukkhā	뷔야디 삐 둑카
4) maraṇam'pi dukkhaṃ.	마라남 삐 둑캉.

1) **'태어남도 괴로움이요**
2) **늙음도 괴로움이요**
3) **병듦도 괴로움이요**
4) **죽음도 괴로움이요,**

5) soka-parideva-dukkha- domanass'upāyāsā pi dukkhā	쏘까 빠리데봐 둑카 도마낫싸 우빠야싸 둑카
6) appiyehi sampayogo dukkho	압삐예히 쌈빠요고 둑코
7) piyehi vippayogo dukkho	삐예히 빕빠요고 둑코
8) yaṃ p'icchaṃ na labhati taṃ pi dukkhaṃ.	얌 삣찬 나 라바띠 땀 삐 둑캉.

5) **슬픔·비탄·고통·근심·절망도 괴로움이요**
6) **사랑하지 않는 것과 만나는 것도 괴로움이요**
7) **사랑하는 것과 헤어지는 것도 괴로움이요**
8) **원하는 것을 얻지 못하는 것도 괴로움이니,**

saṅkhittena pañc'upādāna-kkhandhā dukkhā.	쌍킷떼나 빤쭈빠다낙 칸다 둑카.

줄여서,

다섯 가지 존재다발이 괴로움이다.

4. seyyath'idaṃ.	쎄이야티당.
1) rūp'ūpādāna-kkhandho	루뿌빠다낙 칸도
2) vedan'ūpādāna-kkhandho	붸다누빠다낙 칸도
3) saññ'ūpādāna-kkhandho	싼뉴빠다낙 칸도
4) saṅkhār'ūpādāna-kkhandho	쌍카루빠다낙 칸도
5) viññāṇ'ūpādāna-kkhandho.	뷘냐누빠다낙 칸도.

그것은, 곧

1) **물질의 집착다발**
2) **느낌의 집착다발**
3) **지각의 집착다발**
4) **형성의 집착다발**
5) **의식의 집착다발이다.'**

5. yesaṃ pariññāya	예쌈 빠린냐야
dharamāno so bhagavā	다라마노 쏘 바가봐
evaṃ bahulaṃ sāvake vineti.	에봠 바훌랑 싸봐께 뷔네띠.

세존께서 살아계실 때에
자주 이처럼 제자들에게
완전한 앎을 위해 가르침을 주셨습니다.

6. evaṃ bhāgā ca pan'assa	에봠 바가 짜 빤나 앗싸
bhagavato sāvakesu anusāsanī	바가봐또 싸봐께쑤 아누싸싸니
bahulā pavattati.	바훌라 빠봣따띠.

그리고 또한 세존께서는 제자들에게

이러한 가르침을 자주 강조하셨습니다.

1) rūpaṃ aniccaṃ	루빰 아닛짱
2) vedanā aniccā	붸다나 아닛짜
3) saññā aniccā	싼냐 아닛짜
4) saṅkhārā aniccā	쌍카라 아닛짜
5) viññāṇaṃ aniccaṃ.	뷘냐남 아닛짬.

1) **'물질은 무상하니라.**
2) **느낌은 무상하니라.**
3) **지각은 무상하니라.**
4) **형성은 무상하니라.**
5) **의식은 무상하니라.**

1) rūpaṃ anattā	루빰 아낫따
2) vedanā anattā	붸다나 아낫따
3) saññā anattā	싼냐 아낫따
4) saṅkhārā anattā	쌍카라 아낫따
5) viññāṇaṃ anattā.	뷘냐남 아낫따.

1) **물질은 실체가 없느니라.**
2) **느낌은 실체가 없느니라.**
3) **지각은 실체가 없느니라.**
4) **형성은 실체가 없느니라.**
5) **의식은 실체가 없느니라.**

7. sabbe saṅkhārā aniccā	쌉베 쌍카라 아닛짜
sabbe dhammā anattā'ti.	쌉베 담마 아낫따 띠.

모든 형성된 것들은 무상하느니라.
모든 사실은 실체가 없느니라.'

8. te여성 : tā mayaṃ	떼여성 : 따 마얌
otiṇṇâmha jātiyā jarā-maraṇena	오띤남하 자띠야 자라 마라네나
sokehi paridevehi dukkhehi	쏘케히 빠리데웨히 둑케히
domanassehi upāyāsehi	도마낫쎄히 우빠야쎄히
dukkh'otiṇṇā dukkha-paretā.	둑코띤나 둑카 빠레따.

저희들 모두 태어남, 늙음, 죽음에 묶여있고
슬픔, 비탄, 고통, 근심, 절망으로
괴로움에 사로잡혔고 괴로움에 정복되었으니,

9. app'eva nām'imassa kevalassa	압뻬와 나미맛싸 께왈랏싸
dukkha-kkhandhassa antakiriyā	둑칵 칸닷싸 안따끼리야
paññāyethā'ti.	빤냐예타 띠.

'오, 그러한 일체의 괴로움의
완전한 종식이 참으로 밝혀지기를!'

— 합송 : 재가신자와 더불어 —

10. cira-parinibbutam pi	찌라 빠리닙부땀 삐
taṃ bhagavantaṃ uddissa arahantaṃ	땀 바가완땀 웃딧싸 아라한땅
sammāsambuddhaṃ saddhā	쌈마쌈붓당 쌋다
agārasmā anagāriyaṃ pabbajitā.	아가라쓰마 아나가리얌 빱바지따.

그 분, 세상의 존귀한 님, 거룩한 님
올바로 원만히 깨달은 님께서
오래 전에 완전한 열반에 드셨으나

믿음을 갖고 저희들은
집에서 집 없는 곳으로 출가하였나이다.

11. tasmiṃ bhagavati brahma-cariyaṃ carāma bhikkhūnaṃ sikkhā-sājīva-samāpannā.	따쓰밈 바가봐띠 브라흐마 짜리얀 짜라마 빅쿠낭 씩카 싸지봐 싸마빤나.

그 분, 세상의 존귀한 님 안에서
청정한 삶을 실천하오니
수행승들의 배움과 생활을 갖추었나이다.

12. taṃ no brahma-cariyaṃ imassa kevalassa dukkha-kkhandhassa antakiriyāya saṃvattatu.	딴 노 브라흐마 짜리얌 이맛싸 께봘랏싸 둑캄 칸닷싸 안따끼리야야 쌍봣따뚜.

저희들의 청정한 삶이
모든 괴로움의 다발을 종식시킬 수 있도록
저희들을 이끌어 주시길 바라나이다.

— 합송 : 재가자가 많을 경우에만 —

13. cira-parinibbutam pi taṃ bhagavantaṃ arahantaṃ sammāsambuddhaṃ saraṇaṃ gatā dhammañ ca saṅghañ ca.	찌라 빠리닙부땀 삐 땀 바가봔땀 아라한땅 쌈마쌈붓당 싸라낭 가따 담만 짜 쌍간 짜.

세존, 거룩한 님,
올바로 원만히 깨달은 님께서
오래 전에 완전한 열반에 드셨으나
저희들은 그 분과

가르침과 참모임에 귀의했나이다.

14. tassa bhagavato sāsanaṃ
yathā-satti yathā-balaṃ
manasikaroma anupaṭipajjāma.

땃싸 바가봐또 싸싸낭
야타 쌋띠 야타 발람
마나씨까로마 아누빠띠빳자마.

그 분 세존의 가르침을
힘과 능력에 따라
정신활동을 기울여 차례로 실천하나이다.

15. sā sā no paṭipatti
imassa kevalassa dukkha-kkhandhassa
antakiriyāya saṃvattatu.

싸 싸 노 빠띠빳띠
이맛싸 께봘랏싸 둑카 칸닷싸
안따끼리야야 쌍봣따뚜.

저희들의 이러한 실천이
모든 괴로움의 다발을 종식시킬 수 있도록
저희들을 이끌어 주시길 바라나이다.

20. Parābhava-mukha-gātha

빠라바봐 무카 가타

「파멸의 문의 게송」을 송출하오니

1. suvijāno bhavaṃ hoti
suvijāno parābhavo
dhamma-kāmo bhavaṃ hoti
dhamma-dessī parābhavo.

쑤뷔자노 바봥 호띠
쑤뷔자노 빠라바뵤
담마 까모 바봥 호띠
담마 뎃씨 빠라바뵤.

번영하는 사람도 알아보기 쉽고

파멸도 알아보기 쉬우며
가르침을 사랑하는 사람은 번영하고
가르침을 싫어하는 사람은 파멸하느니라.

2. asant'assa piyā honti
sante na kurute piyaṃ
asataṃ dhammaṃ roceti
taṃ parābhavato mukhaṃ.

아싼땃싸 삐야 혼띠
싼떼 나 꾸루떼 삐얌
아싸딴 담망 로쩨띠
땀 빠라바봐또 무캄.

참사람이 아닌 사람들을 사랑하고
참사람을 사랑하지 않으며
참사람이 아닌 사람이 하는 일을 즐기면
그것이야말로 파멸의 문이니라.

3. niddā-sīlī sabhā-sīlī
anuṭṭhātā ca yo naro
alaso kodha-paññāṇo
taṃ parābhavato mukhaṃ.

닛다 씰리 싸바 씰리
아눗타따 짜 요 나로
알라쏘 꼬다 빤냐노
땀 빠라바봐또 무캄.

수면에 빠지는 버릇이 있고
교제를 즐기는 버릇이 있으며
정진하지 않고, 나태하며, 화를 잘 낸다면
그것이야말로 파멸의 문이니라.

4. yo mātaraṃ vā pitaraṃ vā
jiṇṇakaṃ gata-yobbanaṃ
pahū santo na bharati
taṃ parābhavato mukhaṃ.

요 마따랑 봐 삐따랑 봐
진나깡 가따 욥바남
빠후 싼또 나 바라띠
땀 빠라바봐또 무캄.

자기는 풍족하게 살면서도
늙게 되어 젊음을 잃은
부모를 돌보지 않는다면
그것이야말로 파멸의 문이니라.

5. yo brāhmaṇaṃ vā samaṇaṃ vā
aññaṃ vā pi vaṇibbakaṃ
musā-vādena vañceti
taṃ parābhavato mukhaṃ.

요 브라흐망 봐 싸마낭 봐
안냥 봐 삐 봐닙바깜
무싸 봐데나 봔쩨띠
땀 빠라바봐또 무캄.

성직자나 수행자
혹은 다른 걸식하는 이를
거짓말로 속인다면
그것이야말로 파멸의 문이니라.

6. pahūta-vitto puriso
sahirañño sabhojano
eko bhuñjati sādūni
taṃ parābhavato mukhaṃ.

빠후따 뷧또 뿌리쏘
싸히란뇨 싸보자노
에꼬 분자띠 싸두니
땀 빠라바봐또 무캄.

엄청나게 많은 재물과
황금과 먹을 것이 있는데도
혼자서 맛있는 것들을 즐긴다면
그것이야말로 파멸의 문이니라.

7. jāti-tthaddho dhana-tthaddho
gotta-tthaddho ca yo naro
saṃ ñātiṃ atimaññeti

자띳 탓도 다낫 탓도
곳땃 탓도 짜 요 나로
싼 냐띰 아띠만녜띠

tam̩ parābhavato mukham̩. 땀 빠라바봐또 무캄.

혈통에 자부심이 강하고
재산을 자랑하고, 가문을 뽐내며
자기의 친지를 멸시한다면
그것이야말로 파멸의 문이니라.

8. itthi-dhutto surā-dhutto 잇티 둣또 쑤라 둣또
akkha-dhutto ca yo naro 악카 둣또 짜 요 나로
laddham̩ laddham̩ vināseti 랏당 랏당 뷔나쎄띠
tam̩ parābhavato mukham̩. 땀 빠라바봐또 무캄.

여색에 미치고 술에 중독되고
도박에 빠져있으며
버는 것마다 없애버린다면
그것이야말로 파멸의 문이니라.

9. sehi dārehi asantuṭṭho 쎄히 다레히 아싼뚯토
vesiyāsu padussati 붸씨야쑤 빠둣싸띠
dussati paradāresu 둣싸띠 빠라다레쑤
tam̩ parābhavato mukham̩. 땀 빠라바봐또 무캄.

자기 아내로 만족하지 않고
매춘부와 놀아나며
남의 아내와 어울린다면
그것이야말로 파멸의 문이니라.

10. atīta-yobbano poso 아띠따 욥반노 뽀쏘
āneti timbaru-tthanim̩ 안네띠 띰바룻 타님

tassā issā na supati 땃싸 잇싸 나 쑵빠띠
taṃ parābhavato mukhaṃ. 땀 빠라바봐또 무캄.

젊은 시절을 지난 남자가
띰바루 열매 같은 유방의 소녀를 두고
그녀를 질투하여 잠 못 이룬다면
그것이야말로 파멸의 문이니라.

11. itthiṃ soṇḍiṃ vikiraṇiṃ 잇팅 쏜딩 뷔끼라님
purisaṃ vā'pi tādisaṃ 뿌리쌍 봐삐 따디쌈
issariyasmiṃ ṭhāpeti 잇싸리야쓰민 타뻬띠
taṃ parābhavato mukhaṃ. 땀 빠라바봐또 무캄.

술에 취하고 재물을 낭비하는
여자나 그와 같은 남자에게
실권을 맡긴다면
그것이야말로 파멸의 문이니라.

12. appa-bhogo mahā-taṇho 압빠 보고 마하 땅호
khattiye jāyate kule 캇띠예 자야떼 꿀레
so'dha rajjaṃ patthayati 쏘다 랏잠 빳타야띠
taṃ parābhavato mukhaṃ. 땀 빠라바봐또 무캄.

왕족의 가문에 태어나더라도
권세는 작은데 욕망만 커서
이 세상에서 왕위를 얻고자 한다면
그것이야말로 파멸의 문이니라.

13. ete parābhave loke 에떼 빠라바붸 로께

paṇḍito samavekkhiya 빤디또 싸마붹키야
ariyo dassana-sampanno 아리요 닷싸나 쌈빤노
sa lokaṃ bhajate sivan'ti. 싸 로깜 바자떼 씨봔 띠.

세상의 이러한 파멸의 원인을
현명한 님은 올바로 성찰하여
고귀한 님의 통찰을 갖추니
그는 지복의 세계에 이르느니라.

21. Vasalakammagātha

봐쌀라 깜마 가타

「천한 사람의 행위의 게송」을 송출하오니

1. kodhano upanāhī ca 꼬다노 우빠나히 짜
pāpa-makkhī ca yo naro 빠빠 막키 짜 요 나로
vipanna-diṭṭhi māyāvī 비빤나 딧티 마야뷔
taṃ jaññā vasalo iti. 딴 잔냐 봐쌀로 이띠.

화를 내고 원한을 품으며
악독하고 시기이고
소견이 그릇되어 속이길 잘 한다면
그를 천한 사람으로 알아야 하느니라.

2. eka-jaṃ vā di-jaṃ vā pi 에까 장 봐 디 장 봐 삐
yo'dha pāṇāni hiṃsati 요다 빠나니 힝싸띠
yassa pāṇe dayā n'atthi 얏싸 빠네 다야 낫티
taṃ jaññā vasalo iti. 딴 잔냐 봐쌀로 이띠.

한 번 생겨나거나 두 번 생겨난 것이건
이 세상에 있는 생명을 해치고
살아 있는 생명에 자비심이 없다면
그를 천한 사람으로 알아야 하느니라.

3. yo hanti parirundhati	요 한띠 빠리룬다띠
gāmāni nigamāni ca	가마니 니가마니 짜
niggāhako samaññāto	닉가하꼬 싸만냐또
taṃ jaññā vasalo iti.	딴 잔냐 봐쌀로 이띠.

마을뿐만 아니라 도시를
파괴하거나 약탈하면서
압제자로서 널리 알려진다면
그를 천한 사람으로 알아야 하느니라.

4. gāme vā yadi vā'rañña	가메 봐 야디 봐란녜
yaṃ paresaṃ mamāyitaṃ	얌 빠레쌈 마마위딴
theyyā ādinnaṃ ādiyati	테이야 아딘남 아디야띠
taṃ jaññā vasalo iti.	딴 잔냐 봐쌀로 이띠.

마을에 있거나 숲에 있거나
남의 것을 나의 것이라고 하고
주지 않은 것을 빼앗는다면
그를 천한 사람으로 알아야 하느니라.

5. yo have iṇam ādāya	요 하붸 이남 아다야
cujjamāno palāyati	쭛자마노 빨라야띠
na hi te iṇam atthī ti	나 히 떼 이남 앗티 띠

tam̩ jañña vasalo iti. 딴 잔냐 봐쌀로 이띠.

사실은 빚을 지었으나
돌려 달라고 독촉 받더라도
'갚을 빚은 없다.'라고 발뺌한다면
그를 천한 사람으로 알아야 하느니라.

6. yo ve kiñcikkha-kamyatā 요 붸 낀찍카 까미야따
panthasmiṃ vajataṃ janaṃ 빤타쓰밍 봐자딴 자낭
hantvā kiñcikkham ādeti 한뜨와 낀찍캄 아데띠
taṃ jaññā vasalo iti. 딴 잔냐 봐쌀로 이띠.

얼마 안 되는 물건을 탐내어
길을 가고 있는 행인을 살해하고
그 물건을 약탈한다면
그를 천한 사람으로 알아야 하느니라.

7. yo atta-hetu para-hetu 요 앗따 헤뚜 빠라 헤뚜
dhana-hetu ca yo naro 다나 헤뚜 짜 요 나로
sakkhi-puṭṭho musā brūti 싹키 뿟토 무싸 브루띠
taṃ jaññā vasalo iti. 딴 잔냐 봐쌀로 이띠.

증인으로 불려 나갔을 때
자신이나 남 때문에
또는 재물 때문에 거짓 증언한다면
그를 천한 사람으로 알아야 하느니라.

8. yo ñātīnaṃ sakhānaṃ vā 요 냐띠낭 싸카낭 봐
dāresu patidussati 다레쑤 빠띠둣싸띠

sahasā sampiyena vā
taṃ jaññā vasalo iti.

싸하싸 쌈삐예나 봐
딴 잔냐 봐쌀로 이띠.

폭력을 가지고, 혹은 사랑에 빠져
친지나 친구의 아내와
부적절한 관계를 맺는다면
그를 천한 사람으로 알아야 하느니라.

9. yo mātaraṃ vā pitaraṃ vā
jiṇṇakaṃ gata-yobbanaṃ
pahū santo na bharati
taṃ jaññā vasalo iti.

요 마따랑 봐 삐따랑 봐
진나깡 가따 욥바남
빠후 싼또 나 바라띠
딴 잔냐 봐쌀로 이띠.

자기는 재물이 풍족하면서도
나이 들어 늙고 쇠약한
어머니와 아버지를 섬기지 않는다면
그를 천한 사람으로 알아야 하느니라.

10. yo mātaraṃ vā pitaraṃ vā
bhātaraṃ bhaginiṃ sasuṃ
hanti roseti vācāya
taṃ jaññā vasalo iti.

요 마따랑 봐 삐따랑 봐
바따람 바기닝 싸쑴
한띠 로쎄띠 봐짜야
딴 잔냐 봐쌀로 이띠.

어머니와 아버지 그리고
형제나 자매, 혹은 배우자의 부모를
때리거나 욕한다면
그를 천한 사람으로 알아야 하느니라.

11. yo atthaṃ pucchito santo

요 앗탐 뿟치또 싼또

anattham anusāsati 아낫탐 아누싸싸띠
paṭicchannena manteti 빠띠찬넨나 만떼띠
taṃ jaññā vasalo iti. 딴 잔냐 봐쌀로 이띠.

유익한 충고를 구하는데도
불리하도록 가르쳐주거나
불분명하게 일러준다면
그를 천한 사람으로 알아야 하느니라.

12. yo katvā pāpakaṃ kammaṃ 요 까뜨와 빠빠깡 깜맘
mā maṃ jaññā'ti icchati 마 만 잔냐 띠 잇차띠
yo paṭicchanna-kammanto 요 빠띳찬나 깜만또
taṃ jaññā vasalo iti. 딴 잔냐 봐쌀로 이띠.

악한 일을 하고서도
자기가 한 일을 남이 모르기를 바라며
그 일을 숨긴다면
그를 천한 사람으로 알아야 하느니라.

13. yo ve para-kulaṃ gantvā 요 붸 빠라 꿀랑 간뜨와
bhutvāna suci-bhojanaṃ 부뜨와나 쑤찌 보자남
āgataṃ na paṭipūjeti 아가딴 나 빠띠뿌제띠
taṃ jaññā vasalo iti. 딴 잔냐 봐쌀로 이띠.

남의 집에 가서는
융숭한 환대를 받으면서도
손님에게는 대접하지 않는다면
그를 천한 사람으로 알아야 하느니라.

14. yo brāhmaṇaṃ vā samaṇaṃ vā aññaṃ vā pi vaṇibbakaṃ musā-vādena vañceti taṃ jaññā vasalo iti.	요 브라흐마낭 봐 싸마낭 봐 안냥 봐 삐 봐닙바깜 무싸 봐데나 봔쩨띠 딴 잔냐 봐쌀로 이띠.

성직자나 수행자 또는
다른 걸식하는 이를
거짓말로 속인다면
그를 천한 사람으로 알아야 하느니라.

15. yo brāhmaṇaṃ vā samaṇaṃ vā bhatta-kāle upaṭṭhite roseti vācā na ca deti taṃ jaññā vasalo iti.	요 브라흐마낭 봐 싸마낭 봐 밧따 깔레 우빳티떼 로쎄띠 봐짜 나 짜 데띠 딴 잔냐 봐쌀로 이띠.

식사 때가 되었는데도
성직자나 수행자에게 욕하며
먹을 것을 주지 않는다면
그를 천한 사람으로 알아야 하느니라.

16. asataṃ yo'dha pabrūti mohena paḷiguṇṭhito kiñcikkhaṃ nijigiṃsāno taṃ jaññā vasalo iti.	아싸땅 요다 빠브루띠 모헤나 빨리군티또 낀찍칸 니지깅싸노 딴 잔냐 봐쌀로 이띠.

어리석음에 사로잡혀
사소한 물건을 탐하여
세상에서 진실이 아닌 것을 말한다면

그를 천한 사람으로 알아야 하느니라.

17. yo c'attānaṃ samukkaṃse
paraň ca-m-avajānati
nihīno sena mānena
taṃ jaññā vasalo iti.

요 짯따낭 싸묵깡쎄
빠란 짜 마봐자나띠
니히노 쎄나 마네나
딴 잔냐 봐쌀로 이띠.

자기를 칭찬하고
타인을 경멸하며
스스로의 교만에 빠진다면
그를 천한 사람으로 알아야 하느니라.

18. rosako kadariyo ca
pāpiccho maccharī saṭho
ahiriko anottāpī
taṃ jaññā vasalo iti.

로싸꼬 까다리요
빠삣초 맛차리 싸토
아히리꼬 아놋따삐
딴 잔냐 봐쌀로 이띠.

남을 화내게 하고, 이기적이고
악의적이고, 인색하고, 거짓을 일삼고
부끄러움과 창피함을 모른다면
그를 천한 사람으로 알아야 하느니라.

19. yo buddhaṃ paribhāsati
atha vā tassa sāvakaṃ
paribbājaṃ gahaṭṭhaṃ vā
taṃ jaññā vasalo iti.

요 붓담 빠리바싸띠
아타 봐 땃싸 싸봐깜
빠립바장 가핫탕 봐
딴 잔냐 봐쌀로 이띠.

깨달은 님을 비방하고
혹은 출가나 재가의
제자들을 헐뜯는다면

그를 천한 사람으로 알아야 하느니라.

20. yo ve anarahā santo arahaṃ paṭijānati coro sabrahmake loke esa kho vasalâdhamo.	요 붸 아나라하 싼또 아라함 빠띠자나띠 쪼로 싸브라흐마께 로께 에싸 코 봐쌀라 아다모.

거룩한 님이 아닌 자가
거룩한 님이라고 주장한다면
하느님들을 포함한 세계의 도적이니
그야말로 가장 천한 사람이 되느니라.

21. na jaccā vasalo hoti na jaccā hoti brāhmaṇo kammanā vasalo hoti kammanā hoti brāhmaṇo.	나 잣짜 봐쌀로 호띠 나 잣짜 호띠 브라흐마노 깜마나 봐쌀로 호띠 깜마나 호띠 브라흐마노.

날 때부터 천한 사람인 것이 아니고
태어나면서부터 고귀한 사람도 아니고
행위에 의해서 천한 사람도 되고
행위에 의해서 고귀한 사람이 되느니라.

22. Appaduṭṭhadussagāthā

압빠둣타 둣싸 가타

「무고자誣告者의 불익에 대한 게송」을 송출하오니

1. yo daṇḍena adaṇḍesu	요 단데나 아단데쑤

appaduṭṭhesu dussati	압빠둣테쑤 둣싸띠
dasannam aññataraṃ	다싼남 안냐따란
ṭhānaṃ khippam eva nigacchati.	다낭 킵빰 에봐 니갓차띠.

죄가 없고 위해가 없는 자를
폭력으로 해치는 자는
참으로 아주 빠르게
열 가지 가운데 하나를 받느니라.

2. vedanaṃ pharusaṃ jāniṃ	붸다남 파루싼 자닝
sarīrassa ca bhedanaṃ	싸리랏싸 짜 베다낭
garukaṃ vā'pi ābādhaṃ	가루깡 봐삐 아바단
citta-kkhepaṃ va pāpuṇe.	찟딱 케빵 봐 빠뿌네.

심한 고통이나 궁핍이나
신체적 상해나
중대한 질병이나
정신의 착란을 얻게 되거나,

3. rājato vā upassaggaṃ	라자또 봐 우빳싹감
abbhakkhānaṃ va dāruṇaṃ	압박카낭 봐 다루남
parikkhayaṃ va ñātīnaṃ	빠릭카양 봐 냐띠남
bhogānaṃ va pabhaṅguraṃ.	보가낭 봐 빠방구람.

국왕으로부터의 재난이나
무서운 중상모략
친족의 멸망이나
재산의 망실을 당하게 되거나,

4. atha v'assa agārāni
aggi ḍahati pāvako
kāyassa bhedā duppañño
nirayaṃ so upapajjati.

아타 봣싸 아가라니
악기 다하띠 빠봐꼬
까얏싸 베다 둡빤뇨
니라양 쏘 우빠빳자띠.

또는 정화자인 불을 만나
그 불이 자신의 집을 태우게 되거나
몸이 파괴된 뒤에
그 어리석은 자는 지옥에 태어나게 되느니라.

23. Aṭṭhaṅgasīla

앗탕가 씰라

「팔계八戒」를 송출하오니

1. pāṇâtipātā veramaṇī-
sikkhāpadaṃ samādiyāmi.

빠나 아띠빠따 붸라마니
씩카빠당 싸마디야미.

살아있는 생명을 죽이는 것을 삼가는
학습계율을 지키겠나이다.

2. adinnâdānā veramaṇī-
sikkhāpadaṃ samādiyāmi.

아딘나 아다나 붸라마니
씩카빠당 싸마디야미.

주지 않은 것을 빼앗는 것을 삼가는
학습계율을 지키겠나이다.

3. abrahma-cariyā veramaṇī-
sikkhāpadaṃ samādiyāmi.

아브라흐마 짜리야 붸라마니
씩카빠당 싸마디야미.

순결치 못한 행위를 삼가는
학습계율을 지키겠나이다.

4. musā-vādā veramaṇī- 무싸 봐다 붸라마니
sikkhāpadaṃ samādiyāmi. 씩카빠당 싸마디야미.

어리석은 거짓말을 하는 것을 삼가는
학습계율을 지키겠나이다.

5. surā-meraya-majja- 쑤라 메라야 맛자
pamāda-ṭṭhānā veramaṇī- 빠마닷 타나 붸라마니
sikkhāpadaṃ samādiyāmi. 씩카빠당 싸마디야미.

곡주나 과즙주 등의
취기있는 것에 취하는 것을 삼가는
학습계율을 지키겠나이다.

6. vikāla-bhojanā veramaṇī- 뷔깔라 보자나 붸라마니
sikkhāpadaṃ samādiyāmi. 씩카빠당 싸마디야미.

때아닌 때 식사하는 것을 삼가는
학습계율을 지키겠나이다.

7. nacca-gīta-vādita-visūka-dassanā- 낫짜 기따 봐디따 뷔쑤까 닷싸나
mālā-gandha-vilepana-dhāraṇa- 말라 간다 뷜레빠나 다라나
maṇḍana-vibhūsanaṭṭhānā veramaṇī- 만다나 뷔부싸낫타나 붸라마니
sikkhāpadaṃ samādiyāmi. 씩카빠당 싸마디야미.

춤, 노래, 음악, 연극을 관람하거나
꽃다발·향료·크림으로 화장하고 치장하는 것을

삼가는 학습계율을 지키겠나이다.

8. uccāsayana-mahāsayanā veramaṇī-
sikkhāpadaṃ samādiyāmi.

웃짜싸야나 마하싸나야 붸라마니
씩카빠당 싸마디야미.

높고 큰 침상에 눕는 것을 삼가는
학습계율을 지키겠나이다.

24. Dasasīla

다싸 씰라

「십계十戒」를 송출하오니

1. pāṇâtipātā veramaṇī-
sikkhāpadaṃ samādiyāmi.

빠나 아띠빠따 붸라마니
씩카빠당 싸마디야미.

살아있는 생명을 죽이는 것을 삼가는
학습계율을 지키겠나이다.

2. adinnâdānā veramaṇī-
sikkhāpadaṃ samādiyāmi.

아딘나 아다나 붸라마니
씩카빠당 싸마디야미.

주지 않은 것을 빼앗는 것을 삼가는
학습계율을 지키겠나이다.

3. abrahma-cariyā veramaṇī-
sikkhāpadaṃ samādiyāmi.

아브라흐마 짜리야 붸라마니
씩카빠당 싸마디야미.

순결치 못한 행위를 삼가는
학습계율을 지키겠나이다.

4. musā-vādā veramaṇī-
sikkhāpadaṃ samādiyāmi.

무싸 봐다 붸라마니
씩카빠당 싸마디야미.

어리석은 거짓말을 하는 것을 삼가는
학습계율을 지키겠나이다.

5. surā-meraya-majja-
pamāda-ṭṭhānā veramaṇī-
sikkhāpadaṃ samādiyāmi.

쑤라 메라야 맛자
빠마닷 타나 붸라마니
씩카빠당 싸마디야미.

곡주나 과즙주 등의
취기있는 것에 취하는 것을 삼가는
학습계율을 지키겠나이다.

6. vikāla-bhojanā veramaṇī
sikkhāpadaṃ samādiyāmi.

뷔깔라 보자나 붸라마니
씩카빠당 싸마디야미.

때 아닌 때에는 식사하는 것을 삼가는
학습계율을 지키겠나이다.

7. nacca-gīta-vādita-visūka-dassanā
veramaṇī-sikkhāpadaṃ samādiyāmi.

낫짜 기따 봐디따 뷔쑤까 닷싸나
붸라마니 씩카빠당 싸마디야미.

춤, 노래, 음악, 연극의 관람을 삼가는
학습계율을 지키겠나이다.

8. mālā-gandha-vilepana-dhāraṇa-
maṇḍana-vibhūsanaṭṭhānā veramaṇī-
sikkhāpadaṃ samādiyāmi.

말라 간다 뷜레빠나 다라나
만다나 뷔부싸낫타나 붸라마니
씩카빠당 싸마디야미.

꽃다발·향료·크림을 가지고,

화장하고 치장하는 것을 삼가는
학습계율을 지키겠나이다.

9. uccāsayana-mahāsayanā veramaṇī-
sikkhāpadaṃ samādiyāmi.

웃짜싸야나 마하싸나야 붸라마니
씩카빠당 싸마디야미.

높고 큰 침상에 눕는 것을 삼가는
학습계율을 지키겠나이다.

10. jāta-rūpa-rajata-paṭiggahaṇā
veramaṇī-sikkhāpadaṃ samādiyāmi.

자따 루빠 라자따 빠띡가하나
붸라마니 씩카빠당 싸마디야미.

금은을 갖는 것을 삼가는
학습계율을 지키겠나이다.

25. Taṅkhaṇikapaccavekkhaṇapāṭha

땅카니까 빳짜붹카나 빠타

「이치에 맞는 성찰의 경송」을 송출하오니

1. paṭisaṅkhā yoniso
cīvaraṃ paṭisevāmi
yāvad eva sītassa paṭighātāya
uṇhassa paṭighātāya
ḍaṃsa-makasa-vātâtapa-siriṃsapa
-samphassānaṃ paṭighātāya
yāvad eva hiri-kopina-
paṭicchādanatthaṃ.

빠띠쌍카 요니쏘
찌봐람 빠띠쎄봐미
야봐드 에봐 씨땃싸 빠띠가따야
운핫싸 빠띠가따야
당싸 마까싸 봐따 아따빠 씨링싸빠
쌈팟싸남 빠띠가따야
야봐드 에봐 히리 꼬삐나
빠띳차다낫탐.

이치에 맞게 성찰하며 의복을 착용하오니

저는 추위를 막고, 더위를 막고
등에, 모기, 바람, 열기, 뱀들과의 접촉을 피하고
부끄러운 곳을 가리려고 착용한 것입니다.

2. paṭisaṅkhā yoniso 빠띠쌍카 요니쏘
piṇḍapātaṃ paṭisevāmi 삔다빠땀 빠띠쎄봐미
n'eva davāya na madāya 네봐 다봐야 나 마다야
na maṇḍanāya na vibhūsanāya 나 만다나야 나 뷔부싸나야
yāvad eva imassa kāyassa ṭhitiyā 야봐드 에봐 이맛싸 까얏싸 티띠야
yāpanāya vihiṃs'uparatiyā 야빠나야 비힝쑤빠라띠야
brahma-cariyânuggahāya 브라흐마 짜리야 아누가하야
iti purāṇañ ca vedanaṃ paṭihaṅkhāmi 이띠 뿌라난 짜 붸다남 빠띠항카미
navañ ca vedanaṃ na uppādessāmi 나봔 짜 붸다난 나 웁빠뎃싸미
yātrā ca me bhavissati 야뜨라 짜 메 바뷧싸띠
anavajjatā ca phāsu-vihāro cā'ti. 아나봣자따 짜 파쑤 뷔하로 짜 띠.

이치에 맞게 성찰하며 음식을 취하오니
저는 놀이를 위해서나
취기를 위해서나
장식을 위해서나
사치를 위해서가 아니고
단지 이 몸을 유지하고
지탱하고 상해를 피하고
청정한 삶을 수호하기 위해 취하는 것이니
이처럼 이전의 고통을 없애고
새로운 고통도 만들지 않는다면

저는 허물 없는 상태로
안온한 삶을 영위할 것입니다.

3. paṭisaṅkhā yoniso	빠띠쌍카 요니쏘
sen'āsanaṃ paṭisevāmi	쎄나싸남 빠띠쎄봐미
yāvad eva sītassa paṭighātāya	야봐드 에봐 씨땃싸 빠띠가따야
uṇhassa paṭighātāya	운핫싸 빠띠가따야
ḍaṃsa-makasa-vātâtapa-siriṃsapa	당싸 마까싸 봐따 아따빠 씨링싸빠
-samphassānaṃ paṭighātāya	쌈팟싸남 빠띠가따야
yāvad eva utu-parissaya-vinodanaṃ	야봐드 에봐 우뚜 빠릿싸야 비노다남
paṭisallānârāmatthaṃ.	빠띠쌀라나 아라맛탐.

이치에 맞게 성찰하며 처소를 이용하오니
제가 추위를 막고, 더위를 막고
등에, 모기, 바람, 열기, 뱀들과의 접촉
날씨로 인한 침해를 피하고
홀로 명상하는 것을 즐기기 위한 것입니다.

4. paṭisaṅkhā yoniso gilāna-paccaya	빠띠쌍카 요니쏘 길라나 빳짜야
-bhesajja-parikkhāraṃ paṭisevāmi	베쌋자 빠릭카람 빠띠쎄봐미
yāvad eva uppannānaṃ	야봐드 에봐 웁빤나낭
veyyābādhikānaṃ vedanānaṃ	베이야바디까낭 붸다나남
paṭighātāya	빠띠가따야
abyāpajjha-paramatāyā'ti.	아비야빳자 빠라마따야 띠.

이치에 맞게 성찰하며 필수의약을 복용하오니
제가 이미 일어난
질병의 고통을 치유하고
상해가 없는 최상의 상태를 얻기 위한 것입니다.

26. Chaddisāpaṭicchādanapāṭha

찻디싸 빠띳차다나 빠타

「육방예경송六方禮經誦」을 송출하오니

1. pañcahi kho gahapati-putta
ṭhānehi puttena
mātā-pitaro paccupaṭṭhātabbā.

빤짜히 코 가하빠띠 뿟따
타네히 뿟떼나
마따 삐따로 빳쭈빳타땁바.

장자의 아들이여, 자식은
다섯 가지 경우로써
부모를 섬겨야 하느니라.

1) bhato nesaṃ bharissāmi
2) kiccaṃ nesaṃ karissāmi
3) kula-vaṃsaṃ ṭhapessāmi
4) dāyajjaṃ paṭipacchāmi
5) atha vā pana petānaṃ kāla-katānaṃ
dakkhiṇaṃ anuppadassāmī'ti.

바또 네쌈 바릿싸미
낏짠 네쌍 까릿싸미
꿀라 왕싼 타뻿싸미
다얏잠 바띠빳차미
아타 봐 빠나 뻬따낭 깔라 까따난
닥키남 아눕빠닷싸미 띠.

1) 양육하셨으니 섬기고
2) 해야 할 일을 다하고
3) 가문의 전통을 잇고
4) 상속을 잘 승계하고
5) 돌아가신 후에는 헌공을 한다.

2. imehi kho gahapati-putta
pañcahi ṭhānehi puttena
mātā-pitaro paccupaṭṭhitā

이메히 코 가하빠띠 뿟따
빤자히 타네히 뿟떼나
마따 삐따로 빳쭈빳티따

pañcahi ṭhānehi puttaṃ anukampanti. 빤짜히 타네히 뿟땀 아누깜빤띠.

장자의 아들이여, 이와 같이
다섯 가지 경우로써 자식에게 섬김을 받는
부모는 다섯 가지 경우로써
자식을 잘 보살펴야 하느니라.

1) pāpā nivārenti 빠빠 니봐렌띠
2) kalyāṇe nivesenti 깔리야네 니붸쎈띠
3) sippaṃ sikkhāpenti 씹빵 씩카뻰띠
4) patirūpena dārena saṃyojenti 빠띠루뻬나 다레나 쌍요젠띠
5) samaye dāyajjaṃ niyyātenti. 싸마예 다야잔 니이야뗀띠.

1) **악한 것으로부터 수호하게 하고**
2) **선한 것을 확립하게 하고**
3) **기술을 배우게 하고**
4) **어울리는 배우자와 맺게 하고**
5) **적당한 때에 유산을 받게 한다.**

imehi kho gahapati-putta 이메히 코 가하빠띠 뿟따
pañcahi ṭhānehi puttena 빤자히 타네히 뿟떼나
mātā-pitaro paccupaṭṭhitā 마따 삐따로 빳쭈빳티따
imehi pañcahi ṭhānehi 이메히 빤짜히 타네히
puttaṃ anukampanti. 뿟땀 아누깜빤띠.

장자의 아들이여, 이와 같이
다섯 가지 경우로써 자식에게 섬김을 받는
부모는 이와 같이 다섯 가지 경우로써

자식을 잘 보살펴야 하느니라.

3. pañcahi kho gahapati-putta 빤짜히 코 가하빠띠 뿟따
ṭhānehi antevāsinā 타네히 안떼봐씨나
ācariyā paccupaṭṭhātabbā. 아짜리야 빳쭈빳타땁바.

장자의 아들이여, 제자는
다섯 가지 경우로써
스승들을 섬겨야 하느니라.

1) uṭṭhānena 웃테네나
2) upaṭṭhānena 우빳타네나
3) sussūsāya 쑷쑤싸야
4) pāricariyāya 빠리짜리야야
5) sakkaccaṃ sippa-paṭiggahaṇena. 싹깟짱 씹빠 빠띡가하네나.

1) **일어나 맞이하고**
2) **시중들고**
3) **열의를 보이고**
4) **봉사하고**
5) **성실하게 기술을 습득한다.**

4. imehi kho gahapati-putta 이메히 코 가하빠띠 뿟따
pañcahi ṭhānehi antevāsinā 빤자히 타네히 안떼봐씨나
ācariyā paccupaṭṭhitā 아짜리야 빳쭈빳티따
pañcahi ṭhānehi antevāsiṃ anukampanti. 빤자히 타네히 안떼봐씸 아누깜빤띠.

장자의 아들이여, 이와 같이
다섯 가지 경우로써 제자에게 섬김을 받는

스승들은 다섯 가지 경우로써
제자를 잘 보살펴야 하느니라.

1) suvinītaṃ vinenti	쑤뷔니땅 뷔넨띠
2) suggahitaṃ gāhāpenti	쑥가히땅 가하뻰띠
3) sabba-sippa-sutaṃ samakkhāyino bhavanti	쌉바 씹빠 쑤땅 싸막카위노 바봔띠
4) mittā-maccesu paṭiyādenti	밋따 맛쩨쑤 빠띠야덴띠
5) disāsu parittānaṃ karonti.	디싸쑤 빠릿따낭 까론띠.

1) **잘 도야하도록 훈련시키고**
2) **잘 파악하도록 이해시키고**
3) **모든 기술을 배우도록 알려 주고**
4) **친구와 동료를 잘 소개시켜 주고**
5) **모든 방향에서 안전을 강구해 준다.**

imehi kho gahapati-putta	이메히 코 가하빠띠 뿟따
pañcahi ṭhānehi antevāsinā	빤자히 타네히 안떼봐씨나
ācariyā paccupaṭṭhitā	아짜리야 빳쭈빳티따
imehi pañcahi ṭhānehi	이메히 빤짜히 타네히
antevāsiṃ anukampanti.	안떼봐씸 아누깜빤띠.

장자의 아들이여, 이와 같이
다섯 가지 경우로써 제자에게 섬김을 받는
스승은 이와 같은 다섯 가지 경우로써
제자를 잘 보살펴야 하느니라.

5. pañcahi kho gahapati-putta	빤짜히 코 가하빠띠 뿟따
ṭhānehi sāmikena	타네히 싸미께나
bhariyā paccupaṭṭhātabbā.	바리야 빳쭈빳타땁바.

장자의 아들이여, 남편은
다섯 가지 경우로써
아내를 보살펴야 하느니라.

1) sammānanāya	쌈마나나야
2) anavamānanāya	아나봐마나나야
3) anaticariyāya	아나띠짜리야야
4) issariya-vossaggena	잇싸리야 봇싹게나
5) alaṅkārânuppadānena.	알랑까라 아눕빠다네나.

1) **존중하고**
2) **멸시하지 않고**
3) **신의를 저버리지 않고**
4) **권한을 부여하고**
5) **장신구를 제공한다.**

6. imehi kho gahapati-putta	이메히 코 가하빠띠 뿟따
pañcahi ṭhānehi sāmikena	빤자히 타네히 싸미께나
bhariyā paccupaṭṭhitā	바리야 빳쭈빳티따
pañcahi ṭhānehi sāmikaṃ anukampati.	빤자히 타네히 싸미깜 아누깜빠띠.

장자의 아들이여, 이와 같이
다섯 가지 경우로써 남편에게 보살핌을 받는
아내는 다섯 가지 경우로써
남편을 잘 섬겨야 하느니라.

1) susaṃvihita-kammantā ca hoti	쑤쌍뷔히따 깜만따 짜
2) susaṃgahita-parijanā ca	쑤쌍가히따 빠리자나 짜

3) anaticārinī ca 아나띠짜리니 짜
4) sambhataṃ anurakkhati 쌈바땀 아누락카띠
5) dakkhā ca hoti analasā sabba-kiccesu. 둑카 짜 호띠 아날라싸 쌉바 낏쩨쑤.

1) **맡은 일을 잘 처리하고**
2) **주변사람들에게 친절하고**
3) **신의를 저버리지 말고**
4) **재물을 잘 수호하고**
5) **모든 해야 할 일에 유능하고 나태하지 않는다.**

imehi kho gahapati-putta 이메히 코 가하빠띠 뿟따
pañcahi ṭhānehi sāmikena 빤자히 타네히 싸미께나
bhariyā paccupaṭṭhitā 바리야 빳쭈빳티따
imehi pañcahi ṭhānehi 이메히 빤짜히 타네히
sāmikaṃ anukampati. 싸미깜 아누깜빠띠.

장자의 아들이여, 이와 같이
다섯 가지 경우로써 남편에게 보살핌을 받는
아내는 이와 같은 다섯 가지 경우로써
남편을 잘 섬겨야 하느니라.

7. pañcahi kho gahapati-putta 빤짜히 코 가하빠띠 뿟따
ṭhānehi kula-puttena 타네히 꿀라 뿟떼나
mittā-maccā paccupaṭṭhātabbā. 밋따 맛짜 빳쭈빳타땁바.

장자의 아들이여, 훌륭한 가문의 아들은
다섯 가지 경우로써
친구들이나 동료들을 보살펴야 하느니라.

1) dānena	다네나
2) peyya-vajjena	뻬이야 봣제나
3) attha-cariyāya	앗타 짜리야야
4) samānattatāya	싸마낫따따야
5) avisaṃvādanatāya.	아뷔쌍봐다나따야.

1) **보시를 하고**
2) **사랑스러운 말을 하고**
3) **유익한 행위를 하고**
4) **협동하여 행하고**
5) **정직한 말을 한다.**

8. imehi kho gahapati-putta	이메히 코 가하빠띠 뿟따
pañcahi ṭhānehi kula-puttena	빤짜히 타네히 꿀라 뿟떼나
mittā-maccā paccupaṭṭhitā	밋따 맛짜 빳쭈빳티따
pañcahi ṭhānehi	빤자히 타네히
kula-puttaṃ anukampanti.	꿀라 뿟땀 아누깜빤띠.

장자의 아들이여, 이와 같이
다섯 가지 경우로써
훌륭한 가문의 아들에게 보살핌을 받는
친구들이나 동료들은 다섯 가지 경우로써
훌륭한 가문의 아들을 잘 섬겨야 하느니라.

1) pamattaṃ rakkhanti	빠맛땅 락칸띠
2) pamattassa sāpateyyaṃ rakkhanti	빠맛땃싸 싸빠떼이양 락칸띠
3) bhītassa saraṇaṃ honti	비땃싸 싸라낭 호띠
4) āpadāsu na vijahanti	아빠다쑤 나 뷔자하띠
5) aparapajā c'assa paṭipūjenti.	아빠라빠자 짯싸 빠띠뿌젠띠.

1) 술 취했을 때에 보살펴주고
2) 술 취했을 때에 재물을 지켜주고
3) 두려울 때에 피난처가 되어주고
4) 재난에 처했을 때에 버리지 않고
5) 그의 자손들을 존중한다.

imehi kho gahapati-putta	이메히 코 가하빠띠 뿟따
pañcahi ṭhānehi kula-puttena	빤자히 타네히 뿟떼나
mittā-maccā paccupaṭṭhitā	밋따 맛짜 빳쭈빳티따
imehi pañcahi ṭhānehi	이메히 빤짜히 타네히
kula-puttaṃ anukampanti.	꿀라 뿟땀 아누깜빤띠.

장자의 아들이여, 이와 같이
다섯 가지 경우로써
훌륭한 가문의 아들에게 보살핌을 받는
친구들이나 동료들은 이와 같은 다섯 가지 경우로써
훌륭한 가문의 아들을 잘 섬겨야 하느니라.

9.

pañcahi kho gahapati-putta	빤짜히 코 가하빠띠 뿟따
ṭhānehi ayyirakena	타네히 아이위라께나
dāsa-kammakarā paccupaṭṭhātabbā.	다싸 깜마까라 빳쭈빳타땁바.

장자의 아들이여, 고용주는
다섯 가지 경우로써
일꾼들이나 고용인들을 보살펴야 하느니라.

1) yathā-balaṃ kammanta-saṃvidhānena	야타 발랑 깜만따 쌍뷔다네나
2) bhatta-vetanânuppadānena	밧따 붸따나 아눕빠다네나

3) gilān'upaṭṭhānena 길라누빳타네나
4) acchariyānaṃ rasānaṃ saṃvibhāgena 앗차리야낭 라싸낭 쌍뷔바게나
5) samaye vossaggena. 싸마예 봇싹게나.

1) **능력에 맞게 일을 안배하고**
2) **음식과 임금을 지불하고**
3) **병이 들면 보살펴주고**
4) **아주 맛있는 것은 함께 나누고**
5) **적당한 때에 휴식을 취하게 한다.**

10. imehi kho gahapati-putta 이메히 코 가하빠띠 뿟따
pañcahi ṭhānehi ayyirakena 빤자히 타네히 아이위락께나
dāsa-kammakarā paccupaṭṭhitā 다싸 깜마까라 빳쭈빳티따
pañcahi ṭhānehi 빤자히 타네히
ayyirakaṃ anukampanti. 아이위라깜 아누깜빤띠.

장자의 아들이여, 이와 같이
다섯 가지 경우로써 고용주에게 보살핌을 받는
일꾼들이나 고용인들은
다섯 가지 경우로써
고용주를 잘 섬겨야 하느니라.

1) pubbuṭṭhāyino ca honti 뿝붓타위노 짜 호띠
2) pacchānipātino ca 빳차니빠띠노 짜
3) dinnâdāyino ca 딘나 아다위노 짜
4) su-kata-kammakarā ca 쑤 까따 깜마까라 짜
5) kitti-vaṇṇa-harā ca. 낏띠 뷘나 하라 짜.

1) **먼저 일어나고**

2) 늦게 자고
3) 주어진 것에 만족하고
4) 일을 잘 처리하고
5) 명성을 날리게 하고 칭송한다.

imehi kho gahapati-putta 이메히 코 가하빠띠 뿟따
pañcahi ṭhānehi ayyirakena 빤자히 타네히 아이위라께나
dāsa-kammakarā paccupaṭṭhitā 다싸 깜마까라 빳쭈빳티따
imehi pañcahi ṭhānehi 이메히 빤짜히 타네히
ayyirakaṃ anukampanti. 아이위라깜 아누깜빤띠.

장자의 아들이여, 이와 같이
다섯 가지 경우로써 고용주에게 보살핌을 받는
일꾼들이나 고용인들은
이와 같은 다섯 가지 경우로써
고용주를 잘 섬겨야 하느니라.

11. pañcahi kho gahapati-putta 빤짜히 코 가하빠띠 뿟따
ṭhānehi kula-puttena 타네히 꿀라 뿟떼나
samaṇa-brāhmaṇā paccupaṭṭhātabbā. 다싸 깜마까라 빳쭈빳타땁바.

장자의 아들이여, 훌륭한 가문의 아들은
다섯 가지 경우로써
수행자들이나 성직자들을 섬겨야 하느니라.

1) mettena kāya-kammena 멧떼나 까야 깜메나
2) mettena vacī-kammena 멧떼나 봐찌 깜메나
3) mettena mano-kammena 멧떼나 마노 깜메나
4) anāvaṭa-dvaratāya 아나봐따 드와라따야

5) āmisânuppadānena. 아미싸 아눕빠다네나.

1) **자애로운 신체적 행위로 대하고**
2) **자애로운 언어적 행위로 대하고**
3) **자애로운 정신적 행위로 대하고**
4) **문을 열어 맞이하고**
5) **음식을 보시한다.**

12. imehi kho gahapati-putta 이메히 코 가하빠띠 뿟따
pañcahi ṭhānehi kula-puttena 빤자히 타네히 꿀라 뿟떼나
samaṇa-brāhmaṇā paccupaṭṭhitā 싸마나 부라흐마나 빳쭈빳티따.
chahi ṭhānehi kula-puttaṃ anukampanti. 차히 타네히 꿀라 뿟땀 아누깜빤띠.

장자의 아들이여, 이와 같이
다섯 가지 경우로써
훌륭한 가문의 아들에게 섬김을 받는
수행자들이나 성직자들은
여섯 가지 경우로써
훌륭한 가문의 아들을 잘 보살펴야 하느니라.

1) pāpā nivārenti 빠빠 니봐렌띠
2) kalyāṇe nivesenti 깔리야네 비붸쎈띠
3) kalyāṇena manasā anukampanti 깔리야네나 마나싸 아누깜빤띠
4) assutaṃ sāventi 앗쑤땅 싸붼띠
5) sutaṃ pariyodapenti 쑤땀 빠리요다뻰띠
6) saggassa maggaṃ ācikkhanti. 싹갓싸 막감 아찍칸띠.

1) **악한 것으로부터 보호하고**

2) **선한 것에 들게 하고**
3) **선한 마음으로 돌보아주고**
4) **배우지 못한 것을 가르쳐주고**
5) **이미 배운 것을 정화시키고**
6) **천상에 가는 길을 가르쳐준다.**

imehi kho gahapati-putta	이메히 코 가하빠띠 뿟따
chahi ṭhānehi kula-puttena	차히 타네히 뿟떼나
samaṇa-brāhmaṇā paccupaṭṭhitā	싸마나 브라흐마나 빳쭈빳티따
imehi chabhi ṭhānehi	이메히 차비 타네히
kula-puttaṃ anukampanti.	꿀라 뿟땀 아누깜빤띠.

장자의 아들이여, 이와 같이
다섯 가지 경우로써
훌륭한 가문의 아들에게 섬김을 받는
수행자들이나 성직자들은
이와 같은 여섯 가지 경우로써
훌륭한 가문의 아들을 잘 보살펴야 하느니라.

27. Tiṃsapāramī

띵싸 빠라미

「서른 가지 초월의 길」을 송출하오니

1. paṭhaṃ	빠탄
dāna-pāramī	다나 빠라미

dāna-upapāramī 다나 우빠빠라미
dāna-paramatṭha-pāramī. 다나 빠라맏타 빠라미.

첫 번째로
보시에 의한 일반적 초월의 길
보시에 의한 우월적 초월의 길
보시에 의한 승의적 초월의 길이 있느니라.

2. dutiyaṃ 두띠양
sīla-pāramī 씰라 빠라미
sīla-upapāramī 씰라 우빠빠라미
sīla-paramaṭṭha-pāramī. 씰라 빠라맏타 빠라미.

두 번째로
계행에 의한 일반적 초월의 길
계행에 의한 우월적 초월의 길
계행에 의한 승의적 초월의 길이 있느니라.

3. tatiyaṃ 따띠얀
nekkhamma-pāramī 넥캄마 빠라미
nekkhamma-upapāramī 넥캄마 우빠빠라미
nekkhamma-paramaṭṭha-pāramī. 넥캄마 빠라맏타 빠라미.

세 번째로
출리에 의한 일반적 초월의 길
출리에 의한 우월적 초월의 길
출리에 의한 승의적 초월의 길이 있느니라.

4. catutthaṃ 짜뚯탐

paññā-pāramī	빤냐 빠라미
paññā-upapāramī	빤냐 우빠빠라미
paññā-paramaṭṭha-pāramī.	빤냐 빠라맛타 빠라미.

네 번째로
지혜에 의한 일반적 초월의 길
지혜에 의한 우월적 초월의 길
지혜에 의한 승의적 초월의 길이 있느니라.

5. pañcamaṃ	빤짜망
viriya-pāramī	뷔리야 빠라미
viriya-upapāramī	뷔리야 우빠빠라미
viriya-paramaṭṭha-pāramī.	뷔리야 빠라맛타 빠라미.

다섯 번째로
정진에 의한 일반적 초월의 길
정진에 의한 우월적 초월의 길
정진에 의한 승의적 초월의 길이 있느니라.

6. chaṭṭhamaṃ	찻타망
khantī-pāramī	칸띠 빠라미
khantī-upapāramī	칸띠 우빠빠라미
khantī-paramaṭṭha-pāramī.	칸띠 빠라맛타 빠라미.

여섯 번째로
인내에 의한 일반적 초월의 길
인내에 의한 우월적 초월의 길
인내에 의한 승의적 초월의 길이 있느니라.

7. sattamaṃ
sacca-pāramī
sacca-upapāramī
sacca-paramaṭṭha-pāramī.

쌋따망
쌋짜 빠라미
쌋짜 우빠빠라미
쌋짜 빠라맛타 빠라미.

일곱 번째로
진실에 의한 일반적 초월의 길
진실에 의한 우월적 초월의 길
진실에 의한 승의적 초월의 길이 있느니라.

8. aṭṭhamaṃ
adhiṭṭhāna-pāramī
adhiṭṭhāna-upapāramī
adhiṭṭhāna-paramaṭṭha-pāramī.

앗타맘
아딧타나 빠라미
아딧타나 우빠빠라미
아딧타나 빠라맛타 빠라미.

여덟 번째로
결정에 의한 일반적 초월의 길
결정에 의한 우월적 초월의 길
결정에 의한 승의적 초월의 길이 있느니라.

9. navamaṃ
mettā-pāramī
mettā-upapāramī
mettā-paramaṭṭha-pāramī.

나봐맘
멧따 빠라미
멧따 우빠빠라미
멧따 빠라맛타 빠라미.

아홉 번째로
자애에 의한 일반적 초월의 길
자애에 의한 우월적 초월의 길

자애에 의한 승의적 초월의 길이 있느니라.

10. dasamaṃ	다싸맘
upekkhā-pāramī	우뻭카 빠라미
upekkhā-upapāramī	우뻭카 우빠빠라미
upekkhā-paramaṭṭha-pāramī.	우뻭카 빠라맛타 빠라미.

열 번째로
평정에 의한 일반적 초월의 길
평정에 의한 우월적 초월의 길
평정에 의한 승의적 초월의 길이 있느니라.

11. sama-tiṃsa-pāramī	싸마 띵싸 빠라미
metti mettā	멧띠 멧따
karuṇā muditā	까루나 무디따
upekkhā kusala-sampanno	우뻭카 꾸쌀라 쌈빤노

바로 서른 가지 초월의 길은
우정과 자애와
연민과 기쁨과 평정과
착하고 건전한 것을 갖추고 있느니라.

5. 명상수행품

초기불교의 가장 기초적인
네 가지 명상수행은 다음과 같다.

부정관
자애관
호흡관
무상관

각각의 수행을 어떻게 해야 하는지와
좀 더 상세한 수행을 위해
새김의 토대의 큰 경大念處經을 통해
네 가지 새김의 토대四念處를 관하며
명상수행을 닦는다.

1. Bhāvanāpāṭha

바봐나 빠타

「명상수행의 경송」을 송출하오니

1. aparipakkāya meghiya
ceto-vimuttiyā
pañca dhammā paripakkāya saṃvattanti
katame pañca?

아빠리빡까야 메기야
쩨또 뷔뭇띠야
빤짜 담마 빠리빡까야 쌍봣딴띠
까따메 빤짜.

메기야여, 마음에 의한 해탈이
성숙하지 않았다면
다섯 원리가 성숙에 도움이 되느니라.
다섯 원리란 무엇인가?

2. idha meghiya bhikkhu
kalyāṇa-mitto hoti kalyāṇa-sahāyo
kalyāṇa-sampavaṅko.

이다 메기야 빅쿠
깔리야나 밋또 깔리야나 싸하요
깔리야나 쌈빠봥꼬.

메기야여, 여기 수행승이
선한 벗, 선한 친구
선한 동료와 사귀는 것이니,

3. aparipakkāya meghiya
ceto-vimuttiyā
ayaṃ paṭhamo dhammo
paripakkāya saṃvattati.

아빠리빡까야 메기야
쩨또 뷔뭇띠야
아얌 빠타모 담모
빠리빡까야 쌍봣따띠.

메기야여, 마음에 의한 해탈이

성숙하지 않았다면
이 첫 번째 원리가
바로 성숙에 도움이 되느니라.

4. puna ca paraṃ meghiya bhikkhu	뿌나 짜 빠람 메기야 빅쿠
sīlavā hoti	씰라봐 호띠
pātimokkha-saṃvara-saṃvuto viharati	빠띠목카 쌍봐라 쌍뷰또 뷔하라띠
ācāra-gocara-sampanno	아짜라 고짜라 쌈빤노
aṇumattesu vajjesu bhaya-dassāvī	아누맛떼쑤 봣제쑤 바야 닷싸뷔
samādāya sikkhati sikkhāpadesu.	싸마다야 씩카띠 씩카빠데쑤.

메기야여, 더욱이 수행승이
계행을 지니고
의무계율을 수호하고,
알맞은 행동과 행경을 갖추고
아주 작은 잘못에서 두려움을 보고
학습계율을 받아 배우는 것이니,

5. aparipakkāya meghiya	아빠리빡까야 메기야
ceto-vimuttiyā	쩨또 뷔뭇띠야
ayaṃ dutiyo dhammo	아얀 두띠요 담모
paripakkāya saṃvattati.	빠리빡까야 쌍봣따띠.

메기야여, 마음에 의한 해탈이
성숙하지 않았다면
이 두 번째 원리가
바로 성숙에 도움이 되느니라.

6. puna ca paraṃ meghiya bhikkhu
yâyaṃ kathā abhisallekhikā
ceto-vivaraṇa-sappāyā
ekanta-nibbidāya
virāgāya nirodhāya upasamāya
abhiññāya sambodhāya
nibbānāya saṃvattati.

뿌나 짜 빠람 메기야 빅쿠
야 아양 까타 아비쌀레키까
쩨또 뷔봐라나 쌉빠야
에깐따 닙비다야
뷔라가야 니로다야 우빠싸마야
아빈냐야 쌈보다야
닙바나야 쌍봣따띠.

메기야여, 더욱이 수행승이 있는데,
버리고 없애는 삶을 살고
마음을 여는데 도움이 되고
오로지 싫어하여 떠나고
사라지고, 소멸하고, 적멸하여
곧바로 알고, 올바로 깨닫고
열반에 도움이 되는 이야기이니,

7. seyyath'idaṃ
appiccha-kathā santuṭṭhi-kathā
paviveka-kathā asaṃsagga-kathā
viriyârambha-kathā sīla-kathā
samādhi-kathā paññā-kathā
vimutti-kathā
vimutti-ñāṇa-dassana-kathā.

쎄이야티담
압삣차 까타 싼뜻티 까타
빠뷔붸까 까타 아쌍싹가 까타
뷔리야 아람바 까타 씰라 까타
싸마디 까타 빤냐 까타
뷔뭇띠 까타
뷔뭇띠 냐나 닷싸나 까타.

예를 들어,
소욕에 대한 이야기, 만족에 대한 이야기
멀리 여읨에 대한 이야기, 사교 여읨에 대한 이야기
정진에 대한 이야기, 계행에 대한 이야기

삼매에 대한 이야기, 지혜에 대한 이야기
해탈에 대한 이야기
해탈에 대한 앎과 봄의 이야기가 있어,

8. eva-rūpāya kathāya nikāma-lābhī hoti akiccha-lābhī akasira-lābhī.	에봐 루빠야 까타야 니까말 라비 호띠 아낏찰 라비 아까씨랄 라비.

그는 이러한 이야기를
원하는 대로 얻고 어렵지 않게 얻고
힘들이지 않고 얻는 것이니,

9. aparipakkāya meghiya ceto-vimuttiyā ayaṃ tatiyo dhammo paripakkāya saṃvattati.	아빠리빡까야 메기야 쩨또 뷔뭇띠야 아얀 따띠요 담모 빠리빡까야 쌍봣따띠.

메기야여, 마음에 의한 해탈이
성숙하지 않았다면
이 세 번째 원리가
바로 성숙에 도움이 되느니라.

10. puna ca paraṃ meghiya bhikkhu āraddha-viriyo viharati akusalānaṃ dhammānaṃ pahānāya kusalānaṃ dhammānaṃ upasampadāya thāmavā daḷha-parakkamo anikkhitta-dhuro kusalesu dhammesu.	뿌나 짜 빠람 메기야 빅쿠 아랏다 뷔리요 뷔하라띠 아꾸쌀라난 담마남 빠하나야 꾸쌀라난 담마남 우빠쌈빠다야 타마봐 달라 빠락까모 아닉킷따 두로 꾸쌀레쑤 담메쑤.

메기야여, 더욱이 수행승이

용맹으로 정진하되
악하고 불건전한 원리를 제거하고
착하고 건전한 원리를 갖추기 위해
견고하게 용맹정진하며
그 멍에를 내려놓지 않는 것이니,

11. aparipakkāya meghiya	아빠리빡까야 메기야
ceto-vimuttiyā	쩨또 뷔뭇띠야
ayaṃ catuttho dhammo	아얀 짜뚯토 담모
paripakkāya saṃvattati.	빠리빡까야 쌍봣따띠.

메기야여, 마음에 의한 해탈이
성숙하지 않았다면
이 네 번째 원리가
바로 성숙에 도움이 되느니라.

12. puna ca paraṃ meghīya bhikkhu	뿌나 짜 빠람 메기야 빅쿠
paññavā hoti	빤냐봐 호띠
udayattha-gāminiyā paññāya	우다얏타 가미니야 빤냐야
samannāgato ariyāya nibbedhikāya	싸만나가또 아리야야 닙베디까야
sammā dukkha-kkhaya-gāminiyā.	쌈마 둑카 카야 가미니야.

메기야여, 더욱이 수행승이
지혜로워
올바른 괴로움의 소멸로 이끄는
생성과 소멸에 대한
고귀한 꿰뚫음의 지혜를 갖추는 것이니,

13. aparipakkāya meghiya	아빠리빡까야 메기야
ceto-vimuttiyā	쩨또 뷔뭇띠야
ime pañca dhammā	이메 빤짜 담마
paripakkāya saṃvattati.	빠리빡까야 쌍봣따띠.

메기야여, 마음에 의한 해탈이
성숙하지 않았다면
이러한 다섯 원리가
바로 성숙에 도움이 되느니라.

14. tena ca pana meghiya bhikkhunā	떼나 짜 빠나 메기야 빅쿠나
imesu pañcasu dhammesu patiṭṭhāya	이메쑤 빤짜쑤 담메쑤 빠띳타야
cattāro dhammā uttari bhāvetabbā.	짯따로 담마 웃따리 바뷔땁바.

그런데 메기야여, 수행승은
이러한 다섯 원리를 확립하고
네 가지 명상을
그 위에 닦아야 하느니라.

1) asubhā bhāvetabbā	아쑤바 바뷔땁바
rāgassa pahānāya.	라갓싸 빠하나야.

탐욕의 제거를 위해서
부정관不淨觀**을 닦아야 하느니라.**

2) mettā bhāvetabbā	멧따 바뷔땁바
byāpādassa pahānāya.	비야빠닷싸 빠하나야.

분노의 제거를 위해서
자애관慈愛觀을 닦아야 하느니라.

3) ānāpāna-sati bhāvetabbā vitakk'upacchedāya.	아나빠나 싸띠 바붸땁바 비딱꾸빳체다야.

사유의 제거를 위해서
호흡관呼吸觀을 닦아야 하느니라.

4) anicca-saññā bhāvetabbā asmi-māna-samugghātāya.	아닛짜 싼냐 바붸땁바 아쓰미 마나 싸묵가따야.

'내가 있다'는 자만의
제거를 위해서
무상관無常觀을 닦아야 하느니라.

15. anicca-saññino meghiya anatta-saññā saṇṭhāti anatta-saññī asmi-māna-samugghātaṃ pāpuṇāti diṭṭh'eva dhamme nibbānan'ti.	아닛짜 싼닌노 메기야 아낫따 싼냐 싼타띠 아낫따 싼니 아쓰미 마나 싸묵가땀 빠뿌나띠 딧테바 담메 닙바난 띠.

메기야여,
무상에 대한 지각이 이루어지면
무아에 대한 지각이 이루어지고
무아에 대한 지각이 이루어지면
'내가 있다'는 자만은 제거되고
현세에서 열반을 이루게 되느니라.

2. Asubhabhāvanāpāṭha

아쑤바 바봐나 빠타

「부정관不淨觀의 경송」을 송출하오니

[I. Vijaya-sutta : 뷔자야 쑷따 : 승리의 경]

1. caraṃ vā yadi vā tiṭṭhaṃ　짜랑 봐 야디 봐 띳탄
nisinno uda vā sayaṃ　니씬노 우다 봐 싸양
sammiñjeti pasāreti　쌈민제띠 빠싸레띠
esā kāyassa iñjanā.　에싸 까얏싸 인자나.

걷거나 또는 서거나
혹은 앉거나 눕거나
몸을 구부리거나 혹은 펴는 것
이것이 몸의 동작이니라.

2. aṭṭhi-nahāru saṃyutto　아띠 나하루 쌍윳또
taca-maṃsâvalepano　따짜 망싸 아바봘레빠노
chaviyā kāyo paṭicchanno　차뷔야 까요 빠띠찬노
yathā-bhūtaṃ na dissati.　야타 부탄 나 딧싸띠.

몸은 뼈와 힘줄로 엮여 있고
내피와 살로 덧붙여지고
피부로 덮여져 있어
있는 그대로 보이지 않느니라.

3. anta-pūro udara-pūro　안따 뿌로 우다라 뿌로
yakapeḷassa vatthino　야까뻴랏싸 봣티노

hadayassa papphāsassa	하다얏싸 빱파쌋싸
vakkassa pihakassa ca.	봑깟싸 삐하깟싸.

그것은 내장과 위
간장의 덩어리, 방광
심장, 폐장
신장, 비장으로 가득 차있느니라.

4. saṅghāṇikāya kheḷassa	쌍가니까야 켈랏싸
sedassa medassa ca	쎄닷싸 메닷싸 짜
lohitassa lasikāya	로히땃싸 라씨까야
pittassa ca vasāya ca.	삣땃싸 짜 봐싸야 짜.

그리고 점액, 침
땀, 지방
피, 관절액
담즙, 임파액으로 가득 차있느니라.

5. ath'assa navahi sotehi	아탓싸 나봐히 쏘떼히
asuci savati sabbadā	아쑤찌 싸봐띠 쌉바다
akkhimbhā akkhi-gūthako	악킴바 악키 구타꼬
kaṇṇamhā kaṇṇa-gūthako.	깐남하 깐나 구타꼬.

또한 그 아홉 구멍에서는
항상 더러운 것이 나오나니
눈에서는 눈꼽
귀에서는 귀지가 나오니라.

6. siṅghāṇikā ca nāsāto	씽가니까 짜 나싸또

mukhena camat'ekadā 무케나 짜마떼까다
pittaṃ semhañ ca vamati 삣땅 셈한 짜 봐마띠
kāyamhā seda-jallikā. 까얌하 쎄다 잘리까.

코에서는 콧물이 나오고
입에서는 한꺼번에
담즙이나 가래를 토해내고
몸에서는 땀과 때를 배설하느니라.

7. ath'assa susiraṃ sīsaṃ 아탓싸 쑤씨랑 씨쌈
matthaluṅgassa pūritaṃ 맛타룽갓싸 뿌리땅
subhato naṃ maññatī 쑤바또 남 만냐띠
bālo avijjāya purakkhato. 발로 아뷧자야 뿌락카또.

또한 그 머리에는 빈 곳이 있고
뇌수로 차 있느니라.
그런데 어리석은 자는 무명에 이끌려
그 몸을 아름다운 것으로 여기니라.

8. yadā ca so mato seti 야다 짜 쏘 마또 쎄띠
uddhumāto vinīlako 웃두마또 뷔닐라꼬
apaviddho susānasmiṃ 아빠뷧도 쑤싸나쓰밈
anapekkhā honti ñātayo. 아나뻭카 혼띠 냐따요.

죽어서 쓰러졌을 때에는
부어서 검푸르게 되고
무덤에 버려져
친척도 돌보지 않느니라.

9. khādanti naṃ suvāṇā ca
sigālā ca vakā kimī
kākā gijjhā ca khādanti
ye c'aññe santi pāṇino.

카단띠 낭 쑤봐나 짜
씨갈라 짜 봐까 끼미
까까 깃자 짜 카단띠
예 짠녜 싼띠 빠니노.

개들이나 승냥이들
늑대들, 벌레들이 파먹고
까마귀나 독수리나
다른 생물이 있어 삼켜버리니라.

10. sutvāna buddha-vacanaṃ
bhikkhu paññāṇavā idha
so kho naṃ parijānāti
yathā-bhūtaṃ hi passati.

쑤뜨와나 붓다 봐짜남
빅쿠 빤냐나봐 이다
쏘 코 남 빠리자나띠
야타 부땅 히 빳싸띠.

이 세상에서 지혜로운 수행승은
깨달은 님의 말씀을 듣고
그것을 분명히 이해하나니
있는 그대로 보기 때문이니라.

11. yathā idaṃ tathā etaṃ
yathā etaṃ tathā idaṃ
ajjhattañ ca bahiddhā ca
kāye chandaṃ virājaye.

야타 이단 따타 에땅
야타 에딴 따타 이담
앗잣딴 짜 바힛다 짜
까예 찬당 뷔라자예.

이것이 있는 것처럼 저것도 있고
저것이 있는 것처럼 이것도 있나니
안으로나 밖으로나

몸에 대해 욕망을 떠나야 하느니라.

12. chandā-rāga-viratto	찬다 라가 뷔랏또
so bhikkhu paññāṇavā idha	쏘 빅쿠 빤냐나봐 이다
ajjhagā amataṃ santiṃ	앗자가 아마땅 싼띤
nibbāna-padam accutaṃ.	닙바나 빠담 앗쭈땀.

이 세상에서 욕망과 탐욕을 떠난
그 지혜로운 수행승만이
불사不死와 적멸寂滅, 곧
사멸을 뛰어넘는 열반의 경지에 도달하느니라.

13. di-pādako yaṃ asuci	디 빠다꼬 얌 아쑤찌
duggandho parihīrati	둑간도 빠리히라띠
nānā kuṇapa-paripūro	나나 꾸나빠 빠리뿌로
vissavanto tato tato.	뷧싸봔또 따또 따또.

인간의 이 몸뚱이는 부정하여
악취를 풍기니, 가꾸어지더라도
온갖 오물로 가득 차
여기저기 흘러나오고 있느니라.

14. etādisena kāyena	에따디쎄나 까예나
yo maññe uṇṇametave	요 만녜 운나메따붸
paraṃ vā avajāneyya	빠랑 봐 아봐자네이야
kim aññatra adassanā'ti.	낌 안냐뜨라 아닷싸나 띠.

이런 몸뚱이를 가지고 있으면서
생각하건대 거만하거나

남을 업신여긴다면
눈먼 것이 아니고 무엇이겠는가?

[II. Dvattiṃsâkāra-pāṭha : 드왓띵싸 아까라 빠타 : 서른두 가지 구성의 경송]

1. ayaṃ kho me kāyo — 아양 코 메 까요
uddhaṃ pāda-talā — 웃담 빠다딸라
adho kesa-matthakā — 아도 께싸 맛타까
taca-pariyanto pūro — 따짜 빠리얀또 뿌로
nāna-ppakārassa asucino. — 나납 빠까랏싸 아쑤찌노.

나에게 이 몸은
발바닥 위로부터 머리꼭대기 아래까지
피부의 표피에 싸여져
여러 오물로 가득 차있는 것이니라.

2. atthi imasmiṃ kāye. — 앗티 이마쓰밍 까예.

이러한 몸에는

1) kesā lomā — 께싸 로마
nakhā dantā taco. — 나카 단따 따쪼.

머리카락, 몸털, 손발톱, 이빨, 피부

2) maṃsaṃ nahāru — 망싼 나하루
aṭṭhī aṭṭhimiñjā vakkaṃ. — 앗티 앗티민자 박깡.

살, 근육, 뼈, 골수, 신장

3) hadayaṃ yakanaṃ — 하다양 야까낭

kilomakaṃ pihakaṃ papphāsaṃ. 낄로마깜 삐하깜 빱파쌈.

심장, 간장, 늑막, 비장, 폐

4) antaṃ antaguṇaṃ 안땀 안따구남
udariyaṃ karīsaṃ matthaluṅgaṃ. 우다리양 까리쌈 맛타룽감.

창자, 장간막, 위장, 배설물, 뇌수

5) pittaṃ semhaṃ pubbo 삣땅 쎔함 뿝보
lohitaṃ sedo medo. 로히땅 쎄도 메도.

담즙, 가래, 고름, 피, 땀, 지방

6) assu vasā kheḷo 앗쑤 봐싸 켈로
siṅghānikā lasikā muttaṃ. 씽가니까 라씨까 뭇땀.

눈물, 임파액, 침, 점액, 관절액, 오줌이 있느니라.

3. evam ayaṃ me kāyo 에봠 아얌 메 까요
uddhaṃ pāda-talā 웃담 빠다 딸라
adho kesa-matthakā 아도 께싸 맛타까
taca-pariyanto pūro 따짜 빠리얀또 뿌로
nāna-ppakārassa asucino 나납 빠까랏싸 아쑤찌노
jeguccho paṭikūlo. 제굿초 빠띠꿀로.

이와 같이 나에게 이 몸은
발바닥 위로부터 머리꼭대기 아래까지
피부의 표피에 싸여져
여러 오물로 가득 차있는 것이니,
역겹고 혐오스러운 것이니라.

3. Mettābhāvanāpāṭha

멧따 바봐나 빠타

「자애관慈愛觀의 경송」을 송출하오니

[I. Mettā-citta : 멧따 찟따 : 자애의 마음]

1. att'ūpamāya sabbesaṃ 앗뚜빠마야 쌉베쌍
sattānaṃ sukha-kāmantaṃ 쌋따낭 쑤카 까만땀
passitvā kamato mettaṃ 빳씨뜨와 까마또 멧땅
sabba-sattesu bhāvaye. 쌉바 쌋떼쑤 바봐예.

자신이 원하는 것처럼
모든 뭇삶이 행복하길 원하니
그것을 알아 모든 뭇삶에 대하여
자애의 명상을 닦아야 하나니.

2. sukhī bhaveyyaṃ niddukkho 쑤키 바붸이얀 닏둑코
ahaṃ niccaṃ ahaṃ viya 아한 닛짬 아항 뷔야
hitā ca me sukhī hontu 히따 짜 메 쑤키 혼뚜
majjhattā c'atha verino. 맞잣따 짜타 붸리노.

제가 항상 제가 그런 것처럼
행복하고 고통을 여의길 바라오니
나의 친구, 무관자, 원수인 자에게도
안녕과 행복이 함께하여지이다.

3. imamhi gāma-kkhettamhi 이맘히 가막 켓땅히

sattā hontu sukhī sadā	쌋따 혼뚜 쑤키 싸다
tato parañ ca rajjesu	따또 빠란 짜 랏제쑤
cakkavāḷesu jantuno.	짝까봘레쑤 잔뚜노.

이 마을과 이 지역에 사는
뭇삶들은 항상 행복하소서.
그 밖에 나라와 우주법계에 사는
모든 뭇삶들도 항상 행복하소서.

4. samantā cakkavāḷesu	싸만따 짝까봘레쑤
sattânantesu pāṇino	싸따 아난떼쑤 빠닌노
sukhino puggalā bhūtā	쑤키노 뿍갈라 부따
attabhāva-gatā siyuṃ.	앗따바봐 가따 씨윰.

일체의 모든 우주법계에
무량한 뭇삶들이 사나니
그 생명들, 인간들과 존재들
개체들이 항상 행복하소서.

5. tathā itthī pumā c'eva	따타 잇티 뿌마 쩨봐
ariyā anariyā pi ca	아리야 아나리야 삐 짜
devā narā apāyaṭṭha	데봐 나라 아빠얏타
tathā dasa-disāsu cā'ti.	따타 다싸 디싸쑤 짜 띠.

일체의 여성과 남성들도
고귀한 자들과 미천한 자들도
신들과 인간들과 악처의 존재들도
시방에 사는 그 모두가 행복하소서.

[II. Mettā-kathā : 멧따 까타 : 자애의 노래]

1. aham avero homi — 아함 아붸로 호미
abyāpajjho homi — 아비야빳자 호미
anīgho homi — 아니고 호미
sukhī attānaṃ pariharāmi. — 쑤키 앗따남 빠리하라미.

저는 원한을 여의고
또한 고통을 여의고
근심에서 벗어나길 원하오니
제가 행복하게 자신을 수호하기를!

2. mama mātā-pitu-acariyā ca — 마마 마따 삐뚜 아짜리야 짜
ñatī mittā ca — 냐띠 밋따 짜
sabrahma-carino ca. — 싸브라흐마 짜리노 짜.

저의 부모님들, 스승님들
친지들, 친구들과
청정한 삶을 함께하는 님들,

3. averā hontu — 아붸라 혼뚜
abyāpajjhā hontu — 아비야빳자 혼뚜
anīghā hontu — 아니가 혼뚜
sukhī attānaṃ pariharantu. — 쑤키 앗따남 빠리하란뚜.

그들도 원한을 여의고
또한 악의를 여의고
근심에서 벗어나길 원하오니
그들도 행복하게 자신을 수호하소서.

4. imasmiṃ ārāme 이마쓰밈 아라메
sabbe yogino. 쌉베 요기노.

여기 가람에 있는
모든 수행자들,

5. averā hontu 아붸라 혼뚜
abyāpajjhā hontu 아비야빳자 혼뚜
anīghā hontu 아니가 혼뚜
sukhī attānaṃ pariharantu. 쑤키 앗따남 빠리하란뚜.

그들도 원한을 여의고
또한 악의를 여의고
근심에서 벗어나길 원하오니
그들도 행복하게 자신을 수호하소서.

6. imasmiṃ ārāme 이마쓰밈 아라메
sabbe bhikkhū(bhikkhunī) sāmaṇerā ca 쌉베 빅쿠(빅쿠니) 싸메네라 짜
upāsaka-upasikāyo ca. 우빠싸까 우빠씨까요 짜.

여기 수행처에 있는
모든 수행승들(수행녀들)과 사미들
재가의 남녀신도들,

7. averā hontu 아붸라 혼뚜
abyāpajjhā hontu 아비야빳자 혼뚜
anīghā hontu 아니가 혼뚜
sukhī attānaṃ pariharantu. 쑤키 앗따남 빠리하란뚜.

그들도 원한을 여의고

또한 악의를 여의고
근심에서 벗어나길 원하오니
그들도 행복하게 자신을 수호하소서.

8. amhākaṃ catu-paccaya-
dāyakā.

암하깐 짜뚜 빳짜야
다야까.

우리에게 옷, 음식, 약, 처소를
베푸는 님들,

9. averā hontu
abyāpajjhā hontu
anīghā hontu
sukhī attānaṃ pariharantu.

아붸라 혼뚜
아비야빳자 혼뚜
아니가 혼뚜
쑤키 앗따남 빠리하란뚜.

그들도 원한을 여의고
또한 악의를 여의고
근심에서 벗어나길 원하오니
그들도 행복하게 자신을 수호하소서.

10. amhākaṃ ārakkha-devatā
imasmiṃ vihāre imasmiṃ āvāse
imasmiṃ ārāme ārakkha-devatā.

암하깜 아락카 데봐따
이마쓰밍 뷔하레 이마쓰밈 아봐쎄
이마쓰밈 아라메 아락카 데봐따.

저를 지켜주는 수호신들
이 정사, 이 처소
이 승원을 수호하시는 하늘사람들,

11. averā hontu

아붸라 혼뚜

abyāpajjhā hontu 아비야빳자 혼뚜
anīghā hontu 아니가 혼뚜
sukhī attānaṃ pariharantu. 쑤키 앗따남 빠리하란뚜.

그들도 원한을 여의고
또한 악의를 여의고
근심에서 벗어나길 원하오니
그들도 행복하게 자신을 수호하소서.

12. sabbe sattā sabbe pāṇā 쌉베 쌋따 쌉베 빠나
sabbe bhūtā sabbe puggalā 쌉베 부따 쌉베 뿍갈라
sabbe attabhāva-pariyāpannā 쌉베 앗따바봐 빠리야빤나
sabbe itthiyo sabbe purisā 쌉베 잇티요 쌉베 뿌리싸
sabbe ariyā sabbe anariyā 쌉베 아리야 쌉베 아나리야
sabbe devā sabbe mānussā 쌉베 데봐 쌉베 마눗싸
sabbe vinipātikā. 쌉베 뷔니빠띠까.

모든 뭇삶들, 모든 생명들
모든 존재들, 모든 개인들
모든 개체를 이루는 것들
모든 여자들, 모든 남자들
모든 고귀한 자들과 비속한 자들
모든 신들, 모든 인간들
그리고 모든 악처의 뭇삶들,

13. averā hontu 아붸라 혼뚜
abyāpajjhā hontu 아비야빳자 혼뚜
anīghā hontu 아니가 혼뚜
sukhī attānaṃ pariharantu. 쑤키 앗따남 빠리하란뚜.

그들도 원한을 여의고
또한 악의를 여의고
근심에서 벗어나길 원하오니
그들도 행복하게 자신을 수호하소서.

14. dukkhā muccantu	둑까 뭇짠뚜
yathā-laddha-sampattito	야탈 랏다 쌈빳띠또
mā vigacchantu	마 뷔가찬뚜
kamma-ssakā.	깜맛 싸까.

성취하는 바대로
그들이 괴로움에서 벗어나길 원하옵고
성취하는 바대로
행위의 주인인 것을 저버리지 마소서.

15. puratthimāya disāya	뿌랏티마야 디싸야
pacchimāya disāya	빳치마야 디싸야
uttarāya disāya	웃따라야 디싸야
dakkhiṇāya disāya.	닥키나야 디싸야.

동쪽에 살든지, 서쪽에 살든지
북쪽에 살든지, 남쪽에 살든지,

16. puratthimāya anudisāya	뿌랏티마야 아누디싸야
pacchimāya anudisāya	빳치마야 아누디싸야
uttarāya anudisāya	웃따라야 아누디싸야
dakkhiṇāya anudisāya.	닥키나야 아누디싸야.

남동쪽에 살든지, 북서쪽에 살든지

북동쪽에 살든지, 남서쪽에 살든지,

17. heṭṭhimāya disāya uparimāya disāya.	헷티마야 디싸야 우빠리마야 디싸야.

낮은 곳에 살든지
높은 곳에 살든지,

18. sabbe sattā sabbe pāṇā sabbe bhūtā sabbe puggalā sabbe attabhāva-pariyāpannā sabbe itthiyo sabbe purisā sabbe ariyā sabbe anariyā sabbe devā sabbe mānussā sabbe vinipātikā.	쌉베 쌋따 쌉베 빠나 쌉베 부따 쌉베 뿍갈라 쌉베 앗따바봐 빠리야빤나 쌉베 잇티요 쌉베 뿌리싸 쌉베 아리야 쌉베 아나리야 쌉베 데봐 쌉베 마눗싸 쌉베 뷔니빠띠까.

모든 뭇삶들, 모든 생명들
모든 존재들, 모든 개인들
모든 개체를 이루는 것들
모든 여자들, 모든 남자들
모든 고귀한 자들과 비속한 자들
모든 신들, 모든 인간들
그리고 모든 악처의 뭇삶들,

19. averā hontu abyāpajjhā hontu anīghā hontu sukhī attānaṃ pariharantu.	아붸라 혼뚜 아비야빳자 혼뚜 아니가 혼뚜 쑤키 앗따남 빠리하란뚜.

그들도 원한을 여의고

또한 악의를 여의고
근심에서 벗어나길 원하오니
그들이 행복하게 자신을 수호하소서.

20. dukkhā muccantu
yathā-laddha-sampattito
mā vigacchantu
kamma-ssakā.

둑까 뭇짠뚜
야탈 랏다 쌈빳띠또
마 뷔가찬뚜
깜맛 싸까.

성취하는 바대로
그들이 괴로움에서 벗어나길 원하옵고
성취하는 바대로
행위의 주인인 것을 저버리지 마소서.

21. uddhaṃ yāva bhavaggā ca
adho yāva avīcito
samantā cakkavāḷesu
ye sattā pathavī-carā.

웃당 야바 바봑가 짜
아도 야봐 아뷔찌또
싸만따 짝까봘레쑤
예 쌋따 빠타뷔 짜라.

위로 가장 높은 존재에서
아래로 아비지옥에 이르기까지
일체 모든 우주법계에서
땅위에 사는 뭇삶들은 무엇이든,

22. abyāpajjā niverā ca
niddukkhā cânupaddavā.

아비야빳자 니붸라 짜
닛둑카 짜 아누빳다봐.

악의도 여의고 원한도 여의고
괴로움도 여의고 재난도 여의소서.

23. uddhaṃ yāva bhavaggā ca
adho yāva avīcito
samantā cakkavāḷesu
ye sattā udake-carā.

웃당 야바 바박가 짜
아도 야봐 아뷔찌또
싸만따 짝까봘레쑤
예 쌋따 우다께 짜라.

위로 가장 높은 존재에서
아래로 아비지옥에 이르기까지
일체 모든 우주법계에서
물속에 사는 뭇삶들은 무엇이든,

24. abyāpajjā niverā ca
niddukkhā cânupaddavā.

아비야빳자 니붸라 짜
닛둑카 짜 아누빳다봐.

악의도 여의고 원한도 여의고
괴로움도 여의고 재난도 여의소서.

25. uddhaṃ yāva bhavaggā ca
adho yāva avīcito
samantā cakkavāḷesu
ye sattā ākāse-carā.

웃당 야바 바박가 짜
아도 야봐 아뷔찌또
싸만따 짝까봘레쑤
예 쌋따 아까쎄 짜라.

위로 가장 높은 존재에서
아래로 아비지옥에 이르기까지
일체 모든 우주법계에서
허공에 사는 뭇삶들은 무엇이든,

26. abyāpajjā niverā ca
niddukkhā cânupaddavā.

아비야빳자 니붸라 짜
닛둑카 짜 아누빳다봐.

악의도 여의고 원한도 여의고
괴로움도 여의고 재난도 여의소서.

4. Ānāpānasatipāṭha
아나빠나 싸띠 빠타

「호흡관呼吸觀의 경송」을 송출하오니

1. ayam pi kho bhikkhave 아얌 삐 코 빅카붸
ānāpāna-sati-samādhi 아나빠나 싸띠 싸마디
bhāvito bahulī-kato 바뷔또 바훌리 까또
santo c'eva paṇīto ca 싼또 쩨봐 빠니또 짜
asecanako ca sukho ca vihāro 아쎄짜나꼬 짜 쑤코 짜 뷔하로
uppann'uppanne ca 웁빤눕빤네 짜
pāpake akusale dhamme 빠빠께 아꾸쌀레 담메
ṭhānaso antaradhāpeti vūpasameti. 타나쏘 안따라다뻬띠 뷰빠싸메띠.

수행승들이여,
호흡새김의 삼매를 닦고
호흡새김의 삼매를 익히면
고요하고 승묘하고 순수한 지복에 드니
악하고 불건전한 현상이 생겨날 때마다
즉시, 사라지게 하고 그치게 하느니라.

2. seyyathā pi bhikkhave 쎄이냐타 삐 빅카붸
gimhānaṃ pacchime māse 김하남 빳치메 마쎄
ūhataṃ rajo-jallaṃ 우하땅 라조 잘람
tam enaṃ mahā akāla-megho 땀 에남 마하 아깔라 메고

ṭhānaso antaradhāpeti vūpasameti. 타나쏘 안따라다뻬띠 뷰빠싸메띠.

수행승들이여, 예를 들어
한여름의 마지막 달에 흙먼지가 흩날릴 때
큰 비구름이 때 아닌 때에 몰아닥치면
그것을 즉시 사라지고 그치게 하느니라.

3. evam eva kho bhikkhave 에밤 에봐 코 빅카붸
ānāpāna-sati-samādhi 아나빠나 싸띠 싸마디
bhāvito bahulī-kato 바뷔또 바훌리 까또
santo c'eva paṇīto ca 싼또 쩨봐 빠니또 짜
asecanako ca sukho ca vihāro 아쎄짜나꼬 짜 쑤코 짜 뷔하로
uppann'uppanne ca 웁빤눕빤네 짜
pāpake akusale dhamme ṭhānaso 빠빠께 아꾸쌀레 담메 타나쏘
antaradhāpeti vūpasameti. 안따라다뻬띠 뷰빠싸메띠.

수행승들이여, 이와 같이
호흡새김의 삼매를 닦고
호흡새김의 삼매를 익히면
고요하고 승묘하고 순수한 지복에 드니
악하고 불건전한 현상이 생겨날 때마다
즉시, 사라지게 하고 그치게 하느니라.

4. kathaṃ bhāvito bhikkhave 까탐 바뷔또 빅카붸
ānāpāna-sati-samādhi 아나빠나 싸띠 싸마디
kathaṃ bahulī-kato 까탐 바훌리 까또
santo c'eva paṇīto ca 싼또 쩨봐 빠니또 짜
asecanako ca sukho ca vihāro 아쎄짜나꼬 짜 쑤코 짜 뷔하로
uppann'uppanne ca 웁빤눕빤네 짜

pāpake akusale dhamme ṭhānaso
antaradhāpeti vūpasameti?

빠빠께 아꾸쌀레 담메 타나쏘
안따라다뻬띠 뷰빠싸메띠.

수행승들이여, 어떻게
호흡새김의 삼매를 닦고
호흡새김의 삼매를 익히면
고요하고 승묘하고 순수한 지복에 들어
악하고 불건전한 현상이 생겨날 때마다
즉시, 사라지게 하고 그치게 하는가?

5. idha bhikkhave bhikkhu
araññа-gato vā
rukkha-mūla-gato vā
suññāgāra-gato vā nisīdati.

이다 빅카붸 빅쿠
아란냐 가또 봐
룩카 물라 가또 봐
쑨냐가라 가또 봐 니씨다띠.

수행승들이여, 여기 수행승이
숲으로 가거나
나무 밑으로 가거나
빈 집으로 가서 앉으니,

6. pallaṅkaṃ ābhujitvā
ujuṃ kāyaṃ paṇidhāya
parimukhaṃ satiṃ upaṭṭhapetvā
so sato'va assasati.
sato passasati.

빨랑깜 아부지뜨와
우중 까얌 빠니다야
빠리무캉 싸띰 우빳타뻬뜨와
쏘 싸또 봐 앗싸싸띠
싸또 빳싸싸띠.

가부좌를 한 채 몸을 곧게 세우고
자기 앞으로 새김을 확립한 뒤에

실로 새김을 확립하여 숨을 들이쉬고
새김을 확립하여 숨을 내쉬니라.

1) dīghaṃ vā assasanto	디강 봐 앗싸싼또
dīghaṃ assasāmī'ti pajānāti.	디감 앗싸싸미 띠
dīghaṃ vā passasanto	디강 봐 빳싸싼또
dīghaṃ passasāmīti pajānāti.	디감 빳싸싸미 띠 빠자나띠.

길게 숨을 들이쉴 때는
'나는 길게 숨을 들이쉰다.'라고 분명히 알고
길게 숨을 내쉴 때는
'나는 길게 숨을 내쉰다.'라고 분명히 아느니라.

2) rassaṃ vā assasanto	랏쌍 봐 앗싸싼또
rassaṃ assasāmīti pajānāti.	랏쌈 앗싸싸미 띠 빠자나띠
rassaṃ vā passasanto	랏쌍 봐 빳싸싼또
rassaṃ passasāmīti pajānāti.	랏쌈 빳싸싸미 띠 빠자나띠.

짧게 숨을 들이쉴 때는
'나는 짧게 숨을 들이쉰다.'라고 분명히 알고
짧게 숨을 내쉴 때는
'나는 짧게 숨을 내쉰다.'라고 분명히 아느니라.

3) sabba-kāya-paṭisaṃvedī	쌉바 까야 빠띠쌍붸디
assasissāmī'ti sikkhati	앗싸씻싸미 띠 씩카띠
sabba-kāya-paṭisaṃvedī	쌉바 까야 빠띠쌍붸디
passasissāmī'ti sikkhati.	빳싸씻싸미 띠 씩카띠.

신체의 전신을 경험하면서

‘나는 숨을 들이쉰다.’고 전념하고
신체의 전신을 경험하면서
‘나는 숨을 내쉰다.’고 전념하느니라.

4) passambhayaṃ kāya-saṅkhāraṃ	빳쌈바양 까야 쌍카람
assasissāmī'ti sikkhati.	앗싸씻싸미 띠 씩카띠
passambhayaṃ kāya-saṅkhāraṃ	빳쌈바양 까야 쌍카람
passissāmī'ti sikkhati.	빳싸씻싸미 띠 씩카띠.

신체의 형성을 그치면서
‘나는 숨을 들이쉰다.’고 전념하고
신체의 형성을 그치면서
‘나는 숨을 내쉰다.’고 전념하느니라.

5) pīti-paṭisaṃvedī	삐띠 빠띠쌍붸디
assasissāmī'ti sikkhati	앗싸씻싸미 띠 씩카띠
pīti-paṭisaṃvedī	삐띠 빠띠쌍붸디
passasissāmī'ti sikkhati.	빳싸씻싸미 띠 씩카띠.

기쁨을 경험하면서
‘나는 숨을 들이쉰다.’고 전념하고
기쁨을 경험하면서
‘나는 숨을 내쉰다.’고 전념하느니라.

6) sukha-paṭisaṃvedī	쑤카 빠띠쌍붸디
assasissāmī'ti sikkhati	앗싸씻싸미 띠 씩카띠
sukha-paṭisaṃvedī	쑤카 빠띠쌍붸디
passasissāmī'ti sikkhati.	빳싸씻싸미 띠 씩카띠.

행복을 경험하면서
'나는 숨을 들이쉰다.'고 전념하고
행복을 경험하면서
'나는 숨을 내쉰다.'고 전념하느니라.

7) citta-saṅkhāra-paṭisaṃvedī	찟따 쌍카라 빠띠쌍붸디
assasissāmī'ti sikkhati	앗싸씻싸미 띠 씩카띠
citta-saṅkhāra-paṭisaṃvedī	찟따 쌍카라 빠띠쌍붸디
passasissāmī'ti sikkhati.	빳싸씻싸미 띠 씩카띠.

마음의 형성을 경험하면서
'나는 숨을 들이쉰다.'고 전념하고
마음의 형성을 경험하면서
'나는 숨을 내쉰다.'고 전념하느니라.

8) passambhayaṃ citta-saṅkhāraṃ	빠쌈바얀 찟따 쌍카람
assasissāmī'ti sikkhati	앗싸씻싸미 띠 씩카띠
passambhayaṃ citta-saṅkhāraṃ	빠쌈바얀 찟따 쌍카람
passasissāmī'ti sikkhati.	빳싸씻싸미 띠 씩카띠.

마음의 형성을 그치면서
'나는 숨을 들이쉰다.'고 전념하고
마음의 형성을 그치면서
'나는 숨을 내쉰다.'고 전념하느니라.

9) citta-paṭisaṃvedī	찟따 빠띠쌍붸디
assasissāmī'ti sikkhati	앗싸씻싸미 띠 씩카띠
citta-paṭisaṃvedī	찟따 빠띠쌍붸디
passasissāmī'ti sikkhati.	빳싸씻싸미 띠 씩카띠.

마음을 경험하면서
'나는 숨을 들이쉰다.'고 전념하고
마음을 경험하면서
'나는 숨을 내쉰다.'고 전념하느니라.

10) abhippamodayaṃ cittaṃ	아빕빠모다얀 짓땀
assasissāmī'ti sikkhati	앗싸씻싸미 띠 씩카띠
abhippamodayaṃ cittaṃ	아빕빠모다얀 짓땀
passasissāmī'ti sikkhati.	빳싸씻싸미 띠 씩카띠.

마음을 기쁘게 하면서
'나는 숨을 들이쉰다.'고 전념하고
마음을 기쁘게 하면서
'나는 숨을 내쉰다.'고 전념하느니라.

11) samādahaṃ cittaṃ	싸마다한 찟땀
assasissāmī'ti sikkhati	앗싸씻싸미 띠 씩카띠
samādahaṃ cittaṃ	싸마다한 찟땀
passasissāmī'ti sikkhati.	빳싸씻싸미 띠 씩카띠.

마음을 집중시키면서
'나는 숨을 들이쉰다.'고 전념하고
마음을 집중시키면서
'나는 숨을 내쉰다.'고 전념하느니라.

12) vimocayaṃ cittaṃ	뷔모짜얀 찟땀
assasissāmī'ti sikkhati	앗싸씻싸미 띠 씩카띠
vimocayaṃ cittaṃ	뷔모짜얀 찟땀
passasissāmī'ti sikkhati.	빳싸씻싸미 띠 씩카띠.

마음을 해탈시키면서
'나는 숨을 들이쉰다.'고 전념하고
마음을 해탈시키면서
'나는 숨을 내쉰다.'고 전념하느니라.

13) aniccânupassī — 아닛짜 아누빳씨
assasissāmī'ti sikkhati — 앗싸씻싸미 띠 씩카띠
aniccânupassī — 아닛짜 아누빳씨
passasissāmī'ti sikkhati. — 빳싸씻싸미 띠 씩카띠.

무상함을 관찰하면서
'나는 숨을 들이쉰다.'고 전념하고
무상함을 관찰하면서
'나는 숨을 내쉰다.'고 전념하느니라.

14) virāgânupassī — 뷔라가 아누빳씨
assasissāmī'ti sikkhati — 앗싸씻싸미 띠 씩카띠
virāgânupassī — 뷔라가 아누빳씨
passasissāmī'ti sikkhati. — 빳싸씻싸미 띠 씩카띠.

사라짐을 관찰하면서
'나는 숨을 들이쉰다.'고 전념하고
사라짐을 관찰하면서
'나는 숨을 내쉰다.'고 전념하느니라.

15) nirodhânupassī — 니로다 아누빳씨
assasissāmī'ti sikkhati — 앗싸씻싸미 띠 씩카띠
nirodhânupassī — 니로다 아누빳씨
passasissāmī'ti sikkhati. — 빳싸씻싸미 띠 씩카띠.

소멸을 관찰하면서
'나는 숨을 들이쉰다.'고 전념하고
소멸을 관찰하면서
'나는 숨을 내쉰다.'고 전념하느니라.

16) paṭinissaggânupassī	빠띠닛싹가 아누빳씨
assasissāmī'ti sikkhati	앗싸씻싸미 띠 씩카띠
paṭinissaggânupassī	빠띠닛싹가 아누빳씨
passasissāmī'ti sikkhati.	빳싸씻싸미 띠 씩카띠.

완전히 버림을 관찰하면서
'나는 숨을 들이쉰다.'고 전념하고
완전히 버림을 관찰하면서
'나는 숨을 내쉰다.'고 전념하느니라.

7. evam eva kho bhikkhave	에봠 에와 코 빅카붸
ānāpāna-sati-samādhi	아나빠나 싸띠 싸마디
bhāvito bahulī-kato	바뷔또 바훌리 까또
santo c'eva paṇīto ca	싼또 쩨와 빠니또 짜
asecanako ca sukho ca vihāro.	아쎄짜나꼬 짜 쑤코 짜 뷔하로.

수행승들이여, 이와 같이
호흡새김의 삼매를 닦고
호흡새김의 삼매를 익히면
고요하고 승묘하고 순수한 지복에 드나니,

8. uppann'uppanne ca	웁빤눕빤네 짜
pāpake akusale dhamme ṭhānaso	빠빠께 아꾸쌀레 담메 타나쏘
antaradhāpeti vūpasameti.	안따라다뻬띠 뷰빠싸메띠.

악하고 불건전한 현상이
생겨날 때마다 즉시
사라지게 하고 그치게 하느니라.

5. Aniccasaññāpāṭha

아니짜 싼냐 빠타

「무상관無常觀의 경송」을 송출하오니

[I. Anicca-saññā : 아닛짜 싼냐 : 무상에 대한 지각]

1. anicca-saññā bhikkhave	아닛짜 싼냐 빅카웨
bhāvitā bahulī-katā	바뷔따 바훌리 까따
sabbaṃ kāma-rāgaṃ pariyādiyati	쌉방 까마 라감 빠리야디야띠
sabbaṃ rūpa-rāgaṃ pariyādiyati	쌉방 루빠 라감 빠리야디야띠
sabbaṃ bhava-rāgaṃ pariyādiyati	쌉밤 바봐 라감 빠리야디야띠
sabbaṃ avijjaṃ pariyādiyati.	쌉밤 아뷧잠 빠리야디야띠
sabbaṃ asmi-mānaṃ	쌉밤 아쓰미 마남
pariyādiyati samūhanti.	빠리야디야띠 싸무한띠.

수행승들이여,
무상에 대한 지각을 닦고 익히면
일체의 감각적 욕망계에 대한 탐욕을 없애고
일체의 미세한 물질계에 대한 탐욕을 없애고
일체의 존재에 대한 탐욕을 없애고
일체의 무명을 없애고 일체의 '나'라는
자만을 없애고 뿌리째 뽑아버리느니라.

2. seyyathā pi bhikkhave | 쎄이야타 삐 빅카붸
sarada-samaye kassako | 싸라다 싸마예 깟싸꼬
mahā-naṅgalena kasanto | 마하 낭갈레나 까싼또
sabbāni mūla-santānakāni | 쌉바니 물라 싼따나까니
sampadālento kasati. | 쌈빠달렌또 까싸띠.

수행승들이여, 예를 들어
가을에 농부가 큰 쟁기날로
쟁기질을 하면, 쟁기질만으로도
모든 뿌리들이 파헤쳐져 없어지느니라.

3. evam eva kho bhikkhave | 에봠 에봐 코 빅카붸
anicca-saññā bhāvitā bahulī-katā | 아닛짜 싼냐 바뷔따 바훌리 까따
sabbaṃ kāma-rāgaṃ pariyādiyati | 쌉방 까마 라감 빠리야디야띠
sabbaṃ rūpa-rāgaṃ pariyādiyati | 쌉방 루빠 라감 빠리야디야띠
sabbaṃ bhava-rāgaṃ pariyādiyati | 쌉밤 바봐 라감 빠리야디야띠
sabbaṃ avijjaṃ pariyādiyati. | 쌉밤 아뷧잠 빠리야디야띠
sabbaṃ asmi-mānaṃ | 쌉밤 아쓰미 마남
pariyādiyati samūhanti. | 빠리야디야띠 싸무한띠.

이처럼, 수행승들이여,
무상에 대한 지각을 닦고 익히면
일체의 감각적 욕망계에 대한 탐욕을 없애고
일체의 미세한 물질계에 대한 탐욕을 없애고
일체의 존재에 대한 탐욕을 없애고
일체의 무명을 없애고 일체의 '나'라는
자만을 없애고 뿌리째 뽑아버리느니라.

4. seyyathā pi bhikkhave
babbajalāyako babbajaṃ lāyitvā
agge gahetvā odhunāti
niddhunāti nipphoṭeti.

쎄이야타 삐 빅카웨
밥바잘라야꼬 밥바장 라위뜨와
악게 가헤뜨와 오두나띠
닛두나띠 닙포떼띠.

**수행승들이여, 예를 들어
골풀을 베는 사람이 골풀을 베면
꼭대기를 잡고 위아래로 흔들고
좌우로 흔들어 털어버리느니라.**

5. evam eva kho bhikkhave
anicca-saññā bhāvitā bahulī-katā
sabbaṃ kāma-rāgaṃ pariyādiyati
sabbaṃ rūpa-rāgaṃ pariyādiyati
sabbaṃ bhava-rāgaṃ pariyādiyati
sabbaṃ avijjaṃ pariyādiyati.
sabbaṃ asmi-mānaṃ
pariyādiyati samūhanti.

에봠 에봐 코 빅카웨
아닛짜 싼냐 바뷔따 바훌리 까따
쌉방 까마 라감 빠리야디야띠
쌉방 루빠 라감 빠리야디야띠
쌉밤 바봐 라감 빠리야디야띠
쌉밤 아뷧잠 빠리야디야띠
쌉밤 아쓰미 마남
빠리야디야띠 싸무한띠.

**이처럼, 수행승들이여,
무상에 대한 지각을 닦고 익히면
일체의 감각적 욕망계에 대한 탐욕을 없애고
일체의 미세한 물질계에 대한 탐욕을 없애고
일체의 존재에 대한 탐욕을 없애고
일체의 무명을 없애고 일체의 '나'라는
자만을 없애고 뿌리째 뽑아버리느니라.**

6. seyyathā pi bhikkhave

쎄이야타 삐 빅카웨

amba-piṇḍiyā vaṇṭa-cchinnāya	암바 삔디야 봔땃 친나야
yāni tatra ambāni vaṇṭ'upanibaddhāni	야니 따뜨라 암바니 봔뚜빠니밧다니
sabbāni tāni tad-anvayāni bhavanti.	쌉바니 따니 따다느와야니 바봔띠.

수행승들이여, 예를 들어
망고더미가 달린 나무줄기를 자르면
그 줄기에 달린 망고들이
모두 그 줄기를 따라 잘려지느니라.

7. evam eva kho bhikkhave	에봠 에봐 코 빅카붸
anicca-saññā bhāvitā bahulī-katā	아닛짜 싼냐 바뷔따 바훌리 까따
sabbaṃ kāma-rāgaṃ pariyādiyati	쌉방 까마 라감 빠리야디야띠
sabbaṃ rūpa-rāgaṃ pariyādiyati	쌉방 루빠 라감 빠리야디야띠
sabbaṃ bhava-rāgaṃ pariyādiyati	쌉밤 바봐 라감 빠리야디야띠
sabbaṃ avijjaṃ pariyādiyati.	쌉밤 아뷧잠 빠리야디야띠
sabbaṃ asmi-mānaṃ	쌉밤 아쓰미 마남
pariyādiyati samūhanti.	빠리야디야띠 싸무한띠.

이처럼, 수행승들이여,
무상에 대한 지각을 닦고 익히면
일체의 감각적 욕망계에 대한 탐욕을 없애고
일체의 미세한 물질계에 대한 탐욕을 없애고
일체의 존재에 대한 탐욕을 없애고
일체의 무명을 없애고 일체의 '나'라는
자만을 없애고 뿌리째 뽑아버리느니라.

8. seyyathā pi bhikkhave	쎄이야타 삐 빅카붸
kuṭāgārassa yā kāci gopānasiyo	꾸따가랏싸 야 까찌 고빠나씨요
sabbā tā kūṭaṃgamā	쌉바 따 꾸땅가마

kūṭa-ninnā kūṭa-samosaraṇā
kūṭaṃ tāsaṃ aggam akkhāyati.

꾸따 닌나 꾸따 싸모싸라나
꾸딴 따쌈 아감 악카야띠.

수행승들이여, 예를 들어
누각의 어떠한 서까래든지
모두 용마루로 향하고
용마루로 기울고, 용마루로 모이고
용마루를 그들 가운데 최상이라고 하느니라.

9. evam eva kho bhikkhave
anicca-saññā bhāvitā bahulī-katā
sabbaṃ kāma-rāgaṃ pariyādiyati
sabbaṃ rūpa-rāgaṃ pariyādiyati
sabbaṃ bhava-rāgaṃ pariyādiyati
sabbaṃ avijjaṃ pariyādiyati.
sabbaṃ asmi-mānaṃ
pariyādiyati samūhanti.

에봠 에봐 코 빅카붸
아닛짜 싼냐 바뷔따 바훌리 까따
쌉방 까마 라감 빠리야디야띠
쌉방 루빠 라감 빠리야디야띠
쌉밤 바봐 라감 빠리야디야띠
쌉밤 아뷧잠 빠리야디야띠
쌉밤 아쓰미 마남
빠리야디야띠 싸무한띠.

이처럼, 수행승들이여,
무상에 대한 지각을 닦고 익히면
일체의 감각적 욕망계에 대한 탐욕을 없애고
일체의 미세한 물질계에 대한 탐욕을 없애고
일체의 존재에 대한 탐욕을 없애고
일체의 무명을 없애고 일체의 '나'라는
자만을 없애고 뿌리째 뽑아버리느니라.

10. seyyathā pi bhikkhave

쎄이야타 삐 빅카붸

ye keci mūla-gandhā kālânusārī tesaṃ aggam akkhāyati.

예 께찌 물라 간다 깔라 아누싸리 떼쌈 악감 악카야띠.

수행승들이여, 예를 들어
어떠한 뿌리의 향이 있든지
그들 가운데 흑단향을 최상이라고 하느니라.

11. evam eva kho bhikkhave
anicca-saññā bhāvitā bahulī-katā
sabbaṃ kāma-rāgaṃ pariyādiyati
sabbaṃ rūpa-rāgaṃ pariyādiyati
sabbaṃ bhava-rāgaṃ pariyādiyati
sabbaṃ avijjaṃ pariyādiyati.
sabbaṃ asmi-mānaṃ
pariyādiyati samūhanti.

에봠 에봐 코 빅카붸
아닛짜 싼냐 바뷔따 바훌리 까따
쌉방 까마 라감 빠리야디야띠
쌉방 루빠 라감 빠리야디야띠
쌉밤 바봐 라감 빠리야디야띠
쌉밤 아뷧잠 빠리야디야띠
쌉밤 아쓰미 마남
빠리야디야띠 싸무한띠.

이처럼, 수행승들이여,
무상에 대한 지각을 닦고 익히면
일체의 감각적 욕망계에 대한 탐욕을 없애고
일체의 미세한 물질계에 대한 탐욕을 없애고
일체의 존재에 대한 탐욕을 없애고
일체의 무명을 없애고 일체의 '나'라는
자만을 없애고 뿌리째 뽑아버리느니라.

12. seyyathā pi bhikkhave
ye keci sāra-gandhā
lohita-candanaṃ
tesaṃ aggam akkhāyati.

쎄이야타 삐 빅카붸
예 께찌 싸라 간다
로히따 짠다난
떼쌈 악감 악카야띠.

수행승들이여, 예를 들어
어떠한 나무심의 향이 있든지
그들 가운데 적단향을 최상이라고 하느니라.

13. evam eva kho bhikkhave	에봠 에봐 코 빅카붸
anicca-saññā bhāvitā bahulī-katā	아닛짜 싼냐 바뷔따 바훌리 까따
sabbaṃ kāma-rāgaṃ pariyādiyati	쌉방 까마 라감 빠리야디야띠
sabbaṃ rūpa-rāgaṃ pariyādiyati	쌉방 루빠 라감 빠리야디야띠
sabbaṃ bhava-rāgaṃ pariyādiyati	쌉밤 바봐 라감 빠리야디야띠
sabbaṃ avijjaṃ pariyādiyati.	쌉밤 아뷧잠 빠리야디야띠
sabbaṃ asmi-mānaṃ	쌉밤 아쓰미 마남
pariyādiyati samūhanti.	빠리야디야띠 싸무한띠.

이처럼, 수행승들이여,
무상에 대한 지각을 닦고 익히면
일체의 감각적 욕망계에 대한 탐욕을 없애고
일체의 미세한 물질계에 대한 탐욕을 없애고
일체의 존재에 대한 탐욕을 없애고
일체의 무명을 없애고 일체의 '나'라는
자만을 없애고 뿌리째 뽑아버리느니라.

14. seyyathā pi bhikkhave	쎄이야타 삐 빅카붸
ye keci puppha-gandhā	예 께찌 뿝파 간다
vassikaṃ tesaṃ aggam akkhāyati.	봣씨깐 떼쌈 악감 악카야띠.

수행승들이여, 예를 들어
어떠한 꽃의 향이 있든지
그들 가운데 재스민향을 최상이라고 하느니라.

15. evam eva kho bhikkhave
anicca-saññā bhāvitā bahulī-katā
sabbaṃ kāma-rāgaṃ pariyādiyati
sabbaṃ rūpa-rāgaṃ pariyādiyati
sabbaṃ bhava-rāgaṃ pariyādiyati
sabbaṃ avijjaṃ pariyādiyati.
sabbaṃ asmi-mānaṃ
pariyādiyati samūhanti.

에봠 에봐 코 빅카붸
아닛짜 싼냐 바뷔따 바훌리 까따
쌉방 까마 라감 빠리야디야띠
쌉방 루빠 라감 빠리야디야띠
쌉밤 바봐 라감 빠리야디야띠
쌉밤 아뷧잠 빠리야디야띠
쌉밤 아쓰미 마남
빠리야디야띠 싸무한띠.

이처럼, 수행승들이여,
무상에 대한 지각을 닦고 익히면
일체의 감각적 욕망계에 대한 탐욕을 없애고
일체의 미세한 물질계에 대한 탐욕을 없애고
일체의 존재에 대한 탐욕을 없애고
일체의 무명을 없애고 일체의 '나'라는
자만을 없애고 뿌리째 뽑아버리느니라.

16. seyyathā pi bhikkhave
ye keci kuḍḍa-rājāno
sabbe te rañño cakkavattissa
anuyuttā bhavanti.
rājā tesaṃ cakkavatti aggam akkhāyati.

쎄이야타 삐 빅카붸
예 께찌 꿋다 라자노
쌉베 떼 란뇨 짝까봣띳싸
아누윳따 바봔띠
라자 떼싼 짝까봣띠 악감 악카야띠.

수행승들이여, 예를 들어
어떠한 군왕이 있든지
그들 모두는 전륜왕의 신하들이니,
그들 가운데 전륜왕을 최상이라고 하느니라.

17. evam eva kho bhikkhave
anicca-saññā bhāvitā bahulī-katā
sabbaṃ kāma-rāgaṃ pariyādiyati
sabbaṃ rūpa-rāgaṃ pariyādiyati
sabbaṃ bhava-rāgaṃ pariyādiyati
sabbaṃ avijjaṃ pariyādiyati.
sabbaṃ asmi-mānaṃ
pariyādiyati samūhanti.

에밤 에봐 코 빅카붸
아닛짜 싼냐 바뷔따 바훌리 까따
쌉방 까마 라감 빠리야디야띠
쌉방 루빠 라감 빠리야디야띠
쌉밤 바봐 라감 빠리야디야띠
쌉밤 아뷧잠 빠리야디야띠
쌉밤 아쓰미 마남
빠리야디야띠 싸무한띠.

이처럼, 수행승들이여,
무상에 대한 지각을 닦고 익히면
일체의 감각적 욕망계에 대한 탐욕을 없애고
일체의 미세한 물질계에 대한 탐욕을 없애고
일체의 존재에 대한 탐욕을 없애고
일체의 무명을 없애고 일체의 '나'라는
자만을 없애고 뿌리째 뽑아버리느니라.

18. seyyathā pi bhikkhave
ye kāci tāraka-rūpānaṃ pabhā
sabbā tā candima-pabhāya
kalaṃ nâgghanti soḷasiṃ
canda-ppabhā
tāsaṃ aggam akkhāyati.

쎄이야타 삐 빅카붸
예 까찌 따라까 루빠남 빠바
쌉바 따 짠디마 빠바야
깔란 나 악간띠 쏠라씬
짠답 빠바
따쌈 악감 악카야띠.

수행승들이여, 예를 들어
어떠한 별이 비추는 광명이든
그것은 모두 달이 비추는 광명의
십육 분의 일도 미치지 못하니

그들 가운데
달이 비추는 광명을 최상이라고 하느니라.

19. evam eva kho bhikkhave	에봠 에봐 코 빅카웨
anicca-saññā bhāvitā bahulī-katā	아닛짜 싼냐 바뷔따 바훌리 까따
sabbaṃ kāma-rāgaṃ pariyādiyati	쌉방 까마 라감 빠리야디야띠
sabbaṃ rūpa-rāgaṃ pariyādiyati	쌉방 루빠 라감 빠리야디야띠
sabbaṃ bhava-rāgaṃ pariyādiyati	쌉밤 바봐 라감 빠리야디야띠
sabbaṃ avijjaṃ pariyādiyati.	쌉밤 아뷧잠 빠리야디야띠
sabbaṃ asmi-mānaṃ	쌉밤 아쓰미 마남
pariyādiyati samūhanti.	빠리야디야띠 싸무한띠.

이처럼, 수행승들이여,
무상에 대한 지각을 닦고 익히면
일체의 감각적 욕망계에 대한 탐욕을 없애고
일체의 미세한 물질계에 대한 탐욕을 없애고
일체의 존재에 대한 탐욕을 없애고
일체의 무명을 없애고 일체의 '나'라는
자만을 없애고 뿌리째 뽑아버리느니라.

20. seyyathā pi bhikkhave	쎄이야타 삐 빅카웨
sarada-samaye viddhe	싸라다 싸마예 뷧데
vigata-valāhake	뷔가따 발라하께
deve ādicco nabhaṃ abbhussukkamāno	데웨 아딧쬬 나밤 압붓쑤까마노
sabbaṃ ākāsa-gataṃ tama-gataṃ	쌉밤 아까싸 가딴 따마 가땀
abhivihacca bhāsate ca	아비뷔핫짜 바싸떼 짜
tapate ca virocate ca.	따빠떼 짜 뷔로짜떼 짜.

수행승들이여, 예를 들어

가을에 하늘이 맑고 구름 한 점 없을 때
태양이 하늘 높이 떠올라
허공의 일체 어둠을 없애면서
빛나고 불타고 빛을 방출하느니라.

21. evam eva kho bhikkhave	에봠 에봐 코 빅카붸
anicca-saññā bhāvitā bahulī-katā	아닛짜 싼냐 바뷔따 바훌리 까따
sabbaṃ kāma-rāgaṃ pariyādiyati	쌉방 까마 라감 빠리야디야띠
sabbaṃ rūpa-rāgaṃ pariyādiyati	쌉방 루빠 라감 빠리야디야띠
sabbaṃ bhava-rāgaṃ pariyādiyati	쌉밤 바봐 라감 빠리야디야띠
sabbaṃ avijjaṃ pariyādiyati	쌉밤 아뷧잠 빠리야디야띠
sabbaṃ asmi-mānaṃ	쌉밤 아쓰미 마남
pariyādiyati samūhanti.	빠리야디야띠 싸무한띠.

이처럼, 수행승들이여,
무상에 대한 지각을 닦고 익히면
일체의 감각적 욕망계에 대한 탐욕을 없애고
일체의 미세한 물질계에 대한 탐욕을 없애고
일체의 존재에 대한 탐욕을 없애고
일체의 무명을 없애고 일체의 '나'라는
자만을 없애고 뿌리째 뽑아버리느니라.

22. kathaṃ bhāvitā ca bhikkhave	까탐 바뷔따 코 빅카붸
anicca-saññā kataṃ bahulī-katā	아닛짜 싼냐 까탐 바훌리 까따
sabbaṃ kāma-rāgaṃ pariyādiyati	쌉방 까마 라감 빠리야디야띠
sabbaṃ rūpa-rāgaṃ pariyādiyati	쌉방 루빠 라감 빠리야디야띠
sabbaṃ bhava-rāgaṃ pariyādiyati	쌉밤 바봐 라감 빠리야디야띠
sabbaṃ avijjaṃ pariyādiyati.	쌉밤 아뷧잠 빠리야디야띠

sabbaṃ asmi-mānaṃ	쌉밤 아쓰미 마남
pariyādiyati samūhanti?	빠리야디야띠 싸무한띠.

수행승들이여, 어떻게
무상에 대한 지각을 닦고 익히면
일체의 감각적 욕망계에 대한 탐욕을 없애고
일체의 미세한 물질계에 대한 탐욕을 없애고
일체의 존재에 대한 탐욕을 없애고
일체의 무명을 없애고 일체의 '나'라는
자만를 없애고 뿌리째 뽑아버리는가?

1) iti rūpaṃ	이띠 루빰
iti rūpassa samudayo	이띠 루빳싸 싸무다요
iti rūpassa atthaṅgamo.	이띠 루빳싸 앗탕가모.

이것이 물질이고,
이것이 물질의 발생이고,
이것이 물질의 소멸이다.

2) iti vedanā	이띠 붸다나
iti vedanāya samudayo	이띠 붸다나야 싸무다요
iti vedanāya atthaṅgamo.	이띠 붸다나야 앗탕가모.

이것이 느낌이고
이것이 느낌의 발생이고
이것이 느낌의 소멸이다.

3) iti saññā	이띠 싼냐

iti saññāya samudayo 이띠 싼냐야 싸무다요
iti saññāya atthaṅgamo. 이띠 싼냐야 앗탕가모.

이것이 지각이고
이것이 지각의 발생이고
이것이 지각의 소멸이다.

4) iti saṃkhārā 이띠 쌍카라
iti saṃkhārānaṃ samudayo 이띠 쌍카라낭 싸무다요
iti saṃkhārānaṃ atthaṅgamo. 이띠 쌍카라남 앗탕가모.

이것이 형성이고
이것이 형성의 발생이고
이것이 형성의 소멸이다.

5) iti viññāṇaṃ 이띠 뷘냐남
iti viññāṇassa samudayo 이띠 뷘냐낫싸 싸무다요
iti viññāṇassa atthaṅgamo'ti. 이띠 뷘냐낫싸 앗탕가모.

이것이 의식이고
이것이 의식의 발생이고
이것이 의식의 소멸이다.

23. evaṃ bhāvitā kho bhikkhave 에봠 바뷔따 코 빅카붸
anicca-saññā evaṃ bahulī-katā 아닛짜 싼냐 에봠 바훌리 까따
sabbaṃ kāma-rāgaṃ pariyādiyati 쌉방 까마 라감 빠리야디야띠
sabbaṃ rūpa-rāgaṃ pariyādiyati 쌉방 루빠 라감 빠리야디야띠
sabbaṃ bhava-rāgaṃ pariyādiyati 쌉밤 바봐 라감 빠리야디야띠
sabbaṃ avijjaṃ pariyādiyati. 쌉밤 아뷧잠 빠리야디야띠
sabbaṃ asmi-mānaṃ 쌉밤 아쓰미 마남
pariyādiyati samūhanti. 빠리야디야띠 싸무한띠.

이와 같이, 수행승들이여,
무상에 대한 지각을 닦고 익히면
일체의 감각적 욕망계에 대한 탐욕을 없애고
일체의 미세한 물질계에 대한 탐욕을 없애고
일체의 존재에 대한 탐욕을 없애고
일체의 무명을 없애고 일체의 '나'라는
자만을 없애고 뿌리째 뽑아버리느니라.

[II. Aniccânussati : 아닛짜 아눗싸띠 : 무상에 대한 새김]

1. passa citta-kataṃ bimbaṃ	빳싸 찟따 까땀 빔밤
arukāyaṃ samussitaṃ	아루까양 싸뭇씨땀
āturaṃ bahu-saṅkappaṃ	아뚜람 바후 쌍깝빵
yassa n'atthi dhuvaṃ ṭhiti.	얏싸 낫티 두봔 티띠.

보라! 아름답게 꾸며진 영상
상처투성이로 세워진 몸
고통스럽고 망상으로 찬 것
영원하지도 견고하지도 않느니라.

2. parijiṇṇam idaṃ rūpaṃ	빠리진남 이당 루빵
roga-niḍḍhaṃ pabhaṅguṇaṃ	로가 니담 빠빵구남
bhijjati pūti-sandeho	빗자띠 뿌띠 싼데호
maraṇantaṃ hi jīvitaṃ.	마라난땅 히 지뷔땀.

이 영상은 마침내 노쇠하고
질병의 소굴로 쉽게 부서지고

이 부패한 축적물은 파괴되니
삶은 죽음으로 끝나기 때문이니라.

3. yān'imāni apatthāni
alāpūn'eva sārade
kāpotakāni aṭṭhīni
tāni disvāna kā rati.

야니마니 아빳타니
알라뿌네봐 싸라데
까뽀따까니 앗티니
따니 디쓰와나 까 라띠.

참으로 가을에 버려진
이 호리병박들처럼
회백색의 해골들이 나뒹구니
그것들을 보고 누가 기뻐하겠는가?

4. aṭṭhīnaṃ nagaraṃ kataṃ
maṃsa-lohita-lepanaṃ
yattha jarā ca maccu ca
māno makkho ca ohito.

앗티난 나가랑 까땀
망쌀 로히따 레빠낭
얏타 자라 짜 맛쭈 짜
마노 막코 짜 오히또.

뼈로 만들어지고
피와 살로 덧칠해진 도시
여기에 늙음과 죽음과
자만과 위선이 감추어져 있느니라.

5. yathā bubbulakaṃ passe
yathā passe marīcikaṃ
evaṃ lokaṃ avekkhantaṃ
maccu-rājā na passati.

야타 붑불라깜 빳쎄
야타 빳쎄 마리찌깜
에방 로깜 아벡칸땀
맛쭈 라자 나 빳싸띠.

물거품을 보는 것처럼

아지랑이를 보는 것처럼
이 세상을 보는 사람을
죽음의 사자는 보지 못하느니라.

6. Mahā-sati-paṭṭhāna-sutta
마하 싸띠 빳타나 쑷따

「새김의 토대의 큰 경大念處經」을 송출하오니

1. evaṃ me sutaṃ 에봠 메 쑤땀
ekaṃ samayaṃ bhagavā 에깡 싸마얌 바가봐
kurūsu viharati kammāsadhammaṃ nāma 꾸루쑤 뷔하라띠 깜마싸담만 나마
kurūnaṃ nigamo. 꾸루난 니가모.

이와 같이 나는 들었습니다.
한 때 세존께서 꾸루 국의 '깜맛싸담마'라는
꾸루 족의 마을에 계셨습니다.

2. tatra kho bhagavā bhikkhū āmantesi 따뜨라 코 바가봐 빅쿠 아만떼씨
bhikkhavo'ti bhadante'ti 빅카뵤 띠 바단떼 띠
te bhikkhū bhagavato paccassosuṃ 떼 빅쿠 바가봐또 빳짯쏘쑴
bhagavā etad avoca. 바가봐 에따드 아뵤짜.

그 때 세존께서는 "수행승들이여"라고
수행승들을 부르셨습니다.
그 수행승들은 "세존이시여"라고 대답했습니다.
세존께서는 이와 같이 말씀하셨습니다.

1) Uddeso
웃데쏘

「새김의 토대의 총설」을 송출하오니

3. ekāyano ayaṃ bhikkhave maggo
sattānaṃ visuddhiyā
soka-paridevānaṃ samatikkamāya
dukkha-domanassānaṃ atthaṅgamāya
ñāyassa adhigamāya
nibbānassa sacchi-kiriyāya
yad idaṃ cattāro sati-paṭṭhānā.

에까야노 아얌 빅카붸 막고
쌋따낭 뷔숫디야
쏘까 빠리데봐낭 싸마띡까마야
둑카 도마낫싸남 앗탕가마야
냐얏싸 아디가마야
닙바낫싸 쌋치 끼리야야
야드 이단 짯따로 싸띠 빳타나.

수행승들이여, 뭇삶을 청정하게 하고
슬픔과 비탄을 뛰어넘게 하고
고통과 근심을 소멸하게 하고
바른 방도를 얻게 하고, 열반을 실현시키는
하나의 길이 있으니
곧, 네 가지 새김의 토대이니라.

4. katame cattāro?
idha bhikkhave bhikkhu.

까따메 짯따로
이다 빅카붸 빅쿠.

네 가지란 어떠한 것인가?
수행승들이여, 여기 수행승이

1) kāye kāyânupassī viharati
ātāpī sampajāno satimā vineyya
loke abhijjhā-domanassaṃ.

까예 까야 아누빳씨 뷔하라띠
아따삐 쌈빠자노 싸띠마 뷔네이야
로께 아빗자 도마낫쌈.

열심히 노력하고 알아차림을 갖추고
새김을 확립하여, 세상의 탐욕과 근심을 제거하며,
몸에 대해 몸을 관찰하느니라.

2) vedanāsu vedanânupassī viharati
ātāpī sampajāno satimā vineyya
loke abhijjhā-domanassaṃ.

뷔다나쑤 뷔다나 아누빳씨 뷔하라띠
아따삐 쌈빠자노 싸띠마 뷔네이야
로께 아빗자 도마낫쌈.

열심히 노력하고 알아차림을 갖추고
새김을 확립하여 세상의 탐욕과 근심을 제거하며,
느낌에 대해 느낌을 관찰하느니라.

3) citte cittânupassī viharati
ātāpī sampajāno satimā vineyya
loke abhijjhā-domanassaṃ.

찟떼 찟따 아누빳씨 뷔하라띠
아따삐 쌈빠자노 싸띠마 뷔네이야
로께 아빗자 도마낫쌈.

열심히 노력하고 알아차림을 갖추고
새김을 확립하여 세상의 탐욕과 근심을 제거하며,
마음에 대해 마음을 관찰하느니라.

4) dhammesu dhammânupassī viharati
ātāpī sampajāno satimā vineyya
loke abhijjhā-domanassaṃ.

담메쑤 담마 아누빳씨 뷔하라띠
아따삐 쌈빠자노 싸띠마 뷔네이야
로께 아빗자 도마낫쌈.

열심히 노력하고 알아차림을 갖추고
새김을 확립하여 세상의 탐욕과 근심을 제거하며,
사실에 대해 사실을 관찰하느니라.

2) Kāyânupassanā : ānāpānasati-pabbaṃ
까야 아누빳싸나 : 아나빠나 싸띠 빱밤

「몸에 대한 명상 : 호흡새김」을 송출하오니

5. kathañ ca pana bhikkhave bhikkhu kāye kāyânupassī viharati?
까탄 짜 빠나 빅카붸 빅쿠 까예 까야 아누빳씨 뷔하라띠.

수행승들이여, 수행승이
몸에 대해 몸을 관찰한다는 것은 어떠한 것인가?

idha bhikkhave bhikkhu arañña-gato vā
rukkhamūla-gato vā suññāgāra-gato vā
nisīdati pallaṅkaṃ ābhujitvā
ujuṃ kāyaṃ paṇidhāya
parimukhaṃ satiṃ upaṭṭhapetvā.
so sato'va assasati
sato'va passasati.

이다 빅카붸 빅쿠 아란냐 가또
룩카물라 가또 봐 쑨냐가라 가또 봐
니씨다띠 빨랑깜 아부지뜨와
우중 까얌 빠니다야
빠리무캉 싸띰 우빳타뻬뜨와
쏘 싸또 봐 앗싸싸띠
싸또 봐 빳싸싸띠.

여기 수행승이 숲으로 가고 나무 밑으로 가고
한가한 곳으로 가서 앉아 가부좌를 틀고
몸을 바로 세우고 자기 앞으로 새김을 확립하고
실로 새김을 확립하여 숨을 들이쉬고
실로 새김을 확립하여 실로 숨을 내쉬느니라.

1) dīghaṃ vā assasanto
dīghaṃ assasāmī'ti pajānāti.
dīghaṃ vā passasanto
dīghaṃ passasāmī'ti pajānāti.

디강 봐 앗싸싼또
디감 앗싸싸미 띠 빠자나띠.
디강 봐 빳싸싼또
디감 빳싸싸미 띠 빠자나띠.

길게 숨을 들이쉴 때는

나는 길게 숨을 들이쉰다고 분명히 알고
길게 숨을 내쉴 때는
나는 길게 숨을 내쉰다고 분명히 아느니라.

2) rassaṃ vā assasanto	랏쌍 봐 앗싸싼또
rassaṃ assasāmī'ti pajānāti	랏쌈 앗싸싸미 띠 빠자나띠
rassaṃ vā passasanto	랏쌍 봐 빳싸싼또
rassaṃ passasāmī'ti pajānāti.	랏쌈 빳싸싸미 띠 빠자나띠.

짧게 숨을 들이쉴 때는
나는 짧게 숨을 들이쉰다고 분명히 알고
짧게 숨을 내쉴 때는
나는 짧게 숨을 내쉰다고 분명히 아느니라.

3) sabba-kāya-paṭisaṃvedī	쌉바 까야 빠띠쌈붸디
assasissāmī'ti sikkhati	앗싸씻싸미 띠 씩카띠
sabba-kāya-paṭisaṃvedī	쌉바 까야 빠띠쌈붸디
passasissāmī'ti sikkhati.	빳싸씻싸미 띠 씩카띠.

신체의 전신을 경험하면서
나는 숨을 들이쉰다고 전념하고
신체의 전신을 경험하면서
나는 숨을 내쉰다고 전념하느니라.

4) passambhayaṃ kāya-saṅkhāraṃ	빳쌈바양 까야 쌍카람
assasissāmī'ti sikkhati	앗싸씻싸미 띠 씩카띠
passambhayaṃ kāya-saṅkhāraṃ	빳쌈바양 까야 쌍카람
passasissāmī'ti sikkhati.	빳싸씻싸미 띠 씩카띠.

신체의 형성을 그치면서
나는 숨을 들이쉰다고 전념하고
신체의 형성을 그치면서
나는 숨을 내쉰다고 전념하느니라.

6. seyyathā pi bhikkhave dakkho	쎄이야타 삐 빅카붸 닥코
bhamakāro vā bhamakārantevāsī vā	바마까로 봐 바마까란떼봐씨 봐
dīghaṃ vā añchanto	디강 봐 안찬또
dīghaṃ añchāmī'ti pajānāti	디감 안차미 띠 빠자나띠
rassaṃ vā añchanto	랏쌍 봐 안찬또
rassaṃ añchāmī'ti pajānāti	랏쌈 안차미 띠 빠자나띠
evam eva kho bhikkhave bhikkhu.	에봠 에봐 코 빅카붸 빅쿠.

예를 들어, 수행승들이여,
유능한 도공이나 도공의 도제가
길게 돌릴 때는 나는 길게 돌린다고 분명히 알고
짧게 돌릴 때는 나는 짧게 돌린다고 분명히 알듯
수행승들이여, 이와 같이,

1) dīghaṃ vā assasanto	디강 봐 앗싸싼또
dīghaṃ assasāmī'ti pajānāti	디감 앗싸싸미 띠 빠자나띠
dīghaṃ vā passasanto	디강 봐 빳싸싼또
dīghaṃ passasāmī'ti pajānāti.	디감 빳싸싸미 띠 빠자나띠.

길게 숨을 들이쉴 때는
나는 길게 숨을 들이쉰다고 분명히 알고
길게 숨을 내쉴 때는
나는 길게 숨을 내쉰다고 분명히 아느니라.

2) rassaṃ vā assasanto	랏쌍 봐 앗싸싼또
rassaṃ assasāmī'ti pajānāti	랏쌈 앗싸싸미 띠 빠자나띠
rassaṃ vā passasanto	랏쌍 봐 빳싸싼또
rassaṃ passasāmī'ti pajānāti.	랏쌈 빳싸싸미 띠 빠자나띠.

짧게 숨을 들이쉴 때는
나는 짧게 숨을 들이쉰다고 분명히 알고
짧게 숨을 내쉴 때는
나는 짧게 숨을 내쉰다고 분명히 아느니라.

3) sabba-kāya-paṭisaṃvedī	쌉바 까야 빠띠쌈웨디
assasissāmī'ti sikkhati	앗싸씻싸미 띠 씩카띠
sabba-kāya-paṭisaṃvedī	쌉바 까야 빠띠쌈웨디
passasissāmī'ti sikkhati.	빳싸씻싸미 띠 씩카띠.

신체의 전신을 경험하면서
나는 숨을 들이쉰다고 전념하고
신체의 전신을 경험하면서
나는 숨을 내쉰다고 전념하느니라.

4) passambhayaṃ kāya-saṅkhāraṃ	빳쌈바양 까야 쌍카람
assasissāmī'ti sikkhati	앗싸씻싸미 띠 씩카띠
passambhayaṃ kāya-saṅkhāraṃ	빳쌈바양 까야 쌍카람
passasissāmī'ti sikkhati.	빳싸씻싸미 띠 씩카띠.

신체의 형성을 그치면서
나는 숨을 들이쉰다고 전념하고
신체의 형성을 그치면서
나는 숨을 내쉰다고 전념하느니라.

7. iti ajjhattaṃ vā kāye
kāyânupassī viharati
bahiddhā vā kāye
kāyânupassī viharati
ajjhatta-bahiddhā vā kāye
kāyânupassī viharati.

이띠 앗잣땅 봐 까예
까야 아누빳씨 뷔하라띠
바힛다 봐 까예
까야 아누빳씨 뷔하라띠
앗잣따 바힛다 봐 까예
까야 아누빳씨 뷔하라띠.

이와 같은 방식으로 그는
몸에 대해 몸을 안으로 관찰하거나
몸에 대해 몸을 밖으로 관찰하거나
몸에 대해 몸을 안팎으로 관찰하느니라.

8. samudaya-dhammânupassī vā
kāyasmiṃ viharati
vaya-dhammânupassī vā
kāyasmiṃ viharati
samudaya-vaya-dhammânupassī vā
kāyasmiṃ viharati.

싸무다야 담마 아누빳씨 봐
까야쓰밍 뷔하라띠
봐야 담마 아누빳씨 봐
까야쓰밍 뷔하라띠
싸무다야 봐야 담마 아누빳씨 봐
까야쓰밍 뷔하라띠.

또는 몸에 대해 생성의 현상을 관찰하거나
몸에 대해 소멸의 현상을 관찰하거나
몸에 대해 생멸의 현상을 관찰하느니라.

9. atthi kāyo'ti vā pan'assa sati
paccupaṭṭhitā hoti yāvad eva
ñāṇa-mattāya paṭissati-mattāya
anissito ca viharati
na ca kiñci loke upādiyati.

앗티 까요 띠 봐 빠낫싸 싸띠
빳쭈빳티따 호띠 야봐드 에봐
냐나 맛따야 빠띳싸띠 맛따야
아닛씨또 짜 뷔하라띠
나 짜 낀찌 로께 우빠디야띠.

순수한 앎과 순수한 새김이 있는 만큼

'몸이 있다.'라는 새김을 이루고
세상의 어느 것에도 의존하지 않고
세상의 어느 것에도 집착하지 않느니라.

10. evam pi kho bhikkhave bhikkhu
kāye kāyânupassī viharati.

에봠 삐 코 빅카붸 빅쿠
까예 까야 아누빳씨 뷔하라띠.

수행승들이여, 이와 같이 수행승은
몸에 대해 몸을 관찰하느니라.

3) Kāyânupassanā : iriyāpatha-pabbaṃ
까야 아누빳싸나 : 이리야빠타 빱밤

「몸에 대한 명상 : 행동양식」을 송출하오니

11. puna ca paraṃ bhikkhave bhikkhu
gacchanto vā gacchāmī'ti pajānāti
ṭhito vā ṭhito'mhī'ti pajānāti
nisinno vā nisinno'mhī'ti pajānāti
sayāno vā sayāno'mhī'ti pajānāti
yathā yathā vā
pan'assa kāyo paṇihito hoti
tathā tathā naṃ pajānāti.

뿌나 짜 빠람 빅카붸 빅쿠
갓찬또 봐 갓차미 띠 빠자나띠
티또 봐 티똠히 띠 빠자나띠
니씬노 봐 니씬놈히 띠 빠자나띠
싸야노 봐 싸야놈히 띠 빠자나띠
야타 야타 봐
빠낫싸 까요 빠니히또 호띠
따타 따타 남 빠자나띠.

또한 수행승들이여, 수행승이
걸어가면 걸어간다고 분명히 알거나
서있으면 서있다고 분명히 알거나
앉아있다면 앉아있다고 분명히 알거나
누워있다면 누워있다고 분명히 알거나

신체적으로 어떠한 자세를 취하든지
그 자세를 그대로 분명히 아느니라.

12. iti ajjhattaṃ vā kāye	이띠 앗잣땅 봐 까예
kāyânupassī viharati	까야 아누빳씨 뷔하라띠
bahiddhā vā kāye	바힛다 봐 까예
kāyânupassī viharati	까야 아누빳씨 뷔하라띠
ajjhatta-bahiddhā vā	앗잣따 바힛다 봐
kāye kāyânupassī viharati.	까야 아누빳씨 뷔하라띠.

이와 같은 방식으로 그는
몸에 대해 몸을 안으로 관찰하거나
몸에 대해 몸을 밖으로 관찰하거나
몸에 대해 몸을 안팎으로 관찰하느니라.

13. samudaya-dhammânupassī vā	싸무다야 담마 아누빳씨 봐
kāyasmiṃ viharati	까야쓰밍 뷔하라띠
vaya-dhammânupassī vā	봐야 담마 아누빳씨 봐
kāyasmiṃ viharati	까야쓰밍 뷔하라띠
samudaya-vaya-dhammânupassī vā	싸무다야 봐야 담마 아누빳씨 봐
kāyasmiṃ viharati.	까야쓰밍 뷔하라띠.

또는 몸에 대해 생성의 현상을 관찰하거나
몸에 대해 소멸의 현상을 관찰하거나
몸에 대해 생멸의 현상을 관찰하느니라.

14. atthi kāyo'ti vā pan'assa sati	앗티 까요 띠 봐 빠낫싸 싸띠
paccupaṭṭhitā hoti yāvad eva	빳쭈빳티따 호띠 야봐드 에봐
ñāṇa-mattāya paṭissati-mattāya	냐나 맛따야 빠띳싸띠 맛따야
anissito ca viharati	아닛씨또 짜 뷔하라띠

na ca kiñci loke upādiyati. 나 짜 낀찌 로께 우빠디야띠.

순수한 앎과 순수한 새김이 있는 만큼
'몸이 있다.'라는 새김을 이루고
세상의 어느 것에도 의존하지 않고
세상의 어느 것에도 집착하지 않느니라.

15. evam pi kho bhikkhave bhikkhu kāye kāyânupassī viharati. 에밤 삐 코 빅카붸 빅쿠 까예 까야 아누빳씨 뷔하라띠.

수행승들이여, 수행승은
이와 같이 몸에 대해 몸을 관찰하느니라.

4) Kāyânupassanā : sampajāna-pabbaṃ
까야 아누빳싸나 : 쌈빠자나 빱밤

「몸에 대한 명상 : 알아차림」을 송출하오니

16. puna ca paraṃ bhikkhave bhikkhu. 뿌나 짜 빠람 빅카붸 빅쿠.

또한 수행승들이여, 수행승은

1) abhikkante paṭikkante sampajāna-kārī hoti. 아빅깐떼 빠띡깐떼 쌈빠자나 까리 호띠.

나아가고 돌아오는 것에 대해
올바로 알아차리고,

2) ālokite vilokite sampajāna-kārī hoti. 알로끼떼 뷜로끼떼 쌈빠자나 까리 호띠.

앞을 보고 뒤를 보는 것에 대해
올바로 알아차리고,

3) samiñjite pasārite	싸민지떼 빠싸리떼
sampajāna-kārī hoti.	쌈빠자나 까리 호띠.

굽히고 펴는 것에 대해
올바로 알아차리고,

4) saṅghāṭi-patta-cīvara-dhāraṇe	쌍가띠 빳따 찌봐라 다라네
sampajāna-kārī hoti.	쌈빠자나 까리 호띠.

가사·발우·옷을 수하는 것에 대해
올바로 알아차리고,

5) asite pīte khāyite sāyite	아씨떼 삐떼 카위떼 싸위떼
sampajāna-kārī hoti.	쌈빠자나 까리 호띠.

먹고 마시고 소화하고 맛보는 것에 대해
올바로 알아차리고,

6) uccāra-passāva-kamme	웃짜라 빳싸봐 깜메
sampajāna-kārī hoti.	쌈빠자나 까리 호띠.

대변보고 소변보는 것에 대해
올바로 알아차리고,

7) gate ṭhite nisinne	가떼 티떼 니씬네
sutte jāgarite	숫떼 자가리떼
bhāsite tuṇhī-bhāve	바씨떼 뚠히 바붸
sampajāna-kārī hoti.	쌈빠자나 까리 호띠.

가고 서고 앉고
잠들고 깨어 있고
말하는 것과 침묵하는 것에 대해
올바로 알아차리느니라.

17. iti ajjhattaṃ vā kāye	이띠 앗잣땅 봐 까예
kāyânupassī viharati	까야 아누빳씨 뷔하라띠
bahiddhā vā kāye	바힛다 봐 까예
kāyânupassī viharati	까야 아누빳씨 뷔하라띠
ajjhatta-bahiddhā vā kāye	앗잣따 바힛다 봐 까예
kāyânupassī viharati.	까야 아누빳씨 뷔하라띠.

이와 같은 방식으로 그는
몸에 대해 몸을 안으로 관찰하거나
몸에 대해 몸을 밖으로 관찰하거나
몸에 대해 몸을 안팎으로 관찰하느니라.

18. samudaya-dhammânupassī vā	싸무다야 담마 아누빳씨 봐
kāyasmiṃ viharati	까야쓰밍 뷔하라띠
vaya-dhammânupassī vā	봐야 담마 아누빳씨 봐
kāyasmiṃ viharati	까야쓰밍 뷔하라띠
samudaya-vaya-dhammânupassī vā	싸무다야 봐야 담마 아누빳씨 봐
kāyasmiṃ viharati.	까야쓰밍 뷔하라띠.

또는 몸에 대해 생성의 현상을 관찰하거나
몸에 대해 소멸의 현상을 관찰하거나
몸에 대해 생멸의 현상을 관찰하느니라.

19. atthi kāyo'ti vā pan'assa sati	앗티 까요 띠 봐 빠낫싸 싸띠

paccupaṭṭhitā hoti yāvad eva	빳쭈빳티따 호띠 야봐드 에봐
ñāṇa-mattāya paṭissati-mattāya	냐나 맛따야 빠띳싸띠 맛따야
anissito ca viharati	아닛씨또 짜 뷔하라띠
na ca kiñci loke upādiyati	나 짜 낀찌 로께 우빠디야띠

순수한 앎과 순수한 새김이 있는 만큼
'몸이 있다.'라는 새김을 이루고
세상의 어느 것에도 의존하지 않고
세상의 어느 것에도 집착하지 않느니라.

20. evam pi kho bhikkhave bhikkhu	에봠 삐 코 빅카붸 빅쿠
kāye kāyânupassī viharati.	까예 까야 아누빳씨 뷔하라띠.

수행승들이여, 수행승은
이와 같이 몸에 대해 몸을 관찰하느니라.

5) Kāyânupassanā : paṭikūla-manasikāra-pabbaṃ
까야 아누빳싸나 : 빠띠꿀라 마나씨까라 빱밤

「몸에 대한 명상 : 구성관찰厭逆作意」을 송출하오니

21. puna ca paraṃ bhikkhave bhikkhu	뿌나 바 빠람 뷔카붸 빅쿠
imam eva kāyaṃ uddhaṃ pāda-talā	이맘 에봐 까얌 웃담 빠다 딸라
adho kesa-matthakā taca-pariyantaṃ	아도 께싸 맛타까 따짜 빠리얀땀
pūraṃ nāna-ppakārassa	뿌란 나납 빠까랏싸
asucino paccavekkhati.	아쑤찌노 빳짜붹카띠.

또한 수행승들이여, 수행승은
발가락 위에서부터 머리꼭대기 아래에 이르고
피부의 표피에 이르기까지

여러 가지의 오물로 가득한 것으로
개별적으로 관찰하느니라.

22. atthi imasmiṃ kāye. 앗티 이마쓰밍 까예.

이러한 몸에는

1) kesā lomā 께싸 로마
nakhā dantā taco. 나카 단따 따쪼.

머리카락, 몸털, 손발톱, 이빨, 피부

2) maṃsaṃ nahāru 망싼 나하루
aṭṭhī aṭṭhimiñjā vakkaṃ. 앗티 앗티민자 봑깡.

살, 근육, 뼈, 골수, 신장

3) hadayaṃ yakanaṃ 하다양 야까낭
kilomakaṃ pihakaṃ papphāsaṃ. 낄로마깜 삐하깜 빱파쌈.

심장, 간장, 늑막, 비장, 폐

4) antaṃ antaguṇaṃ 안땀 안따구남
udariyaṃ karīsaṃ matthaluṅgaṃ. 우다리양 까리쌈 맛타룽감.

창자, 장간막, 위장, 배설물, 뇌수

5) pittaṃ semhaṃ pubbo 삣땅 쎔함 뿝보
lohitaṃ sedo medo. 로히땅 쎄도 메도.

담즙, 가래, 고름, 피, 땀, 지방

6) assu vasā kheḷo 앗쑤 봐싸 켈로
siṅghānikā lasikā muttaṃ. 씽가니까 라씨까 뭇땀.

눈물, 임파액, 침, 점액, 관절액, 오줌이 있느니라.

23. seyyathā pi bhikkhave	쎄이야타 삐 빅카웨
ubhato-mukhā putoḷi pūrā	우바또 무카 뿌똘리 뿌라
nānā-vihitassa dhaññassa	나나 뷔히땃싸 단냣싸
seyyath'idaṃ sālīnaṃ vīhīnaṃ muggānaṃ	쎄이야티당 쌀리낭 뷔히남 묵가남
māsānaṃ tilānaṃ taṇḍulānaṃ	마싸난 띨라난 딴둘라난
tam enaṃ cakkhumā	땀 에난 짝쿠마
puriso muñcitvā paccavekkheyya	뿌리쏘 문찌뜨와 빳짜웩케이야
ime sālī ime vīhī ime muggā	이메 쌀리 이메 뷔히 이메 묵가
ime māsā ime tilā ime taṇḍulā'ti.	이메 마싸 이메 띨라 이메 딴둘라 띠.

예를 들어, 수행승들이여,
양쪽 입구로 육도陸稻, **적미**赤米, **강낭콩, 완두콩**
기장, 백미와 같은 여러 종류의 곡식으로
가득 채운 푸대 자루가 있는데
그것을 열어서 사람이 눈으로
'이것은 육도, 이것은 적미, 이것은 강낭콩
이것은 완두콩, 이것은 기장
이것은 백미이다.'라고 개별적으로 관찰하느니라.

24. evam eva kho bhikkhave bhikkhu	에밤 에봐 코 빅카웨 빅쿠
imam eva kāyaṃ uddhaṃ pāda-talā	이맘 에봐 까얌 웃담 빠다 딸라
adho kesa-matthakā taca-pariyantaṃ	아도 께싸 맛타까 따짜 빠리얀땀
pūraṃ nāna-ppakārassa	뿌란 나납 빠까랏싸
asucino paccavekkhati.	아쑤찌노 빳짜웩카띠.

수행승은 이 몸을 이와 같이

발가락 위에서부터 머리카락 아래에 이르고
피부의 표피에 이르기까지
여러 가지의 오물로 가득한 것으로
개별적으로 관찰하느니라.

25. atthi imasmiṃ kāye. 앗티 이마쓰밍 까예.

이러한 몸에는

1) kesā lomā 께싸 로마
nakhā dantā taco. 나카 단따 따쪼.

머리카락, 몸털, 손발톱, 이빨, 피부

2) maṃsaṃ nahāru 망싼 나하루
aṭṭhī aṭṭhimiñjā vakkaṃ. 앗티 앗티민자 봑깡.

살, 근육, 뼈, 골수, 신장

3) hadayaṃ yakanaṃ 하다양 야까낭
kilomakaṃ pihakaṃ papphāsaṃ. 낄로마깜 삐하깜 빱파쌈.

심장, 간장, 늑막, 비장, 폐

4) antaṃ antaguṇaṃ 안땀 안따구남
udariyaṃ karīsaṃ matthaluṅgaṃ. 우다리양 까리쌈 맛타룽감.

창자, 장간막, 위장, 배설물, 뇌수

5) pittaṃ semhaṃ pubbo 삣땅 쎔함 뿝보
lohitaṃ sedo medo. 로히땅 쎄도 메도.

담즙, 가래, 고름, 피, 땀, 지방

6) assu vasā kheḷo 앗쑤 봐싸 켈로
siṅghānikā lasikā muttaṃ. 씽가니까 라씨까 뭇땀.

눈물, 임파액, 침, 점액, 관절액, 오줌이 있느니라.

26. iti ajjhattaṃ vā kāye 이띠 앗잣땅 봐 까예
kāyânupassī viharati 까야 아누빳씨 뷔하라띠
bahiddhā vā kāye 바힛다 봐 까예
kāyânupassī viharati 까야 아누빳씨 뷔하라띠
ajjhatta-bahiddhā vā kāye 앗잣따 바힛다 봐 까예
kāyânupassī viharati. 까야 아누빳씨 뷔하라띠.

이와 같은 방식으로 그는
몸에 대해 몸을 안으로 관찰하거나
몸에 대해 몸을 밖으로 관찰하거나
몸에 대해 몸을 안팎으로 관찰하느니라.

27. samudaya-dhammânupassī vā 싸무다야 담마 아누빳씨 봐
kāyasmiṃ viharati 까야쓰밍 뷔하라띠
vaya-dhammânupassī vā 봐야 담마 아누빳씨 봐
kāyasmiṃ viharati 까야쓰밍 뷔하라띠
samudaya-vaya-dhammânupassī vā 싸무다야 봐야 담마 아누빳씨 봐
kāyasmiṃ viharati. 까야쓰밍 뷔하라띠.

또는 몸에 대해 생성의 현상을 관찰하거나
몸에 대해 소멸의 현상을 관찰하거나
몸에 대해 생멸의 현상을 관찰하느니라.

28. atthi kāyo'ti vā pan'assa sati 앗티 까요 띠 봐 빠낫싸 싸띠
paccupaṭṭhitā hoti yāvad eva 빳쭈빳티따 호띠 야봐드 에봐

ñāṇa-mattāya paṭissati-mattāya 냐나 맛따야 빠띳싸띠 맛따야
anissito ca viharati 아닛씨또 짜 뷔하라띠
na ca kiñci loke upādiyati. 나 짜 낀찌 로께 우빠디야띠.

순수한 앎과 순수한 새김이 있는 만큼
'몸이 있다.'라는 새김을 이루고
세상의 어느 것에도 의존하지 않고
세상의 어느 것에도 집착하지 않느니라.

29. evam pi kho bhikkhave bhikkhu 에봠 삐 코 빅카붸 빅쿠
kāye kāyânupassī viharati. 까예 까야 아누빳씨 뷔하라띠.

수행승들이여, 수행승은
이와 같이 몸에 대해 몸을 관찰하느니라.

6) Kāyânupassanā : dhātumanasikāra-pabbaṃ
까야 아누빳싸나 : 다뚜 마나씨까라 빱밤

「몸에 대한 명상 : 세계관찰世界作意」를 송출하오니

30. puna ca paraṃ bhikkhave bhikkhu 뿌나 짜 빠람 빅카붸 빅쿠
imam eva kāyaṃ yathā-ṭhitaṃ 이맘 에봐 까양 야타 티땅
yathā-paṇihitaṃ dhātuso paccavekkhati 야타 빠니히딴 다뚜쏘 빳짜붹카띠
atthi imasmiṃ kāye 앗티 이마쓰밍 까예
pathavī-dhātu āpo-dhātu 빠타뷔 다뚜 아뽀 다뚜
tejo-dhātu vāyo-dhātū'ti. 떼조 다뚜 봐요 다뚜 띠.

또한 수행승들이여, 수행승은 이 몸을
세계로서 확립되고 구성된 대로 개별적으로

'이 몸속에는
땅의 세계, 물의 세계, 불의 세계,
바람의 세계가 있다.'라고 관찰하느니라.

31. seyyathā pi bhikkhave dakkho
goghātako vā goghātak'antevāsī vā
gāviṃ vadhitvā catu-mahā-pathe
bilaso vibhajitvā nisinno assa.

쎄이야타 삐 빅카붸 닥코
고가따꼬 봐 고가따깐떼봐씨 봐
가뷩 봐디뜨와 짜뚜 마하 빠테
빌라쏘 뷔바지뜨와 니씬노 앗싸.

예를 들어, 수행승들이여,
숙련된 도축업자나 그의 도제가
소를 도살하여 사거리에서
고깃조각으로 나누어 놓고, 앉아 있듯,

32. evam eva kho bhikkhave bhikkhu
imam eva kāyaṃ yathā-ṭhitaṃ
yathā-paṇihitaṃ dhātuso paccavekkhati
'atthi imasmiṃ kāye pathavī-dhātu
āpo-dhātu tejo-dhātu vāyo-dhātū'ti.

에봠 에봐 코 빅카붸 빅쿠
이맘 에봐 까양 야타 티당
야타 빠니히딴 다뚜쏘 빳짜붹카띠
앗티 이마쓰밍 까예 빠타뷔 다뚜
아뽀 다뚜 떼조 다뚜 바요 다뚜 띠.

수행승들이여, 수행승은 이와 같이 이 몸을
세계로서 확립되고 구성된 대로 개별적으로
'이 몸속에는 땅의 세계, 물의 세계, 불의 세계,
바람의 세계가 있다.'라고 관찰하느니라.

33. iti ajjhattaṃ vā kāye
kāyânupassī viharati
bahiddhā vā kāye
kāyânupassī viharati.

이띠 앗잣땅 봐 까예
까야 아누빳씨 뷔하라띠
바힛다 봐 까예
까야 아누빳씨 뷔하라띠

ajjhatta-bahiddhā vā kāye 앗잣따 바힛다 봐 까예
kāyânupassī viharati. 까야 아누빳씨 뷔하라띠.

이와 같은 방식으로 그는
몸에 대해 몸을 안으로 관찰하거나
몸에 대해 몸을 밖으로 관찰하거나
몸에 대해 몸을 안팎으로 관찰하느니라.

34. samudaya-dhammânupassī vā 싸무다야 담마 아누빳씨 봐
kāyasmiṃ viharati 까야쓰밍 뷔하라띠
vaya-dhammânupassī vā 봐야 담마 아누빳씨 봐
kāyasmiṃ viharati 까야쓰밍 뷔하라띠
samudaya-vaya-dhammânupassī vā 싸무다야 봐야 담마 아누빳씨 봐
kāyasmiṃ viharati. 까야쓰밍 뷔하라띠.

또는 몸에 대해 생성의 현상을 관찰하거나
몸에 대해 소멸의 현상을 관찰하거나
몸에 대해 생멸의 현상을 관찰하느니라.

35. atthi kāyo'ti vā pan'assa sati 앗티 까요 띠 봐 빠낫싸 싸띠
paccupaṭṭhitā hoti yāvad eva 빳쭈빳티따 호띠 야봐드 에봐
ñāṇa-mattāya paṭissati-mattāya 냐나 맛따야 빠띳싸띠 맛따야
anissito ca viharati 아닛씨또 짜 뷔하라띠
na ca kiñci loke upādiyati. 나 짜 낀찌 로께 우빠디야띠.

순수한 앎과 순수한 새김이 있는 만큼
'몸이 있다.'라는 새김을 이루고
세상의 어느 것에도 의존하지 않고
세상의 어느 것에도 집착하지 않느니라.

36. evam pi kho bhikkhave bhikkhu
kāye kāyânupassī viharati.

에봠 삐 코 빅카붸 빅쿠
까예 까야 아누빳씨 뷔하라띠.

수행승들이여, 수행승은
이와 같이 몸에 대해 몸을 관찰하느니라.

7) Kāyânupassanā : nava-sīvathikapabbaṃ
까야 아누빳싸나 : 나봐 씨봐티까 빱밤

「몸에 대한 명상 : 사체관찰九種塚間」를 송출하오니

37. puna ca paraṃ bhikkhave bhikkhu
seyyathā pi passeyya sarīraṃ
sivathikāya chaḍḍitaṃ ekāha-mataṃ vā
dvīha-mataṃ vā tīha-mataṃ vā
uddhumātakaṃ vinīlakaṃ vipubbakajātaṃ.

뿌나 짜 빠람 빅카붸 빅쿠
쎄이야타 삐 빳쎄이야 싸리랑
씨봐티까야 찻디땀 에까하 마땅 봐
드뷔하 마땅 봐 띠하 마땅 봐
웃두마따깡 뷔니라깡 뷔뿝바까자땀.

또한 수행승들이여, 수행승은
묘지에 던져져, 하루나 이틀이나 사흘이나
나흘이 지나 부풀어 오르고 푸르게 멍들고
고름이 흘러나오는 사체를 보듯,

so imam eva kāyaṃ upasaṃharati
ayam pi kho kāyo evaṃ-dhammo
evaṃ-bhāvī evaṃ-anatīto'ti.

쏘 이맘 에봐 까얌 우빠쌍하라띠
아얌 삐 코 까요 에봔 담모
에봠 바뷔 에봠 아나띠또 띠.

이 몸에 대하여 이와 같이
'이 몸도 이와 같은 성질을 가지고 있고
이와 같은 존재가 되고 이와 같은 상태를

벗어나지 못할 것이다.'라고 관찰하느니라.

38. iti ajjhattaṃ vā kāye
kāyânupassī viharati
bahiddhā vā kāye
kāyânupassī viharati
ajjhatta-bahiddhā vā kāye
kāyânupassī viharati.

이띠 앗잣땅 와 까예
까야 아누빳씨 뷔하라띠
바힛다 와 까예
까야 아누빳씨 뷔하라띠
앗잣따 바힛다 와 까예
까야 아누빳씨 뷔하라띠.

이와 같은 방식으로 그는
몸에 대해 몸을 안으로 관찰하거나
몸에 대해 몸을 밖으로 관찰하거나
몸에 대해 몸을 안팎으로 관찰하느니라.

39. samudaya-dhammânupassī vā
kāyasmiṃ viharati
vaya-dhammânupassī vā
kāyasmiṃ viharati
samudaya-vaya-dhammânupassī vā
kāyasmiṃ viharati.

싸무다야 담마 아누빳씨 와
까야쓰밍 뷔하라띠
와야 담마 아누빳씨 와
까야쓰밍 뷔하라띠
싸무다야 와야 담마 아누빳씨 와
까야쓰밍 뷔하라띠.

또는 몸에 대해 생성의 현상을 관찰하거나
몸에 대해 소멸의 현상을 관찰하거나
몸에 대해 생멸의 현상을 관찰하느니라.

40. atthi kāyo'ti vā pan'assa sati
paccupaṭṭhitā hoti yāvad eva
ñāṇa-mattāya paṭissati-mattāya
anissito ca viharati
na ca kiñci loke upādiyati.

앗티 까요 띠 와 빠낫싸 싸띠
빳쭈빳티따 호띠 야와드 에와
냐나 맛따야 빠띳싸띠 맛따야
아닛씨또 짜 뷔하라띠
나 짜 낀찌 로께 우빠디야띠.

순수한 앎과 순수한 새김이 있는 만큼
'몸이 있다.'라는 새김을 이루고
세상의 어느 것에도 의존하지 않고
세상의 어느 것에도 집착하지 않느니라.

evam pi kho bhikkhave bhikkhu	에봠 삐 코 빅카붸 빅쿠
kāye kāyânupassī viharati.	까예 까야 아누빳씨 뷔하라띠.

수행승들이여, 수행승은
이와 같이 몸에 대해 몸을 관찰하느니라.

41. puna ca paraṃ bhikkhave bhikkhu	뿌나 짜 빠람 빅카붸 빅쿠
seyyathā pi passeyya sarīraṃ	쎄이야타 삐 빳쎄이야 싸리랑
sivathikāya chaḍḍitaṃ	씨봐티까야 찻디땅
kākehi vā khajjamānaṃ	까께히 봐 캇자마낭
kulalehi vā khajjamānaṃ	꿀랄레히 봐 캇자마낭
gijjhehi vā khajjamānaṃ	깃제히 봐 캇자마낭
kaṅkehi vā khajjamānaṃ	깡께히 봐 캇자마낭
sunakhehi vā khajjamānaṃ	쑤나케히 봐 캇자마남
byagghehi vā khajjamānaṃ	비약게히 봐 캇자마난
dīpīhi vā khajjamānaṃ	디삐히 봐 캇자마낭
siṅgālehi vā khajjamānaṃ	씽갈레히 봐 캇자마낭
vividhehi vā pāṇakajātehi khajjamānaṃ.	뷔뷔데히 봐 빠나까자떼히 캇자마낭.

또한 수행승들이여, 수행승은
묘지에 던져져, 까마귀에 먹히고
매에게 먹히고 독수리에 먹히고
개에게 먹히고 승냥이에게 먹히고
여러 가지 벌레에게 먹히는 사체를 보듯,

so imam eva kāyaṃ upasaṃharati
ayam pi kho kāyo evaṃ-dhammo
evaṃ-bhāvī evaṃ-anatīto'ti.

쏘 이맘 에봐 까얌 우빠쌍하라띠
아얌 삐 코 까요 에봔 담모
에봠 바뷔 에봠 아나띠또 띠.

이 몸에 대하여 이와 같이
'이 몸도 이와 같은 성질을 가지고 있고
이와 같은 존재가 되고 이와 같은 상태를
벗어나지 못할 것이다.'라고 관찰하느니라.

42. iti ajjhattaṃ vā kāye
kāyânupassī viharati
bahiddhā vā kāye
kāyânupassī viharati
ajjhatta-bahiddhā vā kāye
kāyânupassī viharati.

이띠 앗잣땅 봐 까예
까야 아누빳씨 뷔하라띠
바힛다 봐 까예
까야 아누빳씨 뷔하라띠
앗잣따 바힛다 봐 까예
까야 아누빳씨 뷔하라띠.

이와 같은 방식으로 그는
몸에 대해 몸을 안으로 관찰하거나
몸에 대해 몸을 밖으로 관찰하거나
몸에 대해 몸을 안팎으로 관찰하느니라.

43. samudaya-dhammânupassī vā
kāyasmiṃ viharati
vaya-dhammânupassī vā
kāyasmiṃ viharati
samudaya-vaya-dhammânupassī vā
kāyasmiṃ viharati.

싸무다야 담마 아누빳씨 봐
까야쓰밍 뷔하라띠
봐야 담마 아누빳씨 봐
까야쓰밍 뷔하라띠
싸무다야 봐야 담마 아누빳씨 봐
까야쓰밍 뷔하라띠.

또는 몸에 대해 생성의 현상을 관찰하거나
몸에 대해 소멸의 현상을 관찰하거나

몸에 대해 생멸의 현상을 관찰하느니라.

44. atthi kāyo'ti vā pan'assa sati	앗티 까요 띠 봐 빠낫싸 싸띠
paccupaṭṭhitā hoti yāvad eva	빳쭈빳티따 호띠 야봐드 에봐
ñāṇa-mattāya paṭissati-mattāya	냐나 맛따야 빠띳싸띠 맛따야
anissito ca viharati	아닛씨또 짜 뷔하라띠
na ca kiñci loke upādiyati	나 짜 낀찌 로께 우빠디야띠
evam pi kho bhikkhave bhikkhu	에봠 삐 코 빅카붸 빅쿠
kāye kāyânupassī viharati.	까예 까야 아누빳씨 뷔하라띠.

순수한 앎과 순수한 새김이 있는 만큼
'몸이 있다.'라는 새김을 이루고
세상의 어느 것에도 의존하지 않고
세상의 어느 것에도 집착하지 않느니라.
수행승들이여, 수행승은
이와 같이 몸에 대해 몸을 관찰하느니라.

45. puna ca paraṃ bhikkhave bhikkhu	뿌나 짜 빠람 빅카붸 빅쿠
seyyathā pi passeyya sarīraṃ	쎄이야타 삐 빳쎄이야 싸리랑
sivathikāya chaḍḍitaṃ	씨봐티까야 찻디땀
aṭṭhika-saṅkhalikaṃ sa-maṃsa-lohitaṃ	앗티까 쌍칼리깡 싸 망쌀 로히딴
nahāru-sambandhaṃ.	나하루 쌈반당.

또한 수행승들이여, 수행승은
묘지에 던져져, 아직 살점과 피가 묻은
힘줄로 연결된 해골로 이루어진 사체를 보듯,

so imam eva kāyaṃ upasaṃharati	쏘 이맘 에봐 까얌 우빠쌍하라띠
ayam pi kho kāyo evaṃ-dhammo	아얌 삐 코 까요 에봔 담모
evaṃ-bhāvī evaṃ-anatīto'ti.	에봠 바뷔 에봠 아나띠또 띠.

이 몸에 대하여 이와 같이
'이 몸도 이와 같은 성질을 가지고 있고
이와 같은 존재가 되고 이와 같은 상태를
벗어나지 못할 것이다.'라고 관찰하느니라.

46. iti ajjhattaṃ vā kāye	이띠 앗잣땅 봐 까예
kāyânupassī viharati	까야 아누빳씨 뷔하라띠
bahiddhā vā kāye	바힛다 봐 까예
kāyânupassī viharati	까야 아누빳씨 뷔하라띠
ajjhatta-bahiddhā vā kāye	앗잣따 바힛다 봐 까예
kāyânupassī viharati.	까야 아누빳씨 뷔하라띠.

이와 같은 방식으로 그는
몸에 대해 몸을 안으로 관찰하거나
몸에 대해 몸을 밖으로 관찰하거나
몸에 대해 몸을 안팎으로 관찰하느니라.

47. samudaya-dhammânupassī vā	싸무다야 담마 아누빳씨 봐
kāyasmiṃ viharati	까야쓰밍 뷔하라띠
vaya-dhammânupassī vā	봐야 담마 아누빳씨 봐
kāyasmiṃ viharati	까야쓰밍 뷔하라띠
samudaya-vaya-dhammânupassī vā	싸무다야 봐야 담마 아누빳씨 봐
kāyasmiṃ viharati.	까야쓰밍 뷔하라띠.

또는 몸에 대해 생성의 현상을 관찰하거나
몸에 대해 소멸의 현상을 관찰하거나
몸에 대해 생멸의 현상을 관찰하느니라.

48. atthi kāyo'ti vā pan'assa sati	앗티 까요 띠 봐 빠낫싸 싸띠

paccupaṭṭhitā hoti yāvad eva	빳쭈빳티따 호띠 야봐드 에봐
ñāṇa-mattāya paṭissati-mattāya	냐나 맛따야 빠띳싸띠 맛따야
anissito ca viharati	아닛씨또 짜 뷔하라띠
na ca kiñci loke upādiyati.	나 짜 낀찌 로께 우빠디야띠.

순수한 앎과 순수한 새김이 있는 만큼
'몸이 있다.'라는 새김을 이루고
세상의 어느 것에도 의존하지 않고
세상의 어느 것에도 집착하지 않느니라.

evam pi kho bhikkhave bhikkhu	에봠 삐 코 빅카붸 빅쿠
kāye kāyânupassī viharati.	까예 까야 아누빳씨 뷔하라띠.

수행승들이여, 수행승은
이와 같이 몸에 대해 몸을 관찰하느니라.

49. puna ca paraṃ bhikkhave bhikkhu	뿌나 짜 빠람 빅카붸 빅쿠
seyyathā pi passeyya sarīraṃ	쎄이야타 삐 빳쎄이야 싸리랑
sivathikāya chaḍḍitaṃ	씨봐티까야 찻디땀
aṭṭhika-saṅkhalikaṃ	앗티까 쌍칼리깐
ni-maṃsa-lohita-makkhitaṃ	니 망쌀 로히따 막키딴
nahāru-sambandhaṃ.	나하루 쌈반당.

또한 수행승들이여, 수행승은
묘지에 던져져, 살점은 없지만 피가 묻은
힘줄로 연결된 해골로 이루어진 사체를 보듯,

so imam eva kāyaṃ upasaṃharati	쏘 이맘 에봐 까얌 우빠쌍하라띠
ayam pi kho kāyo evaṃ-dhammo	아얌 삐 코 까요 에봔 담모
evaṃ-bhāvī evaṃ-anatīto'ti.	에봠 바뷔 에봠 아나띠또 띠.

이 몸에 대하여 이와 같이
'이 몸도 이와 같은 성질을 가지고 있고
이와 같은 존재가 되고 이와 같은 상태를
벗어나지 못할 것이다.'라고 관찰하느니라.

50. iti ajjhattaṃ vā kāye	이띠 앗잣땅 봐 까예
kāyânupassī viharati	까야 아누빳씨 뷔하라띠
bahiddhā vā kāye	바힛다 봐 까예
kāyânupassī viharati	까야 아누빳씨 뷔하라띠
ajjhatta-bahiddhā vā kāye	앗잣따 바힛다 봐 까예
kāyânupassī viharati.	까야 아누빳씨 뷔하라띠.

이와 같은 방식으로 그는
몸에 대해 몸을 안으로 관찰하거나
몸에 대해 몸을 밖으로 관찰하거나
몸에 대해 몸을 안팎으로 관찰하느니라.

51. samudaya-dhammânupassī vā	싸무다야 담마 아누빳씨 봐
kāyasmiṃ viharati	까야쓰밍 뷔하라띠
vaya-dhammânupassī vā	봐야 담마 아누빳씨 봐
kāyasmiṃ viharati	까야쓰밍 뷔하라띠
samudaya-vaya-dhammânupassī vā	싸무다야 봐야 담마 아누빳씨 봐
kāyasmiṃ viharati.	까야쓰밍 뷔하라띠.

또는 몸에 대해 생성의 현상을 관찰하거나
몸에 대해 소멸의 현상을 관찰하거나
몸에 대해 생멸의 현상을 관찰하느니라.

52. atthi kāyo'ti vā pan'assa sati	앗티 까요 띠 봐 빠낫싸 싸띠

paccupaṭṭhitā hoti yāvad eva
ñāṇa-mattāya paṭissati-mattāya
anissito ca viharati
na ca kiñci loke upādiyati

빳쭈빳티따 호띠 야봐드 에봐
냐나 맛따야 빠띳싸띠 맛따야
아닛씨또 짜 뷔하라띠
나 짜 낀찌 로께 우빠디야띠

순수한 앎과 순수한 새김이 있는 만큼
'몸이 있다.'라는 새김을 이루고
세상의 어느 것에도 의존하지 않고
세상의 어느 것에도 집착하지 않느니라.

evam pi kho bhikkhave bhikkhu
kāye kāyânupassī viharati.

에봠 삐 코 빅카붸 빅쿠
까예 까야 아누빳씨 뷔하라띠.

수행승들이여, 수행승은
이와 같이 몸에 대해 몸을 관찰하느니라.

53. puna ca paraṃ bhikkhave bhikkhu
seyyathā pi passeyya sarīraṃ
sivathikāya chaḍḍitaṃ
aṭṭhika-saṅkhalikaṃ apagata-maṃsa
-lohitaṃ nahāru-sambandhaṃ.

뿌나 짜 빠람 빅카붸 빅쿠
쎄이야타 삐 빳쎄이야 싸리랑
씨봐티까야 찻디땀
앗티까 쌍칼리깜 아빠가따 망쌀
로히땀 나하루 쌈반당.

또한 수행승들이여, 수행승은
묘지에 던져져, 살점도 없고 피도 없는
힘줄로 연결된 해골로 이루어진 사체를 보듯,

so imam eva kāyaṃ upasaṃharati
ayam pi kho kāyo evaṃ-dhammo
evaṃ-bhāvī evaṃ-anatīto'ti.

쏘 이맘 에봐 까얌 우빠쌍하라띠
아얌 삐 코 까요 에봔 담모
에봠 바뷔 에봠 아나띠또 띠.

이 몸에 대하여 이와 같이

'이 몸도 이와 같은 성질을 가지고 있고
이와 같은 존재가 되고 이와 같은 상태를
벗어나지 못할 것이다.'라고 관찰하느니라.

54. iti ajjhattaṃ vā kāye
kāyânupassī viharati
bahiddhā vā kāye
kāyânupassī viharati
ajjhatta-bahiddhā vā kāye
kāyânupassī viharati.

이띠 앗잣땅 봐 까예
까야 아누빳씨 뷔하라띠
바힛다 봐 까예
까야 아누빳씨 뷔하라띠
앗잣따 바힛다 봐 까예
까야 아누빳씨 뷔하라띠.

이와 같은 방식으로 그는
몸에 대해 몸을 안으로 관찰하거나
몸에 대해 몸을 밖으로 관찰하거나
몸에 대해 몸을 안팎으로 관찰하느니라.

55. samudaya-dhammânupassī vā
kāyasmiṃ viharati
vaya-dhammânupassī vā
kāyasmiṃ viharati
samudaya-vaya-dhammânupassī vā
kāyasmiṃ viharati.

싸무다야 담마 아누빳씨 봐
까야쓰밍 뷔하라띠
봐야 담마 아누빳씨 봐
까야쓰밍 뷔하라띠
싸무다야 봐야 담마 아누빳씨 봐
까야쓰밍 뷔하라띠.

또는 몸에 대해 생성의 현상을 관찰하거나
몸에 대해 소멸의 현상을 관찰하거나
몸에 대해 생멸의 현상을 관찰하느니라.

56. atthi kāyo'ti vā pan'assa sati
paccupaṭṭhitā hoti yāvad eva
ñāṇa-mattāya paṭissati-mattāya

앗티 까요 띠 봐 빠낫싸 싸띠
빳쭈빳티따 호띠 야봐드 에봐
냐나 맛따야 빠띳싸띠 맛따야

anissito ca viharati 아닛씨또 짜 뷔하라띠
na ca kiñci loke upādiyati 나 짜 낀찌 로께 우빠디야띠

순수한 앎과 순수한 새김이 있는 만큼
'몸이 있다.'라는 새김을 이루고
세상의 어느 것에도 의존하지 않고
세상의 어느 것에도 집착하지 않느니라.

evam pi kho bhikkhave bhikkhu 에밤 삐 코 빅카붸 빅쿠
kāye kāyânupassī viharati. 까예 까야 아누빳씨 뷔하라띠.

수행승들이여, 수행승은
이와 같이 몸에 대해 몸을 관찰하느니라.

57. puna ca paraṃ bhikkhave bhikkhu 뿌나 짜 빠람 빅카붸 빅쿠
seyyathā pi passeyya sarīraṃ 쎄이야타 삐 빳쎄이야 싸리랑
sivathikāya chaḍḍitaṃ 씨봐티까야 찻디땀
aṭṭhikāni apagata-sambandhāni 앗티까니 아빠가따 쌈반다니
disā vidisā vikkhittāni 디싸 뷔디싸 뷐킷따니
aññena hattha'ṭṭhikaṃ 안녜나 핫탓티깜
aññena pāda'ṭṭhikaṃ 안녜나 빠닷티깜
aññena gopphaka'ṭṭhikaṃ 안녜나 곱파깟티깜
aññena jaṅgha'ṭṭhikaṃ 안녜나 장갓티깜
aññena ūru'ṭṭhikaṃ 안녜나 우룻티깜
aññena kaṭi'ṭṭhikaṃ 안녜나 까띳티깜
aññena phāsuka'ṭṭhikaṃ 안녜나 파쑤깟티깜
aññena piṭṭhi'ṭṭhikaṃ 안녜나 삐띳티깜
aññena khandha'ṭṭhikaṃ 안녜나 칸닷티깜
aññena gīva'ṭṭhikaṃ 안녜나 기봣티깜
aññena hanuka'ṭṭhikaṃ 안녜나 하누깟티깜
aññena danta'ṭṭhikaṃ 안녜나 단땃티깜

aññena sīsa-kaṭāhaṃ. 안녠나 씨싸 까따함.

또한 수행승들이여, 수행승은
묘지에 던져져, 결합이 풀려 사방팔방으로
곧 어떤 곳에 손뼈, 어떤 곳에 발뼈
어떤 곳에 정강이뼈, 어떤 곳에 넓적다리뼈
어떤 곳에 골반뼈, 어떤 곳에 척추뼈
어떤 곳에 갈비뼈, 어떤 곳에 가슴뼈
어떤 곳에 팔뼈, 어떤 곳에 어깨뼈
어떤 곳에 목뼈, 어떤 곳에 턱뼈
어떤 곳에 이빨뼈, 어떤 곳에 두개골뼈가 흩어진
해골로 이루어진 사체를 보듯,

so imam eva kāyaṃ upasaṃharati 쏘 이맘 에봐 까얌 우빠쌍하라띠
ayam pi kho kāyo evaṃ-dhammo 아얌 삐 코 까요 에봠 담모
evaṃ-bhāvī evaṃ-anatīto'ti. 에봠 바뷔 에봠 아나띠또 띠.

이 몸에 대하여 이와 같이
'이 몸도 이와 같은 성질을 갖고 있고
이와 같은 존재가 되니 이와 같은 상태를
벗어나지 못할 것이다.'라고 관찰하느니라.

58. iti ajjhattaṃ vā kāye 이띠 앗잣땅 봐 까예
kāyânupassī viharati 까야 아누빳씨 뷔하라띠
bahiddhā vā kāye 바힛다 봐 까예
kāyânupassī viharati 까야 아누빳씨 뷔하라띠
ajjhatta-bahiddhā vā kāye 앗잣따 바힛다 봐 까예

kāyânupassī viharati. 까야 아누빳씨 뷔하라띠.

이와 같은 방식으로 그는
몸에 대해 몸을 안으로 관찰하거나
몸에 대해 몸을 밖으로 관찰하거나
몸에 대해 몸을 안팎으로 관찰하느니라.

59. samudaya-dhammânupassī vā 싸무다야 담마 아누빳씨 봐
kāyasmiṃ viharati 까야쓰밍 뷔하라띠
vaya-dhammânupassī vā 봐야 담마 아누빳씨 봐
kāyasmiṃ viharati 까야쓰밍 뷔하라띠
samudaya-vaya-dhammânupassī vā 싸무다야 봐야 담마 아누빳씨 봐
kāyasmiṃ viharati. 까야쓰밍 뷔하라띠.

또는 몸에 대해 생성의 현상을 관찰하거나
몸에 대해 소멸의 현상을 관찰하거나
몸에 대해 생멸의 현상을 관찰하느니라.

60. atthi kāyo'ti vā pan'assa sati 앗티 까요 띠 봐 빠낫싸 싸띠
paccupaṭṭhitā hoti yāvad eva 빳쭈빳티따 호띠 야봐드 에봐
ñāṇa-mattāya paṭissati-mattāya 냐나 맛따야 빠띳싸띠 맛따야
anissito ca viharati 아닛씨또 짜 뷔하라띠
na ca kiñci loke upādiyati. 나 짜 낀찌 로께 우빠디야띠.

순수한 앎과 순수한 새김이 있는 만큼
'몸이 있다.'라는 새김을 이루고
세상의 어느 것에도 의존하지 않고
세상의 어느 것에도 집착하지 않느니라.

evam pi kho bhikkhave bhikkhu 에봠 삐 코 빅카붸 빅쿠
kāye kāyânupassī viharati. 까예 까야 아누빳씨 뷔하라띠.

수행승들이여, 수행승은
이와 같이 몸에 대해 몸을 관찰하느니라.

61. puna ca paraṃ bhikkhave bhikkhu 뿌나 짜 빠람 빅카붸 빅쿠
seyyathā pi passeyya sarīraṃ 쎄이야타 삐 빳쎄이야 싸리랑
sivathikāya chaḍḍitaṃ 씨봐티까야 찻디땀
aṭṭhikāni setāni 앗티까니 쎄따니
saṅkha-vaṇṇa-paṭibhāgāni. 쌍카 봔나 빠띠바가니.

또한 수행승들이여, 수행승은
묘지에 던져져, 조개빛처럼 빛나는
흰 뼈들로 이루어진 사체를 보듯,

so imam eva kāyaṃ upasaṃharati 쏘 이맘 에봐 까얌 우빠쌍하라띠
ayam pi kho kāyo evaṃ-dhammo 아얌 삐 코 까요 에봔 담모
evaṃ-bhāvī evaṃ-anatīto'ti. 에봠 바뷔 에봠 아나띠또 띠.

이 몸에 대하여 이와 같이
'이 몸도 이와 같은 성질을 갖고 있고
이와 같은 존재가 되니 이와 같은 상태를
벗어나지 못할 것이다.'라고 관찰하느니라.

62. iti ajjhattaṃ vā kāye 이띠 앗잣땅 봐 까예
kāyânupassī viharati 까야 아누빳씨 뷔하라띠
bahiddhā vā kāye 바힛다 봐 까예
kāyânupassī viharati 까야 아누빳씨 뷔하라띠
ajjhatta-bahiddhā vā kāye 앗잣따 바힛다 봐 까예

kāyânupassī viharati. 까야 아누빳씨 뷔하라띠.

이와 같은 방식으로 그는
몸에 대해 몸을 안으로 관찰하거나
몸에 대해 몸을 밖으로 관찰하거나
몸에 대해 몸을 안팎으로 관찰하느니라.

63. samudaya-dhammânupassī vā 싸무다야 담마 아누빳씨 봐
kāyasmiṃ viharati 까야쓰밍 뷔하라띠
vaya-dhammânupassī vā 봐야 담마 아누빳씨 봐
kāyasmiṃ viharati 까야쓰밍 뷔하라띠
samudaya-vaya-dhammânupassī vā 싸무다야 봐야 담마 아누빳씨 봐
kāyasmiṃ viharati. 까야쓰밍 뷔하라띠.

또는 몸에 대해 생성의 현상을 관찰하거나
몸에 대해 소멸의 현상을 관찰하거나
몸에 대해 생멸의 현상을 관찰하느니라.

64. atthi kāyo'ti vā pan'assa sati 앗티 까요 띠 봐 빠낫싸 싸띠
paccupaṭṭhitā hoti yāvad eva 빳쭈빳티따 호띠 야봐드 에봐
ñāṇa-mattāya paṭissati-mattāya 냐나 맛따야 빠띳싸띠 맛따야
anissito ca viharati 아닛씨또 짜 뷔하라띠
na ca kiñci loke upādiyati. 나 짜 낀찌 로께 우빠디야띠.

순수한 앎과 순수한 새김이 있는 만큼
'몸이 있다.'라는 새김을 이루고
세상의 어느 것에도 의존하지 않고
세상의 어느 것에도 집착하지 않느니라.

evam pi kho bhikkhave bhikkhu
kāye kāyânupassī viharati.

에봠 삐 코 빅카붸 빅쿠
까예 까야 아누빳씨 뷔하라띠.

수행승들이여, 수행승은
이와 같이 몸에 대해 몸을 관찰하느니라.

65. puna ca paraṃ bhikkhave bhikkhu
seyyathā pi passeyya sarīraṃ
sivathikāya chaḍḍitaṃ
aṭṭhikāni puñjakitāni tero-vassikāni.

뿌나 짜 빠람 빅카붸 빅쿠
쎄이야타 삐 빳쎄이야 싸리랑
씨봐티까야 찻디땀
앗티까니 뿐자끼따니 떼로 봣씨까니.

또한 수행승들이여, 수행승은
묘지에 던져져, 해를 넘기며 쌓인
뼈들의 더미로 이루어진 사체를 보듯,

so imam eva kāyaṃ upasaṃharati
ayam pi kho kāyo evaṃ-dhammo
evaṃ-bhāvī evaṃ-anatīto'ti.

쏘 이맘 에봐 까얌 우빠쌍하라띠
아얌 삐 코 까요 에봔 담모
에봠 바뷔 에봠 아나띠또 띠.

이 몸에 대하여 이와 같이
'이 몸도 이와 같은 성질을 갖고 있고
이와 같은 존재가 되니 이와 같은 상태를
벗어나지 못할 것이다.'라고 관찰하느니라.

66. iti ajjhattaṃ vā kāye
kāyânupassī viharati
bahiddhā vā kāye
kāyânupassī viharati
ajjhatta-bahiddhā vā kāye
kāyânupassī viharati.

이띠 앗잣땅 봐 까예
까야 아누빳씨 뷔하라띠
바힛다 봐 까예
까야 아누빳씨 뷔하라띠
앗잣따 바힛다 봐 까예
까야 아누빳씨 뷔하라띠.

이와 같은 방식으로 그는
몸에 대해 몸을 안으로 관찰하거나
몸에 대해 몸을 밖으로 관찰하거나
몸에 대해 몸을 안팎으로 관찰하느니라.

67. samudaya-dhammânupassī vā	싸무다야 담마 아누빳씨 봐
kāyasmiṃ viharati	까야쓰밍 뷔하라띠
vaya-dhammânupassī vā	봐야 담마 아누빳씨 봐
kāyasmiṃ viharati	까야쓰밍 뷔하라띠
samudaya-vaya-dhammânupassī vā	싸무다야 봐야 담마 아누빳씨 봐
kāyasmiṃ viharati.	까야쓰밍 뷔하라띠.

또는 몸에 대해 생성의 현상을 관찰하거나
몸에 대해 소멸의 현상을 관찰하거나
몸에 대해 생멸의 현상을 관찰하느니라.

68. atthi kāyo'ti vā pan'assa sati	앗티 까요 띠 봐 빠낫싸 싸띠
paccupaṭṭhitā hoti yāvad eva	빳쭈빳티따 호띠 야봐드 에봐
ñāṇa-mattāya paṭissati-mattāya	냐나 맛따야 빠띳싸띠 맛따야
anissito ca viharati	아닛씨또 짜 뷔하라띠
na ca kiñci loke upādiyati	나 짜 낀찌 로께 우빠디야띠

순수한 앎과 순수한 새김이 있는 만큼
'몸이 있다.'라는 새김을 이루고
세상의 어느 것에도 의존하지 않고
세상의 어느 것에도 집착하지 않느니라.

evam pi kho bhikkhave bhikkhu	에봠 삐 코 빅카붸 빅쿠
kāye kāyânupassī viharati.	까예 까야 아누빳씨 뷔하라띠.

수행승들이여, 수행승은
이와 같이 몸에 대해 몸을 관찰하느니라.

69. puna ca paraṃ bhikkhave bhikkhu
seyyathā pi passeyya sarīraṃ
sivathikāya chaḍḍitaṃ
aṭṭhikāni pūtīni cuṇṇaka-jātāni.

뿌나 짜 빠람 빅카붸 빅쿠
쎄이야타 삐 빳쎄이야 싸리랑
씨봐티까야 찻디땀
앗티까니 뿌띠니 쭌나까 자따니.

또한 수행승들이여, 수행승은
묘지에 던져져, 썩어 가루가 된
뼈들로 이루어진 사체를 보듯,

so imam eva kāyaṃ upasaṃharati
ayam pi kho kāyo evaṃ-dhammo
evaṃ-bhāvī evaṃ-anatīto'ti.

쏘 이맘 에봐 까얌 우빠쌍하라띠
아얌 삐 코 까요 에봔 담모
에봠 바뷔 에봠 아나띠또 띠.

이 몸에 대하여 이와 같이
'이 몸도 이와 같은 성질을 갖고 있고
이와 같은 존재가 되니 이와 같은 상태를
벗어나지 못할 것이다.'라고 관찰하느니라.

70. iti ajjhattaṃ vā kāye
kāyânupassī viharati
bahiddhā vā kāye
kāyânupassī viharati
ajjhatta-bahiddhā vā kāye
kāyânupassī viharati.

이띠 앗잣땅 봐 까예
까야 아누빳씨 뷔하라띠
바힛다 봐 까예
까야 아누빳씨 뷔하라띠
앗잣따 바힛다 봐 까예
까야 아누빳씨 뷔하라띠.

이와 같은 방식으로
몸에 대해 몸을 안으로 관찰하거나

몸에 대해 몸을 밖으로 관찰하거나
몸에 대해 몸을 안팎으로 관찰하느니라.

71. samudaya-dhammânupassī vā	싸무다야 담마 아누빳씨 봐
kāyasmiṃ viharati	까야쓰밍 뷔하라띠
vaya-dhammânupassī vā	봐야 담마 아누빳씨 봐
kāyasmiṃ viharati	까야쓰밍 뷔하라띠
samudaya-vaya-dhammânupassī vā	싸무다야 봐야 담마 아누빳씨 봐
kāyasmiṃ viharati.	까야쓰밍 뷔하라띠.

또는 몸에 대해 생성의 현상을 관찰하거나
몸에 대해 소멸의 현상을 관찰하거나
몸에 대해 생멸의 현상을 관찰하느니라.

72. atthi kāyo'ti vā pan'assa sati	앗티 까요 띠 봐 빠낫싸 싸띠
paccupaṭṭhitā hoti yāvad eva	빳쭈빳티따 호띠 야봐드 에봐
ñāṇa-mattāya paṭissati-mattāya	냐나 맛따야 빠띳싸띠 맛따야
anissito ca viharati	아닛씨또 짜 뷔하라띠
na ca kiñci loke upādiyati.	나 짜 낀찌 로께 우빠디야띠.

순수한 앎과 순수한 새김이 있는 만큼
'몸이 있다.'라는 새김을 이루고
세상의 어느 것에도 의존하지 않고
세상의 어느 것에도 집착하지 않느니라.

73. evam pi kho bhikkhave bhikkhu	에봠 삐 코 빅카붸 빅쿠
kāye kāyânupassī viharati.	까예 까야 아누빳씨 뷔하라띠.

수행승들이여, 수행승은
이와 같이 몸에 대해 몸을 관찰하느니라.

8) Vedanânupassanā
뷔다나 아누밧싸나

「느낌에 대한 명상」을 송출하오니

74. kathañ ca pana bhikkhave bhikkhu
vedanāsu vedanânupassī viharati?
idha bhikkhave bhikkhu.

까타 짜 빠나 빅카붸 빅쿠
뷔다나쑤 뷔다나 아누빳씨 뷔하라띠
이다 빅카붸 빅쿠.

수행승들이여, 그리고 수행승이 느낌에 대해 느낌을 관찰한다는 것은 어떠한 것인가? 수행승들이여, 세상에서 수행승이

1) sukhaṃ vā vedanaṃ vedayamāno
sukhaṃ vedanaṃ vedayāmī'ti pajānāti.

쑤캉 봐 뷔다낭 뷔다야마노
쑤캉 뷔다낭 뷔다야미 띠 빠자나띠.

즐거운 느낌을 경험하면,
'나는 즐거운 느낌을 경험한다.'라고 분명히 알고,

2) dukkhaṃ vā vedanaṃ vedayamāno
dukkhaṃ vedanaṃ vedayāmī'ti pajānāti.

둑캉 봐 뷔다낭 뷔다야마노
둑캉 뷔다낭 뷔다야미 띠 빠자나띠.

괴로운 느낌을 경험하면,
'나는 괴로운 느낌을 경험한다.'라고 분명히 알고,

3) adukkham-asukhaṃ vā
vedanaṃ vedayamāno
adukkham-asukhaṃ
vedanaṃ vedayāmī'ti pajānāti.

아둑캄 아쑤캉 봐
뷔다낭 뷔다야마노
아둑캄 아쑤캉
뷔다낭 뷔다야미 띠 빠자나띠.

중립적인 느낌을 경험하면

'나는 중립적인 느낌을 경험한다.'라고 분명히 알고,

4) sāmisaṃ vā sukhaṃ 싸미쌍 봐 쑤캉
vedanaṃ vedayamāno 붸다낭 붸다야마노
sāmisaṃ sukhaṃ vedanaṃ 싸미쌍 쑤캉 붸다낭
vedayāmī'ti pajānāti. 붸다야미 띠 빠자나띠.

자양이 있는 즐거운 느낌을 경험하면
'나는 자양이 있는 즐거운 느낌을 경험한다.'
라고 분명히 알고,

5) nirāmisaṃ vā sukhaṃ 니라미쌍 봐 쑤캉
vedanaṃ vedayamāno 붸다낭 붸다야마노
nirāmisaṃ sukhaṃ vedanaṃ 니라미쌍 쑤캉 붸다낭
vedayāmī'ti pajānāti. 붸다야미 띠 빠자나띠.

자양이 없는 즐거운 느낌을 경험하면
'나는 자양이 없는 즐거운 없는 느낌을 경험한다.'
라고 분명히 알고,

6) sāmisaṃ vā dukkhaṃ 싸미쌍 봐 둑캉
vedanaṃ vedayamāno 붸다낭 붸다야마노
sāmisaṃ dukkhaṃ vedanaṃ 싸미싼 둑캉 붸다낭
vedayāmī'ti pajānāti. 붸다야미 띠 빠자나띠.

자양이 있는 괴로운 느낌을 경험하면
'나는 자양이 있는 괴로운 느낌을 경험한다.'
라고 분명히 알고,

7) nirāmisaṃ vā dukkhaṃ 니라미쌍 봐 둑캉
vedanaṃ vedayamāno 붸다낭 붸다야마노

nirāmisaṃ dukkhaṃ vedanaṃ 니라미쌈 둑캉 붸다낭
vedayāmī'ti pajānāti. 붸다야미 띠 빠자나띠.

자양이 없는 괴로운 느낌을 경험하면
'나는 자양이 없는 괴로운 느낌을 경험한다.'
라고 분명히 알고,

8) sāmisaṃ vā adukkham-asukhaṃ 싸미쌍 봐 아둑캄 아쑤캉
vedanaṃ vedayamāno 붸다낭 붸다야마노
sāmisaṃ adukkham-asukhaṃ 싸미쌈 아둑캄 아쑤캉
vedanaṃ vedayāmī'ti pajānāti. 붸다낭 붸다야미 띠 빠자나띠.

자양이 있는 중립적인 느낌을 경험하면
'나는 자양이 있는 중립적인 느낌을 경험한다.'라고
분명히 알고,

9) nirāmisaṃ vā adukkham-asukhaṃ 니라미쌍 봐 아둑캄 아쑤캉
vedanaṃ vedayamāno 붸다낭 붸다야마노
nirāmisaṃ adukkham-asukhaṃ 니라미쌈 아둑캄 아쑤캉
vedanaṃ vedayāmī'ti pajānāti. 붸다낭 붸다야미 띠 빠자나띠.

자양이 없는 중립적인 느낌을 경험하면
'나는 자양이 없는 중립적인 느낌을 경험한다.'라고
분명히 아느니라.

75. iti ajjhattaṃ vā vedanāsu 이띠 앗잣땅 봐 붸다나쑤
vedanânupassī viharati 붸다나 아누빳씨 뷔하라띠
bahiddhā vā vedanāsu 바힛다 봐 붸다나쑤
vedanânupassī viharati 붸다나 아누빳씨 뷔하라띠
ajjhatta-bahiddhā vā vedanāsu 앗잣따 바힛다 봐 붸다나쑤
vedanânupassī viharati. 붸다나 아누빳씨 뷔하라띠.

이와 같은 방식으로 그는
느낌에 대해 느낌을 안으로 관찰하거나
느낌에 대해 느낌을 밖으로 관찰하거나
느낌에 대해 느낌을 안팎으로 관찰하느니라.

76. samudaya-dhammânupassī vā vedanāsu viharati vaya-dhammânupassī vā vedanāsu viharati samudaya-vaya-dhammânupassī vā vedanāsu viharati.

싸무다야 담마 아누빳씨 봐 붸다나쑤 뷔하라띠 봐야 담마 아누빳씨 봐 붸다나쑤 뷔하라띠 싸무다야 봐야 담마 아누빳씨 봐 붸다나쑤 뷔하라띠.

또는 느낌에 대해 생성의 현상을 관찰하거나
느낌에 대해 소멸의 현상을 관찰하거나
느낌에 대해 생멸의 현상을 관찰하느니라.

77. atthi vedanā'ti vā pan'assa sati paccupaṭṭhitā hoti yāvad eva ñāṇa-mattāya paṭissati-mattāya anissito ca viharati na ca kiñci loke upādiyati.

앗티 붸다나 띠 봐 빠낫싸 싸띠 빳쭈빳티따 호띠 야봐드 에봐 냐나 맛따야 빠띳싸띠 맛따야 아닛씨또 짜 뷔하라띠 나 짜 낀찌 로께 우빠디야띠.

순수한 앎과 순수한 새김이 있는 만큼
'느낌이 있다.'라는 새김을 이루고
세상의 어느 것에도 의존하지 않고
세상의 어느 것에도 집착하지 않느니라.

78. evam pi kho bhikkhave bhikkhu vedanāsu vedanânupassī viharati.

에봠 삐 코 빅카붸 빅쿠 붸다나쑤 붸다나 아누빳씨 뷔하라띠.

수행승들이여, 수행승은
이와 같이 느낌에 대해 느낌을 관찰하느니라.

9) Cittânupassanā
찟따 아누빳싸나

「마음에 대한 명상」을 송출하오니

79. kathañ ca pana bhikkhave bhikkhu 까탄 짜 빠나 빅카붸 빅쿠
citte cittânupassī viharati? 찟떼 찟따 아누빳씨 뷔하라띠
idha bhikkhave bhikkhu. 이다 빅카붸 빅쿠.

수행승들이여, 그리고 수행승이
어떻게 마음에 대해 마음을 관찰하는가?
수행승들이여, 세상에서 수행승이

1) sarāgaṃ vā cittaṃ 싸라강 봐 찟땅
sarāgaṃ cittan'ti pajānāti. 싸라간 찟딴 띠 빠자나띠
vītarāgaṃ vā cittaṃ 뷔따라강 봐 찟땅
vītarāgaṃ cittan'ti pajānāti. 뷔따라간 찟딴 띠 빠자나띠.

탐욕에 매인 마음을
탐욕에 매인 마음이라고 분명히 알고
탐욕을 여읜 마음을
탐욕을 여읜 마음이라고 분명히 알고,

2) sadosaṃ vā cittaṃ 싸도쌍 봐 찟땅
sadosaṃ cittan'ti pajānāti. 싸도싼 찟딴 띠 빠자나띠
vītadosaṃ vā cittaṃ 뷔따도쌍 봐 찟땅

vītadosaṃ cittan'ti pajānāti. 뷔따도싼 찟딴 띠 빠자나띠.

성냄에 매인 마음을
성냄에 매인 마음이라고 분명히 알고
성냄을 여읜 마음을
성냄을 여읜 마음이라고 분명히 알고,

3) samohaṃ vā cittaṃ 싸모항 봐 찟땅
samohaṃ cittan'ti pajānāti 싸모한 찟딴 띠 빠자나띠
vītamohaṃ vā cittaṃ 뷔따모항 봐 찟땅
vītamohaṃ cittan'ti pajānāti. 뷔따모한 찟딴 띠 빠자나띠.

어리석음에 매인 마음을
어리석음에 매인 마음이라고 분명히 알고
어리석음을 여읜 마음을
어리석음을 여읜 마음이라고 분명히 알고,

4) saṅkhittaṃ vā cittaṃ 쌍킷땅 봐 찟땅
saṅkhittaṃ cittan'ti pajānāti. 쌍킷딴 찟딴 띠 빠자나띠
vikkhittaṃ vā cittaṃ 뷖킷땅 봐 찟땅
vikkhittaṃ cittan'ti pajānāti. 뷖킷딴 찟딴 띠 빠자나띠.

위축된 마음을
위축된 마음이라고 분명히 알고
산만한 마음을
산만한 마음이라고 분명히 알고,

5) mahaggataṃ vā cittaṃ 마학가땅 봐 찟땀
mahaggataṃ cittan'ti pajānāti. 마학가딴 찟딴 띠 빠자나띠

amahaggataṃ vā cittaṃ 아마학가땅 봐 찟땀
amahaggataṃ cittan'ti pajānāti. 아마학가딴 찟딴 띠 빠자나띠.

계발된 마음을
계발된 마음이라고 분명히 알고
계발되지 않은 마음을
계발되지 않은 마음이라고 분명히 알고,

6) sauttaraṃ vā cittaṃ 싸웃따랑 봐 찟땅
sauttaraṃ cittan'ti pajānāti. 싸웃따란 찟딴 띠 빠자나띠
anuttaraṃ vā cittaṃ 아누따랑 봐 찟땀
anuttaraṃ cittan'ti pajānāti. 아누따란 찟딴 띠 빠자나띠.

탁월한 마음을
탁월한 마음이라고 분명히 알고
저열한 마음을
저열한 마음이라고 분명히 알고,

7) samāhitaṃ vā cittaṃ 싸마히땅 봐 찟땅
samāhitaṃ cittan'ti pajānāti. 싸마히딴 찟딴 띠 빠자나띠
asamāhitaṃ vā cittaṃ 아싸마히땅 봐 찟땀
asamāhitaṃ cittan'ti pajānāti. 아싸마히딴 찟딴 띠 빠자나띠.

집중된 마음을
집중된 마음이라고 분명히 알고
집중에 들지 않은 마음을
집중에 들지 않은 마음이라고 분명히 알고,

8) vimuttaṃ vā cittaṃ 뷔뭇땅 봐 찟땅

vimuttaṃ cittan'ti pajānāti. 뷔뭇딴 찟딴 띠 빠자나띠
avimuttaṃ vā cittaṃ 아뷔뭇땅 봐 찟땀
avimuttaṃ cittan'ti pajānāti. 아뷔뭇딴 찟딴 띠 빠자나띠.

해탈된 마음을
해탈된 마음이라고 분명히 알고
해탈되지 않은 마음을
해탈되지 않은 마음이라고 분명히 아느니라.

80. iti ajjhattaṃ vā citte 이띠 앗잣땅 봐 찟떼
cittânupassī viharati 찟따 아누빳씨 뷔하라띠
bahiddhā vā citte 바힛다 봐 찟떼
cittânupassī viharati 찟따 아누빳씨 뷔하라띠
ajjhatta-bahiddhā vā citte 앗잣따 바힛다 봐 찟떼
cittânupassī viharati. 찟따 아누빳씨 뷔하라띠.

이와 같은 방식으로 그는
마음에 대해 마음을 안으로 관찰하거나
마음에 대해 마음을 밖으로 관찰하거나
마음에 대해 마음을 안팎으로 관찰하느니라.

81. samudaya-dhammânupassī vā 싸무다야 담마 아누빳씨 봐
cittasmiṃ viharati 찟따쓰밍 뷔하라띠
vaya-dhammânupassī vā 봐야 담마 아누빳씨 봐
cittasmiṃ viharati 찟따쓰밍 뷔하라띠
samudaya-vaya-dhammânupassī vā 싸무다야 봐야 담마 아누빳씨 봐
cittasmiṃ viharati. 찟따쓰밍 뷔하라띠.

또는 마음에 대해 생성의 현상을 관찰하거나
마음에 대해 소멸의 현상을 관찰하거나

마음에 대해 생멸의 현상을 관찰하느니라.

82. atthi cittan'ti vā pan'assa sati
paccupaṭṭhitā hoti yāvad eva
ñāṇa-mattāya paṭissati-mattāya
anissito ca viharati
na ca kiñci loke upādiyati.

앗티 찟딴띠 봐 빠낫싸 싸띠
빳쭈빳티따 호띠 야봐드 에봐
냐나 맛따야 빠띳싸띠 맛따야
아닛씨또 짜 뷔하라띠
나 짜 낀찌 로께 우빠디야띠.

순수한 앎과 순수한 새김이 있는 만큼
'마음이 있다.'라는 새김을 이루고
세상의 어느 것에도 의존하지 않고
세상의 어느 것에도 집착하지 않느니라.

83. evam pi kho bhikkhave bhikkhu
citte cittânupassī viharati.

에봠 삐 코 빅카붸 빅쿠
찟떼 찟따 아누빳씨 뷔하라띠.

수행승들이여, 수행승은
이와 같이 마음에 대해 마음을 관찰하느니라.

10) Dhammânupassanā : nīvaraṇa-pabbaṃ
담마 아누빳싸나 : 니봐라나 빱밤

「사실에 대한 명상 : 장애관찰」을 송출하오니

84. kathañ ca pana bhikkhave bhikkhu
dhammesu dhammânupassī viharati?

까탄 짜 빠나 빅카붸 빅쿠
담메쑤 담마 아누빳씨 뷔하라띠

수행승들이여, 그리고 수행승이
어떻게 사실에 대해 사실을 관찰하는가?

idha bhikkhave bhikkhu
dhammesu dhammânupassī viharati
pañcasu nīvaraṇesu.

이다 빅카붸 빅쿠
담메쑤 담마 아누빳씨 뷔하라띠
빤짜쑤 니봐라네쑤.

수행승들이여, 여기 수행승이
다섯 가지 장애의
사실에 대해 사실을 관찰하느니라.

kathañ ca pana bhikkhave bhikkhu
dhammesu dhammânupassī viharati
pañcasu nīvaraṇesu?

까탄 짜 빠나 빅카붸 빅쿠
담메쑤 담마 아누빳씨 뷔하라띠
빤짜쑤 니봐라네쑤.

수행승들이여, 어떻게 여기 수행승이
다섯 가지 장애의
사실에 대해 사실을 관찰하는가?

85. idha bhikkhave bhikkhu.

이다 빅카붸 빅쿠.

수행승들이여, 여기 수행승이

1) santaṃ vā ajjhattaṃ kāma-cchandaṃ
atthi me ajjhattaṃ
kāma-cchando'ti pajānāti.

싼땅 봐 앗잣땅 까맛 찬담
앗티 메 앗잣땅
까맛 찬도 띠 빠자나띠.

안으로 감각적 쾌락의 욕망이 존재하면
'나에게 안으로
감각적 쾌락의 욕망이 있다.'라고 분명히 알고,

2) asantaṃ vā ajjhattaṃ kāma-cchandaṃ
n'atthi me ajjhattaṃ

아싼땅 봐 앗잣땅 까맛 찬단
낫티 메 앗잣땅

kāma-cchando'ti pajānāti.	까맛 찬도 띠 빠자나띠.

안으로 감각적 쾌락의 욕망이 존재하지 않는다면
'나에게는 안으로
감각적 쾌락의 욕망이 없다.'라고 분명히 알고,

3) yathā ca anuppannassa kāma-cchandassa uppādo hoti tañ ca pajānāti.	야타 짜 아눕빤낫싸 깜맛 찬닷싸 웁빠도 호띠 딴 짜 빠자나띠.

아직 생겨나지 않은
감각적 쾌락의 욕망이 생겨난다면
생겨나는 대로 그것을 분명히 알고,

4) yathā ca uppannassa kāma-cchandassa pahānaṃ hoti tañ ca pajānāti.	야타 짜 웁빤낫싸 깜맛 찬닷싸 빠하낭 호띠 딴 짜 빠자나띠.

이미 생겨난
감각적 쾌락의 욕망이 버려지면
버려지는 대로 그것을 분명히 알고,

5) yathā ca pahīnassa kāma-cchandassa āyatiṃ anuppādo hoti tañ ca pajānāti.	야타 짜 빠히낫싸 깜맛 찬닷싸 아야띰 아눕빠도 호띠 딴 짜 빠자나띠.

이미 버려진 감각적 쾌락의 욕망이
미래에 생겨나지 않는다면
생겨나지 않는 대로 그것을 분명히 아느니라.

86. idha bhikkhave bhikkhu. 이다 빅카웨 빅쿠.

수행승들이여, 여기 수행승이

1) santaṃ vā ajjhattaṃ byāpādaṃ 싼땅 봐 앗잣땀 비야빠담
atthi me ajjhattaṃ 앗티 메 앗잣땀
byāpādo'ti pajānāti. 비야빠도 띠 빠자나띠.

안으로 분노가 존재하면
'나에게 안으로 분노가 있다.'라고 분명히 알고,

2) asantaṃ vā ajjhattaṃ byāpādaṃ 아싼땅 봐 앗잣땀 비야빠단
n'atthi me ajjhattaṃ 낫티 메 앗잣땀
byāpādo'ti pajānāti. 비야빠도 띠 빠자나띠.

안으로 분노가 존재하지 않는다면
'나에게는 안으로 분노가 없다.'라고 분명히 알고,

3) yathā ca anuppannassa 야타 짜 아눕빤낫싸
byāpādassa 비야빠닷싸
uppādo hoti tañ ca pajānāti. 웁빠도 호띠 딴 짜 빠자나띠.

아직 생겨나지 않은
분노가 생겨난다면,
생겨나는 대로 그것을 분명히 알고,

4) yathā ca uppannassa 야타 짜 웁빤낫싸
byāpādassa 비야빠닷싸
pahānaṃ hoti tañ ca pajānāti. 빠하낭 호띠 딴 짜 빠자나띠.

이미 생겨난

분노가 버려지면,
버려지는 대로 그것을 분명히 알고

5) yathā ca pahīnassa 야타 짜 빠히낫싸
byāpādassa 비야빠닷싸
āyatiṃ anuppādo hoti tañ ca pajānāti. 아야띰 아눕빠도 호띠 딴 짜 빠자나띠.

이미 버려진 분노가
미래에 생겨나지 않는다면,
생겨나지 않는 대로 그것을 분명히 아느니라.

87. idha bhikkhave bhikkhu. 이다 빅카붸 빅쿠.

수행승들이여, 여기 수행승이

1) santaṃ vā ajjhattaṃ thīna-middhaṃ 싼땅 봐 앗잣딴 티나 밋담
atthi me ajjhattaṃ 앗티 메 앗잣딴
thīna-middho'ti pajānāti. 티나 밋도 띠 빠자나띠.

안으로 해태와 혼침이 존재하면
'나에게 안으로
해태와 혼침이 있다.'라고 분명히 알고,

2) asantaṃ vā ajjhattaṃ thīna-middhaṃ 아싼땅 봐 앗잣딴 티나 밋단
n'atthi me ajjhattaṃ 낫티 메 앗잣딴
thīna-middho'ti pajānāti. 티나 밋도 띠 빠자나띠.

안으로 해태와 혼침이 존재하지 않는다면
'나에게는 안으로
해태와 혼침이 없다.'라고 분명히 알고,

3) yathā ca anuppannassa
thīna-middhassa
uppādo hoti tañ ca pajānāti.

야타 짜 아눕빤낫싸
티나 밋닷싸
웁빠도 호띠 딴 짜 빠자나띠.

아직 생겨나지 않은
해태와 혼침이 생겨난다면
생겨나는 대로 그것을 분명히 알고,

4) yathā ca uppannassa
thīna-middhassa
pahānaṃ hoti tañ ca pajānāti.

야타 짜 웁빤낫싸
티나 밋닷싸
빠하낭 호띠 딴 짜 빠자나띠.

이미 생겨난
해태와 혼침이 버려지면
버려지는 대로 그것을 분명히 알고

5) yathā ca pahīnassa
thīna-middhassa
āyatiṃ anuppādo hoti tañ ca pajānāti.

야타 짜 빠히낫싸
티나 밋닷싸
아야띰 아눕빠도 호띠 딴 짜 빠자나띠.

이미 버려진 해태와 혼침이
미래에 생겨나지 않는다면
생겨나지 않는 대로 그것을 분명히 아느니라.

88. idha bhikkhave bhikkhu.

이다 빅카붸 빅쿠.

수행승들이여, 여기 수행승이

1) santaṃ vā ajjhattaṃ
uddhacca-kukkuccaṃ atthi me ajjhattaṃ

싼땅 봐 앗잣땀
웃닷짜 꾹꿋짬 앗티 메 앗잣땀

uddhacca-kukkuccan'ti pajānāti. 웃닷짜 꾹꿋짠 띠 빠자나띠.

안으로 흥분과 회한이 존재하면,
'나에게 안으로
흥분과 회한이 있다.'라고 분명히 알고,

2) santaṃ vā ajjhattaṃ 싼땅 봐 앗잣땀
uddhacca-kukkuccaṃ n'atthi me ajjhattaṃ 웃닷짜 꾹꿋짠 낫티 메 앗잣땀
uddhacca-kukkuccan'ti pajānāti. 웃닷짜 꾹꿋짠 띠 빠자나띠.

안으로 흥분과 회한이 존재하지 않는다면,
'나에게는 안으로
흥분과 회한이 없다.'라고 분명히 알고,

3) yathā ca anuppannassa 야타 짜 아눕빤낫싸
uddhacca-kukkuccassa 웃닷짜 꾹꿋짯싸
uppādo hoti tañ ca pajānāti. 웁빠도 호띠 딴 짜 빠자나띠.

아직 생겨나지 않은
흥분과 회한이 생겨난다면
생겨나는 대로 그것을 분명히 알고,

4) yathā ca uppannassa 야타 짜 웁빤낫싸
uddhacca-kukkuccassa 웃닷짜 꾹꿋짯싸
pahānaṃ hoti tañ ca pajānāti. 빠하낭 호띠 딴 짜 빠자나띠.

이미 생겨난
흥분과 회한이 버려지면,
버려지는 대로 그것을 분명히 알고,

5) yathā ca pahīnassa 야타 짜 빠히낫싸
uddhacca-kukkuccassa 웃닷짜 꾹꿋짯싸
āyatiṃ anuppādo hoti tañ ca pajānāti. 아야띰 아눕빠도 호띠 딴 짜 빠자나띠.

이미 버려진 흥분과 회한이
미래에 생겨나지 않는다면
생겨나지 않는 대로 그것을 분명히 아느니라.

89. idha bhikkhave bhikkhu. 이다 빅카붸 빅쿠.

수행승들이여, 여기 수행승이

1) santaṃ vā ajjhattaṃ vicikicchaṃ 싼땅 봐 앗잣땅 뷔찌낏참
atthi me ajjhattaṃ 앗티 메 앗잣땅
vicikicchā'ti pajānāti. 뷔찌낏차 띠 빠자나띠.

안으로 회의적 의심이 존재하면
'나에게 안으로
회의적 의심이 있다.'라고 분명히 알고,

2) asantaṃ vā ajjhattaṃ vicikicchaṃ 아싼땅 봐 앗잣땅 뷔찌낏찬
n'atthi me ajjhattaṃ 낫티 메 앗잣땅
vicikicchā'ti pajānāti. 뷔찌낏차 띠 빠자나띠.

안으로 회의적 의심이 존재하지 않는다면
'나에게는 안으로
회의적 의심이 없다.'라고 분명히 알고,

3) yathā ca anuppannassa 야타 짜 아눕빤낫싸
vicikicchāya 뷔찌낏차야
uppādo hoti tañ ca pajānāti. 웁빠도 호띠 딴 짜 빠자나띠.

아직 생겨나지 않은
회의적 의심이 생겨난다면
생겨나는 대로 그것을 분명히 알고,

4) yathā ca uppannassa vicikicchāya pahānaṃ hoti tañ ca pajānāti.	야타 짜 웁빤낫싸 뷔찌낏차야 빠하낭 호띠 딴 짜 빠자나띠.

이미 생겨난
회의적 의심이 버려지면
버려지는 대로 그것을 분명히 알고,

5) yathā ca pahīnassa vicikicchāya āyatiṃ anuppādo hoti tañ ca pajānāti.	야타 짜 빠히낫싸 뷔찌낏차야 아야띰 아눕빠도 호띠 딴 짜 빠자나띠.

이미 버려진 회의적 의심이
미래에 생겨나지 않는다면
생겨나지 않는 대로 그것을 분명히 아느니라

90. iti ajjhattaṃ vā dhammesu dhammânupassī viharati bahiddhā vā dhammesu dhammânupassī viharati ajjhatta-bahiddhā vā dhammesu dhammânupassī viharati.	이띠 앗잣땅 봐 담메쑤 담마 아누빳씨 뷔하라띠 바힛다 봐 담메쑤 담마 아누빳씨 뷔하라띠 앗잣따 바힛다 봐 담메쑤 담마 아누빳씨 뷔하라띠.

이와 같은 방식으로 그는
사실에 대해 사실을 안으로 관찰하거나

사실에 대해 사실을 밖으로 관찰하거나
사실에 대해 사실을 안팎으로 관찰하느니라.

91. samudaya-dhammânupassī vā	싸무다야 담마 아누빳씨 봐
dhammesu viharati	담메쑤 뷔하라띠
vaya-dhammânupassī vā	봐야 담마 아누빳씨 봐
dhammesu viharati	담메쑤 뷔하라띠
samudaya-vaya-dhammânupassī vā	싸무다야 봐야 담마 아누빳씨 봐
dhammesu viharati.	담메쑤 뷔하라띠.

또는 사실에 대해 생성의 현상을 관찰하거나
사실에 대해 소멸의 현상을 관찰하거나
사실에 대해 생멸의 현상을 관찰하느니라.

92. atthi dhammā'ti vā pan'assa sati	앗티 담만 띠 봐 빠낫싸 싸띠
paccupaṭṭhitā hoti yāvad eva	빳쭈빳티따 호띠 야봐드 에봐
ñāṇa-mattāya paṭissati-mattāya	냐나 맛따야 빠띳싸띠 맛따야
anissito ca viharati	아닛씨또 짜 뷔하라띠
na ca kiñci loke upādiyati.	나 짜 낀찌 로께 우빠디야띠.

순수한 앎과 순수한 새김이 있는 만큼
'사실이 있다.'라는 새김을 이루고,
세상의 어느 것에도 의존하지 않고
세상의 어느 것에도 집착하지 않느니라.

93. evam pi kho bhikkhave bhikkhu	에봠 삐 코 빅카붸 빅쿠
dhammesu dhammânupassī viharati	담메쑤 담마 아누빳씨 뷔하라띠
pañcasu nīvaraṇesu.	빤짜쑤 니봐라네쑤.

수행승들이여, 수행승은

이와 같이 다섯 가지 장애의
사실에 대해 사실을 관찰하느니라.

11) Dhammânupassanā : khandha-pabbaṃ
담마 아누빳싸나 : 칸다 빱밤

「사실에 대한 명상 : 다발관찰」을 송출하오니

94. puna ca paraṃ bhikkhave bhikkhu 뿌나 짜 빠람 빅카붸 빅쿠
dhammesu dhammânupassī viharati 담메쑤 담마 아누빳씨 뷔하라띠
pañcasu upādāna-kkhandhesu. 빤짜쑤 우빠다낙 칸데쑤
kathañ ca pana bhikkhave bhikkhu 까탄 짜 빠나 빅카붸 빅쿠
dhammesu dhammânupassī viharati 담메쑤 담마 아누빳씨 뷔하라띠
pañcasu upādāna-kkhandhesu? 빤짜쑤 우빠다낙 칸데쑤.

수행승들이여, 또한 여기 수행승이
다섯 가지 존재의 집착다발의
사실에 대해 사실을 관찰하느니라.
수행승들이여, 어떻게 여기 수행승이
다섯 가지 존재의 집착다발의
사실에 대해 사실을 관찰하는가?

95. idha bhikkhave bhikkhu. 이다 빅카붸 빅쿠.

수행승들이여, 여기 수행승이

1) iti rūpaṃ 이띠 루빰
iti rūpassa samudayo 이띠 루빳싸 싸무다요
iti rūpassa atthaṅgamo. 이띠 루밧싸 앗탕가모.

'물질은 이와 같고
물질의 발생은 이와 같고
물질의 소멸은 이와 같다.'라고 분명히 알고,

2) iti vedanā	이띠 붸다나
iti vedanāya samudayo	이띠 붸다나야 싸무다요
iti vedanāya atthaṅgamo.	이띠 붸다나야 앗탕가모.

'느낌은 이와 같고
느낌의 발생은 이와 같고
느낌의 소멸은 이와 같다.'라고 분명히 알고,

3) iti saññā	이띠 싼냐
iti saññāya samudayo	이띠 싼나야 싸무다요
iti saññāya atthaṅgamo.	이띠 싼나야 앗탕가모.

'지각은 이와 같고
지각의 발생은 이와 같고
지각의 소멸은 이와 같다.'라고 분명히 알고,

4) iti saṅkhārā	이띠 쌍카라
iti saṅkhārānaṃ samudayo	이띠 쌍카라낭 싸무다요
iti saṅkhārānaṃ atthaṅgamo.	이띠 쌍타라남 앗탕가모.

'형성은 이와 같고
형성의 발생은 이와 같고
형성의 소멸은 이와 같다.'라고 분명히 알고,

5) iti viññāṇaṃ	이띠 뷘냐남

iti viññāṇassa samudayo
iti viññāṇassa atthaṅgamo'ti.

이띠 뷘냐낫싸 싸무다요
이띠 뷘냐낫싸 앗탕가모.

'의식은 이와 같고
의식의 발생은 이와 같고
의식의 소멸은 이와 같다.'라고 분명히 아느니라.

96. iti ajjhattaṃ vā dhammesu
dhammânupassī viharati
bahiddhā vā dhammesu
dhammânupassī viharati
ajjhatta-bahiddhā vā dhammesu
dhammânupassī viharati.

이띠 앗잣땅 봐 담메쑤
담마 아누빳씨 뷔하라띠
바힛다 봐 담메쑤
담마 아누빳씨 뷔하라띠
앗잣따 바힛다 봐 담메쑤
담마 아누빳씨 뷔하라띠.

이와 같은 방식으로 그는
사실에 대해 사실을 안으로 관찰하거나
사실에 대해 사실을 밖으로 관찰하거나
사실에 대해 사실을 안팎으로 관찰하느니라.

97. samudaya-dhammânupassī vā
dhammesu viharati
vaya-dhammânupassī vā
dhammesu viharati
samudaya-vaya-dhammânupassī vā
dhammesu viharati.

싸무다야 담마 아누빳씨 봐
담메쑤 뷔하라띠
봐야 담마 아누빳씨 봐
담메쑤 뷔하라띠
싸무다야 봐야 담마 아누빳씨 봐
담메쑤 뷔하라띠.

또는 사실에 대해 생성의 현상을 관찰하거나
사실에 대해 소멸의 현상을 관찰하거나
사실에 대해 생멸의 현상을 관찰하느니라.

98. atthi dhammā'ti vā pan'assa sati
paccupaṭṭhitā hoti yāvad eva
ñāṇa-mattāya paṭissati-mattāya
anissito ca viharati
na ca kiñci loke upādiyati.

앗티 담만 띠 봐 빠낫싸 싸띠
빳쭈빳티따 호띠 야봐드 에봐
냐나 맛따야 빠띳싸띠 맛따야
아닛씨또 짜 뷔하라띠
나 짜 낀찌 로께 우빠디야띠.

순수한 앎과 순수한 새김이 있는 만큼
'사실이 있다.'라는 새김을 이루고,
세상의 어느 것에도 의존하지 않고
세상의 어느 것에도 집착하지 않느니라.

99. evam pi kho bhikkhave bhikkhu
dhammesu dhammânupassī viharati
pañcasu upādāna-kkhandhesu.

에봠 삐 코 빅카붸 빅쿠
담메쑤 담마 아누빳씨 뷔하라띠
빤짜쑤 우빠다낙 칸데쑤.

수행승들이여, 수행승은 이와 같이
다섯 가지 존재의 집착다발의
사실에 대해 사실을 관찰하느니라.

12) Dhammânupassanā : āyatana-pabbaṃ
담마 아누빳싸나 : 아야따나 빱밤

「사실에 대한 명상 : 감역관찰」을 송출하오니

100. puna ca paraṃ bhikkhave bhikkhu
dhammesu dhammânupassī viharati
chasu ajjhattika-bāhiresu āyatanesu.

뿌나 짜 빠람 빅카붸 빅쿠
담메쑤 담마 아누빳씨 뷔하라띠
차쑤 앗잣띠까 바히레쑤 아야따네쑤.

수행승들이여, 또한 세상에서

수행승은 여섯 가지 안팎의 감역의 사실에 대해 사실을 관찰하느니라.

kathañ ca pana bhikkhave bhikkhu dhammesu dhammânupassī viharati chasu ajjhattika-bāhiresu āyatanesu?	까탄 짜 빠나 빅카붸 빅쿠 담메쑤 담마 아누빳씨 뷔하라띠 차쑤 앗잣띠까 바히레쑤 아야따네쑤.

수행승들이여, 어떻게 세상에서 수행승은 여섯 가지 안팎의 감역 가운데 사실에 대해 사실을 관찰하는가?

101. idha bhikkhave bhikkhu.	이다 빅카붸 빅쿠.

수행승들이여, 여기 수행승이

1) cakkhuñ ca pajānāti rūpe ca pajānāti yañ ca tad ubhayaṃ paṭicca uppajjati saṃyojanaṃ tañ ca pajānāti.	짝쿤 짜 빠자나띠 루뻬 짜 빠자나띠 얀 짜 따드 우바얌 빠띳짜 웁빳자띠 쌍요자난 딴 짜 빠자나띠.

시각을 분명히 알고
형상을 분명히 알고
그 양자를 조건으로
생겨나는 결박을 분명히 알고,

yathā ca anuppannassa saṃyojanassa uppādo hoti tañ ca pajānāti.	야타 짜 아눕빤낫싸 쌍요자낫싸 웁빠도 호띠 딴 짜 빠자나띠.

아직 생겨나지 않은 결박이 생겨나면

생겨나는 대로 그것을 분명히 알고,

yathā ca uppannassa saṃyojanassa pahānaṃ hoti tañ ca pajānāti.	야타 짜 웁빤낫싸 쌍요자낫싸 빠하낭 호띠 딴 짜 빠자나띠.

이미 생겨난 결박이 버리지면
버려지는 대로 그것을 분명히 알고,

yathā ca pahīnassa saṃyojanassa āyatiṃ anuppādo hoti tañ ca pajānāti.	야타 짜 빠히낫싸 쌍요자낫싸 아야띰 아눕빠도 호띠 딴 짜 빠자나띠.

이미 버려진 결박이 미래에 생겨나지 않는다면
생겨나지 않는 대로 그것을 분명히 아는 것이니,

2) sotañ ca pajānāti sadde ca pajānāti yañ ca tad ubhayaṃ paṭicca uppajjati saṃyojanaṃ tañ ca pajānāti.	쏘딴 짜 빠자나띠 쌋데 짜 빠자나띠 얀 짜 따드 우바얌 빠띳짜 웁빳자띠 쌍요자난 딴 짜 빠자나띠.

청각을 분명히 알고
소리를 분명히 알고
그 양자를 조건으로
생겨나는 결박을 분명히 알고,

yathā ca anuppannassa saṃyojanassa uppādo hoti tañ ca pajānāti.	야타 짜 아눕빤낫싸 쌍요자낫싸 웁바도 호띠 딴 짜 빠자나띠.

아직 생겨나지 않은 결박이 생겨나면
생겨나는 대로 그것을 분명히 알고,

yathā ca uppannassa saṃyojanassa	야타 짜 웁빤낫싸 쌍요자낫싸

pahānaṃ hoti tañ ca pajānāti.	빠하낭 호띠 딴 짜 빠자나띠.

이미 생겨난 결박이 버려지면
버려지는 대로 그것을 분명히 알고,

yathā ca pahīnassa saṃyojanassa āyatiṃ anuppādo hoti tañ ca pajānāti.	야타 짜 빠히낫싸 쌍요자낫싸 아야띰 아눕빠도 호띠 딴 짜 빠자나띠.

이미 버려진 결박이 미래에 생겨나지 않는다면
생겨나지 않는 대로 그것을 분명히 아는 것이니,

3) ghānañ ca pajānāti gandhe ca pajānāti yañ ca tad ubhayaṃ paṭicca uppajjati saṃyojanaṃ tañ ca pajānāti.	가난 짜 빠자나띠 간데 짜 빠자나띠 얀 짜 따드 우바얌 빠띳짜 웁빳자띠 쌍요자난 딴 짜 빠자나띠.

후각을 분명히 알고
냄새를 분명히 알고
그 양자를 조건으로
생겨나는 결박을 분명히 알고,

yathā ca anuppannassa saṃyojanassa uppādo hoti tañ ca pajānāti.	야타 짜 아눕빤낫싸 쌍요자낫싸 웁바도 호띠 딴 짜 빠자나띠.

아직 생겨나지 않은 결박이 생겨나면
생겨나는 대로 그것을 분명히 알고,

yathā ca uppannassa saṃyojanassa pahānaṃ hoti tañ ca pajānāti.	야타 짜 웁빤낫싸 쌍요자낫싸 빠하낭 호띠 딴 짜 빠자나띠.

이미 생겨난 결박이 버려지면

버려지는 대로 그것을 분명히 알고,

yathā ca pahīnassa saṃyojanassa āyatiṃ anuppādo hoti tañ ca pajānāti.	야타 짜 빠히낫싸 쌍요자낫싸 아야띰 아눕빠도 호띠 딴 짜 빠자나띠.

이미 버려진 결박이 미래에 생겨나지 않는다면
생겨나지 않는 대로 그것을 분명히 아는 것이니,

4) jivhañ ca pajānāti rase ca pajānāti yañ ca tad ubhayaṃ paṭicca uppajjati saṃyojanaṃ tañ ca pajānāti.	지브한 짜 빠자나띠 라쎄 짜 빠자나띠 얀 짜 따드 우바얌 빠띳짜 웁빳자띠 쌍요자난 딴 짜 빠자나띠.

미각을 분명히 알고
맛을 분명히 알고
그 양자를 조건으로
생겨나는 결박을 분명히 알고,

yathā ca anuppannassa saṃyojanassa uppādo hoti tañ ca pajānāti.	야타 짜 아눕빤낫싸 쌍요자낫싸 웁바도 호띠 딴 짜 빠자나띠.

아직 생겨나지 않은 결박이 생겨나면
생겨나는 대로 그것을 분명히 알고,

yathā ca uppannassa saṃyojanassa pahānaṃ hoti tañ ca pajānāti.	야타 짜 웁빤낫싸 쌍요자낫싸 빠하낭 호띠 딴 짜 빠자나띠.

이미 생겨난 결박이 버려지면
버려지는 대로 그것을 분명히 알고,

yathā ca pahīnassa saṃyojanassa	야타 짜 빠히낫싸 쌍요자낫싸

āyatiṃ anuppādo hoti tañ ca pajānāti. 아야띰 아눕빠도 호띠 딴 짜 빠자나띠.

이미 버려진 결박이 미래에 생겨나지 않는다면
생겨나지 않는 대로 그것을 분명히 아는 것이니,

5) kāyañ ca pajānāti 까얀 짜 빠자나띠
phoṭṭhabbe ca pajānāti 폿탑베 짜 빠자나띠
yañ ca tad ubhayaṃ paṭicca uppajjati 얀 짜 따드 우바얌 빠띳짜 웁빳자띠
saṃyojanaṃ tañ ca pajānāti. 쌍요자난 딴 짜 빠자나띠.

촉각을 분명히 알고
감촉을 분명히 알고
그 양자를 조건으로
생겨나는 결박을 분명히 알고,

yathā ca anuppannassa saṃyojanassa 야타 짜 아눕빤낫싸 쌍요자낫싸
uppādo hoti tañ ca pajānāti. 웁바도 호띠 딴 짜 빠자나띠.

아직 생겨나지 않은 결박이 생겨나면
생겨나는 대로 그것을 분명히 알고,

yathā ca uppannassa saṃyojanassa 야타 짜 웁빤낫싸 쌍요자낫싸
pahānaṃ hoti tañ ca pajānāti. 빠하낭 호띠 딴 짜 빠자나띠.

이미 생겨난 결박이 버려지면
버려지는 대로 그것을 분명히 알고,

yathā ca pahīnassa saṃyojanassa 야타 짜 빠히낫싸 쌍요자낫싸
āyatiṃ anuppādo hoti tañ ca pajānāti. 아야띰 아눕빠도 호띠 딴 짜 빠자나띠.

이미 버려진 결박이 미래에 생겨나지 않는다면

생겨나지 않는 대로 그것을 분명히 아는 것이니,

6) manañ ca pajānāti 마난 짜 빠자나띠
dhamme ca pajānāti 담메 짜 빠자나띠
yañ ca tad ubhayaṃ paṭicca uppajjati. 얀 짜 따드 우바얌 빠띳짜 웁빳자띠.
saṃyojanaṃ tañ ca pajānāti. 쌍요자난 딴 짜 빠자나띠.

정신을 분명히 알고
사실을 분명히 알고
그 양자를 조건으로
생겨나는 결박을 분명히 알고,

yathā ca anuppannassa saṃyojanassa 야타 짜 아눕빤낫싸 쌍요자낫싸
uppādo hoti tañ ca pajānāti. 웁바도 호띠 딴 짜 빠자나띠.

아직 생겨나지 않은 결박이 생겨나면
생겨나는 대로 그것을 분명히 알고,

yathā ca uppannassa saṃyojanassa 야타 짜 웁빤낫싸 쌍요자낫싸
pahānaṃ hoti tañ ca pajānāti 빠하낭 호띠 딴 짜 빠자나띠.

이미 생겨난 결박이 버려지면
버려지는 대로 그것을 분명히 알고,

yathā ca pahīnassa saṃyojanassa 야타 짜 빠히낫싸 쌍요자낫싸
āyatiṃ anuppādo hoti tañ ca pajānāti. 아야띰 아눕빠도 호띠 딴 짜 빠자나띠.

이미 버려진 결박이 미래에 생겨나지 않는다면
생겨나지 않는 대로 그것을 분명히 아는 것이니,

102. iti ajjhattaṃ vā dhammesu 이띠 앗잣땅 봐 담메쑤

dhammânupassī viharati 담마 아누빳씨 뷔하라띠
bahiddhā vā dhammesu 바힛다 봐 담메쑤
dhammânupassī viharati 담마 아누빳씨 뷔하라띠
ajjhatta-bahiddhā vā dhammesu 앗잣따 바힛다 봐 담메쑤
dhammânupassī viharati. 담마 아누빳씨 뷔하라띠.

이와 같은 방식으로 그는
사실에 대해 사실을 안으로 관찰하거나
사실에 대해 사실을 밖으로 관찰하거나
사실에 대해 사실을 안팎으로 관찰하느니라.

103. samudaya-dhammânupassī vā 싸무다야 담마 아누빳씨 봐
dhammesu viharati 담메쑤 뷔하라띠
vaya-dhammânupassī vā 봐야 담마 아누빳씨 봐
dhammesu viharati 담메쑤 뷔하라띠
samudaya-vaya-dhammânupassī vā 싸무다야 봐야 담마 아누빳씨 봐
dhammesu viharati. 담메쑤 뷔하라띠.

또는 사실에 대해 생성의 현상을 관찰하거나
사실에 대해 소멸의 현상을 관찰하거나
사실에 대해 생멸의 현상을 관찰하느니라.

104. atthi dhammā'ti vā pan'assa sati 앗티 담만 띠 봐 빠낫싸 싸띠
paccupaṭṭhitā hoti yāvad eva 빳쭈빳티따 호띠 야봐드 에봐
ñāṇa-mattāya paṭissati-mattāya 냐나 맛따야 빠띳싸띠 맛따야
anissito ca viharati 아닛씨또 짜 뷔하라띠
na ca kiñci loke upādiyati 나 짜 낀찌 로께 우빠디야띠

순수한 앎과 순수한 새김이 있는 만큼
'사실이 있다.'라는 새김을 이루고

세상의 어느 것에도 의존하지 않고
세상의 어느 것에도 집착하지 않느니라.

105. evam pi kho bhikkhave bhikkhu
dhammesu dhammânupassī viharati
chasu ajjhattika-bāhiresu āyatanesu.

에밤 삐 코 빅카붸 빅쿠
담메쑤 담마 아누빳씨 뷔하라띠
차쑤 앗잣띠까 바히레수 아야따네쑤.

수행승들이여, 수행승은 이와 같이
다섯 가지 존재의 집착다발의
사실에 대해 사실을 관찰하느니라.

13) Dhammânupassanā : bojjhaṅga-pabbaṃ
담마 아누빳싸나 : 봇장가 빱밤

「사실에 대한 명상 : 깨달음 고리」를 송출하오니

106. puna ca paraṃ bhikkhave bhikkhu
dhammesu dhammânupassī viharati
sattasu bojjhaṅgesu.

뿌나 짜 빠람 빅카붸 빅쿠
담메쑤 담마 아누빳씨 뷔하라띠
쌋따쑤 봇장게쑤.

수행승들이여, 또한 세상에서
수행승은 일곱 가지 깨달음 고리의
사실에 대해 사실을 관찰하느니라.

kathañ ca pana bhikkhave bhikkhu
dhammesu dhammânupassī viharati
sattasu bojjhaṅgesu?

까탄 짜 빠나 빅카붸 빅쿠
담메쑤 담마 아누빳씨 뷔하라띠
쌋따쑤 봇장게쑤.

수행승들이여, 어떻게 여기 수행승이

일곱 가지 깨달음 고리의 사실에 대해 사실을 관찰하는가?

107. idha bhikkhave bhikkhu. 이다 빅카붸 빅쿠.

수행승들이여, 여기 수행승이

1) santaṃ vā ajjhattaṃ sati-sambojjhaṅgaṃ atthi me ajjhattaṃ sati-sambojjhaṅgo'ti pajānāti.	싼땅 봐 앗잣땅 싸띠 쌈봇장감 앗티 메 앗잣땅 싸띠 쌈봇장고 띠 빠자나띠.

안으로 새김의 깨달음 고리가 있다면 '나에게 안으로 새김의 깨달음 고리가 있다.'라고 분명히 알고,

asantaṃ vā ajjhattaṃ sati-sambojjhaṅgaṃ n'atthi me ajjhattaṃ sati-sambojjhaṅgo'ti pajānāti.	아싼땅 봐 앗잣땅 싸띠 쌈봇장간 낫티 메 앗잣땅 싸띠 쌈봇장고 띠 빠자나띠.

안으로 새김의 깨달음 고리가 없다면 '나에게 안으로 새김의 깨달음 고리가 없다.'라고 분명히 알고,

yathā ca anuppannassa sati-sambojjhaṅgassa uppādo hoti tañ ca pajānāti.	야타 짜 아눕빤낫싸 싸띠 쌈봇장갓싸 웁빠도 호띠 딴 짜 빠자나띠.

아직 생겨나지 않은 새김의 깨달음 고리가 생겨나면

생겨나는 대로 그것을 분명히 알고,

yathā ca uppannassa 야타 짜 웁빤낫싸
sati-sambojjhaṅgassa bhāvanāya 싸띠 쌈봇장갓싸 바봐나야
pāripūrī hoti tañ ca pajānāti. 빠리뿌리 호띠 딴 짜 빠자나띠.

이미 생겨난 새김의 깨달음 고리가
닦여 원만해지면
닦여져 원만해지는 대로 분명히 아는 것이니,

2) santaṃ vā ajjhattaṃ 싼땅 봐 앗잣딴
dhamma-vicaya-sambojjhaṅgaṃ 담마 뷔짜야 쌈봇장감
atthi me ajjhattaṃ 앗티 메 앗잣딴
dhamma-vicaya-sambojjhaṅgo'ti pajānāti. 담마 뷔짜야 쌈봇장고 띠 빠자나띠.

안으로 탐구의 깨달음 고리가 있다면
'나에게 안으로 탐구의 깨달음 고리가 있다.'라고
분명히 알고,

asantaṃ vā ajjhattaṃ 아싼땅 봐 앗잣딴
dhamma-vicaya-sambojjhaṅgaṃ 담마 뷔짜야 쌈봇장간
n'atthi me ajjhattaṃ 낫티 메 앗잣딴
dhamma-vicaya-sambojjhaṅgo'ti pajānāti. 담마 뷔짜야 쌈봇장고 띠 빠자나띠.

안으로 탐구의 깨달음 고리가 없다면
'나에게 안으로 탐구의 깨달음 고리가 없다.'라고
분명히 알고,

yathā ca anuppannassa 야타 짜 아눕빤낫싸
dhamma-vicaya-sambojjhaṅgassa 담마 뷔짜야 쌈봇장갓싸
uppādo hoti tañ ca pajānāti. 웁빠도 호띠 딴 짜 빠자나띠.

아직 생겨나지 않은
탐구의 깨달음 고리가 생겨나면
생겨나는 대로 그것을 분명히 알고,

yathā ca uppannassa	야타 짜 웁빤낫싸
dhamma-vicaya-sambojjhaṅgassa	담마 뷔짜야 쌈봇장갓싸
bhāvanāya pāripūrī hoti	바봐나야 빠리뿌리 호띠
tañ ca pajānāti.	딴 짜 빠자나띠.

이미 생겨난 탐구의 깨달음 고리가 닦여
원만해지면 닦여져
원만해지는 대로 분명히 아는 것이니,

3) santaṃ vā ajjhattaṃ	싼땅 봐 앗잣땅
viriya-sambojjhaṅgaṃ	뷔리야 쌈봇장감
atthi me ajjhattaṃ	앗티 메 앗잣땅
viriya-sambojjhaṅgo'ti pajānāti.	뷔리야 쌈봇장고 띠 빠자나띠.

안으로 정진의 깨달음 고리가 있다면
'나에게 안으로 정진의 깨달음 고리가 있다.'라고
분명히 알고,

asantaṃ vā ajjhattaṃ	아싼땅 봐 앗잣땅
viriya-sambojjhaṅgaṃ	뷔리야 쌈봇장간
n'atthi me ajjhattaṃ	낫티 메 앗잣땅
viriya-sambojjhaṅgo'ti pajānāti.	뷔리야 쌈봇장고 띠 빠자나띠.

안으로 정진의 깨달음 고리가 없다면
'나에게 안으로 정진의 깨달음 고리가 없다.'라고

분명히 알고,

yathā ca anuppannassa	야타 짜 아눕빤낫싸
viriya-sambojjhaṅgassa	뷔리야 쌈봊장갓싸
uppādo hoti tañ ca pajānāti.	웁빠도 호띠 딴 짜 빠자나띠.

아직 생겨나지 않은
정진의 깨달음 고리가 생겨나면
생겨나는 대로 그것을 분명히 알고,

yathā ca uppannassa	야타 짜 웁빤낫싸
viriya-sambojjhaṅgassa bhāvanāya	뷔리야 쌈봊장갓싸 바봐나야
pāripūrī hoti tañ ca pajānāti.	빠리뿌리 호띠 딴 짜 빠자나띠.

이미 생겨난 정진의 깨달음 고리가
닦여 원만해지면
닦여져 원만해지는 대로 분명히 아는 것이니,

4) santaṃ vā ajjhattaṃ	싼땅 봐 앗잣땀
pīti-sambojjhaṅgaṃ	삐띠 쌈봊장감
atthi me ajjhattaṃ	앗티 메 앗잣땀
pīti-sambojjhaṅgo'ti pajānāti.	삐띠 쌈봊장고 띠 빠자나띠.

안으로 희열의 깨달음 고리가 있다면
'나에게 안으로 희열의 깨달음 고리가 있다.'라고
분명히 알고,

asantaṃ vā ajjhattaṃ	아싼땅 봐 앗잣땀
pīti-sambojjhaṅgaṃ	삐띠 쌈봊장간
n'atthi me ajjhattaṃ	낫티 메 앗잣땀
pīti-sambojjhaṅgo'ti pajānāti.	삐띠 쌈봊장고 띠 빠자나띠.

안으로 희열의 깨달음 고리가 없다면
'나에게 안으로 희열의 깨달음 고리가 없다.'라고
분명히 알고,

yathā ca anuppannassa	야타 짜 아눕빤낫싸
pīti-sambojjhaṅgassa	삐띠 쌈봇장갓싸
uppādo hoti tañ ca pajānāti.	웁빠도 호띠 딴 짜 빠자나띠.

아직 생겨나지 않은
희열의 깨달음 고리가 생겨나면
생겨나는 대로 그것을 분명히 알고,

yathā ca uppannassa	야타 짜 웁빤낫싸
pīti-sambojjhaṅgassa bhāvanāya	삐띠 쌈봇장갓싸 바봐나야
pāripūrī hoti tañ ca pajānāti.	빠리뿌리 호띠 딴 짜 빠자나띠.

이미 생겨난 희열의 깨달음 고리가
닦여 원만해지면
닦여져 원만해지는 대로 분명히 아는 것이니,

5) santaṃ vā ajjhattaṃ	싼땅 봐 앗잣땀
passaddhi-sambojjhaṅgaṃ	빳쌋디 쌈봇장감
atthi me ajjhattaṃ	앗티 메 앗잣땀
passaddhi-sambojjhaṅgo'ti pajānāti.	빳쌋디 쌈봇장고 띠 빠자나띠.

안으로 안온의 깨달음 고리가 있다면
'나에게 안으로 안온의 깨달음 고리가 있다.'라고
분명히 알고,

asantaṃ vā ajjhattaṃ	아싼땅 봐 앗잣땀
passaddhi-sambojjhaṅgaṃ	빳쌋디 쌈봇장간
n'atthi me ajjhattaṃ	낫티 메 앗잣땀
passaddhi-sambojjhaṅgo'ti pajānāti.	빳쌋디 쌈봇장고 띠 빠자나띠.

안으로 안온의 깨달음 고리가 없다면
'나에게 안으로 안온의 깨달음 고리가 없다.'라고
분명히 알고,

yathā ca anuppannassa	야타 짜 아눕빤낫싸
passaddhi-sambojjhaṅgassa	빳쌋디 쌈봇장갓싸
uppādo hoti tañ ca pajānāti.	웁빠도 호띠 딴 짜 빠자나띠.

아직 생겨나지 않은
안온의 깨달음 고리가 생겨나면
생겨나는 대로 그것을 분명히 알고,

yathā ca uppannassa	야타 짜 웁빤낫싸
passaddhi-sambojjhaṅgassa bhāvanāya	빳쌋디 쌈봇장갓싸 바봐나야
pāripūrī hoti tañ ca pajānāti.	빠리뿌리 호띠 딴 짜 빠자나띠.

이미 생겨난 안온의 깨달음 고리가
닦여 원만해지면
닦여져 원만해지는 대로 분명히 아는 것이니,

6) santaṃ vā ajjhattaṃ	싼땅 봐 앗잣땅
samādhi-sambojjhaṅgaṃ	싸마디 쌈봇장감
atthi me ajjhattaṃ	앗티 메 앗잣땅
samādhi-sambojjhaṅgo'ti pajānāti.	싸마디 쌈봇장고 띠 빠자나띠.

안으로 집중의 깨달음 고리가 있다면

'나에게 안으로 집중의 깨달음 고리가 있다.'라고 분명히 알고,

asantaṃ vā ajjhattaṃ	아싼땅 봐 앗잣땅
samādhi-sambojjhaṅgaṃ	싸마디 쌈봇장간
n'atthi me ajjhattaṃ	낫티 메 앗잣땅
samādhi-sambojjhaṅgo'ti pajānāti.	싸마디 쌈봇장고 띠 빠자나띠.

안으로 집중의 깨달음 고리가 없다면
'나에게 안으로 집중의 깨달음 고리가 없다.'라고 분명히 알고,

yathā ca anuppannassa	야타 짜 아눕빤낫싸
samādhi-sambojjhaṅgassa	싸마디 쌈봇장갓싸
uppādo hoti tañ ca pajānāti.	웁빠도 호띠 딴 짜 빠자나띠.

아직 생겨나지 않은
집중의 깨달음 고리가 생겨나면
생겨나는 대로 그것을 분명히 알고,

yathā ca uppannassa	야타 짜 웁빤낫싸
samādhi-sambojjhaṅgassa bhāvanāya	싸마디 쌈봇장갓싸 바봐나야
pāripūrī hoti tañ ca pajānāti.	빠리뿌리 호띠 딴 짜 빠자나띠.

이미 생겨난 집중의 깨달음 고리가
닦여 원만해지면
닦여져 원만해지는 대로 분명히 아는 것이니,

7) santaṃ vā ajjhattaṃ	싼땅 봐 앗잣땀
upekkhā-sambojjhaṅgaṃ	우뻭카 쌈봇장감

atthi me ajjhattaṃ 앗티 메 앗잣땀
upekkhā-sambojjhaṅgo'ti pajānāti. 우뻭카 쌈봇장고 띠 빠자나띠.

안으로 평정의 깨달음 고리가 있다면
'나에게 안으로 평정의 깨달음 고리가 있다.'라고
분명히 알고,

asantaṃ vā ajjhattaṃ 아싼땅 봐 앗잣땀
upekkhā-sambojjhaṅgaṃ 우뻭카 쌈봇장간
n'atthi me ajjhattaṃ 낫티 메 앗잣땀
upekkhā-sambojjhaṅgo'ti pajānāti. 우뻭카 쌈봇장고 띠 빠자나띠.

안으로 평정의 깨달음 고리가 없다면
'나에게 안으로 평정의 깨달음 고리가 없다.'라고
분명히 알고,

yathā ca anuppannassa 야타 짜 아눕빤낫싸
upekkhā-sambojjhaṅgassa 우뻭카 쌈봇장갓싸
uppādo hoti tañ ca pajānāti. 웁빠도 호띠 딴 짜 빠자나띠.

아직 생겨나지 않은
평정의 깨달음 고리가 생겨나면
생겨나는 대로 그것을 분명히 알고,

yathā ca uppannassa 야타 짜 웁빤낫싸
upekkhā-sambojjhaṅgassa bhāvanāya 우뻭카 쌈봇장갓싸 바봐나야
pāripūrī hoti tañ ca pajānāti. 빠리뿌리 호띠 딴 짜 빠자나띠.

이미 생겨난 평정의 깨달음 고리가
닦여 원만해지면

닦여져 원만해지는 대로 분명히 아는 것이니,

108. iti ajjhattaṃ vā dhammesu
dhammânupassī viharati
bahiddhā vā dhammesu
dhammânupassī viharati
ajjhatta-bahiddhā vā dhammesu
dhammânupassī viharati.

이띠 앗잣땅 봐 담메쑤
담마 아누빳씨 뷔하라띠
바힛다 봐 담메쑤
담마 아누빳씨 뷔하라띠
앗잣따 바힛다 봐 담메쑤
담마 아누빳씨 뷔하라띠.

이와 같은 방식으로 그는
사실에 대해 사실을 안으로 관찰하거나
사실에 대해 사실을 밖으로 관찰하거나
사실에 대해 사실을 안팎으로 관찰하느니라.

109. samudaya-dhammânupassī vā
dhammesu viharati
vaya-dhammânupassī vā
dhammesu viharati
samudaya-vaya-dhammânupassī vā
dhammesu viharati.

싸무다야 담마 아누빳씨 봐
담메쑤 뷔하라띠
봐야 담마 아누빳씨 봐
담메쑤 뷔하라띠
싸무다야 봐야 담마 아누빳씨 봐
담메쑤 뷔하라띠.

또는 사실에 대해 생성의 현상을 관찰하거나
사실에 대해 소멸의 현상을 관찰하거나
사실에 대해 생멸의 현상을 관찰하느니라.

110. atthi dhammā'ti vā pan'assa sati
paccupaṭṭhitā hoti yāvad eva
ñāṇa-mattāya paṭissati-mattāya
anissito ca viharati
na ca kiñci loke upādiyati.

앗티 담만 띠 봐 빠낫싸 싸띠
빳쭈빳티따 호띠 야봐드 에봐
냐나 맛따야 빠띳싸띠 맛따야
아닛씨또 짜 뷔하라띠
나 짜 낀찌 로께 우빠디야띠.

순수한 앎과 순수한 새김이 있는 만큼
'사실이 있다.'라는 새김을 이루고,
세상의 어느 것에도 의존하지 않고
세상의 어느 것에도 집착하지 않느니라.

111. evam pi kho bhikkhave bhikkhu dhammesu dhammânupassī viharati sattasu bojjhaṅgesu.
에봠 삐 코 빅카붸 빅쿠 담메쑤 담마 아누빳씨 뷔하라띠 쌋따쑤 봇장게쑤.

수행승들이여, 수행승은 이와 같이
일곱 가지 깨달음 고리의
사실에 대해 사실을 관찰하느니라.

14) Dhammânupassanā : sacca-pabbaṃ
담마 아누빳싸나 : 쌋짜 빱밤

「사실에 대한 명상 : 진리관찰」을 송출하오니

112. puna ca paraṃ bhikkhave bhikkhu dhammesu dhammânupassī viharati catūsu ariya-saccesu.
뿌나 짜 빠람 빅카붸 빅쿠 담메쑤 담마 아누빳씨 뷔하라띠 짜뚜쑤 아리야 쌋제쑤.

수행승들이여, 또한 여기 수행승이
네 가지 거룩한 진리의
사실에 대해 사실을 관찰하느니라.

kathañ ca pana bhikkhave bhikkhu dhammesu dhammânupassī viharati
까탄 짜 빠람 빅카붸 빅쿠 담메쑤 담마 아누빳씨 뷔하라띠

catūsu ariya-saccesu? 짜뚜쑤 아리야 쌋쩨쑤.

수행승들이여, 어떻게 여기 수행승이
네 가지 거룩한 진리의
사실에 대해 사실을 관찰하는가?

113. idha bhikkhave bhikkhu. 이다 빅카웨 빅쿠.

수행승들이여, 여기 수행승이

1) idaṃ dukkhan'ti 이단 둑칸 띠
yathā-bhūtaṃ pajānāti. 야타 부땀 빠자나띠.

'이것이 괴로움이다.'라고
있는 그대로 분명히 알고,

2) ayaṃ dukkha-samudayo'ti 아얀 둑카 싸무다요 띠
yathā-bhūtaṃ pajānāti. 야타 부땀 빠자나띠.

'이것이 괴로움의 발생이다.'라고
있는 그대로 분명히 알고,

3) ayaṃ dukkha-nirodho'ti 아얀 둑카 니로도 띠
yathā-bhūtaṃ pajānāti. 야타 부땀 빠자나띠.

'이것이 괴로움의 소멸이다.'라고
있는 그대로 분명히 알고,

4) ayaṃ dukkha-nirodha-gāminī paṭipadā'ti 아얀 둑카 니로다 싸무다요 띠
yathā-bhūtaṃ pajānāti. 야타 부땀 빠자나띠.

'이것이 괴로움의 소멸에 이르는 길이다.'라고

있는 그대로 분명히 아는 것이니라.

15) Dukkha-sacca-niddeso
둑카 쌋짜 닛데쏘

「괴로움의 진리苦諦에 대한 해명」을 송출하오니

114. katamañ ca bhikkhave 까따만 짜 빅카붸
dukkhaṃ ariya-saccaṃ? 둑캄 아리야 쌋짬.

수행승들이여, 어떠한 것이
괴로움의 거룩한 진리인가?

1) jāti'pi dukkhā 자띠 삐 둑카
2) jarā'pi dukkhā 자라 삐 둑카
3) vyādhi'pi dukkhā 뷔야디 삐 둑카
4) maraṇam'pi dukkhaṃ. 마라남 삐 둑캉.

1) **태어남도 괴로움이요**
2) **늙음도 괴로움이요**
3) **병듦도 괴로움이요**
4) **죽음도 괴로움이요,**

5) soka-parideva-dukkha- 쏘까 빠리데바 둑카
domanass'upāyāsā pi dukkhā 도마낫싸 우빠야싸 둑카
6) appiyehi sampayogo dukkho 압삐예히 쌈빠요고 둑코
7) piyehi vippayogo dukkho 삐예히 빕빠요고 둑코
8) yam p'icchaṃ na labhati 얌 삣찬 나 라바띠
tam pi dukkhaṃ. 땀 삐 둑캉.

5) **슬픔·비탄·고통·근심·절망도 괴로움이요**
6) **사랑하지 않는 것과 만나는 것도 괴로움이요**
7) **사랑하는 것과 헤어지는 것도 괴로움이요**
8) **원하는 것을 얻지 못하는 것도 괴로움이니,**

saṅkhittena	쌍킷떼나
pañc'upādāna-kkhandhā dukkhā.	빤쭈빠다낙 칸다 둑카.

줄여서,
다섯 가지 존재다발이 괴로움이니라.

115. katamā ca bhikkhave jāti?	까따마 짜 빅카붸 자띠

수행승들이여, 어떠한 것이 태어남인가?

yā tesaṃ tesaṃ sattānaṃ	야 떼싼 떼쌍 쌋따난
tamhi tamhi satta-nikāye.	땀히 땀히 쌋따 니까예.

낱낱의 뭇삶의 유형에 따라
낱낱의 뭇삶이

1) jāti	자띠
2) sañjāti	싼자띠
3) okkanti	옥깐띠
4) nibbatti	닙밧띠
5) abhinibbatti.	아비닙밧띠.

1) **출생하고** 2) **탄생하고**
3) **강생하고** 4) **재생하고** 5) **전생하고**

6) khandhānaṃ pātubhāvo 칸다남 빠뚜바뵤
7) āyatanānaṃ paṭilābho. 아야따나남 빠띨라보.

6) 모든 존재다발들이 나타나고
7) 감역을 얻으니,

ayaṃ vuccati bhikkhave jāti. 아양 븟짯띠 빅카붸 자띠

수행승들이여, 이러한 것을
태어남이라고 하느니라.

116. katamā ca bhikkhave jarā? 까따마 짜 빅카붸 자라

수행승들이여, 어떠한 것이 늙음인가?

yā tesaṃ tesaṃ sattānaṃ 야 떼쌈 떼쌍 쌋따난
tamhi tamhi satta-nikāye 땀히 땀히 쌋따 니까예.

낱낱의 뭇삶의 유형에 따라
낱낱의 뭇삶이,

1) jarā 자라
2) jīraṇatā 지라나따
3) khaṇḍiccaṃ 칸딧짬
4) pāliccaṃ. 빨릿짱.

1) 늙고 2) 노쇠하고
3) 쇠약해지고 4) 백발이 되고,

5) valittacatā 봘릿따짜따
6) āyuno saṃhāni 아유노 쌍하니

7) indriyānaṃ paripāko. 인드리야남 빠리빠꼬.

5) 주름살이 지고 6) 목숨이 줄어들고
7) 감관이 노화되니,

ayaṃ vuccati bhikkhave jarā. 아양 븟짜띠 빅카붸 자라.

수행승들이여, 이러한 것을
늙음이라고 하느니라.

117. katamañ ca bhikkhave maraṇaṃ? 까따만 짜 빅카붸 마라남.

수행승들이여, 어떠한 것이 죽음인가?

yā tesaṃ tesaṃ sattānaṃ 야 떼싼 떼쌍 쌋따난
tamhā tamhā satta-nikāyā. 땀하 땀하 쌋따 니까야.

낱낱의 뭇삶의 유형에 따라
낱낱의 뭇삶이,

1) cuti 쭈띠
2) cavanatā 짜봐나따
3) bhedo 베도
4) antaradhānaṃ 안따라다남
5) maccumaraṇaṃ 맛쭈마라낭
6) kāla-kiriyā. 깔라 끼리야.

1) 죽고 2) 멸망하고
3) 파괴되고 4) 사멸하고
5) 사망하고 6) 목숨이 다하고

7) khandhānaṃ bhedo 칸다남 베도
8) kaḷebarassa nikkhepo 깔레바랏싸 닉케뽀
9) jīvit'indriyassa upacchedo. 지뷔띤드리얏싸 우빳체도.

7) 모든 존재다발이 파괴되고
8) 유해가 내던져지고 9) 명근이 끊어지니,

idaṃ vuccati bhikkhave maraṇaṃ. 이당 븃짜띠 빅카붸 마라남.

수행승들이여, 이러한 것을
죽음이라고 하느니라.

118. katamo ca bhikkhave soko? 까따모 짜 빅카붸 쏘꼬.

수행승들이여, 어떠한 것이 슬픔인가?

yo kho bhikkhave aññatar'aññatarena 요 코 빅카붸 안냐따라 안냐따레나
byasanena samannāgatassa 비야싸네나 싸만나가땃싸
aññatar'aññatarena 안냐따라 안냐따레나
dukkha-dhammena phuṭṭhassa 둑카 담메나 풋탓싸
soko socanā socitattaṃ 쏘꼬 쏘짜나 쏘찌땃땀
anto-soko anto-parisoko. 안또 쏘꼬 안또 빠리쏘꼬.

수행승들이여, 이러저러한 불행을 만나고
이러저러한 고통에 접촉하면
걱정하고, 걱정해서 슬픔에 빠져
안으로 걱정하고 안으로 슬퍼하나니,

ayaṃ vuccati bhikkhave soko. 아양 뷰짯띠 빅카붸 쏘꼬.

수행승들이여, 이러한 것을

슬픔이라고 하느니라.

119. katamo ca bhikkhave paridevo? 까따모 짜 빅카붸 빠리데뵤.

수행승들이여, 어떠한 비탄인가?

yo kho bhikkhave aññatar'aññatarena
byasanena samannāgatassa
aññatar'aññatarena
dukkhadhammena phuṭṭhassa
ādevo paridevo ādevanā paridevanā
ādevitattaṃ paridevitattaṃ.

요 코 빅카붸 안냐따라 안냐따라let나
비야싸네나 싸만나가땃싸
안냐따라 안냐따라레나
둑카 담메나 풋탓싸
아데뵤 빠리데뵤 아데봐나 빠리데봐나
아데뷔땃땀 빠리데뷔땃땀.

수행승들이여, 이러저러한 불행을 만나고
이러저러한 고통에 접촉하면
한탄하고 비통해하고, 한탄하고 비통해하여
한탄에 빠지고 비통함에 빠지나니,

ayaṃ vuccati bhikkhave paridevo. 아양 뷰짯띠 빅카붸 빠리데뵤.

수행승들이여, 이러한 것을
비탄이라고 하느니라.

120. katamañ ca bhikkhave dukkhaṃ? 까따만 짜 빅카붸 둑캄.

수행승들이여, 어떠한 것이 고통인가?

yaṃ kho bhikkhave kāyikaṃ dukkhaṃ
kāyikaṃ asātaṃ kāya-samphassa-jaṃ
dukkhaṃ asātaṃ vedayitaṃ.

양 코 빅카붸 까위깐 둑캉
까위깜 아싸땅 까야 쌈팟싸 잔
둑캄 아싸땅 붸다위땀.

수행승들이여, 신체적인 고통, 신체적인 불쾌

신체의 접촉에서 생겨나는
괴롭고 불쾌한 느낌이 있나니

idaṃ vuccati bhikkhave dukkhaṃ. 이당 븃짜띠 빅카붸 둑캄.

수행승들이여, 이러한 것을
고통이라고 하느니라.

121. katamañ ca bhikkhave domanassaṃ? 까따만 짜 빅카붸 도마낫쌈.

수행승들이여, 어떠한 것이 근심인가?

yaṃ kho bhikkhave cetasikaṃ dukkhaṃ cetasikaṃ asātaṃ mano-samphassa-jaṃ dukkhaṃ asātaṃ vedayitaṃ.

양 코 빅카붸 쩨따씨깐 둑칸 쩨따씨깜 아싸땀 마노 쌈팟싸 잔 둑캄 아싸땅 붸다위땀.

수행승들이여, 정신적인 고통, 정신적인 불쾌
정신의 접촉에서 생겨나는
괴롭고 불쾌한 느낌이 있나니

idaṃ vuccati bhikkhave domanassaṃ. 이당 븃짜띠 빅카붸 도마낫쌈.

수행승들이여, 이러한 것을
근심이라고 하느니라.

122. katamo ca bhikkhave upāyāso? 까따모 짜 빅카붸 우빠야쏘.

수행승들이여, 어떠한 것이 절망인가?

yo kho bhikkhave aññatar'aññatarena byasanena samannāgatassa

요 코 빅카붸 안냐따라 안냐따레나 비야싸네나 싸만나가땃싸

aññatar'aññatarena	안냐따라 안냐따레나
dukkhadhammena phuṭṭhassa	둑카 담메나 풋탓싸
āyāso upāyāso	아야쏘 우빠야쏘
āyāsitattaṃ upāyāsitattaṃ.	아야씨땃땀 우빠야씨땃땀.

수행승들이여, 이러저러한 불행을 만나고
이러저러한 고통에 접촉하면
실망하고 낙담하여 실망에 빠지고 낙담에 빠지나니

ayaṃ vuccati bhikkhave upāyāso.	아양 뷰짯띠 빅카붸 우빠야쏘.

수행승들이여, 이러한 것을
절망이라고 하느니라.

123. katamo ca bhikkhave	까따모 짜 빅카붸
appiyehi sampayogo dukkho?	압삐예히 쌈빠요고 둑코.

수행승들이여, 어떠한 것이
사랑스럽지 않는 것과 만나는 괴로움인가?

idha yassa te honti	이다 얏싸 떼 혼띠
aniṭṭhā akantā amanāpā	아닛타 아깐따 아마나빠
rūpā saddā gandhā	루빠 쌋다 간다
rasā phoṭṭhabbā dhammā.	라싸 폿탑바 담마.

수행승들이여, 세상에 원하지 않고
마음에 들지 않는 형상들, 소리들, 냄새들
맛들, 감촉들, 사실들이 있거나

ye vā pan'assa te honti	예 봐 빠낫싸 떼 혼띠
anattha-kāmā ahita-kāmā	아낫타 까마 아히따 까마

aphāsuka-kāmā ayogakkhema-kāmā. 아파쑤까 까마 아요각케마 까마.

또는 불행을 원하는 자들
불익을 원하는 자들, 불편을 원하는 자들
불안을 원하는 자들이 있는데,

yā tehi saddhiṃ saṅgati 야 떼히 쌋딩 쌍가띠
samāgamo samodhānaṃ missībhāvo 싸마가모 싸모다남 밋씨바뵤

그러한 것들과 만나고 교류하고
합류하고 결합하나니

ayaṃ vuccati bhikkhave 아양 븟짜띠 빅카붸
appiyehi sampayogo dukkho. 압삐예히 쌈빠요고 둑코.

수행승들이여, 이러한 것을
사랑스럽지 않는 것과 만나는 괴로움이라고 하느니라.

124. katamo ca bhikkhave 까따모 짜 빅카붸
piyehi vippayogo dukkho? 삐예히 뷥빠요고 둑코.

수행승들이여, 어떠한 것이
사랑스러운 것과 헤어지는 괴로움인가?

idha yassa te honti 이다 얏싸 떼 혼띠
iṭṭhā kantā manāpā 잇타 깐따 마나빠
rūpā saddā gandhā 루빠 쌋다 간다
rasā phoṭṭhabbā dhammā. 라싸 폿탑바 담마.

수행승들이여, 세상에 원하고
마음에 드는 형상들, 소리들, 냄새들

맛들, 감촉들, 사실들이 있거나,

ye vā pan'assa te honti	예 봐 빠낫싸 떼 혼띠
attha-kāmā hita-kāmā	앗타 까마 히따 까마
phāsuka-kāmā yogakkhema-kāmā	파쑤까 까마 요각케마 까마
mātā vā pitā vā bhātā vā bhaginī vā	마따 봐 삐따 봐 바따 봐 바기니 봐
mittā vā amaccā vā ñāti-sālohitā vā.	밋따 봐 아맛차 봐 냐띠 쌀로히따 봐.

또는 행복을 원하는 자들
요익을 원하는 자들, 편안을 원하는 자들
안온을 원하는 자들
어머니, 아버지, 형제, 자매
형님, 아우, 친구, 동료, 친척들이 있는데,

yā tehi saddhiṃ asaṅgati asamāgamo	야 떼히 쌋딤 아쌍가띠 아싸마가모
asamodhānaṃ amissībhāvo.	아싸모다남 아밋씨바뵤.

그러한 것들과 만나지 못하고
교류하지 못하고
합류하지 못하고 결합하지 못하나니,

ayaṃ vuccati bhikkhave	아양 븟짜띠 빅카붸
piyehi vippayogo dukkho.	삐예히 뷥빠요고 둑코.

수행승들이여, 이것을
사랑스러운 것과 헤어지는 괴로움이라고 하느니라.

125. katamañ ca bhikkhave	까따만 짜 빅카붸
yam p'icchaṃ na labhati tam pi dukkhaṃ?	얌 삐찬 나 라바띠 땀 삐 둑캄.

수행승들이여, 어떠한 것이
원하는 것을 얻지 못하는 괴로움인가?

1) jāti-dhammānaṃ bhikkhave	자띠 담마남 빅카붸
sattānaṃ evaṃ icchā uppajjati	쌋따남 에봠 잇차 웁빳자띠
aho vata mayaṃ	아호 봐따 마얀
na jāti-dhammā assāma	나 자띠 담마 앗싸마
na ca vata no jāti āgaccheyyā'ti.	나 빠 봐따 노 자띠 아갓체이야 띠
na kho pan'etaṃ icchāya pattabbaṃ.	나 코 빠네땀 잇차야 빳땁밤.

수행승들이여, 태어날 수밖에 없는 뭇삶들에게
'오! 우리는 태어나지 말아야지!
오! 우리에게 태어남이 닥치지 말기를!'
이라는 소원이 생겨나지만
그것은 원한다고 얻어지는 것은 아니니,

idam pi yam p'icchaṃ	이담 삐 얌 뼷찬
na labhati tam pi dukkhaṃ.	나 라바띠 땀 삐 둑캄.

수행승들이여, 이러한 것을
원하는 것을 얻지 못하는 괴로움이라고 하느니라.

2) jarā-dhammānaṃ bhikkhave	자띠 담마남 빅카붸
sattānaṃ evaṃ icchā uppajjati	쌋따남 에봠 잇차 웁빳자띠
aho vata mayaṃ	아호 봐따 마얀
na jarā-dhammā assāma	나 자라 담마 앗싸마
na ca vata no jarā āgaccheyyā'ti.	나 빠 봐따 노 자라 아갓체이야 띠
na kho pan'etaṃ icchāya pattabbaṃ.	나 코 빠네땀 잇차야 빳땁밤.

수행승들이여, 늙을 수밖에 없는 뭇삶들에게

'오! 우리는 늙지 말아야지!
오! 우리에게 늙음이 닥치지 말기를!'
이라는 소원이 생겨나지만
그것은 원한다고 얻어지는 것은 아니니,

idam pi yam p'icchaṃ	이담 삐 얌 뻿찬
na labhati tam pi dukkhaṃ.	나 라바띠 땀 삐 둑캄.

수행승들이여, 이러한 것을
원하는 것을 얻지 못하는 괴로움이라고 하느니라.

3) byādhi-dhammānaṃ bhikkhave	비야디 담마남 빅카붸
sattānaṃ evaṃ icchā uppajjati	쌋따남 에봠 잇차 웁빳자띠
aho vata mayaṃ	아호 봐따 마얀
na byādhi-dhammā assāma	나 비야디 담마 앗싸마
na ca vata no byādhi āgaccheyyā'ti.	나 빠 봐따 노 비야디 아갓체이야 띠
na kho pan'etaṃ icchāya pattabbaṃ.	나 코 빠네땀 잇차야 빳땁밤.

수행승들이여, 병들 수밖에 없는 뭇삶들에게
'오! 우리는 병들지 말아야지!
오! 우리에게 질병이 닥치지 말기를!'
이라는 소원이 생겨나지만
그것은 원한다고 얻어지는 것은 아니니,

idam pi yam p'icchaṃ	이담 삐 얌 뻿찬
na labhati tam pi dukkhaṃ.	나 라바띠 땀 삐 둑캄.

수행승들이여, 이러한 것을
원하는 것을 얻지 못하는 괴로움이라고 하느니라.

4) maraṇa-dhammānaṃ bhikkhave	마라나 담마남 빅카붸
sattānaṃ evaṃ icchā uppajjati	쌋따남 에봠 잇차 웁빳자띠
aho vata mayaṃ	아호 봐따 마얀
na maraṇa-dhammā assāma	나 마라나 담마 앗싸마
na ca vata no maraṇaṃ āgaccheyyā'ti.	나 빠 봐따 노 마라남 아갓체이야 띠
na kho pan'etaṃ icchāya pattabbaṃ.	나 코 빠네땀 잇차야 빳땁밤.

수행승들이여, 죽을 수밖에 없는 뭇삶들에게
'오! 우리는 죽지 말아야지!
오! 우리에게 죽음이 닥치지 말기를!'
이라는 소원이 생겨나지만
그것은 원한다고 얻어지는 것은 아니니,

idam pi yam p'icchaṃ	이담 삐 얌 삣찬
na labhati tam pi dukkhaṃ.	나 라바띠 땀 삐 둑캄.

수행승들이여, 이러한 것을
원하는 것을 얻지 못하는 괴로움이라고 하느니라.

5) soka-parideva-dukkha-	쏘까 빠리데봐 둑카
domanass'upāyāsa-dhammānaṃ	도마낫싸 우빠야싸 담마남
bhikkhave sattānaṃ evaṃ icchā uppajjati	빅카붸 쌋따남 에봠 잇차 웁빳자띠
aho vata mayaṃ	아호 봐따 마얀
na soka-parideva-dukkha-	나 쏘까 빠리데봐 둑카
domanass'upāyāsa-dhammā assāma	도마낫싸 우빠야싸 담마 앗싸마
na ca vata no	나 짜 봐따 노
soka-parideva-dukkha-domanass'	쏘까 빠리데봐 둑카 도마낫싸
upāyāsā āgaccheyyun'ti.	우빠야싸 아갓체이윤 띠
na kho pan'etaṃ icchāya pattabbaṃ.	나 코 빠네땀 잇차야 빳땁밤.

수행승들이여, 슬픔·비탄·
고통·근심·절망에 빠질 수밖에 없는 뭇삶들에게
'오! 우리는 슬픔·비탄·
고통·근심·절망에 빠지지 말아야지!
오! 우리에게 슬픔·비탄·
고통·근심·절망이 닥치지 말기를!'
이라는 소원이 생겨나지만
그것은 단지 원한다고 얻어지는 것은 아니니,

idam pi yam p'icchaṃ 이담 삐 얌 삣찬
na labhati tam pi dukkhaṃ. 나 라바띠 땀 삐 둑캄.

수행승들이여, 이러한 것을
원하는 것을 얻지 못하는 괴로움이라고 하느니라.

126. katame ca bhikkhave saṅkhittena 까따메 짜 빅카붸 쌍킷떼나
pañc'upādāna-kkhandhā dukkhā? 빤쭈빠다낙 칸다 둑카

수행승들이여, 줄여서 어떠한
다섯 가지 집착다발을 괴로움이라고 하는가?

seyyath'idaṃ rūp'upādāna-kkhandho 쎄이야티당 루뿌빠다낙 칸도
vedan'upādāna-kkhandho 붸다누빠다낙 칸도
saññ'upādāna-kkhandho 싼뉴빠다낙 칸도
saṅkhār'upādāna-kkhandho 쌍카루빠다낙 칸도
viññāṇ'upādāna-kkhandho 뷘냐누빠다낙 칸도
ime vuccanti bhikkhave saṅkhittena 이메 붓짠띠 빅카붸 쌍킷떼나
pañc'upādāna-kkhandhā dukkhā. 빤쭈빠다낙 칸다 둑카.

수행승들이여, 예를 들어
1) 물질의 집착다발
2) 느낌의 집착다발
3) 지각의 집착다발
4) 형성의 집착다발
5) 의식의 집착다발이 있는데,
수행승들이여, 줄여서 이러한
다섯 가지 집착다발을 괴로움이라고 하느니라.

127. idam vuccati bhikkhave 이당 븟짜띠 빅카붸
dukkhaṃ ariya-saccaṃ. 둑캄 아리야 쌋짬.

수행승들이여, 이러한 것을
괴로움의 거룩한 진리라고 하느니라.

16) Samudaya-sacca-niddeso
싸무다야 쌋짜 닛데쏘

「발생의 진리集諦에 대한 해명」을 송출하오니

128. katamañ ca bhikkhave 까따만 짜 빅카붸
dukkha-samudayaṃ ariya-saccaṃ? 둑카 싸무다얌 아리야 쌋짬.

수행승들이여, 어떠한 것이
괴로움의 발생의 거룩한 진리인가?

yâyaṃ taṇhā ponobhavikā 야 아얀 딴하 뽀노바뷔까
nandī-rāga-sahagatā 난디 라가 싸하가따

tatra-tatrâbhinandinī 따뜨라 따뜨라 아비난디니
seyyath'idaṃ. 쎄이야티당.

그것은 향락과 탐욕을 수반하며
여기저기에 환희하며
미래의 존재를 일으키는 갈애이니, 곧,

1) kāma-taṇhā 까마 딴하
2) bhava-taṇhā 바봐 딴하
3) vibhava-taṇhā. 뷔바봐 딴하.

1) 감각적 쾌락의 욕망에 대한 갈애
2) 존재에 대한 갈애
3) 비존재에 대한 갈애이니라.

129. sā kho pan'esā bhikkhave 싸 코 빠네싸 빅카붸
taṇhā kattha uppajjamānā uppajjati 딴하 깟타 웁빳자마나 웁빳자띠
kattha nivisamānā nivisati? 깟타 니뷔싸마나 니뷔싸띠.

수행승들이여, 이러한 갈애는
어디서 일어나 어디에 안착하는가?

yaṃ loke piya-rūpaṃ sāta-rūpaṃ 양 로께 삐야 루빵 싸따 루빰
etth'esā taṇhā uppajjamānā uppajjati 엣테싸 딴하 웁빳자마나 웁빳자띠
ettha nivisamānā nivisati 엣타 니뷔싸마나 니뷔싸띠
kiñ ca loke piya-rūpaṃ sāta-rūpaṃ? 낀 짜 로께 삐야 루빵 싸따 루빰.

세상에서 사랑스러운 것, 즐거운 것이 있다면
갈애는 그곳에서 일어나 그곳에서 안착하느니라.
세상에서 사랑스러운 것, 즐거운 것은 무엇인가?

1) cakkhuṃ loke
piya-rūpaṃ sāta-rūpaṃ
etth'esā taṇhā uppajjamānā uppajjati
ettha nivisamānā nivisati.

짝쿵 로께
삐야 루빵 싸타 루빰
엣테싸 딴하 웁빳자마나 웁빳자띠
엣타 니뷔싸마나 니뷔싸띠.

시각은
세상에서 사랑스러운 것, 즐거운 것이므로
갈애는 그곳에서 일어나 그곳에 안착하고,

2) sotaṃ loke
piya-rūpaṃ sāta-rūpaṃ
etth'esā taṇhā uppajjamānā uppajjati
ettha nivisamānā nivisati.

쏘땅 로께
삐야 루빵 싸타 루빰
엣테싸 딴하 웁빳자마나 웁빳자띠
엣타 니뷔싸마나 니뷔싸띠.

청각은
세상에서 사랑스러운 것, 즐거운 것이므로
갈애는 그곳에서 일어나 그곳에 안착하고,

3) ghānaṃ loke
piya-rūpaṃ sāta-rūpaṃ
etth'esā taṇhā uppajjamānā uppajjati
ettha nivisamānā nivisati.

가낭 로께
삐야 루빵 싸타 루빰
엣테싸 딴하 웁빳자마나 웁빳자띠
엣타 니뷔싸마나 니뷔싸띠.

후각은
세상에서 사랑스러운 것, 즐거운 것이므로
갈애는 그곳에서 일어나 그곳에 안착하고,

4) jivhā loke
piya-rūpaṃ sāta-rūpaṃ
etth'esā taṇhā uppajjamānā uppajjati
ettha nivisamānā nivisati.

지브하 로께
삐야 루빵 싸타 루빰
엣테싸 딴하 웁빳자마나 웁빳자띠
엣타 니뷔싸마나 니뷔싸띠.

미각은
세상에서 사랑스러운 것, 즐거운 것이므로
갈애는 그곳에서 일어나 그곳에 안착하고,

5) kāyo loke
piya-rūpaṃ sāta-rūpaṃ
etth'esā taṇhā uppajjamānā uppajjati
ettha nivisamānā nivisati.

까요 로께
삐야 루빵 싸타 루빰
엣테싸 딴하 웁빳자마나 웁빳자띠
엣타 니뷔싸마나 니뷔싸띠.

촉각은
세상에서 사랑스러운 것, 즐거운 것이므로
갈애는 그곳에서 일어나 그곳에 안착하고,

6) mano loke
piya-rūpaṃ sāta-rūpaṃ
etth'esā taṇhā uppajjamānā uppajjati
ettha nivisamānā nivisati.

마노 로께
삐야 루빵 싸타 루빰
엣테싸 딴하 웁빳자마나 웁빳자띠
엣타 니뷔싸마나 니뷔싸띠.

정신은
세상에서 사랑스러운 것, 즐거운 것이므로
갈애는 그곳에서 일어나 그곳에 안착하나니,

1) rūpā loke
piya-rūpaṃ sāta-rūpaṃ
etth'esā taṇhā uppajjamānā uppajjati
ettha nivisamānā nivisati.

루빠 로께
삐야 루빵 싸타 루빰
엣테싸 딴하 웁빳자마나 웁빳자띠
엣타 니뷔싸마나 니뷔싸띠.

형상은
세상에서 사랑스러운 것, 즐거운 것이므로

갈애는 그곳에서 일어나 그곳에 안착하고,

2) saddā loke	쌋다 로께
piya-rūpaṃ sāta-rūpaṃ	삐야 루빵 싸타 루빰
etth'esā taṇhā uppajjamānā uppajjati	엣테싸 딴하 웁빳자마나 웁빳자띠
ettha nivisamānā nivisati.	엣타 니뷔싸마나 니뷔싸띠.

소리는
세상에서 사랑스러운 것, 즐거운 것이므로
갈애는 그곳에서 일어나 그곳에 안착하고,

3) gandhā loke	간다 로께
piya-rūpaṃ sāta-rūpaṃ	삐야 루빵 싸타 루빰
etth'esā taṇhā uppajjamānā uppajjati	엣테싸 딴하 웁빳자마나 웁빳자띠
ettha nivisamānā nivisati.	엣타 니뷔싸마나 니뷔싸띠.

냄새는
세상에서 사랑스러운 것, 즐거운 것이므로
갈애는 그곳에서 일어나 그곳에 안착하고,

4) rasā loke	라싸 로께
piya-rūpaṃ sāta-rūpaṃ	삐야 루빵 싸타 루빰
etth'esā taṇhā uppajjamānā uppajjati	엣테싸 딴하 웁빳자마나 웁빳자띠
ettha nivisamānā nivisati.	엣타 니뷔싸마나 니뷔싸띠.

맛은
세상에서 사랑스러운 것, 즐거운 것이므로
갈애는 그곳에서 일어나 그곳에 안착하고,

5) phoṭṭhabbā loke	폿탑바 로께
piya-rūpaṃ sāta-rūpaṃ	삐야 루빵 싸타 루빰

etth'esā taṇhā uppajjamānā uppajjati
ettha nivisamānā nivisati.

엣테싸 딴하 웁빳자마나 웁빳자띠
엣타 니뷔싸마나 니뷔싸띠.

감촉은
세상에서 사랑스러운 것, 즐거운 것이므로
갈애는 그곳에서 일어나 그곳에 안착하고,

6) dhammā loke
piya-rūpaṃ sāta-rūpaṃ
etth'esā taṇhā uppajjamānā uppajjati
ettha nivisamānā nivisati.

담마 로께
삐야 루빵 싸타 루빰
엣테싸 딴하 웁빳자마나 웁빳자띠
엣타 니뷔싸마나 니뷔싸띠.

사실은
세상에서 사랑스러운 것, 즐거운 것이므로
갈애는 그곳에서 일어나 그곳에 안착하나니,

1) cakkhu-viññāṇaṃ
loke piya-rūpaṃ sāta-rūpaṃ
etth'esā taṇhā uppajjamānā uppajjati
ettha nivisamānā nivisati.

짝쿠 뷘냐낭
로께 삐야 루빵 싸타 루빰
엣테싸 딴하 웁빳자마나 웁빳자띠
엣타 니뷔싸마나 니뷔싸띠.

시각의식은
세상에서 사랑스러운 것, 즐거운 것이므로
갈애는 그곳에서 일어나 그곳에 안착하고,

2) sota-viññāṇaṃ loke
loke piya-rūpaṃ sāta-rūpaṃ
etth'esā taṇhā uppajjamānā uppajjati
ettha nivisamānā nivisati.

쏘따 뷘냐낭 로께
삐야 루빵 싸따 루빰
엣테싸 딴하 웁빳자마나 웁빳자띠
엣타 니뷔싸마나 니뷔싸띠.

청각의식은
세상에서 사랑스러운 것, 즐거운 것이므로
갈애는 그곳에서 일어나 그곳에 안착하고,

3) ghāna-viññāṇaṃ
loke piya-rūpaṃ sāta-rūpaṃ
etth'esā taṇhā uppajjamānā uppajjati
ettha nivisamānā nivisati.

가나 뷘냐낭
로께 삐야 루빵 싸타 루빰
엣테싸 딴하 웁빳자마나 웁빳자띠
엣타 니뷔싸마나 니뷔싸띠.

후각의식은
세상에서 사랑스러운 것, 즐거운 것이므로
갈애는 그곳에서 일어나 그곳에 안착하고,

4) jivhā-viññāṇaṃ
loke piya-rūpaṃ sāta-rūpaṃ
etth'esā taṇhā uppajjamānā uppajjati
ettha nivisamānā nivisati.

지브하 뷘냐낭
로께 삐야 루빵 싸타 루빰
엣테싸 딴하 웁빳자마나 웁빳자띠
엣타 니뷔싸마나 니뷔싸띠.

미각의식은
세상에서 사랑스러운 것, 즐거운 것이므로
갈애는 그곳에서 일어나 그곳에 안착하고,

5) kāya-viññāṇaṃ
loke piya-rūpaṃ sāta-rūpaṃ
etth'esā taṇhā uppajjamānā uppajjati
ettha nivisamānā nivisati.

까야 뷘냐낭
로께 삐야 루빵 싸타 루빰
엣테싸 딴하 웁빳자마나 웁빳자띠
엣타 니뷔싸마나 니뷔싸띠.

촉각의식은
세상에서 사랑스러운 것, 즐거운 것이므로

갈애는 그곳에서 일어나 그곳에 안착하고,

6) mano-viññāṇaṃ 마노 뷘냐낭
loke piya-rūpaṃ sāta-rūpaṃ 로께 삐야 루빵 싸타 루빰
etth'esā taṇhā uppajjamānā uppajjati 엣테싸 딴하 웁빳자마나 웁빳자띠
ettha nivisamānā nivisati. 엣타 니뷔싸마나 니뷔싸띠.

정신의식은
세상에서 사랑스러운 것, 즐거운 것이므로
갈애는 그곳에서 일어나 그곳에 안착하나니,

1) cakkhu-samphasso 짝쿠 쌈팟쏘
loke piya-rūpaṃ sāta-rūpaṃ 로께 삐야 루빵 싸타 루빰
etth'esā taṇhā uppajjamānā uppajjati 엣테싸 딴하 웁빳자마나 웁빳자띠
ettha nivisamānā nivisati. 엣타 니뷔싸마나 니뷔싸띠.

시각접촉은
세상에서 사랑스러운 것, 즐거운 것이므로
갈애는 그곳에서 일어나 그곳에 안착하고,

2) sota-samphasso 쏘따 쌈팟쏘
loke piya-rūpaṃ sāta-rūpaṃ 로께 삐야 루빵 싸타 루빰
etth'esā taṇhā uppajjamānā uppajjati 엣테싸 딴하 웁빳자마나 웁빳자띠
ettha nivisamānā nivisati. 엣타 니뷔싸마나 니뷔싸띠.

청각접촉은
세상에서 사랑스러운 것, 즐거운 것이므로
갈애는 그곳에서 일어나 그곳에 안착하고,

3) ghāna-samphasso 가나 쌈팟쏘
loke piya-rūpaṃ sāta-rūpaṃ 로께 삐야 루빵 싸타 루빰

etth'esā taṇhā uppajjamānā uppajjati 엣테싸 딴하 웁빳자마나 웁빳자띠
ettha nivisamānā nivisati. 엣타 니뷔싸마나 니뷔싸띠.

후각접촉은
세상에서 사랑스러운 것, 즐거운 것이므로
갈애는 그곳에서 일어나 그곳에 안착하고,

4) jivhā-samphasso 지브하 쌈팟쏘
loke piya-rūpaṃ sāta-rūpaṃ 로께 삐야 루빵 싸타 루빰
etth'esā taṇhā uppajjamānā uppajjati 엣테싸 딴하 웁빳자마나 웁빳자띠
ettha nivisamānā nivisati. 엣타 니뷔싸마나 니뷔싸띠.

미각접촉은
세상에서 사랑스러운 것, 즐거운 것이므로
갈애는 그곳에서 일어나 그곳에 안착하고,

5) kāya-samphasso 까야 쌈팟쏘
loke piya-rūpaṃ sāta-rūpaṃ 로께 삐야 루빵 싸타 루빰
etth'esā taṇhā uppajjamānā uppajjati 엣테싸 딴하 웁빳자마나 웁빳자띠
ettha nivisamānā nivisati. 엣타 니뷔싸마나 니뷔싸띠.

촉각접촉은
세상에서 사랑스러운 것, 즐거운 것이므로
갈애는 그곳에서 일어나 그곳에 안착하고,

6) mano-samphasso 마노 쌈팟쏘
loke piya-rūpaṃ sāta-rūpaṃ 로께 삐야 루빵 싸타 루빰
etth'esā taṇhā uppajjamānā uppajjati 엣테싸 딴하 웁빳자마나 웁빳자띠
ettha nivisamānā nivisati. 엣타 니뷔싸마나 니뷔싸띠.

정신접촉은

세상에서 사랑스러운 것, 즐거운 것이므로
갈애는 그곳에서 일어나 그곳에 안착하나니,

1) cakkhu-samphassa-jā vedanā	짝쿠 쌈팟싸 자 붸다나
loke piya-rūpaṃ sāta-rūpaṃ	로께 삐야 루빵 싸타 루빰
etth'esā taṇhā uppajjamānā uppajjati	엣테싸 딴하 웁빳자마나 웁빳자띠
ettha nivisamānā nivisati.	엣타 니뷔싸마나 니뷔싸띠.

시각접촉에서 생겨나는 느낌은
세상에서 사랑스러운 것, 즐거운 것이므로
갈애는 그곳에서 일어나 그곳에 안착하고,

2) sota-samphassa-jā vedanā	쏘따 쌈팟싸 자 붸다나
loke piya-rūpaṃ sāta-rūpaṃ	로께 삐야 루빵 싸타 루빰
etth'esā taṇhā uppajjamānā uppajjati	엣테싸 딴하 웁빳자마나 웁빳자띠
ettha nivisamānā nivisati.	엣타 니뷔싸마나 니뷔싸띠.

청각접촉에서 생겨나는 느낌은
세상에서 사랑스러운 것, 즐거운 것이므로
갈애는 그곳에서 일어나 그곳에 안착하고,

3) ghāna-samphassa-jā vedanā	가나 쌈팟싸 자 붸다나
loke piya-rūpaṃ sāta-rūpaṃ	로께 삐야 루빵 싸타 루빰
etth'esā taṇhā uppajjamānā uppajjati	엣테싸 딴하 웁빳자마나 웁빳자띠
ettha nivisamānā nivisati.	엣타 니뷔싸마나 니뷔싸띠.

후각접촉에서 생겨나는 느낌은
세상에서 사랑스러운 것, 즐거운 것이므로
갈애는 그곳에서 일어나 그곳에 안착하고,

4) jivhā-samphassa-jā vedanā
loke piya-rūpaṃ sāta-rūpaṃ
etth'esā taṇhā uppajjamānā uppajjati
ettha nivisamānā nivisati.

지브하 쌈팟싸 자 웨다나
로께 삐야 루빵 싸타 루빰
엣테싸 딴하 웁빳자마나 웁빳자띠
엣타 니뷔싸마나 니뷔싸띠.

미각접촉에서 생겨나는 느낌은
세상에서 사랑스러운 것, 즐거운 것이므로
갈애는 그곳에서 일어나 그곳에 안착하고,

5) kāya-samphassa-jā vedanā
loke piya-rūpaṃ sāta-rūpaṃ
etth'esā taṇhā uppajjamānā uppajjati
ettha nivisamānā nivisati.

까야 쌈팟싸 자 웨다나
로께 삐야 루빵 싸타 루빰
엣테싸 딴하 웁빳자마나 웁빳자띠
엣타 니뷔싸마나 니뷔싸띠.

촉각접촉에서 생겨나는 느낌은
세상에서 사랑스러운 것, 즐거운 것이므로
갈애는 그곳에서 일어나 그곳에 안착하고,

6) mano-samphassa-jā vedanā
loke piya-rūpaṃ sāta-rūpaṃ
etth'esā taṇhā uppajjamānā uppajjati
ettha nivisamānā nivisati.

마노 쌈팟싸 자 웨다나
로께 삐야 루빵 싸타 루빰
엣테싸 딴하 웁빳자마나 웁빳자띠
엣타 니뷔싸마나 니뷔싸띠.

정신접촉에서 생겨나는 느낌은
세상에서 사랑스러운 것, 즐거운 것이므로
갈애는 그곳에서 일어나 그곳에 안착하나니,

1) rūpa-saññā
loke piya-rūpaṃ sāta-rūpaṃ
etth'esā taṇhā uppajjamānā uppajjati
ettha nivisamānā nivisati.

루빠 싼냐
로께 삐야 루빵 싸타 루빰
엣테싸 딴하 웁빳자마나 웁빳자띠
엣타 니뷔싸마나 니뷔싸띠.

형상에 대한 지각은
세상에서 사랑스러운 것, 즐거운 것이므로
갈애는 그곳에서 일어나 그곳에 안착하고,

2) sadda-saññā	쌋다 싼냐
loke piya-rūpaṃ sāta-rūpaṃ	로께 삐야 루빵 싸타 루빰
etth'esā taṇhā uppajjamānā uppajjati	엣테싸 딴하 웁빳자마나 웁빳자띠
ettha nivisamānā nivisati.	엣타 니뷔싸마나 니뷔싸띠.

소리에 대한 지각은
세상에서 사랑스러운 것, 즐거운 것이므로
갈애는 그곳에서 일어나 그곳에 안착하고,

3) gandha-saññā	간다 싼냐
loke piya-rūpaṃ sāta-rūpaṃ	로께 삐야 루빵 싸타 루빰
etth'esā taṇhā uppajjamānā uppajjati	엣테싸 딴하 웁빳자마나 웁빳자띠
ettha nivisamānā nivisati.	엣타 니뷔싸마나 니뷔싸띠.

냄새에 대한 지각은
세상에서 사랑스러운 것, 즐거운 것이므로
갈애는 그곳에서 일어나 그곳에 안착하고,

4) rasa-saññā	라싸 싼냐
loke piya-rūpaṃ sāta-rūpaṃ	로께 삐야 루빵 싸타 루빰
etth'esā taṇhā uppajjamānā uppajjati	엣테싸 딴하 웁빳자마나 웁빳자띠
ettha nivisamānā nivisati.	엣타 니뷔싸마나 니뷔싸띠.

맛에 대한 지각은
세상에서 사랑스러운 것, 즐거운 것이므로

갈애는 그곳에서 일어나 그곳에 안착하고,

5) phoṭṭhabba-saññā	폿탑바 싼냐
loke piya-rūpaṃ sāta-rūpaṃ	로께 삐야 루빵 싸타 루빰
etth'esā taṇhā uppajjamānā uppajjati	엣테싸 딴하 웁빳자마나 웁빳자띠
ettha nivisamānā nivisati.	엣타 니뷔싸마나 니뷔싸띠.

감촉에 대한 지각은
세상에서 사랑스러운 것, 즐거운 것이므로
갈애는 그곳에서 일어나 그곳에 안착하고,

6) dhamma-saññā	담마 싼냐
loke piya-rūpaṃ sāta-rūpaṃ	로께 삐야 루빵 싸타 루빰
etth'esā taṇhā uppajjamānā uppajjati	엣테싸 딴하 웁빳자마나 웁빳자띠
ettha nivisamānā nivisati.	엣타 니뷔싸마나 니뷔싸띠.

사실에 대한 지각은
세상에서 사랑스러운 것, 즐거운 것이므로
갈애는 그곳에서 일어나 그곳에 안착하나니,

1) rūpa-sañcetanā	루빠 싼쩨따나
loke piya-rūpaṃ sāta-rūpaṃ	로께 삐야 루빵 싸타 루빰
etth'esā taṇhā uppajjamānā uppajjati	엣테싸 딴하 웁빳자마나 웁빳자띠
ettha nivisamānā nivisati.	엣타 니뷔싸마나 니뷔싸띠.

형상에 대한 의도는
세상에서 사랑스러운 것, 즐거운 것이므로
갈애는 그곳에서 일어나 그곳에 안착하고,

2) sadda-sañcetanā	쌋다 싼쩨따나
loke piya-rūpaṃ sāta-rūpaṃ	로께 삐야 루빵 싸타 루빰

etth'esā taṇhā uppajjamānā uppajjati	엣테싸 딴하 웁빳자마나 웁빳자띠
ettha nivisamānā nivisati.	엣타 니뷔싸마나 니뷔싸띠.

소리에 대한 의도는
세상에서 사랑스러운 것, 즐거운 것이므로
갈애는 그곳에서 일어나 그곳에 안착하고,

3) gandha-sañcetanā	간다 싼쩨따나
loke piya-rūpaṃ sāta-rūpaṃ	로께 삐야 루빵 싸타 루빰
etth'esā taṇhā uppajjamānā uppajjati	엣테싸 딴하 웁빳자마나 웁빳자띠
ettha nivisamānā nivisati.	엣타 니뷔싸마나 니뷔싸띠.

냄새에 대한 의도는
세상에서 사랑스러운 것, 즐거운 것이므로
갈애는 그곳에서 일어나 그곳에 안착하고,

4) rasa-sañcetanā	라싸 싼쩨따나
loke piya-rūpaṃ sāta-rūpaṃ	로께 삐야 루빵 싸타 루빰
etth'esā taṇhā uppajjamānā uppajjati	엣테싸 딴하 웁빳자마나 웁빳자띠
ettha nivisamānā nivisati.	엣타 니뷔싸마나 니뷔싸띠.

맛에 대한 의도는
세상에서 사랑스러운 것, 즐거운 것이므로
갈애는 그곳에서 일어나 그곳에 안착하고,

5) phoṭṭhabba-sañcetanā	폿탑바 싼쩨따나
loke piya-rūpaṃ sāta-rūpaṃ	로께 삐야 루빵 싸타 루빰
etth'esā taṇhā uppajjamānā uppajjati	엣테싸 딴하 웁빳자마나 웁빳자띠
ettha nivisamānā nivisati.	엣타 니뷔싸마나 니뷔싸띠.

감촉에 대한 의도는

세상에서 사랑스러운 것, 즐거운 것이므로
갈애는 그곳에서 일어나 그곳에 안착하고,

6) dhamma-sañcetanā	담마 싼쩨따나
loke piya-rūpaṃ sāta-rūpaṃ	로께 삐야 루빵 싸타 루빰
etth'esā taṇhā uppajjamānā uppajjati	엣테싸 딴하 웁빳자마나 웁빳자띠
ettha nivisamānā nivisati.	엣타 니뷔싸마나 니뷔싸띠.

사실에 대한 의도는
세상에서 사랑스러운 것, 즐거운 것이므로
갈애는 그곳에서 일어나 그곳에 안착하나니,

1) rūpa-taṇhā	루빠 딴하
loke piya-rūpaṃ sāta-rūpaṃ	로께 삐야 루빵 싸타 루빰
etth'esā taṇhā uppajjamānā uppajjati	엣테싸 딴하 웁빳자마나 웁빳자띠
ettha nivisamānā nivisati.	엣타 니뷔싸마나 니뷔싸띠.

형상에 대한 갈애는
세상에서 사랑스러운 것, 즐거운 것이므로
갈애는 그곳에서 일어나 그곳에 안착하고,

2) sadda-taṇhā	쌋다 딴하
loke piya-rūpaṃ sāta-rūpaṃ	로께 삐야 루빵 싸타 루빰
etth'esā taṇhā uppajjamānā uppajjati	엣테싸 딴하 웁빳자마나 웁빳자띠
ettha nivisamānā nivisati.	엣타 니뷔싸마나 니뷔싸띠.

소리에 대한 갈애는
세상에서 사랑스러운 것, 즐거운 것이므로
갈애는 그곳에서 일어나 그곳에 안착하고,

3) gandha-taṇhā	간다 딴하
loke piya-rūpaṃ sāta-rūpaṃ	로께 삐야 루빵 싸타 루빰
etth'esā taṇhā uppajjamānā uppajjati	엣테싸 딴하 웁빳자마나 웁빳자띠
ettha nivisamānā nivisati.	엣타 니뷔싸마나 니뷔싸띠.

냄새에 대한 갈애는
세상에서 사랑스러운 것, 즐거운 것이므로
갈애는 그곳에서 일어나 그곳에 안착하고,

4) rasa-taṇhā	라싸 딴하
loke piya-rūpaṃ sāta-rūpaṃ	로께 삐야 루빵 싸타 루빰
etth'esā taṇhā uppajjamānā uppajjati	엣테싸 딴하 웁빳자마나 웁빳자띠
ettha nivisamānā nivisati.	엣타 니뷔싸마나 니뷔싸띠.

맛에 대한 갈애는
세상에서 사랑스러운 것, 즐거운 것이므로
갈애는 그곳에서 일어나 그곳에 안착하고,

5) phoṭṭhabba-taṇhā	폿탑바 딴하
loke piya-rūpaṃ sāta-rūpaṃ	로께 삐야 루빵 싸타 루빰
etth'esā taṇhā uppajjamānā uppajjati	엣테싸 딴하 웁빳자마나 웁빳자띠
ettha nivisamānā nivisati.	엣타 니뷔싸마나 니뷔싸띠.

감촉에 대한 갈애는
세상에서 사랑스러운 것, 즐거운 것이므로
갈애는 그곳에서 일어나 그곳에 안착하고,

6) dhamma-taṇhā	담마 딴하
loke piya-rūpaṃ sāta-rūpaṃ	로께 삐야 루빵 싸타 루빰
etth'esā taṇhā uppajjamānā uppajjati	엣테싸 딴하 웁빳자마나 웁빳자띠
ettha nivisamānā nivisati.	엣타 니뷔싸마나 니뷔싸띠.

사실에 대한 갈애는
세상에서 사랑스러운 것, 즐거운 것이므로
갈애는 그곳에서 일어나 그곳에 안착하나니,

1) rūpa-vitakko	루빠 뷔딱꼬
loke piya-rūpaṃ sāta-rūpaṃ	로께 삐야 루빵 싸타 루빰
etth'esā taṇhā uppajjamānā uppajjati	엣테싸 딴하 웁빳자마나 웁빳자띠
ettha nivisamānā nivisati.	엣타 니뷔싸마나 니뷔싸띠.

형상에 대한 사유는
세상에서 사랑스러운 것, 즐거운 것이므로
갈애는 그곳에서 일어나 그곳에 안착하고,

2) sadda-vitakko	쌋다 뷔딱꼬
loke piya-rūpaṃ sāta-rūpaṃ	로께 삐야 루빵 싸타 루빰
etth'esā taṇhā uppajjamānā uppajjati	엣테싸 딴하 웁빳자마나 웁빳자띠
ettha nivisamānā nivisati.	엣타 니뷔싸마나 니뷔싸띠.

소리에 대한 사유는
세상에서 사랑스러운 것, 즐거운 것이므로
갈애는 그곳에서 일어나 그곳에 안착하고,

3) gandha-vitakko	간다 뷔딱꼬
loke piya-rūpaṃ sāta-rūpaṃ	로께 삐야 루빵 싸타 루빰
etth'esā taṇhā uppajjamānā uppajjati	엣테싸 딴하 웁빳자마나 웁빳자띠
ettha nivisamānā nivisati.	엣타 니뷔싸마나 니뷔싸띠.

냄새에 대한 사유는
세상에서 사랑스러운 것, 즐거운 것이므로

갈애는 그곳에서 일어나 그곳에 안착하고,

4) rasa-vitakko	라싸 뷔딱꼬
loke piya-rūpaṃ sāta-rūpaṃ	로께 삐야 루빵 싸타 루빰
etth'esā taṇhā uppajjamānā uppajjati	엣테싸 딴하 웁빳자마나 웁빳자띠
ettha nivisamānā nivisati.	엣타 니뷔싸마나 니뷔싸띠.

맛에 대한 사유는
세상에서 사랑스러운 것, 즐거운 것이므로
갈애는 그곳에서 일어나 그곳에 안착하고,

5) phoṭṭhabba-vitakko	폿탑바 뷔딱꼬
loke piya-rūpaṃ sāta-rūpaṃ	로께 삐야 루빵 싸타 루빰
etth'esā taṇhā uppajjamānā uppajjati	엣테싸 딴하 웁빳자마나 웁빳자띠
ettha nivisamānā nivisati.	엣타 니뷔싸마나 니뷔싸띠.

감촉에 대한 사유는
세상에서 사랑스러운 것, 즐거운 것이므로
갈애는 그곳에서 일어나 그곳에 안착하고,

6) dhamma-vitakko	담마 뷔딱꼬
loke piya-rūpaṃ sāta-rūpaṃ	로께 삐야 루빵 싸타 루빰
etth'esā taṇhā uppajjamānā uppajjati	엣테싸 딴하 웁빳자마나 웁빳자띠
ettha nivisamānā nivisati.	엣타 니뷔싸마나 니뷔싸띠.

사실에 대한 사유는
세상에서 사랑스러운 것, 즐거운 것이므로
갈애는 그곳에서 일어나 그곳에 안착하나니,

1) rūpa-vicāro	루빠 뷔짜로

loke piya-rūpaṃ sāta-rūpaṃ 로께 삐야 루빵 싸타 루빰
etth'esā taṇhā uppajjamānā uppajjati 엣테싸 딴하 웁빳자마나 웁빳자띠
ettha nivisamānā nivisati. 엣타 니뷔싸마나 니뷔싸띠.

형상에 대한 숙고는
세상에서 사랑스러운 것, 즐거운 것이므로
갈애는 그곳에서 일어나 그곳에 안착하고,

2) sadda-vicāro 쌋다 뷔짜로
loke piya-rūpaṃ sāta-rūpaṃ 로께 삐야 루빵 싸타 루빰
etth'esā taṇhā uppajjamānā uppajjati 엣테싸 딴하 웁빳자마나 웁빳자띠
ettha nivisamānā nivisati. 엣타 니뷔싸마나 니뷔싸띠.

소리에 대한 숙고는
세상에서 사랑스러운 것, 즐거운 것이므로
갈애는 그곳에서 일어나 그곳에 안착하고,

3) gandha-vicāro 간다 뷔짜로
loke piya-rūpaṃ sāta-rūpaṃ 로께 삐야 루빵 싸타 루빰
etth'esā taṇhā uppajjamānā uppajjati 엣테싸 딴하 웁빳자마나 웁빳자띠
ettha nivisamānā nivisati. 엣타 니뷔싸마나 니뷔싸띠.

냄새에 대한 숙고는
세상에서 사랑스러운 것, 즐거운 것이므로
갈애는 그곳에서 일어나 그곳에 안착하고,

4) rasa-vicāro 라싸 뷔짜로
loke piya-rūpaṃ sāta-rūpaṃ 로께 삐야 루빵 싸타 루빰
etth'esā taṇhā uppajjamānā uppajjati 엣테싸 딴하 웁빳자마나 웁빳자띠
ettha nivisamānā nivisati. 엣타 니뷔싸마나 니뷔싸띠.

맛에 대한 숙고는
세상에서 사랑스러운 것, 즐거운 것이므로
갈애는 그곳에서 일어나 그곳에 안착하고,

5) phoṭṭhabba-vicāro
loke piya-rūpaṃ sāta-rūpaṃ
etth'esā taṇhā uppajjamānā uppajjati
ettha nivisamānā nivisati.

폿탑바 뷔짜로
로께 삐야 루빵 싸타 루빰
엣테싸 딴하 웁빳자마나 웁빳자띠
엣타 니뷔싸마나 니뷔싸띠.

감촉에 대한 숙고는
세상에서 사랑스러운 것, 즐거운 것이므로
갈애는 그곳에서 일어나 그곳에 안착하고,

6) dhamma-vicāro
loke piya-rūpaṃ sāta-rūpaṃ
etth'esā taṇhā uppajjamānā uppajjati
ettha nivisamānā nivisati.

담마 뷔짜로
로께 삐야 루빵 싸타 루빰
엣테싸 딴하 웁빳자마나 웁빳자띠
엣타 니뷔싸마나 니뷔싸띠.

사실에 대한 숙고는
세상에서 사랑스러운 것, 즐거운 것이므로
갈애는 그곳에서 일어나 그곳에 안착하나니,

130. idaṃ vuccati bhikkhave
dukkha-samudayaṃ ariya-saccaṃ.

이당 븟짜띠 빅카붸
둑카 싸무다얌 아리야 쌋짬.

수행승들이여, 이것을
괴로움의 발생의 거룩한 진리라고 하는 것이니라."

17) Nirodha-sacca-niddeso
니로다 쌋짜 닛데쏘

「소멸의 진리滅諦에 대한 해명」을 송출하오니

131. katamañ ca bhikkhave
dukkha-nirodhaṃ ariya-saccaṃ?

까따만 짜 빅카붸
둑카 니로담 아리야 쌋짬.

수행승들이여, 어떠한 것이
괴로움의 소멸의 거룩한 진리인가?

yo tassā yeva taṇhāya
asesa-virāga-nirodho cāgo
paṭinissaggo mutti anālayo.

요 땃싸 예봐 딴하야
아쎄싸 뷔라가 니로도 짜고
빠띠닛싹고 뭇띠 아날라요.

그것은 갈애가 남김없이 사라지고
소멸되고 포기되고 완전히 버려지면
집착 없이 해탈하는 것이니라.

132. sā kho pan'esā bhikkhave
taṇhā kattha pahīyamānā pahīyati
kattha nirujjhamānā nirujjhati?

싸 코 빠네싸 빅카붸
딴하 깟타 빠히야마나 빠히야띠
깟타 로께 니룻자마나 니룻자띠

수행승들이여, 이러한 갈애는
어디에서 끊어지고 어디에서 소멸하는가?

yaṃ loke piya-rūpaṃ sāta-rūpaṃ
etth'esā taṇhā pahīyamānā pahīyati
ettha nirujjhamānā nirujjhati.
kiñ ca loke piya-rūpaṃ sāta-rūpaṃ?

양 로께 삐야 루빵 싸따 루빰
엣테싸 딴하 빠히야마나 빠히야띠
엣타 니룻자마나 니룻자띠
낀 짜 로께 삐야 루빵 싸따 루빰.

세상에서 사랑스러운 것, 즐거운 것이 있다면,

갈애는 그곳에서 끊어져 그곳에서 소멸하나니,
세상에서 사랑스러운 것, 즐거운 것이란 무엇인가?

1) cakkhuṃ loke piya-rūpaṃ sāta-rūpaṃ
etth'esā taṇhā pahīyamānā pahīyati
ettha nirujjhamānā nirujjhati.

짝쿵 로께 삐야 루빵 싸타 루빰
엣테싸 딴하 빠히야마나 빠히야띠
엣타 니룻자마나 니룻자띠.

시각은
세상에서 사랑스러운 것, 즐거운 것이므로
갈애는 그곳에서 끊어져 그곳에서 소멸하고,

2) sotaṃ loke piya-rūpaṃ sāta-rūpaṃ
etth'esā taṇhā pahīyamānā pahīyati
ettha nirujjhamānā nirujjhati.

쏘땅 로께 삐야 루빵 싸타 루빰
엣테싸 딴하 빠히야마나 빠히야띠
엣타 니룻자마나 니룻자띠.

청각은
세상에서 사랑스러운 것, 즐거운 것이므로
갈애는 그곳에서 끊어져 그곳에서 소멸하고,

3) ghānaṃ loke piya-rūpaṃ sāta-rūpaṃ
etth'esā taṇhā pahīyamānā pahīyati
ettha nirujjhamānā nirujjhati.

가낭 로께 삐야 루빵 싸타 루빰
엣테싸 딴하 빠히야마나 빠히야띠
엣타 니룻자마나 니룻자띠.

후각은
세상에서 사랑스러운 것, 즐거운 것이므로
갈애는 그곳에서 끊어져 그곳에서 소멸하고,

4) jivhā loke piya-rūpaṃ sāta-rūpaṃ
etth'esā taṇhā pahīyamānā pahīyati

지브하 로께 삐야 루빵 싸타 루빰
엣테싸 딴하 빠히야마나 빠히야띠

ettha nirujjhamānā nirujjhati. 엣타 니룻자마나 니룻자띠.

미각은
세상에서 사랑스러운 것, 즐거운 것이므로
갈애는 그곳에서 끊어져 그곳에서 소멸하고,

5) kāyo loke piya-rūpaṃ sāta-rūpaṃ 까요 로께 삐야 루빵 싸타 루빰
etth'esā taṇhā pahīyamānā pahīyati 엣테싸 딴하 빠히야마나 빠히야띠
ettha nirujjhamānā nirujjhati. 엣타 니룻자마나 니룻자띠.

촉각은
세상에서 사랑스러운 것, 즐거운 것이므로
갈애는 그곳에서 끊어져 그곳에서 소멸하고,

6) mano loke piya-rūpaṃ sāta-rūpaṃ 마노 로께 삐야 루빵 싸타 루빰
etth'esā taṇhā pahīyamānā pahīyati 엣테싸 딴하 빠히야마나 빠히야띠
ettha nirujjhamānā nirujjhati. 엣타 니룻자마나 니룻자띠.

정신은
세상에서 사랑스러운 것, 즐거운 것이므로
갈애는 그곳에서 끊어져 그곳에서 소멸하나니,

1) rūpā loke piya-rūpaṃ sāta-rūpaṃ 루빠 로께 삐야 루빵 싸타 루빰
etth'esā taṇhā pahīyamānā pahīyati 엣테싸 딴하 빠히야마나 빠히야띠
ettha nirujjhamānā nirujjhati. 엣타 니룻자마나 니룻자띠.

형상은
세상에서 사랑스러운 것, 즐거운 것이므로
갈애는 그곳에서 끊어져 그곳에서 소멸하고,

2) saddā loke piya-rūpaṃ sāta-rūpaṃ etth'esā taṇhā pahīyamānā pahīyati ettha nirujjhamānā nirujjhati.	쌋다 로께 삐야 루빵 싸타 루빰 엣테싸 딴하 빠히야마나 빠히야띠 엣타 니룻자마나 니룻자띠.

소리는
세상에서 사랑스러운 것, 즐거운 것이므로
갈애는 그곳에서 끊어져 그곳에서 소멸하고,

3) gandhā loke piya-rūpaṃ sāta-rūpaṃ etth'esā taṇhā pahīyamānā pahīyati ettha nirujjhamānā nirujjhati.	간다 로께 삐야 루빵 싸타 루빰 엣테싸 딴하 빠히야마나 빠히야띠 엣타 니룻자마나 니룻자띠.

냄새는
세상에서 사랑스러운 것, 즐거운 것이므로
갈애는 그곳에서 끊어져 그곳에서 소멸하고,

4) rasā loke piya-rūpaṃ sāta-rūpaṃ etth'esā taṇhā pahīyamānā pahīyati ettha nirujjhamānā nirujjhati.	라싸 로께 삐야 루빵 싸타 루빰 엣테싸 딴하 빠히야마나 빠히야띠 엣타 니룻자마나 니룻자띠.

맛은
세상에서 사랑스러운 것, 즐거운 것이므로
갈애는 그곳에서 끊어져 그곳에서 소멸하고,

5) phoṭṭhabbā loke piya-rūpaṃ sāta-rūpaṃ etth'esā taṇhā pahīyamānā pahīyati ettha nirujjhamānā nirujjhati.	폿탑바 로께 삐야 루빵 싸타 루빰 엣테싸 딴하 빠히야마나 빠히야띠 엣타 니룻자마나 니룻자띠.

감촉은
세상에서 사랑스러운 것, 즐거운 것이므로

갈애는 그곳에서 끊어져 그곳에서 소멸하고,

6) dhammā loke piya-rūpaṃ sāta-rūpaṃ	담마 로께 삐야 루빵 싸타 루빰
etth'esā taṇhā pahīyamānā pahīyati	엣테싸 딴하 빠히야마나 빠히야띠
ettha nirujjhamānā nirujjhati.	엣타 니룻자마나 니룻자띠.

사실은
세상에서 사랑스러운 것, 즐거운 것이므로
갈애는 그곳에서 끊어져 그곳에서 소멸하나니,

1) cakkhu-viññāṇaṃ	짝쿠 뷘냐낭
loke piya-rūpaṃ sāta-rūpaṃ	로께 삐야 루빵 싸타 루빰
etth'esā taṇhā pahīyamānā pahīyati	엣테싸 딴하 빠히야마나 빠히야띠
ettha nirujjhamānā nirujjhati.	엣타 니룻자마나 니룻자띠.

시각의식은
세상에서 사랑스러운 것, 즐거운 것이므로
갈애는 그곳에서 끊어져 그곳에서 소멸하고,

2) sota-viññāṇaṃ	쏘따 뷘냐낭
loke piya-rūpaṃ sāta-rūpaṃ	로께 삐야 루빵 싸타 루빰
etth'esā taṇhā pahīyamānā pahīyati	엣테싸 딴하 빠히야마나 빠히야띠
ettha nirujjhamānā nirujjhati.	엣타 니룻자마나 니룻자띠.

청각의식은
세상에서 사랑스러운 것, 즐거운 것이므로
갈애는 그곳에서 끊어져 그곳에서 소멸하고,

3) ghāna-viññāṇaṃ	가나 뷘냐낭
loke piya-rūpaṃ sāta-rūpaṃ	로께 삐야 루빵 싸타 루빰
etth'esā taṇhā pahīyamānā pahīyati	엣테싸 딴하 빠히야마나 빠히야띠

ettha nirujjhamānā nirujjhati. 엣타 니룻자마나 니룻자띠.

후각의식은
세상에서 사랑스러운 것, 즐거운 것이므로
갈애는 그곳에서 끊어져 그곳에서 소멸하고,

4) jivhā-viññāṇaṃ 지브하 뷘냐낭
loke piya-rūpaṃ sāta-rūpaṃ 로께 삐야 루빵 싸타 루빰
etth'esā taṇhā pahīyamānā pahīyati 엣테싸 딴하 빠히야마나 빠히야띠
ettha nirujjhamānā nirujjhati. 엣타 니룻자마나 니룻자띠.

미각의식은
세상에서 사랑스러운 것, 즐거운 것이므로
갈애는 그곳에서 끊어져 그곳에서 소멸하고,

5) kāya-viññāṇaṃ 까야 뷘냐낭
loke piya-rūpaṃ sāta-rūpaṃ 로께 삐야 루빵 싸타 루빰
etth'esā taṇhā pahīyamānā pahīyati 엣테싸 딴하 빠히야마나 빠히야띠
ettha nirujjhamānā nirujjhati. 엣타 니룻자마나 니룻자띠.

촉각의식은
세상에서 사랑스러운 것, 즐거운 것이므로
갈애는 그곳에서 끊어져 그곳에서 소멸하고,

6) mano-viññāṇaṃ 마노 뷘냐낭
loke piya-rūpaṃ sāta-rūpaṃ 로께 삐야 루빵 싸타 루빰
etth'esā taṇhā pahīyamānā pahīyati 엣테싸 딴하 빠히야마나 빠히야띠
ettha nirujjhamānā nirujjhati. 엣타 니룻자마나 니룻자띠.

정신의식은

세상에서 사랑스러운 것, 즐거운 것이므로
갈애는 그곳에서 끊어져 그곳에서 소멸하나니,

1) cakkhu-samphasso	짝쿠 쌈팟쏘
loke piya-rūpaṃ sāta-rūpaṃ	로께 삐야 루빵 싸타 루빰
etth'esā taṇhā pahīyamānā pahīyati	엣테싸 딴하 빠히야마나 빠히야띠
ettha nirujjhamānā nirujjhati.	엣타 니룻자마나 니룻자띠.

시각접촉은
세상에서 사랑스러운 것, 즐거운 것이므로
갈애는 그곳에서 끊어져 그곳에서 소멸하고,

2) sota-samphasso	쏘따 쌈팟쏘
loke piya-rūpaṃ sāta-rūpaṃ	로께 삐야 루빵 싸타 루빰
etth'esā taṇhā pahīyamānā pahīyati	엣테싸 딴하 빠히야마나 빠히야띠
ettha nirujjhamānā nirujjhati.	엣타 니룻자마나 니룻자띠.

청각접촉은
세상에서 사랑스러운 것, 즐거운 것이므로
갈애는 그곳에서 끊어져 그곳에서 소멸하고,

3) ghāna-samphasso	가나 쌈팟쏘
loke piya-rūpaṃ sāta-rūpaṃ	로께 삐야 루빵 싸타 루빰
etth'esā taṇhā pahīyamānā pahīyati	엣테싸 딴하 빠히야마나 빠히야띠
ettha nirujjhamānā nirujjhati.	엣타 니룻자마나 니룻자띠.

후각접촉은
세상에서 사랑스러운 것, 즐거운 것이므로
갈애는 그곳에서 끊어져 그곳에서 소멸하고,

4) jivhā-samphasso
loke piya-rūpaṃ sāta-rūpaṃ
etth'esā taṇhā pahīyamānā pahīyati
ettha nirujjhamānā nirujjhati.

지브하 쌈팟쏘
로께 삐야 루빵 싸타 루빰
엣테싸 딴하 빠히야마나 빠히야띠
엣타 니룻자마나 니룻자띠.

미각접촉은
세상에서 사랑스러운 것, 즐거운 것이므로
갈애는 그곳에서 끊어져 그곳에서 소멸하고,

5) kāya-samphasso
loke piya-rūpaṃ sāta-rūpaṃ
etth'esā taṇhā pahīyamānā pahīyati
ettha nirujjhamānā nirujjhati.

까야 쌈팟쏘
로께 삐야 루빵 싸타 루빰
엣테싸 딴하 빠히야마나 빠히야띠
엣타 니룻자마나 니룻자띠.

촉각접촉은
세상에서 사랑스러운 것, 즐거운 것이므로
갈애는 그곳에서 끊어져 그곳에서 소멸하고,

6) mano-samphasso
loke piya-rūpaṃ sāta-rūpaṃ
etth'esā taṇhā pahīyamānā pahīyati
ettha nirujjhamānā nirujjhati.

마노 쌈팟쏘
로께 삐야 루빵 싸타 루빰
엣테싸 딴하 빠히야마나 빠히야띠
엣타 니룻자마나 니룻자띠.

정신접촉은
세상에서 사랑스러운 것, 즐거운 것이므로
갈애는 그곳에서 끊어져 그곳에서 소멸하나니,

1) cakkhu-samphassa-jā vedanā
loke piya-rūpaṃ sāta-rūpaṃ
etth'esā taṇhā pahīyamānā pahīyati
ettha nirujjhamānā nirujjhati.

짝쿠 쌈팟싸 자 붸다나
로께 삐야 루빵 싸타 루빰
엣테싸 딴하 빠히야마나 빠히야띠
엣타 니룻자마나 니룻자띠.

시각접촉에서 생겨나는 느낌은
세상에서 사랑스러운 것, 즐거운 것이므로
갈애는 그곳에서 끊어져 그곳에서 소멸하고,

2) sota-samphassa-jā vedanā	쏘따 쌈팟싸 자 웨다나
loke piya-rūpaṃ sāta-rūpaṃ	로께 삐야 루빵 싸타 루빰
etth'esā taṇhā pahīyamānā pahīyati	엣테싸 딴하 빠히야마나 빠히야띠
ettha nirujjhamānā nirujjhati.	엣타 니룻자마나 니룻자띠.

청각접촉에서 생겨나는 느낌은
세상에서 사랑스러운 것, 즐거운 것이므로
갈애는 그곳에서 끊어져 그곳에서 소멸하고,

3) ghāna-samphassa-jā vedanā	가나 쌈팟싸 자 웨다나
loke piya-rūpaṃ sāta-rūpaṃ	로께 삐야 루빵 싸타 루빰
etth'esā taṇhā pahīyamānā pahīyati	엣테싸 딴하 빠히야마나 빠히야띠
ettha nirujjhamānā nirujjhati.	엣타 니룻자마나 니룻자띠.

후각접촉에서 생겨나는 느낌은
세상에서 사랑스러운 것, 즐거운 것이므로
갈애는 그곳에서 끊어져 그곳에서 소멸하고,

4) jivhā-samphassa-jā vedanā	지브하 쌈팟싸 자 웨다나
loke piya-rūpaṃ sāta-rūpaṃ	로께 삐야 루빵 싸타 루빰
etth'esā taṇhā pahīyamānā pahīyati	엣테싸 딴하 빠히야마나 빠히야띠
ettha nirujjhamānā nirujjhati.	엣타 니룻자마나 니룻자띠.

미각접촉에서 생겨나는 느낌은
세상에서 사랑스러운 것, 즐거운 것이므로

갈애는 그곳에서 끊어져 그곳에서 소멸하고,

5) kāya-samphassa-jā vedanā 까야 쌈팟싸 자 웨다나
loke piya-rūpaṃ sāta-rūpaṃ 로께 삐야 루빵 싸타 루빰
etth'esā taṇhā pahīyamānā pahīyati 엣테싸 딴하 빠히야마나 빠히야띠
ettha nirujjhamānā nirujjhati. 엣타 니룻자마나 니룻자띠.

촉각접촉에서 생겨나는 느낌은
세상에서 사랑스러운 것, 즐거운 것이므로
갈애는 그곳에서 끊어져 그곳에서 소멸하고,

6) mano-samphassa-jā vedanā 마노 쌈팟싸 자 웨다나
loke piya-rūpaṃ sāta-rūpaṃ 로께 삐야 루빵 싸타 루빰
etth'esā taṇhā pahīyamānā pahīyati 엣테싸 딴하 빠히야마나 빠히야띠
ettha nirujjhamānā nirujjhati. 엣타 니룻자마나 니룻자띠.

정신접촉에서 생겨나는 느낌은
세상에서 사랑스러운 것, 즐거운 것이므로
갈애는 그곳에서 끊어져 그곳에서 소멸하나니,

1) rūpa-saññā 루빠 싼냐
loke piya-rūpaṃ sāta-rūpaṃ 로께 삐야 루빵 싸타 루빰
etth'esā taṇhā pahīyamānā pahīyati 엣테싸 딴하 빠히야마나 빠히야띠
ettha nirujjhamānā nirujjhati. 엣타 니룻자마나 니룻자띠.

형상에 대한 지각은
세상에서 사랑스러운 것, 즐거운 것이므로
갈애는 그곳에서 끊어져 그곳에서 소멸하고,

2) sadda-saññā 쌋다 싼냐
loke piya-rūpaṃ sāta-rūpaṃ 로께 삐야 루빵 싸타 루빰

etth'esā taṇhā pahīyamānā pahīyati
ettha nirujjhamānā nirujjhati.

엣테싸 딴하 빠히야마나 빠히야띠
엣타 니룻자마나 니룻자띠.

소리에 대한 지각은
세상에서 사랑스러운 것, 즐거운 것이므로
갈애는 그곳에서 끊어져 그곳에서 소멸하고,

3) gandha-saññā
loke piya-rūpaṃ sāta-rūpaṃ
etth'esā taṇhā pahīyamānā pahīyati
ettha nirujjhamānā nirujjhati.

간다 싼냐
로께 삐야 루빵 싸타 루빰
엣테싸 딴하 빠히야마나 빠히야띠
엣타 니룻자마나 니룻자띠.

냄새에 대한 지각은
세상에서 사랑스러운 것, 즐거운 것이므로
갈애는 그곳에서 끊어져 그곳에서 소멸하고,

4) rasa-saññā
loke piya-rūpaṃ sāta-rūpaṃ
etth'esā taṇhā pahīyamānā pahīyati
ettha nirujjhamānā nirujjhati.

라싸 싼냐
로께 삐야 루빵 싸타 루빰
엣테싸 딴하 빠히야마나 빠히야띠
엣타 니룻자마나 니룻자띠.

맛에 대한 지각은
세상에서 사랑스러운 것, 즐거운 것이므로
갈애는 그곳에서 끊어져 그곳에서 소멸하고,

5) phoṭṭhabba-saññā
loke piya-rūpaṃ sāta-rūpaṃ
etth'esā taṇhā pahīyamānā pahīyati
ettha nirujjhamānā nirujjhati.

폿탑바 싼냐
로께 삐야 루빵 싸타 루빰
엣테싸 딴하 빠히야마나 빠히야띠
엣타 니룻자마나 니룻자띠.

감촉에 대한 지각은

세상에서 사랑스러운 것, 즐거운 것이므로
갈애는 그곳에서 끊어져 그곳에서 소멸하고,

6) dhamma-saññā	담마 싼냐
loke piya-rūpaṃ sāta-rūpaṃ	로께 삐야 루빵 싸타 루빰
etth'esā taṇhā pahīyamānā pahīyati	엣테싸 딴하 빠히야마나 빠히야띠
ettha nirujjhamānā nirujjhati.	엣타 니룻자마나 니룻자띠.

사실에 대한 지각은
세상에서 사랑스러운 것, 즐거운 것이므로
갈애는 그곳에서 끊어져 그곳에서 소멸하나니,

1) rūpa-sañcetanā	루빠 싼쩨따나
loke piya-rūpaṃ sāta-rūpaṃ	로께 삐야 루빵 싸타 루빰
etth'esā taṇhā pahīyamānā pahīyati	엣테싸 딴하 빠히야마나 빠히야띠
ettha nirujjhamānā nirujjhati.	엣타 니룻자마나 니룻자띠.

형상에 대한 의도는
세상에서 사랑스러운 것, 즐거운 것이므로
갈애는 그곳에서 끊어져 그곳에서 소멸하고,

2) sadda-sañcetanā	쌋다 싼쩨따나
loke piya-rūpaṃ sāta-rūpaṃ	로께 삐야 루빵 싸타 루빰
etth'esā taṇhā pahīyamānā pahīyati	엣테싸 딴하 빠히야마나 빠히야띠
ettha nirujjhamānā nirujjhati.	엣타 니룻자마나 니룻자띠.

소리에 대한 의도는
세상에서 사랑스러운 것, 즐거운 것이므로
갈애는 그곳에서 끊어져 그곳에서 소멸하고,

3) gandha-sañcetanā
loke piya-rūpaṃ sāta-rūpaṃ
etth'esā taṇhā pahīyamānā pahīyati
ettha nirujjhamānā nirujjhati.

간다 싼쩨따나
로께 삐야 루빵 싸타 루빰
엣테싸 딴하 빠히야마나 빠히야띠
엣타 니룻자마나 니룻자띠.

냄새에 대한 의도는
세상에서 사랑스러운 것, 즐거운 것이므로
갈애는 그곳에서 끊어져 그곳에서 소멸하고,

4) rasa-sañcetanā
loke piya-rūpaṃ sāta-rūpaṃ
etth'esā taṇhā pahīyamānā pahīyati
ettha nirujjhamānā nirujjhati.

라싸 싼쩨따나
로께 삐야 루빵 싸타 루빰
엣테싸 딴하 빠히야마나 빠히야띠
엣타 니룻자마나 니룻자띠.

맛에 대한 의도는
세상에서 사랑스러운 것, 즐거운 것이므로
갈애는 그곳에서 끊어져 그곳에서 소멸하고,

5) phoṭṭhabba-sañcetanā
loke piya-rūpaṃ sāta-rūpaṃ
etth'esā taṇhā pahīyamānā pahīyati
ettha nirujjhamānā nirujjhati.

폿탑바 싼쩨따나
로께 삐야 루빵 싸타 루빰
엣테싸 딴하 빠히야마나 빠히야띠
엣타 니룻자마나 니룻자띠.

감촉에 대한 의도는
세상에서 사랑스러운 것, 즐거운 것이므로
갈애는 그곳에서 끊어져 그곳에서 소멸하고,

6) dhamma-sañcetanā
loke piya-rūpaṃ sāta-rūpaṃ
etth'esā taṇhā pahīyamānā pahīyati
ettha nirujjhamānā nirujjhati.

담마 싼쩨따나
로께 삐야 루빵 싸타 루빰
엣테싸 딴하 빠히야마나 빠히야띠
엣타 니룻자마나 니룻자띠.

사실에 대한 의도는
세상에서 사랑스러운 것, 즐거운 것이므로
갈애는 그곳에서 끊어져 그곳에서 소멸하나니,

1) rūpa-taṇhā	루빠 딴하
loke piya-rūpaṃ sāta-rūpaṃ	로께 삐야 루빵 싸타 루빰
etth'esā taṇhā pahīyamānā pahīyati	엣테싸 딴하 빠히야마나 빠히야띠
ettha nirujjhamānā nirujjhati.	엣타 니룻자마나 니룻자띠.

형상에 대한 갈애는
세상에서 사랑스러운 것, 즐거운 것이므로
갈애는 그곳에서 끊어져 그곳에서 소멸하고,

2) sadda-taṇhā	쌋다 딴하
loke piya-rūpaṃ sāta-rūpaṃ	로께 삐야 루빵 싸타 루빰
etth'esā taṇhā pahīyamānā pahīyati	엣테싸 딴하 빠히야마나 빠히야띠
ettha nirujjhamānā nirujjhati.	엣타 니룻자마나 니룻자띠.

소리에 대한 갈애는
세상에서 사랑스러운 것, 즐거운 것이므로
갈애는 그곳에서 끊어져 그곳에서 소멸하고,

3) gandha-taṇhā	간다 딴하
loke piya-rūpaṃ sāta-rūpaṃ	로께 삐야 루빵 싸타 루빰
etth'esā taṇhā pahīyamānā pahīyati	엣테싸 딴하 빠히야마나 빠히야띠
ettha nirujjhamānā nirujjhati.	엣타 니룻자마나 니룻자띠.

냄새에 대한 갈애는
세상에서 사랑스러운 것, 즐거운 것이므로

갈애는 그곳에서 끊어져 그곳에서 소멸하고,

4) rasa-taṇhā	라싸 딴하
loke piya-rūpaṃ sāta-rūpaṃ	로께 삐야 루빵 싸타 루빰
etth'esā taṇhā pahīyamānā pahīyati	엣테싸 딴하 빠히야마나 빠히야띠
ettha nirujjhamānā nirujjhati.	엣타 니룻자마나 니룻자띠.

맛에 대한 갈애는
세상에서 사랑스러운 것, 즐거운 것이므로
갈애는 그곳에서 끊어져 그곳에서 소멸하고,

5) phoṭṭhabba-taṇhā	폿탑바 딴하
loke piya-rūpaṃ sāta-rūpaṃ	로께 삐야 루빵 싸타 루빰
etth'esā taṇhā pahīyamānā pahīyati	엣테싸 딴하 빠히야마나 빠히야띠
ettha nirujjhamānā nirujjhati.	엣타 니룻자마나 니룻자띠.

감촉에 대한 갈애는
세상에서 사랑스러운 것, 즐거운 것이므로
갈애는 그곳에서 끊어져 그곳에서 소멸하고,

6) dhamma-taṇhā	담마 딴하
loke piya-rūpaṃ sāta-rūpaṃ	로께 삐야 루빵 싸타 루빰
etth'esā taṇhā pahīyamānā pahīyati	엣테싸 딴하 빠히야마나 빠히야띠
ettha nirujjhamānā nirujjhati.	엣타 니룻자마나 니룻자띠.

사실에 대한 갈애는
세상에서 사랑스러운 것, 즐거운 것이므로
갈애는 그곳에서 끊어져 그곳에서 소멸하나니,

1) rūpa-vitakko	루빠 뷔딱꼬
loke piya-rūpaṃ sāta-rūpaṃ	로께 삐야 루빵 싸타 루빰

etth'esā taṇhā pahīyamānā pahīyati 엣테싸 딴하 빠히야마나 빠히야띠
ettha nirujjhamānā nirujjhati. 엣타 니룻자마나 니룻자띠.

형상에 대한 사유는
세상에서 사랑스러운 것, 즐거운 것이므로
갈애는 그곳에서 끊어져 그곳에서 소멸하고,

2) sadda-vitakko 쌋다 뷔딱꼬
loke piya-rūpaṃ sāta-rūpaṃ 로께 삐야 루빵 싸타 루빰
etth'esā taṇhā pahīyamānā pahīyati 엣테싸 딴하 빠히야마나 빠히야띠
ettha nirujjhamānā nirujjhati. 엣타 니룻자마나 니룻자띠.

소리에 대한 사유는
세상에서 사랑스러운 것, 즐거운 것이므로
갈애는 그곳에서 끊어져 그곳에서 소멸하고,

3) gandha-vitakko 간다 뷔딱꼬
loke piya-rūpaṃ sāta-rūpaṃ 로께 삐야 루빵 싸타 루빰
etth'esā taṇhā pahīyamānā pahīyati 엣테싸 딴하 빠히야마나 빠히야띠
ettha nirujjhamānā nirujjhati. 엣타 니룻자마나 니룻자띠.

냄새에 대한 사유는
세상에서 사랑스러운 것, 즐거운 것이므로
갈애는 그곳에서 끊어져 그곳에서 소멸하고,

4) rasa-vitakko 라싸 뷔딱꼬
loke piya-rūpaṃ sāta-rūpaṃ 로께 삐야 루빵 싸타 루빰
etth'esā taṇhā pahīyamānā pahīyati 엣테싸 딴하 빠히야마나 빠히야띠
ettha nirujjhamānā nirujjhati. 엣타 니룻자마나 니룻자띠.

맛에 대한 사유는

세상에서 사랑스러운 것, 즐거운 것이므로
갈애는 그곳에서 끊어져 그곳에서 소멸하고,

5) photṭhabba-vitakko
loke piya-rūpaṃ sāta-rūpaṃ
etth'esā taṇhā pahīyamānā pahīyati
ettha nirujjhamānā nirujjhati.

폿탑바 뷔딱꼬
로께 삐야 루빵 싸타 루빰
엣테싸 딴하 빠히야마나 빠히야띠
엣타 니룻자마나 니룻자띠.

감촉에 대한 사유는
세상에서 사랑스러운 것, 즐거운 것이므로
갈애는 그곳에서 끊어져 그곳에서 소멸하고,

6) dhamma-vitakko
loke piya-rūpaṃ sāta-rūpaṃ
etth'esā taṇhā pahīyamānā pahīyati
ettha nirujjhamānā nirujjhati.

담마 뷔딱꼬
로께 삐야 루빵 싸타 루빰
엣테싸 딴하 빠히야마나 빠히야띠
엣타 니룻자마나 니룻자띠.

사실에 대한 사유는
세상에서 사랑스러운 것, 즐거운 것이므로
갈애는 그곳에서 끊어져 그곳에서 소멸하나니,

1) rūpa-vicāro
loke piya-rūpaṃ sāta-rūpaṃ
etth'esā taṇhā pahīyamānā pahīyati
ettha nirujjhamānā nirujjhati.

루빠 뷔짜로
로께 삐야 루빵 싸타 루빰
엣테싸 딴하 빠히야마나 빠히야띠
엣타 니룻자마나 니룻자띠.

형상에 대한 숙고는
세상에서 사랑스러운 것, 즐거운 것이므로
갈애는 그곳에서 끊어져 그곳에서 소멸하고,

2) sadda-vicāro
loke piya-rūpaṃ sāta-rūpaṃ
etth'esā taṇhā pahīyamānā pahīyati
ettha nirujjhamānā nirujjhati.

싿다 뷔짜로
로께 삐야 루빵 싸타 루빰
엣테싸 딴하 빠히야마나 빠히야띠
엣타 니룻자마나 니룻자띠.

소리에 대한 숙고는
세상에서 사랑스러운 것, 즐거운 것이므로
갈애는 그곳에서 끊어져 그곳에서 소멸하고,

3) gandha-vicāro
loke piya-rūpaṃ sāta-rūpaṃ
etth'esā taṇhā pahīyamānā pahīyati
ettha nirujjhamānā nirujjhati.

간다 뷔짜로
로께 삐야 루빵 싸타 루빰
엣테싸 딴하 빠히야마나 빠히야띠
엣타 니룻자마나 니룻자띠.

냄새에 대한 숙고는
세상에서 사랑스러운 것, 즐거운 것이므로
갈애는 그곳에서 끊어져 그곳에서 소멸하고,

4) rasa-vicāro
loke piya-rūpaṃ sāta-rūpaṃ
etth'esā taṇhā pahīyamānā pahīyati
ettha nirujjhamānā nirujjhati.

라싸 뷔짜로
로께 삐야 루빵 싸타 루빰
엣테싸 딴하 빠히야마나 빠히야띠
엣타 니룻자마나 니룻자띠.

맛에 대한 숙고는
세상에서 사랑스러운 것, 즐거운 것이므로
갈애는 그곳에서 끊어져 그곳에서 소멸하고,

5) phoṭṭhabba-vicāro
loke piya-rūpaṃ sāta-rūpaṃ
etth'esā taṇhā pahīyamānā pahīyati
ettha nirujjhamānā nirujjhati.

폿탑바 뷔짜로
로께 삐야 루빵 싸타 루빰
엣테싸 딴하 빠히야마나 빠히야띠
엣타 니룻자마나 니룻자띠.

감촉에 대한 숙고는
세상에서 사랑스러운 것, 즐거운 것이므로
갈애는 그곳에서 끊어져 그곳에서 소멸하고,

6) dhamma-vicāro 담마 뷔짜로
loke piya-rūpaṃ sāta-rūpaṃ 로께 삐야 루빵 싸타 루빰
etth'esā taṇhā pahīyamānā pahīyati 엣테싸 딴하 빠히야마나 빠히야띠
ettha nirujjhamānā nirujjhati. 엣타 니룻자마나 니룻자띠.

사실에 대한 숙고는
세상에서 사랑스러운 것, 즐거운 것이므로
갈애는 그곳에서 끊어져 그곳에서 소멸하나니,

133. idaṃ vuccati bhikkhave 이당 븃짜띠 빅카웨
dukkha-nirodhaṃ ariya-saccaṃ. 둑카 니로담 아리야 쌋짬.

수행승들이여, 이러한 것을
괴로움의 소멸의 거룩한 진리라고 하는 것이니라.

18) Magga-sacca-niddeso
막가 쌋짜 닛데쏘

「길의 진리道諦에 대한 해명」을 송출하오니

134. katamañ ca bhikkhave 까따만 짜 빅카웨
dukkha-nirodha-gāminī 둑카 니로다 가미니
paṭipadā ariya-saccaṃ. 빠띠빠다 아리야 쌋짬.

수행승들이여, 어떠한 것이 바로

괴로움의 소멸로 이끄는 길의 거룩한 진리인가?

ayam eva ariyo aṭṭhaṅgiko maggo seyyath'īdaṃ.
아얌 에봐 아리요 앗탕기꼬 막고 세이야티당.

그것은 바로
여덟 가지 고귀한 길이니, 곧

1) sammā-diṭṭhi 쌈마 딧티
2) sammā-saṅkappo 쌈마 쌍깝뽀
3) sammā-vācā 쌈마 봐짜
4) sammā-kammanto 쌈마 깜만또
5) sammā-ājīvo 쌈마 아지뵤
6) sammā-vāyāmo 쌈마 봐야모
7) sammā-sati 쌈마 싸띠
8) sammā-samādhi. 쌈마 싸마디.

1) 올바른 견해 2) 올바른 사유
3) 올바른 언어 4) 올바른 행위
5) 올바른 생활 6) 올바른 정진
7) 올바른 새김 8) 올바른 집중이니라.

135. katamā ca bhikkhave sammā-diṭṭhi? yaṃ kho bhikkhave.
까따마 짜 빅카붸 쌈마 딧티 양 코 빅카붸.

수행승들이여, 어떠한 것이
올바른 견해인가? 수행승들이여,

1) dukkhe ñāṇaṃ 둑케 냐남
2) dukkha-samudaye ñāṇaṃ 둑카 싸무다예 냐남

3) dukkha-nirodhe ñāṇaṃ 둑카 니로데 냐냠
4) dukkha-nirodha-gāminiyā 둑카 니로다 가미니야
paṭipadāya ñāṇaṃ. 빠띠빠다야 냐남.

1) 괴로움에 대한 앎
2) 괴로움의 발생에 대한 앎
3) 괴로움의 소멸에 대한 앎
4) 괴로움의 소멸로 이끄는 길에 대한 앎이 있으니,

ayaṃ vuccati bhikkhave 아양 븟짜띠 빅카웨
sammā-diṭṭhi. 쌈마 딧티.

수행승들이여, 이러한 것을
올바른 견해라고 하는 것이니라.

136. katamo ca bhikkhave 까따모 짜 빅카웨
sammā-saṅkappo? 쌈마 쌍깝뽀.
yo kho bhikkhave. 요 코 빅카웨.

수행승들이여, 어떠한 것이
올바른 사유인가? 수행승들이여,

1) nekkhamma-saṅkappo 넥캄마 쌍깝뽀
2) avyāpāda-saṃkappo 아뷔야빠다 쌍깝뽀
3) avihiṃsā-saṅkappo. 아뷔힝싸 쌍깝뽀.

1) 욕망을 여윈 사유
2) 분노를 여윈 사유
3) 폭력을 여윈 사유가 있으니,

ayaṃ vuccati bhikkhave
sammā-saṅkappo.

아양 븟따띠 빅카붸
쌈마 쌍깝뽀.

수행승들이여, 이러한 것을
올바른 사유라고 하는 것이니라.

137. katamā ca bhikkhave
sammā-vācā?
yā kho bhikkhave.

까따마 짜 빅카붸
쌈마 봐짜.
야 코 빅카붸.

수행승들이여, 어떠한 것이
올바른 언어인가? 수행승들이여,

1) musā-vādā veramaṇī
2) pisuṇāya vācāya veramaṇī
2) pharusāya vācāya veramaṇī
2) samphappalāpā veramaṇī.

무싸 봐다 붸라마니
삐쑤나야 봐짜야 붸라마니
파루싸야 봐짜야 붸라마니
쌈팝빨라빠 붸라마니.

1) **어리석은 거짓말을 하는 것을 삼가는 것**
2) **이간질을 하는 것을 삼가는 것**
3) **욕지거리를 하는 것을 삼가는 것**
4) **꾸며대는 말을 하는 것을 삼가는 것이니,**

ayaṃ vuccati bhikkhave
sammā-vācā.

아양 븟짜띠 빅카붸
쌈마 봐짜.

수행승들이여, 이러한 것을
올바른 언어라고 하는 것이니라.

138. katamo ca bhikkhave

까따모 짜 빅카붸

sammā-kammanto? 쌈마 깜만또.
yā kho bhikkhave. 야 코 빅카붸.

수행승들이여, 어떠한 것이
올바른 행위인가? 수행승들이여,

1) pāṇâtipātā veramaṇī 빠나 아띠빠따 붸라마니
2) adinnâdānā veramaṇī 아딘나 아다나 붸라마니
2) abrahma-cariyā veramaṇī. 아브라흐마 짜리야 붸라마니.

1) 살아있는 생명을 죽이는 것을 삼가는 것
2) 주지 않은 것을 빼앗는 것을 삼가는 것
3) 순결치 못한 삶을 사는 것을 삼가는 것이니,

ayaṃ vuccati bhikkhave 아양 븟짜띠 빅카붸
sammā-kammanto. 빅카붸 쌈마 깜만또.

수행승들이여, 이러한 것을
올바른 행위라고 하는 것이니라.

139. katamo ca bhikkhave 까따모 짜 빅카붸
sammā-ājīvo? 쌈마 아지뵤.
idha bhikkhave ariya-sāvako. 이다 빅카붸 아리야 싸봐꼬.

수행승들이여, 어떠한 것이
올바른 생활인가? 수행승들이여,
여기 고귀한 제자라면,

1) micchā-ājīvaṃ pahāya 밋차 아지봠 빠하야
2) sammā-ājīvena jīvikaṃ kappeti. 쌈마 아지붸나 지뷔깡 깝뻬띠.

1) **잘못된 생활을 버리고**
2) **올바른 생활로 생계를 유지하니,**

ayaṃ vuccati bhikkhave	아양 븃짜띠 빅카웨.
sammā-ājīvo.	쌈마 아지뵤.

수행승들이여, 이러한 것을
올바른 생활이라고 하는 것이니라.

140. katamo ca bhikkhave	까따모 짜 빅카웨
sammā-vāyāmo?	쌈마 봐야모.
idha bhikkhave bhikkhu.	이다 빅카웨 빅쿠.

수행승들이여, 어떠한 것이
올바른 정진인가?
수행승들이여, 여기 수행승이

1) anuppannānaṃ pāpakānaṃ	아눕빤나남 빠빠까남
akusalānaṃ dhammānaṃ anuppādāya	아꾸쌀라난 담마남 아눕빠다야
chandaṃ janeti	찬단 자네띠
vāyamati viriyaṃ ārabhati	봐야마띠 뷔리얌 아라바띠
cittaṃ pagganhāti padahati.	찟땀 빡간하띠 빠다하띠.

아직 생겨나지 않은
악하고 불건전한 것들은 생겨나지 않도록
의욕을 일으켜 정진하고 정근하고
마음을 책려하여 노력하고,

2) uppannānaṃ pāpakānaṃ	웁빤나남 빠빠까남
akusalānaṃ dhammānaṃ pahānāya	아꾸쌀라난 담마남 빠하나야

chandaṃ janeti	찬단 자네띠
vāyamati viriyaṃ ārabhati	봐야마띠 뷔리얌 아라바띠
cittaṃ paggaṇhāti padahati.	찟땀 빡간하띠 빠다하띠.

이미 생겨난
악하고 불건전한 것들은 끊어버리도록,
의욕을 일으켜 정진하고 정근하고
마음을 책려하여 노력하고,

3) anuppannānaṃ kusalānaṃ	아눕빤나낭 꾸쌀라난
dhammānaṃ uppādāya	담마남 웁빠다야
chandaṃ janeti	찬단 자네띠
vāyamati viriyaṃ ārabhati	봐야마띠 뷔리얌 아라바띠
cittaṃ paggaṇhāti padahati.	찟땀 빡간하띠 빠다하띠.

아직 생겨나지 않은
착하고 건전한 것들은 생겨나도록,
의욕을 일으켜 정진하고 정근하고
마음을 책려하여 노력하고,

4) uppannānaṃ kusalānaṃ	웁빤나낭 꾸쌀라난
dhammānaṃ ṭhitiyā	담마난 티띠야
asammosāya bhiyyobhāvāya vepullāya	아쌈모싸야 비이요바봐야 붸뿔라야
bhāvanāya pāripūriyā	바봐나야 빠리뿌리야
chandaṃ janeti	찬단 자네띠
vāyamati viriyaṃ ārabhati	봐야마띠 뷔리얌 아라바띠
cittaṃ paggaṇhāti padahati.	찟땀 빡간하띠 빠다하띠.

이미 생겨난
착하고 건전한 것들은 유지하여

망실되지 않고 증가시키고
성숙에 의해 충만하도록
의욕을 일으켜 정진하고 정근하고
마음을 책려하여 노력하나니,

ayaṃ vuccati bhikkhave	아양 븃짜띠 빅카웨
sammā-vāyāmo.	쌈마 봐야모.

수행승들이여, 이러한 것을
올바른 정진이라고 하는 것이니라.

141. katamā ca bhikkhave	까따마 짜 빅카웨
sammā-sati?	쌈마 싸띠.
idha bhikkhave bhikkhu.	이다 빅카웨 빅쿠.

수행승들이여, 어떠한 것이
올바른 새김인가?
수행승들이여, 여기 수행승이

1) kāye kāyânupassī viharati	까예 까야 아누빳씨 뷔하라띠
ātāpī sampajāno satimā	아따삐 쌈빠자노 싸띠마
vineyya loke	뷔네이야 로께
abhijjhā-domanassaṃ.	아빗자 도마낫쌈.

올바로 알아차리고
새김을 확립하여
세상의 탐욕과 근심을 제거하며
몸에 대하여 몸을 관찰하고,

2) vedanāsu vedanânupassī viharati	붸다나쑤 붸다나 아누빳씨 뷔하라띠
ātāpī sampajāno satimā	아따삐 쌈빠자노 싸띠마
vineyya loke	뷔네이야 로께
abhijjhā-domanassaṃ.	아빗자 도마낫쌈.

올바로 알아차리고
새김을 확립하여
세상의 탐욕과 근심을 제거하며
느낌에 대하여 느낌을 관찰하고,

3) citte cittânupassī viharati	찟떼 찟따 아누빳씨 뷔하라띠
ātāpī sampajāno satimā	아따삐 쌈빠자노 싸띠마
vineyya loke	뷔네이야 로께
abhijjhā-domanassaṃ.	아빗자 도마낫쌈.

올바로 알아차리고
새김을 확립하여
세상의 탐욕과 근심을 제거하며
마음에 대하여 마음을 관찰하고,

4) dhammesu dhammânupassī viharati	담메쑤 담마 아누빳씨 뷔하라띠
ātāpī sampajāno satimā	아따삐 쌈빠자노 싸띠마
vineyya loke	뷔네이야 로께
abhijjhā-domanassaṃ.	아빗자 도마낫쌈.

올바로 알아차리고
새김을 확립하여
세상의 탐욕과 근심을 제거하며

사실에 대하여 사실을 관찰하나니,

ayaṃ vuccati bhikkhave sammā-sati. 아양 븃짜띠 빅카붸 쌈마 싸띠.

수행승들이여, 이러한 것을
올바른 새김이라고 하는 것이니라.

142. katamo ca bhikkhave 까따모 짜 빅카붸
sammā-samādhi? 쌈마 싸마디.
idha bhikkhave bhikkhu. 이다 빅카붸 빅쿠.

수행승들이여, 어떠한 것이
올바른 집중인가?
수행승들이여, 여기 수행승이

1) vivicc'eva kāmehi 뷔뷧쩨봐 까메히
vivicca akusalehi dhammehi 뷔뷧짜 아꾸쌀레히 담메히
savitakkaṃ savicāraṃ 싸뷔딱깡 싸뷔짜랑
vivekajaṃ pīti-sukhaṃ 뷔붸까잠 삐띠 쑤캄
paṭhamaṃ jhānaṃ 빠타만 자남
upasampajja viharati. 우빠쌈빳자 뷔하라띠.

감각적 쾌락의 욕망을 여의고
악하고 불건전한 상태에서 떠난 뒤
사유와 숙고를 갖추고
멀리 여읨에서 생겨나는
희열과 행복을 갖춘
첫 번째 선정을 성취한다.

2) vitakka-vicārānaṃ vūpasamā	뷔딱까 뷔짜라낭 븃빠싸마
ajjhattaṃ sampasādanaṃ	앗잣땅 쌈빠싸다난
cetaso ekodi-bhāvaṃ	쩨따쏘 에코디 바봠
avitakkaṃ avicāraṃ	아뷔딱깜 아뷔짜랑
samādhijaṃ pīti-sukhaṃ	싸마디잠 삐띠 쑤칸
dutiyaṃ jhānaṃ	두띠얀 자남
upasampajja viharati.	우빠쌈빳자 뷔하라띠.

사유와 숙고가 멈추어진 뒤
내적인 평온과 마음의 통일을 이루고
사유를 뛰어넘고 숙고를 뛰어넘어
삼매에서 생겨나는 희열과 행복을 갖춘
두 번째 선정을 성취한다.

3) pītiyā ca virāgā	삐띠야 짜 뷔라가
upekkhako ca viharati	우뻭카꼬 짜 뷔하라띠
sato ca sampajāno	싸또 짜 쌈빠자노
sukhañ ca kāyena paṭisaṃvedeti	쑤칸 짜 까예나 빠띠쌍붸데띠
yan taṃ ariyā ācikkhanti	얀 땀 아리야 아찍칸띠
upekkhako satimā sukhavihārī'ti	우뻭카꼬 싸띠마 쑤카 뷔하리 띠
taṃ tatiyaṃ jhānaṃ	딴 따띠얀 자남
upasampajja viharati.	우빠쌈빳자 뷔하라띠.

희열이 사라진 뒤
평정하고 새김이 있고 올바로 알아차리며
신체적으로 행복을 느끼며
고귀한 님들이
'평정하고 새김이 있고 행복하다.'고 하는

세 번째 선정을 성취한다.

4) sukhassa ca pahānā	쑤캇싸 짜 빠하나
dukkhassa ca pahānā	둑캇싸 짜 빠하나
pubb'eva somanassa	뿝베와 쏘마낫싸
-domanassānaṃ atthaṅgamā	도마낫싸남 앗탕가마
adukkhaṃ asukhaṃ	아둑캄 아쑤캄
upekkhā-sati-pārisuddhiṃ	우뻭카 싸띠 빠리쑷딘
catutthaṃ jhānaṃ	짜뚯탄 자남
upasampajja viharati.	우빠쌈빳자 뷔하라띠.

행복도 고통도 끊어져서
이전의 기쁨도 근심도 사라진 뒤
괴로움도 없고 즐거움도 없는
평정하고 새김이 있고 지극히 청정한
네 번째 선정을 성취한다.

ayaṃ vuccati bhikkhave	아양 븟짜띠 빅카붸
sammā-samādhī'ti.	쌈마 싸마디 띠.

수행승들이여, 이러한 것을
올바른 집중이라고 하는 것이니라.

143. idaṃ vuccati bhikkhave	이당 븟짜띠 빅카붸
dukkha-nirodha-gāminī	둑카 니로다 가미니
paṭipadā ariya-saccaṃ.	빠띠빠다 아리야 쌋짬.

수행승들이여, 이러한 것을
괴로움의 소멸로 이끄는 길의
거룩한 진리라고 하느니라.

144. iti ajjhattaṃ vā dhammesu	이띠 앗잣땅 봐 담메쑤
dhammânupassī viharati	담마 아누빳씨 뷔하라띠
bahiddhā vā dhammesu	바힛다 봐 담메쑤
dhammânupassī viharati	담마 아누빳씨 뷔하라띠
ajjhatta-bahiddhā vā dhammesu	앗잣따 바힛다 봐 담메쑤
dhammânupassī viharati.	담마 아누빳씨 뷔하라띠.

이와 같은 방식으로 그는
사실에 대해 사실을 안으로 관찰하거나
사실에 대해 사실을 밖으로 관찰하거나
사실에 대해 사실을 안팎으로 관찰하느니라.

145. samudaya-dhammânupassī vā	싸무다야 담마 아누빳씨 봐
dhammesu viharati	담메쑤 뷔하라띠
vaya-dhammânupassī vā	봐야 담마 아누빳씨 봐
dhammesu viharati	담메쑤 뷔하라띠
samudaya-vaya-dhammânupassī vā	싸무다야 봐야 담마 아누빳씨 봐
dhammesu viharati.	담메쑤 뷔하라띠.

또는 사실에 대해 생성의 현상을 관찰하거나
사실에 대해 소멸의 현상을 관찰하거나
사실에 대해 생멸의 현상을 관찰하느니라.

146. atthi dhammā'ti vā pan'assa sati	앗티 담만 띠 봐 빠낫싸 싸띠
paccupaṭṭhitā hoti yāvad eva	빳쭈빳티따 호띠 야봐드 에봐
ñāṇa-mattāya paṭissati-mattāya	냐나 맛따야 빠띳싸띠 맛따야
anissito ca viharati	아닛씨또 짜 뷔하라띠
na ca kiñci loke upādiyati	나 짜 낀찌 로께 우빠디야띠
evam pi kho bhikkhave bhikkhu	에봠 삐 코 빅카붸 빅쿠
dhammesu dhammânupassī viharati.	담메쑤 담마 아누빳씨 뷔하라띠

catūsu ariya-saccesu. 짜뚜쑤 아리야 쌋쩨쑤.

순수한 앎과 순수한 새김이 있는 만큼
'사실이 있다.'라는 새김을 이루고
세상의 어느 것에도 의존하지 않고
세상의 어느 것에도 집착하지 않느니라.
수행승들이여, 수행승은 이와 같이
네 가지 거룩한 진리의
사실에 대해 사실을 관찰하느니라.

147. yo hi koci bhikkhave 요 히 꼬찌 빅카웨
ime cattāro sati-paṭṭhāne 이메 짯따로 싸띠 빳타네
evaṃ bhāveyya satta-vassāni 에봠 바웨이야 쌋따 봣싸니
tassa dvinnaṃ phalānaṃ 땃싸 드윈남 팔라남
aññataraṃ phalaṃ pāṭikaṅkhaṃ 안냐따람 팔람 빠띠깡칸
diṭṭhe'va dhamme aññā 딧테 봐 담메 안냐
sati vā upādisese anāgāmitā. 싸띠 봐 우빠디쎄쎄 아나가미따.

수행승들이여, 누구든지
이 네 가지 새김의 토대를 칠 년 동안
이와 같이 닦으면
지금 여기에서의 궁극적인 앎이나
집착의 흔적이 남은 경우
돌아오지 않는 경지라는
두 가지 열매 가운데 하나의 열매가 기대되느니라.

148. tiṭṭhantu bhikkhave satta-vassāni 띳탄뚜 빅카웨 쌋따 봣싸니

yo hi koci bhikkhave	요 히 꼬찌 빅카붸
ime cattāro sati-paṭṭhāne	이메 짯따로 싸띠 빳타네
evaṃ bhāveyya cha vassāni	에봠 바붸이야 차 봣싸니
pañca vassāni cattāri vassāni	빤짜 봣싸니 짯따리 봣싸니
tīṇi vassāni dve vassāni	띠니 봣싸니 드웨 봣싸니
ekaṃ vassaṃ tassa dvinnaṃ phalānaṃ	에깡 봣싼 땃싸 드윈남 팔라남
aññataraṃ phalaṃ pāṭikaṅkhaṃ	안냐따람 팔람 빠띠깡칸
diṭṭhe'va dhamme aññā	딧테 봐 담메 안냐
sati vā upādisese anāgāmitā.	싸띠 봐 우빠디쎄쎄 아나가미따.

수행승들이여, 칠 년 동안이 아니더라도
수행승들이여, 누구든지
이 네 가지 새김의 토대를 육 년, 오 년,
사 년, 삼 년 이 년, 일 년 동안만이라도
이와 같이 닦으면
지금 여기에서의 궁극적인 앎이나
집착의 흔적이 남은 경우
돌아오지 않는 경지라는
두 가지 열매 가운데 하나의 열매가 기대되느니라.

149. tiṭṭhatu bhikkhave ekaṃ vassaṃ	띳타뚜 빅카붸 에깡 봣쌍
yo hi koci bhikkhave	요 히 꼬찌 빅카붸
ime cattāro sati-paṭṭhāne	이메 짯따로 싸띠 빳타네
evaṃ bhāveyya satta-māsāni	에봠 바붸이야 쌋따 마싸니
tassa dvinnaṃ phalānaṃ	땃싸 드윈남 팔라남
aññataraṃ phalaṃ pāṭikaṅkhaṃ	안냐따람 팔람 빠띠깡칸
diṭṭhe'va dhamme aññā	딧테 봐 담메 안냐
sati vā upādisese anāgāmitā.	싸띠 봐 우빠디쎄쎄 아나가미따.

수행승들이여, 일 년 동안이 아니더라도
수행승들이여, 누구든지
이 네 가지 새김의 토대를
칠 개월 동안만이라도 이와 같이 닦으면
지금 여기에서의 궁극적인 앎이나
집착의 흔적이 남은 경우
돌아오지 않는 경지라는
두 가지 열매 가운데 하나의 열매가 기대되느니라.

150. tiṭṭhantu bhikkhave satta-māsāni	띳탄뚜 빅카웨 쌋따 마싸니
yo hi koci bhikkhave	요 히 꼬찌 빅카웨
ime cattāro sati-paṭṭhāne	이메 짯따로 싸띠 빳타네
evaṃ bhāveyya cha māsāni	에봠 바웨이야 차 마싸니
pañca māsāni cattāri māsāni	빤짜 마싸니 짯따리 마싸니
tīṇi māsāni dve māsāni	띠니 마싸니 드웨 마싸니
ekaṃ māsaṃ aḍḍhamāsaṃ	에깜 마쌈 앗다마쌈
tassa dvinnaṃ phalānaṃ	땃싸 드윈남 팔라남
aññataraṃ phalaṃ pāṭikaṅkhaṃ	안냐따람 팔람 빠띠깡캄
diṭṭhe'va dhamme aññā	딧테 봐 담메 안냐
sati vā upādisese anāgāmitā.	싸띠 봐 우빠디쎄쎄 아나가미따.

수행승들이여, 칠 개월 동안이 아니더라도
수행승들이여, 누구든지
이 네 가지 새김의 토대를
육 개월, 오 개월, 사 개월, 삼 개월, 이 개월
일 개월, 반월 동안만이라도

이와 같이 닦으면
지금 여기에서의 궁극적인 앎이나
집착의 흔적이 남은 경우
돌아오지 않는 경지라는
두 가지 열매 가운데 하나의 열매가 기대되느니라.

151. tiṭṭhatu bhikkhave aḍḍha-māso — 띳타뚜 빅카붸 아다 마쏘
yo hi koci bhikkhave — 요 히 꼬찌 빅카붸
ime cattāro sati-paṭṭhāne — 이메 짯따로 싸띠 빳타네
evaṃ bhāveyya sattâhaṃ — 에봠 바붸이야 쌋따 아한
tassa dvinnaṃ phalānaṃ — 땃싸 드윈남 팔라남
aññataraṃ phalaṃ pāṭikaṅkhaṃ — 안냐따람 팔람 빠띠깡칸
diṭṭhe'va dhamme aññā — 딧테 봐 담메 안냐
sati vā upādisese anāgāmitā. — 싸띠 봐 우빠디쎄쎄 아나가미따.

수행승들이여, 반월 동안이 아니더라도
수행승들이여, 누구든지
이 네 가지 새김의 토대를 칠일 동안만이라도
이와 같이 닦으면
지금 여기에서의 궁극적인 앎이나
집착의 흔적이 남은 경우
돌아오지 않는 경지라는
두 가지 열매 가운데 하나의 열매가 기대되느니라.

152. ekāyano ayaṃ bhikkhave maggo — 에까야노 아얌 빅카붸 막고
sattānaṃ visuddhiyā — 쌋따낭 뷔쑷디야
soka-paridevānaṃ samatikkamāya — 쏘까 빠리데봐낭 싸마띡까마야

dukkha-domanassānaṃ atthaṅgamāya	둑카 도마낫싸남 앗탕가마야
ñāyassa adhigamāya	냐얏싸 아디가마야
nibbānassa sacchi-kiriyāya	닙바낫싸 쌋치 끼리야야
yad idaṃ cattāro sati-paṭṭhānā.	야드 이단 짯따로 싸띠 빳타나.
iti yaṃ taṃ vuttaṃ	이띠 얀 땅 븟땀
idam etaṃ paṭicca vuttan'ti.	이담 에땀 빠띳짜 븟딴 띠.

수행승들이여, 이것이 뭇삶을 청정하게 하고
슬픔과 비탄을 뛰어넘게 하고
고통과 근심을 소멸하게 하고
바른 방도를 얻게 하고
열반을 실현시키는 하나의 길
곧, 네 가지 새김의 토대이니라.
이와 같이 설명한 것은
이러한 것에 근거해서 설한 것이니라."

153. idam avoca bhagavā.	이담 아보짜 바가봐
attamanā te bhikkhū	앗따마나 떼 빅쿠
bhagavato bhāsitaṃ abhinandun'ti.	바가봐또 바씨땀 아비난둔 띠.

이와 같이 세존께서 말씀하시자
그 수행승들은
세존께서 하신 말씀에 만족하며 기뻐했습니다.

6. 아비담마품

아비달마의 논서
담마요약론法集論,
분별론分別論, 세계요소론界論
인시설론人施設論,
논쟁요점론論事
쌍대론雙論,
조건관계론發趣論의 논모論事와
통찰지평의 경송을 통해
통찰적 사유를 키운다.

1. Dhammasaṅganī

담마 쌍가니

「담마요약론法集論의 주제」를 송출하오니

1. kusalā dhammā / 꾸쌀라 담마
akusalā dhammā / 아꾸쌀라 담마
abyākatā dhammā. / 아비야까따 담마.

착하고 건전한 것들善法
악하고 불건전한 것들不善法
중립적인 것들無記法**이 있나니**,

2. katame dhammā kusalā? / 까따메 담마 꾸쌀라.

어떠한 것들이 착하고 건전한 것들인가?

3. yasmiṃ samaye / 야쓰밍 싸마예
kāmâvacaraṃ / 까마 아봐짜랑
kusalaṃ cittaṃ uppannaṃ hoti / 꾸쌀란 찟땀 웁빤낭 호띠
somanassa-sahagatani / 쏘마낫싸 싸하가따니
ñāṇa-sampayuttaṃ. / 냐나 쌈빠윳땅.

희열이 함께하고
궁극적인 앎과 연결되어
감각적 쾌락의 욕망계의
착하고 건전한 마음이,

4. rūpârammaṇaṃ vā / 루빠 아람마낭 봐
saddârammaṇaṃ vā / 쌋다 아람마낭 봐

gandhârammaṇaṃ vā — 간다 아람마낭 봐
rasârammaṇaṃ vā — 라싸 아람마낭 봐
phoṭṭhabbârammaṇaṃ vā — 폿탑바 아람마낭 봐
dhammârammaṇaṃ vā. — 담마 아람마낭 봐.

1) **형상을 대상으로 하거나**
2) **소리를 대상으로 하거나**
3) **냄새를 대상으로 하거나**
4) **맛을 대상으로 하거나**
5) **감촉을 대상으로 하거나**
6) **사실을 대상으로 하여 생겨날 때,**

5. yaṃ yaṃ vā panârabbha — 양 양 봐 빠나 아랍바
tasmiṃ samaye phasso hoti — 따쓰밍 싸마예 팟쏘 호띠
vedanā hoti saññā hoti — 붸다나 호띠 싼냐 호띠
cetanā hoti cittaṃ hoti. — 쩨따나 호띠 찟땅 호띠.

각 경우에 따라 그때에
접촉이 생겨나거나
느낌이 생겨나거나 지각이 생겨나거나
의도가 생겨나거나 마음이 생겨나거나,

6. vitakko hoti vicāro hoti — 뷔딱꼬 호띠 뷔짜로 호띠
pīti hoti sukhaṃ hoti — 삐띠 호띠 쑤캉 호띠
cittass'ekaggatā hoti. — 찟땃쎄깍가따 호띠.

1) **사유가 생겨나거나** 2) **숙고가 생겨나거나**
3) **희열이 생겨나거나** 4) **행복이 생겨나거나**

5) **마음의 통일성**心一境性**이 생겨나거나,**

7. saddh'indriyaṃ hoti 쌋딘드리양 호띠
viriy'indriyaṃ hoti 뷔리윈드리양 호띠
sat'indriyaṃ hoti 싸띤드리양 호띠
samādh'indriyaṃ hoti 싸마딘드리양 호띠
paññ'indriyaṃ hoti 빤닌드리양 호띠
man'indriyaṃ hoti 마닌드리양 호띠
somanass'indriyaṃ hoti 쏘마낫씬드리양 호띠
jīvit'indriyaṃ hoti. 지뷔띤드리양 호띠.

1) **믿음의 능력이 생겨나거나**
2) **정진의 능력이 생겨나거나**
3) **새김의 능력이 생겨나거나**
4) **집중의 능력이 생겨나거나**
5) **지혜의 능력이 생겨나거나**
6) **정신의 능력이 생겨나거나**
7) **만족의 능력이 생겨나거나**
8) **생명의 능력이 생겨나거나,**

8. sammā diṭṭhi hoti 쌈마 딧띠 호띠
sammā saṃkappo hoti 쌈마 쌍깝뽀 호띠
sammā vāyāmo hoti 쌈마 봐야모 호띠
sammā sati hoti 쌈마 싸띠 호띠
sammā samādhi hoti. 쌈마 싸마디 호띠.

1) **올바른 견해가 생겨나거나**
2) **올바른 의도가 생겨나거나**

3) **올바른 정진이 생겨나거나**
4) **올바른 새김이 생겨나거나**
5) **올바른 집중이 생겨나거나,**

9. saddhā-balaṃ hoti	쌋다 발랑 호띠
viriya-balaṃ hoti	뷔리야 발랑 호띠
sati-balaṃ hoti	싸띠 발랑 호띠
samādhi-balaṃ hoti	싸마디 발랑 호띠
paññā-balaṃ hoti	빤냐 발랑 호띠
hiri-balaṃ hoti	히리 발랑 호띠
ottappa-balaṃ hoti.	옷땁빠 발랑 호띠.

1) **믿음의 힘이 생겨나거나**
2) **정진의 힘이 생겨나거나**
3) **새김의 힘이 생겨나거나**
4) **집중의 힘이 생겨나거나**
5) **지혜의 힘이 생겨나거나**
6) **부끄러움을 아는 힘이 생겨나거나**
7) **창피함을 아는 힘이 생겨나거나,**

10. alobho hoti	알로보 호띠
adoso hoti	아도쏘 호띠
amoho hoti.	아모호 호띠.

1) **탐욕의 여윔이 생겨나거나**
2) **성냄의 여윔이 생겨나거나**
3) **어리석음의 여윔이 생겨나거나,**

11. anabhijjhā hoti 아나빗자 호띠
avyāpādo hoti 아뷔야빠도 호띠
sammā diṭṭhi hoti. 쌈마 닷띠 호띠.

1) **탐착의 여윔이 생겨나거나**
2) **악의의 여윔이 생겨나거나**
3) **올바른 견해가 생겨나거나,**

12. hiri hoti 히리 호띠
ottappaṃ hoti. 옷땁빵 호띠.

1) **부끄러움을 아는 것이 생겨나거나**
2) **창피함을 아는 것이 생겨나거나,**

13. kāya-passaddhi hoti 까야 빳쌋디 호띠
citta-passaddhi hoti. 찟따 빳쌋디 호띠.

1) **몸의 안온이 생겨나거나**
2) **마음의 안온이 생겨나거나,**

14. kāya-lahutā hoti 까얄 라후따 호띠
citta-lahutā hoti. 찟딸 라후따 호띠.

1) **몸의 경안이 생겨나거나**
2) **마음의 경안이 생겨나거나,**

15. kāya-mudutā hoti 까야 무두따 호띠
citta-mudutā hoti. 찟따 무두따 호띠.

1) **몸의 유연이 생겨나거나**

2) **마음의 유연이 생겨나거나,**

16. kāya-kammaññatā hoti　　까야 깜만냐따 호띠
citta-kammaññatā hoti.　　찟따 깜만냐따 호띠.

1) **몸의 적응이 생겨나거나**
2) **마음의 적응이 생겨나거나,**

17. kāya-pāguññatā hoti　　까야 빠군냐따 호띠
citta-pāguññatā hoti.　　찟따 빠군냐따 호띠.

1) **몸의 숙달이 생겨나거나**
2) **마음의 숙달이 생겨나거나,**

18. kāy'ujjukatā hoti　　까윳주까따 호띠
citt'ujjukatā hoti.　　찟뜻주까따 호띠.

1) **몸의 바름이 생겨나거나**
2) **마음의 바름이 생겨나거나,**

19. sati hoti　　싸띠 호띠
sampajaññaṃ hoti　　쌈빠잔냥 호띠
samatho hoti　　싸마토 호띠
vipassanā hoti　　뷔빳싸나 호띠
paggāho hoti　　빡가호 호띠
avikkhepo hoti.　　아뷕케뽀 호띠.

1) **새김이 생겨나거나**
2) **알아차림이 생겨나거나**
3) **멈춤이 생겨나거나**

4) **통찰이 생겨나거나**
5) **정근이 생겨나거나**
6) **혼란의 여윔이 생겨나면,**

20. ye vā pana tasmiṃ samaye	예 봐 빠나 따쓰밍 싸마예
aññe'pi atthi paṭicca-samuppannā	안녜 삐 앗티 빠띳짜 싸뭅빤나
arūpino dhammā	아루삐노 담마
ime dhammā kusalā.	이메 담마 꾸쌀라.

혹은 그때에 그밖에 연생의
비물질적인 세계에 속한 것들이 생겨난다면,
이러한 것들이 착하고 건전한 것들이니라.

2. Vibhaṅga

뷔방가

「분별론分別論의 주제」를 송출하오니

1. pañca-kkhandhā	빤짜 칸다
1) rūpa-kkhando	루빡 칸도
2) vedanā-kkhandho	붸다낙 칸도
3) saññā-kkhandho	싼냑 칸도
4) saṅkhāra-kkhando	쌍카락 칸도
5) viññāṇa-kkhandho.	뷘냐낙 칸도.

다섯 가지 존재다발五蘊에는

1) **물질의 다발色蘊**
2) **느낌의 다발受蘊**

3) **지각의 다발**想蘊
4) **형성의 다발**行蘊
5) **의식의 다발**識蘊**이 있느니라.**

2. tattha katamo rūpa-kkhando? 땃타 까따모 루빡 칸도.

거기서 어떠한 것이 물질의 다발인가?

yaṃ kiñci rūpam 양 낀찌 루빰
atītânāgata-paccuppannam 아띠따 아나가따 빳쭙빤남
ajjhattaṃ vā bahiddhā vā 앗잣땅 봐 바힛다 봐
olārikaṃ vā sukhumaṃ vā 오랄리깡 봐 쑤쿠망 봐
hīnaṃ vā panītaṃ vā 히낭 봐 빠니땅 봐
yaṃ dūre vā santike vā. 얀 두레 봐 싼띠께 봐.

어떠한 물질이든지
과거, 미래 또는 현재에 속하든
내적이든 외적이든
거칠건 미세하건, 저열하건 탁월하건
멀리 있건 가까이 있건,

tadekajjhaṃ abhisaññūhitvā 따데깟잠 아비싼뉴히뜨와
abhisaṅkhipitvā 아비쌍키삐뜨와
ayaṃ vuccati rūpa-kkhando. 아양 븟짜띠 루빡 칸도.

하나의 무리로 개괄하고 총괄하면
바로 이러한 것을 물질의 다발이라고 하느니라.

3. tattha katamo vedana-kkhandho? 땃타 까따모 웨다낙 칸도.

거기서 어떠한 것이 느낌의 다발인가?

yā kāci vedanā	야 깟찌 붸다나
atitânāgata-paccuppannā	아띠따 아나가따 빳쭙빤나
ajjhattā vā bahiddhā vā	앗잣따 봐 바힛다 봐
oḷārikā vā sukhumā vā	오랄리까 봐 쑤쿠마 봐
hinā vā paṇītā vā	히나 봐 빠니따 봐
yā dūre santike vā.	야 두레 봐 싼띠께 봐.

어떠한 느낌이든지
과거, 미래 또는 현재에 속하든
내적이든 외적이든
거칠건 미세하건, 저열하건 탁월하건
멀리 있건 가까이 있건,

tadekajjhaṃ abhisaññūhitvā	따데깟잠 아비싼뉴히뜨와
abhisaṅkhipitvā	아비쌍키삐뜨와
ayaṃ vuccati vedana-kkhando.	아양 븟짜띠 붸다낙 칸도.

하나의 무리로 개괄하고 총괄하면
바로 이러한 것을 느낌의 다발이라고 하느니라.

4. tattha katamo sañña-kkhandho?	땃타 까따모 싼냑 칸도.

거기서 어떠한 것이 지각의 다발인가?

yā kāci saññā	야 깟찌 싼냐
atitânāgata-paccuppannā	아띠따 아나가따 빳쭙빤나
ajjhattā vā bahiddhā vā	앗잣따 봐 바힛다 봐
oḷārikā vā sukhumā vā	오랄리까 봐 쑤쿠마 봐
hinā vā paṇītā vā	히나 봐 빠니따 봐

yā dūre santike vā. 야 두레 봐 싼띠께 봐.

어떠한 지각이든지
과거, 미래 또는 현재에 속하든
내적이든 외적이든
거칠건 미세하건, 저열하건 탁월하건
멀리 있건 가까이 있건,

tadekajjhaṃ abhisaññūhitvā 따데깟잠 아비싼뉴히뜨와
abhisaṅkhipitvā 아비쌍키삐뜨와
ayaṃ vuccati sañña-kkhando. 아양 븟짜띠 싼냑 칸도.

하나의 무리로 개괄하고 총괄하면
바로 이러한 것을 지각의 다발이라고 하느니라.

5. tattha katamo saṅkhāra-kkhandho? 땃타 까따모 쌍카락 칸도.

거기서 어떠한 것이 형성의 다발인가?

ye kāci saṅkhārā 예 깟찌 쌍카라
atitânāgata-paccuppannā 아띠따 아나가따 빳쭙빤나
ajjhattā vā bahiddhā vā 앗잣따 봐 바힛다 봐
oḷārikā vā sukhumā vā 오랄리까 봐 쑤쿠마 봐
hinā vā paṇītā vā 히나 봐 빠니따 봐
ye dūre santike vā. 예 두레 봐 싼띠께 봐.

어떠한 형성이든지
과거, 미래 또는 현재에 속하든
내적이든 외적이든

거칠건 미세하건, 저열하건 탁월하건
멀리 있건 가까이 있건,

tadekajjhaṃ abhisaññūhitvā	따데깟잠 아비싼뉴히뜨와
abhisaṅkhipitvā	아비쌍키삐뜨와
ayaṃ vuccati saṅkhāra-kkhando.	아양 븟짜띠 쌍카락 칸도.

하나의 무리로 개괄하고 총괄하면
바로 그것을 형성의 다발이라고 하느니라.

6. tattha katamo viññāṇa-kkhando? 땃타 까따모 뷘냐낙 칸도.

거기서 어떠한 것이 의식의 다발인가?

yaṃ kiñci viññāṇam	양 낀찌 뷘냐남
atītânāgata-paccupannam	아띠따 아나가따 빳쭙빤남
ajjhattaṃ vā bahiddha vā	앗잣땅 봐 바힛다 봐
olārikaṃ vā sukhumaṃ vā	오랄리깡 봐 쑤쿠망 봐
hīnaṃ vā panītaṃ vā	히낭 봐 빠니땅 봐
yaṃ dūre vā santike vā.	얀 두레 봐 싼띠께 봐.

어떠한 의식이든지
과거, 미래 또는 현재에 속하든
내적이든 외적이든
거칠건 미세하건, 저열하건 탁월하건
멀리 있건 가까이 있건,

tadekajjhaṃ abhisaññūhitvā	따데깟잠 아비싼뉴히뜨와
abhisaṅkhipitvā	아비쌍키삐뜨와
ayaṃ vuccati viññāṇa-kkhando.	아양 븟짜띠 뷘냐낙 칸도.

하나의 무리로 개괄하고 총괄하면
바로 이러한 것을 의식의 다발이라고 하느니라.

3. Dhātukathā

다뚜 까타

「세계요소론界論의 주제」를 송출하오니

1. saṅgaho asaṅgaho — 쌍가호 아쌍가호
 1) saṅgahitena asaṅgahitaṃ — 쌍가히떼나 아쌍가히땀
 2) asaṅgahitena saṅgahitaṃ — 아쌍가히떼나 쌍가히땀
 3) saṅgahitena saṅgahitaṃ — 쌍가히떼나 쌍가히땀
 4) asaṅgahitena asaṅgahitaṃ. — 아쌍가히떼나 아쌍가히땀.

포함攝과 비포함非攝

1) **포함되는 것所攝과 비포함되는 것非攝**
2) **비포함되는 것非攝과 포함되는 것所攝**
3) **포함되는 것所攝과 포함되는 것所攝**
4) **비포함되는 것非攝과 비포함되는 것非攝.**

2. sampayogo vippayogo — 쌈빠요고 뷥빠요고
 1) sampayuttena vippayuttaṃ — 쌈빠윳떼나 뷥빠윳땀
 2) vippayuttena sampayuttaṃ — 뷥빠윳떼나 쌈빠윳땀
 3) sampayuttena sampayuttaṃ — 쌈빠윳떼나 쌈빠윳땀
 4) vippayuttena vippayuttaṃ. — 뷥빠윳떼나 뷥빠윳땀.

연합相應과 비연합不相應

1) **연합되는 것相應과 비연합되는 것不相應**

2) **비연합되는 것**不相應**과 연합되는 것**相應
3) **연합되는 것**相應**과 연합되는 것**相應
4) **비연합되는 것**不相應**과 비연합되는 것**不相應.

3. 1) saṅgahitena 쌍가히떼나
sampayuttaṃ vippayuttaṃ 쌈빠윳땅 뷥빠윳땀
2) sampayuttena 쌈빠윳떼나
saṅgahitaṃ asaṅgahitaṃ 쌍가히땀 아쌍가히땀
3) asaṅgahitena 아쌍가히떼나
sampayuttaṃ vippayuttaṃ 쌈빠윳땅 뷥빠윳땀
4) vippayuttena 뷥빠윳떼나
saṅgahitaṃ asaṅgahitaṃ. 쌍가히땀 아쌍가히땀.

1) **포함되는 것**所攝**과 관계된**
연합되는 것相應**과 비연합되는 것**不相應
2) **연합되는 것**相應**과 관계된**
포함되는 것所攝**과 비포함되는 것**非攝
3) **비포함되는 것**非攝**과 관계된**
연합되는 것相應**과 비연합되는 것**不相應
4) **비연합되는 것**不相應**과 관계된**
포함되는 것所攝**과 비포함되는 것**非攝**이 있느니라**.

4. Puggalapaññatti

뿍갈라 빤냐띠

「인시설론人施設論**의 주제」를 송출하오니**

1. cha paññattiyo 차 빤냐띠요

1) khandha-paññatti 칸다 빤냣띠
2) āyatana-paññatti 아야따나 빤냣띠
3) dhātu-paññatti 다뚜 빤냣띠
4) sacca-paññatti 쌋짜 빤냣띠
5) indriya-paññatti 인드리야 빤냣띠
6) puggala-paññatti. 뿍갈라 빤냣띠.

여섯 가지 시설 즉,

1) **존재다발蘊의 시설**
2) **감각영역處의 시설**
3) **인식세계界의 시설**
4) **진리諦의 시설**
5) **감각능력根의 시설**
6) **개인人의 시설이 있느니라.**

2. kittāvatā puggalānam puggala-paññatti? 낏따봣따 뿍갈라남 뿍갈라 빤냣띠.

어느 정도 개인들에 대하여 개인의 시설이 있는가?

3. samaya-vimutto 싸마야 뷔뭇또
asamaya-vimutto 아싸마야 뷔뭇또
kuppa-dhammo 꿉빠 담모
akuppa-dhammo 아꿉빠 담모
parihāna-dhammo 빠리하나 담모
aparihāna-dhammo. 아빠리하나 담모
cetanâbhabbo 쩨따나 아밥보

anurakkhanâbhabbo. 아누락카나 아밥보.

1) **일시적 해탈자**時解脫者
2) **비일시적 해탈자**不時解脫者
3) **동요하기 쉬운 자**動法者
4) **동요하지 않는 자**不動法者
5) **퇴전하기 쉬운 자**退法者
6) **퇴전하지 않는 자**不退法者
7) **의도에 무능한 자**思不能者
8) **수호에 무능한 자**護不能者

4. puthujjano 뿌툿자노
gotrabhū 고뜨라부
bhay'ūparato 바유빠라또
abhay'ūparao 아바유빠라또
abhabbâgamano 아밥바가마노
bhabbâgamano. 밥바가마노.

9) **배우지 못한 일반인**凡夫
10) **고귀한 자의 반열에 든 자**種姓者
11) **두려움으로 인해 제어하는 자**怖畏抑制者
12) **두려움으로 인해 제어하지 않는 자**不怖畏抑制者
13) **불가능한 자**不能行者
14) **가능한 자**能行者,

5. niyato 니야또
aniyato 아니야또

paṭipannako 빠띠빤나꼬
phaleṭṭhito 팔렛티또
arahā 아라하
arahattāya paṭippanno. 아라핫따야 빠띱빤노.

15) **운명이 결정된 자**決定者
16) **운명이 결정되지 않은 자**不決定者
17) **길을 가는 자**四向
18) **경지를 성취한 자**四果
19) **거룩한 길을 가는 자**阿羅漢向
20) **거룩한 자**阿羅漢**가 있느니라.**

5. Kathāvatthu

까타 봣투

「논쟁요점론論事**의 주제」를 송출하오니**

1. puggalo upalabbhati 뿍갈로 우빠랍바띠
saccikaṭṭha-paramaṭṭhenā'ti? 쌋찌깟타 빠라맛테나
āmantā. 아만따.

[장로] "**실재적 의미**諦義·**궁극적 의미**勝義**로 개인**補特伽羅**이 파악될 수 있습니까?**"
[이교도] "**예, 그렇습니다.**"

2. yo saccikaṭṭho paramaṭṭho 요 쌋찌깟토 빠라맛토
tato so puggalo upalabbhati 따또 쏘 뿍갈로 우빠랍바띠
saccikaṭṭha-paramaṭṭhenā'ti? 쌋찌깟타 빠라맛테나 띠

na h'evaṃ vatabbe. 나 헤방 봐땁베.

[장로] "**실재적 의미·궁극적 의미가**
파악되는 방식으로
실재적 의미·궁극적 의미로
개인이 파악될 수 있습니까?"
[이교도] "**아니요. 그렇게 말할 수 없습니다.**"

3. āj̄ānāhi niggahaṃ 아자나히 닉가함
hañci puggalo upalabbhati 한찌 뿍갈로 우빠랍바띠
saccikaṭṭha-paramaṭṭhenā'ti 쌋찌깟타 빠라맛테나 띠
tena vata re vattabbe 떼나 봐따 레 봣땁베
yo saccikaṭṭho paramaṭṭho 요 쌋찌깟토 빠라맛토
tato so puggalo upalabbhati 따또 쏘 뿍갈로 우빠랍바띠
saccikaṭṭha-paramathenā'ti. 쌋찌깟타 빠라맛테나 띠.

[장로] "**그렇다면 패배를 인정해야 합니다.**
만약 실재적 의미·궁극적 의미로
개인이 파악될 수 있다면
'실재적 의미·궁극적 의미가 파악되는 방식으로
실재적 의미·궁극적 의미로
개인이 파악될 수 있다.'라고 말해야만 합니다."

4. yaṃ tattha vadesi 얀 땃타 봐데씨
vattabbe kho puggalo upalabbhati 봣땁베 코 뿍갈로 우빠랍바띠
saccikaṭṭha-paramaṭṭhena 쌋찌깟타 빠라맛테나
no ca vattabbe 노 짜 밧땁베
yo saccikaṭṭho paramaṭṭho 요 쌋찌깟토 빠라맛토
tato so puggalo upalabbhati 따또 쏘 뿍갈로 우빠랍바띠

saccikaṭṭha-paramaṭṭhenā'ti micchā. 쌋찌깟타 빠라맛테나 띠 밋차.

그런데 그대가 말한 것은
'실재적 의미·궁극적 의미로
개인이 파악될 수 있다고 말할 수 있지만
실재적 의미·궁극적 의미가 파악되는 방식으로
실재적 의미·궁극적 의미로
개인이 파악될 수 있다고 말할 수 없다.'라는 것이니
그러므로 그대가 틀린 것입니다."

6. Yamaka

야마까

「쌍대론雙論의 주제」를 송출하오니

1. ye keci kusalā dhammā 예 께찌 꾸쌀라 담마
sabbe te kusala-mūlā 쌉베 떼 꾸쌀라 물라
ye vā pana kusala-mūlā 예 봐 빠나 꾸쌀라 물라
sabbe te dhammā kusalā. 쌉베 떼 담마 꾸쌀라.

어떤 것이든 착하고 건전한 것들善法**은**
모두가 착하고 건전한 뿌리善根**를 갖고 있고,**
착하고 건전한 뿌리善根**를 갖고 있는 것들은**
모두가 착하고 건전한 것들善法**이니라.**

2. ye keci kusalā dhammā 예 께찌 꾸쌀라 담마
sabbe te kusala-mūlena 쌉베 떼 꾸쌀라 물레나

eka-mūlā 에까 물라
ye vā pana kusala-mūlenā 예 봐 빠나 꾸쌀라 물레나
eka-mūlā 에까 물라
sabbe te dhammā kusalā. 쌉베 떼 담마 꾸쌀라

어떤 것이든 착하고 건전한 것들善法**은**
모두가 착하고 건전한 뿌리善根**의**
동일한 뿌리同根**를 갖고 있고,**
또한 착하고 건전한 뿌리善根**의**
동일한 뿌리同根**를 갖고 있는 것들은**
모두가 착하고 건전한 것들善法**이니라.**

7. Paṭṭhāna

빳타나

「조건관계론發趣論**의 주제」를 송출하오니**

1. hetu-paccayo ārammaṇa-paccayo adhipaṭi-paccayo anantara-paccayo. 헤뚜 빳짜요 아람마나 빳짜요 아디빠띠 빳짜요 아난따라 빳짜요.

1) **근본조건**因緣 2) **대상조건**所緣緣
3) **영향조건**增上緣 4) **공간근접조건**無間緣,

2. samanantara-paccayo sahajāta-paccayo aññamañña-paccayo nissaya-paccayo. 싸마난따라 빳짜요 싸하자따 빳짜요 안냐만냐 빳짜요 닛싸야 빳짜요.

5) **시간근접조건**等無間緣 6) **병발조건**俱生緣
7) **상호조건**相互緣 8) **의존조건**依緣,

3. upanissaya-paccayo purejāta-paccayo
pacchājāta-paccayo āsevana-paccayo.
우빠닛싸야 빳짜요 뿌레자따 빳짜요
빳차자따 빳짜요 아쎄봐나 빳짜요.

9) **친의조건**親依緣 10) **선행조건**前生緣
11) **후행조건**後生緣 12) **반복조건**習行緣,

4. kamma-paccayo vipāka-paccayo
āhāra-paccayo indriya-paccayo.
깜마 빳짜요 뷔빠까 빳짜요
아하라 빳짜요 인드리야 빳짜요.

13) **행위조건**業緣 14) **이숙조건**異熟緣
15) **자양조건**食緣 16) **능력조건**根緣,

5. jhāna-paccayo magga-paccayo
sampayutta-paccayo vippayutta-paccayo.
자나 빳짜요 막가 빳짜요
쌈빠윳따 빳짜요 빕빠윳따 빳짜요.

17) **명상조건**禪緣 18) **행도조건**道緣
19) **연합조건**相應緣 20) **비연합조건**不相應緣,

6. atthi-paccayo n'atthi-paccayo
vigata-paccayo avigata-paccayo.
앗티 빳짜요 낫티 빳짜요
뷔가따 빳짜요 아뷔가따 빳짜요.

21) **현존조건**有緣 22) **부존조건**無緣
23) **이거조건**離去緣 24) **불이거조건**不離去緣**이 있느니라**.

8. Vipassanā-bhūmi-pāṭha

뷔빳싸나 부미 빠타

「통찰지평의 경송」을 송출하오니

1. pañca-kkhandhā
빤짝 칸다

1) rūpa-kkhando 루빡 칸도
2) vedanā-kkhandho 붸다낙 칸도
3) saññā-kkhandho 싼냑 칸도
4) saṅkhāra-kkhando 쌍카락 칸도
5) viññāṇa-kkhandho. 뷘냐낙 칸도.

다섯 가지 존재다발五蘊에는

1) **물질의 다발色蘊**
2) **느낌의 다발受蘊**
3) **지각의 다발想蘊**
4) **형성의 다발行蘊**
5) **의식의 다발識蘊이 있느니라.**

2. dvādasâyatanāni. 드와다싸 아야따나니.

열두 가지 감역十二處에는

1) cakkhvâyatanaṃ 짝크와 아야따남
2) rūpâyatanaṃ. 루빠 아야따남.

1) **시각의 감역眼處** 2) **형상의 감역色處,**

3) sotâyatanaṃ 쏘따 아야따남
4) saddhâyatanaṃ 쌋다 아야따남

3) **청각의 감역耳處** 4) **소리의 감역聲處,**

5) ghānâyatanaṃ 가나 아야따남
6) gandhâyatanaṃ. 간다 아야따남.

5) **후각의 감역鼻處** 6) **냄새의 감역香處,**

7) jivhâyatanaṃ 지브하 아야따남
8) rasâyatanaṃ. 라싸 아야따남.

7) **미각의 감역**舌處 8) **맛의 감역**味處,

9) kāyâyatanaṃ 까야 아야따남
10) phoṭṭhabbâyatanaṃ. 폿탑바 아야따남.

9) **촉각의 감역**身處 10) **감촉의 감역**觸處,

11) manâyatanaṃ 마나 아야따남
12) dhammâyatanaṃ. 담마 아야따남.

11) **정신의 감역**意處 12) **사실의 감역**法處**이 있느니라.**

3. aṭṭhārasa-dhātuyo 앗타라싸 다뚜요

열여덟 가지 인식세계十八界**는**

1) cakkhu-dhātu 짝쿠 다뚜
2) rūpa-dhātu 루빠 다뚜
3) cakku-viññāṇa-dhātu. 짝쿠 뷘냐나 다뚜.

1) **시각의 세계**眼界
2) **형상의 세계**色界
3) **시각의식의 세계**眼識界,

4) sota-dhātu 쏘따 다뚜
5) sadda-dhātu 쌋다 다뚜
6) sota-viññāṇa-dhātu. 쏘따 뷘냐나 다뚜.

4) **청각의 세계**耳界

5) **소리의 세계**聲界
6) **청각의식의 세계**耳識界,

7) ghāna-dhātu 가나 다뚜
8) gandha-dhātu 간다 다뚜
9) ghāna-viññāṇa-dhātu. 가나 뷘냐나 다뚜.

7) **후각의 세계**鼻界
8) **냄새의 세계**香界
9) **후각의식의 세계**鼻識界,

10) jivhā-dhātu 지브하 다뚜
11) rasa-dhātu 라싸 다뚜
12) jivhā-viññāṇa-dhātu. 지브하 뷘냐나 다뚜.

10) **미각의 세계**舌界
11) **맛의 세계**味界
12) **미각의식의 세계**舌識界,

13) kāya-dhātu 까야 다뚜
14) phoṭṭhabba-dhātu 폿탑바 다뚜
15) kāya-viññāṇa-dhātu. 까야 뷘냐나 다뚜.

13) **촉각의 세계**身界
14) **감촉의 세계**觸界
15) **촉각의식의 세계**身識界,

16) mano-dhātu 마노 다뚜
17) dhamma-dhātu 담마 다뚜
18) mano-viññāṇa-dhātu. 마노 뷘냐나 다뚜.

16) **정신의 세계**意界
17) **사실의 세계**法界
18) **정신의식의 세계**意識界**이니라**

4. bāvīsat'indriyāni. 바비싸띤드리야니.

스물두 가지 능력二十二根**에는**

1) cakkhu'ndriyaṃ 짝쿤드리얌
2) sot'indriyaṃ 쏘띤드리얌
3) ghān'indriyaṃ 가닌드리얌
4) jivh'indriyaṃ 지브힌드리얌
5) kāy'indriyaṃ 까인드리얌
6) man'indriyaṃ. 마닌드리얌.

1) **시각의 능력**眼根
2) **청각의 능력**耳根
3) **후각의 능력**鼻根
4) **미각의 능력**舌根
5) **촉각의 능력**身根
6) **정신의 능력**意根,

7) itth'indriyaṃ 잇틴드리얌
8) puris'indriyaṃ 뿌리씬드리얌
9) jīvit'indriyaṃ. 지뷔띤드리얌.

7) **여성의 능력**女根
8) **남성의 능력**男根

9) **생명의 능력**命根,

10) sukh'indriyaṃ 쑤킨드리얌
11) dukkh'indriyaṃ 둑킨드리얌
12) somanass'indriyaṃ 쏘마낫씬드리얌
13) domanass'indriyaṃ 도마낫씬드리얌
14) upekkh'indriyaṃ. 우뻭킨드리얌.

10) **쾌락의 능력**樂根
11) **고통의 능력**苦根
12) **만족의 능력**喜根
13) **불만의 능력**優根
14) **평정의 능력**捨根,

15) saddh'indriyaṃ 쌋딘드리얌
16) viriy'indriyaṃ 뷔리인드리얌
17) sat'indriyaṃ 싸띤드리얌
18) samādh'indriyaṃ 싸마딘드리얌
19) paññ'indriyaṃ 빤닌드리얌
20) anaññātaññassāmī't'indriyaṃ 아난냐딴냣싸미띤드리얌
21) aññ'indriyaṃ 안닌드리얌
22) aññātāv'indriyaṃ. 안냐따뷘드리얌.

15) **믿음의 능력**信根
16) **정진의 능력**進根
17) **새김의 능력**念根
18) **집중의 능력**定根
19) **지혜의 능력**慧根

20) **알지 못한 것을 알게 되는 능력**未知當知根
21) **궁극적 앎의 능력**已知根
22) **궁극적 앎을 지닌 자의 능력**具知根**이 있느니라.**

5. cattāri ariya-saccāni. 짯따리 아리야 쌋짜니.

네 가지 거룩한 진리에는

1) dukkhaṃ ariya-saccaṃ 둑캄 아리야 쌋짬
2) dukkha-samudayo ariya-saccaṃ 둑카 싸무다야 아리야 쌋짬
3) dukkha-nirodho ariya-saccaṃ 둑카 니로도 아리야 쌋짬
4) dukkha-nirodha-gāminī paṭipadā ariya-saccaṃ. 둑카 니로다 가미니 빠띠빠다 아리야 쌋짬.

1) **괴로움의 거룩한 진리**苦聖諦
2) **괴로움의 발생의 거룩한 진리**集聖諦
3) **괴로움의 소멸의 거룩한 진리**滅聖諦
4) **괴로움의 소멸로 이끄는**
길의 거룩한 진리道聖諦**가 있느니라.**

6. paṭicca-samuppādo. 빠띳짜 싸뭅빠도.

연기緣起**란 다음과 같으니라.**

1) avijjā-paccayā bhikkhave 아뷧자 빳짜야 빅카웨
2) saṅkhārā 쌍카라
3) saṅkhāra-paccayā viññāṇaṃ. 쌍카라 빳짜야 뷘냐낭.

1) **무명**無明**을 조건으로**
2) **형성**行**이 생겨나고**

3) 형성을 조건으로 의식識이 생겨나고,

4) viññāṇa-paccayā nāmarūpaṃ 뷘냐나 빳짜야 나마루빤
5) nāmarūpa-paccayā saḷāyatanaṃ 나마루빠 빳짜야 쌀라야따낭
6) saḷāyatana-paccayā phasso 쌀라야따나 빳짜야 팟쏘
7) phassa-paccayā vedanā. 팟싸 빳짜야 붸다나.

4) 의식을 조건으로 명색名色이 생겨나고
5) 명색을 조건으로 여섯 감역六入이 생겨나고
6) 여섯 감역을 조건으로 접촉觸이 생겨나고
7) 접촉을 조건으로 느낌受이 생겨나고,

8) vedanā-paccayā taṇhā 붸다나 빳짜야 딴하
9) taṇhā-paccayā upādānaṃ 딴하 빳짜야 우빠다남
10) upādāna-paccayā bhavo 우빠다나 빳짜야 바뵤
11) bhava-paccayā jāti 바봐 빳짜야 자띠
12) jāti-paccayā jarā-maraṇaṃ 자띠 빳짜야 자라 마라낭
soka-parideva-dukkha- 쏘까 빠리데봐 둑카
domanass'ūpāyāsā sambhavanti. 도마낫싸 우빠야싸 쌈바봔띠.

8) 느낌을 조건으로 갈애愛가 생겨나고
9) 갈애를 조건으로 집착取이 생겨나고
10) 집착을 조건으로 존재有가 생겨나고
11) 존재를 조건으로 태어남生이 생겨나고
12) 태어남을 조건으로 늙음과 죽음老死이 생겨나고
또한 슬픔·비탄·고통·근심·절망이 함께 생겨나니,

evam etassa kevalassa 에봠 에땃싸 께봘랏싸
dukkha-kkhandhassa samudayo hoti. 둑칵 칸닷싸 싸무다요 호띠.

이와 같이 이러한 모든
괴로움의 다발들이 생겨나느니라.

7. 그러나

1) avijjāya tv'eva asesa-virāga-nirodhā	아뷧자야 뜨웨봐 아쎄싸 뷔라가 니로다
2) saṅkhāra-nirodho	쌍카라 니로도
3) saṅkhāra-nirodhā viññāṇa-nirodho.	쌍카라 니로다 뷘냐나 니로도.

1) **무명이 남김없이 사라져 소멸하면**
2) **형성이 소멸하고**
3) **형성이 소멸하면 의식이 소멸하고,**

4) viññāṇa-nirodhā nāmarūpa-nirodho	뷘냐나 니로다 나마루빠 니로도
5) nāmarūpa-nirodhā saḷāyatana-nirodho	나마루빠 니로다 쌀라야따나 니로도
6) saḷāyatana-nirodhā phassa-nirodho	쌀라야따나 니로다 팟싸 니로도
7) phassa-nirodhā vedanā-nirodho.	팟싸 니로다 붸다나 니로도.

4) **의식이 소멸하면 명색이 소멸하고**
5) **명색이 소멸하면 여섯 감역이 소멸하고**
6) **여섯 감역이 소멸하면 접촉이 소멸하고**
7) **접촉이 소멸하면 느낌이 소멸하고,**

8) vedanā-nirodhā taṇhā-nirodho	붸다나 니로다 딴하 니로도
9) taṇhā-nirodhā upādāna-nirodho	딴하 니로다 우빠다나 니로도
10) upādāna-nirodhā bhava-nirodho	우빠다나 니로다 바봐 니로도
11) bhava-nirodhā jāti-nirodho	바봐 니로다 자띠 니로도
12) jāti-nirodhā jarā-maraṇaṃ	자띠 니로다 자라 마라낭

soka-parideva-dukkha -domanass'upāyāsā nirujjhanti.	쏘까 빠리데봐 둑카 도마낫싸 우빠야싸 니룻잔띠.

8) 느낌이 소멸하면 갈애가 소멸하고

9) 갈애가 소멸하면 집착이 소멸하고

10) 집착이 소멸하면 존재가 소멸하고

11) 존재가 소멸하면 태어남이 소멸하고

12) 태어남이 소멸하면 늙음과 죽음
슬픔·비탄·고통·근심·절망이 함께 소멸하나니,

evam etassa kevalassa dukkha-kkhandhassa nirodho hotī'ti.	에봠 에땃싸 께봘랏싸 둑칵 칸닷싸 니로도 호띠 띠.

이와 같이 이러한 모든
괴로움의 다발들이 소멸하느니라.

7. 공덕회향품

일체에의 공덕회향의 게송
공덕회향의 게송과
봉헌확립의 게송, 보시의 기쁨을 나눔
최상의 청정한 믿음의 게송
축복의 작은 우주법계
탁월한 축복의 게송, 공양의 기쁨을 나누는 게송
때맞춘 보시의 경송
축원 및 발원
공덕의 기쁨을 함께 나눔을 통해
한량 없는 마음을 키운다.

1. Sabbapattidānagāthā

쌉바 빳띠 다나 가타

「일체에의 공덕회향의 게송」을 송출하오니

1. puññass'idāni katassa
yān'aññāni katāni me
tesañ ca bhāgino hontu
sattânantâppamāṇakā.

뿐냣씨다니 까땃싸
야난냐니 까따니 메
떼싼 짜 바기노 혼뚜
쌋따 아난따 압빠마나까.

지금 제가 쌓은 공덕이든
다른 때에 제가 쌓은 것이건
끝이 없고 한량없는
일체의 뭇삶에게 회향하나이다.

2. ye piyā guṇavantā ca
mayhaṃ mātā-pitâdayo
diṭṭhā me câpy adiṭṭhā vā
aññe majjhatta-verino.

예 삐야 구나완따 짜
마이함 마따 삐따 아다요
딧타 메 짜삐 아딧타 봐
안녜 맛잣따 붸리노.

어머니나 아버지 등처럼
제게 사랑스런 자들이나 덕있는 자들이나
보이건 보이지 않는 자들이나
다른 무관자들이나, 적대자들에게라도,

3. sattā tiṭṭhanti lokasmiṃ
te bhummā catu-yonikā.
pañceka-catu'vokārā
saṃsarantā bhavâbhave.

쌋따 띳탄띠 로까쓰민
떼 붐마 짜뚜 요니까
빤쩨까 짜뚜 뵤까라
쌍싸란따 바봐 아바붸.

세계에 확립된 뭇삶들
세 가지 세계三界**와 네 가지 출생**四生**이나**
다섯五蘊有**이나 하나**一蘊有**나 네 다발**四蘊有**의 존재들**
크고 작은 곳을 윤회하는 자들에게도,

4. ñātaṃ ye patti-dānam-me 냐땅 예 빳띠 다남 메
anumodantu te sayaṃ 아누모단뚜 떼 싸양
ye c'imaṃ na-ppajānanti 예 찌만 납 빠자난띠
devā tesaṃ nivedayuṃ. 데봐 떼싼 니붸다윰.

그들이 저의 공덕회향을 안다면
환희하여 즐길 것이니
만약에 알지 못한다면
하늘사람들께서 그들에게 알려 주소서.

5. mayā dinnāna-puññānaṃ 마야 딘나나 뿐냐남
anumodana-hetunā 아누노다나 헤뚜나
sabbe sattā sadā hontu 쌉베 쌋따 싸다 혼뚜
averā sukha-jīvino 아붸라 쑤카 지뷔노
khema-ppadañ ca pappontu 케맙 빠단 짜 빱뽄뚜
tesâsā sijjhataṃ subhā. 떼싸 아싸 씻자땀 쑤바.

저의 공덕의 회향에 대한
그들의 환희로 인하여 일체 뭇삶이 항상
원한을 여의고 행복하길 바라오니
안온한 상태를 얻고
그들의 빛나는 서원이 이루어지이다.

2. Pattidānagāthā

빳띠 다나 가타

「공덕회향의 게송」을 송출하오니

1. yā devatā santi vihāra-vāsinī	야 데봐따 싼띠 뷔하라 봐씨니
thūpe ghare bodhighare tahiṃ tahiṃ	투뻬 가레 보디가레 따힌 따힌
tā dhamma-dānena bhavantu pūjitā	따 담마 다네나 바봔뚜 뿌지따
sotthiṃ karonte'dha vihāra-maṇḍale.	쏫팅 까론떼다 뷔하라 만달레.

여기 저기 승원의

탑묘나 정사나 보리수좌에 사는 천신들에게

가르침을 베풀어 공양하오니

이 승원과 그 일대를 축복하여 주소서.

2. therā ca majjhā navakā ca bhikkhavo	테라 짜 맛자 나봐까 짜 빅카뵤
sārāmikā dānapatī upāsakā	싸라미까 다나빠띠 우빠싸까
gāmā ca desā nigamā ca issarā	가마 짜 데싸 니가마 짜 잇싸라
sappāṇa-bhūtā sukhitā bhavantu te.	쌉빠나 부따 쑤키따 바봔뚜 떼.

그래서 장로, 중진, 신참 수행승들

종무원들, 시주들, 재가신자들

재가자들, 지방사람들, 도시사람들, 지도자들

일체의 뭇삶들이 행복하여지이다.

3. jalābu-jā ye pi ca aṇḍa-sambhavā	잘라부 자 예 삐 짜 안다 쌈바봐
saṃseda-jātā atha'v'opapātikā	쌍쎄다 자따 아타뵤빠빠띠까
niyyānikaṃ dhammavaraṃ paṭicca	니이야니깐 담마봐람 빠띳짜
te sabbe pi	떼 쌉베 삐

dukkhassa karontu saṅkhayaṃ. 둑캇싸 까론뚜 쌍카얌.

또한 물에서 생겨났건, 알에서 생겨났건
습기에서 생겨났건, 태에서 생겨났건
해탈로 이끄는 최상의 가르침을 통해
모든 뭇삶들은 괴로움의 종식을 이루소서.

4. ṭhātu ciraṃ sataṃ dhammo 타뚜 찌랑 싸딴 담모
dhamma-ddharā ca puggalā 담맛 다라 짜 뿍갈라
saṅgho hotu samaggo va 쌍고 호뚜 싸막고 봐
atthāya ca hitāya ca. 앗타야 짜 히따야 짜.

참사람의 가르침도
가르침을 새기는 님들도 영원토록 함께하고
참모임은 화합하여
요익과 안녕을 이루소서.

5. amhe rakkhatu saddhammo 암헤 락카뚜 쌋담모
sabbe pi dhamma-cārino 쌉베 삐 담마 짜리노
vuḍḍhiṃ sampāpuṇeyyāma 붓딩 쌈빠뿌네이야마
dhamme ariya-ppavedite. 담메 아리얍 빠붸디떼.

올바른 가르침이 저희들을 수호하고
가르침을 따르는 일체의 뭇삶들도 수호하소서.
저희들은 고귀한 님들이 설하신
가르침에서 성장하길 기원하나이다.

3. Uddissanâdhiṭṭhānagāthā

웃딧싸나 아딧타나 가타

「봉헌확립의 게송」을 송출하오니

1. iminā puñña-kammena
upajjhāyā guṇuttarā
ācariy'ūpakārā ca
mātā pitā piyā mamaṃ.

이미나 뿐냐 깜메나
우빠자야 구눗따라
아짜리유빠까라
마따 삐따 삐야 마맘.

이 공덕의 행위로
최상의 덕성을 지닌 친교사
도움을 준 교계사
사랑스런 어머니와 아버지,

2. suriyo candimā rājā
guṇavantā narā pi ca
brahmā mārā ca indā ca
loka-pālā ca devatā.

쑤리요 짠디마 라자
구나봔따 나라 삐 짜
브라흐마 마라 짜 인다 짜
로까 빨라 짜 데봐따.

태양신, 월신, 왕들
덕성있는 사람들
하느님들과 악마들, 제석천들
세상의 수호신들,

3. yamo mittā manussā ca
majjhaṭṭhā verikā pi ca
sabbe sattā sukhī hontu
puññāni pakatāni me.

야모 밋따 마눗싸 짜
맛잣타 붸리까 삐 짜
쌉베 쌋따 쑤키 혼뚜
뿐냐니 빠까따니 메.

염라왕, 친구들, 사람들
무관자들, 그리고 적들조차
모든 존재들이
제가 지은 공덕으로 행복하소서.

4. sukhañ-ca ti-vidhaṃ dentu	쑤칸 짜 띠 뷔단 덴뚜
khippaṃ pāpe yathā mataṃ	킵빰 빠뻬 야타 마땀
iminā puñña-kammena	이미나 뿐냐 깜메나
iminā uddisena ca.	이미나 웃디쎄나 짜.

이 공덕의 행위와
이러한 봉헌으로
세 가지로 행복이 주어지고
속히 악이 제거되어지이다.

5. ye keci khuddhakā pāṇā	예 께찌 쿳다까 빠나
mahantā'pi mayā hatā	마한따 삐 마야 하따
ye câneke pamādena	예 짜 아네께 빠마데나
kāya-vācā-mane'h'eva.	까야 봐짜 마네헤봐.

작은 생명이건 큰 생명이건
신체적·언어적·정신적으로
실로 방일하여
제가 죽인 것들이 한둘이 아니니,

6. puññaṃ me anumodantu	뿐냠 메 아누모단뚜
gaṇhantu phalam uttamaṃ	간한뚜 팔람 웃따망
verā no ce pamuñcantu	붸라 노 쩨 빠문짠뚜

sabba-dosaṃ khamantu me. 쌉바 도쌍 카만뚜 메.

모두가 제 공덕을 함께 기뻐하사
최상의 과보를 얻기를 원하오니
일체의 원한에서 벗어나
저의 모든 잘못을 용서하소서.

7. yan kiñci kusalaṃ kammaṃ 얀 낀찌 꾸쌀랑 깜망
kattabbaṃ kiriyaṃ mama 깟땁방 끼리얌 마마
kāyena vācā manasā 까예나 봐짜 마나싸
tidase sugataṃ kataṃ. 띠다쎄 쑤가땅 까땀.

도리천으로 잘 가기 위한 것이니
신체적·언어적·정신적으로
제가 행할 수 있었던
어떠한 착하고 건전한 행위이든,

8. ye sattā saññino atthi 예 쌋따 싼니노 앗티
ye ca sattā asaññino 예 짜 쌋따 아싼니노
kataṃ puñña-phalaṃ mayhaṃ 까땀 뿐냐 팔람 마이항
sabbe bhāgī bhavantu te. 쌉베 바기 바봔뚜 떼.

지각이 있는 존재이건
지각이 없는 존재이건
제가 지은 공덕의 과보를
모든 존재들이 받아주소서.

9. ye taṃ kataṃ suviditaṃ 예 땅 까땅 쑤뷔디딴
dinnaṃ puñña-phalaṃ mayā 딘남 뿐냐 팔람 마야

ye ca tattha na jānanti
devā gantvā nivedayuṃ.

예 짜 땃타 나 자난띠
데봐 간뜨와 니붸다윰.

제가 공덕의 과보를 나누어준
그 행위를 잘 아시겠지만
그것에 대하여 알지 못하는 분들은
하늘사람들께서 가서 알려 주소서.

10. sabbe lokamhi ye sattā
jivantâhāra-hetukā
manuññaṃ bhojanaṃ sabbe
labhantu mama cetasā.

쌉베 로깜히 쌋따
지봔따 아하라 헤뚜까
마눈냠 보자낭 쌉베
라반뚜 마마 쩨따싸.

세상에서의 모든 존재들은
자양을 원인으로 살아가니
제가 정성껏 바치오니
모두 즐거운 음식을 받아 주소서.

11. iminā puñña-kammena
iminā uddisena ca.
khippâhaṃ sulabhe
c'eva taṇh'upādāna-chedanaṃ.

이미나 뿐냐 깜메나
이미나 웃디쎄나 짜
킵빠 아항 쑬라베
쩨봐 딴후빠다나 체다남.

이 공덕의 행위와
이러한 봉헌으로
제가 또한 속히 어려움 없이
갈애와 취착을 끊기를 원하나이다.

12. ye santāne hīnā dhammā

예 싼따네 히나 담마

yāva nibbānato mamaṃ | 야봐 닙바나또 마만
nassantu sabbadā yeva | 나싼뚜 쌉바다 예봐
yattha jāto bhave bhave. | 얏타 자또 바붸 바붸.

제가 열반에 이르기까지
제게 상속하는 저열한 것들이 있다면
그것들은 세세생생 언제나
항상 모두 파괴되어지이다.

13. uju-citto sati-pañño | 우주 찟또 싸띠 빤뇨
sallekho viriya'vā'minā | 쌀레코 뷔리야봐미나
mārā labhantu n'okāsaṃ | 마라 라반뚜 노까쌍
kātuñ-ca viriyesu me. | 까뚠 짜 뷔리예쑤 메.

곧바른 마음, 새김과 지혜
버리고 없앰, 정진, 이러한 것으로
제가 정진할 때에 악마가
기회를 포착하거나 만들지 못하게 하소서.

14. buddho dīpavaro nātho | 붓도 띠빠봐로 나토
dhammo nātho varuttamo | 담모 나토 봐룻따모
nātho pacceka-sambuddho | 나토 빳쩨까 쌈붓도
saṅgho nāthôttaro mamaṃ. | 쌍고 나톳따로 마맘.

부처님은 탁월한 빛의 피난처이며
가르침은 가장 위없는 피난처이니
연기법을 깨달은 님과 참모임은
저의 가장 위없는 피난처이나이다.

15. tejo'ttamânubhāvena — 떼조 웃따마 아누바붸나
mār'okāsaṃ labhantu mā. — 마로까쌍 라반뚜 마.
dasa-puññânubhāvena — 다싸 뿐냐 아누바붸나
mār'okāsaṃ labhantu mā. — 마로까쌍 라반뚜 마.

최상의 빛의 힘으로
악마가 기회를 얻지 못하게 하소서
열 가지 공덕의 힘으로
악마가 기회를 얻지 못하게 하소서.

4. Anumodanāvidhī

아누모다나 뷔디

「보시의 기쁨을 나눔」에 함께하오니

1. yathā vāri-vahā pūrā — 야타 봐리 봐하 뿌라
paripūrenti sāgaraṃ — 빠리뿌렌띠 싸가람
evam eva ito dinnaṃ — 에봠 에봐 이또 딘남
petānaṃ upakappati. — 뻬따남 우빠깝빠띠.

넘치는 강들이
바다를 채우듯
이처럼 참으로 보시가 이루어졌으니
가신 님들을 위해 유익하나이다.

2. icchitaṃ patthitaṃ amhaṃ tumhaṃ — 잇치땀 빳티땀 암항 뚬항
khippam eva samijjhatu — 킵빰 에봐 싸밋자뚜
sabbe pūrentu saṅkappā — 쌉베 뿌렌뚜 쌍깝빠

cando paṇṇaraso yathā
maṇi-jotiraso yathā.

짠도 빤나라쏘 야타
마니 조띠라쏘 야타.

바라고 원했던 것이
실로 속히 성취되어 지리니
저의그대의 **모든 서원들도 보름달처럼**
여의주처럼 성취되어지이다.

3. sabb'ītiyo vivajjantu
sabba-rogo vinassatu
mā mete bhavatv'antarayo
sukhī dīghâyuko bhava

쌉비띠요 뷔봣잔뚜
쌉바 로고 뷔낫싸뚜
마 메떼 바봐뜨완따라요
쑤키 디가 아유꼬 바봐.

일체의 고뇌가 비켜가고
일체의 질병이 없어지고
모든 장애 사라지어
제게그대에게 **행복한 삶이 함께하여지이다.**

4. abhivādana-sīlissa
niccaṃ vuḍḍhâpacāyino
cattāro dhammā vaḍḍhanti
āyu vaṇṇo sukhaṃ balaṃ.

아비봐다나 씰릿싸
닛짱 붓다빠짜위노
짯따로 담마 봣단띠
아유 봔노 쑤캄 발람.

예경하는 습관이 있고
항상 장로를 존경한다면
네 가지 원리가 성장하오니
곧, 수명과 용모와
행복과 기력이나이다.

5. Aggappasādasuttagāthā

악갑 빠싸다 쑷따 가타

「최상의 청정한 믿음의 게송」을 송출하오니

1. aggato ve pasannānaṃ	악가또 붸 빠싼나남
aggaṃ dhammaṃ vijānataṃ	악간 담망 뷔자나땀
agge buddhe pasannānaṃ	악게 붓데 빠싼나난
dakkhiṇeyye anuttare.	닥키네이예 아눗따레.

청정한 믿음을 최상으로 하는 님에게
최상의 가르침이 알려지니
위없는 님, 공양을 받을 만한 님
최상의 깨달은 님께 청정한 믿음을 갖추고,

2. agge dhamme pasannānaṃ	악게 담메 빠싼나낭
virāg'upasame sukhe	뷔라구빠싸메 쑤케
agge saṅghe pasannānaṃ	악게 쌍게 빠싼나남
puñña-kkhette anuttare.	뿐냐 켓떼 아눗따레.

사라짐과 적멸과 안락의
최상의 가르침에 청정한 믿음을 갖추고
위없는 공덕의 밭인
최상의 참모임에 청정한 믿음을 갖추고,

3. aggasmiṃ dānaṃ dadataṃ	악가쓰민 다난 다다땀
aggaṃ puññaṃ pavaḍḍhati	악감 뿐냠 빠봣다띠
aggaṃ āyu ca vaṇṇo ca	악감 아유 짜 봔노 짜
yaso kitti sukhaṃ balaṃ.	야쏘 낏띠 쑤캄 발람.

최상의 것을 주는 보시자에게
최상의 공덕이 성장하리니
최상의 수명 그리고 용모
명예, 칭송, 행복, 기력이 성장하니라.

4. aggassa dātā medhāvi 악갓싸 다따 메다뷔
agga-dhamma-samāhito 악가 담마 싸마히또
deva-bhūto manusso vā 데봐 부또 마눗쏘 봐
agga-ppatto pamodatī'ti. 악갑 빳또 빠모다띠 띠.

슬기로운 자는 최상의 것을 주고
최상의 가르침 가운데 선정에 들어
천신으로서 또는 인간으로서
위없음을 성취하여 기뻐하느니라.

6. Cullamaṅgalacakkavāḷa

쭐라 망갈라 짝까봘라

「축복의 작은 우주법계」를 송출하오니

1. sabba-buddhânubhāvena 쌉바 붓다 아누바붸나
sabba-dhammânubhāvena 쌉바 담마 아누바붸나
sabba-saṅghānubhāvena. 쌉바 쌍가 아누바붸나.

일체 부처님의 힘으로
일체 가르침의 힘으로
일체 참모임의 힘으로,

2. buddha-ratanaṃ 붓다 라따난
dhamma-ratanaṃ saṅgha-ratanaṃ 담마 라따낭 쌍가 라따난
tinnaṃ ratanānaṃ anubhāvena. 띤낭 라따나남 아누바붸나.

부처님의 보배
가르침의 보배, 참모임의 보배
세 가지 보배의 힘으로,

3. caturāsīti-sahassa- 짜뚜라씨띠 싸핫싸
dhamma-kkhandhânubhāvena 담막 칸다 아누바붸나
piṭaka-ttayânubhavena 삐따깟 따야 아누바붸나
jina-sāvakânubhavena. 지나 싸봐까 아누바붸나.

팔만사천 법문의 힘으로
삼장의 힘으로
최승자의 제자들의 힘으로,

4. sabbe te rogā sabbe te bhayā 쌉베 떼 로가 쌉베 떼 바야
sabbe te antarayā sabbe te upaddavā 쌉베 떼 안따라야 쌉베 떼 우빳다봐
sabbe te dunnimittā 쌉베 떼 둔니밋따
sabbe te avamaṅgalā vinassantu. 쌉베 떼 아봐망갈라 뷔낫싼뚜.

일체 그대의 질병, 일체 그대의 두려움
일체 그대의 장애, 일체 그대의 고뇌
일체 그대의 불운,
일체 그대의 불길한 전조가 소멸되어지이다.

5. āyū-vaddhako dhana-vaddhako 아유 봣다꼬 다나 봣다꼬
siri-vaddhako yasa-vaddhako 씨리 봣다꼬 야싸 봣다꼬

bala-vaddhako vaṇṇa-vaddhako
sukha-vaddhako hotu sabbadā.

빌라 봣다꼬 봔나 봣다꼬
쑤카 봣다꼬 호뚜 쌉바다.

수명이 증장되고, 재보가 증장되고
안락이 증장되고, 명성이 증장되고
힘이 증장되고, 아름다움이 증장되니
언제나 늘 행복이 증장되어지이다.

6. dukkha-roga-bhayā verā
sokā sattu c'upaddavā
anekā antarāyā'pi
vinassantu ca tejasā

둑카 로가 바야 붸라
쏘까 쌋뚜 쭈빳다봐
아네까 안따라야 삐
뷔낫싼뚜 짜 떼자싸.

고통, 질병, 공포, 원한, 슬픔
그리고 위험과 고뇌와
수많은 장애가 있더라도,
그 삼보의 힘으로 부수어지이다.

7. jaya-siddhī dhanaṃ lābhaṃ
sotthī bhāgyaṃ sukhaṃ balaṃ
siri āyu ca vaṇṇo ca
bhogaṃ vuddhi ca yasavā

자야 씻디 다낭 라밤
쏫티 바기양 쑤캄 발랑
씨리 아유 짜 봔노 짜
보강 븟디 짜 야싸봐.

그러나 승리, 성취, 재보, 이익
안전, 행운, 안락, 기력
지복, 장수, 용모
부와 명예는 증장되어지이다.

7. Sumaṅgalagāthā

쑤망갈라 가타

「신묘한 축복의 게송」을 송출하오니

1. bhavatu sabba-maṅgalaṃ	바봐뚜 쌉바 망갈랑
rakkhantu sabba-devatā	락칸뚜 쌉바 데봐따
sabba-buddhânubhāvena	쌉바 붓다 아누바붸나
sadā sotthī bhavantu me_{te}.	싸다 쏫티 바봔뚜 메_떼.

모든 축복이 함께하고
모든 하늘사람들이 수호하소서.
부처님의 모든 가피의 힘으로
제게그대에게 **언제나 평안이 함께하여지이다.**

2. bhavatu sabba-maṅgalaṃ	바봐뚜 쌉바 망갈랑
rakkhantu sabba-devatā	락칸뚜 쌉바 데봐따
sabba-dhammânubhāvena	쌉바 담마 아누바붸나
sadā sotthī bhavantu me_{te}.	싸다 쏫티 바봔뚜 메_떼.

모든 축복이 함께하고
모든 하늘사람들이 수호하소서.
가르침의 모든 가피의 힘으로
제게그대에게 **언제나 평안이 함께하여지이다.**

3. bhavatu sabba-maṅgalaṃ	바봐뚜 쌉바 망갈랑
rakkhantu sabba-devatā	락칸뚜 쌉바 데봐따
sabba-saṅghânubhāvena	쌉바 쌍가 아누바붸나
sadā sotthī bhavantu me_{te}.	싸다 쏫티 바봔뚜 메_떼.

모든 축복이 함께하고
모든 하늘사람들이 수호하소서.
참모임의 모든 가피의 힘으로
제게그대에게 언제나 평안이 함께하여지이다.

8. Bhojanadānânumodanāgāthā

보자나 다나 아누보다나 가타

「공양의 기쁨을 나눔의 게송」을 송출하오니

1. āyudo balado dhīro
vaṇṇado paṭibhāṇado
sukhassa dātā medhāvī
sukhaṃ so adhigacchati.

아유도 발라도 디로
봔나도 빠띠바나도
쑤캇싸 다따 메다뷔
쑤캉 쏘 아디갓차띠.

수명을 주고, 기력을 주고
용모를 주고, 행복을 주고
총명을 주는 현명한 자
그 슬기로운 자는 참으로 행복을 얻느니라.

2. āyuṃ datvā balaṃ vaṇṇaṃ
sukhañ ca paṭibhāṇakaṃ
dīghâyu yasavā hoti
yattha yatth'upapajjati.

아윤 다뜨와 발랑 봔낭
쑤칸 짜 빠띠바나깐
디가 아유 야싸봐 호띠
얏타 얏투빠빳자띠.

수명과 기력과 용모와
행복과 총명을 베풀면

그가 태어나는 곳마다
명성과 장수가 함께하느니라.

9. Kāladānasuttagāthā

깔라다나 쑷따 가타

「때맞춘 보시의 경송」을 송출하오니

1. kāle dadanti sappaññā	깔레 다단띠 쌉빤냐
vadaññū vīta-maccharā	봐단뉴 뷔따 맛차라
kālena dinnaṃ ariyesu	깔레나 딘남 아리예쑤
uju-bhutesu tādisu	우주부떼쑤 따디쑤
vippasannamanā tassa	뷥빠싼나마나 땃싸
vipulā hoti dakkhiṇā.	뷔뿔라 호띠 닥키나.

관대하고 인색을 여읜
지혜로운 자는 때맞춰 보시하니
고귀한 님, 진실한 님, 거룩한 님에게
때맞춰 보시하고, 마음을 정화하면
그의 보시는 광대한 것이 되니라.

2. ye tattha anumodanti	예 땃타 아누모단띠
veyyāvaccaṃ karonti vā	베이야봣짱 까론띠 봐
na tesaṃ dakkhiṇā ūnā	나 떼싼 닥키나 우나
te'pi puññassa bhāgino.	떼 삐 뿐냣싸 바기노.

그러한 일에 기뻐하여 기꺼이
봉사하는 사람들이 있다면

그들의 베풂도 적지 않아
공덕을 나누어 가지느니라.

3. tasmā dade va appaṭivāṇa-citto
yattha dinnaṃ maha-pphalaṃ
puññāni para-lokasmiṃ
patiṭṭhā honti pāṇinan'ti.

따쓰마 다데 봐 압빠띠봐나 찟또
얏타 딘남 마합 팔람
뿐냐니 빠랄 로까쓰밈
빠띳타 혼띠 빠닌난 띠.

보시가 크나큰 열매를 거두는 곳에
기꺼운 마음으로 보시해야 하느니
공덕은 저 세상에서
실로 뭇삶들의 의지처가 되기 때문이니라.

10. Āsīsagāthā

아씨싸 가타

「축원祝願의 게송」을 송출하오니

1. yaṃ pattaṃ kusalaṃ tassa
anubhāvena pāṇino
sabbe saddhamma-rājassa
ñatvā dhammaṃ sukhâvahaṃ.

얌 빳땅 꾸쌀란 땃싸
아누바웨나 빠닌노
쌉베 쌋담마 라잣싸
냐뜨와 쑤카 아바함.

착하고 건전한 것을 지어서
그 공덕의 힘으로
진리의 제왕의 가르침을 알아서
모든 뭇삶들이 행복하길 축원하나이다.

2. pāpunantu visuddhāya
sukhāya paṭipattiyā
asokam anupāyāsa-
nibbāna-sukham uttamaṃ.

빠뿌난뚜 뷔쑷다야
쑤카야 빠띠빳띠야
아쏘깜 아누빠야싸
닙바나 쑤캄 웃따맘.

청정과 안온을 닦아
슬픔을 여의고 고뇌를 여읜
위없는 열반의 지복을
모든 뭇삶들이 얻길 축원하나이다.

3. ciraṃ tiṭṭhatu saddhammo
dhamme hontu sagāravā
sabbe'pi sattā kalena
sammā devo pavassatu.

찌란 띳타뚜 쌋담모
담메 혼뚜 싸가라봐
쌉베 삐 쌋따 깔레나
쌈마 데보 빠봣싸뚜.

올바른 가르침이 영원토록 함께하고
일체의 뭇삶이 가르침을 존중하기 바라오니
하늘은 때가 되면
비를 내려 주길 축원하나이다.

4. yathā rakkhiṃsu porāṇā
surājāno tath'ev'imaṃ
rāja rakkhantu dhammena
attano'va pajaṃ pajaṃ.

야타 락킹쑤 뽀라나
쑤라자노 따테뷔망
라자 락칸뚜 담메나
앗따노 봐 빠잠 빠잠.

일찍이 훌륭한 통치자들이
백성을 수호했듯
통치자는 정의롭게
모든 백성들을 수호하길 축원하나이다.

11. Patthanā①

빳타나

「발원」①을 송출하오니

1. imāya dhammânudhamma-
paṭipattiya buddhaṃ pūjemi.

이마야 담마 아누담마
빠띠빳띠야 붓담 뿌제미.

이러한 여법한 수행으로
부처님을 공경하옵고,

2. imāya dhammânudhamma-
paṭipattiya dhammaṃ pūjemi.

이마야 담마 아누담마
빠띠빳띠야 담맘 뿌제미.

이러한 여법한 수행으로
가르침을 공경하옵고,

3. imāya dhammânudhamma-
paṭipattiya saṇghaṃ pūjemi.

이마야 담마 아누담마
빠띠빳띠야 상감 뿌제미.

이러한 여법한 수행으로
참모임을 공경하오니,

4. addha imāya paṭipattiya
jāti-jāra-byādhi-maraṇamhā
parimuccissāmi

앗다 이마야 빠띠빳띠야
자띠 자라 비야디 마라남하
빠리뭇찟싸미.

이러한 여법한 수행으로
생노병사로부터 벗어나지이다.

12. Patthanā②

뺏타나

「발원」②을 송출하오니

1. idaṃ me puññaṃ
āsava-kkhayâvahaṃ hotu.

이담 메 뿐냠
아싸박 카야 아봐항 호뚜.

이러한 공덕으로
번뇌가 부수어지어지이다.

2. idaṃ me puññaṃ
nibbānassa paccayo hotu.

이담 메 뿐냐
닙바낫싸 빳짜요 호뚜.

이러한 공덕으로
열반의 조건이 이루어지이다.

13. Puññânumodanā

뿐냐 아누모다나

「공덕의 기쁨을 함께 나눔」을 송출하오니

1. mama puñña-bhāgaṃ
sabbā sattānaṃ bhājemi.

마마 뿐냐 바강
쌉바 쌋따남 바제미.

저의 공덕의 몫을
모든 뭇삶들에게 회향하오니,

2. te여성 tā sabbe me samaṃ

떼여성 : 따 쌉베 메 싸맘

puñña-bhāgaṃ labhatu. 뿐냐 바강 라반뚜.

저의 공덕의 몫이
모든 뭇삶들에게 전해지이다.

3. buddha-sasanam 붓다 싸싸남
ciraṃ tiṭṭhatu! 찌란 띳타뚜.

부처님의 가르침이
영원토록 함께하여지이다.

buddha-sasanam 붓다 싸싸남
ciraṃ tiṭṭhatu! 찌란 띳타뚜.

부처님의 가르침이
영원토록 함께하여지이다.

buddha-sasanam 붓다 싸싸남
ciraṃ tiṭṭhatu! 찌란 띳타뚜.

부처님의 가르침이
영원토록 함께하여지이다.

4. sādhu! 싸두!
sādhu! 싸두!
sādhu! 싸두!

감사하나이다!
감사하나이다!
감사하나이다!

8. 통과의례품

결혼식

출생명명식/집들이/개업식 등

결혼식을 예로 들면
불단과
초와 꽃을 준비하고
신혼부부와 하객은
예불문과 삼귀의와 오계를 송출한다.
신혼부부는 초와 향을 켜고 꽃을 바치고
그것들은 불상의 곁에 놓는다.
신랑과 신부는 의무사항인
결혼서약을 송출하고
마지막으로 하객과 부모들만,
축복의 의미로
축복의 경과
승리의 축복의 게송을 통해 축하한다.
나머지 통과의례들은
여기에 준한다.

1. Pubbabhāganamakkāra

뿝바바가 나막까라 빠타

「예경서禮敬序」를 송출하오니

1. namo tassa bhagavato arahato sammāsambuddhassa.	나모 땃싸 바가봐또 아라하또 쌈마쌈붓닷싸.

그 분
세상의 존귀한 님, 거룩한 님
올바로 원만히 깨달은 님께 예경하나이다.

2. namo tassa bhagavato arahato sammāsambuddhassa.	나모 땃싸 바가봐또 아라하또 쌈마쌈붓닷싸.

그 분
세상의 존귀한 님, 거룩한 님
올바로 원만히 깨달은 님께 예경하나이다.

3. namo tassa bhagavato arahato sammāsambuddhassa.	나모 땃싸 바가봐또 아라하또 쌈마쌈붓닷싸.

그 분
세상의 존귀한 님, 거룩한 님
올바로 원만히 깨달은 님께 예경하나이다.

2. Tisaraṇagamana

띠 싸라나 가마나

「삼귀의三歸依」에 따라 귀의하오니

1.	buddhaṃ saraṇaṃ gacchāmi dhammaṃ saraṇaṃ gacchāmi saṅghaṃ saraṇaṃ gacchāmi.	붓당 싸라낭 갓차미 담망 싸라낭 갓차미 쌍강 싸라낭 갓차미.

고귀한 부처님께 귀의하나이다.
고귀한 가르침에 귀의하나이다.
고귀한 참모임에 귀의하나이다.

2.	dutiyam pi buddhaṃ saraṇaṃ gacchāmi dutiyam pi dhammaṃ saraṇaṃ gacchāmi dutiyam pi saṅghaṃ saraṇaṃ gacchāmi.	두띠얌 삐 붓당 싸라낭 갓차미 두띠얌 삐 담망 싸라낭 갓차미 두띠얌 삐 쌍강 싸라낭 갓차미.

원만한 부처님께 귀의하나이다.
원만한 가르침에 귀의하나이다.
원만한 참모임에 귀의하나이다.

3.	tatiyam pi buddhaṃ saraṇaṃ gacchāmi tatiyam pi dhammaṃ saraṇaṃ gacchāmi tatiyam pi saṅghaṃ saraṇaṃ gacchāmi.	따띠얌 삐 붓당 싸라낭 갓차미 따띠얌 삐 담망 싸라낭 갓차미 따띠얌 삐 쌍강 싸라낭 갓차미.

거룩한 부처님께 귀의하나이다.
거룩한 가르침에 귀의하나이다.
거룩한 참모임에 귀의하나이다.

3. Pañcasīla

빤짜 씰라

「오계五戒」을 송출하오니

1. pāṇâtipātā veramaṇī-
sikkhāpadaṃ samādiyāmi.

빠나 아띠빠따 붸라마니
씩카빠당 싸마디야미.

살아있는 생명을 죽이는 것을 삼가는
학습계율을 지키겠나이다.

2. adinnâdānā veramaṇī-
sikkhāpadaṃ samādiyāmi.

아딘나 아다나 붸라마니
씩카빠당 싸마디야미.

주지 않은 것을 빼앗는 것을 삼가는
학습계율을 지키겠나이다.

3. kāmesu micchā-cārā veramaṇī-
sikkhāpadaṃ samādiyāmi.

까메쑤 밋차 짜라 붸라마니
씩카빠당 싸마디야미.

사랑을 나눔에 잘못을 범하는 것을 삼가는
학습계율을 지키겠나이다.

4. musā-vādā veramaṇī-
sikkhāpadaṃ samādiyāmi.

무싸 봐다 붸라마니
씩카빠당 싸마디야미.

어리석은 거짓말을 하는 것을 삼가는
학습계율을 지키겠나이다.

5. surā-meraya-majja-
pamāda-ṭṭhānā veramaṇī-

쑤라 메라야 맛자
빠마닷 타나 붸라마니

sikkhāpadaṃ samādiyāmi. 씩카빠당 싸마디야미.

곡주나 과즙주 등의
취기있는 것에 취하는 것을 삼가는
학습계율을 지키겠나이다.

4. Buddhavaṇṇa

붓다 봔나

「부처님의 찬탄」을 송출하오니

1. iti'pi so bhagavā 이띠 삐 쏘 바가봐
arahaṃ 아라항
sammāsambuddho. 쌈마쌈붓도.

이처럼 세존께서는

1) **거룩한 님**阿羅漢
2) **올바로 원만히 깨달은 님**正等覺者,

2. vijjā-caraṇa-sampanno 뷧자 짜라나 쌈빤노
sugato 쑤가또
loka-vidū. 로까 뷔두.

3) **명지와 덕행을 갖춘 님**明行足
4) **올바른 길로 잘 가신 님**善逝
5) **세상을 이해하는 님**世間解,

3. anuttaro 아눗따로

purisa-damma-sārathi 뿌리싸 담마 싸라티
satthā deva-manussānaṃ 쌋타 데바 마눗싸남
buddho 붓도
bhagavā'ti. 바가봐.

6) **위없는 님**無上師
7) **사람을 길들이는 님**調御丈夫
8) **하늘사람과 인간의 스승**天人師
9) **깨달은 님**佛
10) **세상의 존귀한 님**世尊**이옵니다.**

5. Dhammavaṇṇa

담마 봔나

「가르침의 찬탄」을 송출하오니

1. svākkhāto 쓰왁카또
bhagavatā dhammo 바가봐따 담모.

세존의 가르침은
훌륭하게 설해진 가르침이고,

2. sandiṭṭhiko 싼딧티꼬
akāliko 아깔리꼬
ehipassiko. 에히빳씨꼬.

현세에 유익한 가르침이고
시간을 뛰어넘는 가르침이고

와서 보라는 가르침이고,

3. opanayiko 오빠나위꼬
paccattaṃ 빳짯땅
veditabbo viññūhī'ti. 붸디땁보 뷘뉴히 띠.

궁극으로 이끄는 가르침이며
슬기로운 님
각자에게 알려지는 가르침이옵니다.

6. Saṅghavaṇṇa

쌍가 봔나

「참모임의 찬탄」을 송출하오니

1. yo so su-paṭipanno 요 쏘 쑤 빠띠빤노
bhagavato sāvaka-saṅgho. 바가봐또 싸봐까 쌍고.

님의 가르침을 따르는
참사람의 모임은
훌륭하게 실천수행합니다.

2. uju-paṭipanno 우주 빠띠빤노
bhagavato sāvaka-saṅgho. 바가봐또 싸봐까 쌍고.

님의 가르침을 따르는
참사람의 모임은
정직하게 실천수행합니다.

3. ñāya-paṭipanno 냐야 빠띠빤노
bhagavato sāvaka-saṅgho. 바가와또 싸와까 쌍고.

님의 가르침을 따르는
참사람의 모임은
현명하게 실천수행합니다.

4. sāmīci-paṭipanno 싸미찌 빠띠빤노
bhagavato sāvaka-saṅgho. 바가와또 싸와까 쌍고.

님의 가르침을 따르는
참사람의 모임은
조화롭게 실천합니다.

5. yad idaṃ cattāri purisa-yugāni 야드 이단 짯따리 뿌리싸 유가니
aṭṭha purisa-puggalā 앗타 뿌리싸 뿍갈라
esa bhagavato sāvaka-saṅgho. 에싸 바가와또 싸와까 쌍고.

곧, 님의 가르침을 따르는
참사람의 모임은
네 쌍으로 여덟이 되는
참사람들로 이루어졌으니,

6. āhuneyyo pāhuneyyo 아후네이요 빠후네이요
dakkhiṇeyyo añjalī-karaṇīyo 닥키네이요 안잘리 까라니요
anuttaraṃ puñña-kkhettaṃ lokassā'ti. 아눗따람 뿐냑 켓땅 로깟싸 띠.

공양받을 만하고, 섬김받을 만하고
선물받을 만하고, 존경받을 만하시니

세상에 위없는 공덕의 밭이옵니다.

7. Buddhadhammasaṅghavaṇṇa

붓다 담마 쌍가 봔나

「부처님·가르침·참모임의 찬탄」을 송출하오니

1. arahaṃ sammāsambuddho 아라항 쌈마쌈붓도
bhagavā buddhaṃ 바가봔 붓담
bhagavantaṃ abhivādemi. 바가봔땀 아비봐데미.

세존께서는
거룩한 님, 올바로 원만히 깨달은 님, 부처님이시니
세존께 예경하나이다.

2. svākkhāto bhagavatā 쓰왁카또 바가봐따
dhammo. 담모
dhammaṃ namassāmi. 담만 나맛싸미.

세존께서 설하신
가르침은 훌륭하게 설해졌사오니
가르침에 예경하나이다.

3. su-paṭipanno bhagavato 쑤 빠띠빤노 바가봐또
sāvaka-saṅgho. 싸봐까 쌍고
saṅghaṃ namāmi. 쌍간 나마미.

세존의 제자들의
참모임은 훌륭하게 실천수행하오니

참모임에 예경하나이다.

8. Padīpapūjā

빠디빠 뿌자

「등불공양」을 송출하오니

1. ghanasāra-ppadittena 가나싸랍 빠딧떼나
dīpena tama-dhaṃsinā. 디뻬나 따마 당씨나.

빛나며 밝게 불타오르고
암흑을 몰아내는 등불로,

2. ti-loka-dīpaṃ sambuddhaṃ 띨 로까 디빵 쌈붓담
pujayāmi tamo-nudaṃ. 뿌자야미 따모 누담.

어둠을 물리치시는
삼계의 광명이신
올바로 원만히 깨달은 님께 공양을 올립니다.

9. Dhūpapūjā

두빠 뿌자

「향공양」을 송출하오니

1. gandha-sambhāra-yuttena 간다 쌈바라 윳떼나
dhūpenâhaṃ sugandhinā. 두뻬나 아항 쑤간디나.

향기로운 향나무로 만든
뛰어나고 향기로운 향으로,

2. pūjaye pūjaniyaṃ taṃ
pūjābhājanaṃ uttamaṃ.

뿌자예 뿌자니얀 땀
뿌자바자남 웃따맘.

존귀한 님들 가운데서도
위없는 님께 공양을 올립니다.

10. Pupphapūjā

뿝파 뿌자

「꽃공양」을 송출하오니

1. vaṇṇa-gandha-guṇôpetaṃ
etaṃ kusuma-santatiṃ
pūjayāmi munindassa
sirī-pāda-saroruhe.

봔나 간다 구노뻬땀
에땅 꾸쑤마 싼따띰
뿌자야미 무닌닷싸
씨리 빠다 싸로루헤.

갖가지 색의 향기롭기 그지없는
아름다운 이 꽃송이를
연꽃 같은 길상의 두 발을 지닌
해탈하신 님께 공양을 올립니다.

2. pūjemi buddhaṃ kusumenânena
puññena-m-etena ca hotu mokkhaṃ
pupphaṃ milāyāti yathā idaṃ me
kāyo tathā yāti vināsa-bhāvaṃ

뿌제미 붓당 꾸쑤메나 아네나
뿐녜나 메떼나 짜 호뚜 목캄
뿝팜 밀라야띠 야타 이담 메
까요 따타 야띠 뷔나싸 바봠.

부처님께 이 꽃들로 공양을 올리오니
그 공덕으로 해탈이 이루어지고
이 꽃들이 마침내 시들 듯
이 몸도 사라지고 마는 것을 새기게 하소서.

11. Āvāhavivāhavatta

아봐하 뷔봐하 봣따

「결혼서약」을 송출하오니

1. [신랑]

pañcahi ṭhānehi me	빤짜히 타네히 메
bhariyā paccupaṭṭhātabbā.	바리야 빳쭈빳타땁바.

저는 다섯 가지 경우로써
아내를 섬기겠습니다.

1) sammānanāya	쌈마나나야
2) anavamānanāya	아나봐마나나야
3) anaticariyāya	아나띠짜리야야
4) issariya-vossaggena	잇싸리야 봇싹게나
5) alaṅkārânuppadānena.	알랑까라 아눕빠다네나.

1) **존중하고**
2) **멸시하지 않고**
3) **신의를 저버리지 않고**
4) **권한을 부여하고**

5) **장신구를 제공하겠습니다.**

2. [신부]
pañcahi ṭhānehi me
sāmiko anukampitabbaṃ.

빤짜히 타네히 메
싸미꼬 아누깜삐땁밤.

저는 다섯 가지 경우로써
남편을 돌보겠습니다.

1) su-saṃvihita-kammantā ca hoti
2) su-saṃgahita-parijanā ca
3) anaticārinī ca
4) sambhataṃ anurakkhati
5) dakkhā ca hoti analasā sabba-kiccesu.

쑤 쌍뷔히따 깜만따 짜 호띠
쑤 쌍가히따 빠리자나 짜
아나띠짜리니 짜
쌈바땀 아누락카띠
닥카 짜 호띠 아날라싸 쌉바 낏쩨쑤.

1) **맡은 일을 잘 처리하고**
2) **주변사람들에게 친절하고**
3) **신의를 저버리지 않고**
4) **재물을 잘 수호하고**
5) **모든 해야 할 일에 유능하고 나태하지 않겠습니다.**

12. Maṅgalasutta

망갈라 쑷따

「축복의 경」을 송출하오니

1. evaṃ me sutaṃ
ekaṃ samayaṃ bhagavā
sāvatthiyaṃ viharati

에봠 메 쑤땀
에깡 싸마얌 바가봐
싸봣티양 뷔하라띠

jetavane anāthapiṇḍikassa ārāme. 제따봐네 아나타삔디깟싸 아라메.

이와 같이 나는 들었습니다.
한때 세존께서 싸밧티 시의
제따바나 숲에 있는
아나타뻰디까 승원에 계셨습니다.

2. atha kho aññatarā devatā 아타 코 안냐따라 데봐따
abhikkantāya rattiyā abhikkanta-vaṇṇā 아빅깐따야 랏띠야 아빅깐따 봔나
kevala-kappaṃ jetavanaṃ obhāsetvā 께봘라 깝빤 제따봐남 오바쎄뜨와
yena bhagavā ten'upasaṅkami. 예나 바가봐 떼누빠쌍까미.

그 때 마침 한 밤중을 지나
어떤 하늘사람이 아름다운 모습으로
제따바나 숲을 두루 비추며
세존께서 계신 곳을 찾아왔습니다.

3. upasaṅkamitvā 우빠쌍까미뜨와
bhagavantaṃ abhivādetvā 바가봔땀 아비봐데뜨와
ekam antaṃ aṭṭhāsi 에깜 안땀 앗타씨
ekam antaṃ ṭhitā kho sā devatā 에깜 안딴 티따 코 싸 데봐따
bhagavantaṃ gāthāya ajjhabhāsi. 바가봔땅 가타야 앗자바씨.

다가와서 세존께 인사를 드리고
한쪽으로 물러나 섰습니다.
한쪽으로 물러나 서서 그 하늘사람은
게송으로 여쭈었습니다.

4. bahu devā manussā ca 바후 데봐 마눗싸 짜

maṅgalāni acintayuṃ	망갈라니 아찐따윰
ākaṅkhamānā sotthānaṃ	아깡카마나 쏫타남
brūhi maṅgalam uttamaṃ.	브루히 망갈람 웃따맘.

"많은 하늘나라 사람과 사람들
행복을 소망하면서
축복에 관해 생각하오니
위없는 축복에 관하여 말씀하소서."

5. asevanā ca bālānaṃ	아쎄봐나 짜 발라남
paṇḍitānañ ca sevanā	빤디따난 짜 쎄봐나
pūjā ca pūjanīyānaṃ	뿌자 짜 뿌자니야남
etaṃ maṅgalam uttamaṃ.	에땀 망갈람 웃따맘.

"어리석은 자와 사귀지 않으며
슬기로운 님을 섬기고
존경할만한 님을 공경하니
이것이야말로 위없는 축복이니라.

6. patirūpa-desa-vāso ca	빠띠루빠 데싸 봐쏘 짜
pubbe ca kata-puññatā	뿝베 짜 까따 뿐냐따
atta-sammā-paṇidhi ca	앗따 쌈마 빠니디 짜
etaṃ maṅgalam uttamaṃ.	에땀 망갈람 웃따맘.

분수에 맞는 곳에서 살고
일찍이 공덕을 쌓아서
스스로 바른 서원을 하니
이것이야말로 위없는 축복이니라.

7. bāhusaccañ ca sippañ ca — 바후쌋짠 짜 씹빤 짜
vinayo ca susikkhito — 뷔나요 짜 쑤씩키또
subhāsitā ca yā vācā — 쑤바씨따 짜 야 봐짜
etaṃ maṅgalam uttamaṃ. — 에땀 망갈람 웃따맘.

많이 배우고 익히며
절제하고 단련하여
의미 있는 대화를 나누니
이것이야말로 위없는 축복이니라.

8. mātā-pitu-upaṭṭhānaṃ — 마따 삐뚜 우빳타남
putta-dārassa saṅgaho — 뿟따 다랏싸 쌍가호
anākulā ca kammantā — 아나꿀라 짜 깜만따
etaṃ maṅgalam uttamaṃ. — 에땀 망갈람 웃따맘.

아버지와 어머니를 섬기고
아내와 자식을 돌보고
일을 함에 혼란스럽지 않으니
이것이야말로 위없는 축복이니라.

9. dānañ ca dhamma-cariyā ca — 다난 짜 담마 짜리야 짜
ñātakānañ ca saṅgaho — 나따까난 짜 쌍가호
anavajjāni kammāni — 아나봣자니 깜마니
etaṃ maṅgalam uttamaṃ. — 에땀 망갈람 웃따맘.

나누어 주고 정의롭게 살고
친지를 보호하며
비난받지 않는 행동을 하니

이것이야말로 위없는 축복이니라.

10. ārati virati pāpā — 아라띠 뷔라띠 빠빠
majjapānā ca saññamo — 맛자빠나 짜 싼냐모
appamādo ca dhammesu — 압빠마도 짜 담메쑤
etaṃ maṅgalam uttamaṃ. — 에땀 망갈람 웃따맘.

악한 행위를 싫어하여 멀리하고
술 마시는 것을 절제하고
가르침에 게으르지 않으니
이것이야말로 위없는 축복이니라.

11. gāravo ca nivāto ca — 가라보 짜 니봐또 짜
santuṭṭhi ca kataññutā — 싼뚯티 짜 까딴뉴따
kālena dhamma-savaṇaṃ — 깔레나 담마 싸봐남
etaṃ maṅgalam uttamaṃ. — 에땀 망갈람 웃따맘.

존경하는 것과 겸손한 것
만족과 감사의 마음으로
때에 맞추어 가르침을 들으니
이것이야말로 위없는 축복이니라.

12. khantī ca sovacassatā — 칸띠 짜 쏘봐짯싸따
samaṇānañ ca dassanaṃ — 싸마나난 짜 닷싸낭
kālena dhamma-sākacchā — 깔레나 담마 싸깟차
etaṃ maṅgalam uttamaṃ. — 에땀 망갈람 웃따맘.

인내하고 온화한 마음으로
수행자를 만나서

가르침을 서로 논의하니
이것이야말로 위없는 축복이니라.

13. tapo ca brahma-cariyañ ca	따뽀 짜 브라흐마 짜리얀 짜
ariya-saccāna dassanaṃ	아리야 쌋짜나 닷싸난
nibbāna-sacchi-kiriyā ca	닙바나 쌋치 끼리야 짜
etaṃ maṅgalam uttamaṃ.	에땀 망갈람 웃따맘.

감관을 수호하여 청정하게 살며
거룩한 진리를 관조하여
열반을 실현하니
이것이야말로 위없는 축복이니라.

14. phuṭṭhassa loka-dhammehi	풋탓싸 로까 담메히
cittaṃ yassa na kampati	찟땅 얏싸 나 깜빠띠
asokaṃ virajaṃ khemaṃ	아쏘깡 뷔라장 케맘
etaṃ maṅgalam uttamaṃ.	에땀 망갈람 웃따맘.

세상살이 많은 일에 부딪쳐도
마음이 흔들리지 아니하고
슬픔 없이 티끌 없이 안온하니
이것이야말로 위없는 축복이니라.

15. etādisāni katvāna	에따디싸니 까뜨와나
sabbattha-m-aparājitā	쌉밧타 마빠라지따
sabbattha sotthiṃ gacchanti	쌉밧타 쏫팅 갓찬띠
taṃ tesaṃ maṅgalam uttaman'ti.	딴 떼쌈 망갈람 웃따만 띠.

이러한 방법으로 그 길을 따르면

어디서든 실패하지 아니하고
모든 곳에서 번영하리니
이것이야말로 위없는 축복이니라."

13. Jayamaṅgalagāthā

자야 망갈라 가타

「승리의 축복의 게송」을 송출하오니

1. bāhuṃ sahassam	바훙 싸핫쌈
abhinimmita-sāyudhantaṃ	아비님미따 싸유단땅
girimekhalaṃ	기리메칼람
udita-ghora-sasena-māraṃ	우디따 고라 싸쎄나 마란
dānâdi dhamma-vidhinā	다나 아디 담마 뷔디나
jitavā munindo	지따봐 무닌도
taṃ tejasā bhavatu	딴 떼자싸 바봐뚜
me$_{\text{te}}$ jaya-maṅgalāni.	메$_{\text{떼}}$ 자야 망갈라니.

악마가 사나운 코끼리 「기리메칼라」 위에 타고
많은 손에 수천의 무기를 들고 군대를 동원할 때
성자들의 제왕은 자애 등의 가르침으로 섭수하셨으니
이 위신력으로 승리의 축복이 제게$_{\text{그대에게}}$ 임하소서.

2. mārâtirekam	마라 아띠레깜
abhiyujjhita-sabba-rattiṃ	아비윳지따 쌉바 랏띵
ghoraṃ pan'āḷavakam	고람 빠나 알라봐깜
akkhama-thaddha-yakkhaṃ	악카마 탓다 약캉
khantī-sudanta-vidhinā	칸띠 쑤단따 뷔디나
jitavā munindo	지따봐 무닌도

tam̩ tejasā bhavatu
me$_{te}$ jaya-maṅgalāni.

딴 떼자싸 바봐뚜
메$_{떼}$ 자야 망갈라니.

야차 「알라바까」가 악마보다 더욱 흉포해서
참을 수없이 무모하게 밤낮 싸움을 걸어 올 때
성자들의 제왕은 인내와 자제로 섭수하셨으니
이 위신력으로 승리의 축복이 제게$_{그대에게}$ 임하소서.

3. nālāgiriṃ gajavaraṃ
atimatta-bhūtaṃ
dāvaggi-cakkam
asanīva-sudāruṇantaṃ
mettambu-seka-vidhinā
jitavā munindo
taṃ tejasā bhavatu
me$_{te}$ jaya-maṅgalāni.

날라기링 가자봐람
아띠맛따 부딴
다봑기 짝깜
아싸니봐 쑤다루난땀
멧땀부 쎄까 뷔디나
지따봐 무닌도
딴 떼자싸 바봐뚜
메$_{떼}$ 자야 망갈라니.

코끼리 「날라기리」가 미친 나머지
산불처럼 날뛰고 번개처럼 달려들 때
성자들의 제왕은 자비의 세례로써 섭수하셨으니
이 위신력으로 승리의 축복이 제게$_{그대에게}$ 임하소서.

4. ukkhitta-khaggam
atihaṭṭha-sudāruṇaṃ taṃ
dhāvaṃ ti-yojana-path'
aṅgulimālavantaṃ
iddhībhi-saṅkhata-mano
jitavā munindo
taṃ tejasā bhavatu
me$_{te}$ jaya-maṅgalāni.

욱킷따 칵감
아띠핫타 쑤다루난 딴
다봔 띠 요자나 빠타
앙굴리말라봔땀
잇디비 쌍카따 마노
지따봐 무닌도
딴 떼자싸 바봐뚜
메$_{떼}$ 자야 망갈라니.

광포하고 잔인한 「앙굴리말라」가 칼을 치켜들고
삼 요자나의 거리를 헤집고 다닐 때
성자들의 제왕은 마음의 신통변화로 섭수하셨으니
이 위신력으로 승리의 축복이 제게$_{\text{그대에게}}$ 임하소서.

5. katvāna kaṭṭham
udaraṃ iva gabbhiniyā
ciñcāya duṭṭha-vacanaṃ
janakāya-majjhe
santena soma-vidhinā
jitavā munindo
taṃ tejasā bhavatu
me$_{te}$ jaya-maṅgalāni.

까뜨와나 깟탐
우다람 이봐 갑비니야
찐짜야 둣타 봐짜난
자나까야 맛제
싼떼나 쏘마 뷔디나
지따봐 무닌도
딴 떼자싸 바봐뚜
메$_{\text{떼}}$ 자야 망갈라니.

여인 「찐짜」가 자신의 배에 통나무 넣고
임신했다고 사람들 앞에서 모욕했을 때
성자들의 제왕은 적멸과 안온으로 섭수했사오니
이 위신력으로 승리의 축복이 제게$_{\text{그대에게}}$ 임하소서.

6. saccaṃ-vihāya-
m-ati-saccaka-vāda-ketuṃ
vādâbhiropita-manaṃ
ati-andha-bhūtaṃ
paññā-padīpa-jalito
jitavā munindo
taṃ tejasā bhavatu
me$_{te}$ jaya-maṅgalāni.

쌋짱 뷔하야
마띠 쌋짜까 봐다 께뚱
봐다 아비로삐따 마남
아띠 안다 부땀
빤냐 빠디빠 잘리또
지따봐 무닌도
딴 떼자싸 바봐뚜
메$_{\text{떼}}$ 자야 망갈라니.

교만한 「쌋짜까」가 진리를 무시하고 진리를 벗어난

논쟁에 깃발을 들고 맹목적으로 뛰어들었을 때
성자들의 제왕은 지혜의 불을 밝혀 섭수했사오니
이 위신력으로 승리의 축복이 제게그대에게 임하소서.

7. nandopananda-bhujagaṃ	난도빠난다 부자강
vibudhaṃ mah'iddhiṃ	뷔부담 마힛딤
puttena thera-bhujagena	뿟떼나 테라 부자게나
damāpayanto	다마빠얀또
iddh'ūpadesa-vidhinā	잇두빠데싸 뷔디나
jitavā munindo	지따봐 무닌도
taṃ tejasā bhavatu	딴 떼자싸 바봐뚜
mete jaya-maṅgalāni.	메떼 자야 망갈라니.

간교한 「난도빠난다」 용이 비록 영험하지만
제자인 장로 목갈라나를 통해서
성자들의 제왕은 신통변화를 보이어 섭수했사오니
이 위신력으로 승리의 축복이 제게그대에게 임하소서.

8. duggāha-diṭṭhi-bhujagena	둑가하 딧티 부자게나
sudaṭṭha-hatthaṃ	쑤닷타 핫탐
brahmaṃ visuddhi-jutim	브라흐망 뷔쑷디 주띰
iddhi-bakâbhidhānaṃ	잇디 바까 아비다난
ñāṇâgadena vidhinā	냐나 아가데나 뷔디나
jitavā munindo	지따봐 무닌도
taṃ tejasā bhavatu	딴 떼자싸 바봐뚜
mete jaya-maṅgalāni.	메떼 자야 망갈라니.

하느님 「바까」가 청정하고 빛나고 위력이 있지만
삿된 견해의 뱀에 손을 물렸을 때

성자들의 제왕은 지혜의 의약으로 섭수했사오니
이 위신력으로 승리의 축복이 제게그대에게 **임하소서.**

9. etā pi buddha-jaya-	에따 삐 붓다 자야
maṅgala-aṭṭha-gāthā	망갈라 앗타 가타
yo vācako dina-dine	요 봐짜꼬 디나 디네
sarate-m-atandi	싸라떼 마딴디
hitvāna n'eka	히뜨와나 네까
vividhāni c'upaddavāni	뷔뷔다니 쭈빳다봐니
mokkhaṃ sukhaṃ	목캄 쑤캄
adhigameyya naro sapañño.	아디가메이야 나로 싸빤뇨.

이 부처님의 승리의 축복을 나타내는
여덟 게송을 매일매일 게으름 없이 독송하여
닥쳐오는 수많은 불행을 극복하고
슬기로운 자로서 해탈과 지복을 얻게 하소서.

9. 추모경송품

가신 님의 추모제는
삼귀의와 오계를 외우면서 시작되고,
가까운 친지가 스님들에게
보시를 하여 공덕을 쌓는다.
스님들은 유명한 무상게無常偈
– '형성된 것들은 실로 무상하여 생겨나고 사라지는 것들이니,
생겨나고 사라지는 것들의 지멸이야말로 참으로 지복이니라.' –
가 들어간 게송 등을 읊는다.
그 후 그들은 가신 님 초대하여
마지막으로 가신 님들을 위한 공덕회향의 게송을 송출하며
점차적으로 주전자의 물을 넘치도록 그릇에 붓는다.
이때 물은 친지들이 얻은 공덕을 상징하는데,
물이 넘치도록 붓는 것은
그 공덕이 가신 님에게
회향되는 것을 상징한 것이다.
이 추모경송은 평소 무상관의 수행에
매우 유용한 것이므로
명상수행에 자주 활용된다.

1. Maraṇassatinaya
마라낫 싸띠 나야

「죽음에 대한 새김의 이치」를 송출하오니

1. addhuvaṃ me jīvitaṃ	앗두봠 메 지뷔딴
dhuvaṃ me maraṇaṃ	두봠 메 마라남
avassaṃ mayā maritabbam eva	아봣쌈 마야 마리땁밤 에봐
maraṇa-pariyosānaṃ me jīvitam	마라나 빠리요싸남 메 지뷔딴
jīvitaṃ me aniyataṃ	지뷔땀 메 아니야땀
maraṇaṃ me niyataṃ	마라남 메 니야땀.

나의 삶은 견고하지 않지만
나의 죽음은 견고하고
나의 죽음은 피할 수 없으니
나의 삶은 죽음을 끝으로 하고
나의 삶은 불확실하지만
나의 죽음은 확실하느니라.

2. kamma-ssakā sattā	깜맛 싸까 쌋따
kamma-dāyādā kamma-yonī	깜마 다야다 깜마 요니
kamma-bandhū kamma-paṭisaraṇā	깜마 반두 깜마 빠띠싸라나
yaṃ kammaṃ karonti	양 깜망 까론띠
kalyāṇaṃ vā pāpakaṃ vā	깔리야낭 봐 빠빠깡 봐
tassa dāyadā bhavanti.	땃싸 다야다 바봔띠.

뭇삶은 행위의 소유자이고
행위의 상속자이고
행위를 모태로 삼는 자이고

행위를 친지로 하는 자이고
행위를 의지처로 하는 자로서
그가 지은 선하거나 악한 행위의 상속자이니라.

3. idha nandati pecca nandati — 이다 난다띠 뻿짜 난다띠
kata-puñño ubhayattha nandati — 까따 뿐뇨 우바얏타 난다띠
puññaṃ me katan'ti nandati — 뿐냠 메 까딴 띠 난다띠
bhiyyo nandati suggatiṃ gato. — 비이요 난다띠 쑥가띵 가또.

선행을 하면, 두 곳에서 즐거워하니
이 세상에서도 즐거워하고
저 세상에서도 즐거워하나니
'내가 선을 지었다'라고 환호하고
좋은 곳으로 가서 한층 더 환희하느니라.

4. aciraṃ vat'ayaṃ kāyo — 아찌랑 봐따양 까요
paṭhaviṃ adhisessati — 빠타뷤 아디쎗싸띠
chuddho apeta-viññāṇo — 춧도 아뻬따 뷘냐노
niratthaṃ'va kaliṅgaraṃ. — 니랏탕 봐 까링가람.

아! 머지않아 이 몸은
아! 쓸모없는 나무조각처럼
의식 없이 버려진 채
실로 땅 위에 눕혀질 것이니라.

5. aniccā vata saṅkhārā — 아닛짜 봐따 쌍카라
uppāda-vaya-dhammino — 웁빠다 봐야 담미노
uppajjitvā nirujjhanti — 웁빳지뜨와 니룻잔띠

tesaṃ vūpasamo sukho. 떼쌍 뷰빠싸모 쑤코.

형성된 것들은 실로 무상하여
생겨나고 사라지는 것들이니
생겨나고 사라지는 것들의
지멸이야말로 참으로 지복이니라.

2. Arakasutta
아라까 쑷따

「아라까의 경」을 송출하오니

1. appakaṃ jīvitaṃ manussānaṃ 압빠깐 지뷔땀 마눗싸남
parittaṃ lahukaṃ 빠릿땅 라후깜
bahu-dukkhaṃ bah'upāyāsaṃ. 바후 둑캄 바후빠야쌈.

인간의 목숨은 짧아
한계가 있고, 덧없고
고통이 많고, 고뇌가 많으니,

mantāya boddhabbaṃ 만따야 봇답방
kattabbaṃ kusalaṃ 깟땁방 꾸쌀란
caritabbaṃ brahma-cariyaṃ 짜리땁밤 브라흐마 짜리얀
n'atthi jātassa amaraṇaṃ. 낫티 자땃싸 아마라남.

이것을 지혜로써 깨달아
착하고 건전한 일을 해야 하고

청정한 삶을 살아야 하나니
태어난 자는 죽음을 피하지 못하기 때문이니라.

2. seyyathā pi tiṇagge ussāva-bindu	쎄이야타 삐 띠낙게 웃싸봐 빈두
suriye uggacchante	쑤리예 욱갓찬떼
khippam eva paṭivigacchati	킵빰 에봐 빠띠뷔갓차띠
na cira-ṭṭhitikaṃ hoti	나 찌랏 티띠깡 호띠
evam eva kho ussāva-bind'ūpamaṃ	에봠 에봐 코 웃싸봐 빈두빠만
jīvitaṃ manussānaṃ parittaṃ lahukaṃ	지뷔땀 마눗싸남 빠릿땅 라후깜
bahu-dukkhaṃ bah'upāyāsaṃ.	바후 둑캄 바후빠야쌈.

풀끝의 이슬방울은 태양이 떠오르면
순식간에 오래지 않아 사라지듯
이와 같이 이슬방울이 그런 것처럼
사람의 목숨은 한계가 있고, 덧없고
고통이 많고, 고뇌가 많으니,

mantāya boddhabbaṃ	만따야 봇답방
kattabbaṃ kusalaṃ	깟땁방 꾸쌀란
caritabbaṃ brahma-cariyaṃ	짜리땁밤 브라흐마 짜리얀
n'atthi jātassa amaraṇaṃ.	낫티 자땃싸 아마라남.

이것을 지혜로써 깨달아
착하고 건전한 일을 해야 하고
청정한 삶을 살아야 하나니
태어난 자는 죽음을 피하지 못하기 때문이니라.

3. seyyathā pi thulla-phusitake	쎄이야타 삐 툴라 푸씨따께
deve vassante udaka-bubbūḷaṃ	데붸 봣싼떼 우다까 붑불랑

khippam eva paṭivigacchati 킵빰 에봐 빠띠뷔갓차띠
na cira-ṭṭhitikaṃ hoti. 나 찌랏 티띠깡 호띠
evam eva kho udaka-bubbuḷ'ūpamaṃ 에봠 에봐 코 우다까 붑불루빠만
jīvitaṃ manussānaṃ parittaṃ lahukaṃ 지뷔땀 마눗싸남 빠릿땅 라후깜
bahu-dukkhaṃ bah'upāyāsaṃ. 바후 둑캄 바후빠야쌈.

엄청난 비구름이 비를 내리면
물거품이 순식간에 오래지 않아 사라지듯
이와 같이 물거품이 그런 것처럼
사람의 목숨은 한계가 있고, 덧없고
고통이 많고, 고뇌가 많으니

mantāya boddhabbaṃ 만따야 봇답방
kattabbaṃ kusalaṃ 깟땁방 꾸쌀란
caritabbaṃ brahma-cariyaṃ 짜리땁밤 브라흐마 짜리얀
n'atthi jātassa amaraṇaṃ. 낫티 자땃싸 아마라남.

이것을 지혜로써 깨달아
착하고 건전한 일을 해야 하고
청정한 삶을 살아야 하나니
태어난 자는 죽음을 피하지 못하기 때문이니라.

4. seyyathā pi udake daṇḍa-rāji 쎄이야타 삐 우다께 단다 라지
khippam eva paṭivigacchati 킵빰 에봐 빠띠뷔갓차띠
na cira-ṭṭhitikā hoti 나 찌랏 티띠까 호띠
evam eva kho udake daṇḍa-rāj'ūpamaṃ 에봠 에봐 코 우다께 단다 라주빠맘
jīvitaṃ manussānaṃ parittaṃ lahukaṃ 지뷔땀 마눗싸남 빠릿땅 라후깜
bahu-dukkhaṃ bah'upāyāsaṃ. 바후 둑캄 바후빠야쌈.

물위에 막대로 그은 선이

순식간에 오래지 않아 사라지듯
이와 같이
물위에 막대로 그은 선이 그런 것처럼
사람의 목숨은 한계가 있고, 덧없고
고통이 많고, 고뇌가 많으니,

mantāya boddhabbaṃ	만따야 봇답방
kattabbaṃ kusalaṃ	깟땁방 꾸쌀란
caritabbaṃ brahma-cariyaṃ	짜리땁밤 브라흐마 짜리얀
n'atthi jātassa amaraṇaṃ.	낫티 자땃싸 아마라남.

이것을 지혜로써 깨달아
착하고 건전한 일을 해야 하고
청정한 삶을 살아야 하나니
태어난 자는 죽음을 피하지 못하기 때문이니라.

5. seyyathā pi nadī-pabbateyyā	쎄이야타 삐 나디 빱바떼이야
dūraṅgamā sīgha-sotā hāraharīnī	두랑가마 씨가 쏘따 하라하리니
n'atthi so khaṇo vā layo vā muhutto vā	낫티 쏘 카노 와 라요 와 무훗또 와
yaṃ sā āvattati atha kho	얌 싸 아봣따띠 아타 코
sā gacchat'eva vattat'eva sandat'eva	싸 갓차떼봐 봣따떼봐 싼다떼봐
evam eva kho nadī-pabbateyy'ūpamaṃ	에봠 에봐 코 나디 빱바떼이유빠만
jīvitaṃ manussānaṃ parittaṃ lahukaṃ	지뷔땀 마눗싸남 빠릿땅 라후깜
bahu-dukkhaṃ bah'upāyāsaṃ.	바후 둑캄 바후빠야쌈.

산으로부터 나와 멀리 달리고
급히 흐르며 소용돌이치는 강은
순간이나 경각이나 잠시도

지체하지 않고 진행하며 유전하며 흐르듯
이와 같이
산에서 기원하는 급류가 그런 것처럼
사람의 목숨은 한계가 있고, 덧없고
고통이 많고, 고뇌가 많으니,

mantāya boddhabbaṃ — 만따야 봇답방
kattabbaṃ kusalaṃ — 깟땁방 꾸쌀란
caritabbaṃ brahma-cariyaṃ — 짜리땁밤 브라흐마 짜리얀
n'atthi jātassa amaraṇaṃ. — 낫티 자땃싸 아마라남.

이것을 지혜로써 깨달아
착하고 건전한 일을 해야 하고
청정한 삶을 살아야 하나니
태어난 자는 죽음을 피하지 못하기 때문이니라.

6\. seyyathā pi balavā puriso — 쎄이야타 삐 발라봐 뿌리쏘
jivhagge kheḷa-piṇḍaṃ saññuhitvā — 지브학게 켈라 삔다 싼뉴히뜨와
appa-kasiren'eva vameyya — 압빠 까씨레네봐 봐메이야
evam eva kho khela-piṇḍ'ūpamaṃ — 에봠 에봐 코 켈라 삔두빠만
jīvitaṃ manussānaṃ parittaṃ lahukaṃ — 지뷔땀 마눗싸남 빠릿땅 라후깜
bahu-dukkhaṃ bah'upāyāsaṃ. — 바후 둑캄 바후빠야쌈.

힘센 사람이 혀끝에 타액을 모아서
힘들이지 않고 뱉아버리듯
이와 같이 버려진 타액이 그런 것처럼
사람의 목숨은 한계가 있고, 덧없고
고통이 많고, 고뇌가 많으니,

mantāya boddhabbaṃ
kattabbaṃ kusalaṃ
caritabbaṃ brahma-cariyaṃ
n'atthi jātassa amaraṇaṃ.

만따야 봇답방
깟땁방 꾸쌀란
짜리땁밤 브라흐마 짜리얀
낫티 자땃싸 아마라남.

이것을 지혜로써 깨달아
착하고 건전한 일을 해야 하고
청정한 삶을 살아야 하나니
태어난 자는 죽음을 피하지 못하기 때문이니라.

7. seyyathā pi divasa-santatte
ayo-kaṭāhe maṃsa-pesī pakkhittā
khippam eva paṭivigacchati
na cira-ṭṭhitikā hoti
evam eva kho maṃsa-pes'ūpamaṃ
jīvitaṃ manussānaṃ parittaṃ lahukaṃ
bahu-dukkhaṃ bah'upāyāsaṃ.

쎄이야타 삐 디봐싸 싼땃떼
아요 까따헤 망싸 뻬씨 빡킷따
킵빰 에봐 빠띠뷔갓차띠
나 찌랏 티띠까 호띠
에봠 에봐 코 망싸 뻬쑤빠만
지뷔땀 마눗싸남 빠릿땅 라후깜
바후 둑캄 바후빠야쌈.

대낮에 달구어진 쇠솥에
작은 고기조각을 던지면
순식간에 오래지 않아 사라지듯
이와 같이 작은 고기조각이 그런 것처럼
사람의 목숨은 한계가 있고, 덧없고
고통이 많고, 고뇌가 많으니,

mantāya boddhabbaṃ
kattabbaṃ kusalaṃ
caritabbaṃ brahma-cariyaṃ
n'atthi jātassa amaraṇaṃ.

만따야 봇답방
깟땁방 꾸쌀란
짜리땁밤 브라흐마 짜리얀
낫티 자땃싸 아마라남.

이것을 지혜로써 깨달아
착하고 건전한 일을 해야 하고
청정한 삶을 살아야 하나니
태어난 자는 죽음을 피하지 못하기 때문이니라.

8. seyyathā pi gāvī	쎄이야타 삐 가뷔
vajjhā āghātanaṃ nīyamānā	봣자 아가따난 니야마나
yañ ñad eva pādaṃ uddharati	얀 냐드 에봐 빠담 웃다라띠
santik'eva hoti vadhassa	싼띠께봐 호띠 봐닷싸
santik'eva maraṇassa	싼띠께봐 마라낫싸
evam eva kho gāvī vajjh'ūpamaṃ	에봠 에봐 코 가뷔 봣주빠만
jīvitaṃ manussānaṃ parittaṃ lahukaṃ	지뷔땀 마눗싸남 빠릿땅 라후깜
bahu-dukkhaṃ bah'upāyāsaṃ.	바후 둑캄 바후빠야쌈.

도살될 소가 도살장에 끌려가는 즉시
발이 들어 올리어지자마자
도살을 눈앞에 두고 죽음을 눈앞에 두듯
이와 같이 도살될 소가 그런 것처럼
사람의 목숨은 한계가 있고, 덧없고
고통이 많고, 고뇌가 많으니,

mantāya boddhabbaṃ	만따야 봇답방
kattabbaṃ kusalaṃ	깟땁방 꾸쌀란
caritabbaṃ brahma-cariyaṃ	짜리땁밤 브라흐마 짜리얀
n'atthi jātassa amaraṇaṃ.	낫티 자땃싸 아마라남.

이것을 지혜로써 깨달아
착하고 건전한 일을 해야 하고

청정한 삶을 살아야 하나니
태어난 자는 죽음을 피하지 못하기 때문이니라.

3. Pabbat'opamagāthā

빱바또빠마 가타

「산의 비유의 게송」을 송출하오니

1. yathā pi selā vipulā	야타 삐 쎌라 뷔뿔라
nabhaṃ āhacca pabbatā	나밤 아핫짜 빱바따
samantânupariyeyyuṃ	싸만따 아누빠리예이윤
nippoṭhento catu-ddisā.	닙뽀텐또 짜뚯 디싸.

하늘을 찌를 듯한
크나큰 바위산이 사방에서 짓이기며
완전히 둘러싸듯
늙음과 죽음은 뭇삶들을 덮치나이다.

2. evaṃ jarā ca maccu ca	에봔 자라 짜 맛쭈 짜
adhivattanti pāṇino	아디봣딴띠 빠니노
khattiye brāhmaṇe vesse	캇띠예 브라흐마네 뷀쎄
sudde caṇḍāla-pukkuse	쑷데 짠달라 뿍꾸쎄
na kiñci parivajjeti	나 낀찌 빠리봣제띠
sabbam evâbhimaddati.	쌉밤 에봐 아비맛다띠.

왕족과 바라문과 평민과
노예와 천민과 청소부

누구도 예외로 하지 않고
그것은 모든 것을 부수어 버리나이다.

3. na tattha hatthīnaṃ bhūmi
na rathānaṃ na pattiyā
na câpi manta-yuddhena
sakkā jetuṃ dhanena vā.

나 땃타 핫티남 부미
나 라타난 나 빳띠야
나 짜 아삐 만따 윳데나
싹까 제뚠 다네나 봐.

거기에는 코끼리 부대도
전차 부대도, 보병 부대도 어쩔 수 없고
또한 전략으로 싸우더라도
재력으로 싸우더라도 승리는 없나이다.

4. tasmā hi paṇḍito poso
sampassaṃ attham attano
buddhe dhamme ca saṅghe ca
dhīro saddhaṃ nivesaye.

따쓰마 히 빤디또 뽀쏘
쌈빳쌈 앗탐 앗따노
붓데 담메 짜 쌍게 짜
디로 쌋단 니붸싸예.

지혜롭고 현명한 님은
스스로를 위한 일을 살피나니
슬기로운 님으로 부처님과 가르침과
참모임에 믿음을 심나이다.

5. yo dhamma-cārī kāyena
vācāya uda cetasā
idh'eva naṃ pasaṃsanti
pecca sagge pamodatī'ti.

요 담마 짜리 까예나
봐짜야 우다 쩨따싸
이데봐 남 빠쌍싼띠
뻿짜 싹게 빠모다띠 띠.

신체적으로 언어적으로 정신적으로

여법한 삶을 사는 사람은
이 세상에서 사람들이 칭찬하며
나중에 하늘나라에서 기쁨을 누리나이다.

4. Tirokuḍḍasutta

띠로 꿋다 쑷따

「담장 밖의 경」을 송출하오니

1. tiro-kuḍḍesu tiṭṭhanti	띠로 꿋데쑤 띳탄띠
sandhi-siṅghāṭakesu ca	싼디 씽가따께쑤 짜
dvāra-bāhāsu tiṭṭhanti	드와라바하쑤 띳탄띠
āgantvāna sakaṃ gharaṃ.	아간뜨와나 싸깡 가람.

담장 밖의 거리
모퉁이에 있으면서
가신 친지들이 자기 집을 찾아와서
문기둥에 서있나이다.

2. pahūte anna-pānamhi	빠후떼 안나 빠남히
khajja-bhojje upaṭṭhite	캇자 봇제 우빳티떼
na tesaṃ koci sarati	나 떼쌍 꼬찌 싸라띠
sattānaṃ kamma-paccayā.	쌋따낭 깜마 빳짜야.

여러 가지 음식과
많은 음료를 차렸으나
뭇삶들의 업으로 인해

아무도 님들을 알아채지 못하나이다.

3. evaṃ dadanti ñātīnaṃ
ye honti anukampakā
suciṃ paṇītaṃ kālena
kappiyaṃ pāna-bhojanaṃ.

에봔 다단띠 냐띠낭
예 혼띠 아누깜빠까
쑤찜 빠니땅 깔레나
깝삐얍 빠나 보자남.

연민에 가득 차서
가신 친지들에게
제철의 정갈하고 훌륭하고
알맞는 음식과 음료를 헌공하오니,

4. idaṃ vo ñātīnaṃ hotu
sukhitā hontu ñātayo
te ca tattha samāgantvā
ñātipetā samāgatā
pahūte anna-pānamhi
sakkaccaṃ anumodare.

이당 뵤 냐띠낭 호뚜
쑤키따 혼뚜 냐따요
떼 짜 땃타 싸마간뜨와
냐띠뻬따 싸마가따
빠후떼 안나 빠남히
쌋깟짬 아누모다레.

가신 친지들을 위한 것이니
친지들께서는 행복하소서.
여기에 모여 친지의 가신 님들도 함께 했으니
풍요로운 음식의 성찬에 진실로 기뻐하소서.

5. ciraṃ jīvantu no ñātī
yesaṃ hetu labhāmase
amhākaṃ ca katā pūjā
dāyakā ca anipphalā.

찌란 지봔뚜 노 냐띠
예쌍 헤뚜 라바마쎄
암하깐 짜 까따 뿌자
다야까 짜 아닙팔라.

'우리가 얻었으니

우리의 친지들은 오래 살리라.
우리에게 헌공했으니
시주에게 과보가 없지 않으리.'

6. na hi tattha kasī atthi	나 히 땃타 까씨 앗티
gorakkh'ettha na vijjati	고락켓타 나 뷧자띠
vāṇijjā tādisi n'atthi	봐닛자 따디씨 낫티
hiraññena kay'akkayaṃ	히란녜나 까약까얌
ito dinnena yāpenti	이또 딘네나 야뻰띠
petā kāla-katā tahiṃ.	뻬따 깔라 까따 따힘.

가신 님들이 사는 곳
거기에는 농사도 없고 목축도 없고
장사도 없고 황금의 거래도 없이
보시받은 것으로 연명하나니,

7. unname udakaṃ vaṭṭaṃ	운나메 우다깡 봣땅
yathā ninnaṃ pavattati	야타 닌남 빠봣따띠
evam eva ito dinnaṃ	에봠 에봐 이또 딘남
petānaṃ upakappati.	뻬따남 우빠깝빠띠.

물이 높은 곳에서 떨어져
계곡으로 흐르듯
이처럼 참으로 보시가 이루어졌으니
가신 님들을 위해 유익한 것이나이다.

8. yathā vāri-vahā pūrā	야타 봐리 봐하 뿌라
paripūrenti sāgaraṃ	빠리뿌렌띠 싸가람
evam eva ito dinnaṃ	에봠 에봐 이또 딘남

petānaṃ upakappati. 뻬따남 우빠깝빠띠.

넘치는 강들이
바다를 채우듯
이처럼 참으로 보시가 이루어졌으니
가신 님들을 위해 유익한 것이나이다.

9. 'adāsi me akāsi me 아다씨 메 아까씨 메
ñāti-mittā sakhā ca me' 냐띠 밋따 싸카 짜 메
petānaṃ dakkhiṇaṃ dajjā 뻬따난 닥키난 닷자
pubbe katam anussaraṃ. 뿝베 까땀 아눗싸람.

'나에게 베풀었다. 나에게 선행을 했다.
그들은 나의 친지, 친구, 그리고 동료였다.'라고
예전의 유익한 기억을 새기며
가신 님들에게 헌공해야 하느니라.

10. na hi ruṇṇaṃ vā soko vā 나 히 룬낭 봐 쏘꼬 봐
yā c'aññā paridevanā 야 짠냐 빠리데봐나
na taṃ petānam atthāya 나 땀 뻬따남 앗타야
evaṃ tiṭṭhanti ñātayo. 에봔 띳탄띠 냐따요.

이처럼 친지들이 서있는데
울거나 슬퍼하거나
달리 비탄에 잠기는 것은 헛되니
가신 님들을 위하는 것이 아닐지니라.

11. ayaṃ kho dakkhiṇā dinnā 아양 코 닥키나 딘나
saṅghamhi suppatiṭṭhitā 쌍감히 쑵빠띳티따

dīgha-rattaṃ hitāy'assa 디가 랏땅 히따얏싸
ṭhānaso upakappati. 타나쏘 우빠깝빠띠.

그대가 바친 이 헌공은
참모임에 의해 잘 보존되었으니
오랜 세월 그것이 축복한다면
반드시 그들에게 유익한 것일지니라.

12. so ñāti-dhammo ca ayaṃ nidassito 쏘 냐띠 담모 짜 아얀 니닷씨또
petānaṃ pūjā ca katā uḷārā 뻬따남 뿌자 짜 까따 울라라
balañ ca bhikkhūnam anuppadinnaṃ 발란 짜 빅쿠남 아눕빠딘난
tumhehi puññaṃ pasutaṃ anappakaṃ. 뚬헤히 뿐냠 빠쑤땀 아납빠깜.

친지들에 대한 의무가 실현되었고
가신 님들을 위한 훌륭한 헌공이 이루어지니
수행승들에게 크나큰 힘이 부여되었고
그대들에 의해서 적지 않은 공덕이 생겨났느니라.

5. Ñātipattidāna

냐띠 빳띠 다나

「가신 님들을 위한 공덕회향」을 송출하오니

1. idaṃ me ñātīnaṃ hotu 이담 메 냐띠낭 호뚜
sukhitā hontu ñātayo. 쑤키따 혼뚜 냐따요.

제가 얻은 이 공덕을
가신 님들에게 회향하니

세상을 하직한 님들에게
행복이 깃드소서.

2. idaṃ me ñātīnaṃ hotu
sukhitā hontu ñātayo.

이담 메 냐띠낭 호뚜
쑤키따 혼뚜 냐따요.

제가 얻은 이 공덕을
가신 님들에게 회향하니
세상을 하직한 님들에게
행복이 깃드소서.

3. idaṃ me ñātīnaṃ hotu
sukhitā hontu ñātayo.

이담 메 냐띠낭 호뚜
쑤키따 혼뚜 냐따요.

제가 얻은 이 공덕을
가신 님들에게 회향하니
세상을 하직한 님들에게
행복이 깃드소서.

6. Ariyadhanagāthā

아리야 다나 가타

「고귀한 부富의 게송」을 송출하오니

1. yassa saddhā tathāgate
acalā suppatiṭṭhitā
sīlañ ca yassa kalyāṇaṃ

얏싸 쌋다 따타가떼
아짤라 쑵빠띳티따
씰란 짜 얏싸 깔리야남

ariya-kantaṃ pasaṃsitaṃ. 아리야 깐땀 빠쌍씨땀.

여래에 대하여 흔들리지 않는
믿음을 확립하고
고귀한 님들이 사랑하고 칭찬하는
계행을 지키고,

2. saṅghe pasādo yass'atthi 쌍게 빠싸도 얏쌋티
ujubhūtañ ca dassanaṃ 우주부딴 짜 닷싸남
adaḷiddo'ti taṃ āhu 아달릿도 띠 땀 아후
amoghaṃ tassa jīvitaṃ. 아모간 땃싸 지뷔땀.

참모임에 청정한 믿음이 있어
올곧은 통찰이 있다면
그는 가난하지 않다고 일컬어지니
그의 삶은 헛되지 않으리라.

3. tasmā saddhañ ca sīlañ ca 따쓰마 쌋단 짜 씰란 짜
pasādaṃ dhamma-dassanaṃ 빠싸단 담마 닷싸남
anuyuñjetha medhāvī 아누윤제타 메다뷔
saraṃ buddhāna sāsanan'ti. 싸람 붓다나 싸싸난 띠.

슬기로운 자라면
깨달은 님들의 가르침을 새기면서
믿음과 계행과 확신을 갖추고
가르침의 통찰에 전념해야 하리라.

7. Dhammaniyāmasutta

담마 니야마 쑷따

「원리의 결정에 대한 경」을 송출하오니

1. evaṃ me sutaṃ 에봠 메 쑤땀
ekaṃ samayaṃ bhagavā 에깡 싸마얌 바가봐
sāvatthiyaṃ viharati 싸봣티양 뷔하라띠
jetavane anāthapiṇḍikassa ārāme. 제따봐네 아나타삔디깟싸 아라메.

이와 같이 나는 들었습니다.
한때 세존께서 싸밧티 시의 제따바나 숲에 있는
아나타삔디까 승원에 계셨습니다.

2. tatra kho bhagavā bhikkhū āmantesi 따뜨라 코 바가봐 빅쿠 아만떼씨
bhikkhavo'ti bhadante'ti 빅카보 띠 바단떼 띠
te bhikkhū bhagavato paccassosuṃ 떼 빅쿠 바가봐또 빳짯쏘쑴
bhagavā etad avoca. 바가봐 에따드 아보짜.

그 때 세존께서는
수행승들에게 말씀하셨습니다.
"수행승들이여!"
"세존이시여!"라고 수행승들은 세존께 대답하자
세존께서는 이와 같이 말씀하셨습니다.

3. uppādā vā bhikkhave 웁빠다 봐 빅카붸
tathāgatānaṃ anuppādā vā 따타가따남 아눕빠다 봐
tathāgatānaṃ ṭhitā'va 따타가따난 티따 봐
sā dhātu dhamma-ṭṭhitatā 싸 다뚜 담맛 티따따

dhamma-niyāmatā 담마 니야마따
sabbe saṅkhārā aniccā'ti. 쌉베 쌍카라 아닛짜 띠.

"수행승들이여,
'모든 형성된 것은 무상하다.'라고
여래가 출현하거나 여래가 출현하지 않거나
그 세계는 정해져 있으며
원리로서 확립되어 있으며
원리로서 결정되어 있으며
구체적인 것을 조건으로 하느니라.

4. taṃ tathāgato abhisambujjhati 딴 따타가또 아비쌈붓자띠
abhisameti abhisambujjhitvā 아비싸메띠 아비쌈붓지뜨와
abhisametvā ācikkhati deseti 아비싸메뜨와 아찍카띠 데쎄띠
paññāpeti paṭṭhapeti vivarati 빤냐뻬띠 빳타뻬띠 뷔봐라띠
vibhajati uttānī-karoti 뷔바자띠 웃따니 까로띠
sabbe saṅkhārā aniccā'ti. 쌉베 쌍카라 아닛짜 띠.

그래서, 여래는
'모든 형성된 것은 무상한 것이다.'라는 사실을
올바로 깨닫고 꿰뚫었으며
올바로 깨닫고 꿰뚫고 나서
설명하고, 교시하고, 시설하고
확립하고, 개현하고
분석하고, 명확하게 밝히느니라.

5. uppādā vā bhikkhave 웁빠다 봐 빅카붸

tathāgatānaṃ anuppādā vā 따타가따남 아눕빠다 봐
tathāgatānaṃ ṭhitā'va 따타가따난 티따 봐
sā dhātu dhamma-ṭṭhitatā 싸 다뚜 담맛 티따따
dhamma-niyāmatā 담마 니야마따
sabbe saṅkhārā dukkhā'ti 쌉베 쌍카라 둑카 띠.

수행승들이여,
'모든 사실은 괴로운 것이다.'라고
여래가 출현하거나 여래가 출현하지 않거나
세계의 원리로서 정해져 있으며
원리로서 확립되어 있으며
원리로서 결정되어 있느니라.

6. taṃ tathāgato abhisambujjhati 딴 따타가또 아비쌈붓자띠
abhisameti abhisambujjhitvā 아비싸메띠 아비쌈붓지뜨와
abhisametvā ācikkhati deseti 아비싸메뜨와 아찍카띠 데쎄띠
paññāpeti paṭṭhapeti vivarati 빤냐뻬띠 빳타뻬띠 뷔봐라띠
vibhajati uttānī-karoti 뷔바자띠 웃따니 까로띠
sabbe saṅkhārā dukkhā'ti. 쌉베 쌍카라 둑카 띠.

그래서, 여래는
'모든 형성된 것은 괴로운 것이다.'라는 사실을
올바로 깨닫고 꿰뚫었으며
올바로 깨닫고 꿰뚫고 나서, 설명하고
교시하고, 시설하고, 확립하고
개현하고, 분석하고, 명확하게 밝히느니라.

7. uppādā vā bhikkhave 웁빠다 봐 빅카붸

tathāgatānaṃ anuppādā vā 따타가따남 아눕빠다 봐
tathāgatānaṃ ṭhitā'va 따타가따난 티따 봐
sā dhātu dhamma-ṭṭhitatā 싸 다뚜 담맛 티따따
dhamma-niyāmatā 담마 니야마따
sabbe dhammā anattā'ti. 쌉베 담마 아낫따 띠.

수행승들이여,
'모든 사실은 실체가 없는 것이다.'라고
여래가 출현하거나 여래가 출현하지 않거나
세계의 원리로서 정해져 있으며
원리로서 확립되어 있으며
원리로서 결정되어 있느니라.

8. taṃ tathāgato abhisambujjhati 딴 따타가또 아비쌈붓자띠
abhisameti abhisambujjhitvā 아비싸메띠 아비쌈붓지뜨와
abhisametvā ācikkhati deseti 아비싸메뜨와 아찍카띠 데쎄띠
paññāpeti paṭṭhapeti vivarati 빤냐뻬띠 빳타뻬띠 뷔봐라띠
vibhajati uttānī-karoti 뷔바자띠 웃따니 까로띠
sabbe dhamme anattā'ti. 쌉베 담메 아낫따 띠.

그래서, 여래는
'모든 사실은 실체가 없는 것이다.'라는 사실을
올바로 깨닫고 꿰뚫었으며
올바로 깨닫고 꿰뚫고 나서, 설명하고
교시하고, 시설하고, 확립하고
개현하고, 분석하고, 명확하게 밝히느니라."

9. idam avoca bhagavā. 이담 아보짜 바가봐

attamanā te bhikkhū — 앗따마나 떼 빅쿠
bhagavato bhāsitaṃ abhinandun'ti — 바가봐또 바씨땀 아비난둔 띠.

세존께서 이와 같이 말씀하시자
수행승들은 만족하여
세존께서 하신 말씀에 기뻐했습니다.

8. Tilakkhaṇâdigāthā

띠 락카나 아디 가타

「세 가지 특징三法印 등의 게송」을 송출하오니

1. sabbe saṅkhārā aniccā'ti — 쌉베 쌍카라 아닛짜 띠
yadā paññāya passati — 야다 빤냐야 빳싸띠
atha nibbindati dukkhe — 아타 닙빈다띠 둑케
esa maggo visuddhiyā'ti. — 에싸 막고 비쑷디야 띠.

'일체 형성된 것은 무상한 것이다.'라고
지혜로써 본다면
괴로움에서 벗어나니
이것이 청정의 길이니라.

2. sabbe saṅkhārā dukkhā'ti — 쌉베 쌍카라 둑카 띠
yadā paññāya passati — 야다 빤냐야 빳싸띠
atha nibbindati dukkhe — 아타 닙빈다띠 둑케
esa maggo visuddhiyā'ti. — 에싸 막고 비쑷디야 띠.

'일체 형성된 것은 괴로운 것이다.'라고

지혜로써 본다면
괴로움에서 벗어나니
이것이 청정의 길이니라.

3. sabbe dhammā anattā'ti — 쌉베 담마 아낫따 띠
yadā paññāya passati — 야다 빤냐야 빳싸띠
atha nibbindati dukkhe — 아타 닙빈다띠 둑케
esa maggo visuddhiyā'ti. — 에싸 막고 비쑷디야 띠.

'일체의 사실은 실체가 없는 것이다.'라고
지혜로써 본다면
괴로움에서 벗어나니
이것이 청정의 길이니라.

4. appakā te manussesu — 압빠까 떼 마눗쎄쑤
ye janā pāra-gāmino — 예 자나 빠라 가미노
athâyaṃ itarā pajā — 아타 아얌 이따라 빠자
tīram evânudhāvati. — 띠람 에봐 아누다봐띠.

인간 가운데
저 언덕에 가는 자들은 드물고
다른 사람들은 모두
이 언덕을 헤매고 있나니라.

5. ye ca kho sammad-akkhāte — 예 짜 코 쌈마드 악카떼
dhamme dhammânuvattino — 담메 담마 아누봣띠노
te janā pāram essanti — 떼 자나 빠람 엣싼띠
maccu-dheyyaṃ suduttaraṃ. — 맛쭈 데이양 쑤둣따람.

올바른 가르침이 설해질 때
가르침에 따라 사는 사람들은
건너기 어려운 죽음의 왕국을 건너
저 언덕에 도달하리라.

6. kaṇhaṃ dhammaṃ vippahāya
sukkaṃ bhāvetha paṇḍito
okā anokaṃ āgamma
viveke yattha dūramaṃ.

깐한 담망 윕빠하야
쑥깜 바웨타 빤디또
오까 아노깜 아감마
뷔웨께 얏타 두라맘.

현명한 님은 어두운 것들을 버리고
밝은 것들을 닦아야 하느니라.
집에서 집 없는 곳으로 나와
누리기 어려운 멀리 여읨을 닦아야 하느니라.

7. tatrâbhiratim iccheyya
hitvā kāme akiñcano
pariyodapeyya attānaṃ
citta-kilesehi paṇḍito.

따뜨라 아비라띰 잇체이야
히뜨와 깜메 아낀짜노
빠리요다뻬이야 앗따난
찟따 낄레쎄히 빤디또.

감각적 욕망을 여의고 아무것도 없는
그곳에서 즐거움을 찾아야 하느니라.
현명한 님은 마음의 번뇌로부터
자기 자신을 깨끗이 해야 하느니라.

8. yesaṃ sambodhi-aṅgesu
sammā cittaṃ subhāvitaṃ
ādāna-paṭinissagge

예쌈 쌈보디 앙게쑤
쌈마 찟땅 쑤바뷔땀
아다나 빠띠닛싹게

anupādāya ye ratā 아누빠다야 예 라따
khīṇâsavā jutimanto 키나 아싸봐 주띠만또
te loke parinibbutā. 떼 로께 빠리닙부따.

깨달음 고리로 마음이 잘 닦여지고
집착을 놓아버리고 집착의 여읨을 즐기는
번뇌를 부순 빛나는 님들
그들이 세상에서 완전한 열반에 드느니라.

9. Paṭiccasamuppādapāṭha

빠띳짜 쌈웁빠다 빠타

「연기緣起의 경송」을 송출하오니

1. avijjā-paccayā 아뷧자 빳짜야
sankhārā 쌍카라
sankhāra-paccayā viññāṇaṃ. 쌍카라 빳짜야 뷘냐낭.

1) **무명無明을 조건으로**
2) **형성行이 생겨나고**
3) **형성을 조건으로 의식識이 생겨나고,**

2. viññāṇa-paccayā nāmarūpaṃ 뷘냐나 빳짜야 나마루빤
nāmarūpa-paccayā saḷāyatanaṃ 나마루빠 빳짜야 쌀라야따낭
saḷāyatana-paccayā phasso 쌀라야따나 빳짜야 팟쏘
phassa-paccayā vedanā. 팟싸 빳짜야 붸다나.

4) **의식을 조건으로 명색名色이 생겨나고**

5) **명색을 조건으로 여섯 감역六入이 생겨나고**
6) **여섯 감역을 조건으로 접촉觸이 생겨나고**
7) **접촉을 조건으로 느낌受이 생겨나고,**

3. vedanā-paccayā taṇhā	붸다나 빳짜야 딴하
taṇhā-paccayā upādānaṃ	딴하 빳짜야 우빠다남
upādāna-paccayā bhavo	우빠다나 빳짜야 바뵤
bhava-paccayā jāti.	바봐 빳짜야 자띠.

8) **느낌을 조건으로 갈애愛가 생겨나고**
9) **갈애를 조건으로 집착取이 생겨나고**
10) **집착을 조건으로 존재有가 생겨나고**
11) **존재를 조건으로 태어남生이 생겨나고,**

4. jāti-paccayā jarā-maraṇaṃ	자띠 빳짜야 자라 마라낭
soka-parideva-dukkha-	쏘까 빠리데봐 둑카
domanass'ūpāyāsā sambhavanti	도마낫싸 우빠야싸 쌈바봔띠
evam etassa kevalassa	에봠 에땃싸 께봘랏싸
dukkha-kkhandhassa samudayo hoti.	둑칸 칸닷싸 싸무다요 호띠.

12) **태어남을 조건으로 늙음과 죽음老死,**
또한 슬픔, 비탄, 고통, 근심, 절망이 생겨나니
이처럼 이 모든 괴로움의 다발들이 생겨나느니라.

5. avijjāya tv'eva	아뷧자 뜨웨봐
asesa-virāga-nirodhā	아쎄싸 뷔라가 니로다
saṅkhāra-nirodho	쌍카라 니로도
saṅkhāra-nirodhā viññāṇa-nirodho.	쌍카라 니로다 뷘냐나 니로도.

1) **그러나 무명이 남김 없이 사라져서 소멸하면**

2) **형성이 소멸하고**

3) **형성이 소멸하면 의식이 소멸하고,**

6. viññāṇa-nirodhā nāmarūpa-nirodho — 뷘냐나 니로다 나마루빠 니로도
nāmarūpa-nirodhā saḷāyatana-nirodho — 나마루빠 니로다 쌀라야따나 니로도
saḷāyatana-nirodhā phassa-nirodho — 쌀라야따나 니로다 팟싸 니로도
phassa-nirodhā vedanā-nirodho. — 팟싸 니로다 붸다나 니로도.

4) **의식이 소멸하면 명색이 소멸하고**

5) **명색이 소멸하면 여섯 감역이 소멸하고**

6) **여섯 감역이 소멸하면 접촉이 소멸하고**

7) **접촉이 소멸하면 느낌이 소멸하고,**

7. vedanā-nirodhā taṇhā-nirodho — 붸다나 니로다 딴하 니로도
taṇhā-nirodhā upādāna-nirodho — 딴하 니로다 우빠다나 니로도
upādāna-nirodhā bhava-nirodho — 우빠다나 니로다 바봐 니로도
bhava-nirodhā jāti-nirodho. — 바봐 니로다 자띠 니로도.

8) **느낌이 소멸하면 갈애가 소멸하고**

9) **갈애가 소멸하면 집착이 소멸하고**

10) **집착이 소멸하면 존재가 소멸하고**

11) **존재가 소멸하면 태어남이 소멸하고,**

8. jāti-nirodhā jarā-maraṇaṃ — 자띠 니로다 자라 마라낭
soka-parideva-dukkha- — 쏘까 빠리데봐 둑카
domanass'upāyāsā nirujjhanti — 도마낫싸 우빠야싸 니룻잔띠.
evam etassa kevalassa — 에봠 에땃싸 께봘랏싸
dukkha-kkhandhassa nirodho hotī'ti. — 둑카 칸닷싸 니로도 호띠 띠.

12) **태어남이 소멸하면 늙음과 죽음이 소멸하고**

또한 슬픔, 비탄, 고통, 근심, 절망이 소멸하니
이처럼 이 모든 괴로움의 다발들이 소멸하느니라.

10. Bodhiudānagāthā

보디 우다나 가타

「보리수 아래서의 감흥의 게송」을 송출하오니

1. yadā have pātu-bhavanti dhammā
ātāpino jhāyato brāhmaṇassa
athassa kaṅkhā vapayanti sabbā
yato pajānāti sahetu-dhammaṃ.

야다 하붸 빠뚜 바봔띠 담마
아따삐노 자야또 브라흐마낫싸
아탓싸 깡카 봐빠얀띠 쌉바
야또 빠자나띠 싸헤뚜 담맘.

참으로 열심히 노력을 기울여
선정을 닦는 님에게 진리가 나타나면,
사실들이 원인을 갖는다는 것을 분명히 알므로,
그 거룩한 님에게 모든 의혹이 사라지니라.

2. yadā have pātu-bhavanti dhammā
ātāpino jhāyato brāhmaṇassa
athassa kaṅkhā vapayanti sabbā
yato khayaṃ paccayānaṃ avedi.

야다 하붸 빠뚜 바봔띠 담마
아따삔노 자야또 브라흐마낫싸
아탓싸 깡카 봐빠얀띠 쌉바
야또 카얌 빳짜야남 아붸디.

참으로 열심히 노력을 기울여
선정을 닦는 님에게 진리가 나타나면
조건지어진 것들은 소멸한다는 것을 인식함으로
그 거룩한 님에게 모든 의혹이 사라지니라.

3. yadā have pātu-bhavanti dhammā
ātāpino jhāyato brāhmaṇassa
vidh'ūpayaṃ tiṭṭhati mārasenaṃ
sūriyo'va obhāsayam antaḷikkhan'ti.

야다 하붸 빠뚜 바봔띠 담마
아따삐노 자야또 브라흐마낫싸
뷔두빠얀 띳타띠 마라쎄남
쑤리요 봐 오바싸얌 안딸릭칸 띠.

참으로 열심히 노력을 기울여
선정을 닦는 님에게 진리가 나타나면
태양이 어두운 허공을 비추듯
그 거룩한 님은 악마의 군대를 부수느니라.

11. Bhadd'ekarattagāthā

밧데까랏따 가타

「한 밤의 슬기로운 님의 게송」을 송출하오니

1. atītaṃ nânvāgameyya
na-ppaṭikaṅkhe anāgataṃ
yad atītaṃ pahīnaṃ taṃ
appattañ ca anāgataṃ.

아띠딴 나 안와가메이야
납 빠띠깡케 아나가땅
야드 아띠땀 빠히난 땀
압빳딴 짜 아나가땀.

과거로 거슬러 올라가지 말고
미래를 바라지도 말지니라.
과거는 이미 버려졌고
미래는 아직 오지 않았느니라.

2. paccuppannañ ca yo dhammaṃ
tattha tattha vipassati
asaṃhīraṃ asaṅkuppaṃ

빳쭙빤난 짜 요 담만
땃타 땃타 뷔빳싸띠
아쌍히람 아쌍꿉빤

tam̩ viditvā-m-anubrūhaye. 땅 뷔디뜨와 마누브루하예.

단지 현재 일어나는 상태를
그때 그때 잘 관찰할지니라.
정복되지 않고 흔들림이 없이
그것을 자각하고 수행할지니라.

3. ajj'eva kiccam̩ ātappam̩ 앗제 봐 낏짬 아땁빵
ko jaññā maraṇam̩ suve 꼬 잔냐 마라낭 쑤붸
na hi no saṅgaram̩ tena 나 히 노 쌍가란 떼나
mahā-senena maccunā. 마하 쎄네나 맛쭈나.

오늘 해야 할 일에 열중해야지
내일 죽을지 어떻게 알 것인가?
대군을 거느린 죽음의 신
그에게 결코 굴복하지 말지니라.

4. evam̩ vihārim̩ ātāpim̩ 에방 뷔하람 아따삠
ahorattam atanditam̩ 아호라땀 아딴디딴
tam̩ ve bhadd'ekaratto'ti 땅 붸 밧데까랏또 띠
santo ācikkhate munī'ti. 싼또 아찍카떼 무니 띠.

이와 같이 열심히 밤낮으로
피곤을 모르고 수행하는 자를
한 밤의 슬기로운 님
고요한 해탈의 님이라 부르니라.

10. 요청헌사품

오계의 청원은
재가자의 수계식을 의미하는데,
기타의 이하의 포살계 등도 의식화할 경우
유사한 방식으로 거행하면 된다.
포살계,
단기출가자의 서약 및 환속,
법문을 요청, 수호경의 송출요청
부처님께 목숨을 바치는 헌사,
가사, 우기옷, 까티나옷, 분소의를 보시할 때의 헌사
법사에 대한 보시,
참모임에 보시
자발적 보시시의 헌사나
장례식에 참여시의
마음가짐이나 헌사가 실려 있다.

1. Pañcasīlayācana

빤자 씰라 야짜나

「오계五戒의 청원」을 송출하오니

1. [재가자]

mayaṃ_aham bhante
visuṃ visuṃ rakkhaṇatthāya
ti-saraṇena saha
pañca sīlāni yācāma_yācāmi.

마야아함 반떼
뷔쑹 뷔쑹 락카낫타야
띠 싸라네나 싸하
빤짜 씰라니 야짜마야짜미.

존자여, 저희들은저는
각각 준수하려 하오니
삼귀의와 더불어 오계를 청원합니다.

2. [재가자]

dutiyam pi mayaṃ_ahaṃ bhante
visuṃ visuṃ rakkhaṇatthāya
ti-saraṇena saha
pañca sīlāni yācāma_yācāmi.

두띠얌 삐 마얌아함 반떼
뷔쑹 뷔쑹 락카낫타야
띠 싸라네나 싸하
빤짜 씰라니 야짜마야짜미.

두 번째로,
존자여, 저희들은저는 각각 준수하려 하오니
삼귀의와 더불어 오계를 청원합니다.

3. [재가자]

tatiyam pi mayaṃ_ahaṃ bhante
visuṃ visuṃ rakkhaṇatthāya
ti-saraṇena saha
pañca sīlāni yācāma_yācāmi.

따띠얌 삐 마얌아함 반떼
뷔쑹 뷔쑹 락카낫타야
띠 싸라네나 싸하
빤짜 씰라니 야짜마야짜미.

세 번째로,
존자여, 저희들은저는 **각각 준수하려 하오니**
삼귀의와 더불어 오계를 청원합니다.

4. [법사]

namo tassa. 나모 땃싸.

그 분,

[재가자]

namo tassa 나모 땃싸
bhagavato arahato 바가봐또 아라하또
sammāsambuddhassa. 쌈마쌈붓닷싸.

그 분, 세상의 존귀한 님, 거룩한 님
올바로 원만히 깨달은 님께 예경하나이다.

5. [법사]

namo tassa. 나모 땃싸.

그 분,

[재가자]

namo tassa 나모 땃싸
bhagavato arahato 바가봐또 아라하또
sammāsambuddhassa. 쌈마쌈붓닷싸.

그 분, 세상의 존귀한 님, 거룩한 님
올바로 원만히 깨달은 님께 예경하나이다.

6. [법사]

namo tassa. 나모 땃싸.

그 분,

[재가자]

namo tassa — 나모 땃싸
bhagavato arahato — 바가봐또 아라하또
sammāsambuddhassa. — 쌈마쌈붓닷싸.

그 분, 세상의 존귀한 님, 거룩한 님
올바로 원만히 깨달은 님께 예경하나이다.

7. [법사]

buddhaṃ saraṇaṃ gacchāmi. — 붓당 싸라낭 갓차미.

고귀한 부처님께 귀의하나이다.

[재가자]

buddhaṃ saraṇaṃ gacchāmi. — 붓당 싸라낭 갓차미.

고귀한 부처님께 귀의하나이다.

8. [법사]

dhammaṃ saraṇaṃ gacchāmi. — 담망 싸라낭 갓차미.

고귀한 가르침에 귀의하나이다.

[재가자]

dhammaṃ saraṇaṃ gacchāmi. — 담망 싸라낭 갓차미.

고귀한 가르침에 귀의하나이다.

9. [법사]

saṅghaṃ saraṇaṃ gacchāmi. — 쌍강 싸라낭 갓차미.

고귀한 참모임에 귀의하나이다.

[재가자]

saṅghaṃ saraṇaṃ gacchāmi. 쌍강 싸라낭 갓차미.

고귀한 참모임에 귀의하나이다.

10. [법사]

dutiyam pi buddhaṃ saraṇaṃ gacchāmi. 두띠얌 삐 붓당 싸라낭 갓차미.

원만한 부처님께 귀의하나이다.

[재가자]

dutiyam pi buddhaṃ saraṇaṃ gacchāmi. 두띠얌 삐 붓당 싸라낭 갓차미.

원만한 부처님께 귀의하나이다.

11. [법사]

dutiyam pi dhammaṃ saraṇaṃ gacchāmi. 두띠얌 삐 담망 싸라낭 갓차미.

원만한 가르침에 귀의하나이다.

[재가자]

dutiyam pi dhammaṃ saraṇaṃ gacchāmi. 두띠얌 삐 담망 싸라낭 갓차미.

원만한 가르침에 귀의하나이다.

12. [법사]

dutiyam pi saṅghaṃ saraṇaṃ gacchāmi. 두띠얌 삐 쌍강 싸라낭 갓차미.

원만한 참모임에 귀의하나이다.

[재가자]

dutiyam pi saṅghaṃ saraṇaṃ gacchāmi. 두띠얌 삐 쌍강 싸라낭 갓차미.

원만한 참모임에 귀의하나이다.

13. [법사]

tatiyam pi buddhaṃ saraṇaṃ gacchāmi. 따띠얌 삐 붓당 싸라낭 갓차미.

거룩한 부처님께 귀의하나이다.

[재가자]

tatiyam pi buddhaṃ saraṇaṃ gacchāmi. 따띠얌 삐 붓당 싸라낭 갓차미.

거룩한 부처님께 귀의하나이다.

14. [법사]

tatiyam pi dhammaṃ saraṇaṃ gacchāmi. 따띠얌 삐 담망 싸라낭 갓차미.

거룩한 가르침에 귀의하나이다.

[재가자]

tatiyam pi dhammaṃ saraṇaṃ gacchāmi. 따띠얌 삐 담망 싸라낭 갓차미.

거룩한 가르침에 귀의하나이다.

15. [법사]

tatiyam pi saṅghaṃ saraṇaṃ gacchāmi. 따띠얌 삐 담망 싸라낭 갓차미.

거룩한 참모임에 귀의하나이다.

[재가자]

tatiyam pi saṅghaṃ saraṇaṃ gacchāmi. 따띠얌 삐 담망 싸라낭 갓차미.

거룩한 참모임에 귀의하나이다.

16. [법사]

ti-saraṇa-gamanaṃ niṭṭhitaṃ. 띠 싸라나 가마난 닛티땀.

삼귀의가 끝났습니다.

[재가자]

āma bhante. 아마 반떼.

존자여, 그렇습니다.

17. [법사]

pāṇâtipātā veramaṇī-
sikkhāpadaṃ samādiyāmi.

빠나 아띠빠따 붸라마니
씩카빠당 싸마디야미.

살아있는 생명을 죽이는 것을 삼가는 학습계율을 지키겠나이다.

[재가자]

pāṇâtipātā veramaṇī-
sikkhāpadaṃ samādiyāmi.

빠나 아띠빠따 붸라마니
씩카빠당 싸마디야미.

살아있는 생명을 죽이는 것을 삼가는 학습계율을 지키겠나이다.

18. [법사]

adinnâdānā veramaṇī-
sikkhāpadaṃ samādiyāmi.

아딘나 아다나 붸라마니
씩카빠당 싸마디야미.

주지 않은 것을 빼앗는 것을 삼가는 학습계율을 지키겠나이다.

[재가자]

adinnâdānā veramaṇī-
sikkhāpadaṃ samādiyāmi.

아딘나 아다나 붸라마니
씩카빠당 싸마디야미.

주지 않은 것을 빼앗는 것을 삼가는 학습계율을 지키겠나이다.

19. [법사]

kāmesu micchā-cārā veramaṇī-
sikkhāpadaṃ samādiyāmi.

까메쑤 밋차 짜라 붸라마니
씩카빠당 싸마디야미.

사랑을 나눔에 잘못을 범하는 것을 삼가는

학습계율을 지키겠나이다.

[재가자]

kāmesu micchā-cārā veramaṇī- 까메쑤 밋차 짜라 붸라마니
sikkhāpadaṃ samādiyāmi. 씩카빠당 싸마디야미.

사랑을 나눔에 잘못을 범하는 것을 삼가는
학습계율을 지키겠나이다.

20. [법사]

musā-vādā veramaṇī- 무싸 봐다 붸라마니
sikkhāpadaṃ samādiyāmi. 씩카빠당 싸마디야미.

어리석은 거짓말을 하는 것을 삼가는
학습계율을 지키겠나이다.

[재가자]

musā-vādā veramaṇī- 무싸 봐다 붸라마니
sikkhāpadaṃ samādiyāmi. 씩카빠당 싸마디야미.

어리석은 거짓말을 하는 것을 삼가는
학습계율을 지키겠나이다.

21. [법사]

surā-meraya-majja- 쑤라 메라야 맛자
pamāda-ṭṭhānā veramaṇī- 빠마닷 타나 붸라마니
sikkhāpadaṃ samādiyāmi. 씩카빠당 싸마디야미.

곡주나 과즙주 등의
취기있는 것에 취하는 것을 삼가는
학습계율을 지키겠나이다.

[재가자]

surā-meraya-majja-
pamāda-ṭṭhānā veramaṇī-
sikkhāpadaṃ samādiyāmi.

쑤라 메라야 맛자
빠마닷 타나 붸라마니
씩카빠당 싸마디야미.

곡주나 과즙주 등의
취기있는 것에 취하는 것을 삼가는
학습계율을 지키겠나이다.

22. [재가자]

imāni pañca-sikkhāpadāni samādiyāmi. 이마니 빤짜 씩카빠다니 싸마디야미.

이 다섯 가지 학습계율을 지키겠나이다.

imāni pañca-sikkhāpadāni samādiyāmi. 이마니 빤짜 씩카빠다니 싸마디야미.

이 다섯 가지 학습계율을 지키겠나이다.

imāni pañca-sikkhāpadāni samādiyāmi. 이마니 빤짜 씩카빠다니 싸마디야미.

이 다섯 가지 학습계율을 지키겠나이다.

23. [법사]

imāni pañca-sikkhāpadāni
sīlena sugatiṃ yanti
sīlena bhoga-sampadā
sīlena nibbutiṃ yanti
tasmā sīlaṃ visodhāye.

이마니 빤짜 씩카빠다니
씰레나 쑤가띵 얀띠
씰레나 보가 쌈빠다
씰레나 닙부띵 얀띠
따쓰마 씰랑 뷔쏘다예.

다섯 가지 학습계율은 이러하니
계행으로 행복한 운명을 얻고
계행으로 소유의 향유를 성취하고
계행으로 적멸에 도달하니
그러므로 계행을 닦아야 하겠습니다.

2. Uposathayācana

우뽀싸타 야짜나

「포살의 청원」을 송출하오니

1. mayaṃ^ahaṃ bhante | 마얌^아함 반떼
ti-saraṇena saha | 띠 싸라네나 싸하
aṭṭhaṅga-samannāgataṃ | 앗탕가 싸만나가땀
uposathaṃ yācāma^yācāmi. | 우뽀싸탕 야짜마^야짜미.

존자여, 저희들은저는 **삼귀의와 더불어**
여덟 계행으로 이루어진 포살을 청원합니다.

2. dutiyam pi mayaṃ^ahaṃ bhante | 두띠얌 삐 마얌^아함 반떼
ti-saraṇena saha | 띠 싸라네나 싸하
aṭṭhaṅga-samannāgataṃ | 앗탕가 싸만나가땀
uposathaṃ yācāma^yācāmi. | 우뽀싸탕 야짜마^야짜미.

두 번째로,
존자여, 저희들은저는 **삼귀의와 더불어**
여덟 계행으로 이루어진 포살을 청원합니다.

3. tatiyam pi mayaṃ^ahaṃ bhante | 따띠얌 삐 마얌^아함 반떼
ti-saraṇena saha | 띠 싸라네나 싸하
aṭṭhaṅga-samannāgataṃ | 앗탕가 싸만나가땀
uposathaṃ yācāma^yācāmi. | 우뽀싸탕 야짜마^야짜미.

세 번째로,
존자여, 저희들은저는 **삼귀의와 더불어**
여덟 계행으로 이루어진 포살을 청원합니다.

4\. imaṃ aṭṭhaṅga-samannāgataṃ
buddha-paññattaṃ uposathaṃ
imañ ca rattiṃ imañ ca divasaṃ
sammad-eva abhirakkhituṃ samādiyāmi.

이맘 앗탕가 쌈만나가땀
붓다 빤냣땀 우뽀싸탐
이만 자 랏띰 이만 짜 디봐쌍
쌈마드 에봐 아비락카뚱 싸마디야미.

이 부처님께서 시설한
여덟 계행을 갖추어
포살일 당일 밤 당일 하루라도
올바로 지키겠나이다.

3. Paṇḍaraṅga-pabbajja

빤다랑가 빱밧자

「단기출가의 허락」을 송출하오니

1\. esâhaṃ esā mayaṃ bhante
sucira-parinibbutam pi
taṃ bhagavantam
saraṇaṃ gacchāmi gacchāma
dhammañ ca bhikkhu-saghañ ca.

에싸 아함 에싸 마얌 반떼
쑤찌라 빠리닙부땀 삐
땀 바가봔땅
싸라낭 갓차미 갓차마
담만 짜 빅쿠 쌍간 짜.

존자여 저는 저희들은 **아주 오래 전에**
적멸에 드신 그 세존께 귀의합니다.
그리고 가르침과
수행승의 참모임에 귀의합니다.

2\. paṇḍaraṅga-pabbajjaṃ
maṃ amhākaṃ bhante
saṅgho dhāretu ajjatagge

빤다랑가 빱밧잠
맘 암하깜 반떼
쌍고 다레뚜 앗자딱게

pāṇ'upetaṃ saraṇaṃ gataṃ. 빠누뻬땅 싸라낭 가땀.

오늘부터 저는저희들은
목숨이 다하도록 귀의하오니
단기출가자로서
참모임은 저를 받아 주소서.

4. Paṇḍaraṅgapabbajjapaccakkhāna

빤다랑가 빱밧자 빳짝카나

「단기출가의 반납」을 송출하오니

1. paṇḍaraṅga-pabbajjita-
atṭha-sikkhāpadāni paccakkhāmi. 빤다랑가 빱밧지따
앗타 씩카빠다니 빳짝카미.

존자여, 단기출가자로서
제가 지녔던 여덟 계행을 여의오니,

2. gihī'ti maṃ dhāretha. 기히 띠 만 다레따.

제가 재가신자인 것을 부디 새기소서.

5. Dhammadesanāyācana

담마 데싸나 야짜나

「법문의 요청」을 송출하오니

1. brahmā ca lokâdhipati sahampati 브라흐마 짜 로까디빠띠 싸함빠띠

katañjalī andhivaraṃ ayācatha. 까단잘리 안디봐람 아야짜타.

세상의 주재자 하느님 싸함빠띠가
두 손 모아 겸손하게 요청한 적이 있나이다.

2. santi'dha sattā appa-rajakkha-jātikā 싼띠다 쌋따 아빠 라작카 자띠까
desetu bhagavā dhammaṃ 데쎄뚜 바가봐 담만
desetu sugato dhammaṃ 데쎄뚜 쑤가또 담맘
anukamp'imaṃ pajaṃ. 아누깜삐 이맘 빠잠.

'이 세상에는 본래부터
눈에 티끌이 거의 없는 뭇삶들이 있으니
그 뭇삶들을 애민히 여겨
세존께서는 법문을 하여 주십시오.
올바른 길로 잘 가신 님께서는 법문하여주십시오.'

6. Parittabhāṇayācana

빠릿따 바나 야짜나

「수호경에 대한 송출요청」을 송출하오니

1. vipatti-paṭibāhāya 뷔빳띠 빠띠바하야
sabba-sampatti-siddhiyā 쌉바 쌈빳띠 씻디야
sabba-dukkha-vināsāya 쌉바 둑카 뷔나싸야
parittaṃ brūtha maṅgalaṃ. 빠릿땀 브루타 망갈람.

존자들께서는 재난을 예방하고
모든 성취를 원만히 이루고

일체의 괴로움을 없앨 수 있도록
축복의 수호경을 송출하여 주십시오.

2. vipatti-paṭibāhāya 뷔빳띠 빠띠바하야
sabba-sampatti-siddhiyā 쌉바 쌈빳띠 씻디야
sabba-bhaya-vināsāya 쌉바 바야 뷔나싸야
parittaṃ brūtha maṅgalaṃ. 빠릿땀 브루타 망갈람.

존자들께서는 재난을 예방하고
모든 성취를 원만히 이루고
일체의 두려움을 없앨 수 있도록
축복의 수호경을 송출하여 주십시오.

3. vipatti-paṭibāhāya 뷔빳띠 빠띠바하야
sabba-sampatti-siddhiyā 쌉바 쌈빳띠 씻디야
sabba-roga-vināsāya 쌉바 로가 뷔나싸야
parittaṃ brūtha maṅgalaṃ. 빠릿땀 브루타 망갈람.

존자들께서는 위난을 예방하고
모든 성취를 원만히 이루고
일체의 질병을 없앨 수 있도록
축복의 수호경을 송출하여 주십시오.

7. Attabhāvapariccaja
앗따바봐 빠릿짜자

「귀명歸命」을 송출하오니

1. imâhaṃ bhante bhagavā 이마함 반떼 바가봐

attabhāvena tumhākaṃ pariccajāmi. 앗따바붸나 뚬하깜 빠릿짜자미.

세존이신 부처님이시여,
저는 이 목숨을 당신께 바칩니다.

2. dutiyam pi imâhaṃ bhante bhagavā 두띠얌 삐 이마함 반떼 바가봐
attabhāvena tumhākaṃ pariccajāmi. 앗따바붸나 뚬하깜 빠릿짜자미.

두 번째에도, 세존이신 부처님이시여,
저는 이 목숨을 당신께 바칩니다.

3. tatiyam pi imâhaṃ bhante bhagavā 따띠얌 삐 이마함 반떼 바가봐
attabhāvena tumhākaṃ pariccajāmi. 앗따바붸나 뚬하깜 빠릿짜자미.

세 번째에도, 세존이신 부처님이시여,
저는 이 목숨을 당신께 바칩니다.

8. Buddhabhojanapūja
붓다 보자나 뿌자

「부처님께의 공양의례」를 송출하오니

1) Buddha-bhatta-dāna
붓다 밧타 다나

「부처님께의 음식공양」을 송출하오니

1. imaṃ sūpa-byañjana-sampannaṃ 이맘 쑤빠 비얀자나 쌈빤낭
sālīnaṃ bhojanaṃ. 쌀리남 보자남.

저희들은저는 부처님께
반찬을 갖춘 쌀밥의 식사와

2. udakaṃ varaṃ buddhassa pūjema pūjemi. 우따깡 봐람 붓닷싸 뿌제마뿌제미.

최상의 음료를 공양올리나이다.

2) Sesa-maṅgala-yācana
쎄싸 망갈라 야짜나

「불단에 남은 음식의 제거요청」을 송출하오니

3. sesaṃ maṅgalaṃ yacāmi. 쎄쌈 망갈랑 야짜미.

불단에 남은 공양음식의 제거를 요청하나이다.

3) Dāna-samaya-patthanā
다나 싸마야 빳타나

「공양시의 발원」을 송출하오니

4. idaṃ me puññaṃ 이담 메 뿐냠
āsava-kkhayâvahaṃ hotu. 아싸봐 카야 아봐항 호뚜.

이러한 공덕으로
제게 번뇌가 부수어지고,

5. idaṃ me puññaṃ 이담 메 뿐냔
nibbānassa paccayo hotu. 닙바낫싸 빳짜요 호뚜.

이러한 공덕으로
제게 열반이 이루어지이다.

9. Bhattadāna

밧따 다나

「음식공양」을 송출하오니

1. imāni mayaṃ bhante 이마니 마얌 반떼
bhattāni saparivārāni 밧따니 싸빠리봐라니
bhikkhu-saṅghassa oṇojayāma. 빅쿠 쌍갓싸 오노자야마.

존자여, 저희들은
음식과 다른 부수적인 것들을
수행승의 참모임에 바치나이다.

2. sadhu no bhante bhikkhu-saṅgho 싸두 노 반떼 빅쿠 쌍고
imāni bhattāni 이마니 밧따니
saparivārāni paṭiggaṇhātu 싸빠리봐라니 빠띡간하뚜
amhākaṃ dīgha-rattaṃ hitāya sukhāya. 암하깐 디가 랏땅 히따야 쑤카야.

존자여, 오랜 세월
저희들의 이익과 행복을 위해
이 음식과 다른 부수적인 것들을 받아 주시면
저희들은 수행승의 참모임에 감사하겠습니다.

10. Dhammakathik'oṇojana

담마까티까 오노자나

「법사에 대한 보시」를 송출하오니

1. imāni mayaṃ bhante
catu-paccaye saparivāre
dhammakathikassa oṇojayāma.

이마니 마얌 반떼
짜뚜 빳짜예 싸빠리봐레
담마까티깟싸 오노자야마.

존귀하신 법사님, 저희들은
네 가지 필수품과 다른 부수적인 것들을
존귀하신 법사님께 바치나이다.

2. sadhu no bhante dhammakathiko
ime catu-paccaye
saparivāre paṭiggaṇhātu
amhākañ c'eva matāpitu-ādinañ ca
ñātakānañ ca dīgha-rattaṃ
hitāya sukhāya.

싸두 노 반떼 담마까티꼬
이메 짜뚜 빳짜예
싸빠리봐레 빠띡간하뚜
암하깐 쩨봐 마따삐뚜 아딘난 짜
냐따까난 짜 디가 랏땅
히따야 쑤카야.

존귀하신 법사님, 오랜 세월
저희들의 이익과 행복을 위해
네 가지 필수품과 다른 부수적인 것들을 받아주시면
저희들은 법사님에 감사하겠습니다.

11. Ticīvaradāna

띠 찌봐라 다나

「세벌 가사의 보시」를 송출하오니

1. imāni mayaṃ bhante
ti-cīvarāni saparivārāni
bhikkhu-saṅghassa oṇojayāma.

이마니 마얌 반떼
띠 찌봐라니 싸빠리봐라니
빅쿠 쌍갓싸 오노자야마.

존자여, 저희들은 세벌 옷과
다른 부수적인 것들을
수행승의 참모임에 바치나이다.

2. sadhu no bhante bhikkhu-saṅgho	싸두 노 반떼 빅쿠 쌍고
imāni ti-cīvarāni saparivārāni	이마니 띠 찌봐라니 싸빠리봐라니
paṭigganhātu	빠띡간하뚜
amhākañ c'eva matāpitu-ādinañ ca	암하깐 쩨봐 마따삐뚜 나디난 짜
piya-janānaṃ dīgha-rattaṃ	삐야 자나난 디가 랏땅
hitāya sukhāya.	히따야 쑤카야.

존자여, 저희들의 부모님 등 사랑하는 님들의
오랫동안의 이익과 행복을 위하여
이 세벌 옷과 다른 부수적인 것들을 받아 주시면
저희들은 수행승의 참모임에 감사하겠습니다.

12. Vassikasāṭikadāna

뷧씨까 싸띠까 다나

「우기옷의 보시」를 송출하오니

1. imāni mayaṃ bhante	이마니 마얌 반떼
vassika-sāṭikāni saparivārāni	봣씨까 싸띠까니 싸빠리봐라니
bhikkhu-saṅghassa oṇojayāma.	빅쿠 쌍갓싸 오노자야마.

존자여, 저희들은 우기옷과
다른 부수적인 것들을

수행승의 참모임에 바치나이다.

2. sadhu no bhante bhikkhu-saṅgho	싸두 노 반떼 빅쿠 쌍고
imāni vassika-sāṭikāni	이마니 봣씨까 싸띠까니
saparivārāni paṭigganhātu	싸빠리봐라니 빠띡간하뚜
amhākaṃ dīgha-rattaṃ hitāya sukhāya.	암하깐 디가 랏땅 히따야 쑤카야.

존자여, 오랜 세월
저희들의 이익과 행복을 위해
이 우기옷과 다른 부수적인 것들을 받아 주시면
저희들은 수행승의 참모임에 감사하겠습니다.

13. Kaṭhinacīvaradāna

까티나 찌봐라 다나

「까티나옷의 보시」를 송출하오니

1. imāni mayaṃ bhante	이마니 마얌 반떼
kaṭhina-cīvarāni saparivārāni	까티나 찌봐라니 싸빠리봐라니
bhikkhu-saṅghassa oṇojayāma.	빅쿠 쌍갓싸 오노자야마.

존자여, 저희들은
까티나 옷과 다른 부수적인 것들을
수행승의 참모임에 바치나이다.

2. sadhu no bhante bhikkhu-saṅgho.	싸두 노 반떼 빅쿠 쌍고
imāni kaṭhina-cīvara-dussaṃ	이마니 까티나 찌봐라 둣쌈
paṭigganhātu paṭiggahetvā ca	빠띡간하뚜 빠띡가헤뜨와 짜

imīnā dussena kaṭhinaṃ attharatu 이미나 듯쎄나 까티남 앗타라뚜
amhākaṃ dīgha-rattaṃ hitāya sukhāya. 암하깐 디가 랏땅 히따야 쑤카야.

존자여, 오랜 세월
저희들의 이익과 행복을 위해
이 까티나 옷을 받아 주시고
받아서 이 옷을 까티나 옷으로 만들어 주시면
저희들은 수행승의 참모임에 감사하겠습니다.

14. Paṃsukūlacīvaradāna

빵쑤꿀라 찌봐라 다나

「분소의의 보시」를 송출하오니

1. imāni mayaṃ bhante 이마니 마얌 반떼
paṃsukūla-cīvarāni saparivārāni 빵쑤꿀라 찌봐라니 싸빠리봐라니
bhikkhu-saṅghassa oṇojayāma. 빅쿠 쌍갓싸 오노자야마.

존자여, 저희들은
분소의 옷과 다른 부수적인 것들을
수행승의 참모임에 바치나이다.

2. sadhu no bhante bhikkhu-saṅgho 싸두 노 반떼 빅쿠 쌍고
imāni paṃsukūla-cīvarāni 이마니 빵쑤꿀라 찌봐라니
saparivārāni paṭigganhātu 싸빠리봐라니 빠띡간하뚜
amhākaṃ dīgha-rattaṃ hitāya sukhāya. 암하깐 디가 랏땅 히따야 쑤카야.

존자여, 오랜 세월

저희들의 이익과 행복을 위해
이 분소의의 옷과
다른 부수적인 것들을 받아 주시면
저희들은 수행승의 참모임에 감사하겠습니다.

15. Matakiccânubhava

마따낏짜 아누바봐

「장례의식의 참여」를 송출하오니

1. [사체를 보는 순간의 사유와 언표]

avassaṃ mayā maritabbaṃ	아봣쌈 마야 마리땁밤.

저도 결코 죽음을 면할 수 없나이다.

2. [사체의 손에 물을 붓을 동안 : A]

kāya-kammaṃ vacī-kammaṃ	까야 깜망 봐찌 깜맘
mano-kammaṃ ahosi-kammaṃ	마노 깜맘 아호씨깜망
sabba-pāpam vinassatu.	쌉바 빠빵 뷔낫싸뚜.

이제 신체적·언어적·정신적 업이
잠재적인 힘을 상실한 것이니
일체의 악업도 제거되어지이다.

[사체의 손에 물을 붓을 동안 : B]

idaṃ mataka-sarīraṃ	이담 마따까 싸리람
udakaṃ viya siñcitaṃ	우다깡 뷔야 씬찌땀

ahosi-kammaṃ. 아호씨 깜맘.

이 사체는 이미 뿌려진 물처럼
잠재적 힘을 상실하였음을 새기나이다.

3. [사체를 묻는 동안의 헌사 : A]

idaṃ mataka-sarīraṃ 이담 마따까 싸리람
asuci asubhaṃ 아쑤찌 아쑤방
kamma-ṭṭhānaṃ bhāveti. 깜맛 타남 바붸띠.

이 사체는 더럽고 부정하지만
그것으로 명상수행을 닦나이다.

[사체를 묻는 동안의 헌사 : B]

ayam pi kho me kāyo 아얌 삐 코 메 까요
evaṃ bhāvī evaṃ dhammo 에봠 바뷔 에봔 담모
evaṃ anatīto 에봠 아나띠또.

저의 몸도 이러하니 이같이 되고
그 원리도 이와 같으니
이러한 상태를 벗어나지 못하나이다.

16. Dānâdipatthanā

다나 아디 빳타나

「보시 등에 의한 발원」을 하오니

1. idaṃ me dānaṃ 이담 메 다남

āsava-kkhayâvahaṃ hotu. 아싸봑 카야 아봐항 호뚜.

저의 이 보시로

제게 번뇌의 부숨이 이루어지이다.

2. idaṃ me sīlaṃ 이담 메 씰란
nibbānassa paccayo hotu. 닙바낫싸 빳짜요 호뚜.

저의 이 계행으로

제게 열반의 조건이 충족되어지이다.

3. idaṃ me bhāvanaṃ 이담 메 바봐남
maggassa ca phalassa ca paccayo hotu. 막갓싸 짜 팔랏싸 짜 빳짜요 호뚜.

저의 이 수행으로

제게 길과 경지의 성취가 이루어지이다.

4. idaṃ me puññaṃ 이담 메 뿐냠
āsava-kkhayâvahaṃ nibbānaṃ hotu. 아싸봑 카야 아봐한 닙바낭 호뚜.

저의 이 공덕으로

제게 번뇌를 여읜 열반이 이루어지이다.

5. mama puñña-bhāgaṃ 마마 뿐냐 바강
sabba-sattānaṃ bhājemi 쌉바 쌋따남 바제미.

저의 이 공덕을

일체의 뭇삶에게 회향하나이다.

17. Pattidāna

빳띠 다나

「공덕회향」을 하오니

1. idaṃ me dānaṃ mātā-pitu-ādīnaṃ ñatakānaṃ saṃvattatu.	이담 메 다남 마따 삐뚜 아디난 냐따까낭 쌍봣따뚜.

참으로 이 저의 보시가
부모를 비롯한 친지들에게
회향되길 원하오니,

2. mayhaṃ mātā-pitâdayo ñatakā imassa dānassa pattiṃ labhantu mama cetasā.	마이함 마따 삐따 아다요 냐따까 이맛싸 다낫싸 빳띵 라반뚜 마마 쩨따싸.

저의 부모를 비롯한 친지들에게
제가 뜻한 바대로
그 보시의 공덕이 회향되어지이다.

예경지송

부 록

참고문헌
빠알리어 한글표기법
빠알리어 엑센트
빠알리어 시의 운율
불교의 세계관
주요번역술어
고유명사색인
빠알리성전협회안내
빠알리대장경목록(약어표)

● 참고문헌

● 참조남방예불문

Compiled By Suddhinand Janthagul, A Manual of Buddhist Studies Through The Sacred Books of Buddhist Chants, Pali-Thai-Enghlish Translation, 1995

Compiled By H. Gunaratana Mahathera, Bhāvanā Vandanā : Book of Devotion, Bhāvanā Society Taipei 1990.

Compiled By Dharmavijaya Buddhist Vihara. Buddhavandana A Book of Buddhist Devotion Dharmavijaya Buddhist Vihara. 1990, Califonia

Compiled partly translated & edited by Phra Claus Pabhaṅkaro(Dr. Claus Sandler), Chanting Book of Wat Pradhātu Srī Chomtong Voravihāra, Chomtong(Thailand), 1st edition, September 2003

● 원전류 (원본/번역본)

『Aṅguttara Nikāya』 ed. by R. Moms & E. Hardy, 5vols(London : PTS, 1885~1900) tr. by F. L. Woodward & E. M. Hare, 『The Book of the Gradual Sayings』 5vols(London : PTS, 1932~1936), übersetzt von Nyanatiloka. 『Die Lehrreden des Buddha aus Angereihten Sammlung : Aṅguttara Nikāya』 5vols (Braunschweig Aurum Verlag : 1993)

『Abhidhammatthasaṅgaha(Comprehensiv Manual of Abhidhamma)』 tr.by Bodhi Bhikkhu.(Kandy : Buddhist Publication Society, 1993)

『Apadāna』 ed. M.E. Lilley, 1925, 1927; 2 vols. reprinted as one, 2000.

『Buddhavaṃsa and Cariyāpiṭaka』 ed. N.A. Jayawickrama, 1974, 1995

『Dhammapada』 ed. by S. Sumangala(London : PTS, 1914)

『Dīgha Nikāya』 ed. by T. W. Rhys Davids & J. E. Carpenter, 3vols(London : PTS, 1890~1911) tr. by T. W. & C. A. F. Rhys Davids, 『Dialogues of the Buddha』 3vols(London : PTS, 1899~1921)

『Divyāvadāna』 ed. by Cowell. E. B. and R. A. Neil. (London : PTS, 1914)

『Gāndhārī Dhammapada』 ed. by Brough. John(London : Oxford University, 1962)

『Itivuttaka』 ed. by E. Windish(London : PTS, 1889)

『The Jātakas or Stories of the Buddha's Former Births 6vols.』 ed. by Cowell. E. B.(London : PTS, 1969)

『Majjhima Nikāya』 ed. by V. Trenckner & R. Chalmers, 3vols(London : PTS, 1887~1901) tr. I. B. Homer, 『Middle Length Sayings』 3vols(London : PTS, 1954~1959), tr. by Bhikkhu Ñāṇamoli and Bhikkhu Bodhi 『The Middle Length Discourse of the Buddha』(Massachusetts : Wisdom Publication 1995)

『Manorathapūraṇī』 ed. by M. Walleser & H. Kopp, 5vols(London : PTS, 1924~1926)

『Mahāvastu』 ed. by Senart, E. 3 parts. (Paris 1882~1897); tr. by John, J. J., 3vols(London : Luzac, 1949~1956)

『Maha Pirit Pota(The Great Book of Protection)』 tr. by Lokuliyana, Lionel.(Colombo : Mrs. H. M. Gunasekera Trust, n.d)

『Mahāparinirvāṇasūtra』(Abhandlungen der Deutschen Akademie der Wissenschaften zu Berlin, Kalsse für Sprachen, Literatur, und Kunst) ed. and tr. by Waldschmidt, E.(Berlin : 1950~1951)
『Mahāsamājasūtra』 inclided in 『Central Asian Sūtra Fragments and their Relations to the Chinese Āgamas』 in Bechert 1980.
『Milindapañha』 ed. by V Trenckner(London : PTS, 1928) tr. by I. B. Horner, 『Milinda's Questions』 2vols(London : PTS, 1963~1964)
『Papañcasūdanī』 ed. by J. H. Woods, D. Kosambi & I. B. Horner, 5vols (London : PTS, 1922~1938)
『Paramatthajotikā I.(= The Khuddakapāṭha)』 ed. by Helmer Smith (London : PTS, 1978)
『Paramatthajotikā II.』 ed. by Helmer Smith vols. I. II. III(London : PTS, 1989)
『Patna-Dhammapada』 ed. by Cone, Margaret. Journal of the Pali Text Society 13 : 101~217(London : PTS, 1989)
『Paṭisambhidāmagga I. II』 ed. by Taylor. (London : PTS, 1905~1907)
『Paramatthajotikā I』 see Khuddakapāṭha with Commentary
『Paramatthajotikā II』 ed. Helmer Smith, 3 volumes : Vol. I (1916, 1989); Vol. II (1917, 1977, 1989); Vol. III, Indexes (1918, 1984)
『Saṃyutta Nikāya』 ① Roman Script. ed. by L. Feer, 6vols(Ee1 : London : PTS, 1884~1904; Ee2 : 1998) ② Burmese Script. Chaṭṭhasaṅgāyana-edition, 3 vols. Ranggoon : Buddhasāsana Samiti, 1954.
『The Connected Discourse of the Buddha(A New Translation of the Saṃyuttanikāya)2vols.』 tr. by Bodhi Bhikkhu, (Boston : Wisdom Publication, 2000)
『The Book of the Kindered Sayings, 5vols.』 tr. by C. A. F. Rhys Davids & F. L. Woodward, (London : PTS, 1917~1930)
『Die in Gruppen geordnete Sammlung(Saṃyuttanikāya) aus dem Pāli-Kanon der Buddhisten. 2vols.』 übersetzt von W. Geiger. (Munich-Neubiberg. Oskar Schloss Verlag. 1925)
『Die Reden des Buddha-Gruppierte Sammlung aus dem Pāli-Kanon』 übersetzt von W. Geiger, Nyāponika Mahāthera, H. Hecker. (Herrnschrott. Verlag Beyerlein & Steinschulte 2003)
『Samantapāsādikā』(Roman character) vol. I-VII, Buddhaghosa, ed. by J. Takakusu & M. Nagai. London PTS. 1927~1947
『Sāratthappakāsinī : Saṃyuttanikāyaṭṭhakathā』 ed. by Woodward, F. L. 3vols.(London : PTS, 1977)
『Sumaṅgalavilāsini』 ed. by T. W. Rhys Davids, J. E. Carpenter & W. Stede, 3vols(London : PTS, 1886~1932)
『Suttanipāta』 ed. by Andersen, D. & Smith, H.(London : PTS, 1984)
『Suttanipāta Aṭṭhakathā』 ed. by H. Smith, 2vols(London : PTS, 1916~1917)
『Suttanipāta』, edited by Dines Andersen& Helmer Smith. first published in 1913. published for PTS by Routledge & Kegan Paul. 1965. London.
『Suttanipāta』, edited by Ven. Suriya Sumangala P. V. Bapat, Devanagari characters. Bibliotheca Indo Buddhica 75, Sri Satguru Publications, Poona 1924, Delhi, 1990.
『Suttanipāta』 Pali Text with Translation into English and notes by N. A. Jayawickrama Post-Graduate Institude of Pali & Buddhist Studies. University of Kelaniya, Srilanka. 2001.
『The Suttanipāta』. tr. by Saddhatissa Ven. H. Curzon Press Ltd. London 1985.

『Thera-Theri-Gathā』 tr. by A. F. Rhys Davids, 『Psalms of the Early Buddhists』 2vols(London : PTS, 1903~1913); tr. by Norman. K. P. 『Elders' Verses I. II』(London : PTS, 1969~1971)

『Udāna』 ed. by Steinthal, P.(London : PTS, 1982) tr. by Masefield, P.(London : PTS, 1994)

『Vimānavatthu』 ed. by Jayawickrama, N. A.(London : PTS, 1977)

『Visuddhimagga of Buddhaghosa』 ed. by Rhcys Davids, C. A. F.(London : PTS, 1975)

『Vinaya Piṭakaṃ』(Roman character) vol. I-V. ed. Hermann Oldenberg, London : Pali Text Society, 1879~1883.

『The Books of the Discipline』 vol. I-V, tr. I. B. Horner. London : Pali Text Society, 1938~1966. [Vol. I. Suttavibhanga (London : PTS, 1938). Vol.II. Suttavibhanga (London : PTS, 1940). Vol. III. Suttavibhanga (London : PTS, 1942). Vol.IV. Mahavagga (London : PTS, 1951), Vol.V. Cullavagga(London : PTS, 1952). Vol.VI. Parivara (London : PTS, 1966)].

『Vibhaṅga』 tr. by Thittila, Ashin 『The Book of Analysis』(London : PTS, 1969)

● 일반단행본(동/서양서)

Bharga, D., 『Manusmṛti』(Jaipur : Ashok Bhargava Rajendra Printers, 1989)

Barber, B., 『Social Strafication』(New York : Harcdurt Brace, 1967)

Barua, B. M., 『A History of Pre-Buddhistic Indian Philosophy』(Barnasidas : Vanarasi, 1970)

Basak, Radhagovinda., 『Lectures on Buddha and Buddhism』(Calcutta : Sambodhi Publications, 1961)

Basham, A. L., 『History and Doctrines of the Ajīvikas』(Delhi : Motilal Banarsidass, 1951)

Bodhi Bhikkhu, 『The Noble Eightfold Path』(Kandy : Buddhist Publication Society, 1984)

Bodhi Bhikkhu, 『Transcendental Dependent Arising』(Kandy : Buddhist Publication Society, 1980)

Briggs, J. & Peat, F. D., 『Turbulent Mirror』(New York : Harper & Row 1989, 김광태외 역, 서울 : 범양사 1990)

Bunge, M., 『Causality and Modern Science』(New York : Dover Publications Inc., 1986)

Burns, D. M., 『Buddhist Meditation and Depth Psychology』 『The Wheel』 Publication No.88/89(Kandy : Buddhist Publication Society, 1980)

Capra, F., 『The Tao of Physics : An Explanation of the Paralles between Modern Physics and Eastern Mysticism』(Boulder : Shambhala Publi-cation) ; 이성범, 김용정 옮김, 『현대물리학과 동양사상』(범양사, 1994)

Karnap, R., 『An Intoduction to the Philosophy of Science』(New York : Basic Books Inc., 1966) ; 윤용택 옮김, 『과학철학입문』(서울 : 서광사, 1993)

Das Gupta, 『History of Indian Philosophy』 vol.1(Cambrige : Cambrige University Press, 1963)

Fahs, A., 『Grammatik des Pali』(Leipzig : Verlag Enzyklopädie, 1989)

Frauwallner, E., 『Die Philosophie des Buddhismus』(Berlin : Akademie V-erlag, 1958)

Glasenapp, H. V., 『Pfad zur Erleuchtung(Das Kleine, das Grosse und das Diamant-Fahrzeug)』(Köln : Eugen Diederichs Verlag, 1956)

Gombrich, R., 『Precept and Practice』 Harvard Oriental Series vol.37 p.123(Oxford : Clarendon Press, 1971)

Goldman. A. I., 『A Theary of Human Action』(Englewood Cliffs, N. J. : Prentice Hall, 1970)

Goleman, D., 『The Buddha on Meditation and Higher States of Consciou-sness』 『The Wheel』

Publication no.189/190(Kandy : Buddhist Public-ation Society, 1980)
Hiriyanna, M., 『Outlines of Indian Philosophy』(London : George Allen &Unwin, 1932)
Hoffman, F. J., 『Rationality and Mind in Early Buddhism』(Delhi : Motilal Banarsidass, 1987)
Htoon, U. C., 『Buddhism and the Age of Science』 『The Wheel』 Publicati-on no.36/37(Kandy : Buddhist Publication Society, 1981)
Hume, D., 『A Treatise of Human Nature』(Oxford : The Clarendon Press, 1889)
Jayatilleke, K. N., 『Early Buddhist Theory of Knowlege』(Delhi : Motilal Banarsidass, 1963)
Jayatilleke, K. N. etc, 『Buddhism and Science』 『The Wheel』 Publication no.3(Kandy : Buddhist Publication Society, 1980)
Johansson, R. E. A., 『The Psychology of Nirvana』(London : George Allen & Unwin Ltd., 1969)
Jootla, S. E., 『Invetigation for Insight』 『The Wheel』 Publication no.301/302(Kandy : Buddhist Publication Society, 1983)
Kalupahana, D. J., 『Causality : The Central philosophy of Buddhism』(Ho-nolulu : The University Press of Hawai, 1975)
Kalupahana, D. J., 『Buddhist Philosophy, A Historical Analysis』(Honolulu : The University Press of Hawaii, 1976)
Karunaratne, W. S., 『The Theory of Causality in Early Buddhism』(Colo-mbo : Indumati Karunaratne, 1988)
Kim, Jaegwon., 『Supervenience and Mind』(New York : Cambridge Press, 1933)
Knight, C. F. etc, 『Concept and Meaning』 『The Wheel』 Publication no.250(Kandy : Buddhist Publication Society, 1977)
Leibniz, G. W., 『Philosophical Papers and Letters』 2vols. tr. by Loemker, L. E.(Chicago : University of Chicago Press, 1974)
Malalasekera, G. P. & Jayatilleke, K. N., 『Buddhism and Race Question』(Paris : UNESCO, 1958)
Macdonell, A. A., 『A Vedic Reader for Students』(Oxford : Oxford Unive-rsity Press, 1917)
Macy, J., 『Mutual Causality in Buddhism and General Systems Theory』(New York : State University of New York Press, 1992)
Murti, T. R. V., 『The Central Philosophy of Buddhism』(London : George Allen & Unwin Ltd., 1955)
Nyanoponika Thera, 『The Heart of Buddhist Meditation』(London : Rider, 1962)
Oldenberg, 『Die Lehre der Upanisaden』 pp.469~473
Oldenberg, H., 『Buddha : sein Leben, seine Lehre, seine Gemeinde』(Stuttgart : Magnus Verlag, 1881)
Chakravarti, U., 『The Social Dimensions of Early Buddhism』(Oxford : Oxford University Press, 1987)
Mill, J. S., 『A System of Logic』 2vols.(London : Longmans Green & Co., 1872)
Nyanaponika, 『The Five Mental Hindrances and their Conquest』(Kandy : Buddhist Publication Society, 재연스님 옮김, 서울 : 고요한 소리, 1989)
Ñāṇananda Bhikkhu, 『Concept and Reality in Early Buddhist Thought』 (Kandy : Buddhist Publication Society, 1971)
Pande, G. C., 『Studies in the Origins of Buddhism』(Allahabad : University of Allahabad, 1957)
Piyananda, D., 『The Concept of Mind in Early Buddhism』(Cathoric Univ-ersity of America, 1974)
Poussin, L. V., 『The Way to Nirvāna』(Cambridge : Cambridge University Press, 1917)

Prigogine, I. & Stenger, I., 『Order out of Chaos』(신국조 역, 『혼돈으로부터의 질서』 서울 : 정음사, 1988)
Radhakrishnan, S., 『Indian Philosophy』 vol.1(London : 1923)
Rahula, W. S., 『What the Buddha Taught』(London & Bedford : Gardon Fraser, 1978)
Rhys David, Mrs. C. A. F., 『The Milinda Question』(London : 1930)
Russell, B. A. W., 『An Outline of Philosophy』 3rd impression(London : George Allen & Unwin, 1941)
Russell, B. A. W., 『Our Knowlege of the External World』(London : George Allen & Unwin, 1926)
Sayādaw, Mahāsi, 『The Great Discourse on the Wheel of Dhamma』 tr. by U Ko Lay(Rangoon : Buddhasāsana Nuggaha Organization, 1981)
Sayādaw, Mahāsī, 『Pāticcāsamuppāda(A Discourse)』 tr. by U Aye Maung(Rangoon : Buddasāsana Nuggaha Organization, 1982)
Stebbing, L. S., 『A Modern Introduction to Logic』(London : Metuen & Co, 1962)
Silburn, L., 『Instant et Cause』(Paris : de Boccard, 1989)
Story, F., 『Dimensions of Buddhist Thought』 『The Wheel』 Publication no.212/213/214(Kandy : Buddhist Publication Society)
Thomas, 『History of Buddhist Thought』(London : 1953)
Varma, V. P., 『Early Buddhism and It's Origin』(Delhi : Munshiram Monoharlal, 1973)
Watanabe, F., 『Philosophy and Its Development in the Nikāyas and Abhi-dhamma』(Delhi : Motilal Banarsidass, 1983)
Wettimuny, R. G. de S., 『The Buddha's Teaching』(Colombo : M. D. Gun-asena & Co. Ltd., 1977)
Wettimuny, R. G. de S., 『The Buddha's Teaching and the Ambiguity of Existence』(Colombo : M. D. Gunasena & Co. Ltd., 1977)
Wijesekera, 『Knowledge & Conduct : Buddhist Contributions to Philoso-phy and Ethics』(Kandy : Buddhist Publication Society, 1977)
Wittgenstein, L., 『Philosophische Untersuchungen』 『Ludwig Wittgenstein Werkausgabe』 Band1(Frankfurt am Main, 1984)
Winternitz, M., 『History of Indian Literature』vol.2(Dheli : Motilal Banars-idass, 1963)
中村元, 『原始佛教の思想』上,下(東京 : 春秋社, 昭和45)
中村元, 『原始佛教の生活倫理』(東京 : 春秋社, 昭和47)
和什哲郎, 『原始佛教の實踐哲學』(東京 : 岩波書店, 昭和15)
木村泰賢, 『原始佛教思想論』(東京 : 大法倫閣, 昭和43)
木村泰賢, 『印度六派哲學』 『木村泰賢全集』第2卷(昭和43)
舟橋一哉, 『原始佛教思想の研究』(京都 : 法藏館, 昭和27)
山本啓量, 『原始佛教の哲學』(東京 : 山喜房佛書林, 昭和48)
水野弘元, 『原始佛教』(京都 : 平樂寺書店, 1956)
三枝充悳, 『初期佛教の思想』(東京 : 東洋哲學研究所, 1978)
安井廣濟, 『中觀思想の研究』(京都 : 法藏官, 1961)
宇井伯壽, 『印度哲學研究』第2卷(東京 : 岩波書店, 昭和46)
赤沼智善, 『漢巴四部四阿含互照錄』(名古屋 : 破塵閣書房, 昭和4)
寺本婉雅, 『龍樹調中論無畏疏』(東京 : 國書刊行會, 昭和49)
김동화, 『원시불교사상』(서울 : 보련각, 1988)

김동화, 『구사학』(서울 : 문조사, 1971)
김재권 외, 『수반의 형이상학』(서울 : 철학과 현실사, 1994)
김재권, 『수반과 심리철학』(서울 : 철학과 현실사, 1994)
길희성, 『인도철학사』(서울 : 민음사, 1984)
원의범, 『인도철학사상』(서울 : 집문당, 1980)
원의범, 『현대불교사상』(서울집문당, 1982)
권오민, 『유부아비달마와 경량부철학의 연구』(서울 : 경서원, 1994)
全在星, 『初期佛敎의 緣起思想』(서울 : 한국빠알리성전협회, 2015)

● 논문류(동/서양논문)

Chatallian, G., 「Early Buddhism and the Nature of Philosophy」『Journal of Indian philosophy』 vol.11 no.2(1983)
Davidson, D., 「Mental Events」『Eassays on Action and Events』(New York : Oxford University Press, 1980)
Geiger, W., 「Pāli Dhamma」『Kleine Schriften』(Wiesbaden : Franz Steiner Verlag, 1973)
Gethin, R., 「The Five Khandhas : Their Treatment in the Nikāyas and Early Abhidhamma」『Journal of Indian Philosophy』 vol.14 no.1(1986)
Franke, R. O., 「Das einheitliche Thema des Dighanikāya : Gotama Buddha ist ein Tathāgata」「Die Verknüpfung der Dīghanikāya-Suttas untereinander」「Majjhimanikāya und Suttanipāta, Die Zusammenhänge der Majjhimanikāyasuttas」「Der einheitliche Grundgedanke des Majjhim-anikāya : Die Erziehung gemass der Lehre(Dhamma-Vinaya)」「Der Dogmatische Buddha nach dem Dīghanikāya」「Die Buddhalehre in ihrer erreichbarältesten Gestalt im Dīghanikāya」「Die Buddhlehre in ihrer erreichbarältesten Gestalt」『Kleine Schliften』(Wiesbaden : Franz Steiner Verlag, 1978)
Fryba, M., 「Suññatā : Experience of Void in Buddhist Mind Training」 SJBS. vol.11(1988)
Garbe, R., 「Der Mondschein der Sāṃkhya-Warheit von Vācaśpatimiśra in Abh」『der Bayerischen Akd. der Wissenschaften』(München : 1891)
Heimann, B., 「The Significance of Prefixes in Sanskrit Philosophical Terminology」 RASM vol.25(1951)
Huntington, C. W. 「The System of the two Truths in the Prasannapadā and Madhyamakāvatāra : A study in Mādhyamika Soteriology」 JOIP vol.11 no.1(1983)
Hoffman, E. J., 「Rationablity in Early Buddhist Four Fold Logic」『Journal of Indian Philosophy』 vol.10 no.4(1982)
Karunadasa, Y., 「Buddhist Doctrine of Anicca」『The Basic Facts of Exi-stence』(Kandy : Buddhist Publication Society, 1981)
Santina. P. D., 「The Mādhyamaka Philosophy」『Journal of Indian Philos-ophy』 vol.15 no.2(1987)
Perrett, R. W., 「Egoism, Altruism and Intentionalism in Buddhist Ethics」『Journal of Indian Philosophy』 vol.15 no.1(1987)
Premasiri, P. D., 「Early Buddhist Analysis of Varieties of Cognition」 SJBS vol.1(1981)
Rhys Davids, C. A. F., 「Paṭiccasamuppāda」『Sākya or Buddhist Origins』(London : Kegan Paul, 1931)
Sasaki, G. H., 「Saṅghabhadra's Interpretation of Pratītyasamutpāda」 SJBS vol.1(Colombo : Buddhist

and Pali University of Sri Lanka, 1987)
Wijesekera, O. H. de A., 「Vedic Gandharva and Pali Gandhabba」『Ceyron University Review』 vol.3 no.1(April, 1945)
서성원, 「제일의공경과 Vasubandhu」『인도철학』 제3집(서울 : 인도철학회, 1993)
원의범, 「불타의 변증적 파기법」『불교학보』 제11집(1974)
윤용택, 「붕게(M. Bunge)의 인과론」 동국대 대학원 철학과 박사학위논문(1994)
이지수, 「다르마와 베다에 대한 초기 미망싸학파의 견해」『인도철학』 제5집(서울 : 민족사, 1995)
전재성, 「초기불교의 계급평등론 연구」『불교연구』 제8집(서울 : 한국불교연구원, 1992)
전재성, 「중론귀경게무외소의 연구」『가산학보』 제1집(서울 : 가산불교문화진흥원, 1991)
전재성, 「불교사상과 환경문제」 한국불교환경교육원 엮음, 『동양사상과 환경문제』(서울 : 도서출판 모색, 1996)

● 사전류

Childers, R. C., 『A Dictionary of the Pali Language』(London : 1875)
Anderson, D., 『A Pāli Reader with Notes and Glossary』 2parts(London & Leipzig : Copenhagen, 1901~1907)
Rhys Davids, T. W. and Stede, W., 『Pali-English Dictionary』(London : PTS, 1921~1925)
Buddhadatta, A. P., 『Concise Pāli-English Dictionary』(Colombo : 1955)
Malalasekera, G. P., 『Dictionary of Pāli Proper Names』 vol.1, 2(London : PTS, 1974)
雲井昭善, 『巴和小辭典』(京都 : 法藏館, 1961)
水野弘元, 『パーリ語辭典』(東京 : 春秋社, 1968, 二訂版 1981)
Bothlingk, O. und Roth, R., 『Sanskrit-Wörterbuch』 7Bande(St. Petersbu-rg : Kaiserischen Akademie der Wissenschaften, 1872~1875)
Monier Williams, M., 『A Sanskrit-English Dictionary』(Oxford, 1899)
Uhlenbeck, C. C., 『Etymologisches Wörterbuch des Alt-Indischen Sprac-he』(Osnabrück, 1973)
Edgerton, F., 『Buddhist Hybrid Sanskrit Grammar and Dictionary』 2vols(New Haven : Yale Univ., 1953)
V. S. Apte, 『The Practical Sanskrit-English Dictionary』(Poona : Prasad Prakshan, 1957)
鈴木學術財團, 『梵和大辭典』(東京 : 講談社, 1974, 增補改訂版 1979)
織田得能, 『佛教大辭典』(東京 : 大藏出版株式會社, 1953)
耘虛龍夏, 『佛敎辭典』(서울 : 東國譯經院, 1961)
中村元, 『佛教語大辭典』(東京 : 東京書籍, 1971)
弘法院 編輯部, 『佛教學大辭典』(서울 : 弘法院, 1988)
Nyanatiloka, 『Buddhistisches Wörterbuch』(Konstanz : Christiani Konsta-nz, 1989)
『Encyclopadia of Buddhism』 ed. by Malalasekera, G. P.(Ceylon : The Go-vernment of Sri Lanka, 1970~)
『Oxford Latin Dictionary』 ed. by Glare(Oxford : The Clarendon Press, 1983)
『Handbuch Philosophischer Grundbegriffe』 herausgegeben von Hermann Krings usw. (München : Kösel Verlag, 1973)

빠알리어 한글표기법

빠알리어는 구전되어 오다가 각 나라 문자로 정착되었으므로 고유한 문자가 없다. 그러므로 일반적으로 빠알리성전협회(Pali Text Society)의 표기에 따라 영어 알파벳을 보완하여 사용한다. 빠알리어의 알파벳은 41개이며, 33개의 자음과 8개의 모음으로 되어 있다.

자음(子音)	폐쇄음(閉鎖音)				비음(鼻音)
	무성음(無聲音)		유성음(有聲音)		
	무기음	대기음	무기음	대기음	무기음
① 후음(喉音)	ka 까	kha 카	ga 가	gha 가	ṅa 나
② 구개음(口蓋音)	ca 짜	cha 차	ja 자	jha 자	ña 냐
③ 권설음(捲舌音)	ṭa 따	ṭha 타	ḍa 다	ḍha 다	ṇa 나
④ 치음(齒音)	ta 따	tha 타	da 다	dha 다	na 나
⑤ 순음(脣音)	pa 빠	pha 파	ba 바	bha 바	ma 마
⑥ 반모음(半母音)	ya 야, 이야 va 바, 봐, 와				
⑦ 유활음(流滑音)	ra 라 la ㄹ라 ḷa ㄹ라				
⑧ 마찰음(摩擦音)	sa 싸				
⑨ 기식음(氣息音)	ha 하				
⑩ 억제음(抑制音)	ṃ -ㅇ, -ㅁ, -ㄴ				

모음에는 단모음과 장모음이 있다. a, ā, i, ī, u, ū, e, o 모음의 발음은 영어와 같다. 단 단음은 영어나 우리말의 발음보다 짧고, 장음은 영어나 우리말보다 약간 길다. 단음에는 a, i, u가 있고, 장음에는 ā, ī, ū, e, o가 있다. 유의할 점은 e와 o는 장모음이지만 종종 복자음 앞에서 짧게 발음된다 : metta, okkamati.

자음의 발음과 한글표기는 위의 도표와 같다. ka는 '까'에 가깝게 발음되고, kha는 '카'에 가깝게 소리나므로 그대로 표기한다. ga, gha는 하나는 무기음이고 하나는 대기음이지만 우리말에는 구별이 없으므로 모두 '가'으로 표기한다. 발음에서 특히 유의해야 할 것은 aṅ은 '앙'으로, añ은 '얀'으로, aṇ은 '안, 언'으로, an은 '안'으로, aṃ은 그 다음에 오는 소리가 ① ② ③ ④ ⑤일 경우에는 각각 aṅ, añ, aṇ, an, am으로 소리나며, 모음일 경우에는 '암', 그 밖의 다른 소리일 경우에는 '앙'으로 소리난다. 그리고 y와 v일 경우에는 일반적으로 영어처럼 발음되지만 그 앞에 자음이 올 경우와 모음이 올 경우 각각 발음이 달라진다. 예를 들어 aya는 '아야'로 tya는 '띠야'로 소리나며, 표기에서도 그대로 적용하여 표기한다. 그리고 ava는 일반적으로 '아바'로, 좀더 정확히 발음 하면 '아봐'로 소리나는데, 일반적 표기에서는 번거로움을 피해서 '아바'로 적고, 독송용표기에서는 정확히 '아봐'로 적는다. 이때에 그 원칙을 적용하면, 예를 들어, viveka는 일반적 표기로는 '비베까' 정확한 독송용 표기로는 '뷔붸까'가 되어야 한다. tva는 '뜨와'로 그리고 añña는 '안냐'로, ayya는 '아이야'로 표기된다. 그리고 폐모음 ② ③ ④가 묵음화되어 받침이 될 경우에는 ㅅ, ①은 ㄱ ⑤는 ㅂ으로 표기한다.

글자의 사전적 순서는 위의 모음과 자음의 왼쪽부터 오른쪽으로의 순서와 일치한다. 단지 ṃ은 항상 모음과 결합하여 비모음에 소속되므로 해당 모음의 뒤에 배치된다.

빠알리어의 엑센트

베다 문헌에서는 엑센트의 위치가 억양에 의한 엑센트(pitch accent)로 복잡한 구조를 띠고 있어 단어에 표시되어 있으나 고전 산스크리트어로 내려오면서 엑센트의 부호를 결정하는 새로운 방법이 생겨났으며 이를 강세 엑센트(stress accent)라고 부른다.

쁘라끄리뜨어나 빠알리어는 달리 엑센트 표시 방식이 규정되어 있지 않고 산스크리트의 발음방식이 일반 규정을 따르듯이 엑센트의 방식에서도 일반 산스크리트어의 엑센트의 규정방식을 따른다.

I. 이때 강세 엑센트의 결정은 장단음의 결정에 따라 일차적으로 이루어진다.

단음에는 a, i, u, ṛ, ḷ가 있으며 장음에는 ā, ī, ū, e, ai, o, au 이외에 단모음 + ṃ, ḥ 그리고 두개 이상의 자음의 구조를 가질 경우의 단음이 소속되며, 시구나 문장의 마지막 음절은 시형론의 요구에 따라 길거나 짧다.

II. 장단이 결정되면 강세 엑센트의 결정은 다음과 같이 이루어진다.

① 단어의 끝에서 두 번째 음절이 장음일 때 엑센트는 그 위치에 있다.
sk. mūrkhéna.

② 단어 끝에서 두 번째 음절이 단음일 경우에는 끝에서 세 번째 음절에 엑센트가 있다.
sk. pítaram.

③ 단어의 끝에서 세 번째 음절이 단음일 경우에는 장단에 상관 없이 끝에서 네 번째에 엑센트가 있다;
sk. dúhitaram.

④ 그 외에 명사적 파생어에서 y, v는 일반적으로 위치장음을 만들지 않는데 유념해야 한다. 따라서 예를 들어 antarikṣya는 끝에서 두번째 음절이 장음이라 그곳에 엑센트가 있어야 하나 위치장음을 만들지 않으므로 끝에서 세 번째인 antárikṣya에 엑센트가 주어진다.

III. 명사복합어는 일반적으로 각 요소마다 고유의 엑센트를 지닌다.

단, 첫 명사가 단음절일 경우에도 그곳에 엑센트가 주어진다. 따라서 예를 들면 rāja-puruṣa란 복합어는 rā́ja-púruṣa란 식으로, vag-īśvara는 vág-ī́svara란 식으로 엑센트가 주어진다.

빠알리어 시의 운율

I. 빠알리어에서 시의 운율의 원칙

① 단모음을 갖고 있으며 한 개의 자음보다 많은 자음이 따라오지 않는 음절은 짧다 :
단음절의 명칭 : 라후(lahu) : ⌣

② 장모음을 갖거나 단모음이라도 억제음 ṃ 또는 한 개보다 많은 자음이 따라올 경우의 음절은 위치장음으로 취급되어 길어진다 : 장음절의 명칭 : 가루(garu) : –

※ 범어시를 다루는 시형론자들은 음절모음인 가나(gaṇa)를 여덟 종류로 고안해냈다. 그것은 각각 세 개의 음절로 구성되어 있으며, 그들은 장단음의 특수한 배열에 따라 서로 구별된다. 빠알리어의 시형을 분석하는 데에도 사용한다. 범어시에 대한 시형론의 전체윤곽을 보려면 필자의 저술인 『범어문법학』을 보라.

가나이름	장(–) 단(⌣)음절	가나이름	장(–) 단(⌣)음절
ya	⌣ – –	ja	⌣ – ⌣
ra	– ⌣ –	sa	⌣ ⌣ –
ta	– – ⌣	ma	– – –
bha	– ⌣ ⌣	na	⌣ ⌣ ⌣

II. 시운율에는 불규칙성

그러나 빠알리어의 철자법과 발음사이의 작은 균열 때문에 불규칙적인 장단의 차이가 발생한다. 특히 반모음 y, r, v가 모음과의 결합에서 나타나는 상이한 발음에서 유래된다.

–cariya	=	– ⌣	(–carya)		iriyati	=	– ⌣ ⌣ (iryati)
sirīmant	=	– –	(srīmant)		sirī̆	=	⌣ ⏓
vya	=	⌣ ⌣	(※ viya)		veḷuriyo	=	– ⌣ ⌣ –
ariya	=	– ⌣	(arya)	– ⌣ ⌣(※ āriya)			
viriya	=	– ⌣	(virya)	– ⌣ ⌣(※ vīriya)			
suriyo	=	– –	(suryo)	– ⌣ –(※ sūriyo)			

※ 특수한 경우의 철자

그리고 단어 brahmaṇo의 경우 br는 두 개의 자음이 아니라 한 자음으로 취급이 되므로 br에 앞서는 단모음은 장음절이 될 수 없다. 이러한 사항은 범어의 시형론에서 유래한 것이다.

III. 구유형의 시와 신유형의 시

빠알리어의 구유형의 시들은 양적인 규범에 종속되었으나 신유형의 시들은 B.C. 4~5세기에 도입되어 운율적 규범에 종속되었다. 이러한 유형에서 장단의 구별이 엄격해졌으며 장음절은 정확히 단음절의 두 배의 길이였다. 이 새로운 유형은 사실상 그 운율적 규범을 음악에서 도입한 것이다. 지금 남아있는 시들은 보다 구유형에 속하는 것으로 비록 신유형에 영향을 받지 않는 것은 아니지만 장단의 대비는 근사치적인 것이어서 오직 한 구절에 음절의 숫자만이 결정적으로 중요한 것이라는 감을 주게 한다.

Ⅳ, 시행의 구성

빠알리어의 시는 네 개의 시행(詩行 : pāda)으로 구성되어 있다. 때로는 육행시(六行詩)도 있다. 압운은 사용하지 않는다.

Ⅴ. 구유형의 시

구유형의 시는 시행마다 음절수가 일정하며, 드물게 신유형의 시의 영향으로 예외적인 음절이 부가되는데 장음절이 두 개의 단음절로 나누어지기도 한다.

1) 밧따(vatta) : 서사시의 대화체시 : 근사치적으로 양적인 시

4개의 시행으로 이루어져 있고 각 시행의 음절은 8개, 각 시행은 하나 건너 교체적으로 대조되는 운율을 갖고 있다. 서사시에는 두 개의 시행을 합쳐 16음절의 2행시로 사용하는 경우가 많은데, 이것은 매우 유용한, 지속적인 대화를 표현하는 유연한 방식이다.

⏓/⏖ ⏓ ⏓ ⏓ ⏑ ⏕ — ⏓ | ⏓ ⏓ ⏓ ⏓ ⏑ — ⏑ ⏓ × 2 (일반적)

⏓ — ⏑ — { ⏑ ⏑ ⏑ / — ⏑ ⏑ / — ⏕ — / — ⏑ — / ⏑ ⏑ — / ⏑ ⏑ — }

2) 아눗투바(anuṭṭhubha)

이것은 밧따(vatta)의 고전적 형식으로, 여기서 각 시행은 대조되지 않는다. 위에 소개된 밧따(vatta)의 첫 번째의 시행의 운율이 여기에 적용될 수 있다.

⏓ ⏓ ⏓ ⏓ ⏑ — ⏑ ⏓ × 4 (일반적)

⏓/⏖ ⏓ ⏓ ⏓ ⏑ ⏕ — ⏓ (때로는 허용)

3) 뚯투바-자가띠(tuṭṭhubha-jagatī)

이 시형은 일반적으로 각 시행마다 11개의 음절(tuṭṭhubha) 또는 12개의 음절 (jagatī)로 이루어져 있다. 서로 다른 운율을 지닌 이 두시들은 따로 사용되기도 하지만 자유롭게 혼합된다. 그리고 네 번째나 다섯 번째 음절 사이에 쉼표(caesura)가 하나 있다.

A. 뚯투바(tuṭṭhubha)

⏓/⏖ — ⏑ —, ⏓, ⏑ ⏓ — ⏑ — ⏓ × 4

B. 자가띠(jagatī)

⏓/⏑⏑ — ⏑ —, ⏓, ⏑ ⏓ — ⏑ — ⏑ ⏓ × 4

그런데 다섯 번째 음절에 쉼표(caesura)가 올 경우 마치 네 번째 음절에 쉼표가 온 것처럼 되어 뚯투바(tuṭṭhubha)는 12음절로 자가띠(jagatī)는 13음절로 길어지는 수가 있다.

⏓ — ⏑ — —, ⏓ ⏑ ⏓ — ⏑ — ⏓ | 뚯투바(tuṭṭhubha)
⏓ — ⏑ — —, ⏓ ⏑ ⏓ — ⏑ — ⏑ ⏓ | 자가띠(jagatī)

Ⅵ. 신유형의 시

신유형의 시는 각 시형의 단음절의 단위이자 운율의 단위인 맛따(mattā)의 숫자는 정해져 있고 음절의 숫자는 가변적인 형태를 취한다.

1) 맛따찬다(mattāchanda)

운율은 고정되어 있고 전체적인 운율단위(mattā)의 숫자도 고정되어 있으나 변화가 심하다. 언제나 두 개의 서로 다른 행이 반복된다.

A. 베딸리야(vetālīya)

첫 번째와 세 번째의 시행은 14 운율단위로, 두 번째와 네 번째는 16 운율단위로 구성되어 있고 운율은 — ⏑ — ⏑ ⏓ 로 되어 있다.

⏒ ⏒/⏑—⏑ ⏒ — ⏑ — ⏑ ⏓ | ⏒ ⏒ ⏒ ⏒ — ⏑ — ⏓ × 2

B. 오빳찬다싸까(opacchandasaka)

비딸리야로써 각 시행에 두 개의 운율단위가 첨가되어 보다 긴 운율 — ⏑ — ⏑ — ⏓을 이룬다.

⏒ ⏒/⏑—⏑ ⏒ — ⏑ — ⏑ — ⏓ | ⏒ ⏒ ⏒ ⏒ — ⏑ — ⏑ — ⏓ × 2

※ 드물게 베딸리야(vetālīya)와 오빠찬다까(opacchandaka)가 혼합되기도 한다. 이와 유사한 유형으로 쓰와가따(svāgata)가 있는데, 이보다 덜 가변적이므로 악카라찬다(akkharacchanda)에서 분류된다.

2) 가나찬다(gaṇacchanda)

아주 운율적이며 음악적 리듬처럼 정확히 규범적이다.

A. 기띠(gīti)

30개의 운율단위(mattā)로 구성된 두 개 또는 세 개의 시행으로 각 행은 오직 2개의 시구로 이론적으로만 나뉘어질 수 있다. 각각의 두 시행은 각각 4개의 운율단위로 이루어진 여덟 개의 가나(gaṇa)로 구성되어 있다. 그리고 두 개의 운율단위의 나머지가 끝에 놓인다. 그 특징적인 운율은 다음과 같이 | ⏒ — | ⏑ — ⏑ | (2 가나「gaṇa」)이다. 이 위에 다양한 운율을 형성할 수 있다.

B. 아리야(ariyā)

기띠(gīti)에서처럼 30개의 운율단위로 되어 있는 시행에 단축된 27개의 운율단위의 시행이 뒤따른다.

VII. 파생시형

이 유형은 빠알리 문헌에 세 번째로 지배적인 유형이 된 시의 형태를 대표한다. 지속적인 대화를 위해 어느 정도 밧따(vatta)의 형태가 제한된 것이다. 후기 인도문헌에서는 각 시행의 마지막 음절을 제외하곤 절대적으로 고정되어 있는 것처럼, 음절의 양이나 숫자가 고정되려는 경향이 특징이지만 빠알리어 경전에서는 아직 많은 유동성을 내포하고 있다. 대표적인 것은 아래와 같다.

1) 악카랏찬다(akkharacchanda)(음절시형)

A. 싸마밧따(samavatta : 4개의 시행이 같은 형태)

① 우빠자띠(upajāti : 고정된 뜻투바「tuṭṭhubha」의 형태)

⏓ – ⏑ – – ⏑ ⏑ – ⏑ – ⏓ × 4

② 라톳다따(rathoddhatā : 고정된 베딸리야「vetālīya」 시행의 형태)

– ⏑ – ⏑ ⏑ ⏑ – ⏑ – ⏑ ⏓ × 4

③ 방쌋타(vaṃsaṭṭhā : 고정된 자가띠「jagatī」의 형태)

⏓ – ⏑ – – ⏑ ⏑ – ⏑ – ⏑ ⏓ × 4

④ 빠미딱카라(pamitakkharā : 가나찬다「gaṇacchanda」의 파생형태)

⏕ – ⏑ – ⏑ ⏑ ⏑ – ⏑ ⏑ ⏓ × 4

⑤ 루찌라(rucirā : 자가띠「jagatī」의 5번째 음절이 분해된 형태)

⏓ – ⏑ – ⏑ ⏑ ⏑ ⏑ – ⏑ – ⏑ ⏓ × 4

B. 앗다싸마붓따(aḍḍhasamavutta : 두개의 상이한 시행의 반복되는 형태)

① 뿝피딱가(pupphitagga : 고정된 오빠찬다싸까「opacchandasaka」의 특수한 형태)

⏑ ⏑ ⏑ ⏑ ⏑ ⏑ – ⏑ – ⏑ – ⏓ | ⏑ ⏑ ⏑ ⏑ – ⏑ ⏑ – ⏑ – ⏑ – ⏓ × 2

② 쓰와가따(svāgatā)

– ⏑ – ⏑ – ⏖ ⏑ ⏑ – ⏑ ⏑
| – – – ⏑ ⏑ – × 2
⏑ ⏑ – _ – – ⏑ ⏑ – _

C. 비싸마붓따(visamavutta : 네 개의 시행이 모두 다른 형태)

① 우빳티땁빠쭈삐따(upaṭṭhitappacupita : 아마도 맛따찬다「mattachanda」로부터 파생된 형태)

– – – ⏑ ⏑ – ⏑ – ⏑ – ⏑ ⏑ – – |
⏕ – ⏑ ⏑ ⏑ ⏑ – ⏑ – ⏑ – – |
⏑ ⏑ ⏑ ⏑ ⏑ ⏑ ⏑ ⏑ – |
⏑ ⏑ ⏑ ⏑ ⏑ ⏑ ⏑ ⏑ ⏑ ⏑ – ⏑ ⏑ – ⏕ × 1

② 욱가따(uggatā : 가나찬다「gaṇacchanda」에서 파생된 형태)

⏑ ⏑ –	⏑ – ⏑ ⏑ ⏑ – ⏑	|
⏑ ⏑ ⏑	⏑ ⏑ – ⏑ – ⏑ –	|
⏖ ⏑ ⏖	⏑ ⏑ ⏑ – ⏑ ⏑ –	|
⏑ ⏑ –	⏑ – ⏑ ⏑ ⏑ – ⏑ – ⏑ ⏓	× 1

VIII. 시형론에 의한 시적 허용

빠알리어에서 시는 질적인 액센트에 의해서 규정되기보다는 순전히 음절의 길이에 따라 결정되는 양적인 운율에 의해 좌우된다. 이러한 특징으로 말미암아 시의 문장은 시형론적 운율의 규정을 따르기 위해서 한편으로는 시형론적 허용이라는 자유를 누리게 된다. 시형론적 혀용은 내용상 다섯 가지로 분류된다.

① 문장의 순서에서 배열의 자유가 극대화된다. 빠알리어는 원래 격변화와 곡용의 법칙을 통해 문장의 단어들 사이의 관계를 명확히 하므로 거의 모든 다양한 문장 배열을 의미의 변화를 초래하지 않고도 성립시킬 수 있다. 단 물론 이때에 배열에 따라 특정한 의미에 대한 강조가 달라지므로 운율적으로 현저히 드러나는 곳에 원하는 단어를 배열하므로써 그 의미를 강조할 수 있다. 그렇지만 이러한 문장 배열의 임의성은 빠알리어 시를 난해하게 만드는 결정적인 요소이다.

② 문장의 단어를 시형론 규제에 맞추기 위해 단어의 선택에서 다양한 동의어 가운데 어느 한 단어를 적절히 선택하거나 아주 희귀한 단어를 사용하는 것이 필수불가결한데, 이러한 선택은 시적으로 허용된다.

③ 양적인 운율의 규범을 지키기 위해 과잉적이거나 없어도 좋은 단어들, 특히 불확실한 불변사나 강조를 위해 부사 등이 시행을 메우도록 사용되는 것이 허용된다. 심지어 문장의 의미에 약간의 변화를 감수할 수 있다면 과도한 접두사의 사용이나 필요한 접두사의 탈락마저도 용인된다.

④ 운율을 맞추기 위해서는 또한 문장의 연성(連聲)을 산문에서보다 훨씬 다양하게 사용하는 것이 허용된다. 이때 고려되는 것은 당연히 문법적인 배려보다는 운율적 필요성이다.

⑤ 운율의 규제에 맞도록 특정한 단어의 음절을 장음화하거나 단음화하는 경향이 용인된다. 이러한 용인은 자주 발생하는 것은 아니지만 어미를 어근에 연결시키는 모음이나 단어의 말미모음에서 특히 현저하다.

-말미모음의 장음화 : ramatī ≦ ramati (√ram의 *pres. 3rd.*), heṭhatī ≦ heṭhayi(√heṭh의 *aor.*)
-말미모음의 단음화 : gihi ≦ gihī (<gihin), santŏ ≦ santa, buddhāna ≦ buddhānaṃ,
kammāṃ ≦ kamma, chetva ≦ chetva(√chid의 *abs.*)
-어근과 어미 사이의 연결 부분의 장음화 : satīmanto ≦ satimanto
-어근과 어미 사이의 연결 부분의 단음화 : jānahi ≦ jānāhi
-접두사와 어근 사이의 연결 부분의 장음화 : sūgatiṃ ≦ sugatiṃ

IX. 빠알리어의 고층시

비록 제한적이긴 하지만 빠알리어의 시 또는 시가 속에서 빠알리어가 일반적으로 사용되기보다 훨씬 과거의 수세기로부터 전해져 내려온 고층 형태의 시가 보존되어있다. 일상언어에서는 받아들여지지 않았으나, 시인들은 고층 언어들을 그 순수한 시적인 연상(聯想) 때문에 시적 표현으로 적합하다고 생각했다. 그들은 또한 고층언어가 일상적 형태보다 훨씬 권위가 있고 위력적인 것이라고 생각했을 것이다. 뿐만 아니라 훨씬 고층 언어이므로 생겨날 수 있는 어휘의 모호성에 관해서는 시인들이 그 때문에 거부한 것이 아니라 오히려 신비적인 것 또는 잠재적인 가능성을 함축한 것으로 받아들였다. 빠알리어의 시나 게송에는 고층의 문법형태가 남아 있는 시들을 자주 볼 수 있는데, 여기서 그 자주 나오는 몇몇 형태에 관해 알아보자.

① 복수 · 주격(*pl. nom.*); -āse ≦ ā : sāvakase ≦ sāvakā, gatase ≦ gatā

② 명령법 · 복수 · 일인칭(*imp. 1st. pl.*); -mu ≦ ma : jānemu ≦ jānema

③ 희구법 · 삼인칭 · 단수(*opt. 3rd. sg.*); -e ≦ -eyya, ādise ≦ ādiseyya(ā-√dis)

④ 아오리스트 · 삼인칭 · 복수(*aor. 3rd. pl.*) uṃ ≦ (i)ṃsu, akaruṃ ≦ akaṃsu, āpādum ≦ āpādiṃsu.

⑤ 다른 잘 사용되지 않는 아오리스트의 사용 : abhida ≦ abhindi

⑥ 어근 √bhū의 미래용법 : hessati ≦ bhavissati

⑦ 부정사(*inf.*)로 -tāye의 사용 : dakkhitāye ≦ daṭṭhuṃ

⑧ 산문에서 드문 절대사(*abs.*) -(t)vāna의 사용 : caritvāna, disvāna, katvāna, sutvāna

⑨ 산문에서 유통되지 않는 반조태의 사용 : vande ≦ vandāmi, amhāse ≦ amhā, karomase ≦ karoma, ārabhavho ≦ ārabhattha(*imp.*), vademase ≦ vadeyyāma, āsīne(√ās의 *ppr. med. sg. loc.*)

⑩ 고층시일수록 명사파생동사(*denom.*), 강의법(*intens.*), 희구법(*desid.*), 어근 아오리스트(*aor.*)등이 신층의 시나 산문에 비해 많이 쓰인다.

⑪ 단어에서는 어간과 어미 사이에 동화작용이 일어나 구별의 모호성이 생기거나, 연결 모음이 삽입되어 구별의 명확성이 생겨난다. 이때 고층의 시일수록 동화작용에 의한 어간과 어미의 구별의 모호성이 선호되며 신층의 시나 산문에서는 그 구별의 명확성이 선호된다 : dajjā(dā의 opt. 3rd. sg. ; 중복어근 dad+고대원망법어미 yā(t), jaññā ≦ jāneyya, kassāma ≦ karissāma.

⑫ 다른 고층의 형태 : diviyā ≦ dibbā(*abl.*), poso ≦ puriso, tuvaṃ ≦ tvaṃ, duve ≦ dve,

⑬ 다른 시적 형태 : caviya ≦ cavitvā, ramma ≦ ramaṇīya.

⑭ 산문에서는 사용되지 않는 단어 : √brū bruhi(*imp. 2nd. sg.*), √ram ramati, rame(*pres. med. 1st. sg.*), √vid vindati, ambujo 물고기, mahī 땅, suro 신, √have(*ind.*) 진실로, ve 확실히.

불교의 세계관

불교의 세계관은 일반적으로 알려진 것처럼 단순히 신화적인 비합리성에 근거하는 것이 아니라 인간의 정신세계인 명상수행의 차제에 대응하는 방식으로 합리적으로 조직되었다. 물론 고대 인도의 세계관을 반영하는 것은 사실이지만 언어의 한계를 넘어선다면 우주법계의 정신세계를 다루고 있다고 볼 수 있다.

여기서 세계의 존재(有 : bhava)라고 하는 것은, 엄밀히 말하면 육도윤회하는 무상한 존재를 의미하며, 감각적 쾌락의 욕망의 세계(欲界), 미세한 물질의 세계(色界), 비물질의 세계(無色界)라는 세 가지 세계의 존재가 언급되고 있다. 감각적 쾌락의 욕망의 세계, 즉 감각적 욕망계의 존재(欲有 : kāmabhava)는 지옥, 축생, 아귀, 수라, 인간뿐만 아니라 욕계의 하늘에 사는 거친 신체를 지닌 존재를 의미한다.

미세한 물질의 세계, 즉 색계에 사는 존재(色有 : rūpabhava)는 하느님 세계의 하느님의 권속인 신들의 하느님 세계(梵衆天)에서 궁극적인 미세한 물질로 이루어진 신들의 하느님 세계(色究竟天=有頂天)에 이르기까지 첫 번째 선정에서 네 번째 선정에 이르기까지 명상의 깊이를 조건으로 화생되는 세계를 말한다. 따라서 이 세계들은 첫 번째 선정의 하느님 세계(初禪天)에서부터 청정한 삶을 사는 신들의 하느님 세계(Suddhā vāsakāyikā devā : 淨居天은 無煩天, 無熱天, 善現天, 善見天, 色究竟天)까지의 이름으로도 불린다. 첫 번째 선정의 하느님 세계부터는 하느님 세계에 소속된다.

가장 높은 단계의 세계인 비물질의 세계, 즉 무색계에 사는 존재(無色有 : arūpabhava)에는 '무한공간의 하느님 세계의 신들'(空無邊處天), '무한의식의 하느님 세계의 신들'(識無邊處天), '아무 것도 없는 하느님 세계의 신들'(無所有處天), '지각하는 것도 아니고 지각하지 않는 것도 아닌 하느님 세계의 신들'(非想非非想處天)이 있다. '무한공간의 신들의 하느님 세계'에서 '지각하는 것도 아니고 지각하지 않는 것도 아닌 신들의 하느님 세계'에 이르기까지는 첫 번째 비물질계의 선정에서 네 번째의 비물질계의 선정에 이르기까지의 명상의 깊이를 조건으로 화현하는 비물질의 세계이다.

이들 하늘나라(天上界)나 하느님 세계(梵天界)에 사는 존재들은 화생, 인간은 태생, 축생은 태생 · 난생 · 습생 · 화생의 발생방식을 일반적으로 택하고 있다. 그것들의 형성조건은 윤리적이고 명상적인 경지를 얼마만큼 성취했는지에 달려 있다. 욕계의 하늘나라에 태어나려면 믿음과 보시와 지계와 같은 윤리적인 덕목을 지켜야 한다. 인간으로 태어나기 위해서는 오계에 대한 인식이 있어야 한다. 그리고 아수라는 분노에, 아귀는 인색함과 집착, 축생은 어리석음과 탐욕, 지옥은 잔인함과 살생을 조건으로 태어난다. 미세한 물질의 세계에 속해 있는 존재들은 첫 번째 선정[初禪]에서부터 네 번째 선정[四禪]에 이르기까지 명상의 깊이에 따라 차별적으로 하느님 세계에 태어난다. 미세한 물질의 세계의 최상층에 태어나는 존재들은 돌아오지 않는 님[不還者]의 경지를 조건으로 한다. 물질이 소멸한 비물질적 세계의 존재들은 '무한공간의 신들의 하느님 세계'에서 '지각하는 것도 아니고 지각하지 않는 것도 아닌 신들의 하느님 세계'에 이르기까지 비물질적 세계의 선정의 깊이에 따라 차별적으로 각각의 세계에 태어난다. 여섯 갈래의 길(六道)은 천상계, 인간, 아수라, 아귀. 축생, 지옥을 말하는데, 이 때 하늘나라(天上界)는 감각적 쾌락의 욕망이 있는 하늘나라(欲界天)와 하느님 세계(梵天界)로 나뉘며, 하느님 세계는 다시 미세한 물질의 세계와 비물질의 세계로 나뉜다. 그리고 부처님은 이러한 육도윤회의 세계를 뛰어넘어 불생불멸하는 자이다.

1) 감각적 쾌락의 욕망의 세계의 여섯 하늘나라

① 네 위대한 왕들의 하늘나라(Cātummahārājikā devā : 四王天) ② 서른셋 신들의 하늘나라(Tāvatiṃsā devā : 三十三天=忉利天) ③ 행복 받는 신들의 하늘나라(Yāmā devā : 夜摩天) ④ 만족을 아는 신들의 하늘나라(Tusitā devā : 兜率天) ⑤ 창조하고 기뻐하는 신들의 하늘나라(Nimmānaratī devā : 化樂天) ⑥ 다른 신들이 만든 존재를 향유하는 신들의 하늘나라(Paranimmitavasavattino devā : 他化自在天),

2) 첫 번째 선정의 세계의 세 하느님 세계

⑦ 하느님의 권속인 신들의 하느님 세계(Brahmapārisajjā devā : 梵衆天) ⑧ 하느님을 보좌하는 신들의 하느님 세계(Brahmapurohitā devā : 梵輔天) ⑨ 위대한 신들의 하느님 세계(Mahābrahmā devā : 大梵天). 그리고 이들 ⑦ – ⑨의 하느님 세계를 '하느님의 무리인 신들의 하느님 세계(Brahmakāyikā devā : 梵身天)'라고도 한다.

3) 두 번째 선정의 세계의 세 하느님 세계

⑩ 작게 빛나는 신들의 하느님 세계(Parittābhā devā : 小光天) ⑪ 한량없이 빛나는 신들의 하느님 세계(Appamāṇābhā devā : 無量光天) ⑫ 빛이 흐르는 신들의 하느님 세계(Ābhāssarā devā : 極光天, 光音天)

4) 세 번째 선정의 세계의 세 하느님 세계

⑬ 작은 영광의 신들의 하느님 세계(Parittasubhā devā : 小淨天) ⑭ 한량없는 영광의 신들의 하느님 세계(Appamāṇasubhā devā : 無量淨天) ⑮ 영광으로 충만한 신들의 하느님 세계(Subhakiṇṇā devā : 遍淨天).

5) 네 번째 선정의 세계의 아홉 하느님 세계

⑯ 번뇌의 구름이 없는 신들의 하느님 세계(Anabbhakā devā : 無雲天「大乘佛敎」) ⑰ 공덕으로 태어나는 신들의 하느님 세계(Puññappasavā devā : 福生天「大乘佛敎」) ⑱ 탁월한 과보로 얻은 신들의 하느님 세계(Vehapphalā devā : 廣果天) ⑲ 지각을 초월한 신들의 하느님 세계(Asaññasattā devā : 無想有情天) = 승리하는 신들의 하느님 세계(Abhibhū devā : 勝者天) ⑳ 성공으로 타락하지 않는 신들의 하느님 세계(Avihā devā : 無煩天) ㉑ 타는 듯한 고뇌를 여읜 신들의 하느님 세계(Atappā devā : 無熱天) ㉒ 선정이 잘 이루어지는 신들의 하느님 세계(Sudassā devā : 善現天) ㉓ 관찰이 잘 이루어지는 신들의 하느님 세계(Sudassī devā : 善見天) ㉔ 궁극적인 미세한 물질로 이루어진 신들의 하느님 세계(Akaniṭṭhā devā : 色究竟天=有頂天). 그리고 이 가운데 ⑳-㉔의 다섯 하느님 세계는 청정한 삶을 사는 신들의 하느님 세계(Suddhāvāsā devā : 淨居天)이라고도 한다.

6) 비물질적 세계에서의 네 하느님 세계

㉕ 무한공간의 세계의 하느님 세계(Ākāsānañcāyatanabrahmaloka : 空無邊處天) ㉖ 무한의식의 세계의 하느님 세계(Viññāṇañcāyatanabrahmaloka : 識無邊處天) ㉗ 아무 것도 없는 세계의 하느님 세계(Ākiñcaññāyatanabrahmaloka : 無所有處天) ㉘ 지각하는 것도 아니고 지각하지 않는 것도 아닌 세계의 하느님 세계(Nevasaññānāsaññāyatanabrahmaloka : 非想非非想處天)

형성조건	발생방식	명 칭(漢譯 : 수명)		분 류			
無形象	化生	nevasaññanāsaññāyatana(非想非非想處天 : 84,000劫) akiñ caññāyatana (無所有處天 : 60,000劫) viññāṇañcāyatana(識無邊處天 : 40,000劫) ākāsānañcāyatana(空無邊處天 : 20,000劫)		梵天界	無色界	天上界	善業報界
형 상 또는 물질의 소 멸							
不還者의 清淨 (四禪)	化生	akaniṭṭha(色究竟天=有頂天 : 16000劫) sudassin(善見天 : 8,000劫) sudassa(善現天 : 4,000劫) atappa(無熱天 : 2,000劫) aviha(無煩天 : 1,000劫)	suddhāvāsa (淨居天)		色界		
四禪	化生	asaññasatta(無想有情天)=abhibhū(勝者天 : 500劫) vehapphala(廣果天 : 500劫) puññappasava(福生天 : 大乘佛敎에서) anabhaka(無雲天 : 大乘佛敎에서)					
三禪	化生	subhakiṇṇa(遍淨天 : 64劫) appamāṇasubha(無量淨天 : 32劫) parittasubha(小淨天 : 16劫)					
二禪	化生	ābhassara(極光天 : 8劫) appamāṇābha(無量光天 : 4劫) parittābha(小光天 : 2劫)					
初禪	化生	mahābrahmā(大梵天 : 1劫) brahmapurohita(梵輔天 : 1/2劫) brahmapārisajja(梵衆天 : 1/3劫)					
다섯 가지 장애(五障)의 소멸							
信 布施 持戒	化生	paranimmitavasavattī (他化自在天 : 16,000天上年=9,216百萬年) nimmāṇarati(化樂天 : 8,000天上年=2,304百萬年) tusita(兜率天 : 4,000天上年=576百萬年) yāma(耶麻天 : 2,000天上年=144百萬年) tāvatiṃsa(三十三天 : 1,000天上年=36百萬年) cātumāharājikā(四王天 : 500天上年=9百萬年)		天上의 欲界	欲界		
五戒	胎生	manussa(人間 : 非決定)				人間	
瞋恚	化生	asura(阿修羅 : 非決定)				修羅	惡業報界
吝嗇 執著	化生	peta(餓鬼 : 非決定)				餓鬼	
愚癡 貪欲	胎生 卵生 濕生 化生	tiracchāna(畜生 : 非決定)				畜生	
殘忍 殺害	化生	niraya(地獄 : 非決定)				地獄	

※ 欲界에서의 天上의 하루는 四王天부터 他化自在天까지
각각 인간의 50년, 100년, 200년, 400년, 800년, 1,600년에 해당하고 人間 이하의 수명은 결정되어 있지 않다.

주요번역술어

[ㄱ]

갈애(渴愛 : taṇhā)
감각적 쾌락(欲 : kāma)
감각적 쾌락의 욕망에 대한 갈애(欲愛 : kāmataṇhā)
감각적 쾌락의 욕망(欲貪 : kāmarāga)
감각적 쾌락의 욕망에 대한 집착(愛取 : kām'upadhi)
감각적 쾌락에 대한 욕망의 거센 흐름(欲流 : kām'ogha)
감각적 쾌락에 대한 욕망의 세계(欲界 : kāmaloka)
감촉(觸 : phoṭṭhabba)
강생(降生 : okkanti)
개체(有身 : sakkāya)개체가 있다는 견해(有身見 : sakkāyaditthi)
거룩한 님, 하느님(梵天 : Brāhmaṇa)
거룩한 님, 아라한(阿羅漢 : Arahant)
거룩한 경지의 님(阿羅漢果 : arahattaphala)
거룩한 길의 사람(阿羅漢向 : arahattamagga)
거센 흐름(暴流 : ogha)
거칠거나 미세한 물질의 자양분(麤細摶食 : kabaliṅkāro āhāro oḷāriko sukhumo)
겁(劫 : kappa)
견해에 대한 이해(見審諦忍 : diṭṭhinijjhānakhanti)
견해의 거센 흐름(見流 : diṭṭh'ogha)
계행의 다발, 여러 가지 계행(戒蘊 : sīlakkhandha)
경장(經藏 : suttapiṭaka)
경지, 과보, 공덕(果 : phala)
고요한 몸(寂靜身 : santikāya)
고요함, 적정(寂靜 : santi)
곧바른 앎, 초월적 지혜 : 신통(神通 : abhiññā). 초범지(超凡智 : abhiññā)
공무변처천(空無邊處天 : Ākāsānañcāyatanūpagā devā)
곡주나 과즙주 등 취기 있는 것에 취하는 것을 삼가는 것(不飮酒 : surāmerayamajjapamādaṭṭhānā veramaṇī)
과보, 경지(果 : phala)
관찰이 잘 이루어지는 신들의 하느님의 세계(善見天 : Sudassī devā)
광과천(廣果天 : Vehapphalā devā)
괴로운 곳, 괴로운 세계(苦處 : upāya)
괴로움의 고귀한 진리(苦聖諦 : dukkhâriyasaccāni)
괴로움의 소멸의 고귀한 진리(滅聖諦 : dukkhanirodhâriyasaccāni)
괴로움의 소멸로 이끄는 고귀한 진리(道聖諦 : dukkhanirodhagāminīpaṭipadāariyasaccāni)
괴로움의 발생의 고귀한 진리(集聖諦 : dukkhasamudayâriyasaccāni)
괴롭힘이 없는 신들의 하느님의 세계(無熱天 : Atappā devā)
교만(慢 : māna)
규범과 금기에 대한 집착(戒禁取 : sīlabhatapatāmāsa)
기마부대(馬軍 : assakāya)
긴자까바싸타(煉瓦堂, 繁耆迦精舍 : Giñjakāvasatha)
깃자꾸따 산(靈鷲山 : Gijjhakūṭapabhata)
깔란다까니바빠(栗鼠飼養園 : Kalandakanivāpa)
깨달은 님, 부처님(佛 : Buddha)
꿰뚫는 지혜(明達慧 : nibbedhikapañña)
공무변처(空無邊處天 : Ākāsānañcāyatana)
공무변처천(空無邊處天 : Ākāsānañcāyatanūpagā devā)
궁극적인 미세한 물질로 이루어진 신들의 하느님의 세계(色究竟天 : Akaniṭṭhā devā)
극광천(極光天 : Ābhāssarānā devā)
꾸며대는 말을 삼가는 것(不綺語 : samphappalāpā veramaṇī)

[ㄴ]

나쁜 곳, 나쁜 세계(惡處 : duggati)
난생(卵生 : aṇḍaja)
냄새(香 : gandha)
넓은 지혜(廣慧 : puthupañña)
네 가지 새김의 토대(四念處 : cattaro satipaṭṭhānā)
네 가지 거룩한 진리(四聖諦 : cattāri ariyasaccāni)
네 가지 신통의 기초(四神足 또는 四如意足 : cattāro iddhipādā)
네 가지 자양분(四食 : cāttāro āhārā)
네 가지 광대한 존재(四大 : cattāro mahābhūtāni)
네 쌍으로 여덟이 되는 참사람(四雙八輩 : cattāri purisayugāni aṭṭhapurisapugalā)
네 번째 선정(四禪 : catutthajjhāna)
네 위대한 왕의 하늘나라(cātummahārājikā devā : 四天王)
논장(論藏 : abhidhammapiṭaka)
누진통(漏盡通 : āsavakkhayâbhiñña)
느낌(受 : vedāna)
느낌에 대한 관찰(受隨觀 : vedanānupassanā)
느낌의 다발(受蘊 : vedanākkhandha)

늙음과 죽음(老死 : jarāmaraṇa)
니간타(尼乾陀徒 : nigaṇṭhā[자이나교도])
니그로다 승원(尼俱律園 : Nigrodhārāma)

[ㄷ]

다른 신들이 창조한 것을 누리는 신들의 하늘나라(他化自在天 : paranimmitavasavattino devā)
다섯 가지 감각적 쾌락(五欲樂 : pañcakāmaguṇa)
다섯 가지 계행, 오계(五戒 : pañcasīla)
다섯 가지 능력(五根 : pañca indriyāni)
다섯 가지 낮은 단계의 결박(五下分結 : orambhāgiyāni saṃyojjanāni)
다섯 가지 높은 단계의 결박(五上分結 : uddhambhāgiyāni saṃyojjanāni)
다섯 가지 장애(五障 : pañca nīvaraṇāni)
다섯 가지 존재의 다발(五蘊 : pañcakkhandha)
다섯 가지 존재의 집착다발(五取蘊 : pañca upādānakkhandā)
도리천(忉利天 : tāvatiṃsā)
도솔천(兜率天 : tusitā devā)
독각(獨覺), 연각불, 홀로 깨달은 님, 벽지불(辟支佛), 연각(緣覺 : paccekabuddha)
돌아오지 않는 경지의 님(不還果 : anāgāmīphala)
돌아오지 않는 길을 가는 님(不還向 : anāgāmīmagga)
두 번째 선정(二禪 : dutiyajjhāna)
들어섬(okkanti)
따뽀다 온천 승원(Tapodārāma)

[ㄹ]

라자가하(王舍城 : Rājagaha)

[ㅁ]

마음(心 : citta)
마음에 대한 관찰(心隨觀 : cittānupassanā)
마음에 의한 해탈(心解脫 : cetovimutti)
마음의 분노, 마음의 저항(有對 : paṭigha)
마음의 통일, 한마음(心一境性 : ekaggacitta)
만족(欲 : ruci)
만족을 아는 신의 하늘나라(tusitā devā : 兜率天)
맛(味 : rasa)
멀리 여읨, 홀로 있음(遠離 : viveka)
명색(名色 : nāmarūpa)
명예를 주는 보시(yasadāyakaṃ)
명지와 덕행을 갖춘 님(明行足 : Vijjācaraṇasampanna)
명쾌한 지혜(疾慧 : hāsapañña)
몸에 대한 관찰(身隨觀 : kāyānupassanā)
무량광천(無量光天 : Appamāṇābhānā devā)
무량정천(無量淨天 : Appamāṇasubhānā devā)
무명, 무지, 진리를 모르는 것(無明 : avijjā)
무번천(無煩天 : Avihā devā)
무소유처(無所有處 : Ākiñcaññāyata devā)
무소유처천(無所有處天 : Ākiñcaññāyatanūpagā devā)
무열천(無熱天 : Atappā devā)
무명의 거센 흐름(無明流 : avijj'ogha)
무한공간의 세계(空無邊處 : ākāsānañcāyatana)
무한공간의 신들의 하느님의 세계(Ākāsānañcāyatanūpagā devā : 空無邊處天)
무한의식의 세계(識無邊處 : viññāṇānañcāyatana)
무한의식의 신들의 하느님의 세계(識無邊處天 : Viññāṇañcāyatanūpagā devā)
물질, 형상(色 : rūpa)
물질에 대한 지각(色想 : rūpasañña)
물질의 다발(色蘊 : rūpakkhandha)
뭇삶, 생명, 존재, 사람(衆生 : satta)
미가다야(鹿野園 : Migadāya)
미가라마뚜 강당(鹿子母講堂 : Migāramatu)
미각(舌 : jihvā)
미각의 접촉(舌觸 : jihvāsamphassa)
미각의 접촉에서 생겨난 의식의 영역(舌觸識處 : jihvāsamphassaviññāṇāyatana)
미각의식(舌識 : jivhāviññāṇa)
미세한 물질의 세계(色界 : rūpaloka)
믿음(信 : saddhā)

[ㅂ]

바라문, 성직자(婆羅門 : brāhmaṇa)
방지의 노력(律儀勤 : saṃvarappadhāna)
배움(聞 : anussava)
버림의 노력(斷勤 : pahānappadhāna)
번뇌(煩惱 : āsavā)
번뇌를 소멸하는 능력(漏盡通 : āsavakkhaya)
번뇌에 대한 집착(煩惱取 : kiles'upadhi)
번뇌의 끊음에 관한 완전한 앎(斷遍知 : pahānapariññā)
범보천(梵輔天 : Brahmapurohitā devā)
범중천(梵衆天 : brahmakāyikā devā)
법, 현상, 성품, 사물, 사실, 가르침, 진리(法 : dhamma)
벨루바나 숲(竹林 : Veḷuvana)
벽지불(辟支佛), 독각(獨覺), 연각불, 홀로 깨달은 님, 연각(緣覺 : paccekabuddha)
변정천(遍淨天 : Subhakiṇṇā devā)
보살(菩薩 : Bodhisatta)
보편에 대한 지식(類智 : anvaye ñāṇaṃ)
부끄러움(愧 : otappa)
분노(瞋恚 : vyāpāda)
불기어(不綺語 : samphappalāpā veramaṇī)
불망어(不妄語 : musāvāda veramaṇī)

불사음(不邪婬 : kāmesu micchācārā veramaṇī)
불살생(不殺生 : pāṇātipātaveramaṇī)
불악구(不惡口 : pharusāya vācāya veramaṇī)
불음주(不飮酒 : surāmerayamajjapamādaṭṭhānā veramaṇī)
불투도(不偸盜 : adinnādānā veramaṇī)
비물질계에 대한 탐욕(無色貪 : arūparāga)
비물질의 세계(無色界 : arūpaloka)
불사(不死 : amaraṃ)
비상비비상처(非想非非想處 : Nevasaññānāsaññāyatana)
비상비비상처천(非想非非想處天 : Nevasaññānāsaññāyatanūpagā devā)
비존재(無 : natthi)
비존재에 대한 갈애(無有愛 : vibhavataṇhā)
빛이 흐르는 신들의 하느님의 세계(極光天 : Ābhāssarānā devā)
빠른 지혜(速慧 : javanapañña)
빠쎄나디(波斯匿王 : 빠쎄나디)
뿝바라마 승원(東園 : Pubbārāma)

[ㅅ]

사라짐(離貪 : virāga)
사람, 참사람(補特伽羅 : puggala)
사람을 길들이는 님(調御丈夫 : Purisadammasārathī)
사랑을 나눔에 잘못을 범하는 것을 삼가는 것(不邪婬 : kāmesu micchācārā veramaṇī)
사건, 사물, 사실, 현상(法 : dhamma)
사물에 대한 관찰(法隨觀 : dhammānupassanā)
사실에 대한 관찰(法隨觀 : dhammānupassanā)
사실에 대한 지식(法智 : dhamme ñāṇaṃ)
사실의 상태에 대한 지식(法住智 : dhammaṭṭhitiñāṇaṃ)
사천왕(四天王 : cātummahārājikā devā)
사유(尋 : vitakka)
삼매의 다발, 여러 가지 삼매(定蘊 : sāmadhikkhandha)
살아 있는 생명을 죽이는 것을 삼가는 것(不殺生戒 : pāṇātipātaveramaṇī)
삼십삼천(三十三天 : tāvatiṃsā)
삼장(三藏 : tripiṭaka, tipiṭaka)
삿된 길(邪道 : micchāpatipadā)
상태에 대한 숙고(行覺想 : ākāraparivitakka)
새김, 새김(念 : sati)
색(色 : rūpa)
색구경천(色究竟天 : Akaniṭṭhā devā)
생물, 존재, 귀신(鬼神 : bhūta)
서른셋 신들의 하늘나라(tāvatiṃsā devā : 三十三天)
선녀(仙女 : accharā)
선정(禪定 : dhyāna)
선정이 잘 이루어지는 신들의 하느님의 세계(善現天 : Sudassā devā)
선견천(善見天 : Sudassī devā)
선현천(善現天 : Sudassā devā)
성냄, 분노(瞋 : dosa)
성공으로 타락하지 않는 신들의 하느님의 세계(無煩天 : Avihā devā)
성취를 주는 보시(sampattidāyakaṃ)
세 가지 배움(三學 : tayo sikkhā)
세 번째 선정(三禪 : tatiyajjhāna)
세상의 존귀한 님(世尊 : Bhagavant)
세상을 아는 님(世間解 : Lokavidū)
세존(世尊 : bhagavant)
소광천(小光天 : Parittābhānā devā)
소정천(小淨天 : Parittasubhānā devā)
소리(聲 : sadda)
수행승(比丘 : bhikhhu)
수행의 노력(修勤 : bhāvanāppadhāna)
수행자(沙門 : samaṇā)
수호의 노력(守護勤 : anurakkhaṇāppadhāna)
숙고(伺 : vicāra)
숙명통(宿命通 : pubbenivasānussati)
스승(師 : satthā)
습생(濕生 : saṃsedaja)
시각(眼 : cakkhu)
시각의 접촉(眼觸 : cakkhusamphassa)
시각의 접촉에서 생겨난 의식의 영역(眼觸識處 : cakkhusamphassaviññāṇāyatana)
시각의식(眼識 : cakkhuviññāṇa)
시간을 초월하는(akālika)
신족통(神足通 : iddhi)
신통, 곧바른 앎, 초월적 지혜, 초범지(超凡智, 神通 : abhiññā)
신체적 형성(身行 : kāyasaṃkhāra)
개체가 있다는 견해(有身見 : sakkāyadiṭṭhi)
싫어하여 떠남(厭離 : nibbidā)
심리적인 배움(增上心學 : adhicittasikkha)
싸끼야 족의 성자, 석가모니(釋迦牟尼 : Sākyamuni)
싸밧티(舍衛城 : Sāvatthī)

[ㅇ]

아나타삔디까 승원(給孤獨園 : Anāthapiṇḍikārāma)
아나타삔디까(給孤獨 : Anāthapiṇḍika)
아무 것도 없는 세계(無所有處 : ākiṃcaññāyatana)
아무 것도 없는 신들의 하느님의 세계(無所有處天 : Ākiñcaññāyatanūpagā devā)
아자따쌋뚜(Ajātasattu)
악마, 귀신(非人 : amanussā)
악하고 불건전한 것들, 불건전한 상태 (不善法 : akusalā

dhammā)
알려진 것에 대한 완전한 앎(知遍知 : ñātapariññā)
야차(夜叉 : yakkha)
야마천(yāmā devā : 夜摩天)
양자에 의한 해탈(俱分解脫 : ubhato bhāgavimuttā)
어리석음(痴 : moha)
어리석은 거짓말을 하는 것을 삼가는 것(不妄語 : musāvāda vera maṇī)
언어적 형성(口行 : vacisaṃkhāra)
업, 행위(業 : kamma)
여덟 가지 고귀한 길(八正道 : ariyâṭṭhaṅgikamagga)
여러 가지 '해탈했다'는 앎과 봄, 해탈지견의 다발(解脫知見蘊 : vimuttiññāṇadassanakkhandha)
여러 가지 계행, 계행의 다발(戒蘊 : sīlakkhandha)
여러 가지 삼매, 삼매의 다발(定蘊 : sāmadhikkhandha)
여러 가지 지혜, 지혜의 다발(慧蘊 : paññakkhandha)
여러 가지 해탈, 해탈의 다발(解脫蘊 : vimuttikkhandha)
여러 가지 '해탈했다'는 앎과 봄, 해탈지견의 다발(解脫知見蘊 : vimuttiññāṇadassanakkhandha)
여리작의(如理作意 : yoniso manasikāra)
여섯 가지 감각능력(六根 : chaindriya)
여섯 가지 감각대상(六境 : chavisaya)
여섯 가지 의식(六識 : chaviññāṇa)
여섯 가지 감역, 여섯 가지 감각영역(六入 : saḷāyatana)
연각(緣覺), 연각불, 홀로 깨달은 님, 벽지불(辟支佛), 독각(獨覺 : paccekabuddha)
연기(緣起 : paṭiccasamuppāda)
열반(涅槃 : nibbāna)
열여덟 가지 세계(十八界 : aṭṭhadasa dhātuyo)
영광으로 충만한 신들의 하느님의 세계(遍淨天 : Subhakiṇṇā devā)
영원주의(常見 : sassatadiṭṭhi)
예리한 지혜(利慧 : tikkhapañña)
예지적인 배움(增上慧學 : adhipaññasikkhā)
올바로 원만히 깨달은 님(正等覺者 : Sammāsambudha)
올바른 가르침(正法 : saddhamma)
올바른 견해(正見 : sammādiṭṭhi)
올바른 길(正道 : sammāpaṭipadā)
올바른 길로 잘 가신 님(善逝 : Sugata)
올바른 사유(正思惟 : sammasaṅkappa)
올바른 새김(正念 : sammāsati)
올바른 생활(正命 : sammāājīva)
올바른 언어(正言 : sammāvācā)
올바른 정진(正精進 : sammāvāyāma)
올바른 집중(正定 : sammāsamādhi)
올바른 행위(正業 : sammākammanta)
와서 보라고 할 만한(ehipassika)
완전한 앎(遍知 : pariññā)
완전한 버림, 포기(捨遣 : vossagga)
요정(accharā)
욕지거리하는 것을 삼가는 것(不惡口 : pharusāya vācāya ver amaṇī)
위대한 영웅(大雄 : mahāvira)
위대한 신들의 하느님의 세계(大梵天 : Mahābrahmā devā)
위대한 하느님(大梵天 : Mahābrahmā devā)
위없이 높으신 님(無上師 : Anuttaro)
유령(pisācā)
유신(有身 : sakkāya)
유신견(有身見 : sakkāyadiṭṭhi)
윤리적 배움(增上戒學 : adhisīlasikkhā)
윤회(輪廻 : saṃsāra)
윤회의 바다를 건넘에 관한 완전한 앎(度遍知 : tīraṇapariññā)
율장(律藏 : vinayapiṭaka)
의도의 자양분(意思食 : manosañcetanā āhāro)
의식(識 : viññāṇa)
의식의 다발(識蘊 : viññāṇakkhandha)
의식의 자양분(識食 : viññāṇa āhāro)
의심, 의심(疑 : vicikicchā)
의지(欲 : chanda)
이간질을 하는 것을 삼가는 것(不兩舌 : pisuṇāya vācāya vera maṇī)
이렇게 오신 님, 여래(如來 : Tathāgata)
이씨빠따나 승원(仙人墮處 : Isipatanārāma)
이치에 맞게 정신활동을 일으킴(如理作意 : yoniso masikāra)
이치에 맞지 않게 정신활동을 일으킴,(非如理作意 : ayoniso masikāra)
인간의 네 가지 자태(威儀路 : iriyāpathā)
일시적인 마음에 의한 해탈(samadhikā cetovimutti)

[ㅈ]

자따까(本生譚 : Jātaka)
자만(慢 : māna)
자유(自由 : pamokkha)
작게 빛나는 신들의 하느님의 세계(小光天 : Parittābhānā devā)
작은 영광의 신들의 하느님의 세계(小淨天 : Parittasubhānā devā)
잘못된 견해(邪見 : diṭṭhi)
장미사과나무(閻浮樹 : jambu)
장애(對 : paṭigha)
재가신도, 청신사(淸信士, 居士, 優婆塞 : Upāsaka)
재가의 여신자, 청신녀(淸信女, 優婆夷 : Upāsikā)
재생의식(結生識 : paṭisandhiviññāṇa)

전개(展開 : okkanti)
전생(轉生 : abhinibbatti)
전지자(全知者 : sabbaññu)
접촉(觸 : phassa, samphassa)
접촉의 자양분(細觸食 : phasso āhāro)
정신(意 : mano)
정신의 접촉(意觸 : manosamphassa)
정신의 접촉에서 생겨난 의식의 영역(意觸識處 : manosamph assaviññāṇāyatana)
정신의식(意識 : manoviññāṇa)
정신적 형성(意行 : manosaṃkhāra)
정진(精進 : viriya)
제따바나 숲(祇陀林, 祇樹 : Jetavana)
제석천(帝釋天 : sakka)
조건적 발생(緣起 : paṭiccasamuppāda)
존재(有 : atthi, bhava)
존재에 대한 갈애(有愛 : bhavataṇhā)
존재의 거센 흐름(有流 : bhav'ogha)
존재의 다발들에 대한 집착(蘊取 : khandh'upadhi)
주지 않은 것을 빼앗는 것을 삼가는 것(不偸盜 : adinnādānā veramaṇī)
죽음의 신, 야마의 세계(死神 : yama)
중도(中道 : majjhimapaṭipadā)
지각(想 : saññā)
지각과 느낌의 소멸(想受滅 : saññāvedayitanirodha)
지각의 다발(想蘊 : saññākkhanda)
지각하는 것도 아니고 지각하지 않는 것도 아닌 세계(非想非非想處 : nevasaññanāsaññāyatana)
지각하는 것도 아니고 지각하지 않는 것도 아닌 신들의 하느님의 세계(非想非非想處天 : Nevasaññānāsaññāyatanūpagā devā)
지멸, 소멸(止滅 : nirodha)
지혜(慧 : paññā)
지혜에 의한 해탈(慧解脫 : paññāvimutti)
지혜의 다발, 여러 가지 지혜(慧蘊 : paññakkhandha)
진리의 제왕(法王, Dammarāja)
집중(三昧 : samādhi)
집착(染著 : saṅgā, 取, 執着 : upādāna)
집착의 대상(取著 : upadhi)

[ㅊ]

참사람(善人, 善男子, 正人, 正士, 善士 : sappurisa)
창피함(愧 : ottappa)
창조하고 기뻐하는 신의 하늘나라(化樂天 : nimmānaratī devā)
천안통(天眼通 : dibbacakkhu)
천이통(天耳通 : dibbasota)
첫 번째 선정(初禪 : paṭhamajjhāna)
청각(耳 : sota)
청각의 접촉(耳觸 : sotasamphassa)
청각의 접촉에서 생겨난 의식영역(耳觸識處 : sotasamphass aviññāṇāyatana)
청각의식(耳識 : sotaviññāṇa)
초월적 능력(神足通 : iddhi)
초월적 지혜, 곧바른 앎, 신통, 초범지(神通, 超凡智 : abhiññā)
초선(初禪 : paṭhamajjhāna)
최승자(勝者 : jina)
촉각(身 : kāya)
촉각의 접촉(身觸 : kāyasamphassa)
촉각의 접촉에서 생겨난 의식영역(身觸識處 : kāyasamphass aviññāṇāyatana)
촉각의식(身識 : kāyaviññāṇa)
축복의 신의 하늘나라(夜摩天 : yāmā devā)

[ㅋ]

커다란 지혜(大慧 : mahāpañña)

[ㅌ]

타락한 곳(無樂處, 墮處 : vinipāta)
타인의 마음을 꿰뚫어 보는 능력(他心通 : parassa cetopariya ñāṇa)
타화자재천(他化自在天 : paranimmitavasavattino devā)
탁월한 과보로 얻은 신들의 하느님 세계(廣果天 : Vehapphalā devā)
탄생(誕生 : sañjāti)
탐구(思惟 : vimaṃsā)
탐욕(貪 : rāga)
태생(胎生 : jalābuja)
태어남(生 : jāti)

[ㅎ]

하느님의 세계에서 하느님을 보좌하는 신들의 하늘(梵輔天 : Brahmapurohitā devā)
하느님의 세계의 하느님의 권속인 신들의 하늘(梵衆天 : brah makāyikā devā)
하늘귀(天耳通 : dibbasota)
하늘눈(天眼通 : dibbacakkhu)
하늘사람(天人, 天神 : devatā)
신들과 인간의 스승(天人師 : Satthā devamanussānaṃ)
하늘아들(神子 : devaputtā)
하늘의 딸(神女 : devadhītaro)
학인(學人 : sekhā)
한 번 돌아오는 경지의 님(一來果 : sakadāgāmīphala)
한 번 돌아오는 길을 가는 님(一來向 : sakadāgāmīmagga)
한량 없이 빛나는 신들의 하느님의 세계(無量光天 : Appamāṇ

ābhānā devā)
한량 없는 영광의 신들의 하느님의 세계(Appamāṇasubhānā devā : 無量淨天)
해탈(解脫 : vimutti, nimokkha)
해탈의 다발, 여러 가지 해탈(解脫蘊 : vimuttikkhandha)
해탈지견의 다발, 여러 가지 '해탈했다'는 앎과 봄(解脫知見蘊 : vimuttiññāṇadassanakkhandha)
행복을 주는 보시(sukhadāyakaṃ)
행복한 곳(善趣 : sugati)
허무주의(斷見 : ucchedadiṭṭhi)
형상에 대한 욕망(色貪 : rūparāga)
형성(行 : saṅkhārā)
형성의 다발(行蘊 : saṇkhārakkhandha)
성냄(瞋 : dosa)
화락천(化樂天 : nimmānaratī devā)
화생(化生 : opapātika)
홀로 깨달은 님, 연각불, 벽지불(辟支佛), 독각(獨覺), 연각(緣覺 : paccekabuddha)
홀연히 생겨남(化生 : opapātika)
후각(鼻 : ghāna)
후각의 접촉(鼻觸 : ghānasamphassa)
후각의 접촉에서 생겨난 의식의 영역(鼻觸識處 : ghānasamphassaviññāṇāyatana)
후각의식(鼻識 : ghānaviññāṇa)
흐름에 든 경지의 님(sottāpattiphala : 豫流果)
흐름에 드는 길의 사람(sottāpattimagga : 豫流向)
흥분과 회한(掉擧惡作 : uddhaccakukkucca)
흥분(掉擧 : uddhacca)

[A]

abhidhammapiṭaka : 논장(論藏)
abhinibbatti : 전생(轉生)
abhiññā : 곧바른 앎, 초월적 지혜. 신통(神通). 초범지(超凡智).
accharā : 선녀(仙女)
accharā : 요정
adhicittasikkha : 심리적인 배움(增上心學)
adhipaññasikkhā : 예지적인 배움(增上慧學)
adhisīlasikkhā : 윤리적 배움(增上戒學)
adinnādānā veramaṇī : 주지 않은 것을 빼앗는 것을 삼가는 것(不偸盜)
Ajātasattu : 아자따쌋뚜
akusalā dhammā : 악하고 불건전한 것들(不善法)
Akaniṭṭhā devā : 궁극적인 미세한 물질로 이루어진 신들의 하느님의 세계(色究竟天)
akālika : 시간을 초월하는
amanussā : 악마, 귀신(非人)
amaraṃ : 불사(不死)
anāgāmimagga : 돌아오지 않는 경지의 님(不還向)
anāgāmiphala : 돌아오지 않는 길을 가는 님(不還果)
Anāthapiṇḍikārāma : 아나타삔디까 승원(給孤獨園)
Anāthapiṇḍika : 아나타삔디까(給孤獨)
anurakkhaṇāppadhāna : 수호의 노력(守護勤)
anussava : 배움(聞)
Anuttaro : 위없이 높으신 님(無上師)
anvaye ñāṇaṃ : 보편에 대한 지식(類智)
aṇḍaja : 난생(卵生)
Appamāṇābhānā devā : 한량없이 빛나는 신들의 하느님의 세계(無量光天)
Appamāṇasubhānā devā : 한량 없는 영광의 신들의 하느님의 세계(無量淨天)
Arahant : 거룩한 님, 아라한(阿羅漢)
arahattamagga : 거룩한 길을 가는 님(阿羅漢向)
arahattaphala : 거룩한 경지의 님(阿羅漢果)
ariyaṭṭhaṅgikamagga : 여덟 가지 고귀한 길 (八正道)
arūpaloka : 비물질의 세계(無色界)
arūparāga : 비물질계에 대한 탐욕(無色貪)
assakāya : 기마부대(馬軍)
Atappā devā : 괴롭힘이 없는 신들의 하느님의 세계(無熱天)
atthi, bhava : 존재(有)
aṭṭhadasa dhātuyo : 열여덟 가지 세계(十八界)
ayoniso masikāra : 이치에 맞게 정신활동을 일으킴(如理作意)
avijj'ogha : 무명의 거센 흐름(無明流)
avijjā : 무명(無明), 진리를 모르는 것
Avihā devā : 성공으로 타락하지 않는 신들의 하느님의 세계(無煩天)
ākāraparivitakka : 상태에 대한 숙고(行覺想)
ākāsānañcāyatana : 무한공간의 세계(空無邊處)
Ākāsānañcāyatanūpagā devā : 무한공간의 신들의 하느님의 세계(空無邊處天)
ākiṃcaññāyatana : 아무 것도 없는 세계(無所有處)
Ākiñcaññāyatanūpagā devā : 아무 것도 없는 신들의 하느님의 세계(無所有處天)
āsavakkhaya : 번뇌의 소멸(漏盡通)
āsavā : 번뇌(煩惱)
Ābhāssarānā devā : 빛이 흐르는 신들의 하느님의 세계(極光天)

[B]

Bhagavant : 세상의 존귀한 님, 세존(世尊)
bhav'ogha : 존재의 거센 흐름(有流)
bhavataṇhā : 존재에 대한 갈애(有愛)
bhāvanāppadhāna : 수행의 노력(修勤)

bhikhhu : 수행승(比丘)
bhūta : 생물, 존재, 귀신(鬼神)
Bodhisatta : 보살(菩薩)
Brahma : 거룩한 님, 하느님(梵天)
brahmakāyikā devā : 하느님의 세계의 하느님의 권속인 신들의 하늘(梵衆天)
Brahmapurohitā devā : 하느님의 세계에서 하느님을 보좌하는 신들의 하늘(梵輔天)
brāhmaṇa : 바라문(婆羅門), 성직자
Buddha : 부처님, 깨달은 님(佛)

[C]

cakkhusamphassaviññāṇāyatana : 시각의 접촉에서 생겨난 의식의 영역(眼觸識處)
cakkhusamphassa : 시각의 접촉(眼觸)
cakkhuviññāṇa : 시각의식(眼識)
cakkhu : 시각(眼)
cattaro satipaṭṭhānā : 네 가지 새김의 토대(四念處)
cattāri ariyasaccāni : 네 가지 거룩한 진리(四聖諦)
cattāri purisayugāni aṭṭhapurisapugalā : 네 쌍으로 여덟이 되는 참사람(四雙八輩)
cattāro iddhipādā : 네 가지 신통력의 토대(四神足, 四如意足)
cattāro mahābhūtāni : 네 가지 광대한 존재(四大)
catutthajjhāna : 네 번째 선정(四禪)
cāttāro āhārā : 네 가지 자양분(四食)
cātummahārājikā devā : 네 하늘나라 대왕의 신들의 하늘(四天王)
cetovimutti : 마음에 의한 해탈, 마음에 의한 해탈(心解脫)
chaindriya : 여섯 가지 감각능력(六根)
chavisaya : 여섯 가지 감각대상(六境)
chaviññāṇa : 여섯 가지 의식(六識)
chanda : 의지(欲)
citta : 마음(心)
cittānupassanā : 마음에 대한 관찰(心隨觀)

[D]

dammarāja : 진리의 제왕(法王)
devadhītaro : 하늘의 딸(神女)
devaputtā : 하늘아들(神子)
devatā : 하늘사람(天人, 天神)
dhammaṭṭhitiñāṇaṃ : 사실의 상태에 대한 지식(法住智)
dhamma : 법, 현상, 성품, 사물, 사실, 가르침, 진리(法)
dhamme ñāṇaṃ : 사실에 대한 지식(法智)
dhammānupassanā : 사실에 대한 관찰, 사물에 대한 관찰(法隨觀)
dhyāna : 선정(禪定)
dibbacakkhu : 하늘눈(天眼通)
dibbasota : 하늘귀(天耳通)
diṭṭhi : 잘못된 견해(邪見)
diṭṭhinijjhānakhanti : 견해에 대한 이해(見審諦忍)
diṭṭh'ogha : 견해의 거센 흐름(見流)
dosa : 분노, 성냄(瞋)
duggati : 나쁜 곳, 나쁜 세계(惡處)
dukkhâriyasaccāni : 괴로움의 고귀한 진리(苦聖諦)
dukkhanirodhâriyasaccāni : 괴로움의 소멸의 고귀한 진리(滅聖諦)
dukkhanirodhagāminīpaṭipadāariyasaccāni : 괴로움의 소멸로 이끄는 고귀한 진리(道聖諦)
dukkhasamudayâriyasaccāni : 괴로움의 발생의 고귀한 진리(集聖諦)
dutiyajjhāna : 두 번째 선정(二禪)

[E]

ehipassika : 와서 보라고 할 만한
ekaggacitta : 한마음, 마음의 통일(心一境性)

[G]

gandha : 냄새(香)
ghāna : 후각(鼻)
ghānasamphassaviññāṇāyatana : 후각의 접촉에서 생겨난 의식의 영역(鼻觸識處)
ghānasamphassa : 후각의 접촉(鼻觸)
ghānaviññāṇa : 후각의식(鼻識)
Gijjhakūṭapabhata : 깃자꾸따 산(靈鷲山)
Giñjakāvasatha : 긴자까바싸타(煉瓦堂, 繁耆迦精舍)

[H]

hāsapañña : 명쾌한 지혜(疾慧)

[I]

iddhi : 초월적 능력, 신족통(神足通)
iriyāpathā : 인간의 네 가지 자태(威儀路)
Isipatanārāma : 이씨빠따나 승원(仙人墮處)

[J]

jalābuja : 태생(胎生)
jambu : 장미사과나무(閻浮樹)
jarāmaraṇa : 늙음과 죽음(老死)
javanapañña : 빠른 지혜(速慧)
Jātaka : 자따까(本生譚)
jāti : 태어남(生)
Jetavana : 제따바나 숲(祇陀林, 祇樹)
jihvāsamphassaviññāṇāyatana : 미각의 접촉에서 생겨난 의식의 영역(舌觸識處)
jihvāsamphassa : 미각의 접촉(舌觸)
jihvā : 미각(舌)
jina : 최승자(勝者)
jivhāviññāṇa : 미각의식(舌識)

[K]

kabaliṅkāro āhāro oḷāriko sukhumo : 거칠거나 미세한 물질의 자양분(麤細摶食)
Kalandakanivāpa : 깔란다까니바빠(栗鼠飼養園)
kappa : 겁(劫)
kamma : 업, 행위(業)
kāma : 감각적 쾌락(欲)
kāmaloka : 감각적 쾌락에 대한 욕망의 세계(欲界)
kāmarāga : 감각적 쾌락에 대한 욕망(欲貪)
kāmataṇhā : 감각적 쾌락의 욕망에 대한 갈애(欲愛)
kāmesu micchācārā veramaṇī : 사랑을 나눔에 잘못을 범하는 것을 삼가는 것(不邪婬)
kām'ogha : 감각적 쾌락에 대한 욕망의 거센 흐름(欲流)
kām'upadhi : 감각적 쾌락의 욕망에 대한 집착(愛取)
kāya : 촉각(身)
kāyasamphassaviññāṇāyatana : 촉각의 접촉에서 생겨난 의식영역(身觸識處)
kāyasamphassa : 촉각의 접촉(身觸)
kāyasaṃkhāra : 신체적 형성(身行)
kāyaviññāṇa : 촉각의식(身識)
kāyānupassanā : 몸에 대한 관찰(身隨觀)
khandh'upadhi : 존재의 다발들에 대한 집착(蘊取)
kiles'upadhi : 오염된 번뇌에 대한 집착(煩惱取)

[L]

Lokavidū : 세상을 아는 님(世間解)

[M]

mahāpañña : 커다란 지혜(大慧)
Mahābrahmā devā : 위대한 신들의 하느님의 세계(大梵天)
mahāvira : 위대한 영웅(大雄)
majjhimapaṭipadā : 중도(中道)
mano : 정신(意)
manosañcetanā āhāro : 의도의 자양분(意思食)
manosamphassaviññāṇāyatana : 정신의 접촉에서 생겨난 의식의 영역(意觸識處)
manosamphassa : 정신의 접촉(意觸)
manosaṃkhāra : 정신적 형성(意行)
manoviññāṇa : 정신의식(意識)
māna : 자만, 교만(慢)
micchāpatipadā : 삿된 길(邪道)
Migadāya : 미가다야(鹿野園)
Migāramatu : 미가라마뚜 강당(鹿子母講堂)
moha : 어리석음(痴)
musāvāda veramaṇī : 어리석은 거짓말을 하는 것을 삼가는 것(不妄語)

[N]

natthi : 비존재(無)
nāmarūpa : 명색(名色)
nibbedhikapañña : 꿰뚫는 지혜(明達慧)
nibbidā : 싫어하여 떠남(厭離)
nibbāna : 열반(涅槃)
nigaṇṭhā : 니간타(尼乾陀徒[자이나교도])
Nigrodhārāma : 니그로다 승원(尼俱律園)
nimmānaratī devā : 창조하고 기뻐하는 신의 하늘나라(化樂天)
nirodha : 지멸, 소멸(止滅)
nevasaññānāsaññāyatana : 지각하는 것도 아니고 지각하지 않는 것도 아닌 세계(非想非非想處)
nevasaññānāsaññāyatanūpagā devā : 지각하는 것도 아니고 지각하지 않는 것도 아닌 신들의 하느님의 세계(非想非非想處天)
ñātapariññā : 알려진 것에 대한 완전한 앎(知遍知)

[O]

ogha : 거센 흐름(暴流)
okkanti : 강생(降生), 전개(展開, 들어섬.)
opapātika : 홀연히 생겨남, 화생(化生·者)
orambhāgiyāni saṃyojanāni : 다섯 가지 낮은 경지의 장애(五下分結)
ottappa : 창피함(愧)

[P]

paccekabuddha : 연각(緣覺), 연각불, 홀로 깨달은 님, 벽지불(辟支佛), 독각(獨覺)
pahānapariññā : 번뇌의 끊음에 관한 완전한 앎(斷遍知)
pahānappadhāna : 버림의 노력(斷勤)
pañca indriyāni : 다섯 가지 능력(五根)
pañca nīvaraṇāni : 다섯 가지 장애(五障)
pañca upādānakkhandā : 다섯 가지 존재의 집착다발(五取蘊)
pañcakāmaguṇa : 다섯 가지 감각적 쾌락(五欲樂)
pañcakkhandha : 다섯 가지 존재의 다발(五蘊)
pañcasīla : 다섯 가지 계행, 오계(五戒)
paññā : 지혜(慧)
paññakkhandha : 여러 가지 지혜(慧蘊)
paññāvimutti : 지혜에 의한 해탈(慧解脫)
pamokkha : 자유(自由)
paranimmitavasavattino devā : 다른 신들이 창조한 것을 누리는 신의 하늘나라(他化自在天)
parassa cetopariyañāṇa : 타인의 마음을 꿰뚫어 보는 능력(他心通)
pariññā : 완전한 앎(遍知)
Parittābhānā devā : 작게 빛나는 신들의 하느님의 세계(小光天)
Parittasubhānā devā : 작은 영광의 신들의 하느님의 세계(小

淨天)
Pasenadi : 빠쎄나디(波斯匿王)
paṭhamajjhāna : 첫 번째 선정(初禪)
paṭiccasamuppāda : 조건적 발생, 연기(緣起)
paṭigha : 마음의 분노, 마음의 저항(有對)
paṭigha : 장애(對)
paṭisandhiviññāṇa : 재생의식(結生識)
pāṇātipātaveramaṇī : 살아 있는 생명을 죽이는 것을 삼가는 것(不殺生戒)
phala : 경지, 과보, 공덕(果)
pharusāya vācāya veramaṇī : 욕지거리하는 것을 삼가는 것(不惡口)
phassa, samphassa : 접촉(觸)
phasso āhāro : 접촉의 자양분(細觸食)
phoṭṭhabba 감촉(觸)
pisuṇāya vācāya veramaṇī : 이간질하는 것을 삼가는 것(不兩舌)
pisācā : 유령
pubbenivasānussati : 숙명통(宿命通)
Pubbārāma : 뿝바라마 승원(東園)
puggala : 참사람, 사람(補特伽羅)
Purisadammasārathī : 사람을 길들이는 님(調御丈夫)
puthupañña : 넓은 지혜(廣慧)

[R]

rasa : 맛(味)
rāga : 탐욕(貪)
Rājagaha : 라자가하(王舍城)
ruci : 만족(欲)
rūpa : 물질, 형상(色)
rūpakkhandha : 물질의 다발(色蘊)
rūpaloka : 미세한 물질의 세계(色界)
rūparāga : 형상에 대한 욕망(色貪)
rūpasañña : 형상에 대한 지각(色想)

[S]

sabbaññu : 전지자(全知者)
sadda : 소리(聲)
saddhamma : 올바른 가르침(正法)
saddhā : 믿음(信)
sakadāgāmimagga : 한 번 돌아오는 길을 가는 님(一來向)
sakadāgāmiphala : 한 번 돌아오는 경지의 님(一來果)
sakka : 제석천(帝釋天)
sakkāyadiṭṭhi : 개체가 있다는 견해(有身見)
saḷāyatana : 여섯 가지 감각영역, 여섯 가지 감역(六入)
samadhikā cetovimutti : 일시적인 마음에 의한 해탈
samaṇā : 수행자(沙門)
samādhi : 집중(三昧)
sammasaṅkappa : 올바른 사유(正思惟)
sammāājīva : 올바른 생활(正命)
sammādiṭṭhi : 올바른 견해(正見)
sammākammanta : 올바른 행위(正業)
sammāpaṭipadā : 올바른 길(正道)
sammāsamādhi : 올바른 집중(正定)
Sammāsambudha : 올바로 원만히 깨달은 님(正等覺者)
sammāsati : 올바른 새김(正念)
sammāvācā : 올바른 언어(正言)
sammāvāyāma : 올바른 정진(正精進)
sampattidāyakaṃ : 성취를 주는 보시
samphappalāpā veramaṇī : 꾸며대는 말을 삼가는 것(不綺語)
saṃsāra : 윤회(輪迴)
saṃvarappadhāna : 방지의 노력(律儀勤)
saṃsedaja : 습생(濕生)
santi : 고요함, 적정(寂靜)
santikāya : 고요한 몸(寂靜身)
sañjāti : 탄생(誕生)
saññā : 지각(想)
saññākkhanda : 지각의 다발(想蘊)
saññāvedayitanirodha : 지각과 느낌이 소멸하는 선정(想受滅定)
saṅgā : 집착(染著, 取, 取著)
saṅkhārā :형성(行)
saṇkhārakkhandha : 형성의 다발(行蘊)
sappurisa : 참사람(善人, 善男子, 正人, 正士, 善士)
sassatadiṭṭhi : 영원주의(常見)
sati : 새김(念)
satta : 뭇삶, 생명, 존재, 사람(衆生)
satthā : 스승(師)
Satthā devamanussānaṃ : 신들과 인간의 스승이신 님(天人師)
Sākyamuni : 싸끼야 족의 성자, 석가모니(釋迦牟尼)
sāmadhikkhandha : 여러 가지 삼매(定蘊)
Sāvatthī 싸밧티(舍衛城)
sekhā : 학인(學人)
sīlabhatapatāmāsa : 규범과 금기에 대한 집착(戒禁取)
sīlakkhandha : 여러 가지 계율(戒蘊)
sota : 청각(耳)
sotasamphassaviññāṇāyatana : 청각의 접촉에서 생겨난 의식영역(耳觸識處)
sotasamphassa : 청각의 접촉(耳觸)
sotaviññāṇa : 청각의식(耳識)
sottāpattimagga : 흐름에 드는 길의 사람(豫流向)
sottāpattiphala : 흐름에 든 경지의 님(豫流果)
Subhakiṇṇā devā : 영광으로 충만한 신들의 하느님의 세계

(遍淨天)
Sugata : 올바른 길로 잘 가신 님, 행복하신 분(善逝)
sugati : 행복한 곳(善趣)
sukhadāyakaṃ : 행복을 주는 보시
Sudassā devā : 선정이 잘 이루어지는 신들의 하느님의 세계(善現天)
Sudassī devā : 관찰이 잘 이루어지는 신들의 하느님의 세계(善見天)
surāmerayamajjapamādaṭṭhānā veramaṇī : 곡주나 과즙주 등 취기있는 것에 취하는 것을 삼가는 것(不飮酒)
suttapiṭaka : 경장(經藏)

[T]

taṇhā : 갈애(渴愛)
Tapodārāma : 따뽀다 온천 승원
Tathāgata : 이렇게 오신 님, 여래(如來)
tatiyajjhāna : 세 번째 선정(三禪)
tayo sikkhā : 세 가지 배움(三學)
Tāvatiṃsā : 서른셋 신들의 하늘나라, 도리천(忉利天), 삼십삼천(三十三天)
tikkhapañña : 예리한 지혜(利慧)
tipiṭaka : 삼장(三藏)
tīraṇapariññā : 윤회의 바다에서 건넘에 관한 완전한 앎(度遍知)
Tusitā devā : 만족을 아는 신의 하늘나라(兜率天)

[U]

ubhato bhāgavimuttā : 양자에 의한 해탈(俱分解脫)
ucchedadiṭṭhi : 허무주의(斷見)
uddhacca : 흥분(掉擧)
uddhaccakukkucca : 흥분과 회한(掉擧惡作)
uddhambhāgiyāni saṃyojjanāni : 다섯 가지 높은 단계의 결박(五上分結)
upadhi : 집착(取, 取著)
upādāna : 집착(取著)
upāsaka : 재가신도, 청신사(淸信士), 우바새(優婆塞)
upāsikā : 재가의 여신자, 청신녀(靑信女), 우바이(優婆夷)
upāya : 괴로운 곳, 괴로운 세계(苦處)

[V]

vacisaṃkhāra : 언어적 형성(口行)
vedanākkhandha : 느낌의 다발(受蘊)
vedanānupassanā : 느낌에 대한 관찰(受隨觀)
vedāna : 느낌(受)
Veḷuvana : 벨루바나 숲(竹林)
vibhavataṇhā : 비존재에 대한 갈애(無有愛)
vicāra : 숙고(伺)
vicikicchā : 의심, 의심(疑)
Vijjācaraṇasampanna : 명지와 덕행을 갖춘 님(明行足)
vimaṃsā : 탐구(思惟)
vimuttikkhandha : 여러 가지 해탈, 해탈의 다발(解脫蘊)
vimuttiññāṇadassanakkhandha : 여러 가지 '해탈했다.'는 앎과 봄, 해탈지견의 다발(解脫知見蘊)
vimutti, nimokkha : 해탈(解脫)
vinayapiṭaka : 율장(律藏)
vinipāta : 비참한 곳, 비참한 세계(無樂處, 墮處)
viññāṇa āhāro : 의식의 자양분(識食)
viññāṇakkhandha : 의식의 다발(識蘊)
viññāṇa : 의식(識)
viññāṇānañcāyatana : 무한의식의 세계(識無邊處)
Viññāṇañcāyatanūpagā devā : 무한의식의 신들의 하느님의 세계(識無邊處天)
virāga : 사라짐(離貪)
viriya : 정진(精進)
vitakka : 사유(尋)
viveka : 멀리 여읨, 홀로 있음
Vehapphalā devā : 위대한 경지로 얻은 신들의 하느님의 세계(廣果天)
vossagga : 완전한 버림, 포기(捨遣)
vyāpāda : 분노(瞋恚)

[Y]

yakkha : 야차(夜叉)
yama : 죽음의 신, 야마의 세계(死神)
yasadāyakaṃ : 명예를 주는 보시
yāmā devā : 축복의 신의 하늘나라(夜摩天)
yoniso masikāra : 이치에 맞게 정신활동을 일으킴(如理作意)

고유명사와 비유의 색인

[ㄱ]

[ㄴ]

[ㄷ]

[ㄹ]

[ㅁ]

[ㅂ]

[ㅅ]

[ㅇ]

[ㅈ]

[ㅊ]

한국빠알리성전협회

Korea Pali Text Society

Founded 1997 by Cheon, Jae Seong

한국빠알리성전협회는 빠알리성전협회의 한국대표인 전재성 박사가 빠알리성전, 즉 불교의 근본경전인 빠알리 삼장의 대장경을 우리말로 옮겨 널리 알리기 위한 목적으로, 세계빠알리성전협회 회장인 리챠드 곰브리지 박사의 승인을 맡아 1997년 설립하였습니다. 그 구체적 사업으로써 빠알리성전을 우리말로 옮기는 한편, 부처님께서 사용하신 빠알리어의 이해를 돕기 위하여, 사전, 문법서를 발간하였으며, 기타 연구서, 잡지, 팜프렛, 등을 출판하고 있습니다. 부처님의 가르침을 빠알리어에서 직접 우리말로 옮겨 보급함으로써 부처님의 가르침이 누구에게나 쉽게 다가가고, 명료하게 이해될 수 있도록 더욱 노력할 것입니다. 한국빠알리성전협회는 부처님의 가르침이 널리 퍼짐으로써, 이 세상이 지혜와 자비가 가득한 사회로 나아가게 되기를 바랍니다.

한국빠알리성전협회 120-868 서울 서대문구 모래내로 430, 102-102(홍제성원)

TEL : 02-2631-1381, 070-7767-8437 FAX : 735-8832

홈페이지 www. kptsoc. org

Pali Text Society

세계빠알리성전협회는 1881년 리스 데이비드 박사가 '빠알리성전의 연구를 촉진시키고 발전시키기 위해' 영국의 옥스포드에 만든 협회로 한 세기가 넘도록 동남아 각국에 보관되어 있는 빠알리 성전을 로마자로 표기하고, 교열 출판한 뒤에 영어로 옮기고 있습니다. 또한 사전, 색인, 문법서, 연구서, 잡지 등의 보조서적을 출판하여 부처님 말씀의 세계적인 전파에 불멸의 공헌을 하고 있습니다.

President : Dr. R. M. L. Gethinn, Pali Text Society

73 Lime Walk Headington Oxford Ox3 7AD, England

신한은행 313-04-195605 국민은행 752-21-0363-543
우리은행 1002-403-195868 농 협 023-02-417420

예금주 : 전재성

명예 발간인을 초빙합니다.

빠알리성전협회에서는 경전은 기본적으로 천권 단위로 출간을 합니다. 새로 번역되는 경전의 출간뿐만 아니라 이미 역출하여 발간된 경전도 지속적으로 재간하여 가르침의 혈맥이 법계에 끊이지 않고 전파되도록 개인이나 가족단위로 기부가 이루어지고 있습니다. 본 협회에서는 한 번에 천권 단위의 경전을 출간할 때에 필요한 최소한의 출판비를 전액 기부하시는 분에게는 그 경전의 명예 발간인으로 초대되어 발간사를 헌정하는 전통을 갖고 있습니다. 이미 출간된 많은 경전이 오 년 내지 칠 년이 지나 재출간을 기다리고 있습니다. 명예발간인은 역경된 빠알리성전의 출간뿐만 아니라 그러한 재출간이나 개정본 출간에도 발간사를 헌정할 수 있습니다. 또한 원한다면, 명예발간인은 본협회 발행의 경전들 가운데 어떤 특정한 경전을 지정하여 출간비를 보시할 수도 있습니다. 단, 그럴 경우 경전에 따라서 재출간되기까지 상당한 시일이 소요될 수 있습니다.

빠알리대장경의 구성※

		빠알리삼장		주석서
		Vinaya Piṭaka(律藏: Vin.)※※		**Aṭṭhakathā(義釋: Smp.)**
1	3	Bhikkhuvibhaṅga(比丘分別)	Suttavibhaṅga 경설부 (經分別)	Samantapāsādikā(善見律毘婆沙疏)
2	4	Bhikkhunīvibhaṅga(比丘尼分別)		Samantapāsādikā(善見律毘婆沙疏)
3	1	Mahāvagga(大品)	Khandhaka 다발부 (犍度部)	Samantapāsādikā(善見律毘婆沙疏)
4	2	Cullavagga(小品)		Samantapāsādikā(善見律毘婆沙疏)
5		Parivāra(附隨)		Samantapāsādikā(善見律毘婆沙疏)
6		Pātimokkha(波羅提木叉)		Kaṅkhāvitaraṇī(解疑疏)
		Sutta Piṭaka(經藏)		**Aṭṭhakathā(義釋)**
1		Dīghanikāya(長部: DN.)		Sumaṅgalavilāsinī(妙吉祥讚: Smv.)
2		Majjhimanikāya(中部: MN.)		Papañcasūdanī(滅戲論疏: Pps.)
3		Saṁyuttanikāya(相應部: SN.)		Sāratthappakāsinī(要義解疏: Srp.)
4		Aṅguttaranikāya(增支部: AN.)		Manorathapūraṇī(如意成就: Mrp.)
5		Khuddakanikāya(小部)		**Aṭṭhakathā(義釋: A.)**
	1	Khuddakapāṭha(小誦經: Khp.)		Paramatthajotikā(Ⅰ)(勝義明疏)
	2	Dhammapada(法句經:Dhp.)		Dhamapadaṭṭhakathā(法句義釋)
	3	Udāna(自說經: Ud.)		Paramatthadīpanī(Ⅰ)(勝義燈疏)
	4	Itivuttaka(如是語經: It.)		Paramatthadīpanī(Ⅱ)(勝義燈疏)
	5	Suttanipāta(經集: Stn.)		Paramatthajotikā(Ⅱ)(勝義明疏)
	6	Vimānavatthu(天宮事: Vmv.)		Paramatthadīpanī(Ⅲ)(勝義燈疏)
	7	Petavatthu(餓鬼事: Peṭv.)		Paramatthadīpanī(Ⅳ)(勝義燈疏)
	8	Theragāthā(長老偈: Thag.)		Paramatthadīpanī(Ⅴ)(勝義燈疏)
	9	Therīgāthā(長老尼偈: Thig.)		Paramatthadīpanī(Ⅵ)(勝義燈疏)
	10	Jātaka(本生經: Jāt.)		Jātakaṭṭhavaṇṇanā(本生經讚)
	11	Niddesa(義釋: Nid.)		Saddhammapajjotikā(妙法明釋)
	12	Paṭisambhidāmagga(無碍解道: Psm.)		Saddhammappakāsinī(妙法解疏)
	13	Apadāna(譬喩經: Ap.)		Visuddhajanavilāsinī(淨人贊疏)
	14	Buddhavaṁsa(佛種姓經: Bv.)		Madhuratthavilāsinī(如蜜義讚)
	15	Cariyāpiṭaka(所行藏: Cyp.)		Paramatthadīpanī(Ⅶ)(勝義燈疏)
		Abhidhamma Piṭaka(論藏)		**Aṭṭhakathā(義釋: A.)**
1		Dhammasaṅgaṇi(法集論: Dhs.)		Aṭṭhasālinī(勝義論疏)
2		Vibhaṅga(分別論: Vibh.)		Sammohavinodani(除迷妄疏)
3		Dhātukathā(界論: Dhāt.)		Pañcappakaraṇatthakathā(五論義疏)
4		Puggalapaññatti(人施設論: Pug.)		Pañcappakaraṇatthakathā(五論義疏)
5		Kathavatthu(論事: Kath.)		Pañcappakaraṇatthakathā(五論義疏)
6		Yamaka(雙論: Yam.)		Pañcappakaraṇatthakathā(五論義疏)
7	1	Tikapaṭṭhāna = Paṭṭh. Ⅰ	발취론 (發趣論: Paṭṭh.)	Pañcappakaraṇatthakathā(五論義疏)
	2	Dukapaṭṭhāna = Paṭṭh. Ⅱ		Pañcappakaraṇatthakathā(五論義疏)

※ 빠알리대장경에는 위의 삼장이외에 삼장외 문헌으로 『청정도론』(Vism.), 『밀린다팡하(미얀마에서는 소부: Miln.)』와 같은 중요한 문헌들이 포함된다.
※※율장의 순서는 왼쪽번호가 빠알리대장경의 순서이고 오른쪽번호가 올덴베르크가 편집한 빠알리성전협회의 출간순서이다.

Kālāmapāṭha

깔라마 빠타

깔라마의 경송

1. etha tumhe kālāmā	에타 뚬헤 깔라마
mā anussavena	마 아눗싸웨나
mā paramparāya	마 빠람빠라야
mā itikirāya	마 이띠끼리야
mā piṭaka-sampadānena	마 삐따까 쌈바다네나
mā takka-hetu mā naya-hetu	마 딱까 헤뚜 마 나야 헤뚜
mā ākāra-parivitakkena	마 아까라 빠리뷔딱께나
mā diṭṭhi-nijjhāna-kkhantiyā	마 딧티 닛자낙 칸띠야
mā bhabba-rūpatāya	마 밥바 루빠따야
mā samaṇo no garū'ti.	마 싸마노 노 가루 띠

깔라마들이여,
소문이나 전승이나 여론에 끄달리지 말고,
성전의 권위나
추론나 논리에도 끄달리지 말고,
상태에 대한 분석이나
견해에 대한 이해에도 끄달리지 말고,
그럴듯한 개인적 인상이나
'이 수행자가 나의 스승이다'라는
생각에도 끄달려서는 안 되느니라.